안보개발국가를 넘어 평화복지국가로

독일의 경험과 한국의 과제

안보개발국가를 넘어 평화복지국가로
독일의 경험과 한국의 과제

2016년 12월 1일 초판 1쇄 펴냄
2017년 10월 25일 초판 2쇄 펴냄

엮은이 이병천·윤홍식·구갑우
기획 참여사회연구소

펴낸이 윤철호·김천희
펴낸곳 (주)사회평론아카데미
편집 김지산
디자인 김진운
마케팅 강상희

등록번호 2013-000247(2013년 8월 23일)
전화 02-2191-1133
팩스 02-326-1626
주소 03978 서울특별시 마포구 월드컵북로 12길 17(1층)
이메일 academy@sapyoung.com
홈페이지 www.sapyoung.com
ISBN 979-11-85617-93-0 93300
ⓒ 참여사회연구소, 2016

안보개발국가를 넘어 평화복지국가로

독일의 경험과 한국의 과제

이병천·윤홍식·구갑우 엮음 | 참여사회연구소 기획

사회평론

책머리에

해방과 함께 강요된 분단의 시간이 벌써 70년이 흘렀다. 이제 남북에 살고 있는 대부분의 사람들은 분단시대에 태어나 분단을 당연한 삶의 조건으로 살아온 사람들이다. 그래서일까? 우리는 분단을 잊고 지내지만, 분단은 항상 우리의 일상을 질곡하는 결정적 힘을 발휘했다. 분단을 어찌하지 않고는 한반도에서 민주주의와 복지국가를 실현하는 것이 불가능하다는 생각이 들 정도다. 하지만 우리는 분단과 한반도 남단에서의 민주화와 복지국가의 실현이 선후(先後)의 문제가 아닌 공진(共進)의 문제라고 주장한다. 실제로 우리는 사회변혁의 과제를 선후의 문제로 규정하는 프레임들이 수많은 부정의와 불의를 양산했던 역사를 잘 알고 있다. 이승만 권위주의 체제에서 "선통일 후건설"은 한반도 남단에서 민주주의와 산업화를 억압하고 지연시키는 명분이 되었고, 박정희 권위주의 개발국가의 "선건설 후통일"과 "선성장 후분배"는 민주주의와 복지국가를 억압하는 위력을 발휘했다. 역사는 우리가 임의로 생각했던 방향으로 선후를 정해놓고 질서 있게 나아가지는 않는다.

바로 이러한 문제의식이 참여사회연구소가 지난 2013년 초부터 평화복지국가에 대한 장기 기획을 진행하게 된 계기가 되었다. 우리의 주장은 분명하다. 한반도 평화와 한반도 남단의 민주주의와 복지국가로 대표되는 사회변화는 결코 선후의 문제로 이해될 수는 없다는 것이다. 한반도 분단이 한반도 남단의 민주주의와 복지국가 건설에 질곡인 것은 분명하지만, 그렇다고 해서 분단체제의 해체 없이는 한반도 남단에서의 민주주의와 복지국가 건설이 불가능하다고 말할 수는 없다. 우리는 한반도 남단에서 민주주의의 심화와 복지국가의 건설은 한반도에서 적대적 분단의 장벽을 약화시키는 과정인 동시에, 한반도에서 적대적 분단의 약화는 곧 한반도 남단에서 민주주의와 복지국가의 발전을 진전시키는 과정이라고 주장한다. 적대적 분단의 해체는 곧 복지국가와 민주주의를 실현하는 길이고, 복지국가와 민주주의를 실현하는 과정은 곧 한반도에서 적대적 분단을 약화, 해체하는 과정인 것이다.

이제 지난 2013년 초에 시작되었던 평화복지국가 기획의 마지막 작업이 완료되었다. 4년간의 짧지 않은 기간 동안 2013년 12월에 첫 번째 결과인 《평화복지국가─분단과 전쟁을 넘어 새로운 복지국가를 상상하다》가 출간되었고, 2014년 7월 두 번째 결과인 《평화와 복지, 경계를 넘어─평화복지국가의 정치적 조건과 주체를 찾아》가 출간되었다. 이제 우리는 '평화복지국가' 시리즈의 마지막 기획인 《안보개발국가를 넘어 평화복지국가로─독일의 경험과 한국의 과제》를 출간하게 되었다. 3권 역시 앞선 두 권의 책과 같이 많은 준비와 과정 끝에 세상에 나왔다. 2014년 8월 첫 연구기획단 회의(연구책임자 이병천 교수)를 시작으로 같은 해 11월부터 2015년 7월까지 총 9차례 세미나를 실시했고 2015년 10월 워크숍, 12월 심포지엄 이후 해를 넘겨 연구결과를 다듬고 모아 비로소 책으로 내게 되었다. 총 3권의 평화복지국가 기획에 37명의 관련

전문가가 필진으로 참여했다. 세 번째 기획을 마치며 여전히 '평화복지
국가'의 이론적·경험적 논의의 부족함을 절감하지만, 한국사회에서 복
지국가의 건설과 한반도 평화의 문제를 상호 공진의 과정으로 접근한 최
초의 시도였다는 데 그 의의를 두고자 한다.

　우리는 이 작은 기획이 한반도에서 평화복지국가의 미래를 여는 시
작이 될 것으로 믿는다. 소망이 있다면 2017년 대선에서 한반도의 평화
와 복지국가 건설에 반대하는 세력의 '종북(從北)몰이'가 더 이상 영향력
을 발휘하지 못하길 바라며, 해방 80년이 되는 2025년에는 남북이 함께
모여 한반도에서 "평화복지국가"의 실현을 위한 청사진을 만드는 역사적
기획이 시작되기를 희망한다. 그때는 우리 주위를 악령처럼 맴돌던 분단
의 그림자를 더 이상 찾아볼 수 없기를 희망해본다.

　이 책이 나오기까지 매우 오랜 시간이 걸렸고, 여러 가지 우여곡절
이 있었다. 충분한 지원을 하지 못했음에도 함께 연구하며 좋은 원고를
기고해 주신 집필진에게 다시 한 번 깊은 감사의 말씀을 전하고 싶다. 더
불어 평화복지국가의 세 번째 기획을 간행할 수 있도록 기회를 주신 사
회평론의 윤철호, 김천희 대표님과 실무를 맡아 주었던 김지산 선생님,
실무적 지원을 아끼지 않았던 참여사회연구소의 이기찬 사무국장과 김
태일 간사께도 깊은 감사의 인사를 전하고 싶다.

2016년 11월
참여연대 참여사회연구소장
윤홍식

차례

제3부 복지, 경제, 노동, 그리고 대외관계

담론으로서의 평화복지국가[1]

정현백(성균관대학교 사학과 교수)

2015년도 이제 1달도 채 남지 않았다. 올해는 우리가 일본 제국주의의 식민통치로부터 해방된 지 70년이 되는 해이다. 또한 올해는 분단의 역사가 70년을 맞이하는 해이다. 인류에게 끔찍한 재앙으로 다가온 원자폭탄이 사용된 지 70년이 되는 해이기도 하다. 그래서 올해 벽두에 참여연대를 위시한 시민단체들은 '전쟁 종식'이라는 슬로건 아래에서 정전협정을 평화협정으로 바꾸고, 이 과정에서 한반도 평화체제의 실현을 위한 첫 발걸음을 내딛는 캠페인을 시작하였다. 이 과정에서 다자적 접근을 통한 평화체제의 실현은 평화에 이르는 효과적인 방안이 될 수 있고, 이런 문제의식에서 멈추어버린 6자회담의 재개를 통한 외교적 해결방안을 요구하기도 하였다.

　　그러나 올해 2015년에는 6·15남북공동선언과 해방 70년을 함께 기

1　　이 글은 2015년 12월 4일 가톨릭청년회관 다리(서울시 마포구 동교동)에서 개최된 참여사회연구소 심포지엄 〈안보개발국가를 넘어, 평화복지국가로—독일의 경험과 한국의 과제〉에서 당시 참여연대 공동대표로서 기조강연을 한 것이다.

넘하는 남북 공동행사조차도 성사되지 못하였다. 남북 민간단체 간의 교류 혹은 정부 간의 교류도 거의 휴지기에 있다. 그나마 한반도에서 전쟁의 종식, 일본 평화헌법 9조 지키기 그리고 탈핵을 내세운 〈2015 동아시아평화국제회의〉가 성공리에 개최된 것이 해방 70주년을 장식한 유일한 행사였다. 대회 말미에 발표된 평화선언문에서는 '한국전쟁을 끝내지 않고서는 동아시아 평화를 상상할 수 없다'는 메시지가 강력하게 전달되었다. 한국, 일본, 중국, EU, 독일 대표단이 참석한 이 회의는 국제적으로 한반도 평화체제 실현의 중요성과 한·일 평화운동 간의 연대를 확인한 귀중한 자리였다. 하토야마 총리의 서대문형무소 방문과 무릎 꿇은 사죄로 더 잘 알려진 이 회의를 통해, 한반도 평화체제 실현을 위한 국제연대의 당위성을 확인하였다. 주최 측의 조사에 따르면, 이 회의에 대한 기사가 500개를 넘었다고 할 정도로 큰 성과를 거둔 행사였다. 동시에 이 회의는 이른바 보수, 중도, 진보라는 경계 긋기를 넘어 다양한 인사들이 참여하면서, 그간 우리 시민운동이 꾸준히 만들어내고 주창해온 한반도 평화체제의 비전을 사회적으로 확산하고 이에 대한 공동의 합의를 만들어내려는 의지를 보여준 주요한 행사였다. 다시 말해 이런 시도는 보다 포괄적인 연대틀을 통해서 평화운동을 한발 더 진전시키려는 의도였다.

한 해가 끝나가는 세밑의 풍경에는 늘 우수의 분위기가 있다. 한 해를 돌아보면, 해놓은 일은 별로 없는 것 같고, 우리의 운동은 그다지 큰 성과를 거두지 못한 것 같은 자책감일 것이다. 이런 세밑 분위기에 덧붙여 우리가 주장해온 '전쟁 종식과 한반도 평화체제 실현'을 향해 우리는 한 발자국이라도 더 나아갔는가를 자문하는 것이기도 하다. 더구나 역사교과서의 국정화 강행과 11월 14일 민중총궐기대회에 대한 경찰의 폭력적인 진압으로 인해 민주주의의 후퇴가 심각해진 현실을 대하다 보니, 이런 자책감이 더 커질 수밖에 없다. 바로 이 시점에 참여사회연구소가

'평화복지국가'를 주제로 심포지엄을 개최한 것은 큰 의미가 있다. 이번에 제기하는 평화복지국가 테제는 지난 몇 년간 참여사회연구소의 구성원들이 진행해온 토론과 연구의 의미 깊은 성과물이어서 더욱 값지다.

지금 우리가 처한 현실을 돌아본다면, 평화복지국가라는 의제 자체는 그다지 실현 가능성이 있는 것처럼 보이지 않는다. 이런 현실 인식은 역으로 '담론으로서의 한반도 평화체제'가 더 유효한 작업 도구라는 의미를 함축한다. 또한 담론은 담론 그 자체로서 힘을 발휘한다. 보통 사람에게 평화와 복지국가의 결합은 다소 어색한 조합으로 들린다. 그러나 이는 70년간이나 지속된 분단 현실의 극복과 복지사회 실현을 결합하려는 지극히 한국적인 개념체계이자 담론이다. 뒤이은 심포지엄의 발표에서 드러나는 대로, 분단체제와 성장중심주의에 매몰된 한국사회, 그래서 끊임없이 분단비용을 지불해야 하는 사회에서, 평화의 실현 없이는 사실상 제대로 된 복지국가의 실현이 불가능하다. 여기에서 오는 고민을 녹여낸 한국 지식인들의 이론모델이 평화복지국가라 할 수 있다. 이는 지극히 한국적인 담론체계이지만, 향후 지속적인 전쟁으로 고통을 당하면서 복지와 인권이 희생되는 다른 제3세계 국가에도 하나의 모델로 수용될 수 있을 것이라 믿는다.

지난 70년간 한국사회를 지배한 반공주의는 민주주의를 후퇴시켰고, 이는 복지국가를 만들어갈 주체세력을 약화시켰다. 한국의 시민사회운동과 성찰적인 지식인들은 지속적으로 민주주의를 지키기 위한 힘겨운 노력을 해야 했다. 또한 경제 제일주의, 나아가 선성장 후분배라는 이데올로기는 지속적으로 복지체제의 도입과 그 현실화를 지연시켰다. 1987년 이후 형식적 민주주의는 일정 정도 실현되었지만, 반공주의는 반북주의로 탈바꿈하였고, 개발국가는 신자유주의로 옷을 갈아입었다고 말한다. 더불어 지난 20년 사이에 소득의 불평등과 양극화는 걷잡을 수 없이 확산되고 있다. 바로 이런 현실에 대응하여 반북 개발국가를 평화복지국가라는 대안개념으로 치환해가려는 것이 이 심포지엄의 주된 목표가 되었다. 새로운 대안체제의 제시와 새로운 대안 이데올로기의 모색은 이제 출발을 선언하지만, 이는 멀고도 먼, 그렇지만 우리 현실을 조금씩 바꾸어가는 과정이 될 것이다.

지금 민주주의의 심각한 후퇴가 벌어지는 여러 현실 정황들을 지켜보면서, 우리는 점점 더 적절한, 다시 말해 보통 시민들이 공감할 수 있는 대안담론을 창안하는 것이 얼마나 시급한 과제인가를 실감하고 있다. 동시에 경제민주화에 반대하는 세력들, 민주주의의 역행을 자초하는 집단들이 내세우는 담론이 얼마나 심각하게 대중을 현혹하고 있는가를 지켜보면서, 담론의 창안자, 담론의 확장자로서의 지식인 역할에 대한 자책과 반성을 할 때가 많다. 이런 점에서 보통의 시민에게 좀 더 다가갈수 있는, 좀 더 쉽게 설득할 수 있는 담론의 개발이 필요할 것이다. 대안사회를 지향하는 사람들이 만들어내는 주장들이 사회적 헤게모니를 확장할 수 있는 방안에 대한 치열한 고민도 필요하다. 이런 점에서 아직은 우리 사회에서 생소한 평화복지국가 담론을 보다 정교하게 다듬고 확산하기 위한 유용한 방법론의 모색도 필요하다고 생각한다. 이 과정에서 시민단체의 역할은 새로운 담론(discourse)을 유통시키는 것이고, 이런 맥락에서 참여사회연구소는 참여연대를 위시한 많은 시민단체들과의 밀접한 소통과 협업이 필요하다.

이번 심포지엄을 통해 '안보개발국가에서 평화복지국가로 가는 길'을 독일의 경험과 비교하면서 한국의 미래 비전을 찾으려는 참여사회연구소의 시도는 매우 시급한 과제이고, 이는 지금 귀중한 성과로 나타나고 있다. 역사적 맥락이 다른 두 국가를 비교하는 것은 쉽지 않다. 독일은 제2차 세계대전의 전쟁 책임을 상당수 안아야 했던 패전국이고, 동시에 집단학살이라는 전대미문의 악행과 함께 천만 명 이상의 희생자를 낸 가해 국가이다. 그런 점에서 독일과 한국을 비교하는 것에는 여러 한계가 따른다. 그럼에도 불구하고 통일 이후 독일이 이루어낸 사회복지국가의 성과는 여러 측면에서 우리에게 많은 교훈을 주고 있다. 특히 통일독일이 소득보장이라는 윤활유를 통해서 옛 동독의 체제전환을 성공적으로 달성하였을 뿐 아니라, 나아가 사회서비스의 전반적인 확충을 통해 옛 서독의 불완전한 복지인프라까지도 한 단계 발전시키는 성과를 거둔 점에 대한 참여사회연구소의 분석은 앞으로 한국의 미래 통일 과정에도 의미하는 바가 적지 않다. 다시 말해 통일 덕분에 '복지국가의 뒤늦은 완성'에도 성공한 독일의 경험은 우리에게 매우 소중한 교훈으로 다가오고 있다.

한 가지 조언할 점은 오랫동안 성장 제일주의 사회에서 길들여진 한국의 시민들에게 당위성이나 고매한 이상주의만으로 새로운 담론을 전달하는 것에는 한계가 있다는 것이다. 이제 새로운 담론을 유포하는 과정에서 우리는 평화복지국가야 말로 우리가 가장 잘, 안전하게 살 수 있는 길임을 보다 대중적인 언술로 설득할 수 있어야 한다.

이런 맥락에서 우리가 독일을 소개할 때, 항시 독일이 민주주의 발전이나 통일을 성공적으로 달성한 성숙한 국가로, 이념적으로 진보적인 사회로만 설명하는 방식에도 주의해야 한다. 최근 구미 역사학계에서는 EU의 대표주자로 국제사회에서 주목받는 독일의 역할과 관련한 논쟁이 있다. 이 논쟁에서 독일국가가 세계정치나 국내정치에 대응한 이면을 들여다보면 독일의 행위는 '경제적 발화와 군사적 자제의 교묘한 결합(a strange mixture of economic assertiveness and military abstinence)'이라는 해석이 더 지지를 얻고 있다. 즉 독일을 둘러싼 역사가나 사회과학자의 최근 논쟁에서 이제 독일이 히틀러의 제3제국을 넘어 제4제국으로 가는 것이 아니냐는 '제4국 언설'이 나오지만, 제4제국을 지향하는 독일의 국가주의는 사실은 실용주의에 기반을 두고 있다는 것이다. 이런 점은 우리에게 환기하는 바가 적지 않다. 이런 맥락에서 독일이 걷고 있는 민주주의, 평화, 복지국가의 길이 그 근저에는 실용주의적 정향을 깔고 있는 점을 우리 사회에서도 강조할 필요가 있다는 것이다. 평화체제와 복지사회의 결합이라는 다소 이상적으로 들리는 평화복지국가의 경로가, 독일과 마찬가지로, 우리에게 더 많은 실익을 가져다주는 실용주의적인 길이라는 언설을 대중적으로 풀어내는 방향으로 우리의 논의가 보완될 필요가 있다.

이제 한국사회의 발전을 둘러싸고 벌어질 담론투쟁에서 '평화복지국가' 패러다임이 중심적 역할을 할 것을 기대하며, 참여사회연구소의 평화복지국가 연구를 위한 노력에 박수갈채를 보낸다.

서장

평화와 복지의 공진국가, 독일의 경험과 한국의 과제

이병천(강원대학교 경제무역학부 교수) · 윤홍식(인하대학교 행정학과 교수)

1. 문제와 관점

평화와 복지가 사이좋은 친구가 될 수 있을까. 남북이 서로 갈려 동족상
잔의 참혹한 비극을 겪었을 뿐더러, 분단체제 아래 평화를 등진 반공안
보 제일주의와 복지를 등진 경제성장 제일주의가 오래도록 국정이념으
로 국가운영체계 및 국민의 삶을 지배해 온 나라에서 말이다. 또 이런 나
라에서 어떻게 해야 평화와 복지가 서로 잘되게 북돋아주는 친구 사이가
될 수 있을까. 선행한 다른 나라들의 역사적 경험에서도 평화와 복지가
상부상조하는 선조합은 결코 쉽지 않았다. 분단체제 아래 한국전쟁의 어
두운 유산 그리고 반공안보 및 경제성장의 두 제일주의 지배의 '과거적
폐(積弊)'가 뿌리 깊게 쌓여 있는 채로 급격히 시장자유화 시대에 돌입한
한국에서는 더욱 힘겨운 일이다. 그러나 우리는 그 두터운 장벽 또는 경
계를 넘어서는 일, 평화와 복지가 상호 공진(共進)하는 국가체제를 만드
는 일이 피할 수 없는 시대적 과제라고 생각한다.

사람들은 물을 것이다. 왜 굳이 평화와 복지가 만나야 할까. 둘은 별 개의 문제가 아닌가. 뿐만 아니라 한 마리 토끼도 잡기 어려운 판국에 한꺼번에 두 마리 토끼를 잡으려다 한 마리조차 잡지 못하는 것은 아닌가. 당연한 지적이고 우려다. 한반도 수준에서 남북 간 적대적 분단체제를 해체하고 상호 교류협력하며 평화체제를 발전시키는 일, 적대적 분단과 직간접적으로 연관된 비인간적,구조적 폭력을 해소하고 적극적 평화의 여건을 창출하는 일과 남한 수준에서 성장 제일주의를 넘어 공동으로 사회경제적 위험에 대처하고 나아가 저마다 인간다운 좋은 삶을 영위할 수 있도록 복지체제를 발전시키는 일은 서로 다른 문제이다. 그럴 뿐더러 한반도 평화의 문제란 북한체제에 대한 인식과 대북관계 문제를 끌고 들어오기 때문에 이는 오히려 복지 문제와 별개로 풀어야 한다는 주장도 충분히 제기될 수 있다.

그렇지만 우리의 생각은 이와 좀 다르다. 우리는 복지국가로 가는 남한의 길이 대결적 분단체제 및 거기에 구속된 반공안보 제일주의에 갇힌 채 진행되는 것에 반대한다. 그런 대결주의적 반공복지국가 노선에 동의하지 않는다. 나아가 한반도 수준에서 대결적 분단 – 반공안보 체제가 지배하는 가운데 남한의 복지국가의 길이 원활히 진행될 것이라고 믿지도 않는다. 바로 그런 이중의 의미에서 복지의 가치와 평화의 가치를 동시에 추구하며 더욱이 그 둘이 동반 성장하며 선순환 시너지를 내는 길, 그런 평화복지 공진국가의 길이 우리는 원하는 길이다.

또 다른 한편 평화복지국가는 안보 – 성장 제일주의 국가의 대항담론일 뿐만 아니라 통일 우선 민족주의에 대한 대항담론이기도 하다. 남한의 범민주 진보 계열 중에는 지나치게 민족주의에 경도되어 통일을 지상과제처럼 생각하는 강력한 흐름이 있어 왔다. 뿐만 아니라 박근혜 정부는 북한 흡수통일을 겨냥하는 이른바 북한 흡수통일을 겨냥하는 '통일대박론'을 펼치기도 했다. 이와 달리, 평화복지국가론은 통일보다 남북 간 평화체제 수립과 각 분단국가의 체제 개혁이 우선되어야 하며 그것이 체제 전환의 순리라고 생각한다. '통일비용'에 앞서 '비평화의 비용'과 미래에 얻어질 '평화이득(peace dividend)'에 눈을 돌려야 한다고 본다. 포괄적인(물질적, 비물질적인) 평화이득이 남한의 복지국가 발전을 촉진시킬 것이며, 복지국가 발전이 평화의 길로 가는 사회적 동의기반을 확장시킬 것이다. 나아가 평화체제의 발전과 남북한 각각의 체제 개혁이 평화적이고 사회통합적인 한반도 통일로 가는 기반을 튼튼히 하고 그 준비 능력을 획기적으로 신장시킬 것이다.

  그럼에도 불구하고 평화와 복지의 공진국가는 여전히 당위론 또는 이상주의적 담론에 불과한 것이 아닌가라는 비판이 기다리고 있다. 확실히 규범적 당위만으로는 부족하다. 기대어볼 만한 역사적 경험은 없을까. 우리가 이 연구에서 독일에 주목하는 이유가 바로 여기에 있다. 근래 한국에서 진행된 독일 모델에 대한 대부분의 연구들은 별다른 반성적 성찰 없이 독일 통일을 한반도 통일의 모델로 삼는다거나, 메르켈 집권기 독일경제가 어떻게 슈뢰더의 시장화 개혁을 이어받아 '독일병' 또는 '유럽의 환자병'을 치유할 수 있었는지 등에 집중되어 있다. 이와 달리 우리가 독일에 주목하는 이유는 무엇보다 이 나라가 지난날의 어두운 구체제와 단절하고 평화복지 공진국가로 나아가는 선진적 경험을 보여준다는 것이다. 그리고 그 기반 위에서 사회적, 평화적 통일의 길로 나아갔다는 것이다.

  독일과 한국은 역사적 발전양식에서 서로 공통의 계보에 속한다고 할 수 있는 대목들을 갖고 있다. 독일은 반공 권위주의 후발 개발국가의 길을 걸었고 그 뒤를 일본 그리고 한국이 쫓아갔다. 또한 독일과 한국은 제2차 세계대전 후 냉전체제 아래서 민족 분단의 고통을 겪었다. 독일과 한국 모두 냉전이 분단으로 이어졌을 뿐더러 그 '냉전분단체제'는 '내정

(內政)에서 구조적 분열'로 내재화된 체제이기도 했다.¹ 그러나 한국과 독일은 여러 대목에서 현저히 대비되는 차이점을 갖고 있다. 첫째, 무엇보다 한반도는 동족상잔의 내전을 치렀으며 그것이 이후의 역사적 궤적에 새긴 상처는 너무 깊다. 이는 냉전분단체제 그리고 내정의 구조적 분열상에서 독일과는 비교하기 어렵게 평화를 몰아낸 적대적 대결주의와 내정에서 억압 및 배제의 체제를 낳았다. 둘째, 독일은 19세기 이래 강력한 노동운동과 사민당으로 대표되는 진보정당 발전의 역사를 가졌다. 또이 때문에 보수세력도 이에 대응하는 국정운영 방식을 보여야 했다. 독일이 일찍부터 비스마르크 시대 이래 유럽을 선도하는 복지체제를 발전시킨 것도 이 때문이었다. 현대한국은 그런 좌우의 공존과 경쟁의 정치를 가져본 적이 없다. 한국 정치의 기본 구도는 진보좌파를 억압, 배제한채 극우성향이 짙은 보수세력과 자유주의 세력이 독점적으로 지배해온 정치였다. 이는 한국의 복지국가, 나아가 사회경제 민주화의 발전 전반을 심각하게 구속했다.

셋째, 두말할 것도 없이 한국과 독일은 전반적 발전 수준이나 자본주의 세계체계에서 갖는 위상이 전혀 다르다. 독일은 19세기 후발국으로 출발했으나 빠르게 조숙한 선진 산업국가이자 제국주의 지배국가의 위치로 올라섰다. 제2차 세계대전 이전은 물론 이후 오늘에 이르기까지 독일이 이룬 높은 성취는 그간 지배적 강대국으로서 이 나라가 누려왔고 지금도 유럽통합 패권국으로서 누리고 있는 이득에 적지 않게 의존하고 있음을 결코 빼놓을 수 없다. 반면에 근대한국은 시련에 찬 식민지 종속국의 길을 걸었다. 현대한국은 산업화와 민주화의 후발 이중혁명을 성공적으로 달성했지만 그 대외적 위치는 한미일 반공블록 속의 최하위 파트

---

1   사카모토 요시카즈(坂本義和). 1963. 〈日本における國際冷戰と國內冷戰〉. 江口朴郎 外. 밑
    《波講座現代 第6 冷戰 : 政治的考察》. 岩波書店.

너였으며, 민주적 평화복지국가 및 사회적, 평화적 통일을 향한 미래 진로에 있어서는 독일이 지배적 강대국으로 자본주의 세계체계에서 누렸던 이점과는 완전히 대비되는 불리점을 안고 있다. 과거, 현재, 미래 모든 시간에서 한국이 처한 세계체제적 조건은 독일과 판이하게 다르다.

　이 공동연구는 한국과 독일이 갖고 있는 이상과 같은 공통점과 차이점의 인식 위에 이루어진다. 우리는 독일이 평화와 복지의 공진국가, 그리고 사회적, 평화적 통일이라는 시대적 도전을 슬기롭게 풀어나간 세계적으로 보기 드문 선진적 경험을 보여준다고 생각하며 한국이 독일로부터 큰 교훈과 함의를 얻을 수 있을 것으로 기대한다. 그러나 한국이 독일과 동일한 길을 걸어갈 수는 없다. 한국은 자신의 고유한 조건과 역량을 고려하는 가운데 독일이 이룬 성취와 그 과오를 함께 배워야 한다. 이 연구는 그런 이중의 의미에서 독일이 주는 교훈을 학습하고 한국이 나아갈 민주적 평화복지국가 및 평화적, 사회적 통일의 여정에 창조적으로 활용할 수 있는 경험 자원으로 삼고자 한다.

2. 책 내용 소개

이 책은 모두 3부로 구성되어 있다. 제1부는 이론적, 경험적으로 평화복지 공진국가의 시각을 제시하는 총론 격의 글들을 수록했다. 제2부의 주제는 통일, 평화, 체제전환에 대한 것이다. 제3부의 주제는 복지, 경제, 노동 그리고 대외 관계다.

　제1부는 평화복지국가에 대한 총론에 해당하는 3편의 글로 구성되어 있다. 제1장 이병천의 글은 평화복지국가의 7가지 기본명제를 제시하고 있다. 이어 평화복지국가의 길을 독일 대 일본, 박정희 대 김대중이라

는 대립구도를 통해 그려낸다. 일본의 민주주의 개혁이 냉전체제로 인해 절반의 성공에 그친 데 반해 독일은 전후 민주주의 개혁과 탈냉전시기에 민주주의, 평화체제, 복지국가를 구축하는 데 성공했다고 평가하면서 한국이 지향해야 할 평화복지국가의 전망과 독일의 모습을 중첩시킨다. 특히 이병천은 독일이 나치즘이라는 극우 전체주의의 유산과 단절하는 데 성공했다는 점에 주목한다. 냉전 – 분단시대에 독일은 성숙한 민주주의를 통해 경제민주화, 복지국가, 평화체제가 공진하는 평화복지국가를 형성해갔기 때문이다. 동일한 냉전시기 한국에서 박정희 권위주의 체제는 분단 – 냉전을 빌미로 민주주의를 압살하고, 독점재벌의 이익을 공고히 했으며, 한반도를 극도의 긴장 상태에 몰아넣었다. 반면 김대중은 이러한 박정희 권위주의체제에 대한 대안을 독일에서 발견했고, 한국에서 평화복지국가의 전망을 모색했다는 것이다. 하지만 안타깝게도 1997년 외환위기를 거치면서 김대중의 평화복지국가 전망이 신자유주의 체제로 전환되면서 한국에서 평화복지국가의 길은 커다란 곤경에 직면하게 되었다. 이병천은 김대중의 신자유주의적 개혁의 실패는 이명박 – 박근혜 정권의 탄생으로 이어지면서 한국은 저질 불량국가로 전락했다고 평가한다. 결국 한국에서 평화복지국가의 과제는 김대중의 길을 넘어서 반성적 현대화의 새 길을 여는 것으로 모아진다. 이병천은 한국 사회에서 평화복지국가의 실현은 박정희의 개발독재의 길과 김대중의 민주주의, 시장경제, 생산적 복지모델을 넘어서는 전망이 사회적으로 공유될 때 가능하다고 진단한다.

제2장은 평화복지국가를 반공개발국가와 대비해 정의하려고 시도했다. 윤홍식은 일제강점기부터 박정희 권위주의 정권을 거치면서 형성된 반공개발국가가 더 이상 한국사회가 직면한 사회적 위험을 해소할 수 없는 것이 명확해졌음에도, 한국사회에서 반공개발국가의 변형인 신자

유주의적 반북(反北)개발국가가 여전히 위력을 떨치고 있다고 비판하면서, 그 대안으로 평화복지국가를 제시하고 있다. 그는 대안체제로서 평화복지국가를 만들어가는 과정은 한국사회에서 복지국가를 만들어가는 과정과 한반도에서 평화를 만들어가는 과정이 공진하는 과정이라고 주장한다. 평화복지국가의 관점은 한반도 평화 정착이 민주주의로 대표되는 한국사회의 발전의 선결 조건이라는 분단체제 관점에 동의하지 않으며, 한국에서 복지국가를 만들어가는 과정을 한반도 분단과 무관하게 생각하는 관점에도 동의하지 않는다. 대신 한반도에서 평화를 정착시키는 과정이 한국사회에서 복지국가를 만들어가는 과정이며, 한국사회에서 복지국가를 만들어가는 과정이 한반도에서 평화를 정착시키는 과정이라고 주장한다. 흥미로운 점은 평화복지국가를 만들어가는 핵심 주체로 조직노동이 아닌 현재 신자유주의적 반북개발국가에서 가장 고통받고 있는 비정규직 노동자, 영세 자영업자, 여성, 청년, 지식인 등을 상정하고 있다는 점이다. 한국 복지국가를 만들어가는 과정에서 조직노동의 역할 자체를 부정하지는 않았지만, 서구에서 복지국가를 만들었던 핵심 세력인 조직노동의 역할이 한국사회에서 재현될지 여부에 대해서는 충분히 검토해볼 만한 가치가 있어 보인다. 더불어 평화복지국가의 핵심 사회보장 체제로서 시민권에 근거한 (현물과 현금을 포함한) 사회적 급여 중심의 복지체제를 구축해야 한다는 것도 한국 복지국가의 전망과 관련해 많은 논란을 야기할 것으로 보인다.

　　제3장은 평화체제의 관점에서 한국 복지국가의 수립을 생각해보게 한다. 구갑우는 탈식민, 탈패권, 탈분단의 시각에서 민주화와 탈냉전 이후 한반도에서 평화체제의 수립이라는 과제가 갖는 역사적 의미와 쟁점을 검토한다. 구갑우는 한반도에서 평화가 힘의 우위에 의한 평화가 아니라 한반도 평화를 둘러싼 당사자들의 지난한 논의와 협력을 통해 만들

어지는 제도의 건설을 통해 이루어져야 한다고 주장한다. 더 나아가 구
갑우는 한반도 평화체제 구축을 위해 1945년 8월 해방 이래 한국사회에
서 누구도 거부할 수 없었던 통일국가의 수립에 대한 열망을 잠시 내려
놓을 것을 권한다. 정전체제의 대안이 통일이 아니라 "평화체제"여야 한
다는 구갑우의 이러한 주장은 통일을 열망하는 우리 모두에게 깊은 고
민을 던져준다. 그러면서 구갑우는 "한반도 평화체제는, 정전체제와 통
일이 야기하는 갈등의 실재를 인정하고 그 갈등의 전환을 시도하려는 접
근"이라고 이야기한다. 평화체제는 분단을 넘어 통일에 이르는 경로일
수도 있고, 남북의 실체를 인정한 새로운 관계를 의미할 수도 있다는 것
이다. 구갑우의 글을 통해 통일이 한반도에서 살고 있는 우리에게 '당위
적 과제'가 아닌 남북한 체제의 변혁을 통한 결과가 되어야 한다는 어렴
풋한 가능성을 보게 된다. 구갑우는 "평화국가" 만들기가 없는 한국 복
지국가의 확장은 보수의 기획이 될 수 없다고 단언하면서, 평화, 복지,
녹색이 공존하는 한반도 남북에서의 체제 전환을 꿈꾼다.

　　제2부의 4개의 장은 독일 통일, 체제 전환, 평화 문제와 관련된 흥
미로운 쟁점들을 다루고 있다. 먼저 제4장 "통일독일의 사회통합과 복지
국가의 전환"에서 황규성은 통일 이후 독일 복지국가에 대한 평가를 통
해 한반도 통일 이후 우리가 그려야 할 통일 한반도의 복지국가에 대한
상상력을 자극하고 있다. 먼저 황규성은 많은 논란이 있음에도 불구하
고 통일 이후 독일 복지국가의 성과를 긍정적으로 평가한다. 더욱이 최
근 10년 동안 통일독일은 유럽의 병자에서 성공적인 경제를 만든 국가
로 재평가되고 있다는 점에서 경제성장과 복지국가의 강화를 동시에 이
룬 사회로 평가할 수 있다는 것이다. 황규성은 먼저 통일 이전의 동서독
의 복지체제를 비교 검토하고, 상이한 특성을 가진 두 복지체제가 어떻
게 하나의 복지체제로 통합되었는지를 보여준다. 그리고 통일 이후 지난

사반세기 동안 독일 복지체제가 걸어왔던 길에 대한 흥미로운 이야기를 들려준다. 특히 통일 한반도의 복지체제는 남북한의 생활수준을 균등히 하되, 제도적 배열 방식을 달리하는 1국가 2복지체제가 적절해 보인다는 황규성은 주장은 지금까지 없었던 새로운 주장인 동시에 수많은 쟁점을 내재하고 있다는 점에서 흥미롭다.

송태수는 제5장에서 독일의 경제통합이 한반도에 주는 함의를 검토했다. 그에 따르면 동서독의 경제통합은 신속한 사유화와 경쟁력 없는 기업의 퇴출이라는 엄격한 시장주의적 구조조정 과정으로 진행되었고 이는 동독 경제의 몰락을 가져왔다. 그럼에도 평화적 이행이 성공적으로 이뤄졌다. 저자는 그 성공의 근저에는 동서독 모두에게 역사적 유산으로 내재되어 있던 "사회국가"라는 바이마르공화국의 유산이 있었기 때문이라고 주장한다. 구체적으로 송태수는 독일의 경제통합 과정을 중심으로 독일 통일과정에서 발생한 문제를 개략하고, 평화적 체제전환을 가능하게 했던 프로이센제국의 통일과 바이마르공화국의 노동기본권 보장, 사회국가 원리, 사회보험의 제도화 과정을 통해 살펴본다. 더불어 이러한 역사적 경험이 동서독 헌법과 사회보장 관련 법들에서 어떻게 발현되고 있는지를 우리에게 보여준다. 이를 통해 송태수는 독일 통일이 한반도 통일에 주는 함의를 정리해나간다. 송태수의 글은 평화복지국가를 지향하고, 궁극적으로 한반도의 통일을 고민하는 우리에게 중요한 숙제를 던져준다.

제6장에서는 분단 이후 1990년 통일 전까지 독일에서 통일 모델로 검토되었던 다양한 국가연합 모델을 통해 한국에서 평화체제, 더 나아가 통일한국의 모습을 상상하려는 이동기의 시도가 펼쳐진다. 그는 구갑우의 평화체제론이 국가연합론을 다루고 있지 않음을 비판한다. 또 제4장과 제5장에서 복지국가통합과 경제통합을 긍정적으로 검토했던 황규성

과 송태수와 달리 통일독일이 동서독 간의 격차를 줄이는 데 실패했다고 평가하고, 그 원인을 흡수통일에서 찾고 있는 듯하다. 그리고 그 대안으로 국가연합 모델을 상상하고 있는 것 같다. 그렇기 때문에 이동기는 독일에서 평화체제와 통일국가 수립을 위해 반세기 가까이 논의되었지만 실현되지 못했던 국가연합의 길을 한반도의 평화체제, 더 나아가 통일 한반도를 위한 대안으로 검토할 것을 우리에게 요청한다. 독일이 가지 못한 길인 "국가연합"을 한반도에 실현한다니 그 얼마나 멋진 상상인가? 특히 "국가연합의 분단 극복 방식을 평화국가와 평화체제 구상과 대비해 후자를 따로 떼어 독자적으로 구상하는 것도 현명하지 못하다"라는 이동기의 주장은 평화복지국가를 지향하는 우리에게 많은 논쟁점을 던져 준다.

　　제7장은 통일 이전 동독과 북한의 복지와 평화정책을 비교하는 글이다. 장희경의 문제의식은 명확하다. 냉전의 서쪽 전선이었던 독일은 1989년 베를린장벽의 붕괴와 함께 평화적 통일을 길을 걸었는데 왜 한반도는 지난 20년간의 탈냉전 기간 동안에도 냉전적 대립이 조금도 변화하지 않고 유지되고 있느냐는 것이다. 독일은 어떻게 냉전적 대결을 청산하고 평화체제, 더 나아가 통일국가를 이룩할 수 있었는지가 그가 제기하는 문제제기의 핵심이다. 장희경의 글을 높이 평가해야 하는 이유는 그간 독일통일과 관련해 서독의 관점에 익숙한 우리에게 장희경의 글이 통일의 또 다른 한쪽인 동독의 평화정책과 복지정책에 대한 이해를 제공하는 동시에 이를 한반도 통일의 중요한 축인 북한의 평화정책과 복지정책과 비교할 수 있는 기회를 주고 있기 때문이다. 이 글을 통해 장희경은 분단된 한반도에서 패권을 실현하려는 어느 누구의 시도도 성공할 수 없기 때문에 남북 모두 흡수통일이라는 패권적 시도를 버릴 때 비로소 한반도에서 평화체제의 수립, 더 나아가 통일 한반도가 가능하다는 것을 보여주고 있다. 실제로 장희경은 1960년대와 1970년대 사회주의 체제

의 우월성을 전제로 북한이 시도했던 패권적 통일시도가 실패했던 것처럼, 현재 자본주의 체제의 우월성에 근거한 남한의 패권적 시도 또한 결코 성공할 수 없다는 것을 우리에게 이야기해주고 있다.

제3부는 통일독일의 현재 모습을 사회국가, 경제, 노동시장 그리고 대외 관계를 중심으로 살펴보고 있다. 먼저 제8장에서 이호근은 독일 사회체제의 핵심이라고 할 수 있는 '사회국가(Sozialstaat)'에 대한 풍부한 이야기를 우리에게 들려주고 있다. 일반적으로 우리는 독일의 사회국가를 복지국가와 유사한 개념으로 이해하고 있지만, 독일의 사회국가는 복지를 넘어 정치, 경제, 사회 질서를 모두 포괄하는 개념이라고 이야기해준다. 이호근이 정리한 바에 따르면 사회국가란 "헌법에 규정된 사회적 정의의 구현을 통해 궁극적으로 개인의 실질적인 자유와 평등의 실현을 추구하는 국가"라고 할 수 있다. 그리고 이호근은 이러한 독일의 사회국가는 어느 날 갑자기 만들어진 것이 아니라 오랜 역사적 과정에서 독일 사회가 구성한 역사적 구성물이라는 점을 강조한다. 이호근은 비록 역사적 구성물인 독일 사회국가가 평화복지국가를 지향하는 한국사회에 어떠한 함의를 주고 있는지에 대해 직접적으로 언급하고 있지 않지만, 우리는 독일 사회국가를 둘러싼 제반 논의를 보면서 독일 사회국가가 한국 사회에 주는 함의를 생각해볼 수 있을 것이다. 특히 독일은 영국, 미국, 프랑스와 달리 성공적인 시민혁명을 경험하지도 않았고, (바이마르 공화국의 경험이 있지만) 20세기 중반에야 파시즘체제에서 벗어나 민주주의의 길을 걷기 시작했음에도, 분단을 넘어 경제 발전을 이룩한 것은 물론 복지국가 또한 비교적 성공적으로 유지하고 있기 때문이다.

이명헌과 원승연이 공동으로 집필한 제9장 "독일 경제체제의 특징과 중소기업"은 독일 경제의 강력한 복원력이 독일의 중소기업의 특성과 밀접한 관련이 있다는 것을 보여주고 있다. 한때 유럽의 병자로 불렸던 독일이 유럽경제의 기관차로 탈바꿈하게 된 중요한 원인 중 하나로 강한 중소기업이 주목받고 있기 때문이다. 대기업 중심의 한국 경제체제가 직면한 산업구조의 양극화 현상을 생각한다면 독일의 경험이 한국경제에 주는 함의는 매우 클 것이라고 생각된다. 이명헌과 원승연의 지적처럼 한국경제가 강력한 중소기업 구조를 구축하지 않는 한 현재 한국경제가 직면한 문제를 해결하기는 어려워 보인다. 물론 정치, 경제, 사회의 역사적 경험이 상이한 독일의 중소기업 모델을 한국경제에 그대로 적용하는 것은 불가능하고 적절하지도 않다. 하지만 독일의 역사적 경험이 현재 한국경제가 직면한 문제를 풀어가는 중요한 실마리를 던져주고 있는 것은 분명해 보인다. 결국 대기업 중심의 수출주도형 성장전략으로는 더 이상 한국경제의 지속가능성이 담보될 수 없기 때문이다.

제10장 "독일 고용체계의 전환과 동서독 노동시장의 통합"은 우리의 관심을 독일 노동시장 정책으로 이끈다. 이상호는 이 장에서 독일 노동시장 정책을 분석하면서 2000년대 초 독일의 적녹연정이 추진한 노동시장 정책(일자리 활성화법, 하르츠개혁, 아젠다 2010)이 독일 노동시장을 완전히 새로운 국면으로 이끌었다고 평가한다. 물론 이에 대한 평가는 엇갈린다. 일부에서는 이러한 정책들이 독일에서 고용 기적을 이끌었다고 극찬하는 반면 다른 한편에서는 노동시장의 고용안정성을 심각하게 훼손하고 양극화를 심화시켰다고 평가한다. 이상호의 입장은 부분적으로 노동시장의 분절화가 확대된 것은 사실이지만 동서독 지역 간의 불평등의 완화라는 측면에서 보면 노동시장 개혁은 성공적이었다고 평가한다. 동서독 지역 간의 격차는 급격하게 감소했고, 이에 따라 사회통합의 수준도 상당히 높아졌다는 것이다. 이러한 평가는 동서독 간의 격차가 여전히 지속되고 있다는 이동기(제6장)의 진단과는 상반된 것이어서 흥미롭다. 여하튼 이상호는 성공적인 노동시장 개혁을 위해서는 노동시

장제도, 노사관계, 사회보험제도 등에 대한 종합적인 접근이 필요하고, 국가가 중요한 역할을 담당해야 한다는 것을 확인해주고 있다. 통일 이후 독일 노동시장에 대한 분석은 매우 이질적인 노동방식을 제도화한 남북을 생각한다면 매우 중요한 함의를 우리에게 전달해주고 있다.

마지막 제11장에서 구춘권의 글은 우리의 시각을 독일에서 유럽연합 차원으로 확대시켜준다. 구춘권은 현재 독일모델의 특성을 일국적 차원이 아닌 전후 자본주의 세계체제라는 관점에서 조망할 필요가 있고, 현재 강력한 독일경제도 "유로존의 작동방식과 무관하지 않다"고 주장한다. 그리스 경제위기에 대해 독일과 유럽연합이 예상과 달리 강력한 조치를 취한 것도 결국 유로존의 위기가 금융위기에서 재정위기로 전환된 것과 밀접한 관련을 갖는다는 것이다. 구춘권은 현재 유로존의 위기의 배경을 유로존의 구조적 불균형과 독일모델의 관계를 통해 분석하고, 유로위기에 대한 유럽연합의 대응을 살펴봄으로써, 유럽연합에서 독일의 위상과 역할을 조망했다. 특히 유럽연합의 위기와 독일의 지위와 역할을 그리스의 위기를 통해 살펴본 구춘권의 글은 최근 영국이 유럽연합에서 탈퇴를 결정함으로써 그 중요성이 더욱 커졌다. 어쩌면 프랑스 경제부장관의 생각과 달리 유럽연합의 새판짜기는 이미 시작되었는지 모르고, 유럽연합은 지금보다 더 높은 수준의 긴장과 딜레마를 안고 가야 할지도 모른다. 물론 유로존의 위기에 대한 논의가 평화복지국가 실현에 어떤 함의를 줄 수 있을지 명확하지는 않다. 하지만 19세기 이래 자본주의 세계체계의 통합성이 점점 더 높아지고 있다는 점을 고려하면, 평화복지국가를 실현해야 하는 한국사회의 과제 또한 일국적 차원을 넘어 동아시아와 자본주의 세계체제를 그 시야에 넣어야 한다는 것은 분명해 보인다.

제1부 평화복지국가의 시각

제1장

한국은 평화복지국가를 건너뛰는가
— 한국모델의 성찰과 반성적 현대화의 과제, 독일의 경험과
관련하여[1]

이병천(강원대학교 경제무역학과 교수)

1. 문제 ― 반동적 근대화에서 반성적 현대화로

근현대 다양한 자본주의 발전 경험의 비교사에서 우리는 많은 것을 배운
다. 이 연구는 그중에서도 권위주의적 추격 발전과 이후 탈추격의 다양한
진화 경로가 보여주는 경험과 그 교훈에 주목한다. 독일 그리고 일본은
19세기 이래 세계체제 역사에서 추격 발전 경로를 걸었던 대표적인 나라
다. 한국은 발전 격차나 세계체제에서 위치 차이 때문에 이들과 같은 제
국주의와 파시즘, 전범국가의 길을 걷지는 않았으며 이는 매우 다행스런
일이다. 개방이익을 잘 활용한 것도 크게 다른 점이다. 그러나 박정희 시
대 이래 권위주의적 근대화 경로와 특성의 본질적인 부분, 즉 국가 재벌
동맹의 주도하에 성장 능력은 뛰어나면서도 권력 집중과 극단적 반공민
족주의 경향 때문에 반성적 견제, 감시력은 취약하며 그것이 엄청난 정치

---

1   이 글의 핵심 부분은 계간지 《동향과 전망》 98호(2016)에 "한국은 독일모델에서 무엇을 배
울까"라는 제목으로 기고되었다.

적 비극을 초래한 이른바 '반동적 근대화'(무어 1985〔1966〕)의 특성은 독일과 일본을 매우 닮았다(이병천 2006; 이병천·조현연 2001). 다른 한편, 독일·일본과 한국의 발전 양식에는 근본적 차이도 존재한다. 제2차 세계대전 후 독일과 일본은 패전국으로 연합국 점령 아래 평화와 민주주의를 위한 중대한 개혁 과정을 거쳤다. 그렇지만 현대 한국은 그와 같은 구체제 청산과 개혁 관문을 통과하지 못했다. 무엇보다 6.25 내전을 겪었고 이후 남북 간 체제 대결과 적대적 공생이 지속되었다(이병천 2014: 28, 40-41). 극우적 냉전분단체제 아래 '국가안보'란 남북 간 대결주의뿐만 아니라 이른바 '내부의 적'에 대한 배제와 억압적 통제를 의미했다(이병천·조현연 2001: 21). 민주화 이행과 군부독재 청산 이후에도 안보와 '종북'의 이름을 내세운 배제와 억압은 끈덕지게 지속되고 있다. 이런 특수한 한국적 조건 때문에 독일-일본-한국의 반동적 근대화 발전양식의 공통 계보에서 한국은 지배 세력의 힘과 민주적 견제·균형력 간의 불균형 또는 비대칭성이 가장 크며 사회권도 제일 열악하다(정무권 2009: 154-156).

　　세계의 추격·탈추격 모델 중에서도 우리는 특히 독일 모델에 주목하게 된다. 왜냐하면 독일, 일본은 유사하게 권위주의적 추격발전-파시즘의 경로를 걸었는데 제2차 세계대전 후 일본의 민주, 평화개혁이 냉전기의 '역코스'로 인해 중도 반절로 끝났음에 반해, 독일은 전후 제1차 민주개혁에 이어 탈냉전기에 민주주의, 평화체제, 그리고 복지국가로 나아가는 2차 관문까지 통과했기 때문이다. 독일은 글로벌 신자유주의 시대에 '더 많은 시장'을 향한 자유화 개혁을 단행하고 '이중화'의 그늘을 안게 됐지만 내부 사회통합이 깨어질 정도는 아니었다. 독일은 세계사에서 전례를 찾기 어려울 만큼 기적적인, 평화적이고 '사회적인' 통일을 달성했다(황규성 2011). 우리는 그 바탕에 선행 시기 구체제의 이중적 단절과 민주, 평화, 복지개혁이 공진화한 발전 역량이 축적되어 있었다고 해석한다. 분단

시대 서독은 '더 많은 민주주의 감행'(브란트)을 통한 경제민주화, 복지국가, 평화체제가 공진하고 선순환하는 민주적 평화복지국가라는 반성적 현대화 모델을 보여주었다. 서독이 달성한 민주적 평화복지국가의 기적과 역량의 축적 없이는 동서독의 평화적·사회적 통일도 불가능했다. 따라서 우리는 평화통일의 기적에 앞서 그리고 '라인강의 기적' 이상으로 서독 '평화복지국가의 기적'을 말해야 한다. 그리고 그 기적과 역량이 한국과 한반도의 진로에 주는 함의가 무엇인지를 깊이 생각할 필요가 있다.

독일이 '유럽의 병자'로 불리다 다시 유럽의 최강자로 되살아나자 한국에서도 덩달아 독일에서 배우자는 열풍이 불었다. 너도나도 독일 모델에서 배우자고 한다. 유로존의 최대의 수혜자가 되었으면서도 유로위기, 그리스위기에 무책임한 강경대응으로 일관한 독일, 아니면 사회적 통합성을 현저히 약화시키고 이중구조를 심화시킨 자유화 개혁이 한국이 본받아야 할 대목일까. 우리는 정녕 독일에서 무엇을 배워야 할까. 그렇지만 알고 보면 한국의 독일 배우기는 오랜 역사를 갖고 있다. 현대 한국은 제헌헌법을 만들 때부터 독일의 바이마르 헌법에서 크게 배웠다. 그런데 우리가 매우 흥미롭게 생각하고 주목하고 싶은 것은 권위주의적 산업화와 민주화 시대 각각 대표적 정치지도자였던 박정희와 김대중이 한국의 독일 배우기의 두 가지 전형적 방식을 보여주고 있다는 것이다. 박정희의 방식은 독일에서 비스마르크 및 히틀러 같은 지도자의 역할과 그 지도자를 잘 따르며 근면 성실한 민족적 기질을, 즉 그 반동적 근대화 경험에서 배우자는 것이었다. 이와 달리 김대중의 방식은 제2차 세계대전 후 이중적 단절과 복합적 개혁을 통해 구체제와 결별하고 민주, 평화, 복지가 공진화한 독일의 반성적 현대화 경험에서 배우자는 것이었다.

반동적 근대화에서 민주적 평화복지국가라는 반성적 현대화의 길로 나아가려는 오늘의 우리에게 박정희와 김대중의 독일 배우기는 어떤 대목에서 교훈을 주고 있는가. 또 우리는 어떤 대목에서 김대중의 길을 비판적으로 극복해야 하나. 이 연구는 이 문제에 대해 저자가 가진 일단의 생각을 피력해보려는 것이다. 먼저 본문의 2절에서는 민주적 평화복지국가라는 시대명제를 제시한다. 3절에서는 독일, 일본, 한국 발전 모델의 계보학을 살펴볼 것이다. 기존의 연구사 검토를 통해 삼국 발전의 공통점과 상이점을 보인다. 4절에서는 독일 발전양식이 보여주는 두 가지 궤적, 즉 비스마르크·히틀러의 구체제와 민주적 평화복지국가 현대체제를 보여줄 것이다. 이어 5절과 6절에서는 박정희와 김대중이 선도한 한국의 독일 배우기의 두 방식과 그들이 이끈 한국 모델의 두 궤적에 대해 살펴 볼 것이다. 이 연구는 비스마르크와 히틀러의 후예라 할 박정희가 아니라 민주주의자, 평화주의자 그리고 복지국가론자로서 김대중의 독일 배우기 방식을 계승할 것을 주장한다. 그러나 결코 그것이 전부는 아니다. 왜냐하면 김대중의 민주적 평화복지국가 따라잡기는 여러 이유 때문에 중도에서 좌초했고 비판적 성찰의 대목, 다시 말해 넘어서야 할 과제를 갖고 있기 때문이다.

2. 평화복지국가라는 시대명제

현대 한국은 1960년대 이래 권위주의적 남북대결 산업화와 뒤이은 보수적 민주화 이행을 통해 근대세계로 가는 특수한 '후발 이중혁명'의 경로를 거쳤다(이병천 2007). 산업화와 민주화 이후 한국은 국내적으로는 취약한 민주주의의 성숙화, 포용적 성장과 보편적 복지가 동행하는 대안적 사회경제 발전모델을 이루어내고, 한반도 수준에서는 남북이 적대적으로 상호의존해 온 냉전분단체제를 해체하고 교류협력을 통해 상호의존하며 항구적 평화체제를 구축해야 할 책무를 부여받았다. 이 과제는 보수정부의 경우 노태우 정부에서 일부, 민주정부의 경우 김대중 정부 및 노무현 정부에 이르러 반쪽 정도 실현되었으나 심각한 내부적 모순과 객관적 조건의 제약 때문에 중도에서 좌초했다.

오늘날 한국은 민주, 평화, 복지의 길이 대역류를 맞이했을 뿐더러 국정 최고책임자가 저지른 대국민 배신의 정치와 미증유의 국정농단으로 길을 잃은 상황이다. 이 시대적 퇴행과 마주해 '비정상을 정상화'하고 민주적 평화복지국가라는 시대 명제를 높이 세워야 할 때다. 평화복지국가는 권위주의적 안보개발국가의 반명제인 동시에 취약한 민주주의를 짓밟고 등장한 안보시장국가의 반명제이기도 하다. 이 두 가지 의미에서 민주적 평화복지국가는 산업화 50년 민주화 40년의 대한민국이 지향해야 할 반성적 현대화의 새 길이며 '중간적 유토피아'의 대안이다. 우리는 대안적 평화복지국가에 대해 아래와 같은 기본명제를 제시한다.

명제1. 민주적 평화복지국가는 성장지상주의 논리와 남북 간 적대적 공생의 안보논리 간의 공고한 동맹체제, 그리고 '권력을 시장에게 넘겨주고' 좌절한 민주화 이후 민주주의를 복지와 평화의 선순환 또는 공진 논리로 발전적으로 대체하려는 것이다. 이 국가체제에서는 복지가 평화를, 평화가 복지를 북돋우게 될 것이다. 남한의 사회경제적 불평등과 불균형의 심화, 그에 따른 삶의 불안과 미래불안은 정치적 민주주의를 위험에 빠트리고, 다시 이는 한반도 평화의 진전도 위협한다. 남한사회가 사회경제적 양극화와 삶의 불안 상황, '권력이 고삐 풀린 시장으로 넘어간' 상황을 극복해 다수 구성원들이 사람답게 살만한 곳으로 바뀌지 않는다면 눈앞의 단기주의에 빠져 북한 발전에 대한 지원 여력도, 북한 개혁을 추동할 선도력도 갖지 못할 것이다. 또 남한이 안보 '종북몰이'에 포획되어 있고 남북한 간의 평화 공존과 상생적 교류협력이 진전되지 않는다면 이는 민주주의의 정치경제적 성숙-복지국가-포용적 성장의 길을 가로막는 심각한 장애가 될 수밖에 없다. 적대적 분단체제 극복과 평화체제 수립과제를 소홀히 하면서 민주주의 심화와 복지국가 건설로 나아가려는 생각은 큰 한계를 갖고 있다.

　명제2. 민주적 평화복지국가는 우선적으로 산업화와 민주화 이후 남한이 나아가야 할 새로운 중간적 대안체제이지만, 결국 북한이 나아갈 미래 롤모델의 의미도 가질 수 있다. 북한이 남한과 같은 시간지평에서 민주적 평화복지국가의 대안적 전망을 갖기란 불가능하다. 남북 간의 엄연한 발전 격차를 직시해야 한다. 그러나 남북한은 평화복지국가 대안을 공유할 수 있다. 민주적인 평화복지국가 대안은 궁극적으로 미래의 한반도 평화 통일과 높은 발전 길로의 진화를 위해 남한이 정치경제적, 도덕적 이니셔티브를 갖게 해줄 것으로 생각된다.

　명제3. 평화와 통일의 가치, 그리고 그 도달 방법은 크게 다르다. 우리는 평화통일국가보다 평화복지국가가 먼저라고 생각한다. 후자의 안정적 정착이 선차적 과제이며 전자로 가는 민족적 과제는 이후 경로로 열려 있는 문제다(구갑우 2007). 최종 목표 이전에 역사적 과정 속의 변화가 더 중요하며, 역설적으로 통일을 주장할수록 통일의 미래는 더 멀어질 수 있다. 이렇게 평화복지국가론은 한국과 한반도가 나아가는 발전 경로와 전망을 보수세력의 이른바 '통일대박론'은 물론, 지나치게 민족주의에 경도된 평화통일론과도 다르게 바라본다.

　명제4. 평화복지국가란 평화와 복지의 선순환을 추구하지만 단지 그것만을 말하는 것은 결코 아니다. 그것은 평화복지국가의 좁은 의미일 뿐이다. 허약한 민주주의에서는 평화와 복지의 선순환도 취약할 수밖에 없다. 지속가능한 민주주의와 그 성숙화 없이는 평화복지국가도 지속가능하지 않다. 물론 우리는 민주주의와 평화의 관계가 그렇게 단순하지 않음을 알고 있다. 민주주의가 곧 평화를 의미하는 것은 아니며 평화주의/호전주의와 민주주의/비민주주의는 다른 레벨의 문제다. 요한 갈퉁의 뛰어난 통찰이 잘 말해주듯이, 민주적 국가도 폭력과 결합되고 호전적일 수 있으며 침략전쟁을 도모할 수도 있다(갈퉁 2000〔1996〕: 121-142; 주정립 2006). 그렇다고는 해도 어떤 능동적 힘이 평화가 지배의 수단으로 악용되는 것을 막을 수 있나 하는 문제가 제기된다. 민주주의, 더 정확히 말해 공화적 민주주의는 의사결정의 참여, 권력감시와 견제, 정보의 전달, 시민사회의 비판적 공론 형성 등을 통해 평화복지국가의 길에 획기적 진전을 가져온다(칸트 2008〔1795〕; 센 2013〔1999〕).[2] 민주주의의 진화와 성숙화 없이, 안보영역의 국가독점 해체와 시민 주권의 구축 없이, 무엇보다 국가권력의 오남용을 감시하고 국경도 가로지르는 자율적이고 성찰적인 시민사회의 자립적 발전 없이 평화국가의 수립과 지속적 발전은 기약하기 어렵다.

따라서 우리가 추구하는 것은 평화 자체를 국익으로 복지를 투자로 인식하며 제도 정치와 광장의 시민정치의 투 트랙으로 가는 성숙한 시민국가(坂本義和 2005: 287-312; 이태호 2007)로서의 시민민주적 평화복지국가이다. 시민민주적 평화복지국가는 지난 시기 전쟁동원과 사회주의 진압을 위해 복지를 당근으로 던져준 비스마르크식 전쟁복지국가(warfare-welfare state)에 대한 비판적 성찰 담론이기도 하다.

명제5. 평화복지국가 체제에서 각국은 타국의 비인간적, 비민주적 상황개선을 위해 평화적 방법으로 관여하고 지원해야 한다. 그러나 국제관계 그리고 '민족내부 특수 관계'에서 국가 주권의 자율성은 존중되어야 한다. '인도적 개입'을 명분으로 자율적 주권을 일방적으로 무시하는 오만한 패권적 '민주적 평화론'(Russett 1993)은 거부되어야 한다.[3] 약소

---

2   갈퉁은 민주주의에 반대하는 것은 아니지만 의외로 민주주의의 평화촉진적 역할에는 회의적인 것으로 보인다. 그는 평화/호전주의를 규정하는 지배적 요인을 문화라고 생각하는 듯하다. 나는 평화와 민주주의의 관계에 대한 이런 그의 설명이 일면적이라는 불만을 갖고 있다.

국들의 이해와 권리가 존중되고 그들이 정당한 발언권을 갖는 '국제관계의 민주화'(구갑우 2008)가 요구된다.

명제6. 우리는 정치적 삶에서뿐만 아니라 경제적 삶에서 민주적인 평화복지국가를 추구한다. 평화복지국가는 권력 및 계급관계, 그리고 집단적 주체들의 시계(視界) 등에 따라 불안정하게 흔들린다. 규제 없는 자본의 독재와 투자의 사적 독점체제, 무한경쟁과 투기자본의 창궐 아래서 사회적 시민권은 취약하다. 평화복지국가의 운명과 지속가능한 발전은 시장자본주의를 민주적으로 통제, 규율하고 공정한 시장참여와 협력 기회를 제공하는 경제민주화와 이에 기반한 포용적 성장체제를 어떻게 성공적으로 수립하느냐에 크게 달려 있다.

명제7. 한반도 평화체제는 그 자체로 고유가치를 갖는다. 그러나 한국 복지국가의 길 또한 남북 간의 적대적 분단 종식과 평화공존, 상생적 교류 협력에 크게 의존한다. 이런 우리의 인식은 복지국가의 길을 평화의 길과 분리해서 사고하는 이른바 '안보복지국가'론[4]과 갈라진다. 민주주의, 복지, 평화의 삼중 과제를 통합적으로 사고해야 한다는 것이 우리의 생각이다. 다른 한편 한반도 평화체제 수립 그 자체가 곧 남한의 복지국가 그리고 '더 많은 민주주의'를 가져오는 것은 결코 아니다. 남북한 통일이 그러하듯이, 평화체제 또한 남한 민주주의의 빈곤, 취약한 복지와 결합될 수 있기 때문이다. 따라서 오늘의 한국에서 성숙한 민주주의, 복지국가, 평화국가는 공진해야 할 통합적 과제이면서 동시에 구분되어야 할 독자적인 삼중 과제(이병천 2012)가 된다.

---

3   박명림(2006)은 브루스 러셋(Bruce Russett)류의 패권적인 민주적 평화론을 무비판적으로 수용하는 것 같다.

4   복지국가 혹은 경제민주화 길을 평화의 길과 분리시켜 사고하는 논의는 박근혜 정부의 사드 배치 결정을 둘러싼 찬반 논의에서 잘 드러났다.

3. 독일, 일본, 한국 발전양식의 공통 계보와 분기(分岐)

1) 독일, 일본, 한국 발전양식의 공통 계보

독일은 우리에게 무엇인가. 한국은 독일에서 무엇을 배워야 하는가. 우리는 독일의 발전 궤적에서 비스마르크-히틀러로 이어진 보수·반동적 근대화 모델과 함께 이와 대비되는 성숙한 민주적 평화복지국가 모델을 본다. 이 두 가지 대조적인 독일 모더니티의 역사적 궤적에서 제대로 교훈을 얻지 못하면, 새로운 사회적 시장 경쟁국가로 재부상한 독일도, 평화 통일의 독일의 실상도 잘 알기 어렵다. 독일의 발전양식은 대체로 일본과 묶어 논의되는 경우가 많은데 이 두 모델의 모더니티 경로가 보여주는 야누스적 두 얼굴에 대해서는 연구사적으로 베링턴 무어 (1988〔1966〕), 사카모토 요시카즈(坂本義和)(1998〔1997〕; 2005), 찰머스 존슨(1995) 등이 잘 말해주고 있다.

먼저, 무어(1988〔1966〕)는 근대세계로 나아가는 발전 경로를 세 가지 유형으로 구분했다. 제1경로는 부르주아적 시민혁명을 거쳐 서구형 민주주의로 나아간 선진적 유형인데 영국, 프랑스, 미국이 여기에 속한다. 제2경로는 위로부터의 권위주의적 보수혁명을 거쳐 파시즘으로 나아간 '반동적 근대화'(capitalist and reactionary route to modern world)[5]의 유형인데 독일과 일본이 대표적이다. 제3경로는 농촌혁명에서 공산주의로 나아간 유형으로 러시아, 중국이 여기에 속한다. 무어의 비교근대화 유형론은 립셋(Lipset 1960)류의 주류 근대화론을 넘어서는 갈등적, 복선적 근대성의 역사상을 제시하고 독일, 일본 모델을 반동적

---

5   유사하게 독일 역사학자 제프리 허프(Herf 1984)도 '반동적 근대주의'라는 개념을 사용한다.

근대화 경로로서 비판적 시선으로 볼 수 있게 해준다(Somers 2005).[6] 그러나 무어에 따르면 민주주의로의 통로는 패권적 부르주아지가 있는 곳에서 열린다. "부르주아지가 없는 곳에 민주주의는 없다"는 것이다. 또 그는 국가의 자율적 역할과 국제관계 속의 국가위치를 무시했다. 이런 점들은 무어의 큰 한계다(이병천 2007: 114-115).

일본의 평화학자 사카모토 또한 근현대 세계의 발전양식 유형론을 보여주고 있는데 그는 자본주의-민족주의-민주주의 모델(CND), 자본주의-민족주의-권위주의 모델(CNA), 그리고 사회주의-민족주의-권위주의 모델(SNA)의 세 가지를 제시했다. 문제의식과 유형화 모두 무어와 대체로 유사하다. 그러나 당연히 평화 문제를 중시한다. 또 새로운 것은 동아시아 니즈(NIES)문제에 대해 언급하고 있는 대목이다(사카모토(坂本) 1998〔1997〕: 227-249; 2005: 2-47). 그는 한국을 비롯해 현대 니즈가 맹목적 성장제일주의에 사로잡혀 있고 기성의 세계체제 위계구조 안에서 지위 상승을 도모하는 데 총력을 기울이는 것을 우려한다. 발전양식의 비교역사적 시각에서 볼 때 중요한 것은 그가 동아시아 니즈 문제를 단지 근래 문제가 아니라 이미 과거 100년의 역사를 가지고 있는 것으로 바라보고 있는 점이다. 알고 보면 전전의 일본이 니즈의 성격을 갖는 아시아 최초의 후발중간 제국주의였다.[7] 이 사카모토의 통찰에 의거해 우리는 전전 일본, 독일과 전후 한국 등 동아시아 니즈가 제국주의와 식민

6   미셸 만(Mann 1988)의 연구를 언급해두고 싶다. 그는 전제적 국가권력과 하부구조적 국가권력을 구분한 것으로 잘 알려져 있는데, 시민성 발전의 관점에서 마샬 류의 단순 진화론을 비판하면서 입헌주의에서 자유주의로 나아간 영국, 미국과는 달리 독일, 일본 등은 '절대주의에서 권위주의적 군주제로' 나아가는 독특한 패턴을 보인다고 지적했다.

7   데이비드 하비 또한 독일, 일본과 현대 동아시아 개발국가의 공통점에 대해 지적한다. "이러한 류의 국가개입주의〔동아시아 개발국가〕는 오래전부터 있어왔다. 비스마르크의 독일과 일본의 메이지 유신은 국가권력의 강력한 강제적 또는 지원적 역할에 일부 기인하여 자본축적의 영토로서 탁월하게 되었다"(하비 2005〔2003〕: 97-98).

지라는 결정적 차이의 존재에도 불구하고, 관민 협력 조직자본주의의 고성장 능력과 대비되는 체제의 자기 반성력과 견제력 결핍이라는 공통의 문제, 그리하여 민주주의와 시민사회 발전, 평화·복지국가를 향한 자기 변혁의 과제를 안고 있다고 말할 수 있다.

마지막으로, 존슨(Johnson 1982; 1987; 1994; 1995)은 사카모토 및 무어와는 또 다른 시각에서 수직적 관민 협력에 기반한 성공적 후발성장 체제 즉 '자본주의 개발국가' 모델로서 독일, 일본 그리고 한국이 공통의 발전 계보에 속한다고 파악하였다. 그는 시장과 계획의 시너지에 기반한 비스마르크-메이지-박정희 계보의 자본주의 개발국가를 '계획합리적' 국가라 보면서 계획이 시장을 대체한 레닌-스탈린적 '계획이데올로기' 명령국가 및 미국식 '시장규칙' 국가 또는 시장합리적 국가와 대비시킨다. 개발국가론의 핵심적 요점은 사카모토, 무어에는 비어있는 후발추격 성장 성공의 정치 경제학을 제공한다는 데 있다. 그런데 의외로 존슨은 보수적 개발국가 체제와 파시즘 및 군국주의 간의 연속성에 대해 다음과 같이 매우 중요한 지적을 했다.

"첫째, 그 중심에는 최소한으로만 필요한 이해집단 사이에 보수적 동맹을 통해 영속화하는 은밀한 권력기구가 존재한다. 둘째, 엘리트는 자신들의 목적에 저해될 수 있는 대중운동의 형성, 무엇보다 통합된 노동운동의 출현을 봉쇄하는 선제적 조치를 취한다 … 자본주의 개발국가 모델의 중핵에는 엘리트들이 계속 권력을 장악하도록 하는 은밀한 보수적 동맹이 존재한다 … 이 배열의 중요한, 의도하지 않은 결과는 민주적 발전을 저지하는 것이었으며 이는 다시 이후 파시즘과 군국주의 발전을 위한 비옥한 토양을 제공했다. 독일과 일본에서 경제발전은 경제적으로는 유능하지만 정치적으로는 거세된 부르주아지를 낳았으며 이는 이들 사회가 반동적 정치운동에 취약하게 만들었다 … 근대 독일과 일본에서 민주주의의 저발전은 두 개의 세계대전을 야기했다"(Johnson 1995, 47-50).

존슨의 권위주의 – 자본주의 개발국가론은 그의 대표저작《통산성과 일본의 기적》(1982)이 잘 보여주듯이 성장중심론이다. 그리고 그의 비교자본주의론에는 스웨덴을 비롯해 북구모델은 빠져 있다. 뿐만 아니라 존슨은 독일, 일본 모델을 말할 때 두 나라의 발전양식이 어떤 심각한 구조적 모순을 내포하고 있는지, 그에 따라 그 반성적 계몽을 위해 전후 민주 개혁이 어떤 전환적 의미를 갖는지를 제대로 지적하지 않는다. 그런 점을 고려할 때 존슨의 앞의 지적은 독일, 일본 그리고 한국모델이 갖는 야누스적 두 얼굴, 즉 보수적 지배동맹 주도의 조직화에 의한 높은 성장능력과 비판적 견제·감시력의 빈곤이라는 딜레마를 잘 짚고 있다. 축적체제의 구조적 모순에 대한 언급이 빠져 있는 것은 여전히 중요한 한계로 남아 있다.

무어, 사카모토, 존슨은 강조점에 따라 생각의 차이를 보이지만 모두 세계체제 내 후발국들이 추구한 추격 동원형 발전모델의 모순적 두 얼굴 즉 권위주의적 산업화와 조숙한 독점적 조직화 및 국가와 대자본의 동맹의 문제점을 가리키고 있다고 볼 수 있다. 일반적으로 권력의 영토적 논리와 자본주의 축적의 논리, 그 양자의 결합은 과잉축적 및 과소소비 등의 토대 모순에 의해 추동되면서 그 모순을 한편으로 기술적 제도적 혁신으로 다른 한편으로 시공간적 조정 및 수탈에 의한 축적을 통해 타개하려는 경향을 갖는다. 그러면서 지배논리를 확대, 강화하고 대외팽창을 향한 맹목적 충동을 보인다. 영미형 국가, 프랑스의 시민적 민족주의국가 또한 예외 없이 제국주의 지배를 둘러싼 경쟁 대열에 뛰어들었다(아렌트 2006〔1948〕; 아리기 2008〔1994〕; 하비 2005〔2003〕). 그러나 이들 나라에서는 시민사회와 다원적 민주주의 발전이 권력·자본 동맹의 고삐 풀린 질주와 체제적 모순을 일정하게 순치시켰다. 반면 독일, 일본 등 추격발전 모델에서 국가는 시민사회 내 갈등 조정과 동의 기반 위에 서기보다는 추격동원형 발전과 제국주의 경쟁전에서 입지 확보를 위해 주도적 역할을 수행했다. 특히 주목해야 할 것은 이 모델의 중핵에 국가권력과 독점적 대자본의 공고한, 보수적 동맹이 자리 잡고 있다는 것이다. 국가는 대자본과 폐쇄적 보수동맹을 구축해 노동운동의 발전을 억압하고 자율적 시민사회 발전을 통제했다. 반체제운동을 억압한 독일의 사회주의 진압법, 일본의 치안유지법이 이를 잘 보여준다. 또 이들 나라는 대외적으로 보호주의와 군국주의, 제국주의 침략전쟁에 나섰다. 이 모델은 '국가종교' 내지 '국체'로 승격된 맹목적인 국수적, 배타적 민족주의(김기봉 1999)의 위험성을 잘 보여주었다.[8]

2) 탈추격 진화 경로의 분기(分岐)에 대하여

그런데 권위주의적 후발추격형 산업화와 파시즘 간의 관련성은 매우 논쟁적인 주제가 아닐 수 없다. 후발 권위주의 추격 발전모델이라 해서 그 유형을 고정화해 필연적으로 파시즘과 군국주의-제국주의의 반동적 경로가 운명지어져 있다고 볼 수는 없다. 흥미로운 것은 이 문제에 대한 한나 아렌트(2012〔1994〕: 201-222)의 견해다. 그녀는 《전체주의의 **기원**》을 저술했으면서도 나치즘의 기원을 결코 독일의 역사적 전통 탓으로 돌려서는 안 된다고, 오히려 히틀러를 낳은 것은 모든 전통의 파괴라고 지적한다. 그리고 비스마르크가 대단한 권력정치가였지만 히틀러처럼 주

8　전시 파시즘 시기 일본이 독일에서 배운 것에 대해서는 제니스 미무라(2015), 사사다 히로노리(2014) 참조.

변 국가들을 섬멸하는 꿈을 꾸지는 않았다고 말한다.[9] 아렌트에 따르면, 파시즘을 독일의 국민적 성격 및 역사와 동일시하는 것은 의도와는 달리 파시즘의 범죄와 자체 책임을 덜어주는 논리가 될 수 있다. 이 아렌트의 견해는 독일 근대사의 특수성(Sonderweg)을 강조했던 1960년대 '비판적 사회사가'의 견해(안병직 2000: 87)와는 다른 것이다. 우리는 독일에서 제1차 세계대전의 파국 후 바이마르 민주공화국이 출현했고, 이 공화국이 베르사이유 조약, 인플레이션, 대공황 등에 시달린 능력결핍의 '연성 민주주의(soft democracy)'로 혼란에 빠졌다가 나치즘에 자리를 내어 준 사실을 알고 있다. 그리고 일본에서도 1930년대 전시 파시즘 동원체제에 돌입하기 이전에 정당정치가 확립된 다이쇼 민주주의 시대가 출현했다가 군부 파시즘으로 전복되었던 사실도 알고 있다. 뿐만 아니라 후발 추격국가에서 탈추격의 경로는 다양하며 자유민주적 모델을 넘어 진보적 사회민주적 모델로 나아가는 경로까지 존재했음을 지적할 필요가 있다(이병천 2000: 79; 2006: 432-434; 2007: 119-121).

위의 사실로 볼 때 후발 권위주의적 근대화와 파시즘 간에 어떤 필연적인 내적 연관성이 있다고 말할 수는 없다. 권위주의적 근대화는 파시즘의 전사(前史)로서가 아니라 그 자체로서 이해될 필요가 있다. 그러나 동시에 양자 간에 서로를 이끄는 어떤 친화성이 존재한다는 것, 존슨(Johnson 1995)이 지적했듯이 권위주의 개발국가 시기 집중된 권력축적과 집중된 자본축적, 양자의 지배동맹과 국가민족주의적인 이념적 통합이 파시즘과 군국주의를 위한 '비옥한 토양'을 제공할 수 있다는 것 또한 부정할 수 없다. 위에서 보았듯이 비스마르크와 히틀러 간의 거리를 벌려놓았던 아렌트(2012[1994]: 435)도 존슨과는 다른 각도에서 "고향

9　나치즘 시기에는 정치적 필요에 따라 비스마르크를 히틀러와 연속선상에 있는 인물로 치켜세우기도 했다가 퇴물로 버리기도 했다(볼프룸 2007[2002]: 75-76, 82-84).

상실, 뿌리 상실, 정치조직과 사회계급의 해체는 전체주의를 직접 만들지 않는다 하더라도 적어도 전체주의의 형성으로 이어지는 거의 모든 요소들을 생산한다"고 지적한다. 이렇게 볼 때 안병직(2000: 99)의 다음과 같은 지적이 그런대로 균형을 잡고 있다고 생각된다.

> "[독일]제국사에 대한 문제의식은 나치즘과 결부될 수밖에 없다. 물론 제국의 역사는 나치즘의 전사로서가 아니라 그 자체로서 이해해야 한다. 그러나 제국이 사라진지 채 20여 년도 안 되어 나치 제국이 등장하였다는 사실을 무시할 수 없다."

권위주의 – 자본주의적 산업화에 '성공'했다 해도 그것이 곧바로 민주화의 조건을 제공한다거나 심지어 '보수가 민주주의를 이끈다'(안병직 2011)는 식의 생각은 너무 단순하며 잘못된 논법이다. 탐욕 및 굶주림에 허덕이는 경쟁적 부르주아 시장사회가 출현하면 이는 공적, 정치적 삶에 대한 무관심과 원자화를 조장하고 만인이 만인에 대해 투쟁하는 소유개인주의적 '시장 인간'을 강제할 수 있다(맥퍼슨 1990[1962]). 집중된 국가권력과 집중된 자본권력이 결탁하고 있는 반면 그에 대한 대항력이 취약하고 대중들이 공통의 세계와 공통감각을 상실한 채 각자도생에 매몰하는 사회는 위험하다. 뿐만 아니라 만약 뿌리 뽑힌 군중과 자본 간에, 군중과 국가권력 간에 동맹이 구축된다면 이것이야말로 참으로 위험한 상황이 아닐 수 없다(아렌트 2006[1948]).[10]

10 아렌트의 전체주의 비판과 맥퍼슨의 소유적 시장사회 비판은 무어, 사카모토, 존슨에 비어 있는 반동적 근대화 길의 위험에 대한 정치(철학)적 비판을 제공한다. 이에 의하면 전체주의의 핵심은 정치적 공통세계의 박탈과 다원적 현상인 정치적인 것의 국가/지도자 독점에 있다는 것, 그런 치명적 위험에도 불구하고 소유적 시장사회가 대중들이 공통감각을 잃고 각자도생에 매몰되게 내몬다는 것이다. 아렌트는 홉스를 전체주의 철학의 기원으로 보고

따라서 다음과 같은 사실이 중요하다. 권위주의적 추격산업화와 파시즘의 두 시기를 서로 이끄는 친화성이 민주주의와 평화를 지향하는 비판적 대항력과 반성적 견제 감시력, 그 능동적 활력에 의해 효과적으로 차단되고 저지되지 못할 때, 민주주의 정치문화 및 시민사회의 공유 경험의 뿌리와 토양이 취약할 때, 또한 국민경제의 민주적 조정 및 축적의 체제가 대중에게 양질의 일자리를 제공하고 살림살이를 잘 꾸려가게 할 지속가능한 포용적 발전 능력을 보여주지 못할 때 위로부터의 권위주의적 보수적 근대화 길은 마침내 반동적 파시즘 또는 그 각종 변형체제의 길로 빠져든다.

4. 전후 독일의 현대적 재생, 이중의 단절로서 평화복지국가의 기적과 역량

독일 발전양식의 궤적은 비스마르크에서 마침내 히틀러로 이어진 보수·반동적 근대화 모델과 함께 민주, 평화, 복지의 현대적 공진국가 모델을 보여준다. 전후 독일은 어두운 전범국가였던 구체제와의 단절을 통해, 그리고 바이마르 민주공화국 경험의 비판적 계승을 통해 새롭게 현대적 정상국가로 거듭나는 자기전환 능력을 보여주었다. 그리고 민주 평화 복지가 공진하는 선진적 사회국가를 향한 발본적 개혁과 그 축적된 역량이 마침내 평화적·사회적 통일을 뒷받침한 튼튼한 기반이 되었다. 다른 한편 전후 일본은 미국의 동아시아 냉전 전략과 샌프란시스코 체제[11]에 힘

있는데 실제 나치의 철학자 슈미트(1992〔1938〕)는 홉스를 자신의 원조로 끌어들였다.

11   샌프란시스코 강화조약에서 한국은 조인국이 되지 못함은 물론 참여 자체가 배제되었다. 도쿄전범재판에서도 한국 문제는 제외되었다.

입으며 발본적 과거사 청산이 흐지부지된 '역코스' 길로 나아갔다. 일본이 전도된 피해자 의식과 무책임 체제, 역사수정주의에 사로잡힌 뒤틀린 궤적을 보인 것은 독일이 자신의 역사적 과오와 정면으로 마주해 책임을 전가하지 않고 성숙한 민주평화의 책임국가로 거듭난 반성적 전환 경로와는 확연히 대조된다.[12] 일본이 걸어온 역코스는 오늘날 아베 정부 아래 군대 보유 및 전쟁의 포기를 핵심으로 하는 평화헌법 개정이 임박한 단계에까지 이르렀다.

　　우리가 보기에 제2차 세계대전 후 민주적 평화복지국가로 거듭난 현대 독일의 반성적 현대화 길은 냉전반공주의 시기와 탈냉전 성숙한 민주주의 시기로 이어진 **이중의 단절**로서 진행되었다.[13] 그 요점을 두 단계로 나누어 정리해 보면 아래와 같다.

1) 냉전시기 민주개혁과 내부 평화, 방어적 반공민주주의

패전국, 전범국으로서 분단국가가 된 서독은 나치즘의 반인류적 야만과 전쟁 책임을 인정했다. 그 과오를 청산할 뿐더러 바이마르공화국의 유산을 비판적으로 계승해 새로운 민주적, 사회적 공화국을 '재건'하는 길에 나섰다. 그러나 동시에 독일의 탈나치화와 민주적 재생의 길은 냉전반공시대가 부과하는 큰 대내외적 제약도 안고 있었다. 따라서 냉전 시기 그 성취와 한계 지점을 함께 봐야 한다.

12　하타노 스미오(2016〔2011〕), 이홍균(2006), 전중펑·다나카 히로시 외(2000〔1994〕).

13　현대 독일의 민주적 평화복지국가가 '이중의 단절'을 통해 출현했다는 나의 발상은 김동춘 외(2015)를 읽으면서 얻어진 것이다. 이 이중의 단절은 심익섭·M.치맥(2009)이나 유럽 정치연구회(2004)의 독일편에서는 선명하게 보이지 않는다.

• 전후 독일은 정당명부 비례대표제를 채택해 민주주의적 대표성과 포용성을 확립하였으며 다당제가 순기능을 가질 수 있게 되었다. 이로써 한 정당이 단독 과반을 차지하기 어렵고 연정이 불가피한 독일식 연합정치와 민주적 다원주의의 기초가 마련되었다. 그러나 정치적 혼란에 휩싸인 바이마르공화국 경험을 교훈 삼아 군소정당의 난립을 방지하는 제도적 장치를 두었고 나아가 '자유민주적 기본질서'를 해치는 정당에 대해 해산조치를 할 수 있게 했다. 바이마르 민주주의와 달라진 전후 독일 민주체제의 핵심은 "본은 바이마르가 아니다"라는 말에 잘 담겨 있다.

• 사회적 시장경제와 사회국가 체제가 성립되었다. 사회적 시장경제는 이념적으로는 사적 경제권력의 횡포를 방지해 사회적 정의를 구현하고 공정한 경쟁을 추구하는 것이었지만 점령정책이 전환되면서 콘체른의 해체는 제한적 수준에 그쳤다. 이에 따라 기업 간 연계와 기업 – 은행 관계에 기반한 협력적 경영자 자본주의 체제의 골간은 지속되었다.[14] 독일에서 콘체른 해체는 미국점령기 일본의 급진적 재벌해체와는 비교할 수 없을 정도로 미진했다.

• 사회적 시장경제는 노사관계의 민주화를 내포하고 있었다. 이는 산업별 단체교섭(스웨덴식 중앙교섭이 아니라)과 기업 수준의 공동결정제 및 노동자 평의회의 이원적 구조로 되어 있었다. 공장평의회가 인사, 복지 등에 관한 협의제도였음에 반해 공동결정제는 감독이사회의 1/3(석탄, 철강업은 노사 동수)을 노동자 대표에 할애해 노동자 경영참여를 보장했고 이는 공공부문에도 적용되었다(조우현1992: 382-385; 조영철 2007: 141-143).

• 독일은 이미 비스마르크적 개발국가조차 당근과 채찍의 양동정책으로 유럽 복지국가 발전을 선도했고 이는 바이마르공화국에서 더욱 발전되

---

14   자세한 것은 다음 연구 참고. 홍명수(2006: 97-117), 송원근(2013: 222-231), 조영철 (2007: 129-130).

었다. 이는 같은 개발국가 계보라 해도 성장일변도의 일본과는 다른 것이었다.[15] 전후 독일의 사회국가는 연금개혁법, 주택건설법, 아동수당법, 연방공적부조법 제정 등 복지체제의 재구축을 포함하고 있었다. 부담나누어 갖기법으로 균등화기금을 조성해 전쟁피해자들을 지원한 것도 중요하다. 그러나 독일의 복지체제는 보편주의적 연금개혁의 실패에서 보듯이 복지를 고용과 강력히 연계시키는 사회보험방식으로 노동시장 바깥에 있는 구성원을 배제시키는 비스마르크적 기본틀을 탈피하지는 못했다(장지연 2014; 이상호 2002).

이처럼 내부적으로 경제적, 사회적 시민권 부여와 계급타협 체제에 미국의 마샬원조 및 유럽경제공동체 참여 등의 국제적 조건이 더해져 '라인강의 기적'으로 불리는 전후 경제부흥이 일어났다. 경제부흥과 민주개혁의 동시 진전은 서독 시민사회를 강화함으로써 오랫동안 독일 근현대사를 위협해왔던 약한 시민사회와 강한 권위주의 국가의 구도를 역전시켰다(김승렬 2004: 39; 안병직 2009: 43-44).[16]

• 이와 함께 주목해야 할 것은 냉전기 서독의 '자유민주적 기본질서'에는 반공주의가 대내외적으로 강력한 지배력을 발휘하고 있었다는 사실이다. 냉전반공주의의 지배와 통합력은 한국처럼 진보당을 '법살'시키는 정도의 광기는 없었다 해도 독일 민주주의의 성숙화를 저지했고 발본적인 나치과거잔재 청산도 크게 제약했다. 보수적 냉전반공주의와 바이마르공화국 실패경험의 반성적 학습이 겹쳐 있는 반공 '방어적 민주주의'는 심각한 결함을 드러냈다.[17]

---

15 Manow(2001)의 보기 드문 독일, 일본 비교연구 참조.
16 독일 시민사회의 역사에 대해서는 Kocka(1997) 참조.

• 냉전시기 서독은 '서방결합' 노선을 선택하고 통일은 유보하는 정책을 취했다. 서독의 독일정책 및 구동방정책 노선은 동독을 국가로서 승인하지 않는 것이었다. 제2차 세계대전의 결과 발생한 독일 영토의 축소도 인정하지 않았다. 이 시기 서독의 통일 방안이란 냉전적 대결 속에서 서독이 유일한 합법정부임을 자임하면서 동독을 승인한 나라와는 국교를 맺지 않고(할슈타인 원칙), 힘의 우위를 통해 고립시켜 사실상 흡수 합병하는 것이었다.

2) 탈냉전시기 독일 민주주의의 성숙화와 평화복지국가의 길

서독이 냉전반공주의 시대 보수적인 대내외 제약을 넘어 성숙한 합의제 민주주의로 진화하는 것은 탈냉전기에 들어와서 이루어졌다. 탈냉전기 서독은 '더 많은 민주주의'와 동방정책을 추구하면서 민주적 평화복지국가를 실현한다. 그 선두에 새로운 얼굴로 거듭난 독일 사민당 그리고 시민사회에서 광장정치의 활력이 있었다.

• 대연정 시기(기민/기사당과 사민당, 1966-1969)에 접어들어 시대정신은 냉전에서 긴장 완화로 변화되었다. 냉전반공주의 정치 문화에 결정적 균열이 일어났다. 이때부터 이전 시기 독일의 반공냉전 민주주의는 탈냉전 성숙한 민주주의를 향해 나아갔다(크로이츠베르거 2015). 서독 공산당도 재창당(1968년)되는데 이전과 같은 헌재의 해산 명령은 없었다.

• 국제적 긴장완화 흐름을 타고 독일 냉전반공 민주주의의 성숙한 민주화를 가능케 한 추동력은 사민당에서 나왔다. 사민당은 전후 기민당과 기

---

17 서독 냉전반공주의의 그늘에 대한 자세한 내용은 김동춘 외(2015)에 수록된 크로이츠베르거와 스첼의 글, 최승완(2006), 조국(1992: 31-36)등 참고. 자유민주적 기본질서'와 방어적 또는 전투적 민주주의에 대한 법학적 논의로는 국순옥(2015: 211-284) 참고.

사당의 장기 집권기 그리고 냉전반공주의 지배의 시련을 견뎌내고 국유화중심 사회화론과 집권적 계획화론을 폐기하는 등(고데스베르크 신 강령 제정) 새롭게 거듭나는 길을 선택했다. 그리하여 마침내 여야 간 정권교체를 이루고(1969년) 사민당과 자민당 연립정부를 수립하기에 이른다(1982년 실각까지 13년간 집권). 사민당이 주도한 서독의 이러한 민주주의의 질적 선진화는 일본에서 보수 자민당이 장기 집권하고(이른바 '55년 체제') 사회당이 쇠퇴, 몰락한 경로와는 결정적으로 대비된다. 전후 개혁의 분기에 이어 다시 여기에 독일, 일본 모델의 진로가 갈라졌다.

• 사민당은 일찍이 1963년에 빌리 브란트 주도 아래 신동방정책의 시작을 알리는 에곤 바르의 '접근을 통한 변화' 구상을 발표했다. 집권 후에는 이전의 서방 결합 일변도 노선을 벗어나 동유럽에 대해 '접근을 통한 변화' 정책을 실현시켰다. 전통적으로 독일 영토였던 오데르-나이쎄 강 이동 영토를 포기하고 구독일의 대전국들과 차례로 평화협정을 체결, 국교를 수립했다. 그리고 동독에 대해 할슈타인 원칙 포기, 통행협정 체결 등 상호 신뢰 구축 과정을 거쳐 동서독 간 기본조약(1972년)을 체결하기에 이른다. 이후 헬싱키 체제(1975년)는 동서 간 긴장 완화의 결정적 분기점이 되었을 뿐더러, 동서독 간 평화 공존과 교류 협력도 크게 진전시켰다.[18]

• 탈냉전 시기 독일의 사회적 시장경제는 사회성을 대폭 강화하면서 더 많은 민주주의를 추구했다. 원판 사회적 시장경제는 경쟁질서 유지와 인플레 통제에 치중하고 케인즈적 수요관리 정책은 멀리했다. 그러나 대연정기에 들어와서는 경제안정과 성장촉진법을 제정해 케인즈적 '총량적 조정' 정책을 통한 경제성장을 추구했다. 길게 가지는 못했지만 노사정 간

---

18 기민 기사당은 사민/자민당 연정의 새로운 독일정책을 헌법재판소에 고소했었다. 그러나 1982년 그들이 집권한 후에는 오히려 사민/자민당이 추진한 독일정책의 핵심을 변화시키지 않고 지속시켰다.

협조 행동과 조합주의 정책이 제도화되기도 했다.

국민경제에서 사회국가의 역할이 확대되는 것은 당연했다. 이는 거
시정책만이 아니라 복지 확대정책으로 나타났다. 실업보험법 폐지와 고
용촉진법 제정, 2차 연금 개혁, 의료보험개혁, 아동수당법 개정 등 중요
한 개혁조치들이 단행되었다. 이들 개혁에 의해 거의 모든 사회보험급부
가 인상되었을 뿐 아니라, 직역 간 경계를 넘어 피보험자 이동이 인정되
고 연금의 경우 직역사회보험 간 재정이전이 시행되었다. 이는 독일복지
를 보편주의 쪽으로 다가가게 했다.[19] 또한 노사관계에서도 공동결정권
이 확대, 강화되었다. 5인 이상 모든 사업장에 평의회구성을 의무화했을
뿐더러 석탄, 철강업을 넘어 전 산업으로 공동결정제가 확대되었다(1976
년의 공동결정법).[20] 그리고 실효성 있는 경쟁제한방지법이 제정되고 중
소기업들의 협력행위는 예외로 인정해 별도로 보호한 것도 이 시기였다
(김광희 1997; 이봉의 2016: 24-38).[21]

• 탈냉전 시기 민주적 평화복지국가로의 진전이 제도정치의 힘만으로
이루어졌다고 보는 것은 잘못이다. 서독의 시민운동은 여타 유럽국가들에
비해 한층 자율성을 과시하며 참여적 시민사회를 확장, 발전시킨 점에서
독보적이다. 1960년대 중엽 의회 밖 저항세력의 출현에서 68운동을 거쳐
1980년대 중엽 녹색당의 정착에 이르기까지 참여민주, 반전반핵 평화, 생

---

19   近藤正基(2009: 44-57)는 이를 독일복지국가의 사회민주주의화 또는 '스웨덴화'라고 부른다.
20   이상호(2013: 268-270); 이호근(2004: 82-84). 76년의 공동결정법에 대해 사용자 단체가
      사유재산권 침해와 노사자율협상 원칙 위배라는 이유로 헌법소원을 제기하였으나 기각되
      었다(권기홍 1995: 160-161).
21   내용적으로 이 시기에 사회적 시장경제는 '사회국가적 시장경제'로 변화되었다고 보는 견
      해도 있다(송태수 2016).

표 1. 독일 평화복지국가의 궤적

	독일 평화복지국가	이후 경과
민주	• 사민당과 자민당 연정(1969,최초의 여야 간 정권 교체 *기민/기사당과 사민당 대연정 1966~1969) • 연정, 합의제 민주주의(*정당명부식 비례대표제) • 합의제 민주주의+강력한 시민운동 = 독일식 '이중 민주주의'	• 1982년 사민당 실각과 정권교체, 콜 수상 취임 • 1998년 사민당, 녹색당 연정 • 2005년 기민/기사당과 사민당 대연정
평화 및 통일	신동방정책: 아데나워 '힘의 우위' 정책에서 브란트의 '접근을 통한 변화' 정책으로 전환	• 기민/기사연의 변화와 적응, 콜정부의 동방정책 계승, 연속 (*기민/기사연, 동서독기본조약 및 헬싱키 유럽안보협력회의 비준 거부) • 미국 중거리 핵탄두미사일 배치결의, 대규모 반핵시위, 녹색당의 연방의회 진출(1982) • 동서독 통일조약 발효(1990) • 사민당·녹색당의 적녹연정, 코소보 참전(1999)
복지	비스마르크 복지국가 틀 위에서 스웨덴화(*모두를 위한 무상교육)	후퇴, 비스마르크 복지 모델의 딜레마
경제	• 공동결정 확대와 경제민주화 진전 • 호황 지속, 황금기 끝자락	평화복지국가의 약한 고리(1982년 실업률 8.4%→정치의 우경화 지속)

　　태 및 여성주의 등으로 나타난 역동적 시민사회운동의 전개는 이 시기 독일의 진보적 성취가 정당정치와 광장정치 간 갈등과 협력으로 교차된 이중 민주주의를 통해 실현되었음을 말해준다. 특히 대연정기 사회민주당이 독일재무장, 핵무기, 일련의 긴급조치법에 대항하는 광장의 캠페인에 반대했음을 인식해야 한다. 브란트 주도의 사민당 집권기에는 제도정치와 시민운동이 민주-평화-복지를 향한 선순환을 일으켰다. 이후 시민운동은 다시 정당에 대항하는 존재가 되었고 1980년대에는 시민평화운동이 거대한 흐름으로 퍼져 나갔다(일리2008〔2002〕: 753-764); 카치아피카스 2008〔1987〕: 119-126).

5. 박정희의 시간, 반동적 근대화 경로와 잃어버린 평화복지국가의 기회

1) 박정희의 이중적 시간과 비스마르크적 시간

박정희가 주도한 1961년 5·16쿠데타는 일본의 "메이지 유신과 2·26 사건으로부터 영감"을 얻었으며, 유신 체제는 독일의 "비스마르크와 히틀러를 대충 버무린 듯한" 체제라는 견해가 있다(권보드래 외 2012: 97, 218). 메이지 유신과 2·26사건의 관계는 그렇게 단순한 것은 아니고 유신체제가 비스마르크와 히틀러를 어떻게 '대충 버무린' 체제인지도 더 설명을 필요로 하며, 무엇보다 전후 한국은 극우적 냉전분단체제 아래 놓여 있었음을 감안해야 한다. 하지만 이 견해는 박정희 체제가 독일-일본의 궤적을 따르는 '반동적 근대화' 체제의 계보 위에 있음을 적절히 짚고 있다고 생각된다. 박정희 모델은 경이적인 압축 추격 근대화와 고도의 정치적 반동의 모순적 혼합물이라는 성격을 갖고 있다. 이 모델이 가진 두 얼굴과 그에 따른 현대 한국인의 고뇌는 독일제국의 탄생 및 '당근과 채찍'을 결합한 비스마르크식 권위주의 근대화 이래 독일문제(안병직 2000) 그리고 동아시아에서 메이지 유신 이래의 일본문제(이병천 2003: 63; 2000: 84)와 닮은 부분이 매우 많다.

(1) 독일과 일본을 바라보는 박정희의 인식

5·16 이후 한국이 이전 경로를 변경해 독일-일본식 반동적 근대화 계보를 따랐다는 것은 현실 역사의 궤적을 살피기 전에 박정희의 사상 또는 신념이 잘 보여준다. 집권 초 박정희의 사상은 이른바 '민족적 민주주의'로 잘 알려져 있지만 그는 《국가와 혁명과 나》라는 책에서 제3세계 국가

민족주의를 매우 긍정적으로 평가하는 가운데 "비스마르크나 히틀러에
이르러서도 그들의 정치가는 국민을 위하여 일할 수 있는 인물이었던 것
이 사실이다"라고 말해 놀랍게도 히틀러를 국민을 위해 일할 수 있는 인
물로 평가하고 있었다(박정희 1963: 258).[22] 그는 독일 낭만파 시인 하이
네가 쓴 〈1839년〉을 인용하면서 프러시아 군국주의 독일을 자유주의 프
랑스보다 선호함을 분명히 하고 제1차, 제2차 세계대전에서 독일이 패
한 것을 안타까워했다(박정희 1963: 211-212).

　박정희 정권은 집권 초 국내 자본 부족 문제에 직면했지만 미국과의
관계가 순탄하지 못했다. 이 때문에 차관도입의 목적으로 서독에 손을
벌리게 됐는데 박정희는 서독을 방문했을 때도(1964년 12월) 유사한 생
각을 보였다. 독일의 이른바 '라인강의 기적'을 바라보는 박정희의 생각
은 독특했다. 그는 전후 독일에서 라인강의 기적이 일어난 원동력을 게
르만 민족의 기질 즉, 일치 단결하고 근검 절약하고 무엇보다 질서를 존
중하고 복종하며 직업을 신성시하는 기질과 '좋은 지도자'의 역할에서
찾았다. 독일 언론들 또한 박정희를 '아시아의 프로이센인(人)'이라고 지
칭하며 비스마르크에 비유했다(백영훈 1987: 38). 그런데 이 대목에서 우
리가 주목해야 할 것은 박정희가 독일 근현대사에 대해 말할 때 나치즘
독재와 전범국가로서 독일이 저지른 치명적 과오에 대해서는 전혀, 한마
디도 언급하고 있지 않다는 사실이다. 무엇보다 박정희는 자유·공산의
이분법의 관점에서 독일의 분단이 공산주의 때문이라고 주장했다. 그러

22　히틀러와 독일 나치즘에 대해 긍정적으로 평가한 것은 박정희만은 아니었다. 일제 말 식민
　　지 조선에는 나치즘과 파시즘이 풍미했다(이승원 2010: 279). 해방 이후, 특히 이범석, 안
　　호상 등 조선민족청년단(족청)계의 인물들 중에서 같은 인식을 볼 수 있다(후지이 다케시
　　2012). 그러나 박정희의 경우는 해방 전후 시기가 아니라 1960년대 초의 시점에서도 그런
　　생각을 숨김없이 드러내고 있다는 점에서 유별나게 시대착오적이다. 이후 전두환의 최측근
　　이었던 장세동도 나치즘을 옹호했다

면서 서독과 한국이 공산주의자들의 제국주의적 팽창 정책 때문에 국토가 분단된 채 20년의 긴 세월을 살아왔고, 과거에도 지금도 독일과 한국은 아시아와 유럽에서 공산주의 침략 세력과 대치해 평화와 자유를 지켜야 하는 엄중한 상황에 처해 있다고 말했다. 따라서 박정희는 라인강의 기적을 말할 때도 그 시기가 냉전체제에 기인하는 큰 한계를 가진 시기였으면서도, 제2차 세계대전 후 독일이 연합군의 점령하에 과거사를 청산하고 '정상국가'로 거듭난 시기임을 보지 않는다.[23]

독일을 바라보는 박정희의 이 같은 사고방식은 그의 일본 메이지 유신 미화와 궤를 같이하는 것이다(박정희 1963). 박정희의 메이지 유신에 대한 생각은 다음과 같은 것이었다. 첫째, 메이지 유신은 사상적 기저를 천황 절대제도의 국수주의적인 애국에 두었다. 둘째, 정치경제 양 세력이 천황을 정점으로 귀족을 국가의 원로로 하는 제국주의적 체제를 확립했다. 그러면서 박정희는 "이와 같이 이들은 자신의 확고한 주체성 위에 정치적인 개혁과 경제적인 향상, 사회적인 개혁을 수행해왔기 때문에 구미체제에의 편중을 극복할 수도 있었다"고 언급했다. 다음으로, 2·26쿠데타에 대해 박정희는 "2·26사건 때 일본의 젊은 우국인들이 나라를 바로잡기 위해 궐기했던 것처럼 우리도 일어나 확 뒤집어엎어야 할 것이 아닌가"라든가, "국수주의자들의 기백이 오늘의 일본을 만든 거야"라는 견해를 피력했다. 이처럼 2·26쿠데타 사건을 한국의 롤모델로 생각하는 박정희의 머리에는 군부 파시스트의 정신이, 그리하여 5·16 1차 쿠데타 및 10월 유신 2차 쿠데타에는 일본 천황제 파시즘의 정신이 흐르고 있다

---

23 이 박정희의 인식은 파독 광부 간호사들의 인식에 현격히 미달한다. 그들은 서독의 사회적 시장경제와 사회국가적 복지를 경험하며 그것이 동독을 이기는 사회적 경쟁력임을 실감하고 있었다. 이에 대해서는 노명환 외(2014) 참조. 또한 박정희의 방독 시점(1964년 12월)은 이미 에곤 바르가 탈냉전적 신동방정책의 개시를 알리는 투청 연설을 하고 난 이후라는 것도 지적해야 한다.

고 생각된다(이병천 2003; 2011). 이는 위에서 지적했듯이 박정희가 독일에 대해 "비스마르크나 히틀러에 이르러서도 그들의 정치가는 국민을 위하여 일할 수 있는 인물"이었다고 보았던 생각과 맥을 같이한다. 이와 대조적으로 김대중은 제2차 세계대전 후 발본적 개혁 관문을 통과해 민주적 평화복지국가로 재생한 독일을 롤모델로 생각하고 있었는데, 이는 한국에서 독일-일본 모델을 바라보는 판이하게 대비되는 두 인식틀을 보여준다.

(2) 박정희의 비스마르크적 시간

그러나 히틀러도 국민을 위해 일할 수 있는 인물이라며 박정희가 공공연히 표방한, 위험한 극우 파시즘적 성향과 국가권력의 사회 지배 논리는 1960년대에는 전면적으로 개화되지는 못하고 상당히 통제되고 있는 편이었다. 1960년대 박정희 체제는 기본선에서 히틀러보다는 비스마르크 쪽에 가까운 쪽이었다고 여겨진다. 여기에는 여러 요인들이 작용했다고 볼 수 있는데 4월혁명의 여진(餘震)이 남아 있었다는 것, 박정희 정권이 민정이양 선거에 승리해 헌정파괴 군사쿠데타라는 부담을 덜긴 했어도 정권의 정당성과 국민동의를 얻기 위해 애써야 했고 야당과 시민사회의 견제력이 존재하고 있었다는 것, 또 대외적으로 절차적 민주주의 존중에 대한 미국의 압력이 존재하고 있었다는 것 등을 들 수 있다.

　　위의 사정을 두고 학자들은 1960년대 정치체제(3선개헌 이전까지)의 성격에 대해 '준경쟁적 권위주의'(임혁백 1994)라거나 권위주의와 민주주의라는 '이중적 정치질서의 중첩적 병존'(강정인 2014)으로 파악하기도 한다. 그러나 1960, 70년대를 기계적으로 구분해서는 안 된다. 미국의 요구에 적극 호응해 밀어붙였던 베트남 참전과 한일 협정에서 박정희 체제는 이미 호전적 개발국가주의(warfare developmental statism) 또는 '병영국가'(한홍구 2003)의 성향을 보여주었으며 그 과오는 오늘에 이르기까지 짙은 그림자를 남기고 있다.[24] 이어 1969년에는 삼선개헌이 단행되어 유신독재를 예고하고 있었다.

　　그렇지만 또한 1960년대 박정희의 시간은 압축 추격 성장의 길에 진입해 경제 근대화 도약을 달성한 시간이다. 개발주의와 냉전반공주의, 그리고 경제기획원과 중앙정보부를 쌍두마차로 한 박정권의 '조국근대화' 깃발('선건설 후통일') 아래, 현대 한국에서 후발 민족주의 근대화의 성공이 가시권에 들어왔다. 압축 추격성장의 개발주의는 산업화의 시대 과제에 부응함과 동시에 냉전반공주의에 물질적 토대와 그에 따른 국민적 동의의 기반을 제공하는 것이기도 했다. 이에 따라 떠오르는 박정희의 시간이 도래했으며 이는 흔히 '한강의 기적'으로 불리기도 한다. 이를 가능케 한 요인들로는 개발국가와 재벌 간 '관민협력' 체제로서 경제성과를 조건으로 한 특혜 지원과 위험 공유 및 암묵적 보증, 수출촉진과 수입대체가 결합된 복선형 산업 발전, 노동자 및 국민 대중의 희생과 헌신, 한일 협정과 베트남 참전을 바탕으로 한 미국 주도 한미일 반공삼각동맹의 일원으로 편입된 것 등을 들 수 있다. 이전 시기 토지개혁과 교육개혁이라는 역사적 선행 조건도 빼놓을 수 없다.

2) 유신 체제의 역코스, 평화복지국가의 기회를 상실하다

(1) 1972년의 선택과 한국의 반동적 역코스

1960년대 말~1970년대 초 박정희 정권은 국내외에 걸친 이중 위기를 맞

24　위안부 문제의 경우, 박근혜 정부는 일본정부의 책임을 묻지 않은 채 "최종적이고 불가역적인 해결"에 합의했다(2015년 12월 18일). 이에 따라 1965년 한일협정 때 박정희가 범한 과오 위에 박근혜의 과오가 포개졌다. 한편 베트남전 당시 한국군에 의한 민간인 학살은 80여 건, 9,000여 명에 달하는 것으로 알려져 있다. 그러나 한국정부는 한국군의 베트남 민간인 학살을 인정하지 않고 있는 상황이다.

이했다. 국내적으로는 부실기업 사태 등 압축성장 개발주의 체제에 내재
된 구조적 모순이 정치경제적 위기를 불러왔다(홍석률 2005; 민주화운동
기념사업회 2008: 3~5장; 조희연 2007: 102-132). 국제적으로는 동서 간
의 긴장 완화, 냉전체제의 이완(데탕트) 국면이 도래했다. 이런 국면 속에
서 치러진 제7대 대선(1971년 4월)에서 박정희는 김대중과 경합해 힘겹게
승리했다. 1971년 12월 박정희는 국가비상사태를 선포했고 약 1년 후인
1972년 11월 17일에는 유신 종신독재의 길을 선택했다. 이 1972년의 선
택으로 박정희 정권은 '총력 안보'와 이에 규정된 돌진적 중화학공업 개발
을 함께 추구하는 '반동적 근대화' 또는 '반동적 근대주의'[25]의 길로 탈주
했다. 이에 따라 박정희의 시간은 비유하자면 한국형 '비스마르크의 시간'
에서 한국형 '히틀러의 시간'—일본을 경유한—으로 타락했다고 하겠다.

　　박정희는 1971~1972년에 미중 화해에서 비롯된 데탕트를 안보 위
기로 받아들였다. 긴장 완화와 이 추세에 의해 추동될 한반도의 평화의
길은 냉전 국가독점주의 안보를 핵심으로 이끌어온 자신의 국정 기조와
정면으로 충돌할 뿐더러, 무엇보다 정권의 존립 기반을 위협해 정권안보
와 충돌했다. 박정희는 7.4남북공동성명을 발표한 지 불과 3개월 만에
10월 유신을 단행했다. 냉전시대에서 남북대화, 전쟁방지와 평화통일 시
대로 간다는 것을 구실로 삼아 '10월 유신' 쿠데타를 정당화한 것이다. 여
기서 평화통일을 명분으로 내세운 것은 그 이전의 '선건설 후통일' 기조
와는 크게 달라진 태도로서 나름 데탕트 추세에 적응한 대응 방식처럼
보인다. 그러나 "조국의 평화통일"을 구실로 한 유신독재 체제는 맹목적
인 '통일=민족'의 의제가 얼마든지 독재정권의 지배 전략용으로 활용될
수 있는 양날의 칼임을 잘 보여준다. 박정희는 유신쿠데타 개헌안의 국

25　전재호(2000)는 베링턴 무어가 아니라 독일 역사학자 제프리 허프(Herf 1984)를 따라 반
　　동적 근대주의를 박정희 체제에 적용한다.

민투표에서 교묘하게 남북 대화를 볼모로 활용했다.[26]

　　박정희는 자신의 권력욕과 영도자적 극우 반공국가주의에 대한 뿌리 깊은 집착 때문에 권력의 자의적인 오남용과 지극히 위험하고 무책임한 역사적 퇴행을 감행했다. 그런데 유신 체제는 박정희의 개인적 지배체제 성격이 매우 농후한 일종의 '집정관 체제'(praetorian regime)로서 제도화 수준이 매우 낮은 불안정성을 내포하고 있었다(한배호 1994: 323, 513). 이런 점에서 유신독재를 이른바 '대중독재'로 보기는 어렵다. 유신체제는 북한의 유일체제와 적대적 공생을 도모한 쌍둥이 독재였고 이에 따라 거기에는 짙게 북한을 닮은 요소들이 들어 있었다. 이에 대해 이종석은 이렇게 말한다. "유신체제는 북한과 대결하고 북한을 반면교사로 삼으면서 성립되었지만 결과적으로 북한체제와 닮아가는 적대적 쌍생아의 성격에서 벗어나지 못했다. 북한을 능가하기 위해 추진되고 시행되었던 전략과 조치들이 결과적으로 북한을 닮아가게 만든 것이다"(이종석 2003: 286).[27] 한편 대외적 측면에서 유신체제의 성립 조건을 보자면, 1960년대와 달리 박정희의 퇴행적 행보에 대해 미국은 뚜렷한 저지 시도를 하지 않았다. 사실상 묵인, 방관했다. 당시 미국은 박정희의 행태에 대해 제동을 걸 수 있는 지렛대를 상실한 형편이었다(배긍찬 1999).[28]

(2) 잃어버린 민주적 평화복지국가 기회, 벌어지는 일본과의 발전 격차

1970년대 초 한국에는 평화와 민주주의, 복지 확대와 균형 잡힌 경제성장이 공진화하는 반성적 현대화의 길로 나아갈 좁고 가파르지만, 절호의

26　대통령특별선언(1972.11.7)에는 "만일 국민여러분이 헌법 개정안에 찬성치 않는다면 나는 이것을 남북대화를 원치 않는다는 국민의 의사 표시로 받아들이고"라고 되어 있다.

27　조동준(2014)도 같이 참고.

28　박정희의 행보에 대해 미국 견제력이 약화된 것은 베트남 전쟁 참전 요구를 박정희가 수용한 때로 거슬러 올라간다.

기회의 창이 열렸다고 할 수 있다. 당시 시대 명제에 부응하는 김대중의 대안도 제시된 바 있었다. 그러나 불행히도 박정희가 1972년의 역코스를 선택함으로써 어렵게 다가온 이 기회는 철저히 봉쇄, 유실되고 말았다. 이 퇴행의 대가는 실로 컸다.

세계적 데탕트의 흐름에 역행한 박정희의 이 반동적 역코스 선택은 당대 서독에서 빌리 브란트가 주도한바, 신동방정책과 더 많은 민주주의가 선순환하는 민주적 평화복지국가의 길과는 완전히 대비된다(김연철 2012). 또한 우리는 이 시기에 동아시아 냉전분단체제도 '제1차 해체'를 경험했음을 지적해야 한다(정근식 2014: 65). 이는 1971년의 두 차례 미중회담, 1972년 5월의 오키나와 '반환', 9월의 중일 국교회복 성명, 1973년 1월 베트남 평화협정 발효 등으로 나타났던 것이며, 이후 1978년 중일평화우호 조약, 1979년의 미중수교에 이른다.[29] 일본의 경우, 데탕트의 흐름을 타고 다나카 정권이 탄생해 미중 화해 흐름을 타고 중일 정상화를 추진했다. 다나카 정권은 대외적으로 중일 국교 정상화(중일 관계의 '72년 체제')를 추진하는 한편(毛里和子 2006), 대내적으로는 대규모 지방공공사업 시행을 통한 자민당식 분배정치를 완성하고 노인의료비의 무상화, 건강보험 연금보험 급부수준의 대폭 인상 등으로 전향적 변화를 보이며 포괄적 보수정당의 길을 추구했다. 1973년은 일본 복지 역사에서 복지국가의 원년이라고 말해진다.[30] 일본은 그 이전 이미 1960년대

---

29   정근식은 동아시아 '냉전분단체제'가 1970년대의 제1차 해체에 이어 베를린장벽 붕괴에 따른 세계적 탈냉전기인 1989~1992년에 제2차 해체적 전환을 맞았다고 지적하고 있다(정근식 2014: 65-67). 민주화 이후 노태우 정권 시기 남북한은 유엔에 동시가입하고 남북기본합의서를 채택하였다. 그러나 북한은 중국과 베트남 개혁개방기 동안 자신의 기회를 놓쳤고 이후 체제 생존을 위해 혹독한 대가를 치러야 했다. 남한의 경우, 삼당합당(1990년)을 분기점으로 민주화 이후 민주주의는 조기에 역코스로 접어든다.

30   다나카 정권의 일본열도개조론을 주축으로 한 경제정책이 토지투기, 지가상승과 급격한 인플레를 야기한 것은 빼놓을 수 없다. 일본에서 복지국가의 형성은 서구에 비해 약 30년 뒤

표 2. 세계, 독일의 데탕트와 한국 유신의 역코스

	미국, 세계, 동아시아 시간	독일 시간	한국 시간
1969	• 1월 닉슨 대통령 취임, 닉슨 독트린 발표, 아시아 주둔 미군 감축 시작 • 바르샤바조약기구 유럽안보회의 제의	• 5월 할슈타인 원칙 포기 선언 • 10월 사민/자민당 연립정부(1969, 여야 정권교체), 브란트 수상 취임, 동독 실체 인정하는 신동방정책 발표 * 1963년 에곤 바르, "접근을 통한 변화" 구상 발표	• 1월 부실기업 정리 • 10월 박정희 삼선 개헌 • 11월 박정희, 방위산업을 위한 중공업 육성(4대 핵심 공장 건설) 지시
1970		• 동서독 총리 정상회담 • 8월 소련과 모스크바 조약 • 12월 폴란드와 바르샤바 조약	11월 평화시장 노동자 전태일 분신 자살
1971	• 7월 닉슨, 중공 방문 예정 및 신경제정책 발표 • 중국의 유엔가입과 대만의 유엔 축출	• 5월 동독 호네크 서기장 선출(울브리히트 실각) • 9월 4대 점령국과 베를린 지위에 관한 협정 조인 • 12월 브란트, 노벨 평화상 수상 • 12월 동서독 통행협정 체결	• 4월 7대 대통령 선거(박정희 김대중 격돌) • 7월 사법파동 • 8월 광주대단지 사건 • 9월 남북 적십자예비 회담 • 11월 오원철, 경제 제1수석비서관 임명 • 12월 국가비상사태 선포, 국가보위에 관한 특별조치법 제정
1972	• 2월 닉슨의 중국방문과 주은래와 회담, 상하이 공동성명 발표(미국이 중국의 평화 6원칙 수용) • 5월 오키나와 반환 • 7월 다나카 내각발족 • 9월 중일 수교와 다나카 총리 중공 방문 • 10월 다나카 소련 방문 • 닉슨 재선 성공	• 1월 개정경영조직법 발효(1952년 제정) • 4월 기민/기사당의 브란트 불신임안 부결(2표 부족) • 10월 제2차 연금개혁 • 12월 동서독관계의 기본조약 체결 • 11월 총선, 사민당 승리(제1당)와 제2차 사회/자유 내각 시작, 브란트 수상 재선	• 7월 이후락의 비밀방북과 7.4 남북공동성명 발표(통일원칙) • 8월 남북적십자 회담 • 8.3 비상조치(대통령 긴급명령) • 10월 유신 선포, 박정희 영구집권시대 개막

졌는데 서구식 황금기를 건너뛴 위기에 돌입한다(다케가와 쇼고 2004〔1999〕). 이와 관련하여 일본은 토지소유권의 배타적 자유 및 건축자유의 원칙에 서 있음을 지적해야 한다.

| 1973 | • 1월 베트남 평화협정 발효, 미국의 베트남 전쟁 패배와 완전철수 단행
• 헬싱키유럽안보협력회의 시작(1975년 최종결의안 채택)
• 1월 일본, 노인의료비 무상화 등 복지원년선언 | • 5월 서독연방의회에서 동서독 기본조약 비준(268 : 217)
• 5월 브레즈네프 소련 서기장, 본 방문
• 7월 연방헌재, 동서독기본조약 합헌 판결
• 9월 동서독 유엔 동시 가입 | • 1월 중화학 공업화 선언(수출 100억 달러, 국민소득 1000달러 달성 목표), 방위산업육성책 마련
• 5월 중화학공업육성계획 발표
• 7월 포항제철 준공(1968년 설립)
• 8월 남북대화 중단 선언, 김대중 납치사건 발생
• 10월 1차 석유파동 |
| 1974 | | • 5월 동독간첩 기욤사건으로 브란트 수상 사임,
• 슈미트 수상 취임, 동방정책 계승 | • 긴급조치 1호 선포(유신헌법의 개정 또는 폐지운동 금지)
• 인혁당재건위 관련자 사형 집행 |

에 대중소 기업 간 이중구조를 해소하는 등, 수직적 관민협력 중심의 개발국가에서 '관료적 다원주의' 국가로 진화했었다(Aoki 1988: 288-293; Aoki 1997).

　그러나 일본의 경우 여야 간 정치적 대립의 중심축은 평화문제나 헌법문제였고, 55년 체제 출범 후 전 국민 의료보험, 전 국민 연금체제 성립기를 제외하면 복지와 사회보장이 중심적인 정치적 쟁점이 되지는 못했다(미야모토 2011〔2008〕: 109). 이 일본의 왜소한 경로는 사민당 주도 아래 민주, 평화, 복지가 공진한 독일의 경로와는 퍽 다른 것이었다. 한국이 6·25 내전을 겪었고 현격한 발전 격차가 존재하기 때문에 서독과 같이 성숙한 민주적 평화복지국가 수준으로 진화하기란 사실 쉽지 않았다. 그렇다 해도, 1960~1970년대 일본이 걸어간 탈냉전 평화복지 행보 정도라도 내딛었다면 이후 한국과 한반도의 길은 크게 달라졌을 것이다. 그러나 현대 한국의 척박한 정치는 박정희 시대는 물론 그 이전, 이후에도 일본의 자민당과 같은 경향의 포괄적 보수정당을 선보인 적이 없다. 1972년 유신독재로 치달은 시대착오적 역코스는 브란트의 한국적 버전을 제시했다 할 김대중을 그대로 두지 못하고 납치해 죽음의 문턱으로 몰아넣었다. 그와 동시에 정치경제적 위기의 결국 박정희의 비극적 죽음과 정권 붕괴를 자초했다.

(3) 복지 억압과 개발주의 생활보장체계

박정희 시대는 거의 모든 인적, 물적 자원을 성장과 안보를 위해 동원했으며 국가 복지의 발전은 가급적 억압되었다. 사회정책은 성장과 안보 제일주의 정책에 극도로 종속되었고 고성장과 일자리 창출이 사회정책 기능의 큰 부분을 대체했다. 그렇다고 박정희 시대에 아무런 복지 정책이 없었던 것은 물론 아니다. 5·16쿠데타 이후 최고회의 시기 생활보호법, 특수직역연금제도, 산재보상 보험제도 등이 쿠데타의 정당성을 확보하기 위한 조치로 도입되었고, 1970년대 유신 시기에는 의료보험과 국민연금제도 도입이 시도되었다. 박정희는 비스마르크를 칭송했지만 유럽복지국가를 선도했던 비스마르크와는 영 딴판이다. 사회보험 방식 측면에서는 비스마르크 모델을 따르고 있긴 하다. 그러나 크게 다른 점은 박정희가 사회정책을 위한 국가의 재정 부담과 공적 책임을 최소화하기 위해 잔여적, 선별적 사회보장체계를 도입했다는 것이다(신동면 2011). 이는 국민연금과 의료보험 제도의 도입시도가 경제개발과 자본동원 극대화를 위해 고려되었고 사회정책적 목적은 부차적이었다는 것에서도 잘 드러난다(양재진 2007; 김도균 2013: 92-97). 국민연금제도는 법제화되긴 했으나 시행은 결국 무기 연기되었는데(1988년 시행) 이는 애초의 기본 목적과 무관한 것이 아니었다. 의료보험제도 또한 내자동원적 고려가 없었더라면 도입이 쉽지 않았을 것이다. 뿐만 아니라 의료보험은 법제정 이후 14년이 지난 유신시대 말기에야 수립되었고 그것조차 적용 범위를 기여금 납부 능력과 연결시켜 가장 필요로 하는 계층은 수혜 대상에서 배제되었다(500

인 이상 사업장 대상). 이는 사회보험제도가 취약계층을 체계적으로 배제하는 강한 역진성을 가지고 있음을 잘 보여 준다. 박정희 시대 GDP 대비 사회보장지출 비중은 1962년 1.3%에서 1979년 1.9%에 불과했다. 한국, 일본, 대만을 비교하면 1979년 시점에서 한국은 사회보험의 제도적 정비가 가장 뒤늦었고 내용면에서도 가장 뒤떨어졌다(권순미 2004).

그런데 박정희 시대에 주목해야 할 것은 국가복지를 억제한 '작은 복지' 정부와 함께 독특한 한국형 '생활보장체계'가 개시되었다는 사실이다(김도균 2013: 97-114). 단지 국가복지 제공을 억제하는 것만으로 대중의 불만을 무마하기는 어려웠다. 박정희식 생활보장 체제로는 특히 두 가지가 중요하다. 첫째, 근로소득세 면세점 제도를 도입한 것이다. 이는 소득세 면세점을 인상해 소득 공제를 대폭 확대한 조치다. 이에 따라 대부분의 생산직 노동자들은 과세대상에서 제외되었다. 둘째, 내자동원을 위한 저축 우대정책이 생활보장정책의 성격을 갖게 되었다. 근로자재산형성저축제도(재형저축)를 도입해 저축 보조금을 지급한 것이 대표적이다. 한국의 개발주의는 경제체제 면에서 단연 성장제일주의였다. 그러나 그 개발주의는 공적 국가복지 기능을 상당 부분 대체하는 감세와 저축 중심의 생활보장체계도 내장한 이중적 성격을 갖고 있었다(이병천 2016a). 이런 독특한 생활보장기제가 국가와 대중 간에 일종의 암묵적 사회계약 형태처럼 작동하게 되었고 이는 조세동원에 기반한 공적 사회보장제도의 발전을 경로의존적으로 구속했다.

6. 김대중의 시간, 평화복지국가 반쪽 따라잡기와 중도 좌초

1) 박정희와 대척에 선 김대중, 그 사상적 굴절

박정희가 비스마르크와 히틀러의 구독일을 보고 과거사가 주는 교훈과
등진 채 결국 '한국형 히틀러의 길'을 감행했다면, 김대중은 제2차 세계
대전 후 이중적 단절을 통해 구체제를 청산하고 새로 거듭난 평화와 성
숙한 민주주의, 대중참여경제, 복지국가의 신독일을 보았다. 그리고 한
국이 그 같은 재생의 길로 나아가야 한다고 생각했다. 김대중은 전 생애
에 걸쳐 특히 서독의 성숙한 민주주의에 대해 주목했다. 독일식 성숙한
민주주의야말로 경제 기적과 복지국가 나아가 평화통일의 필수적 조건
이라고 보고 한국이 롤모델로 본받아야 한다고 역설했다.

　　김대중은 유신독재로 치닫는 짙은 먹구름이 몰려오는 현대 한국정
치의 중대한 길목에서 박정희와 운명을 건 제7대 대선(1971년 4월)을 맞
았고 데탕트의 물결을 극우반공주의 한국과 남북대결의 한반도를 쇄신
할 기회로 포착했다.[31] 대선 국면에서 김대중은 서독의 브란트 총리가 추
진한 동방정책을 모델로 삼아 한국이 '아시아의 서독'의 길을 추구해야
한다고 주장했다.[32] 그리고 4대국에 의한 한반도 평화 보장, 평화적 교류
를 통해 남북관계를 개선하고 점진적 평화통일을 실현하는 방안(평화공
존-평화교류-평화통일의 3단계론), 대중민주주의 그리고 대중경제(대중참
여의 경제민주주의)를 주창하며 박정희가 도모한 남북 적대적 대결 – 극
우반공주의 – 돌진적 특권경제 노선과 대척에 섰다. 그가 한국이 "아시아

31　데탕트의 도래에 즈음하여 박정희의 위기론과 김대중의 기회론을 비교 분석한 기존의 연
　　구로는 마상윤(2011) 참고.
32　김대중(1972)도 같이 참고.

의 서독" 또는 제2의 서독이 되어야 한다고 말한 것은 그의 세바퀴 대안
(한반도평화, 대중민주주의, 대중경제)의 함축을 담고 있는 것이라 할 수
있다(김대중 1971: 31). 박정희 측은 "김대중이가 피리를 불면 김일성이
가 춤을 추고 김일성이가 북을 치면 김대중이가 장단을 맞춘다"고 주장
하면서 국민들을 선정적으로 자극했다. 김대중의 평화통일론은 수차례
죽음의 고비를 넘기며 이후 '공화국 연방제'(연합제)론으로 변화, 발전된
다. 그는 독일식 통일에 대해 서독은 한 번도 동독을 흡수하려는 정책을
가진 적이 없고 장기간의 평화적 공존과 상호 교류 협력을 취한 결과 이
뤄진 것임을 지적했다(김대중 1992: 164, 239, 258-259).

　　또한 김대중은 전후 민주개혁으로 거듭난 서독 경제의 새로운 활
력에도 주목했다. 이 부분은 특히 1980년대 초에 쓰여진 《옥중서신》
(2000)에서 잘 볼 수 있다. 옥중 서신에서 김대중은 산업화, 민주주의,
민족주의 간의 관련성에 대해 언급하고 민족주의의 야누스적 양면성과
민주주의 가치의 결정적 중요성을 설파한다. 그는 시민혁명이 선행했던
선발 근대화 모델(영국, 프랑스, 미국)과 권위주의적 후발 근대화 모델(일
본, 독일)의 두 발전유형을 대비하면서 후발 모델(자본주의-민족주의-권
위주의 모델)의 문제점과 위험성에 대해 지적한다.[33] 이는 단지 남의 이
야기가 아니라 곧 한국모델에 대한 이야기이기도 하다. 특별히 주목해야
할 것은 김대중이 독일(그리고 일본)이 전후 '경제민주화' 개혁조치 이후
성장 성공을 거둔 이유이다. 그에 따르면 그들의 성장 성공과 경제활성
화는 민주주의의 도입, 공정 분배와 이에 따른 국민경제 호순환에 기인
한다.

　　그런데 이후 김대중의 경제사상은 미국 망명기(및 영국 체류기)를

33　이는 이미 이병천(2000a)에서 지적한 바 있는데 본 논문의 2장 1절 논의와도 관련되어 있
　　는 것으로 매우 흥미롭다.

거치며 큰 변화를 보인다. 이미 1980년대 중엽의 《대중참여경제론》에서 김대중은 자본시장 개방의 이익을 아무런 비판 없이 전면 수용한다. 또 사회민주적 복지국가에 대해 과잉 복지를 추구하는 것이며 경제성장을 희생시키게 된다고 우려한다. 그러면서도 그는 영미형의 대립적 노사관계를 비판하고 독일 일본형의 협력적 노사관계, 그리고 분배적 정의와 '건전한' 복지국가 대안을 제시한다. 특히 독일의 사회적 시장경제에 대해 노동자 경영 참가에 기반한 노사공동 결정제를 채택하고 있으며 교육 및 직업훈련 체계가 잘 확립되어 있다는 점에서 높이 평가하고, 한국에도 노동자 경영참가제를 도입할 것을 주장한다. 이어 1997년 대선국면을 맞이해서는 더 큰 변화가 일어난다. 노사관계에서 독일, 일본형의 장점을 여전히 옹호하고 있기는 했지만(김대중 1997: 171-172), 마침내 "복지국가 병에 걸려 신음하던 영국은 대처가 이끄는 보수당으로의 정권교체를 통해 비로소 사회민주주의로부터 신자유주의로의 경제정책 기조를 전환하여 경제 활력을 되찾고 있다"(김대중 1997: 21)면서 대처의 개혁을 높이 평가하기에 이른다. 노동시장 유연화, '자립을 도와주는 생산적 복지', 규제철폐와 공기업 민영화, 영국을 모델로 하는 작지만 효율적인 정부 등의 담론 및 정책이 나타난다. 그리고 최종적으로 집권 후 김대중 경제 패러다임의 변화는 미국모델을 추종하는 "디제이노믹스"로 마침표를 찍는다(대한민국정부 1998). 이 같은 경제사상의 변화는 이후 한국판 평화복지국가 길에 큰 곤경을 예고했다.

2) 2000년의 선택―남북 화해협력과 평화의 한반도 길

김대중은 집권 후 그의 생애적 숙원사업이자, 극우 냉전분단체제 철책과 남북 대결주의에 의해 오랫동안 봉쇄되고 지체되어왔던 남북 화해 협력과 평화\통일의 한반도 길을 실천에 옮겼다. 여러 사정들이 그가 새로운 대북정책을 펼치는 데 유리한 조건을 조성해주었다(구갑우 2016). 그는 보수세력과 연립정부형태로 집권했지만 중도와 진보세력의 지지기반을 갖고 있었다. 역설적으로 IMF 위기로 인해 오랫동안 남한 강경 보수를 지배해온 북한 흡수통일 기조가 주변으로 밀려났다. 또 북한도 1990년대 중반 이후 심화된 경제위기 극복을 위해 남한과 화해 협력을 필요로 했다. 뿐만 아니라 다행히 핵위기 같은 심각한 갈등이 존재하지 않아 국제적 제약도 완화되었다. 그러나 이 모든 유리한 기회의 창들도 화해협력과 평화통일의 한반도 미래에 대한 김대중의 확고한 철학과 의지, 정책능력이 없었더라면 그저 '객관적' 조건에 그쳤을 것이다(김연철 2010).

김대중 정부는 4자회담의 진행 과정에서 흡수통일 배제, 상호 무력 불사용, 화해 및 교류협력 추진이라는 대북정책 3대 원칙을 천명하고 정전체제를 평화체제로 전환하는 문제를 다시 의제화했다. 이와 함께 광의의 평화체제 구성요소라 할 수 있는 남북 협력을 추진하기 시작했다. 세계식량계획을 통해 북한에 식량을 지원하겠다는 의사를 밝히고, 대북민간지원 활성화 조치 및 투자업종 규모 제한을 완화하는 남북경협 활성화 조치를 발표했다. 정주영 현대그룹 명예회장이 500마리 소떼를 몰고 판문점을 통해 방북하는 사건이 일어난 것도 이 즈음이었다. 2000년에 들어와 김대중 정부는 베를린선언을 통해 한반도 냉전구조 해체를 목적으로 하는 남북경제공동체 건설계획을 북한에 제안했다. 이윽고 남북정상회담이 실현되고 6·15공동선언이 발표되기에 이르렀다. 정상회담은 남북미 삼각관계에서 남북이 적극적, 주체적 역할을 수행하는 계기가 되었고 상호 '국가적 실체'를 인정한 사건이었다. 회담의 성과는 6·15공동선언 다섯 개 항에 담겼다. 이산가족 상봉 등 인도적 문제의 해결, 경제 교류 등 제반 교류와 협력이 포함된 것은 당연했지만, 평화문제의 합의는

건너뛴 채 남한의 '연합제'와 북한의 '낮은 단계의 연방제'의 공통성이 있
다고 통일방안의 합의까지 나온 것은 예상 밖의 것이었다.

　김대중이 담대하게 선택, 실천한 평화의 한반도 시간에서 우리는
6·15정상회담뿐만 아니라 그 이후 과정을 함께 주목해야 한다. 남북은
화해협력을 진전시킬 수 있는 제도적 장치를 만드는데 합의했다. 그 합
의란 장관급 회담의 정례화와 제도화, 국방장관 회담, 남북경제협력추진
위원회 구성, 3대 경협 사업―금강산관광, 개성공업지구 건설, 남북의
철도·도로 연결―추진, 이산가족 교류의 활성화 등을 포괄한다. 이 제
도적 장치들에 힘입어 남북대화 및 교류 협력이 거의 모든 영역에서 전
개되었다. 금강산이 관광지구로, 개성이 공업지구로 지정되는 등 남북
경협의 새 장이 열렸다. 남북교역도 빠르게 증가했다. 이산가족 상봉 같
은 사회·문화교류도 확대되었다. 지적해두어야 할 것은 김대중 정부가
6·15공동선언에서 평화체제 그 자체를 의제화하지는 못했다는 사실이
다. 남북한은 "적"에서 바로 "하나"가 되려고 하기 전에 신뢰할 수 있는
"친구"가 되어야 할 것이고 이를 위한 중간 단계가 요구된다. 그러나 김
대중 정부는 평화체제 구축의 토대를 마련함으로써 한반도 선순환 발전
을 위한 큰 변화를 추동했다. 2000년의 선택은 민주주의 공고화와 함께
김대중의 시간이 달성한 최대의 성취라 할 것이다.[34]

3) 민주주의, 시장경제 그리고 생산적 복지

민주주의 공고화의 시대 김대중이 넘어야 할 고개는 하나만이 아니었다.

34　한국의 민주화 이후 민주주의 연구는 남북 화해, 협력과 평화의 한반도 문제와 유리되어 진
　　행되는 경향이 없지 않다. 민주주의의 민주화 연구와 한반도 평화 연구는 새롭게 만날 필요
　　가 있다.

그는 안보제일주의와 남북대결의 한반도 고개를 넘어야 했을 뿐더러, 성장제일주의와 개발독재의 고개를 넘어 새로운 민주적 사회경제대안 모델을 개척해야 했다. 앞서 보았듯이 사실 그는 이 고개에서도 오랫동안 '준비된 대통령'이었고, 한국의 롤모델을 전후 민주개혁 관문을 훌륭하게 통과한 서독에서 찾고 있었다. 그러나 사회경제적 사안에서 그가 준비해왔던 민주적 대안은 한반도 평화통일 대안만큼 초지일관하지 못했고 크게 흔들렸다.

미국 망명기에도 유지되고 있던 전후 서독(및 전후 일본) 대안은 1997년 대선을 앞두고, IMF위기가 발발하기 전에 영미형 모델로 바뀌었다. 이 변화는 이해할만한 부분이 없는 것은 아니다. 1990년대 중엽은 국가독점사회주의 진영 붕괴 이후 나타난 자본주의 대 자본주의의 경쟁구도에서 독일이 '유럽의 병자'로 불릴 정도로 추락한 반면, 특히 미국의 '신경제'가 칭송받고 있었던 때였다. 또 이어 사회민주주의와 신자유주의 사이에 위치하는 '제3의 길' 흐름도 나타났다. 김대중의 한국사회 경제대안 패러다임의 변화는 이런 시류에 크게 영향받은 것으로 보인다. 또 집권을 위해서는 국내 정치구도 및 국민적 정서도 고려해야 했을 것이다. 그리고 미국의 '시험'을 통과해야 했다.

집권 후 IMF 위기를 수습하고 구조조정을 추진한 김대중 정부의 국정 기조는 "민주주의와 시장경제의 병행발전"론 또는 디제이노믹스로 불린다. 민주주의와 시장경제가 "병행발전"하게 한다니 얼핏 포스트개발독재 대안노선으로 적격이다. 그러나 현대 한국 보수주류의 이념이 '자유민주주의와 시장경제'임을 상기해 보라. 문제는 어떤 민주주의, 어떤 시장경제인가하는 것이다. 〈표 3〉에서 보듯이 "병행발전"론은 기본선에서 영미형 신자유주의를 롤모델로 하고 있었다. 더 정확히 말하면 무분별한 규제완화 일변도라 할 수는 없고 '관치경제' 청산을 통한 '공정한 시장경

표 3. 집권 전후 김대중의 사회경제 대안 비교

국민과 함께 내일을 연다(1998년 9월)	김대중의 시민경제이야기 (1997년 3월)
• 민주주의와 시장경제는 자유의 원칙 공유. 시장경제는 사유재산권과 개인의 자유를 의사 존중하는 경제 질서. • 민주주의와 시장경제는 경쟁 원칙 공유 • 민주주의와 시장경제는 책임 원칙 공유 • 정부역할은 자유방임이 아니라 경쟁질서의 확립	• 권위주의적 관치경제를 전면적 청산하고 '민주적 시장경제'를 확립할 것 • 정부 임무는 가격기구가 잘 작동하도록 확고한 사유재산권 보장, 자유경쟁 및 자기책임 원칙에 입각한 경쟁질서의 확립, 유지
• 영국과 미국이 구조개혁을 통해 위기 극복한 대표적 사례 • 대처정부는 공기업 민영화, 규제완화, 재정지출 삭감 추진, 대폭적 대외개방과 해외투자 유치 통해 국내산업 경쟁력강화 도모 • 1990년대 미국 장기호황은 유연한 노동시장, 세계 최고수준의 자본시장 등 구조개혁 성공 때문	• 복지국가병으로 신음하던 영국은 대처주도 보수정부로 정권교체 통해 사회민주주의로부터 신자유주의로 경제정책 기조 전환, 경제 활력 되찾음 • 영국, 캐나다, 호주, 뉴질랜드, 미국 등에서 보듯이 작지만 효율적 정부를 추구할 것 • 규제는 없애고 공기업은 민영화할 것 • 법인세를 인하할 것
• 독일, 프랑스 등은 노동시장 경직성으로 고실업 • 실업문제 해결과 경제 활력의 회복 위해 노동시장 유연화 제고는 필수적 • 노사정위원회 통한 합의와 갈등 조정	• 독일, 일본 등의 협력적 노사관계 도입할 것. 특히 독일은 노동자 경영참여 통한 경제민주화 정착, 노동자 교육 및 직업훈련에 높은 가치 부여 • 노동시장 유연화는 신중한 접근 필요
• 자활과 내일의 확대재생산 유도하는 생산적 복지	• 자립을 도와주는 생산적 복지

쟁'[35] 질서 확립과 대대적 규제완화를 이러저리 혼합한 신자유주의가 기조였다. 그 기조 위에 노사정위원회 그리고 이후에는 '생산적 복지'를 결합시켰다.

병행발전론은 영국, 미국 등의 신자유주의 구조개혁을 성공 사례로

35 이른바 '공정한' 경쟁이란 것이 반드시 공정한 시장은 아니다. 한국의 '공정'거래법(제19조)에 따르면 중소기업이 단결해 대기업과 납품단가 또는 성과나 이익공유를 위한 협상을 요구할 경우 담합 행위로 처벌된다. 그러나 일본, 독일, 대만 등에서는 중소기업이 단체를 결성해 납품, 구매, 해외 진출 등 경쟁력을 높이려는 행위를 일반적으로 허용한다. 또 '공정한' 경쟁도 얼마든지 노동권 악화를 포함한 목자르기식 자유경쟁으로 나아갈 수 있다. 단지 공정한 경쟁만이 아니라 반드시 '공정한 협력'을 함께 포용할 때 공정한 시장이라 할 것이다.

본 반면, 독일, 프랑스, 일본 등을 실패 사례로 간주했다. 주목해야 할 것은 병행발전론이 비교자본주의의 인식에서뿐만 아니라 일반이론 수준에서도 민주주의, 시장경제 및 양자의 상호관계에 대해 시장근본주의 사고를 여과 없이 드러내고 있다는 것이다. 이에 따르면 시장경제란 개인의 경제적 자유를 보장하며, 시장 경쟁을 통해 능력과 노력에 따라 개인의 선택에 대한 보상이 결정되고, 경쟁 결과에 대해 스스로 책임지는 체제다. 또 시장 경쟁은 경제 전체의 효율과 복지도 극대화시킨다. 나아가 시장 경제가 제대로 작동하면 빈부 양극화가 아니라 중산층 중심으로 경제 안정이 유지된다(대한민국 정부 1998: 64). 심지어 가장 효율적이고 합리적인 행위만이 경쟁에서 승리할 수 있고 인류사회는 경쟁을 통해 발전해 왔다고 한다(대한민국 정부: 58). 이런 사고틀 위에서 병행발전론은 시장경제와 민주주의가 자유, 경쟁, 책임의 세 가지 원칙을 공유하고 있어 상호 보완적으로 병행 발전하는 속성을 가지고 있다고 한다.

병행발전론은 '관치경제' 청산을 통한 공정 경쟁시장과 경제력집중 억제를 지향하는 부분에서 자유방임 시장주의가 아니라 '질서자유주의'적 성격을 갖고 있다. 그러나 영미형의 구조개혁 및 주주자본주의를 롤모델로 본 점에서나, 시장경제와 민주주의 원리에 대한 근본적 사고에서나 그 실체란 양자의 상보적 병행 발전론이 아니라 시장자본주의에 대한 사회경제 민주주의의 종속적 발전론으로 보는 것이 적절하다. 병행발전론에 의해 한국모델의 진화에서 참여민주적이고 공정한 협력을 담지하는 조정시장경제 발전의 기회는 다시 발붙이기 어렵게 닫혀버린 셈이다.

김대중 정부는 재벌개혁 5원칙에 입각해 기업경영의 투명성과 책임성을 높이고 재무구조를 개선하는 조치 그리고 외자의 주식보유 한도를 폐지하고 적대적 인수합병을 허용하는 등의 조치를 취했다. 그러나 재벌에 대한 정부의 자율성은 큰 한계가 있었고 여전히 그들과 한 배를 타야

했다(이병천 2013). 금융 분야는 미국-IMF-월가 복합체의 최대 이익관심사였는데 자본시장으로 재벌을 규율할 뿐더러 금융경쟁력을 키운다는 정책발상이 중첩돼 급진적인 금융자유화와 개방화가 진행되었다. 은행부문도 대대적 공적자금이 투입돼 부실채권 정리, 외자 매각 등의 조치후 가계대출위주 영리경영으로 탈바꿈되었다. 정리해고제와 파견근로제를 도입해 노동시장을 유연화하고 고용불안을 만성화하는 길이 열렸다. 구조조정을 분기점으로 새롭게 구축된 유연화 노동시장과 '노동규율' 체제 아래 노동의 힘은 몰라보게 약화되었을 뿐더러 계층·규모별로 분단분열되게 되었다.

신자유주의적 구조조정으로 복지가 핵심적인 사회문제로 부상했다. 생산적 복지의 기조 아래 국민기초생활보장제도와 사회보험제도 개혁이 추진되었다. 기초생활보장제도는 최저생계비 이하 모든 국민에게, 근로능력 유무와 상관없이 기본생활을 보장한 것이었다. 고용보험에 가입되지 않는 대다수 임시, 일용직 노동자와 영세자영업자들이 이 제도의 생계지원을 받았다. 그러나 근로능력이 있는 수급자에게는 수급권과 근로를 연계시켰다. 이와 함께 사회보험제도 개혁이 추진되었다. 직장의료보험과 지역의료보험을 통합해 단일한 국민건강보험으로 통합하면서 적용대상을 전 국민 혹은 1인 이상 사업장으로 확대했다. 국민연금을 도시자영업자에게까지 확대했다. 그리고 고용보험과 산재보험 적용범위를 전 사업장으로 확대했다. 이로써 4대 사회보험이 전 국민을 대상으로 확대 실시되기에 이르렀다.

7. 결론—한국은 평화복지국가를 건너뛰는가

1) 박근혜의 시간—배신의 정치와 불량국가

독일은 우리에게 무엇인가. 근현대 독일 발전양식의 궤적은 한편으로 비스마르크의 권위주의적 보수혁명에서 바이마르 민주공화국 실패를 거쳐 히틀러의 나치즘으로 이어진 보수·반동적 근대화 모델, 다른 한편으로 제2차 세계대전 후 냉전기와 탈냉전기 이중적 단절을 통해 출현한 민주적으로 성숙한 현대 평화복지국가 모델을 함께 보여준다. 현대 한국은 독일모델 배우기를 둘러싸고 두 가지 대조적 방식 간에 치열한 경합을 벌였다. 그 대표적 주자는 박정희와 김대중이었다. 박정희는 독일의 궤적에서 비스마르크와 히틀러를 보고 배우자면서 이를 실천했다. 반면 김대중은 전후 발본적으로 거듭난 현대 민주적 평화복지국가를 배우자고 하고 실천했다. 현대 한국에서 민주적 평화복지국가의 길은 결정적으로 박정희의 1972년 역코스의 선택(유신체제)으로 봉쇄, 유실되었다가 1997년 김대중의 집권으로 다시 새 기회의 창이 열렸다. 그러나 김대중이 주도한 한국의 평화복지국가 따라잡기 시도는 절반의 성공으로 끝나고 중도 좌초했다.

　불행하게도 현재 한국은 여전히 '과거의 포로'로 붙잡혀 있다. 2012년 대선 시기와는 판이하게 다른 풍경이다. 대선 국면에서 '변화하라'는 시대 명령에 적응하려 한 박근혜의 변신은 상당히 의미 있고 전향적인 부분이 있었다. 왜냐하면 한국은 보수주의(친일보수, 냉전보수, 시장보수가 겹친) 지배가 매우 뿌리 깊고 강고해 이들이 합리적 선진보수로 거듭나지 않으면 민주적 평화복지국가의 희망을 열기가 여간 어렵지 않기 때문이다. 대선 국면에서 박근혜는 겉으로라도 나름대로 탈냉전 개혁적 보수의 자세를 선보였다. 또 그는 시대흐름에 맞추기 위해 자신이 독일의 메르켈 총리와 같은 꿈을 꾸고 있다고 말한 적도 있었다(박근혜 2007: 311-314).
물론 그의 메르켈 끌어들이기는 다분히 편의주의적인 것이다. 메르켈은
사회정의를 강조하고 노사 공동결정제를 독일이 이룬 "위대한 업적"이라
고 극찬한 인물인데도, 박근혜는 주로 자신의 입맛에 맞는 규제완화, 친자
유시장정책 등이 메르켈식 개혁이고 그 점에서 자신과 마음이 통한다고
했다. 그럼에도 그가 영국의 대처가 아니라 독일의 메르켈과 같은 꿈을 꾼
다고 한 것이 흥미롭다. 여하튼 박근혜의 전향적 변신에 따라 1987년 민
주화 이후 제도권 정치에서 모처럼 복지국가, 경제민주화 그리고 한반도
평화의 세 가치를 지향하는 공통의 '대합의'가 성립되는 듯했다. 정치세력
들은 그 공통의 대합의를 둘러싸고 경합했던 것이다.

　　대선의 승리는 박근혜에게 돌아갔다. 제18대 대선에서 민주평화복
지 세력의 슬픈 패배를 보고 나는 1971년 대선에서 김대중의 패배를 생
각했다. 집권 후 박근혜는 대선 시기 자신의 변신이 일시적 선거용에 불
과했음을 폭로했다. 그는 가볍게 대국민 약속을 깨고 배신의 정치 길을
걸었다(이병천 2016a). 이로써 실로 어렵게 만들어졌던 '대합의'의 시대정
신은 무참히 짓밟혔다. 우리는 박근혜 대통령의 머리를 지배하는 뿌리 깊
은 두 가지 생각을 발견할 수 있다(이병천 2014: 294-296). 먼저 유신독재
의 '과거 적폐'다. 박근혜의 머리와 신체에는 유신독재를 보좌하면서 익
힌 냉전적인 국가독점 안보제일주의가 깊이 배어 있다. 그는 "유신 없이
는 아마도 공산당의 밥이 되었을지 모른다 … 시대 상황과 혼란 속에서
나라를 빼앗기고 공산당 앞에 수백만이 죽어갔다면 그 흐리멍텅한 소위
민주주의가 더 잔학한 것이었다 말할지 누가 알 수 있으랴"(박근혜 1998)
라는 반민주·반평화적 생각을 드러낸 바 있다. 둘째, 글로벌 신자유주의
시대 흐름에 편승해 스스로 배운 생각이 있다. 이는 흔히 "줄푸세"라 불리
는데 세금과 정부규모를 줄이고 규제를 풀고 이에 반대하는 목소리에 대

해서는 법기강을 세운다는 것이다. 박근혜는 필요할 때는 "아버지의 궁극적인 꿈이 복지국가 건설이었다"라고 주장하거나 "경제민주화를 통해 모든 경제주체들이 성장의 결실을 골고루 나누면서, 조화롭게 함께 커가는 나라를 만들겠습니다"라고 약속했지만, 정작 가장 집요한 그의 생각은 신자유주의적 줄푸세가 경제민주화와 다르지 않다는 것이었다.

우리는 박근혜의 시간에서 민주적 평화복지국가의 시대정신에 정면으로 역주행하는 '불량국가'(이병천 2016a)의 참상을 겪었고 지금도 겪고 있다. 안전규제 완화에 가속페달을 밟아 세월호 참사를 초래한 일, 복지 확대와 경제민주화의 약속을 깨고 부동산 규제 완화를 통한 투기적 경기부양과 재벌독식 경제활성화 전략을 밀고 나간 일, 롯데·삼성 등 거대 재벌들의 온갖 불법 비리가 판을 치는데도 쉬운 해고를 위해 더 많은 노동시장 유연화 개혁을 강행한 일, 조선·해운업 구조조정 과정에서 보듯 청와대 – 관료기구 – 국책은행 – 대기업 전반에 걸쳐 경제운영체계의 책임규율이 전반적으로 붕괴한 일, 흡수통일 담론으로 간주될 수 있는 '통일대박'론을 내세우며 남북평화의 상징인 개성공단마저 폐쇄한 일, 한반도의 평화와 안정은 물론 '한미일 대 북중러'의 신냉전 구도를 심화시켜 동북아평화에 큰 위기를 몰고 올 사드(고고도미사일방어체계, THAAD)배치를 비밀리에 결정한 일 등이 그러한 것이다. 이런 일들은 박근혜에게 뿌리 깊은 두 개의 '과거 적폐'라 할 냉전반공적 안보국가 독점주의와 신자유주의적 줄푸세주의의 나쁜 조합을 여과 없이 보여준다.[36] 이리하여 박근혜 정부에서 대한민국의 시간은 민주적 평화복지국

36   박근혜 대통령은 국가안전보장회의(2016년 7월 14일)에서 사드 배치 반대 움직임에 대해 "정쟁으로 국가와 국민의 안위를 잃어버린다면 더 이상 대한민국은 존재하지 않을 것"이라고 말했는데 여기에는 국가와 국민 안위에 직결된 공적 사안에 대한 민주적 토론과 다양한 견해를 틀어막는 국가/지도자 정치독점주의가 도사리고 있다.

가의 시대 과제를 저버린 채 무책임한 저질 불량국가로 굴러떨어졌다.[37]

2) 김대중 딛고 넘어서기—성찰과 과제

독일은 우리에게 무엇인가. 근현대 독일 발전양식의 궤적은 한편으로 독일제국 성립과 비스마르크의 권위주의적 보수혁명에서 바이마르 민주공화국의 실패를 거쳐 히틀러의 나치즘으로 이어진 보수·반동적 근대화 모델, 다른 한편으로 제2차 세계대전 후 냉전기와 탈냉전기의 이중적 단절을 통해 출현한 민주적으로 성숙한 평화복지국가 모델을 함께 보여준다.

　　현대 한국은 독일 모델 배우기를 둘러싸고 두 가지 대조적 방식 간에 치열한 경합을 벌였다. 그 대표적 주자는 박정희와 김대중이었다. 박정희는 독일의 궤적에서 비스마르크와 히틀러를 보고 배우자면서 이를 실천했다. 반면 김대중은 전후 발본적으로 거듭난 현대 민주적 평화복지국가를 배우자고 하고 실천했다. 현대 한국에서 민주주의, 평화체제, 복지국가의 현대적 공진화 길은 결정적으로 박정희의 1972년 역코스의 선택(유신체제)으로 봉쇄, 유실되었다가 1997년 김대중의 집권으로 다시 새 기회의 창이 열렸다. 그러나 김대중이 주도한 길은 불행히도 '절반의 성공'으로 끝나고 중도에 좌초했다.

　　김대중의 꿈이 중도에 좌초한 것을 어두운 구체제 유산이나 이명박 정부, 박근혜 정부 탓으로만 또는 미국 등 외부적 조건 탓으로만 돌릴 수는 없으며 내적 요인을 돌아봐야 한다. 우리가 지난 날 반동적 근대화의

37　'박근혜–최순실 게이트'에서 문제의 본질은 민주적 책임국가의 공공성과 공적 시스템, 즉 위임받은 국민주권이 아무런 자격도 없는 비선의 사인에 의해, 그 사익추구를 위해 사유화되었다는 데 있다. 즉, 박근혜 정부에서 국가는 사유화된 '포획국가'(captured state)로 전락했다.

질긴 족쇄, 오늘의 퇴행적 '안보시장국가'를 넘어서 민주적 평화복지국 가라는 반성적 현대화의 새 길로 가려면 지난 시기 김대중 정부의 성취가 어떤 대목들에서 문제점과 한계지점을 갖고 있었는지를 비판적으로 성찰해야 한다. 우리는 특히 아래와 같은 두 가지 대목에서 기본적 문제점을 지적하고자 한다.

(1) 평화체제의 제도화와 정치·군사적 신뢰구축을 진전시키지 못했다.

김대중의 탈냉전적 대북포용과 평화통일 지향 정책은 이후 이명박 정부로 정권이 교체되면서 폐기되었다. 이는 서독의 경로와 확연히 대비되는 것으로 브란트의 신동방정책을 이어받는 기민당식의 합리적이고 실용적인 보수주의는 냉전반공 시간대에 유폐된 한국의 보수정권에서는 찾아볼 수 없었다(김연철 2003; 2011). 평화복지국가의 길에서 한국과 독일 간에는 깊은 발전격차 내지 시대격차가 존재함을 말해주는 대목이다. 미국에 부시 정권이 등장해 대북포용정책에 제동을 거는 등 북미 간 갈등이 심화된 점도 중요했다. 그러나 분단체제의 탈냉전화에 대한 보수세력의 집요한 발목 잡기(이른바 '남남갈등')와 취약한 국민적 합의 기반이 김대중 포용정책 좌초의 일차적 요인이었다. 그만큼 민주화 이후 민주주의의 기반이 취약하고 불안정했다는 말이다. 그러나 이런 어려움은 충분히 예측 가능했다고 볼 수도 있는데 그랬다면 앞을 내다보는 더 지혜로운 전략이 필요하지 않았을까 싶다. 먼저, 엄혹한 한국적 조건을 감안한 지혜로운 전략에는 1991년 남북기본합의서를 만들어낸 노태우 정부처럼 탈냉전 평화지향 보수정부의 긍정적 유산에 포용정책을 접속함으로써 국민적 합의 기반을 확장하는 것이 포함된다(임혁백 2010).[38]

둘째, 냉전반공주의 족쇄가 엄혹함을 고려한다면 통일과 거리를 유지하는 평화의 문제에, 어떻게 평화를 실현할지의 문제에 대해 훨씬 집중

했어야 할 것이다. 이에 대해 구갑우는 김대중의 포용정책이 평화과정에 대한 기능주의적 가정을 깔고 있다면서, "남북한의 군사적 대립구도가 남북한의 경제적 교류와 협력만으로 해소되지는 않는다. 남북한 모두 안보 담론의 전환을 이루지 못한다면 2000년 체제의 진화는 불가능할 수 있다. … 6.15 담론은 통일된 한반도에 대한 주변국가의 안보적, 경제적 우려를 담고 있지 않다"고 쓴 바 있다(구갑우 2007: 73, 67). 비슷한 취지로 독일 학자 한스 기스만은 브란트의 동방정책이 의도적으로 독일의 미래 지위가 어떻게 될 것인지를 미제로 남겨놓고 "민족 문제" 해결을 미루었음에 반해, 김대중의 포용정책은(노태우의 북방정책도) 처음부터 통일의 목표에 초점을 맞추는 과잉 민족주의라는 문제점을 갖고 있다고 지적했다.[38]

(2) 김대중의 민주주의·시장경제·생산적 복지 모델은 박정희의 개발주의 압축 성장모델을 발전적으로 지양하는 대안 모델이 되지 못했다.[39]

첫째, 생산적 복지로 신자유주의 양극화 진전을 막아내기에는 역부족이었다. 정부는 대량실업과 노동시장 유연화 전진, 빈곤 확대에 따라 한편으로 고용보험 확대 및 고용지원 서비스 그리고 기초생활보장제도로 대처했다. 그러나 비정규 불안정노동과 영세자영업이 양산되자 노동 유연화와 생산적 복지의 혼합 패키지는 방대한 불안정노동자를 낳는 등 근본적 한계를 드러냈다(전병유 2014; 장귀연 2013). 김대중 정부의 복지정책은 국가책임 확대를 지향했지만 기본 성격은 근로연계복지와 노동력 상품화를 적극적으로 유지했고 자조와 근로에 치중한 강력한 개발주의 유산을 극복하지 못했다(정무권 2002; 김영순·권순미 2008).[40] 또 노사정위

---

38   노태우 정부의 대북정책조차 집권층 내부 보수 세력의 동의를 받지는 못했다.
39   김대중 모델과 노태우 모델을 비교한 글로는 이병천(2016b)을 참고할 것.
40   안상훈(2010: 73)은 김대중 정부 시기 공공부조가 실업과 빈곤문제에 대처하는 대표적 정

원회가 운영되었지만 노동은 실질적 협력 파트너가 되지 못했고 사실상 구조조정을 원활히 하는 자문기구 역할로 전락했다.

둘째, 노동시장 유연화 진전을 생산적 복지로 대처하는 전략이 실패한 이유 중에는 증세의 정치에 실패한 부분이 있다. 복지증세는 복지비용 분담 문제를 둘러싸고 첨예한 갈등을 일으켰고 경제위기로 과세기반이 붕괴해 기존 조세개혁조차 후퇴했다. 여기서 정부가 취한 정책은 부동산 (및 신용카드) 규제 완화였다. 김대중 정부는 노태우 정부 때 수립되고 김영삼 정부 때도 유지되던 토지공개념 3법을 비롯한 부동산 기본규제들을 모두 폐기하고 전방위적 부동산 경기부양책을 추진했다. 중산층 가계들은 주택을 중심으로 하는 자산증식을 취약한 노동소득을 보완하는 생존 전략으로 활용했다. 부동산에 대한 과잉 의존이 가계부채를 증대시키고 이것이 자산가격 상승을 초래하는 악순환을 낳았으며 개발주의 이래 지속된 자산기반 생활보장체계의 새로운 금융화(김도균 2013: 194-206)와 부채로 추동되는 성장체제 길이 열렸다.

과잉 시장화에 따른 대중의 삶의 불안과 각자도생 상황이 민주주의 공고화를 허무는 취약한 사회경제적 기반이 되었다. 한편으로 노동, 토지, 금융의 시장화와 이를 감당하지 못하는 약한 복지로 민생 불안과 고통(이는 '폴라니적 모순'이라 부를만한다)이 심화되었다.[41] 다른 한편 재벌-국가 지배 동맹에 대한 대항적 감시력이나 규율기제는 다시 공백 상태로 빠져들어갔다.

책이었다고 보고 여기에 이 정부가 내건 '생산적 복지'의 자유주의적 선별주의 성격이 잘 드러난다고 지적한다.

41   이재열(2007: 241)은 '사회의 질'의 관점에서 외환위기 이후 10년 한국사회의 변화를 다음과 같이 요약한다. "가장 두드러진 변화는 총체적인 불신의 심화와 계층 간 포용성의 감소, 사회적 배제의 심화, 그리고 구조적인 역능성의 감소, 이로 인한 무기력증의 증가 현상이다".

셋째, 김대중이 민주주의와 시장경제 결합의 롤모델을 독일에서 미국으로 바꾼 문제점을 지적하지 않을 수 없다. 여기서 개발주의 이후 탈추격 한국경제의 대안 경로는 어떠해야 하나라는 근본적 질문이 대두된다. 한국의 개발주의에서 독일식 사회적 시장경제 방향으로 가는 길이 가파르고 좁은 것은 사실이다. 그 길은 타락한 개발주의와 무분별한 규제완화가 함께 만들어낸 뿌리 깊은 정실자본주의 기반을 척결하고, 노동 및 중소기업을 배제한 국가-재벌 동맹 중심의 수직적 조정형태로부터 노동 및 중소기업의 참여에 기반하면서 금융의 책임경영 및 기업감시 능력이 확립된 수평적 조정형태로 재편하는 것이기 때문이다.[42] 여하튼 김대중은 오래동안 독일모델 대안을 준비했다가 결국 폐기했는데 그 대가는 매우 컸다. 1997년 이후 국가의 대자본에 대한 통제와 규율은 역설적으로 개발주의 시대에 현격히 미달했다. 그 자리를 금융시장이 대체했으나 그 한계도 컸다.

결국 평화독일 친화적인 대북포용주의와 시장미국 친화적인 디제이노믹스간에 미스매치가 있었다고 생각된다.[43] 1997년 사회경제 체제의

---

42 독일과 같은 사회적 시장경제 또는 합의제 민주주의 요소를 한국사회에 뿌리 내리게 하려면 어떤 정치·경제·제도·문화적 조건들이 필요한지에 대해서는 향후 보다 깊은 논의가 필요하다.

43 김대중(2011)은 이후 자서전에서 다음과 같이 쓰면서 자신의 선택을 변호하고 있다. "혹자는 나를 '신자유주의자'라고 비판했다. 아마도 외환위기를 벗어나는 과정에서 보여준, 철저한 시장경제 원칙을 강조한 태도에서 그런 비판이 나왔다고 생각한다. 그러나 1997년 IMF 체제 이후 우리의 선택은 시장경제 이외에는 다른 길이 없었다. '생산적 복지'는 시장 경제의 부작용, 폐해를 시정하고 보완하는 내용이라 할 수 있다. '생산적 복지'는 사후적인 복지, 시혜적인 복지의 한계를 보완하는 것에서 시작했지만, 과다 복지가 가져온 유럽의 실패에서 교훈을 얻은 것이기도 했다"(341). 중산층 붕괴와 소득 양극화에 대한 해명에서는 좀 더 자기비판적이다(461). 또 김대중은 한 인터뷰에서 이렇게 육성으로 토로하고 있다. "민주주의와 시장경제하면 신자유주의 쪽으로 갈 우려가 있는 것은 사실인데 그것을 막기 위해서 생산적 복지를 거기다 붙인 거여. 그런데 처음부터 안 붙인 것은 두 가지 이유인데 하나는 그때 우리 경제가 곧 망하게 돼서 거기다가 그런 것 붙여 놓으면 말하자면 혹을 붙인 격이 되

실패가 평화국가와 한반도평화의 길을 중도 좌초시키는 '역습 효과'를 발휘했다(이병천 2000: 120). 2000년 체제가 1997년 체제에 포섭됐다고 말할 수도 있다(구갑우 2007: 57, 66-67). 즉, "사회적 양극화와 과잉자본이 공존하는 남한의 불균형이 민주주의를 위협하고 이 한국 민주주의의 위기가 한반도 평화 과정을 위협"하는 악순환이 초래된 셈이다. 1997년 체제의 실패는 김대중식 평화복지국가와 민주주의 공고화의 가장 약한 고리로 보인다.

현대 한국에서 민주주의, 평화체제, 복지국가가 공진하는 반성적 현대화 길은 민주화 이후 김대중 정부에서 중요한 발걸음을 내딛었으나 그 것은 이상과 같은 문제점을 안은 채 중도 반절로 끝났다. 오늘의 우리는 이 교훈 그리고 독일과 한국 경험의 비교로부터 나오는 교훈을 통해 새 반성적 현대화의 길을 개척해야 한다. 아래에서 그 몇 가지 방향을 지적하고자 한다.

첫째, 독일처럼 정권이 교체된다 해도 변함없이 지속될 수 있는 민주적 평화복지국가를 향한 국민적 '대합의'가 요구된다. 이를 위해 한국의 민주화 이후 민주주의 나침반은 단지 '공고화'가 아니라 '성숙화'를 요구한다. 한국식 민주주의의 성숙화는 아무래도 독일과는 다르긴 할 것이다. 그렇지만 공고화를 넘는 성숙화는 한독 경험의 비교로부터 나오는 가장 중요한 교훈일 수 있으며 한국에서도 2012년 대선국면에서 보았듯 불가능하진 않다. 김대중의 평화복지국가 시간이 막혀 중도 좌초한 큰 요인으로 국내의 협소한 합의기반 문제가 있었다. 이 문제는 진보, 보수 양쪽에서 모두 반성적 성찰이 요구된다. 진보세력에서는 노태우 정부에서 보듯이 보수정부가 쌓은 역사적 성과를 인정하면서 진보, 보수가 공

어가지고… 또 하나는 그런 것을 하면은 IMF나 미국이나 이런 데서 말하자면 사회주의 아니냐, 이런 식으로 또 의심을 할 것 같아서 그것은 좀 감춰놨어요"(류상영 2013: 166-167).

유하는 역사적 합의 기반을 확보하고 확장할 필요가 있다. 둘째, 보수세력이 냉전수구적 구태를 탈피해 탈냉전 평화보수로 거듭나야 한다. 박근혜식 배신의 정치와 국정농단은 두 번 다시 되풀이돼서는 안 된다. 보수적 입장에서 본다 해도 남북 평화공존과 교류협력은 북한은 물론, 현재 남한의 저성장 함정을 타개하는 데 큰 도움을 줄 수 있다.

둘째. 통일을 말하기 이전에 평화공존과 교류협력의 제도화, 평화국가화와 체제전환이 요구된다. 남북 간 평화체제 수립과 통일 과정을 보는 남남 갈등의 조정은 어떻게 가능할까? '진보 대 보수'는 물론 범진보 내부에서 통일론은 양날의 칼이다. 언제나 어떤 가치의 통일이냐가 문제가 된다. 평화 통일에 대한 준비는 해나가되 맹목적 '통일대박' 논의는 남북 모두에 위험하다. 오늘날 남한이 취해야 할 최우선적인 대북/한반도 정책은 통일이어서는 안 되며 오히려 '탈-통일론'이 필요하다고 할 정도다(박순성 2014). 남한은 '통일대박'이 아니라 평화/교류협력과 내부개혁을 통해 발전적으로 진화할 수 있으며 북한도 실상은 통일을 두려워하고 있다고 봐야 한다. 종래의 기능주의적 접근의 한계를 넘어 평화정착 및 교류협력의 안정적 제도화가 요구된다. 어떤 방식이든 핵미사일 문제를 비롯해 정치군사적 갈등을 의제화하고 평화국가 길로 전환하는 새로운 기회를 열어야 한다. 북한의 개혁개방 및 체제전환이 진전되는 미래를 기대하고 이후 한반도 발전 방향은 다양한 경로로 열어놓을 필요가 있다(구갑우 2007). 한반도 문제 풀이를 위해 남북이 주도력을 발휘해야 한다는 의미에서 민족주의적 자세는 당연히 더 높여야 하나 평화와 통일을 일체화하는 식의 과잉 민족주의는 탈피해야 한다. 이는 독일이 추구했던 '화해를 통한 변화'(에곤 바르)에서 배워야 할 최대의 교훈이다.

그리고 또 한 가지 지적할 것이 있다. 우리는 독일식 통일방식이 보여주는 양면성도 결코 간과하지 말아야 한다. 독일방식은 '평화적 사회적 통일'(황규성)의 빛과 함께 시장근본주의적 경제체제 전환과 그에 따른 동독 산업 파괴의 그림자(송태수 2016; 김병연 2009)를 갖고 있다. 이는 북한의 체제전환 과정 및 전략에서도 반드시 반성적으로 학습하고 경계해야 할 대목이다. 북한개혁론에서 급진적인 빅뱅식 파괴적 개혁론이 득세하지 않도록 해야 한다.

셋째. 민주적 평화복지국가로 가는 한국적 길은 어떤 복지국가인가, 어떤 포용적 성장체제인가 하는 도전과 마주하고 있다. 앞서 우리는 민주화 시대 김대중식의 평화복지국가 길이 중도반절로 끝났고 거기에는 오래전 수명을 다한 박정희식 개발주의를 극복하는 민주적 사회경제 대안을 구현하지 못한 것이 중대한 패인이라고 지적했다. 냉전반공주의 개발독재를 비난하고 규범적으로 민주주의와 평화, 복지를 외치는 것만으로는 부족하다. 민주화 이후 능력 결핍의 '연성민주주의(soft democracy)'는 대중포섭능력을 발휘하는 '대중독재' 또는 새로운 얼굴의 권위주의에 자리를 내어줄 수 있다. 한국 복지가 지향해야 할 모델을 현재의 저부담-저복지에서 북구형 고부담-고복지로 잡는 것은 강한 조세저항이나 취약한 공유경험을 고려할 때 무리한 논의이며 중부담-중복지가 현실적 대안이다. 그런 의미에서는 독일 복지모델로 시선을 돌릴 필요가 있다(임현진 2015: 381). 그러나 노동시장 지위차별화 및 광범한 복지사각지대 때문에 계층화와 불평등이 심화될 수 있으며 이에 대한 보편주의적 대응은 필수적이다.[44] 독일복지에 사회서비스가 약한 것 또한 한국이 넘어서야 할 지점이다. 한편, 포용적 성장체제의 한국적 길은 노동 및 중소기업을 배제한 국가·재벌 동맹의 권력집중 형태를 넘어 노동 및 중소기업의 자율적 참여에 기반하며 금융의 책임경영 및 기업 감시 능력이 확

---

44 이에 대해서는 장지연(2014)의 연구 참조. 그는 복지국가 형성기 보편주의 개혁에 실패한 독일과 그 개혁에 성공한 스웨덴의 경험을 명료하게 비교해 주고 있다.

표 4. 한국과 독일의 평화복지국가 비교

	한국 김대중의 시간	**독일 브란트의 시간**
평화	평화와 통일 연계	평화와 통일의 분리
복지	생산적 복지	비스마르크 복지의 '스웨덴화'
민주	자유-보수 연정, 미성숙 민주주의	사회-자유 연정, 성숙한 민주주의
경제	과잉 시장화 + 타락한 개발주의	사회적 시장경제 + 공동결정 확대

립된 수평적, 다원적 조정형태로 전환 과제를 결코 우회할 수 없다. 이 과제에서 한국은 복지모델 이상으로 독일에서 더 많은 것을 배울 수 있을 것이다.

한국이 독일과 같을 수는 없다. 우리 자신을 바로 아는 것이 먼저다. 한국은 한국의 길을 가야 하며 자신의 역사적 조건과 능력기반 위에서 선진모델에서 배우고 새 반성적 현대화의 경로를 창조해야 한다. 그러나 우리는 적어도 다음의 사실, 즉 오늘의 독일이 전후 구체제의 이중적 단절을 통해 새롭게 거듭났고 그 관문을 통과함으로써 비로소 성숙한 민주 평화복지국가의 길을 열었다는 사실, 민족 간 동서 간 소모적인 적대적 공생이 아니라 평화가 주는 큰 이득을 선택했다는 사실, 강자의 일방적 횡포에 따른 내부 갈등이 아니라 사회국가와 사회적 시장경제의 정신에 맞게 구성원에 민주적 대항력과 시민적, 사회적 기본권을 부여함으로써 내부 평화와 합의의 정치경제 운영체제를 구현했다는 사실만큼은 결코 잊어서는 안 될 것이다. 산업화와 민주화이후에도 민주적 견제·균형력과 사회적 기본권이 한참 결핍된 대한민국, 여전히 구태를 벗어나지 못한 채 냉전적·소모적 대결로 표류하고 있는 한반도는 독일에서 얻을 것이 매우 많다.

참고문헌

갈퉁, 요한. 강종일 외 역. 2000.《평화적 수단에 의한 평화》. 들녘.

강정인. 2014.《한국 현대정치사상과 박정희》. 아카넷.

구갑우. 2007.《비판적 평화연구와 한반도》. 후마니타스.

_____. 2008.《국제관계학 비판》. 후마니타스.

_____. 2016. 〈탈식민 탈패권 탈분단의 한반도 평화체제〉.《안보개발국가를 넘어
    평화복지국가로》. 사회평론아카데미.

국순옥. 2015.《민주주의헌법론》. 아카넷.

권보드래 외. 2012.《1960년을 묻다》. 천년의 상상.

기스만, 한스. 2001. 〈독일의 "동방정책"과 한국 통일: 유사점과 차이점 및 교훈〉. 프리드리히
    에버트재단 국제학술회의 발표논문(5월 17일).

김균·박순성. 1998. 〈김대중 정부의 경제정책과 신자유주의〉. 이병천·김균 편,《위기 그리고
    대전환》. 당대.

김기봉. 1999. 〈정치종교로서의 민족주의―독일민족주의를 중심으로〉. 한국서양사학회 편,
    《서양에서의 민족과 민족주의》. 까치.

김대중. 1971. 〈공화당 정권 10년의 실정을 통박하며〉(1월 23일).《김대중전집》15권.

_____. 1972. 〈삼단계 통일방안〉. 6월 6일,《김대중전집》제3권.

_____. 1997.《김대중의 21세기 시민경제 이야기》. 산하. 3월(대중경제론과 비교)

_____. 2000.《옥중 서신》. 한울.

김도균. 2013. 〈한국의 자산기반 생활보장체계의 형성과 변형에 관한 연구〉. 서울대학교
    박사학위논문.

김동춘 외. 2015.《반공의 시대―한국과 독일, 냉전의 정치》. 돌베개.

김연명 외. 2002.《한국복지국가성격논쟁1》인간과 복지.

김연철. 2010. 〈김대중·노무현 정부 10년의 남북관계〉.《기억과 전망》22.

_____. 2012. 7·4 〈남북공동성명의 재해석-데탕트와 유신체제의 관계〉.《역사비평》99 여름.

김영순·권순미. 2008. 〈공공부조제도〉. 양재진 편,《한국의 복지정책결정과정》. 나남.

김윤태. 2015.《복지국가의 변화와 빈곤정책》. 집문당.

김주현·박명준. 2015. 〈사회의 질과 사회적 합의 지향성의 효용-독일의 경제위기 극복사례〉.
    장덕진 외,《유로존 경제위기의 사회적 기원》. 한울.

노명환 외. 2014.《독일로 간 광부 간호사》. 대한민국 역사박물관.

다케가와 쇼고. 2004〔1999〕. 〈일본의 사회정책과 복지국가론〉. 김성원 역,《인간과 복지》.

대한민국 정부. 1998. 〈국민과 함께 내일을 연다 : 「국민의 정부」경제 청사진〉.

류상영. 2013. 〈대중경제론에서 병행발전론까지〉. 류상영·김동노 편저,《김대중과 대중경제론》.
    연세대학교 김대중도서관.

마상윤. 2011. 〈데탕트의 위험과 기회―1970년대 초 박정희와 김대중의 안보인식과 논리〉.
    《세계정치》14.

맥퍼슨, 크로포드. 1990[1962].《홉스와 로크의 사회철학—소유적 개인주의의 정치이론》.
　　　황경식 역, 박영사.
무어, 베링턴. 1985[1966].《독재와 민주주의의 사회적 기원》. 까치.
미무라, 제니스. 2015.《제국의 기획》. 박성진 역, 소명출판.
미야모토 타로. 2011[2008].《복지정치》. 임성근 역, 논형.
민주화운동기념사업회 연구소. 2008.《한국민주화운동사 1》. 돌베개.
박순성. 2014.〈통일논쟁과 탈통일론〉. 김균 편,《반성된 미래》. 후마니타스.
배긍찬. 1988.〈닉슨독트린과 동아시아 권위주의 체제의 등장〉.《한국정치학회보》22권 2호.
백영훈. 1987.《아우토반에 뿌린 눈물》. 연암프레스.
볼프룸, 에드가. 2007[2002].《무기가 된 역사》. 이병련·김승렬 역. 역사비평사.
사사다 히로노리. 2014.《일본 발전국가의 기원과 진화》. 박성진 역. 한울.
사카모토 요시카즈. 1998[1997].《상대화의 시대》. 소화.
센, 아마티야. 2013.《자유로서의 발전》. 김원기 역. 갈라파고스.
송태수. 2016.〈독일 경제통합과 한반도에 주는 함의〉. 이병천·윤홍식 편,《안보개발국가를 넘어
　　　평화복지국가로》. 사회평론아카데미.
슈미트, 칼. 1992[1938].《홉스 국가론에서의 리바이어턴》. 김효전 역, 교육과학사.
신동면. 2011.〈복지없는 성장〉. 유종일 편,《박정희의 맨얼굴》. 시사인북.
아렌트 한나. 2006[1948].《전체주의의 기원》. 한길사.
_____. 2012[1994].《이해의 에세이》. 텍스트.
안병직. 2000.〈독일 제국사 어떻게 이해할 것인가〉.《이화사학연구》27집.
안병직 편. 2011.《한국민주주의의 기원과 미래—보수가 이끌다》. 시대정신.
안상훈. 2010.《현대 한국복지국가의 제도적 전환》. 서울대학교출판부.
양재진. 2007.〈유신체제하 복지연금제도의 형성과 시행유보에 관한 재고찰〉.
　　　《한국거버넌스학회보》14권 1호.
양재진 외. 2015.《복지국가의 조세와 정치》. 집문당.
유종일 외. 2011.《박정희의 맨얼굴》. 시사인북.
이병천. 2000a.〈한국형 발전모델의 역사와 전망〉. 학단협 편,《전환시대의 한국사회》. 세명서관.
_____. 2000b.〈발전국가체제와 발전딜레마〉.《경제사학》28권 1호.
_____. 2006.〈개발자본주의론 서설〉. 신정완 외.《우리안의 보편성》한울.
_____. 2007.〈우리 시대 후발 '이중혁명'에 대한 비판적 성찰〉.《역사비평》80호 겨울.
_____. 2012.《한국경제론의 충돌》. 후마니타스.
_____. 2013.〈김대중 모델과 한국경제 97년 체제〉.《기억과 전망》28.
_____. 2013.〈한국경제 전환의 인식과 대안〉.《경제와 사회》100.
_____. 2014.《한국자본주의 모델》. 책세상.
_____. 2015.〈세월호 참사 국가를 묻다-불량국가의 정치경제〉. 기억과 전망(예정).
_____. 2016a.〈복지정치와 시민적 길〉.《시민과 세계》28 상반기.
_____. 2016b.〈현대한국에 민주적 자본주의의 준거모델은 있는가〉.《공공사회》, 6권 4호.
이병천·신진욱 편. 2015.《민주정부 10년 무엇을 남겼나–1997년 체제와 한국 사회의 변화》.
　　　후마니타스.

이병천·조현연. 2001. 〈20세기 야만에 대한 비판적 성찰〉.《20세기 한국의 야만》. 일빛.

이병천 편. 2003.《개발독재와 박정희 시대─우리 시대의 정치경제적 기원》. 창작과 비평사.

이재열. 2007. 〈한국사회의 질의 변화와 전망〉.정운찬·조홍식 편,《외환위기 10년 한국사회
　　　　얼마나 달라졌나》. 서울대학교출판부.

이호근. 2016. 〈독일 사회국가의 역사와 과제〉. 이병천·윤홍식 편,《안보개발국가를 넘어
　　　　평화복지국가로》. 사회평론아카데미.

임혁백. 1994.《시장 국가 민주주의》. 나남.

_____. 2005. 〈유신의 역사적 기원(하)〉.《한국정치연구》14권 1호.

_____. 2014.《비동시성의 동시성─한국 근대정치의 다중적 시간》. 고려대학교출판부.

임혁백 외. 2010.《한반도는 통일 독일이 될 수 있을까?》. 송정문화사.

임현진 2015, 〈한국복지국가의 미래─중조세 중복지를 위한 제언〉. 이정우 외,《불평등 한국
　　　　복지국가를 꿈꾸다》. 후마니타스.

장귀연. 2013. 〈노동시장유연화와 노동복지〉. 남찬섭 편,《대한민국 복지국가-회고와 전망》.
　　　　나눔의집.

_____. 2014. 〈정치의 우선성─독일과 스웨덴의 복지국가 형성기 경험〉. 조홍식·장지연 편,
　　　　《평화와 복지-경계를 넘어》. 이매진.

전병유. 2014. 〈민주정부고용정책의 성과와 한계 그리고 대안〉. 이병천·신진욱 편,《민주 정부
　　　　10년 무엇을 남겼나》. 후마니타스.

전재호. 2000.《반동적 근대주의자》. 책세상.

전중굉·다나카 히로시 외. 2000〔1994〕.《기억과 망각》. 이규수 역, 삼인.

정근식. 2014. 〈동아시아 한국학 냉전 분단체제의 형성과 해체〉. 임형택 편,《한국학의 학술사적
　　　　전망 2》. 소명출판.

정무권. 2002. 〈김대중 정부의 복지개혁과 한국복지제도의 성격논쟁에 대하여〉. 김연명 편,
　　　　《한국복지국가 성격논쟁1》. 인간과 복지.

정무권 외. 2009.《한국 복지국가성격논쟁 2》. 인간과 복지.

조국 편. 1992.《사상의 자유》. 살림터

조동준. 2014. 〈데탕트국면에서 박정희 행정부의 선택〉. 서울대 EAI 국가안보패널보고서.

조홍식·장지연 편. 2014.《평화와 복지─경계를 넘어》. 이매진.

조희연. 2007.《박정희와 개발독재 시대》. 역사비평사.

최승완. 2006. 〈냉전의 억압적 정치현실─1950/60년대 서독의 공산주의자 탄압을 중심으로〉.
　　　　《역사학보》190.

최완규. 2002. 〈남북한 통일방안의 수렴가능성 연구〉.《북한연구학회보》. 6권 1호.

칸트 임마누엘. 2008.《영구 평화론: 하나의 철학적 기획》. 이한구 역, 서광사.

크로이츠베르거, 슈테판. 2015. "공산주의자를 물리치라". 김동춘 외.《반공의 시대─한국과
　　　　독일, 냉전의 정치》. 돌베개.

하비 데이비드. 2005〔2003〕.《신제국주의》. 최병두 역, 한울.

하영선 편. 2015.《1972 한반도와 주변4강 2014》. 동아시아연구원.

하타노 스미오. 2016〔2011〕.《전후 일본의 역사문제》. 오일환 역, 논형.

한국민주화운동기념사업회 연구소. 2008.《한국민주화운동사 1》. 돌베개.

한배호. 1994.《한국정치변동론》. 법문사.
한상범. 2001.《박정희 역사법정에 세우다》. 푸른세상.
홍석률. 2005.《유신체제의 형성, 유신과 반유신》. 민주화운동기념사업회.
황규성. 2011.《통일 독일의 사회정책과 복지국가 – 통일 20년, 독일인 살림살이 들여다보기》. 후마니타스.
후지이 다케시. 2012.《파시즘과 제 3세계주의 사이에서》. 역사비평사.

近藤正基. 2009.《現代ドイツ福祉国家の政治経済学》. ミネルヴァ書房.
坂本義和. 2005.《全集 6, 世界秩序と市民社會》. 岩波書店.
毛里和子. 2006.《日中關係》. 岩波書店.

Aoki, M. 1997. "Unintended Fit: Organizational Evolution and Government Design of Institutions in Japan." In Masahiko Aoki, Hyung-Ki Kim, and Masahiro Okuno-Fujiwara (eds.), *The Role of Government in East Asian Economic Development: Comparative Institutional Analysis*. New York: Oxford University Press
_____. 1988. *Information, Incentives and Bargaining in the Japanese Economy*. Cambridge University Press.
Johnson, Chalmers. 1982. *MITI and the Japanese Miracle: The Growth of Industrial Policy, 1925-1975*. Stanford University Press.《통산성과 일본의 기적》. 장달중 역. 우아당(1983).
_____. 1987. "Political Institutions and Economic Performance: The Government-Business Relationship in Japan, South Korea and Taiwan." In F. Deyo (eds.), *The political economy of the new Asian industrialism*. Cornell University Press
_____. 1994. "What is the best system of national economic management for Korea?" In Lee-Jay Cho and Yoon Hyung Kim (eds.), *Korea's political economy: an institutional perspective*. Boulder, Colo.: Westview Press,
_____. 1995. Japan: *Who Governs?: The Rise of the Developmental State*. W. W. Norton & Company.
Herf, Jeffrey. 1984. *Reactionary modernism*. Cambridge University Press.
Mann, Michael. 1988. *States, War and Capitalism*. Blackwell.
Manow, Phillip. 2001. "Welfare State Building and Coordinated Capitalism in Japan and Germany." In Wolfgang Streeck and Kozo Yamamura (eds.), *The Origins of Nonliberal Capitalism: Germany and Japan in Comparison*. Cornell University Press.
Somers, M.R. 2005. "Citizenship Troubles: Genealogies of Struggle for the Soul of the Social." In Julia Adams, Elisabeth Clemens and Ann Shola Orloff (eds.), *Remaking Modernity: Politics, History and Sociology*. Duke University Press, pp. 456-460.

제2장

한국 복지국가에서 한반도 평화체제 바라보기
―반공개발국가에서 평화복지국가로[1]

윤홍식(인하대학교 행정학과 교수)

1. 문제제기: 왜 평화복지국가인가?

한국은 지난 반세기 넘게 놀라운 경제발전을 이루었다. 하지만 한국 복
지국가의 확장은 매우 지체되어 있다. 2014년 현재 한국의 GDP 대비
사회지출은 10.4%로 실질구매력 기준으로 유사한 소득수준에 있는 스
페인, 이탈리아, 뉴질랜드의 절반도 되지 않는다(OECD 2014; 2015).[2]
한국보다 소득수준이 낮은 남유럽 국가들 중 그리스와 포르투갈, 최근에
사회주의에서 자본주의로 체제이행을 경험한 동유럽국가인 슬로베니아,

---

1   본 장은 참여사회연구소가 발행하는《시민과 세계》제27호(2015)에 게재된〈반공개발국
     가를 넘어 평화복지국가로: 역사와 전망〉을 일부 수정 개정한 것이다.
2   각국의 소득은 실질 구매력 기준(PPP) 중위가구 소득을 표시한 것이다. 한국(USD
     34,356, 10.4%), 스페인(USD 33,720, 26.8%), 이태리(USD 35,067, 28.6%), 뉴질랜드
     (USD 36,402, 20.8%), 그리스(USD 26,016, 24.0%), 포르투갈(USD 28,317, 25.2%), 슬
     로베니아(USD 29,969, 23.7%), 헝가리(USD 24,466, 22.1%), 에스토니아(USD 26,902,
     16.3%), 터키(USD 19,054, 12.5%).

헝가리, 에스토니아는 물론이고, 터키보다도 낮은 수준이다. 왜 이런 일들이 벌어진 것일까? 경제성장이 더 필요한 것일까? 다양한 설명이 가능하다. 하지만 우리는 한국사회가 국가복지를 확장할 수 있는 경제적 토대를 구축했음에도 불구하고, 국가복지의 확장으로 나아가지 못한 근본적 원인이 한반도 분단과 관련 있다고 생각한다. 그리고 그 중심에 안보를 이유로 민주주의를 억압했던 반공주의와 '선성장 후분배'로 포장된 개발주의가 있다고 생각한다. 반공주의는 민주주의를 유보시킴으로써 복지국가를 만들어갈 주체세력을 괴멸시켰다. 민주주의가 유보된 상태에서 개발주의는 선성장 후분배라는 이데올로기로 복지국가에 대한 대중적 요구를 무마했다.

물론 1961년 5월 16일 군사쿠데타로 수립된 권위주의적 반공개발국가는 더 이상 우리 눈앞에 보이지 않는다. 하지만 민주화 이후에도 반공개발국가는 해체되지 않았다. 권위주의적 반공개발국가의 유산은 악마의 맷돌처럼 한국사회를 짓누르는 무거운 짐으로 남아 있다. 권위주의적 반공개발국가가 만들어놓은 권위주의적 정권과 정권에 종속된 재벌의 지배연합은 재벌과 재벌에 종속된 정권이라는 변형된 형태로 시민과 노동의 기본권을 지속적으로 제약하고 있다. 한반도 역시 종전이 아닌 정전상태에 놓여 있다. 1953년 7월 27일 휴전 이래 지금까지 한반도에서는 북한의 핵무기 개발, 미사일 발사, 목함지뢰 사건과 남한의 대응포격 등 크고 작은 국지전이 지속되고 있다. 1960년 장면 정부로부터 시작된 "경제제일주의"는 지금도 한국사회의 지배담론으로서 지위를 잃지 않고 있다. 역설적이다. 내적으로는 민주화운동과 외적으로는 국제적 냉전체제의 붕괴와 신자유주의 세계경제의 대두로 권위주의 정권은 몰락하고, 반공주의는 정당성을 상실하고, 권위주의 정권이 기획하고 주도했던 개발국가가 해체되었다. 하지만 한국사회에서 권위주의적 반공개발국가의 유산은 여전히 민주주의와 복지국가를 유보시키는 강력한 이념으로 작동하고 있다.

절차적 민주주의를 쟁취한지 한 세대 가까이 흘렀지만 한국사회에서는 미군정과 한국전쟁을 거치지면서 독재정권에 의해 강요되고, 세뇌된 반공주의와 개발주의가 '자발적' 반북주의와 개발주의가 되어 지속되고 있다. 실제로 역사교과서 국정화와 노동개혁을 둘러싼 논란에서 보듯 변형된 반공주의인 반북주의가 정치적 반대세력을 무력화시키는 강력한 무기로 여전히 사용되고 있다. '권위주의적' 개발국가를 대신한 '신자유주의적' 개발국가는 변함없이 경제성장을 명분으로 시민들의 삶을 재벌기업의 이해에 종속시키고 있다. 비록 권위주의는 탈각되었지만 반공주의는 반북주의로, 개발국가는 신자유주의로 옷을 갈아입고 민주주의의 심화와 복지국가의 확장을 저지하고 있다. 이러한 현실에도 불구하고 한국사회는 '신자유주의적' 반북개발국가를 대신할 대안을 찾지 못하고 있다.

이러한 문제의식에 근거해 본 연구는 한국사회에서 반북개발국가를 대신할 대안체제로서 평화복지국가가 갖는 의미를 검토했다.[3] 대안체제로서 평화복지국가를 만들어가는 과정은 한국사회에서 복지국가를 만들어가는 과정과 한반도에서 평화를 만들어가는 과정이 공진하는 과정이다. 본 연구는 한반도 평화정착이 민주주의로 대표되는 한국사회의 발전의 선결조건이라는 '분단체제' 관점에 동의하지 않으며, 한국에서 복지국가를 만들어가는 과정이 한반도 분단과 무관하다는 '일국 복지국가' 관점에도 동의하지 않는다. 대신 본 연구는 한반도에서 평화를 정착시켜나가는 과정이 한국사회에서 복지국가를 만들어가는 과정이며, 한국사

---

3   제목에서도 밝혔듯이 본 연구는 복지국가의 관점에서 한반도 평화의 문제를 바라보는 것이기 때문에 연구의 중심은 복지국가이지 한반도 평화가 아니라는 점을 분명히 한다. 평화의 관점에서 복지국가를 조망하는 것은 이 책의 제3장 구갑우 교수의 글에서 다루었다.

회에서 복지국가를 만들어가는 과정이 한반도에서 평화를 정착시키는 과정이라고 주장한다. 한국 복지국가와 한반도 평화체제의 이러한 결합은 해방 이후 지금까지 한국사회를 지배했던 권위주의적 '반공개발국가'에 대한 대안으로 '권위주의'를 대신해 '민주주의'를, '반공'을 대신해 '평화'를, '개발국가'를 대신해 '복지국가'를 위치시키려는 시도이다. 먼저 제2절에서는 반공개발국가의 기원, 궤적 그리고 특성에 대해 검토하고, 제3절에서는 평화복지국가의 성격과 주체를 중심으로 검토했다. 마지막 정리와 함의에서는 본 연구의 의미를 간단하게 정리하고 본 연구가 한국사회에 주는 함의를 개략했다.

2. 반공개발국가의 기원, 궤적 그리고 특성

왜 복지국가 논의에서 '반공개발국가'를 주목해야할까? 이유는 두 가지이다. 하나는 한국사회에서 '반공주의'는 복지국가를 만들어갈 핵심 주체인 좌파 권력자원의 형성과 확장을 억압했다는 점이다. 다른 하나는 한국의 개발국가는 경제성장을 통해 불평등을 완화하는 데는 실패했지만, 절대빈곤을 완화하고 실질소득을 증가시킨 것은 물론 교육기회를 보편적으로 확대함으로써 한국사회에서 국가복지의 발전과 확대를 제약했기 때문이다. 이러한 인식에 기반해 제2절에서는 반공개발국가의 기원, 궤적, 그리고 특성을 검토했다.

1) 반공주의의 기원

일부 연구는 한국의 반공주의의 기원을 1945년 해방과 함께 시작된 분

단에서 찾는다. 신광영(2015: 292)은 한국(남한)에서 반공주의의 등장
을 해방 이후 "남한 국내 정치와 미군정의 역할, 미국 내에서 반공주의
의 등장, 1945년 이후 미국과 소련의 갈등 심화" 등과 같은 복합적인 요
인들의 상호작용을 통해 형성되었다고 주장한다. 하지만 한국에서 반공
주의의 기원은 일제강점기로 거슬러 올라간다. 일제는 가혹한 수탈과 탄
압에 저항하는 조선 민중과 독립운동을 억압하기 위한 수단으로 반공을
적극적으로 활용했다(윤홍식 2013). 일제강점기 동안 일제의 당시 조선
인의 절대다수였던 농민에 대한 수탈은 상상을 초월한 것이었다. 커밍스
(Cumings 1974)에 따르면 1945년 당시 전체 취업자 중 농업에 종사하
는 비율은 75%에 달했다. 이중 94%가 소작농이었는데, 이들이 내는 소
작료는 생산량의 80~90%에 달했다. 당시 일본 내지에서 소작인이 내는
소작료가 생산물의 35% 정도였다는 점을 감안하면 상상할 수 없는 수
준의 수탈이 이루어졌다. 물론 전체 농지 중 일본인이 차지하는 비중은
1935년 기준으로 10.2%, 논의 경우 18.3%였다는 점을 고려하면 수탈이
전적으로 일본인에 의해 이루어졌다고 할 수는 없다(허수열 2007: 45).
그러나 일제가 조선을 강제 병탄하는 과정에서 친일 조선인 지주들을 양
산했다는 점을 기억할 필요가 있다. 더불어 1876년 개항 이후 조선이 자
본주의 세계체계에 주변부로 편입되면서 조선은 일본으로 미곡과 콩으
로 대표되는 원료를 이출하고, 일본으로부터 면화로 대표되는 자본재 상
품을 이입하는 소위 "곡면교환체제"가 구축되었다(차남희·윤형수 2004:
29). 일제강점기 지주들의 가혹한 수탈은 지주의 국적여부와 관계없이
당시 일본제국주의의 필요에 의해 만들어진 조선과 일본의 분업체계인
"곡면교환체제"의 산물이었다.

　　일제는 억압적 수탈에 대한 조선민중의 저항과 독립에 대한 열망
을 '반공'이라는 수단을 통해 억압했다(박재권 1989; 서중석 1999: 336;

Cumings 1983: 139). 유럽에서 파시즘의 출현이 반(反)사회주의를 전제하지 않고는 설명할 수 없듯이(Smith 2007〔1973〕) 일본의 군국주의화 또한 반사회주의를 배제하고는 설명할 수 없다. 일제는 반공단체를 조직하고, 조선독립운동세력을 공산주의자라는 이유로 탄압했다. 일제 강점기 기간 동안 조선에서 반공은 일본 제국주의를 의미했고, 사회주의(공산주의)는 독립을 의미했다. 이러한 이유로 브루스 커밍스도 한국에서 반공주의의 기원이 1920년대에 시작되었다고 보았다(Cumings 2001〔1997〕: 219). 한국(남한)사회에서 반공주의의 역사적 기원은 일제강점기이며, 반공주의의 주체는 조선민중과 독립운동을 탄압했던 일제와 친일세력이었다.

2) 해방공간의 반공주의

한국인들에게 해방공간은 1910년 일제의 강제병탄에 의해 중단되었던 근대민족국가를 스스로의 힘으로 만들어나갈 기회의 창이 다시 열린 시기였다. 당시 독립된 민족국가, 민주주의, 근대화를 상징하는 경제발전은 좌우를 떠나 누구도 거스를 수 없는 민족의 염원이었다. 하지만 이 시기는 근대민족국가의 수립을 둘러싼 좌우 간의 극단적 대립이 폭발한 시기이자 미국과 손잡은 친일우익세력에 의해 남한사회에서 독립운동세력과 좌파세력이 정치적 근거를 상실해가던 시기이기도 했다. 미국과 친일세력은 한반도 남단에서 자본주의 체제에 기반한 남한 단독정부를 수립하려고 시도했다. 하지만 당시 해방된 조선의 인민들이 원하던 국체는 자본주의도 공산주의도 아닌 대의민주주의에 기반한 사회주의였다.

하지만 미국에게 조선민중이 어떤 체제를 지지하는지는 중요하지 않았다. 이미 냉전체제가 형성되어가고 있는 상황에서 미국은 한반도에

서 미국의 이해를 보장받기 위해 직접통치를 했고, (소련의 잠재적 동맹
세력이 될지도 모른다고 판단한) 남한 내 좌파에 대해 대대적인 탄압을 가
했다(박재권 1989). 군정청 감옥(監獄)에는 일제강점기보다 더 많은 정
치범이 수감되었다. 미국, 이승만, 친일세력은 반공을 명분으로 남한 내
좌파세력을 무력화시키고 "48년 체제"를 출범시킨 것이다. 더욱이 48년
체제는 우리 스스로에 의해 만들어진 체제가 아닌 미소에 의한 한반도
의 분할 점령과 냉전체제의 "압도적 규정력"하에서 만들어진 체제였다
(박찬표 2008: 23).[4] 미군정은 해방 이후 조선사회에서 정치적으로 압도
적 우위에 있던 좌파세력을 무력화시키고, 친일친미 우파의 힘의 우위를
결정적으로 구조화시켜 놓았다(윤홍식 2013). 이렇게 미군정이 구조화한
우파 우위의 정치지형에서 수립된 이승만의 남한 단독정부는 북진통일
을 주장하며 반공체제를 더욱 강화해나갔다. 조봉암의 사형이 상징하듯
1920년대에 형성되어 독립운동의 중요한 주체 중 하나였던 좌파세력은
괴멸되었다. 이승만 정권의 핵심 이념인 일민주의도 단정수립 이후 여순
사건과 빨치산 활동 등과 같은 좌파의 무장투쟁을 거치면서 반공주의와
일체화되었다. 특히 한국전쟁을 거치면서 반공은 독재정권에게 체제유
지의 정당성을 부여하는 가장 중요한 정치적 명분이 되었다. 심지어 야
당조차도 반공을 이야기하지 않고는 정치적 정당성을 인정받을 수 없게
되었다.[5]

---

4   "48년 체제"의 역사적 기원에 대한 다른 견해도 있다. 고원(2012: 54)이 정리한 내용에 따
    르면 보수의 관점에서 '48년 체제'의 기원은 개항 이후 개화파로부터 시작해 우익 민족주
    의자들의 의한 "자유민주주의와 자본주의의 수용"의 결과로 이해되고 있고, 제헌헌법의 이
    념에 기초해 '48년 체제'의 기원을 사민주의라고 해석하는 경우도 있다. 이병천도 대한민
    국의 건국이념을 "민주공화국과 경제적·사회적 민주주의"에 기초한 제헌헌법에서 찾으며,
    친일세력과 극우세력을 대표했던 이승만도 이러한 제헌헌법의 이념을 공유했다고 적고 있
    다(이병천 2014: 63).
5   서중석(2008: 137)에 따르면 제5대 대통령선거(1963년)에서 야당 후보인 윤보선은 박정

3) 한국 사민주의 정치세력화의 좌절[6]

1920년대부터 시작된 한국 사회주의의 역사는 유럽과 달리 정치적 세력으로서 (러시아 혁명 이후 계급독재를 주장하는) 혁명적 사회주의(공산주의)와 구분되는 (민주주의를 전제한 사회주의 세력인) 사회민주주의로 성장하지 못했다. 더욱이 이러한 현상은 해방정국이 사민주의 정치세력에게 매우 우호적인 정치적 조건을 제공했다는 점을 고려한다면 더더욱 납득이 가지 않는다. 1946년 당시 조선인의 정치성향을 조사한 미군정 여론국의 조사결과를 보면 조사 대상이 되었던 조선인 중 70%가 사회주의를 지지했고, 자본주의를 지지한 비율은 14%에 불과했다(동아일보 1946.8.13). "貴下께서 贊成하시는一般的政治形態는어느것입니까"라는 두 번째 질문에 대해서는 응답자의 85%가 대중정치(大衆政治), 즉 대의제 민주주의를 지지한 반면 (혁명적 사회주의, 즉 공산주의의) 계급독재를 지지한 비율은 3%에 불과했다. 사회민주주의라는 개념이 1917년 러시아혁명 이후 유럽 사회주의자들이 민주주의를 부정하고 노동계급의 독재(계급독재)를 주장하는 혁명적 사회주의자들과 자신들(민주주의에 기반한 사회주의)을 구분하는 개념으로 사용되었다는 점을 상기할 필요가 있다(Berman 2010〔2006〕: 20). 당시 조선 인민은 분명히 계급독재가 아닌 민주주의에 기반한 사회주의, 즉 사회민주주의를 요구했다. 심지어

회가 여순반란사건에 관련 된 공산주의자(사상이 의심스러운 자)라는 이념 공세를 펼쳤다. 또한 장면 정권이 반공법 제정을 추진했다는 사실을 기억하라.

6   여기서 사민주의는 복지국가를 만들어가는 주체세력이라는 의미로 사용되었다. 서구에서 복지국가의 발전이 사민주의 이념에 기반 한 사민당이 노동계급정당에서 국민정당으로 전환되는 과정과 함께 했다는 점을 고려해 본 글에서는 사민주의 정치세력을 노동계급과 중간계급으로 대표되는 시민사회의 정치세력이라고 포괄적으로 접근했다. 그러므로 반공주의에 의한 사민주의 세력의 약화는 곧 취약한 노동계급과 시민사회를 의미한다.

미군정조차 극우세력인 이승만 세력과 남로당으로 대표되는 극좌세력을 배제하고, 여운형과 김규식 등 중도 좌우파의 연대를 추진했었다는 점을 고려하면 한국사회에서 왜 사민주의로 대표되는 중도좌파세력이 해방시기와 이승만 정권하에서 공산주의와 구별되는 대안 정치세력으로서 지위를 잃게 되었는지 검토해볼 필요가 있다.

다양한 추론이 가능하다. 여기서 필자가 주목하는 것은 북서유럽과 한국에서 사회주의가 사회민주주의로 진화하는 역사적 과정이다. 먼저 독일 사민당으로 대표되는 북서유럽의 사민주의는 1917년 러시아혁명으로 대표되는 극좌세력과 1920년대부터 유럽에서 세력을 얻기 시작한 파시즘에 대항해 민주주의와 의회주의를 지키는 과정에서 형성되었다. 사민주의는 계급독재를 주장하는 사회주의에 반대해 민주주의와 의회주의를 옹호하면서 만들어졌다. 제2인터내셔널 시기까지만 해도 자본주의에 대항해 한 배를 타고 있던 사민주의와 사회주의는 1917년 러시아 혁명을 계기로 적대적 관계로 전환된다. 레닌이 코민테른(제3인터내셔널)을 결성한 목적도 기본적으로 부르주아 세력과 싸우기 위한 국제연대를 구축하기 위한 것이었지만, 브란팅, 베른슈타인 등과 같은 사회민주주의자들과 투쟁하기 위한 것이었다(Brandal, Bratberg and Thorsen 2014〔2013〕: 5-6, 74-75). 코민테른은 혁명적 사회주의자들과 개량적 사회주의자들을 구분하기 위해 혁명적 사회주의자들에게 당명을 사회(민주주의)당에서 공산당으로 변경할 것을 요구했다. 사회주의의 최대 적(敵) 중 하나는 사민주의였고, 사민주의의 최대 적(敵) 또한 사회주의였던 것이다.

독일 공산주의자들은 바이마르공화국의 사민당 정부를 붕괴시키기 위해 폭력과 선동을 주저하지 않았다(Smith 2007〔1973〕: 84). 독일에서 히틀러의 나치당(국가사회주의 독일 노동자당, Nationalsozialistische

Deutsche Arbeiterpartei)이 집권할 수 있었던 이유 중 하나도 공산주의
와 사민주의 적대적 대립에 있었다. 히틀러의 국가사회주의당이 집권하
기 직전인 1932년 11월 선거만 해도 국가사회주의당의 득표율은 33.1%
에 불과했다. 반면 사민당과 공산당의 득표율은 각각 20.4%, 16.9%였다
(Wikipeida 2015).[7] 만약 사민당과 공산당이 연대했다면 파시스트의 집
권은 불가능했을지도 모른다. 결과적으로 좌파가 연대에 실패함으로써
1933년 3월 5일 선거에서 독일은 파시스트(국가사회주의당)에게 권력을
내주고 말았다. 이처럼 사회주의와 사민주의 간의 적대적 관계는 북서유
럽에서 사민주의가 사회주의(공산주의)와 구별되는 민주적 세력으로서 정
치적 지위를 획득했다는 것을 의미한다. 1917년 러시아혁명 이후 사민당
은 이렇게 국민정당으로서 북서유럽에서 중요한 정치적 세력으로 등장하
게 된다. 실제로 19세기 말부터 1940년대까지 사민당과 노동당으로 대표
되는 사민주의 정당에 대한 유권자들의 정치적 지지는 놀라울 정도로 확
대되었다(Sassoon 2014; 주성수 1992). 다시 말해 북서유럽에서 사민주의
와 사민당은 폭력혁명, 계급독재, 사유재산제 폐지를 주장하는 사회주의
(공산주의)와 공산당에 대항하는 과정에서 형성되었다고 할 수 있다.

　　반면 일제강점기 조선에서 좌파세력은 북서유럽에서와는 달리 사
회민주주의와 공산주의로 분화할 수 있는 정치적 기회를 갖지 못했다.
다른 제3세계의 민족해방운동과 같이 식민지 조선의 주적은 일본 제국
주의였다. 일제라는 커다란 적을 눈앞에 두고 있는 식민지 조선의 상황
에서 사회주의가 사민주의와 공산주의로 분화될 수 있는 현실적 정치공
간은 거의 없었다. 민족해방이 전제되지 않는다면 사민주의와 공산주의
가 지향하는 계급해방 또한 성취될 수 없기 때문이다(임대식 1994: 157).

7　　1932년 11월에 실시된 독일 연방정부 선거결과는 위키피디아(Wikipedia)를 참고했다.

혁명적 사회주의(공산주의)를 대표하는 코민테른의 지침 역시 제3세계 (반)식민지 지역에서 사회주의 세력은 사민주의는 물론 민족적 자본가계급을 포함한 반제국주의 통일전선을 구축하는 것이었다. 특히 "27년 테제"로 알려진 일본 좌파정치세력의 연대를 결의한 코민테른의 결정은 일제의 식민지였던 조선의 사회주의 운동에도 중요한 영향을 미쳤다(정혜선 1995). 당시 중국 공산당은 1923년 당 대회에서 이미 코민테른의 권고를 받아들여 광범위한 반제통일전선을 구축하고 있었다(김금수 2013: 15-17).

해방 이후 미군정과 친일세력이 일본제국주의를 대신해 남한의 지배세력이 되었다. 격화되기 시작한 냉전은 친일세력이 반공을 명분으로 다시 한번 사회주의 독립운동세력을 탄압할 수 있는 정치적 조건을 만들어주었다. 이러한 조건에서 남한 내 사민주의 세력이 극좌파인 공산주의와 극우파인 이승만과 친일세력을 대신하는 제3의 대안으로 자신의 정치적 입지를 구축하는 것은 쉽지 않았다. 앞서 언급했듯이 한때 미군정의 지원을 받았던 중도세력(중도좌파와 우파)조차 정치적 공간이 좌우 양극단으로 나누어진 해방공간에서 대안세력이 되지 못했다. 북서유럽과 달리 사민주의가 반공의 주체가 아닌 대상이 된 한국의 특수한 상황이 사민주의가 반공의 희생양이 되는 역사적 상황을 만든 중요한 원인 중 하나였던 것이다.

둘째, 사회주의가 독일과 한국에 수용된 '시점(timing)'의 상이함은 독일에서와 달리 한국에서 사회주의가 복지국가를 만들어가는 국민정당인 사민주의로 전화되지 못한 중요한 이유이다. 독일은 냉전이 본격화되고, 분단이 고착화되기 이전에 이미 사회주의가 사민주의와 공산주의로 분화되어 있었다. 사민당은 혁명적 사회주의(공산당)와는 달리 복지국가 건설의 핵심 정치세력이 되어 있었다. 독일 사민당은 1945년 이후 냉전이 본격화되기 이전에 이미 30% 내외의 득표를 얻었다(Sassoon 2014; 주성수 1992). 북서유럽의 다른 사회민주주의 계열의 정당들도 냉전 이전에 대중들로부터 상당한 지지를 확보한 상태였다.

　　반면 한국에서 사회주의 이념의 도입은 1920년대 초반에 이루어졌다. 1920년대 초라는 시점이 중요하다. 1920년대 초의 상황은 1917년 러시아혁명의 성공으로 사회주의가 단지 공상적 유토피아가 아니라 실현 가능한 대안적 정치체제라는 것을 보여주었기 때문이다. 조선민중들은 러시아혁명의 의미를 온전히 이해할 수는 없었을 것이다(임대식 1994: 159). 하지만 조선민중은 사회주의 러시아가 착취와 억압이 없는 노동자와 농민이 주인이 되는 새로운 사회라는 것을 직감할 수 있었을 것이다. 특히 러시아 사회주의 정권은 서구의 제국주의와 달리 제3세계 민족해방운동을 지지하고 지원했다. 이러한 상황에서 1920년대 초 조선은 사회주의가 사민주의와 사회주의로 분화하는 역사적 과정 없이 혁명적 사회주의(볼셰비즘)를 유일한 사회주의 이념으로 받아들이게 되었다. 1920년대 이후 조선에서 사회주의 운동은 북서유럽의 민주주의와 의회주의에 근거한 개혁적 사회주의 운동이 아닌 자본주의를 전복시키고 사회주의를 혁명적으로 건설하려는 혁명적 사회주의 노선을 걸었다. 실제로 조선의 사회주의 운동은 개혁적 사회주의에 비판적이고, 적대적이었던 제3인터내셔널(코민테른)의 승인과 지원을 받았다. 한국에서 사회주의 운동은 계급연대를 통해 복지국가를 건설하는 운동이 아닌 최종 목표인 사회주의 혁명을 위한 전위당의 역할에 집중되었다. 더욱이 이러한 혁명적 사회주의 정치세력은 분단과 한국전쟁을 거치면서 우파세력과 돌이킬 수 없는 적대행위(학살)를 자행했다(서중석 2000). 한국사회는 사회주의가 혁명적 사회주의와 개혁적 사회주의(사민주의)로 분화되어, 사민주의가 대중적 정치세력으로 성장하기 어려운 시점(timing)에 사회주의를 수용한 것이다.

셋째, 북서유럽에서는 사회주의정당이 사민당과 공산당으로 분화되기 이전에 행했던 극좌모험주의의 실패로 사민주의가 현실 자본주의 체제 내에서 개혁을 모색하는 정치세력으로 전환되었다. 북유럽 사회주의 정당들은 제1차 세계대전 종전 이후부터 제2차 세계대전이 발발하기 전까지 간헐적으로 집권했다. 사회주의 정당들은 집권기간 동안 생산수단의 사회화로 대표되는 사회주의화를 추진했지만 처참한 실패를 맛보아야했다. 예를 들어, 노르웨이에서는 1927년 선거를 통해 크리스토페르 호른스루드(Christopher Hornsrud) 노동당이 집권에 성공해 생산수단의 사회화를 포함한 사회주의로의 이행을 시도했다. 하지만 자본과 우파 정당은 물론 중도정당들까지도 노동당 정부를 실각시키기 위해 단결함으로써 집권은 18일 천하로 막을 내렸고 권력은 다시 우파에게 넘어갔다(Brandal et. al. 2014〔2013〕: 87). 영국에서도 유사한 일이 벌어졌다(김금수 2013a: 522).

한국에서는 소위 모험주의적 사회주의를 실천할 수 있는 가능성 자체가 봉쇄되었기 때문에, 실천의 경험도, 실패의 경험도 없었다. 좌파 내에 혁명적 사회주의와 개혁적 사회주의가 정치적으로 명확하게 분화되지 않은 혼재된 상태로 남아 있었다. 한국의 초기 사회주의자들의 사회주의에 대한 인식 수준은 일천했다. 아나키스트부터 공상적 사회주의까지 다양한 이념들이 혼재되어 있었다. 대부분 소비에트정부 수립을 목표로 내거는 등 러시아 볼셰비키 혁명 모델을 그대로 따르는 관념적 급진성을 보였다(임대식 1994: 166). 이후 조선공산당이 창당, 해체, 재건되는 과정에서 이념적으로 성숙해갔지만 관념적 급진성은 해소되지 않았다(임경석 1994; 임대식 1994). 식민지 조선의 사회주의는 코민테른이 극좌모험주의라고 비판했던 일본 공산당의 후쿠모토(福本和夫)주의의 이

넘적 영향력하에 있었다(김금수 2013a: 550-551; 임대식 1994: 182). 이러한 조건에서 미소의 분할점령, 분단과 한국전쟁은 한반도 남과 북에서 극단적 좌우세력의 정치적 실험이 가능한 조건을 창출했다. 한국전쟁 이후 한국(남한)은 극우파의 실험장으로 북한(조선)은 극좌파의 실험장으로 변화했다. 남북 모두에서 사민주의가 국민정당으로 극우파와 극좌파에 맞설 수 있는 정치적 조건은 만들어지지 않았다.

넷째, 북서유럽에서 사민주의는 공산주의만이 아닌 파시즘과의 투쟁을 통해 노동계급정당에서 민주주의와 의회주의를 지키는 국민정당으로 전환된다. 실제로 1920년대부터 급격히 세를 얻어가던 파시즘은 민주주의와 의회주의를 부정하고, 사회주의에 대한 적대행위를 노골화했다. 파시즘이 사민당의 실질적 위협세력으로 등장한 것이다(Smith 2007〔1973〕: 31-32). 데이비스 스미스는 "반공주의는 그 동기가 무엇이든 간에 모든 계급사회에서 지원을 얻어내는 데 있어서 가장 잠재적인 슬로건"이었고, 파시즘은 바로 이러한 반공주의에 기반해 집권할 수 있었다고 평가했다(Smith 2007〔1973〕: 92-93). 파시즘의 대중동원은 반사회주의와 반공산주의에 기반해 이루어졌기 때문에(김금수 2013b: 283), 사민주의의 생존은 파시즘에 대항해 의회주의와 민주주의 질서를 지키는 것에 달려 있었다.

반면 한국에서는 독재에 대항해 민주주의와 의회주의를 지키기 위한 투쟁의 주체는 좌파가 아닌 자유주의적 우파세력이었다. 왜냐하면 분단과 한국전쟁으로 좌우가 극단적으로 대립하는 상황에서 '반공'이라는 이념을 공유하지 않는 정치세력이 현실정치세력으로 존재할 가능성은 거의 없었기 때문이다. 집권을 희망하는 모든 세력은 반드시 자신이 반공주의자(여기서 반공주의는 공산주의와 사민주의 모두를 포함한다)라는 사실을 증명해야만 했다. 1959년 7월 31일 사민주의를 주장했던 조봉

암을 사형시킨 이승만 정권, 반공법을 제정한 장면 정권, 1962년 대통령
선거에서 공화당의 박정희 후보를 공산주의자라고 비난한 민주당의 윤
보선 후보 등은 한국사회에서 반공주의가 갖는 정치적 의미를 보여주는
단적인 사례이다(강명세 2015: 160; 서중석 2008: 104, 137).

마지막으로 북서유럽과 한국이 자본주의 세계체계에서 갖는 상
이한 지위에 주목할 필요가 있다. 북서유럽 사민주의의 본산이라고 할
수 있는 독일은 19세기 말과 20세기 초 미국과 자본주의 세계체계의
패권을 놓고 경쟁하던 핵심부의 국가였다(Arrighi, Ahmad and Shin
2008〔1999〕; Arrighi 2008〔1994〕). 반면 한국은 19세기 말 일본 제국주
의에 의해 자본주의 세계체계의 주변부로 강제로 편입되었고, 1945년 해
방 이후에는 미국이라는 자본주의 세계체계의 패권국의 지배(또는 강력
한 영향력)하에 놓여 있었다. 유럽에서 사민주의의 정치세력화는 상대적
으로 국민국가 내에서 자본가계급, 파시스트, 공산주의세력 등 간의 권력
관계였다. 반면 한국에서 사민주의의 정치세력화는 국민국가(식민지) 내
의 권력관계인 동시에 자본주의 세계체계 내의 권력관계를 의미했다.

베링턴 무어(Moore 1966)가 지적한 것과 같이 한국과 같은 소국에
서 정치경제는 국민국가 내의 세력관계에 의해 결정되기보다는 강대국
에 의해 결정된다. 이러한 이유로 해방 이후 한국에서 사민주의의 정치세
력화는 동북아시아에서 미국이 구축해 놓은 냉전이라는 국제질서에 대
한 도전 없이는 불가능했을 것이다. 이완범(2015: 323)은 "대한민국 탄생
에서 미국이 '산파'였다고 이야기하는 것은 미국의 역할을 과소평가한 것
이고", 미국은 대한민국을 탄생시킨 "창조자"였다고 했다. (반)주변부 국
가인 한국의 좌파세력은 미국이 주도하는 국제질서를 거스를 수 있는 역
량을 갖고 있지 못했다. 더욱이 한국전쟁을 경험한 대중들에게 반미로 비
추어질 수 있는 사민주의는 용인될 수 있는 정치이념이 아니었다. 적어도

1980년 5월 광주민주화운동 이전까지 한국에서 친미는 반공(모든 좌파에 반대한다는 의미로서 반공)과 동일한 의미였다(이완범 2015: 322).

1945년 독일과 한국은 분단이라는 동일한 상황에 직면했지만 독일과 달리 한국에서 복지국가의 주체세력인 사민주의의 정치세력화가 쉽지 않았던 이유는 당시의 미국 패권하의 자본주의 세계체계와 주변부로서 분단, 한국전쟁 등과 같은 한국의 특수한 조건과 밀접히 관련되어 있다. 결국 이러한 특수한 조건들은 한국에서 사민주의가 자신을 공산주의와 구분하는 대중적 정체성을 형성해가는 것을 어렵게 만듦으로써 사민주의의 대중적 정치세력화를 좌절시켰다. 1948년 남한 단독정부 수립과 1950년 한국전쟁 이후 한국사회에서 "반공"은 공산주의만이 아닌 사민주의를 포함한 모든 좌파와 진보세력을 탄압하는 정치적 명분이 되었다. "반공"은 어떤 현실 정치세력도 거스를 수 없는 이념이 되었다.

4) 반공주의와 개발국가의 결합: 반공개발국가

한국 반공개발국가에 대한 다양한 정의가 가능하겠지만 우리는 한국의 '반공개발국가'를 분단과 미국패권의 냉전체제하에서 국가안보를 이유로 반공(反共)을 국시(國是)화하고, 이를 명분으로 노동계급과 시민의 민주적 기본권을 통제·억압하는 (권위주의적) 지배연합이 자신들의 지배체제의 취약한 민주적 정당성을 재벌중심의 경제개발과 미국의 직간접적 묵인과 지원을 통해 확보하려고 했던 국가로 정의하고자 한다. 특히 여기서 주목해야 할 점은 한국의 반공개발국가는 미국 패권의 냉전체제하에서 형성되었다는 사실이다(Berger 2004; Dobbins, McGinn, Jones, Lal, Rathmell, Swanger, and Timilsina 2003: xiv). 반공개발국가 대신 이병천(2003a)의 '개발독재'라는 개념을 사용할 수 있다. 하지만

'개발독재'라는 개념은 절차적·형식적 민주주의가 이루어진 1987년 이후 한국사회에서 반공주의와 개발국가가 지속되고 있는 상황을 설명하기 어렵다는 한계가 있다. 또한 개발독재라는 개념은 개발주의와 권위주의에 대한 노동계급과 시민들의 암묵적 또는 명시적 동의를 전제하고 있다는 점에서 논란의 여지가 크다.[8] 이러한 이유로 본 글에서는 개발독재 대신 반공개발국가라는 개념을 사용했다.

역사적으로 반공주의와 개발주의가 결합된 반공개발국가는 한국사회만의 고유한 특성은 아니다. 베링턴 무어(Moore 1966)가 전근대사회에서 근대사회로 이행하는 세 가지 길 중 두 번째 길이라고 일컬은 독일과 일본의 길은 반공개발국가의 전형이다. 독일 비스마르크 정권은 사회주의자들이 독일사회의 발전을 저해하고, 혼란을 야기한다는 이유로 1878년 사회주의자법(공안을 해치는 사회민주주의 동원에 관한 법률)을 제정했다. 사회주의자법은 선거운동을 제외한 모든 사회민주주의의 집회와 활동을 불법화하는 반(反)사회주의(반공주의)를 전면화했다. 또한 비스마르크 정권은 선발 산업국인 영국에 비해 뒤쳐진 독일산업(중화학공업)을 발전시키기 위해 국가가 경제개발을 적극적으로 주도했다(Ritter 2005[1983]). 잘 알려져 있는 것과 같이 비스마르크가 사회보험을 제도화하려고 했던 가장 중요한 이유도 사회주의자들을 노동계급으로부터 분리시키기 위한 것이었다(Silver and Slater 2008[1999]: 297). 비스마르크는 노동계급을 독일 산업에 충성할 수 있는 산업전사로 만들어 영국에 비해 후진적인 독일 중화학공업의 국제경쟁력을 높이려고 했다. 또한 사회보험을 제도화함으로써 중화학 공업에 보다 안정적으로 노동력을 제공할 수 있는 조건을 창출하려고 했다(Ritter 2005[1983]; Stolleis

---

8   이병천의 개발독재 개념에 대한 비판은 다음 문헌을 참고하라. 김수행·박승호(2007), 《박정희 체제의 성립과 전개 및 몰락》, 서울대학교출판문화원.

2013). 비스마르크 정권은 사회보험을 도입해 중화학공업에서 노동 강도를 높이고, 노동력을 효율화시켜 노동비용을 절감해 1870년대 초반부터 계속된 장기불황의 돌파구를 마련하려고 했던 것이다. 산재보험을 제도화하려고 했던 것도 독일 철강산업이 자본주의의 경기 변동에 유연하게 대응하게 하고, 효율적이고 합리적인 노동자 관리를 수행하기 위한 것이었다.

일본도 국가주도적인 개발국가와 반공주의가 결합된 사례이다. 제1차 세계대전을 계기로 국가가 주도한 중화학공업의 발전은 중공업분야에서 남성 노동자의 수를 비약적으로 증가시켰다(Duus 1983〔1976〕: 194-196). 전전에 비해 중화학공업에 종사하는 노동자의 수는 10배 이상 증가했다. 파업도 1914년 50건에서 1918년 417건으로 증가했다. 1919년 기준으로 노동분쟁은 무려 2,388건이나 발생했다. 전전(戰前) 40여 개에 불과했던 노동조합도 300개 이상으로 증가했다. 사회주의운동 또한 급격히 성장하고 있었다. 노동계급과 사회주의 세력의 성장은 독일에서와 같이 일본의 권위주의 체제와 자본에게 직접적 위협이 되었다. 일본은 1925년 4월 치안유지법을 제정해 일체의 반체제 운동을 탄압했다. 독일의 사회주의자법은 사회주의를 탄압하기 위한 법이었지만 사회주의정당의 선거참여를 막지는 않았다. 반면 일본의 치안유지법은 체제에 반대하는 모든 정당을 불법화할 수 있는 막강한 권한을 가지고 있었다. 치안유지법은 일본 공산당을 비롯해 사회주의 계열의 정당을 탄압하는 효과적인 무기로 사용되었다. 치안법은 조선에서도 4차례에 걸친 조선공산당에 대한 대규모 검거와 탄압의 제도적 근거가 되었다(김금수 2013a: 548-551; 임대식 1994: 172-180). 일본에서 반공주의와 개발국가가 결합된 반공개발국가는 노동운동과 사회주의 운동을 탄압하고, 대자본을 중심으로 경제를 개발하기 위한 권위주의적 후발 국가의 전형적인 모습이었다.

　　한국 반공개발국가는 위로부터의 산업화를 추진한 독일과 일본과 유사한 특성을 공유하고 있다. 다만 한국의 반공개발국가가 독일과 일본 반공개발국가와 상이한 점은 한국 반공개발국가가 내적으로는 민족분단과 외적으로 냉전이라는 역사적으로 특수한 조건 하에서 형성되었다는 점이다. 그렇다면 한국의 권위주의적 반공개발국가도 후후발 국가인 한국이 선진 산업국가들을 따라잡기 위한 불가피한 선택이었을까? 한국 반공주의와 개발국가, 그리고 반공개발국가는 어떤 특성을 갖고 있는 것일까? 먼저 첫 번째 질문에 대한 대답은 후후발 산업국가가 선발 산업국가를 따라잡기 위해 반드시 권위주의와 결합될 역사적 필연은 없다는 것이다. 이병천(2003a: 51)도 개발이 반드시 독재와 결합될 필요는 없다고 했다. 하지만 이병천은 "일정 정도 권위주의적 조절이 불가피했을 것이라고 여겨진다"는 최장집과 김호기의 글을 인용하면서 권위주의적 통제의 불가피성을 받아들인 것 같다. 이병천(2003b)은 개발국가를 "… 본질적으로 절차적 정당성에 의존하는 규칙 기반 국가가 아니라 권위주의적인, 재량적 개입국가 …"로 정의했다.

　　이러한 인식은 로스토우류(類)의 개발경제학(dveleopmental economics)의 주장과 유사하다. 밀리칸과 로스토우(Millikan and Rowstow 1957)는 저개발국가(underdeveloped nations)에 대한 미국의 외교정책을 검토하면서 다음과 같은 주장을 한다. 제3세계 국가들이 선진국을 따라잡기 위해서는 강력한 정부에 의해 개발정책을 추진하는 것이 필수적이다. 이때 민주주의는 유보될 수 있다. 제3세계에서 민주주의의 유보는 문제라기보다는 오히려 제3세계의 특수성으로 인식될 필요가 있다는 것이다. 더 나아가 제프 엘리(Geoff Eley)는 민주주의와 산업화가 동시에 진행되었다는 영국의 사례는 신화일 뿐이고, 영국조차도 독일 등 후발산업국가들과 같이 산업화에서 민주화로 나아갔던 것이 일반적이었다고

주장한다(Eley 1984: 62-74). 민주화에 산업화가 선행하는 것은 제3세계
만의 예외적인 현상이 아니라 서구 국가들의 초기 산업화 과정에서도 공
통적으로 나타나는 보편적인 현상일 수 있다는 것이다.

하지만 이러한 관점은 역사를 역사적 맥락에서 설명하지 않고, 현재
의 관점에서 설명하려고 할 때 발생하는 오류일 수 있다. 산업화에 대한
고정된 실체가 존재하지 않듯 민주화 또한 시대적 맥락에 따라 다른 모습
을 띄고 있다. 우리가 산업혁명 당시 민주주의와 산업화를 이야기한다는
것은 그 당시의 관점에서 민주주의를 시공간적으로 비교하는 것이다. 다
시 말해, 당시가 그 이전에 비해, 다른 사회(국가)에 비해 더 민주적이었는
지를 묻고 있는 것이다. 이렇게 보면 당시 영국은 독일로 대표되는 대륙유
럽 국가들에 비해 더 민주적이었고, 산업자본주의 이전의 자본주의 사회
에 비해 더 민주적이었다. 이러한 관점을 적용하면 박정희의 반공개발국
가는 다른 사회와 비교해 더 권위주의적인 것은 물론 박정희 독재 이전과
비교해서도 더 권위주의적이었다. 그러므로 박정희 정권이 산업화를 위해
민주주의를 희생시킬 어떠한 세계사적 보편성도 존재하지 않는다.

또 하나 분명한 역사적 사실은 국가가 경제개발을 주도하는 개발국
가가 반공주의와 권위주의가 아닌 민주주의와 사회주의와도 결합할 수
도 있다는 점이다. 우리가 잘 알고 있는 것과 같이 스웨덴, 노르웨이 등
북유럽 국가들의 산업화 과정은 국가가 주도한 개발국가의 전형이다. 하
지만 이들 개발국가는 반공주의가 아닌 민주주의와 사회주의가 결합된
사민주의적 개발국가였다. 윤홍식(2015)이 정리한 바에 따르면 보편주
의 복지국가의 전형이라고 평가받고 있으며, 사회정책이 다른 정책과 비
교해 특권적 위치에 있다는 스웨덴(Holliday 2000)에서도 국가는 사회
정책이 경제성장에 긍정적 영향을 줄 수 있는 방법을 지속적으로 찾았다
(Andersson 2014). 사실 스웨덴 경제학자 군나르 미르달(Gunnar Myrd-

al)의 "사회정책은 비용이 아닌 생산적인 투자"라는 생각 또한 (존슨이 일본 개발국가가 계승했다고 하는) 독일 역사학파의 경제담론, 즉 개발국가의 담론을 사민주의적인 방식으로 계승한 것이다. 1960년대 스웨덴 경제정책의 지침이 된 「조정된 경제정책(Samordnad näringspolitik)」과 「결과와 개혁(Resultat och reformer)」도 스웨덴 복지국가가 사민주의에 기반 한 강력한 개발국가의 특성을 갖고 있다는 것을 보여주고 있다.

개발국가에는 권위주의의 길과 사민주의의 길이라는 두 가지 길이 있다. 이는 1930년대 독일 국가사회주의당과 스웨덴 사민당을 비교해보면 극명하게 드러난다. 1930년대 독일의 국가사회주의당과 스웨덴 사민당의 선거 포스터를 비교해보면 두 정당 모두 "모두에게 일자리를"이라는 구호를 선거의 주요 공약으로 담고 있다. 독일포스터는 "일과 빵(Arbeit und brot)", 스웨덴 포스터에는 "모두에게 일(arbete åt alla)", "늘어난 구매력(Ökad Köpkraft)"이라고 쓰여 있다. 독일 나치당과 스웨덴 사민당 모두 경제 불황과 실업에 대한 국가의 적극적인 역할을 주장하고 있다. 하지만 중요한 차이가 있다. 스웨덴 사민당의 국가개입은 민주주의에 근거한 것인 반면 독일의 나치당은 권위주의적 방식으로 국가가 개입했다.

우리에게도 짧고 불완전했지만 민주주의와 개발국가를 결합하려는 역사적 시도가 있었다. 성과를 판단하기에는 집권기간이 너무 짧았다. 하지만 1960년 4월 혁명 이후 민주적 과정을 통해 집권한 장면 정권(1960년 6월 15일~1961년 5월 16일)은 국가주도 '경제 제일주의'를 전면화했다(김기승 2003).[9] 장면 정권은 1961년 5월 16일 박정희에 의한

---

9   장면정권의 국가주도적 경제제일주의는 1961년도 예산편성 지침에 잘 나타나 있다(김기승 2003: 141). "4월혁명 과업의 완수와 경제자립의 목표 달성을 촉진하기 위하여 부패된 관권경제를 일소하고 경제제일주의를 표방하며, 계획성 있는 자유경제체제하에 국민경제의 균형된 발전을 이룩할 수 있는 제반 시책을 단계적으로 실현하는 방향에서…예산을 편성한다."

군사쿠데타가 발생하기 직전인 4월말 '경제개발 5개년 계획안'을 발표했다(김기승 2003). 성과가 아주 없었던 것도 아니다. 사회적 혼란이 정리되지 않아 1960년 경제성장률은 2.1%에 불과했지만 1961년 2월 무역량은 1960년 3월 대비 60%나 증가했다(서중석 2005: 193). 다시 말해 개발국가가 권위주의와 함께 한다는 어떤 역사적 필연은 존재하지 않는다. 개발국가의 성공 여부 또한 권위주의와는 무관하다. 한국 개발국가의 핵심적 성공요인 중 하나인 복선형 경제개발 방식도 독재와 무관하게 이루어졌다(이병천 2003a).

5) 한국 반공개발국가의 특성

다음으로 한국 반공개발국가가 형성된 내외(內外)조건과 특성을 검토해보자. 한국에서 반공주의와 개발국가가 결합된 반공개발국가의 형성을 이해하기 위해서는 역사적으로 내외적 요인들의 복합적이고 중층적인 상호작용을 이해해야 한다. 먼저 내적 조건을 보자. 미군정 이후부터 이승만 독재정권까지 지속되어온 반공주의는 1961년 5월 군사쿠데타를 통해 집권한 박정희 정권에 이르러 권위주의적 개발국가(개발독재)와 결합된다. 사실 개발국가 자체만 놓고 본다면 1955년 2월 17일 기획처를 개편해 산업경제발전에 관한 전반적인 계획과 실시를 관리 조정했던 부흥부(復興部)의 신설에서 그 기원을 찾을 수도 있다. 5·16 군사쿠데타 직후 만들어진 최고 권력기관인 '국가재건최고회의'에서 발표한 '제1차 경제개발 5개년 계획'은 장면 정부의 경제개발계획(경제개발 5개년 계획)을 토대로 작성된 것이었다(김기승 2003: 192-193). 물론 이후 미국과의 조율과정에서 수정계획이 발표되지만 개발국가 차원에서 보면 박정희 독재정권의 경제개발은 장면의 제2공화국에 그 기원을 두고 있다. 하지만 박정희 독재정권이 추진한 개발국가는 장면 정권의 개발국가와 근본적인 차이가 있다. 바로 개발국가와 반공주의가 권위주의 방식으로 결합되었다는 점이다.

장면정권의 '경제개발 5개년 계획(계획)'과 박정희 군사정권의 '제1차 경제개발 5개년 계획(제1차 계획)'의 근본적 차이는 '계획'과 '제1차 계획'의 전제(前提)에서도 드러난다. '계획'은 통일과 단일민족경제를 전제하고 냉전으로 인해 부득이하게 남한만의 독자적인 경제개발을 추진할 수밖에 없다고 전제했다. 반면 '제1차 계획'은 북한과 소련이 남한을 적화시키기 위해 광분하고 있다는 군사적 위협을 강조했다. 즉, 남한을 지키기 위해 자립경제와 국방력을 강화할 필요가 있고, 이를 위해 미국의 원조 확대가 필요하다는 점을 강조했다(김기승 2003: 200-201). 이는 군사정권이 추진하는 경제개발의 목적이 북한이라는 '사회주의'체제와의 경쟁에서 승리하기 위한 체제경쟁을 위한 프로젝트라는 것을 의미한다. 실제로 박정희 독재정권이 1970년대 중반 중화학공업으로 경제개발의 방향을 전환한 가장 중요한 이유 중 하나도 미중 수교로 대표되는 냉전질서의 이완에 따른 미국의 군사원조 감소에 대한 대응이었다. 즉, 한국에서 반공개발국가는 선진국을 따라잡기 위한 후후발 국가의 개발프로젝트인 동시에 한반도 분단이라는 특수한 조건에서 남북 간의 체제경쟁의 산물이다. 집권기간 내내 박정희 독재정권의 가장 중요한 목표는 북한과의 체제경쟁에서 승리하는 것이었다.

내적 조건의 또 다른 측면은 앞서 언급했듯이 근대화를 위한 한국민들의 열망에 부응하는 것이었다. 일제의 수탈로부터 벗어나면 모두가 잘사는 세상이 올 것 같았다. 하지만 1945년 해방과 한국전쟁을 거치면서 한국은 세계에서 가장 가난한 국가가 되었다. 일제의 직접적인 수탈이 사라졌음에도 불구하고 '봄'은 오지 않았다. 조선경제통신사 자료에 따르면 해방직후인 1946년 공업생산액은 일제강점기였던 1939년의 25% 수준에 불과했다. 더욱이 한국전쟁은 한국의 공업생산력을 전쟁 전의 1/3 수준으로 격감시켰다(최상오 2003: 132) 1957년 당시는 농사를 짓는 농민들조차도 하루 세끼를 해결하지 못하는 비율이 50%를 넘는 상황이었다(서중석 2005: 138). 이승만 독재정권하에서 교육기회의 확대와 농지개혁이 이루어졌지만 본격적인 산업화가 이루어지지는 못했다. 박명림(1996: 237)은 이러한 1950년대에 이루어진 한국의 근대화를 "산업화 없는 근대화"라고 부른다. 이병천(2014: 27)도 1950년대를 한국 자본주의의 시작(한국 자본주의 1.0)으로 보기 어렵다는 평가를 했다. 박정희 정권은 바로 이러한 조건하에서 반공과 경제개발을 명분으로 군사쿠데타를 단행했다. 제1차 경제개발계획(1962~1966년) 기간 동안 한국경제는 연평균 7.9%라는 높은 경제성장을 달성했다. 근대화를 열망했던 한국 민중은 이병천의 주장처럼 경제성장에 성공한 권위주의적 반공개발국가에 암묵적 동의를 했을 수도 있다. 이병천(2003a: 48)의 주장을 들어보자.

> "한국의 개발주의 성장체제는 재벌이 성장의 대표 주자가 되고 '병영적 노동통제'하에서 대중의 삶이 소수 재벌집단의 성장성과에 의존하는, 고생산성과 저임금이 결합된 '선성장 후분배'체제였고 후분배의 약속을 담보로 노동대중이 현재의 희생을 감수하며 선성장 프로젝트에 동의하고 헌신한 체제인 것이다."

개발국가의 대표적 이론가인 존슨(Johnson)도 개발국가가 추구하는 고도성장이라는 목표를 성공적으로 달성하기 위해서는 개발국가의 목표에 대한 광범위한 사회적 합의가 전제되어야 한다고 했다(Johnson 1994: 43). 다시 말해, 개발국가의 본질적 속성은 국가권력이 경제개발에 대한 민족적 요구에 조응함으로써 그 정당성을 인정받는다는 것이다. 이러한 측면에서 보면 박정희 독재정권의 반공개발국가는 19세기 말 개항 이래 한국 민중들의 염원이었던 산업화로 대표되는 근대화라는 민족적 염원을 수렴한 것이다. 한국민중은 민주주의의 유보에도 불구하고 국가안보와 경제성장을 위해 박정희의 권위주의적 반공개발국가를 용인했을 수도 있다. 재벌문제와 관련해서 이병천과 대립적인 견해를 보이는 장하준(2006〔2003〕)도 한국의 개발국가가 한국사회 전체의 이해를 대변했다는 주장을 편다. 실제로 1960년 11월 정무원 사무처에서 실시한 여론조사에 의하면 국민의 70%가 한국사회의 가장 긴급한 과제로 "경제문제"를 해결하는 것이라고 응답했다(김기승 2003: 142). 이병천이 주장하는 것과 같이 한국 민중들이 권위주의적 반공개발국가에 동의했다고 할 수도 있다. 그러나 민중의 암묵적 동의유무와 관계없이 박정희의 권위주의적 반공개발국가는 탄생부터 매우 취약한 사회적 동의기반을 갖고 있었다. 민주주의를 억압하면서 수립된 박정희의 권위주의적 반공개발국가에 대한 사회적 동의는 살얼음판과 같았다.

　1961년부터 1979년까지 박정희 독재정권은 계엄령, 위수령, 긴급조치 등 반민주적인 억압조치 없이는 단 하루도 지속될 수 없었다.[10] 집권 이후 두 차례의 경제개발 5개년 계획(1962년~1971년)에 의해 박정희 정권은 연평균 8.7%라는 높은 성장률을 기록했다(강광하 2000). 하지만 1969년 3선 개헌 반대운동, 1970년 11월 13일 전태일 열사의 분신사건, 1971년 4월부터 시작된 교련철폐운동, 공정선거운동, 6월 국립의료원의 의료파동, 7월 28일 사법파동, 8월 10일 광주대단지사건, 9월 15일 한진상사 파월 노동자들의 KAL빌딩 방화사건 등 셀 수 없는 민중의 저

10　박정희 군사독재의 억압적 조치들은 조희연(2004)를 참고하라.

항이 연이어 발생했다. 이에 대응해 박정희 정권은 10월 15일 위수령(衛
戍令), 12월 6일 국가비상사태선언, 1972년 8월 8·3조치, 10월 장기 독
재를 위한 유신체제를 선포했다. 사실이 이와 같다면 이병천이 이야기하
는 동의와 헌신은 존슨이 이야기한 사회적 합의가 아닌 "강요된 동의와
헌신"이였다고 할 수 있다. 소위 '막걸리 보안법'이라고 일컬어질 정도
로 사람들의 일상의 사적인 대화까지 가로막고 처벌했던 군사독재가 갖
고 있는 가공할만한 폭압적 물리력하에서 민중들의 유일한 선택지는 민
주주의와 인권의 희생 위에 올라선 권위주의적 '반공개발국가' 이외에
는 없었다. 그리고 이러한 강요된 동의와 헌신에 대한 저항이 박정희 군
사독재 기간 내내 끊이지 않았던 노동자, 농민, 도시빈민, 지식인, 학생
등의 반독재 민주화운동이다. 강요된, 강제된 동의와 헌신은 존슨이 이
야기한 개발국가의 성공을 위한 '광범위한 사회적 합의'(Johnson 1994)
도, 그람시가 이야기한 공통의지와 사회적 합의도 아니다(김수행·박승호
2007: 33). 박정희 독재체제가 유지되었다는 사실이 곧 민중의 암묵적 동
의를 의미하는 것은 아니기 때문이다. 참여사회연구소 세미나에서 구갑
우가 지적했던 것처럼 북한 체제가 유지된다는 것이 북한 민중이 체제에
동의한다는 것을 의미하지 않기 때문이다(구갑우 2015).

　　외적으로 한국 반공개발국가의 탄생은 1945년 이후 만들어진 자본
주의 세계체계의 성격과 한국이 세계체계에 편입되는 방식과 밀접한 관
련을 갖는다. 물론 월러스틴(Wallerstein 2005〔2004〕)이 주장한 것과 같
이 한국의 권위주의적 반공개발국가가 전적으로 자본주의 세계체계의 필
요에 조응하는 방식(promotion by invitation)으로 구성되었다고 할 수
는 없다. 하지만 1945년 이후 국가 간 체제[11]에 기반한 미국 패권의 자본

11　개별 국민국가의 주권은 제한적으로 인정되지만, 핵심부 국가의 헤게모니가 반주변부와 주
　　변부 국가에 영향을 미치는 체제를 의미한다(윤상우 2006: 72).

주의 세계체계, 미국과 소련의 대립으로 대표되는 냉전체제, 일본을 중심으로 한 동아시아의 분업구조, 자본주의 세계경제의 확대 등을 고려하지 않고는 한국에서 반공을 명분으로 민주주의와 인권을 유린한 독재체제가 어떻게 개발국가와 성공적으로 결합되었는지를 설명하기 어렵다.

1961년 군사쿠데타를 통해 집권한 박정희 정권이 직면한 한국의 1960년대 상황은 1950년대와는 근본적으로 달랐다. 먼저 미국의 대한(對韓)정책이 무상원조에서 유상원조(차관)로 변화하기 시작했다(김수근 1988: 20-21; 김창근 2007: 414). 미국의 대한 무상원조는 1957년 3억 8,300만 달러로 정점에 이르렀다가 점차 감소하기 시작해 박정희가 집권한 1961년부터는 차관이 무상원조를 대신하기 시작했다. 5·16쿠데타가 일어나기 직전인 1960년만 해도 한국정부 세입 중 미국의 원조(대충자금)가 차지하는 비중은 35.2%나 되었다(정일준 2013: 469). 이처럼 한국정부에 막대한 재정적 지원을 하던 미국의 원조가 감소한 것이다. 1965년에 이르면 미국의 대한원조 중 차관이 무상원조보다 더 큰 비중을 차지하게 된다. 미국의 이러한 대한정책의 변화는 크게 두 가지로 설명할 수 있는데 하나는 제3세계에 대한 미국의 원조정책이 공산주의 세력에 대한 군사적 대응에서 경제지원으로 변화했기 때문이다. 1950년대를 거치면서 소련이 제3세계 국가들에 대한 경제적 지원을 강화했다. 그러자 미국은 공산주의와의 체제경쟁 차원에서 제3세계 자본주의 신생국가들에 대한 지원을 군사원조에서 경제지원으로 전환한 것이다(정일준 2013: 459). 1961년 미국 케네디 정권이 발표한 '신대외원조법'은 이러한 미국의 정책 변화를 반영한 것이다(윤상우 2003). 다른 하나는 쿠바 미사일 위기로 인해 미국의 대외정책의 관심이 동아시아에서 중남미로 전환된 것도 미국의 대한(對韓)정책 변화의 중요한 원인이 된다. 쿠바 미사일 위기 이후 미국의 대외원조 중 동아시아가 차지하는 비중은 1950년대 33.8%에서 21.8%로 감소했다.

반면 중남미에 대한 미국의 지원은 7.3%에서 26.6%로 급증했다.

둘째, 1960년대 당시 자본주의 세계경제의 예외성이다. 한국이 권위주의적인 방식으로 반공주의를 개발국가와 결합시켜 고도성장을 시작했던 1960년대는 1940년대 후반부터 지속된 자본주의 세계경제의 팽창이 지속되고 있던 시기였다. 이러한 조건하에서 미국으로 대표되는 선진 산업국들은 관세 및 무역에 관한 일반협정(General Agreement on Tariffs and Trade) 체제하에서 한국과 같은 제3세계 국가들과의 비대칭적 무역관계를 용인했다(윤상우 2006). 한국이 수출지향적 성장정책을 추구하는 동시에 자국 내 산업에 대한 보호주의 정책을 실시하는 것을 용인했다. 더욱이 당시 수출지향적 산업화정책을 추진한 제3세계 국가는 한국, 대만 등을 제외하면 거의 없었다. 브라질, 멕시코 등 제3세계 국가들에게는 20세기 초 수출지향적 정책을 추진하다가 1929년에 발생한 대공황으로 혹독한 대가를 지불했던 기억이 남아 있었기 때문이다(강동훈 2011: 159-160).[12]

1970년대 들어 박정희 독재정권은 1973년 1월 30일 '중화학공업정책 선언에 따른 공업구조개편론'을 확정하고, 6월에는 '중화학공업육성계획'을 발표한다(구현우 2009: 161). 이처럼 권위주의적 반공개발국가가 1970년대 들어서면서 경공업 중심의 산업화에서 중화학공업 중심으로 전환한 것도 1970년대에 나타난 미국 중심의 자본주의 세계체계의 변화와 밀접한 관련이 있다(김창근 2007). 가장 중요한 변화는 미국의 대동아시아 정책의 변화이다. 베트남 전쟁의 패배를 계기로 미국은 대아시

---

12   내수시장 중심의 발전전략은 단기적으로 브라질 등에서 대성공을 거두었다. 1932년부터 1939년까지 브라질이 연평균 10% 이상의 놀라운 성장을 거두었던 것도(강동훈 2011: 160) 이들 국가들이 수출지향적 산업화를 추구하지 않았던 이유로 보인다. 또한 일부 연구자들은 1960년대의 이러한 특수한 상황을 고려해 당시 한국의 경제발전을 "편승론과 무임승차론"이라고 평가절하하기도 하고, 당시의 국내외 조건에 대한 단순한 순응이었다고 평가하기도 한다(김창근 2007: 414; 윤상우 2006: 81).

아 안보정책의 기조를 적극적 개입에서 아시아 국가가 스스로 자신의 안
보를 책임지는 방식으로 전환했다(윤상우 2003). 이러한 변화의 일환으
로 미국은 1971년 한국에서 주한미군 제7사단을 철수시켰고, 무상 군사
원조 또한 1975년을 마지막으로 중단될 것이라고 선언했다. 1977년 출
범한 미국의 카터 정권은 주한미군의 단계적 철수를 한국정부와 상의 없
이 일방적으로 발표했다. 동아시아의 안보환경 변화가 권위주의적 반공
개발국가로 하여금 경공업 중심의 산업정책을 중화학공업 중심으로 전
환하게 하는 중요한 계기를 제공했던 것이다.

　　그러나 안보환경의 변화로 인해 자주국방이 필요했다는 당위만으로
권위주의적 반공개발국가가 중화학공업 중심의 산업화를 추진했다고 볼
수는 없다. 1970년대에 들어서면 자본주의 세계체계에서 미국의 패권
의 기반이 되었던 국가 간 체제의 중요한 축들이 변화했다. 1971년 닉슨
의 금 태환 중지 선언은 브랜트–우드체제가 붕괴되었다는 것을 상징적으
로 보여주었다(Schwartz 2015〔2010〕). 미국은 재정과 무역적자의 감소
를 위해 한국과 같은 개발도상국가로부터 수입되는 상품에 대한 수입규
제를 실시하기 시작했다. 실제로 한국은 1971년부터 한미직물협정에 의
거해 미국에 대한 섬유수출의 쿼터를 적용받고 있었다. 1973년 12월부
터는 미국, 유럽, 캐나다 등 선진국 시장에 대한 수출물량을 제한하는 다
자간 섬유협정(Multi-Fiber Arrangement: MFA)을 받아들여야 했다(신
현종·노택환 1992; 전창원 1978).[13] 경공업 중심의 수출전략만으로는 산
업화의 진전이 어려워졌던 것이다. 이러한 상황에서 한국은 일본과의 신
국제분업 관계를 구축해 일본으로부터 중화학공업을 유치해 중화학공업

13　1974년 체결된 다자간 섬유협정은 1994년 세계무역기구(WTO) 출범 이후 '섬유와 의류
　　에 관한 일반협정(Agreement on Textile and Clothing: ATC)로 전환되어 10년간 이행
　　기를 거친 후 2004년 종료되었다(고희원 2005: 77).

중심의 발전의 길을 가게 되는 것이다(윤상우 2003).[14] 오일쇼크 이후 중동지역의 특수 또한 한국 반공개발국가의 경제성장이 지속될 수 있었던 이유 중 하나였다. 1979년을 기준으로 중동에 송출된 노동자가 국내로 송금한 외화는 GDP 대비 2.7%인 11억 5,000만 달러에 달했다. 미국이 1957년부터 1980년까지 24년 동안 한국에 공여했던 무상원조의 1/3이 넘는 규모였다. 중동 건설특수가 시작된 1975년 8억 달러였던 해외건설 수주액은 1981년 137억 달러로 증가했다(김명수 2012: 12).

　　이제 이상의 내외적 조건에 의해 형성된 한국 반공개발국가의 특성에 대해 개략해보자. 한국 반공개발국가의 첫 번째 특성은 경제발전을 위해 국민을 동원하는 체제를 구축했다는 점이다. 하지만 앞서 내적 조건을 다루면서 언급했듯이 경제발전을 위한 반공개발국가의 동원은 민주주의에 기반한 동원이 아닌 '강요된 동의'였다. 박정희는 서구식 민주주의와 정당정치가 비효율적이고, 낭비적이라고 생각했기 때문에 선거, 정당, 의회로 대표되는 민주주의를 유보해야한다고 생각했다(강정인 2014: 226). 박정희의 반공개발국가에서 동원 방식은 반공과 경제개발을 이유로 정치적 민주주의에 기반한 동의에 의한 동원이 아닌 국가의 물리력에 의한 강제된 동원이었다. 권위주의적 반공개발국가는 민주주의 과정을 생략함으로써 시간과 노력이 가장 적게 드는 경제적 방식이었을지 모른다.[15] 로스토우는 이러한 이유로 반공주의가 한국과 같은 제3세계

14　윤상우(2006: 84-85)가 정리한 바에 따른 한국과 일본의 이러한 신분업질서는 1969년 한일 각료회의에서 한국에 일본의 자본과 기술협력을 통해 포항제철을 건설하기로 하고, 1970년 4월에는 한일 간의 경제협력을 유럽의 EEC 수준으로 발전시키고, 일본에서 환경과 노동 문제 등으로 한계에 다다른 중화학 공업을 한국에 이전시키며, 합작과 장기협력을 위한 정책을 시행한다는 야스다(安來) 시안을 발표했다.

15　여기서 효율적 또는 효과적이라는 용어 대신 경제적이라는 용어를 사용한 이유는 경제적이라는 용어가 시간과 노력을 가장 적게 들인다는 의미를 담고 있기 때문이다.

국가에서 국민을 경제개발에 동원하는 중요한 모토가 될 수 있다고 평가
했다(박태균 2009: 31). 물론 형식적 민주화가 이루어진 1987년 이후 한
국 반공개발국가의 동원 기제는 '강요된 동원'에서 절차적 민주주의에
따른 '자발적 동원'으로 성격이 변화하기 시작했다.

둘째, 한국 반공개발국가는 에반스(Evans 1995)가 이야기하는 연계
된(착근된) 자율성을 갖춘 국가였다.[16] 1960년대 당시 한국은 토지개혁
(1949~1953년)과 한국전쟁(1950~1953년)을 거치면서 전근대적 지배층
인 지주세력이 몰락하고, 자본가계급은 아직 지배적인 정치세력으로 등
장하지 못한 상태였다(강동훈 2011: 147). 그렇다고 노동계급으로 대표
되는 좌파세력이 힘을 갖고 있었던 것도 아니었다. 한국에서 사민주의
로 대표되는 중도좌파세력을 포함한 모든 좌파세력은 미군정, 한국전쟁,
이승만 독재정권을 거치면서 이미 궤멸된 상태였다(윤홍식 2013). 이러
한 조건 하에서 군사쿠데타로 정권을 장악한 박정희 정권은 제(諸)사회
세력으로부터 손쉽게 자율성을 확보할 수 있었다. 한국의 권위주의적 반
공개발국가는 웨이드가 이야기한 강한국가와 약한사회라는 1960년대의
조건에서 형성되었다(Wade 1990). 다만 반공개발국가가 추진한 경제개
발의 핵심주체였던 재벌로 대표되는 자본가계급이 국가와 긴밀한 연계
를 가지고 있다는 점에서 반공개발국가의 자율성은 연계된 자율성이라
고 할 수 있다. 하지만 이는 어디까지나 자본이 국가의 하위 파트너로 결
합된 형태였다. 개발을 위한 자본이 부족한 상황에서 자본가계급은 국가
가 강제적 저축을 통해 마련된 내자와 원조와 차관을 통해 조성된 외자
를 배정받기 위해 국가의 요구와 통제에 순응할 수밖에 없었다. 이를 바
탕으로 반공개발국가는 실적(수출)에 대한 평가를 통해 자본을 규율할

---

16   에반스의 동아시아 개발국가에 대한 저작들의 종합적인 내용은 김태수(2006)의 논문에 잘
     정리되어 있다.

수 있었다(Amsden 1986).

'유능한 관료 조직'은 한국 반공개발국가의 연계된 자율성을 유지·강화하는 중요한 요인이다. 장하준(2006〔2003〕: 104)은 한국의 관료 엘리트들은 "다른 나라의 엘리트 집단보다 더욱 다른 나라의 경험에서 배우고자 하고, 또 배울 수 있는" 집단이었다고 이야기한다. 그리고 반공개발국가를 주도했던 유능한 관료 조직은 박정희의 권위주의적 반공개발국가가 지속되었던 1960년대와 1970년대 "광범위한 공무원 제도 개혁"을 통해 형성되었다고 했다(장하준 2006〔2003〕: 234). 한국 공무원들이 1960년대 말까지만 해도 파키스탄과 필리핀으로 연수를 갔다는 사실을 상기하면 놀라운 반전이었다. 다만 한국에서 유능한 관료 조직이 형성된 기원은 권위주의적 반공개발국가가 아니라 4·19혁명 이후 민주적 절차를 통해 집권한 장면 정권이었다. '경제제일주의'를 내세웠던 장면 정권은 전력, 경지정리, 산림녹화, 교량, 도로, 댐 건설 등 인프라 확충을 위해 1961년 학사학위가 있는 사무직 1,614명과 기술직 452명을 공채로 선발했다(서중석 2005: 192). 해방 이후 친일파의 독무대였던 관료조직에 공무원 공채제도를 통해 유능한 관료들이 수혈되기 시작했다. 장면 정부에서 출발한 공채제도는 1960년대 말에 이르러 공무원 임용의 가장 일반적인 제도가 된다. 이러한 조건하에서 권위주의적 반공개발국가는 암스덴(Amsden 1989)이 이야기한 국가의 지원과 지원이 수반되는 규율을 강제할 수 있었다.

마지막으로 일반적 통념과 달리 한국 반공개발국가의 산업화 과정은 수출주도형이 아니었다. 한국의 산업화 과정은 라틴아메리카의 개발국가들과 달랐다. 한국은 수입대체산업 대신 수출산업을 중심으로 산업화를 추진한 것이 아니라 수입대체산업과 수출산업을 효과적으로 결합시켰다. 한국의 초기 산업화 과정은 순수한 수입대체산업으로 출발했지만, 1960년대 들어서면서 수입대체산업과 수출산업이 결합되는 양상으로 전개되었다(Donbusch and Park 1987: 405). 1960년대 식품과 같은 비내구재 소비재의 수입대체화를 통한 성장이 정체에 직면했을 때 한국은 작은 내수시장으로 인해 기계, 내구재 소비재 등으로 수입대체산업을 확대할 수 없었다. 한국은 대신 수출지향적 산업화로 전환한다. 그러나 이러한 전환은 단순히 수입대체산업에서 수출지향산업으로 전환한 것이 아니다. 수입대체산업화를 통해 국내 유치산업이 세계시장에서 어느 정도 경쟁력이 있는 수준으로 성장하면 보조금, 신용, 환율정책, 조세정책 등의 지원을 통해 수입대체산업을 수출산업으로 전환하는 방식이다. 이병천(2000: 124-125)은 이러한 산업화 방식을 "수입대체와 수출촉진이 결합과 상호 강화방식"에 기반한 복선형 산업화 방식이라고 불렀다. 더불어 한국의 복선형 산업화는 단순히 기업에게 수출실적을 부과하는 것에 그치지 않았다. 중요한 것은 반공개발국가가 "수출용 원자재의 국내 생산품을 동제품의 세계시장 가격 수준으로 공급하게 하여 수입대체산업을 국제경쟁에 노출되도록 규율을 강제함으로써 수입 대체와 수출 촉진의 상호 강화 메커니즘이 작동하게 했다는 점이다." 반공개발국가는 산업정책을 통해 기업을 지원하는 동시에 엄격한 규율을 적용해 기업을 통제하는 방식으로 복선형 산업화를 추진했다.

6) 반공개발국가와 한국 복지국가

권위주의적 반공개발국가의 놀라운 경제성장에도 불구하고 한국에서는 왜 국가복지의 확대가 지연되었을까? 한국은 한국과 유사한 수준의 산업화를 이루었던 개발도상국가들과 비교해도 국가복지 수준이 매우 낮았다. 김연명(1993: 51)의 분석에 따르면 1986년 당시 한국 중앙정부 예산 중 사회복지예산이 차지하는 비율은 8.7%로 한국(1인당 GNP USD 2,370)과 유사한 중상위 수준 국가(1인당 GNP USD 1,890)의 평균인 22.4%보다 낮았다. 더욱이 한국의 사회지출은 한국보다 경제적 수준이 낮은 중하위소득국가군(1인당 GNP USD 750)의 13.1%는 물론 저소득 국가군(1인당 GNP USD 200)의 9.8% 보다도 낮았다.

반공개발국가는 적어도 두 가지 측면에서 한국 복지국가의 탄생과 발전을 지연시켰다고 할 수 있다. 하나는 우리가 앞서 반공주의의 기원에 대해 검토하면서 반공주의가 정치적으로 한국사회에서 복지국가를 만들어갈 좌파 권력자원을 무력화시켰다는 것을 확인했다. 김동춘(2015: 176)의 주장과 같이 한국에서 반공주의는 서구와 달리 자유민주주의의 하위 범주가 아닌 초헌법적, 종교적 가치로 군림했기 때문에 가능했을 수도 있다. 그러나 반공주의로 좌파세력을 궤멸시킨 것만으로는 더 나은 삶을 원하는 사람들의 욕구를 대신할 수는 없다. '반공'이 한국사회에서 모든 것을 초월하는 절대적 가치를 가치고 있다고 해도, '반공'이 1876년 개항 이래 한국민(韓國民)의 염원이었던 '자주적 근대국가수립'을 대신할 수는 없었다. 4월 혁명 이후 집권한 장면 정권이 "경제제일주의"를 내세운 것도, 4·19 혁명 이후 학생들의 조국통일에 대한 염원도(박세길 1989: 95-97; 서중석 2005: 188-203)[17] '자주적 근대국가 수립'에 대한 민중들의 바람이 반영되고 표출된 것이다. 특히 장면정권이 경제제일주의를 들고 나온 것은 일제강점기, 미군정기, 한국전쟁, 이승만 독재를 거치면서 가난에 짓눌려있던 민중들의 요구를 반영한 것이었다.

---

17   당시 통일운동에 참여한 학생들의 침묵시위에 들어 있던 플래카드의 내용은 다음과 같았다. "이 땅이 뉘 땅인데 오도 가도 못하느냐, 언론인 사회단체 남북교류, 이북 쌀 이남 전기, 민족자주통일, 외세는 물러가라, 남북 서신 교환, 실업자의 일터는 통일에 있다, 한국문제는 한국인의 손으로"(박세길 1986: 96).

다른 하나는 권위주의적 반공개발국가하에서 이루어진 고도성장이었다. 권위주의적 반공개발국가의 고도성장은 한국사회에서 사회적 분배체계 대신 시장적 분배체계를 제도적 유산으로 고착화시킴으로서 반(反)복지국가의 제도적 유산이 되었다. 박정희 독재로부터 시작된 한국의 반공개발국가는 1997년 경제위기 이전까지 현상적으로 공적 사회지출의 증가 없이 경제성장을 통해 빈곤과 불평등을 완화시켰기 때문이다. 박정희와 전두환 독재시기(1961~1987년) 동안 GDP 대비 사회지출은 2%를 넘지 않았다(주학중 1992; 문형표 1999; 전병유 외 2008; OECD 2015). 1987년 민주화 이후 1997년 경제위기 이전까지도 5%를 넘지 않았다. 하지만 절대빈곤율의 감소는 경이적이었다. 김미곤(2014: 8)이 정리한 자료에 따르면 한국의 절대빈곤율은 1965년 40.9%에서, 1976년 14.8%로 낮아졌다. 1980년에 이르면 9.8%로 낮아졌고, 1997년 경제위기 직전인 1996년에는 3.0%로 감소했다. 김낙년(2015: 140-141)에 따르면 상위 1%의 소득집중도도 해방 전 17%를 넘었지만 권위주의적 반공개발국가가 본격적으로 이륙한 1960년대에는 7%대로 낮아졌다. 상위 1%에 대한 소득집중도가 다시 높아진 것은 1997년 경제위기 이후였다. 박정희와 전두환 독재 기간 동안 지니계수로 측정한 불평등 수준은 감소하는 추세에 있었다(주학중 1992; 문형표 1999; 전병유 외 2008). 1997년 이전까지 지니계수로 본 불평등 수준은 GDP 대비 사회지출 수준과 무관하게 낮아지고 있었다.

물론 반론도 존재한다. 제조업의 노동분배율은 1962년 26.1%에서 1970년 25.0%로, 1973년에는 23.0%로 낮아졌다(이정우 2003: 231). 한국과 같은 분단국가였던 서독의 지표가 절대적 수준에서 높은 것은 물론 동기간 동안 38.0%, 40.9%, 44.1%로 높아졌던 것과 대비된다. 더욱이 자산불평등을 고려하면 소득불평등만으로 반공개발국가의 성과를 논할 수는 없다. 이정우의 추계에 따르면 1963년부터 1979년까지 17년 동안 지가는 무려 180배나 상승했다. "1963년에 돈 100원을 은행에 예금했다면 1979년에 1,760원이 되어 있을 것이다. 그런데 같은 돈 100원으로 땅을 샀다면 1979년에 1만 8,700원의 가치"가 되었다는 것이다. 자산을 포함한 불평등을 고려한다면 반공개발국가가 경제성장을 통해 불평등을 완화했다는 것은 신기루에 가까운 주장일 수 있다.

　한편 김연명(1993)은 한국에서 국가복지의 확대가 지체된 것이 분단이라는 특수성과 관련된 과도한 국방비의 지출 때문이라고 주장한다. 권위주의적 반공개발국가 시기 동안 국방비와 복지지출은 상호 대체관계에 있었다는 것이다. 그러나 이러한 주장은 논리적 타당성을 갖고 있지만 현실적 정합성은 낮아 보인다. GDP 대비 국방비 지출과 사회복지지출은 대체관계에 있지 않았다. 적어도 1962년부터 1983년까지 GDP 대비 국방비와 사회지출은 반대방향으로 움직이기 보다는 같은 방향으로 움직였다(한국통계연감 각 년도; World Bank 2015; 양운철·정성장·김치욱·오경석·김영윤 2011). 국방비가 증가하면 사회지출도 증가했고, 국방비가 감소하면 사회지출도 감소했다. 김연명이 이야기한 대체관계는 1983년부터 1997년 경제위기 직전까지 단기간 동안 "단순상관관계" 형태로 존재했던 것으로 보인다. 하지만 이는 1970년대 후반부터 시작된 GDP 대비 국방비가 낮아지는 경향이 반영된 것이다. 국방비의 지출 감소가 사회지출 증가로 대체되었다는 인과관계는 확인할 수 없다. 특히 2000년대 들어서면서 GDP 대비 국방비는 일정 수준을 유지했지만 사회지출은 급격히 증가했다. 물론 분단으로 인한 과도한 국방비의 지출이 사회지출을 낮은 수준으로 유지해야 했던 이유 중 하나일 수는 있다. 하지만 지난 반세기 동안의 낮은 사회지출 수준을 단지 과도한 국방비 지출과 관련시켜 설명할 수는 없다.

분명한 것은 경제성장을 통해 국민들을 절대빈곤에서 벗어나게 하고 삶의 수준을 높였던 반공개발국가의 경험이 한국사회에서 복지국가와 같은 사회적 분배체계에 대한 필요와 대중적 지지를 약화시키고, 경제성장을 통한 시장적 분배체계에 대한 맹신을 가져온 것이다. 1993년을 지나면서, 특히 1997년 경제위기 이후 경제성장을 통해 불평등과 빈곤을 완화하는 반공개발국가의 방식이 이미 작동하지 않고 있다. 그러나 지난 두 차례의 대선(2007년과 2012년)에서 보듯 한국사회에서는 여전히 성장을 통한 시장적 분배에 대한 지지가 복지국가라는 사회적 분배에 대한 지지를 압도하고 있다. 반공개발국가의 유산은 현재 한국사회에서 복지국가 확대의 가장 큰 걸림돌로 작동하고 있다.

3. 반공개발국가의 대안으로서 평화복지국가

대안은 무엇일까? 우리는 그 대안이 평화복지국가에 있다고 주장한다. 여기서는 평화복지국가의 정의로부터 시작해 왜 평화복지국가가 반공개발국가의 대안이 될 수 있는지, 왜 평화와 복지국가라는 생소한 결합이 한국사회의 대안체제에서 요구되는지를 검토했다. 이를 통해 평화복지국가가 전통적 서구 복지국가와 어떤 차이가 있는지, 왜 이런 차이가 한국사회에 중요한지를 논하며, 이러한 평화복지국가를 만들어갈 주체가 누구인지에 대해 검토했다.

1) 한국사회의 위기와 반북개발국가

국내적으로는 민주화로 인한 권위주의 체제의 해체와 1997년 경제위기, 국외적으로는 동구권의 몰락과 신자유주의 이념의 확산은 아래로부터는 물론 위로부터도 한국사회를 지배하고 있던 권위주의적 반공개발국가의 변형을 요구했다. 보수적 민주화세력이 주축이 된 야당의 10년 집권이 있었지만 반공개발국가는 반북개발국가로 이름을 바꾸어 여전히 그 위력을 발휘하고 있다. 하지만 권위주의적 반공개발국가를 대신한 신자유주의적 반북개발국가는 시민들이 기대한 그런 사회가 아니었다. 시민들은 권위주의 체제가 해체되고 민주화가 되면 더 나은 삶을 보장받을 것이라고 기대했지만 그런 세상은 오지 않았다. 건강, 거주 지역, 교육 등 인간의 삶의 질과 기회를 결정하는 대부분의 사회지표의 불평등은 1990년대 이후 점점 더 악화되고 있는 양상이다(김창엽 2015; 신명호 2015; 조명래 2015). 예를 들어, 믿을 수 없을 정도로 놀라워 추후 검증이 필요해 보이지만, 지역 간 불평등의 사례를 보면 지난 2002년부터 2006년까지 신규 일자리의 단지 2%만이 비(非)수도권 지역에서 만들어졌다(조명래 2015: 247). '개천에서 용'이 날 수 있게 해주었다고 믿었던 교육도 이젠 더 이상 계층 상승의 계기가 되지 못하고 있다. 부모의 경제적 지위가 자녀의 학벌을 결정하는 사회가 되었기 때문이다(김세직 2014). 신자유주의적 반북개발국가는 과거 권위주의적 반공개발국가와 달리 복지국가의 기능적 등가물로서 소득불평등과 절대빈곤을 완화하는 역할조차 수행하지 못하고 있다. 김낙년(2012)에 따르면 지난 1996년 이후 한국사회에서 소득불평등은 점점 더 악화되고 있다. 경제가 성장할수록 불평등이 점점 더 악화되는 양상이 나타나고 있다. OECD 방식으로 노동소득분배율을 계산한 분석도 이를 뒷받침하고 있다(김유선 2015: 152).[18] 노동소득분배율은 1997년 경제위기 직전인 1996년 98.5%에서 2014년 85.5%로 무려 13.0%포인트나 감소했다. 권위주의적 반공개발국가 시기에 (최소한 소득) 불평등 완화에 기여했던 시장의 분배기능은 더 이상 작동하지 않는 것이다. 5년 후인 2020년이 되면 한국이 OECD 국가들 중 가장 불평등이 심한 국가가 된다(고세훈 2015: 84).

더 심각한 문제는 반북개발국가가 이러한 사회적 위기에 대한 대안과 이를 만들어갈 주체 세력의 형성과 성장을 가로막고 있다는 점이다. 지난 2012년 대통령 선거에서도 NLL로 대표되는 반북주의와 경제성장이 우선시되는 개발주의는 한반도 평화와 분배이슈를 제치고 유권자들로부터 차기 정부가 추진해야 할 가장 중요한 정책 어젠다로 선택되었다(김준철 2013: 15). 박근혜 정부에서 논란이 되었던 역사교과서 국정화, 노동개혁, 참여정부 당시 유엔 북한 인권결의문 등의 사례는 반북주의와 개발주의가 여전히 집권여당의 지배적 담론의 지위를 지키고 있다는 사실을 확인시켜주고 있다. 집권여당(새누리당)의 김무성 대표는 "지금 대한민국의 국사학자들은 90%가 좌파로 전환돼 있다"라고 주장하는가 하면(경향신문 2015.10.17), 새누리당은 "김일성 주체사상을 우리 아이들이 배우고 있다"는 현수막을 거리 곳곳에 내걸었다. 한 걸음 더 나아가 새누리당 원유철 전 원내대표는 "북한 통일전선부와 정찰총국 등 대남공작기관이 역사교과서 관련 반대 투쟁과 선동전을 전개하도록 하는 지령문을 보냈다고 한다"라고 발언했다. 서청원 최고위원은 북한의 지령에 대한 공안당국의 수사를 촉구했다(경향신문 2015.10.29).

또한 박근혜 정부는 노동계, 시민사회, 야당의 반대에도 불구하고

---

18   OECD 방식이란 자영업자의 노동소득을 임금 노동자의 임금에 포함시켜 계산하는 방식이다.

경제성장을 명분으로 기업친화적인 방식으로 노동시장을 유연화하는 노동개악(勞動改惡)을 추진했다. 일반해고 제도를 도입하고, 임금체계, 취업규칙을 노동자들의 동의 없이 기업이 임의로 변경할 수 있게 했다. 기간제 사용기간을 연장하고, 불법파견을 합법화시키는 등 그야말로 시장과 기업에 친화적인 노동개악을 강행하고 있다. 반북개발국가는 시장규제와 복지국가와 같은 국가의 역할을 확대하려는 시도에 반대하는 정치적 수단으로 확장되고 있는 것이다. 저항하는 시민들에게는 지난 2015년 11월 14일에 있었던 "국정화와 노동개악에 반대하는 민중총궐기"를 폭력적으로 진압했던 것처럼 권위주의적 반공개발국가의 방식을 답습하고 있다. 이러한 상황에서 복지국가의 주체를 만들고 확장하는 일은 매우 어려운 과제이다. 설령 보수와 재벌의 지배연합이 복지국가화(化)의 불가피성을 받아들인다 해도, 친(親)복지 정치세력이 존재하지 않는한 한국의 국가복지는 빈곤층에 대한 최소한의 생존만을 보장하는 잔여주의 복지체제를 넘지 못할 것이다. 이렇게 권위주의적 반공개발국가는 2016년 현재 신자유주의적 반북(反北)개발국가라는 변형된 모습으로 존속되고 있다. 대안이 없다.

2) 평화복지국가

반북개발국가는 반공개발국가처럼 재벌과 보수세력을 제외한 모든 집단의 정치세력화와 시장을 사회적으로 통제하려는 국가의 개입을 반북주의와 경제성장 제일주의로 무력화시키고 있다. 평화복지국가는 반북개발국가를 대신해 한국사회가 직면한 문제를 해결하는 대안이 될 수 있을까? 평화복지국가에 대한 선험적(先驗的) 정의란 존재하지 않는다. 모든 사회체제의 성격이 그렇듯 평화복지국가는 한국사회의 사회·정치·

경제의 역사적 맥락 속에서 정의되는 것으로 1960년대 이후 한국사회를 지배했던 (권위주의적) 반공개발국가의 대척점에 서 있는 대안체제이다. 반공개발국가는 앞서 정의한 것과 같이 분단, 미국패권, 냉전체제라는 조건에서 국가안보를 이유로 반공(反共)을 국시(國是)화하고, 이를 명분으로 노동계급과 시민의 민주적 기본권을 통제·억압하는 (권위주의적) 지배연합이 자신들의 지배체제의 취약한 민주적 정당성을 재벌중심의 경제개발과 미국의 직간접적 묵인과 지원을 통해 확보하려고 했던 국가였다. 평화복지국가는 이러한 반공개발국가의 안티테제(antithesis)이다.

　평화복지국가는 남북한의 극한대결을 조장하고, 한국사회 내부에서는 반대세력과 진보적 정치세력을 탄압하며 민주주의를 무력화·형애(荊艾)화시키는 반공주의(반북주의)의 존립근거인 한반도의 적대적 분단 상황과 동북아시아의 냉전적 대결상황을 평화체제로 대체한다. 이를 통해 평화복지국가는 한국사회에서 실질적 민주주의를 심화시키고, 양극화와 불평등을 심화시키는 재벌중심의 신자유주의적 개발주의 성장방식을 지양하는 사회가 시장경제에 대한 통제권을 회복함으로써 성장의 결과가 공정히 분배되는 복지체제이다. 물론 평화복지국가는 한국사회가 지향하는 최종목표는 아니다. 스웨덴 복지국가가 그랬던 것처럼 한국사회가 실현해야 할 평화복지국가는 우리들의 더 나은 세상을 위한 잠정적 유토피아(Provisoriska utopie)가 되어야 한다. 그렇기 때문에 평화복지국가는 고정된 어떤 도그마를 주장하지 않는다. 평화복지국가의 모습은 국내외적 조건의 변화에 따라 유연하게 변화할 수 있는 그런 대안체제이다. 평화복지국가가 우리가 꿈꾸어야 하는 최종 목적지가 될 수는 없지만 평화복지국가는 우리가 매 시기 직면하는 구조적 조건이라는 가능성의 한계 내에서 모든 시민들이 선택하는 최선의 대안이 될 수 있어야 한다. 이를 위해 평화복지국가는 1945년 해방공간에서 해방된 민족의 절대다수가 지지했던 민주주의에 기반한 사회주의, 즉 사회민주주의의 전통을 21세기 한반도에 창조적으로 재건하는 것이다.

그렇다면 왜 평화복지국가인가? 우리는 그 이유를 이미 제2절 '반공개발국가의 기원, 궤적, 그리고 특성'에서 이미 검토했다. 반복하면 한반도에서 남북 간의 적대적 대결이 해소되지 않는 한 한국사회 내에서 민주주의도, 복지국가도 완전할 수 없다. 첫째, 반공주의(반북주의)는 단순히 공산주의를 반대하는 것을 넘어 (권위주의) 정권에 반대하는 정치세력과 진보세력을 억압하는 효과적인 수단으로 동원됨으로써 한국 복지국가를 건설할 주체인 친복지 정치세력의 형성과 성장을 불가능하게 했기 때문이다. 실제로 한반도 분단은 남한에서 사회민주주의로 대표되는 모든 좌파적, 진보적 이념과 그 결사체를 불법화하고 탄압하는 강력한 반공국가를 출현시켰다. 둘째, 평화복지국가는 한국사회에서 복지국가를 만들어가는 과정이 일국적 과제가 아닌 국제적 과제라는 것을 의미한다. 특히 세 차례에 걸친 북한의 핵실험은 한반도 평화문제가 더 이상 일국적 차원의 문제가 아닌 동북아시아와 세계적 차원의 안보문제로 확대되었다는 것을 의미한다.[19] 즉 한국사회에서 복지국가를 만들어가는 과제는 일국적 차원을 넘어 한반도에서 냉전과 대립을 종식시키고, 평화를 확대하는 과정을 전제하지 않고는 상상할 수 없다.

한반도에서 평화를 정착시키는 과제는 남북한의 대립은 물론 한반도를 둘러싸고 지속되고 있는 한미일과 북중러 간의 냉전적 대립관계를 해소하는 것이다(구갑우 2010; 김연철 2013; 황지환 2009). 이를 위해서는 무엇보다도 먼저 1953년 이후 지속되고 있는 정전체제를 종식시키

19　북한은 2006년 10월 9일 1차 핵실험을 강행했고, 계속해서 2009년 5월 25일 2차 핵실험, 2012년 2월 12일 3차 핵실험을 했다. 더욱이 북한은 2012년 4월 헌법 개정을 통해 헌법에 핵보유국이라는 사실을 명시했다.

는 것이 필요하다. 현재는 1953년 전쟁당사국들이 맺었던 정전협정이 지켜지고 있지 않는 것은 물론이고 정전협정의 틀도 해체된 상태이다. 2013년 3월 5일 북한은 정전협정의 백지화를 선언했다. 단지 서로에 대한 물리적 위협만이 공포의 균형 상태를 유지시키고 있다(김연철 2013). 중장기적으로 한반도가 단일한 국가로 통일되어야 하겠지만 이는 어디까지나 최종 목표이고 현실적 과제는 남북한을 둘러싼 적대적 대립관계를 해소하고, 현재 상태를 평화적으로 관리할 수 있는 체계를 구축하는 것이다. 이러한 관점에서 보면 정전협정을 종전협정으로 전환하는 것은 한반도와 동북아시아에서 남북한, 미중일러가 참여하는 동북아시아의 평화체제의 구축과 궁극적으로 통일이라는 최종 목표에 다다르는 임시 정거장이라고 할 수 있다. 종전협정은 한반도 남북 모두에서 서로를 적대시하는 논리와 이념의 정당성을 약화시킴으로써 남북한 모두에서 분단으로 인한 이념적 제약에서 자유로운 민주적 정치활동을 가능하게 할 것이다. 종전협정으로 조성된 평화적 여건은 한국사회가 '반공주의(반북주의)'라는 냉전적 이념 구도에서 벗어나 국가가 시장의 이해를 사회적으로 통제하는 경제와 복지가 선순환되는 복지체제를 만들어갈 수 있게 할 것이다.

3) 평화복지국가의 주체와 복지체제

그렇다면 누가 평화복지국가를 만들어갈 수 있을까? 한반도 평화구축이 그렇듯이 복지국가를 만들어가는 과정 또한 철저하게 정치적인 과제이다. 그렇기 때문에 평화복지국가를 만들어갈 주체가 형성되지 않는다면 평화복지국가는 단지 탁상공론에 불과하다. 서구 복지국가의 경험에 비추어 보았을 때 복지국가는 어느 한 정치세력(예를 들어 노동계급)의 힘만으로 만들어진 체제가 아니다. 복지국가는 정치세력 간의 연대(노동계급과 중간계급의 연대)의 산물이다. 문제는 그 주체와 연대세력이 누구인가이다. 서구의 경험을 보면 노동계급이 복지국가의 주체가 될 수 있었던 이유는 노동계급이 당시 자본주의 체제에서 가장 고통받고 불안정한 계급이었기 때문이다. 엄밀히 이야기해 노동계급이 의식적으로 복지국가의 주체가 되었다기보다는 자본주의 사회에서 가장 취약한 계층이 자본주의의 모순에 저항하는 과정에서 '노동계급'이라는 정체성을 구성하게 되고, 이렇게 구성된 노동계급이 자신들을 사회적 위험으로부터 지켜내기 위해 중간계급과 연대해 복지국가를 구성했다고 할 수 있다.

　이렇게 본다면 평화복지국가의 주체는 현재 한국사회에서 반세기가 넘게 지속된 분단과 (권위주의적) 개발국가로 인해 가장 고통받는 집단이다. 분단과 신자유주의화로 인해 언론, 출판, 결사, 사상의 자유를 보장받지 못하고, 생계의 위협에 내몰리고 있는 진보적, 자유주의적 지식인, 비정규직, 영세 자영업자, 여성, 농민, 청년 등이 그들이다. 이들은 자신들이 직면한 사회적 위험을 완화하기 위해 평화복지국가의 주체가 되어야 하는 당위성과 필요성이 존재한다. 그러나 문제는 이들은 권위주의에 대항했던 민주화 투쟁을 제외하고는 자신들이 당면한 사회적 위험, 즉 생활의 문제를 해결하기 위해 함께 싸워온 연대의 역사적 경험이 전무하다는 것이다. 평화복지국가를 만들어가는 과정은 바로 이들이 현실 생활문제에 대해 타협하고 연대해 반북개발국가와 맞서는 연대의 경험을 만들어가는 역사적 과정이 될 것이다.

　어떻게 보면 이렇게 다양한 사람들이 하나의 주체로 구성된다는 것이 불가능해 보일 수도 있다. 그러나 역사를 보면 노동계급 또한 처음부터 단일한 정체성을 가진 계급이 아니었다. 19세기 말 이탈리아 토스카나에서는 대장장이, 벽돌공, 제화공 등 지금으로 보면 자영업자인 이들이 자신들을 노동계급이라고 선언했고, 영국에서는 술집 주인, 서적 판매인, 전문직업인, 수직공, 면방적공, 장인, 소마스터 등을 노동계급이라고 분류했다(Sasson 2014[2014]: 66; Thompson 1966: 610, 771). 중요한 것은 이토록 상이한 집단들이 노동계급이라는 단일한 정체성을 구성하고, 현실사회의 모순을 해소하기 위해 조직화되고, 정치세력화되기 위해 무엇이 필요한지를 밝히는 것이다. 현실 자본주의로부터 고통받고 있다는 당위만으로는 이들을 정체성을 공유한 정치적 세력으로 만들어 갈 수 없다. 당위를 실천으로 전환시킬 수 있는 힘은 바로 현실보다 더 나은 미래를 제시하는 '전망'이다. 서구의 역사적 경험을 보면 1860년대부터 1917년 러시아혁명 이전까지는 마르크스주의가, 1917년 이후부터 1970년대까지는 사민주의가 노동계급의 정치적 실천을 위한 대안이념이 되었다. 그렇다면 우리에게 필요한 것은 반북주의와 신자유주의적 개발국가로부터 고통받는 사람들에게 지금보다 더 나은 미래를 보여줄 실현 가능한 대안을 제시하는 것이다. 우리는 그 전망을 분단으로 비롯된 반공(반북)주의를 대신해 '한반도 평화'를, 경제성장 제일주의에 의존하는 (신자유주의적) 개발국가를 대신해 복지국가를 한국사회에서 실현하는 '평화복지국가'라고 주장한다.

4. 정리 및 함의

본 연구는 한국사회에서 복지국가의 확장을 가로막는 반공개발국가를 대신할 대안체제로 평화복지국가가 갖는 의미를 검토했다. 이를 통해 우리는 한반도와 동북아시아에서의 대립과 갈등을 허무는 평화의 과정과 경제성장제일주의에 기반한 신자유주의적 개발국가를 대신해 복지국가를 확장하는 과정이 분리된 과정이 아닌 공진의 과정임을 살펴보았다. 권위주의는 반공주의와 결합하면서 한국사회에서 복지국가의 주체세력을 괴멸시키는 가공할 위력을 발휘했다. 또한 권위주의는 개발국가와 결합하면서 경제성장을 통해 절대빈곤에서 벗어나려는 시민의 욕구에 조응함으로써 국가복지의 확대를 가로막았다. 몇 가지 주목할 만한 사실도 확인했다. 서구 복지국가들과 달리 한국에서 좌파의 정치세력화가 어려웠던 이유는 단지 분단상황에서 권위주의 체제가 좌파세력을 탄압했기 때문만이 아니었다. 권위주의 체제가 좌파세력을 억압할 수 있었던 이유는 한국 역사에서 좌파가 형성되는 역사적 특수성에 기인한다. 서구사회에서 복지국가를 탄생시켰던 사민주의는 1917년 러시아혁명을 계기로 혁명적 사회주의와 결별했다. 사회주의가 사민주의와 공산주의로 분기되었던 것이다. 하지만 한국은 이러한 경험을 갖지 못했다. 1945년 해방공간에서 다수의 조선인민들이 민주주의와 사회주의를 지지했지만 곧이어 닥친 냉전은 한국사회에서 사민주의가 존립할 수 있는 정치적 공간을 제거했다. 더욱이 민중들의 사민주의에 대한 열정은 한국전쟁을 거치면서 모든 좌파이념에 반대하는 반공주의화 되었다. 권위주의적 반공주의로 인한 취약한 정치적 정당성은 개발국가를 통해 보완되었다. 경제성장과 안보가 모든 것에 우선하는 사회가 되었다. "반공"과 "개발"은 그야말로 그 어떤 현실 정치세력도 거스를 수 없는 초월적 이념이 되었다.

내외적 조건의 변화에도 불구하고 반공주의는 반북주의로, 권위주의적 개발국가는 신자유주의적 개발국가가 되어 2015년 현재 한국사회에서 여전히 막강한 위력을 발휘하고 있다. 그러나 문제는 신자유주의적 반북개발국가는 한국사회가 직면한 사회적 위험을 해소하기는커녕 점점 더 악화시키고 있다. 더 나아가 신자유주의적 반북개발국가는 과거 권위주의적 반공개발국가처럼 신자유주의적 반북개발국가를 반대하는 국민과 정치세력에 대한 물리적 탄압을 주저하지 않고 있다. 더욱이 민주주의를 유보하는 대신 소득불평등과 절대빈곤을 완화시켰던 권위주의적 반공개발국가의 기능조차 신자유주의적 반북개발국가에서는 작동하지 않고 있다.

평화복지국가는 이러한 한국사회의 위기를 해소하기 위한 대안체제로 제기된 것이다. 평화복지국가는 반공(반북)주의를 대신해 평화를, 신자유주의적 개발국가를 대신해 보편적 복지국가를 현재 한국사회가 직면한 문제를 해결할 수 있는 대안체제로 제기하는 것이다. 앞서 검토했던 것처럼 우리는 한반도와 동북아시아에서 적대적 대립이 평화적 관계로 해소되지 않는 한 한국사회의 민주주의와 복지국가는 불완전한 상태에 머무를 수밖에 없기 때문이다. 이제 한국사회의 과제는 평화복지국가를 만들어갈 주체를 구성하는 것이다. 주체는 현재 한국사회에서 반북주의와 신자유주의적 개발주의로 가장 고통받는 비정규직, 영세자영업자, 여성, 청년, 농민, 진보적 지식인이다. 조직노동이 평화복지국가를 구성하는 과정에서 어떤 역할을 담당할 수 있을지는 유보적이다. 복지국가의 전통적 주체였던 대기업 중심의 조직노동이 평화복지국가를 만들어갈 주체가 될 지 아니면 주체의 연대의 대상이 될지는 현재로서는 판단하기 어렵다. 판단하기 어렵다기 보다는 현 상태에서는 대기업 노동자들이 평화복지국가를 만들어갈 주체가 될 가능성은 높아 보이지 않는다. 조직노동을 주체가 아닌 연대의 대상으로 설정하는 것은 서구의 경험에 비추어 보면 받아들이기 어려울 수도 있다. 그러나 서구의 경험이 우리에게 주는 함의는 특정 계급이 주체가 되어야 한다는 고정된 경험이 아니다. 상대적으로 안정적 고용, 소득, 기업복지를 보장받는 조직노동에게 국가복지를 확대하는 것은 그리 매력적인 대안이 아니다. 이러한 현실에 근거했을 때 서구의 경험이 우리에게 주는 함의는 "주체"는 그 시대의 역사적 맥락에 따라 구성된다는 것이다. 이렇게 보면 조직노동은 서구에서 중간계급이 했던 (연대의 대상이라는) 역할을 한국사회에서 수행할 수도 있을 것 같다.

이들 주체에 의해 만들어질 평화복지국가는 주체들이 직면하는 사회위험에 대응하는 복지체제가 되어야 한다. 평화복지국가는 중장기적으로 공공부문에서 좋은 일자리를 확대함으로써 이들에게 안정적 일을 보장해주어야 한다. 하지만 안정된 일은 단기간에 성취될 수 있는 과제가 아니다. 평화복지국가는 시민들의 노동시장 지위와 관계없이 시민들의 기본생활을 보편적으로 보장하는 제도를 확대하는 복지체제가 되어야 한다. 기여금에 기반한 사회보험을 폐기하지는 않겠지만 대부분의 비정규직, 영세자영업자, 청년, 농민, 여성들이 전통적 사회보험으로부터 배제되고 있는 상황에서 기여금에 기반한 사회보험을 평화복지국가의 분배제도의 근간으로 둘 수는 없다. 평화복지국가의 근간은 기여와 관계없이 시민권에 기반해 생활(소득과 사회서비스)이 보장되는 사회적 분배중심의 복지체제를 구축해야 한다. 사회보험의 강화는 평화복지국가를 만들어갈 주체의 연대세력인 정규직 중심의 조직노동의 이해를 보장하는 정책으로 배치될 수 있다. 평화복지국가는 시민의 기본생활을 보장하는 것을 전제로 각자의 성취에 따라 급여를 차등적으로 보장하는 복지체제로 구축될 필요가 있다. 한국사회가 반드시 서구사회가 걸어갔던 복지국가의 길을 걸어가야 할 이유도 당위도 없다. 모든 사회는 분배체계와 함께 존속될 수 있고, 최선의 분배체계는 그 사회가 직면한 역사적 현실에 근거해 구성되는 것이다. 평화복지국가는 분단과 신자유주의 자본주의 세계체계에서 한국사회가 만들어갈 역사적 분배체계이자 1945년 해방공간에서 우리 민족이 꿈꾸었던 사민주의를 이 땅에 실현하는 것이다.

참고문헌

강광하. 2000. 《경제개발5개년계획》. 서울대학교출판부.

강동훈. 2011. 〈발전국가론과 한국의 산업화〉. 《마르크스 21》 11, pp. 134-173.

강명세. 2015. 〈반공주의와 정당체제의 왜곡〉. 김동춘·기외르기 스첼·크리스토프 폴만 엮음, 《반공의 시대: 한국과 독일, 냉전의 정치》, pp. 158-174. 돌베개.

강정인. 2014. 《한국 현대 정치사상과 박정희》. 아카넷.

_____. 2015. '빨간 색칠' 새누리, "북 국정교과서 반대 지령...전형적 통일전선전술." 2015.10.29. http://news.khan.co.kr/kh_news/khan_art_view.html?artid=201510291 504371&code=910402 (접근일 2015.11.18.)

경향신문. 2015. 김무성 "국사학자들 90%가 좌파로 전환" 2015.10.17. http://news.khan. co.kr/kh_news/khan_art_view.html?artid=201510171521361&code=910100 (접근일 2015.10.27. 오후 11:06.)

고세훈. 2015. 〈평등, 반복지의 정치, 민주주의〉. 이창곤·이정우 외, 《불평등 한국, 복지국가를 꿈꾸다》, pp. 81-94. 후마니타스.

고원. 2012. 〈"역동적 저항-역동적 순응, 이중성의 정치 동학-48년 헌정 체제의 일제강점기 유산과 전개." 정근식·이병천 엮음, 《식민지 유산, 국가 형성, 한국 민주주의①》, pp. 53-87. 책세상.

고희원. 2005. "다자간 섬유협정 종류와 향후 전망." 《수은해외경제》 2005년 2월호, pp. 77-81.

구갑우. 2010. 〈녹색·평화국가론과 한반도 평화체제〉. 《통일과 평화》 2(1), pp. 3-44.

_____. 2015. "안보개발국가를 넘어 평화복지국가로"라는 주제로 개최된 참여사회연구소 내부 세미나에서 한 구갑우의 발언. 2015.10.30. 참여연대 2층 중회의실.

구현우. 2009. 〈발전국가, 배태된 자율성, 그리고 제도론적 함의: 이승만 정부, 박정희 정부, 전두환 정부의 산업화 정책을 중심으로〉. 《한국사회와 행정연구》 20(1), pp. 145-178.

김금수. 2013a. 《세계노동운동사 2》. 후마니타스.

_____. 2013b. 《세계노동운동사 3》. 후마니타스.

김기승. 2003. 〈민주당 정권의 경제정책에 관한 연구〉. 조광·허동현·김기승 외, 《장면총리와 제2공화국》. 경인문화사.

김낙년. 2012. 〈한국의 소득불평등, 1963-2010〉. 《경제발전연구》 18(2), pp. 125-158.

김동춘. 2015. 〈한국의 지배집단과 반공주의〉. 김동춘·기외르기 스첼·크리스토프 폴만 엮음, 《반공의 시대: 한국과 독일, 냉전의 정치》, pp. 158-174. 돌베개.

김명수. 2012. 〈해외건설의 국민경제적 역할〉. 《건설경제산업연구》 3(2), pp. 7-27.

김미곤. 2014. 〈빈곤·불평등 추이 및 전망〉. 《보건복지포럼》 215, pp. 6-16.

김세직. 2014. 〈경제성장과 교육의 공정경쟁〉. 《경제논집》 53(1), pp. 3-20.

김수근. 1988. 〈한국의 경제발전과 미국의 역할〉. 《한국과 미국》 2, pp. 17-55.

김수행·박승호. 2007. 《박정희 체제의 성립과 전개 및 몰락: 국제적·국내적 계급관계의 관점》. 서울대학교출판문화원.

김연명. 1993. 〈한반도의 냉전체제가 남북한 사회복지에 미친 영향〉. 중앙대학교 사회복지학과
　　박사학위논문.

김연철. 2013. 〈동아시아 질서와 한반도 평화체제 전망〉.《경제와 사회》99, pp. 12-35.

김유선. 2015. 〈한국의 임금불평등."이창곤·이정우 외,《불평등 한국, 복지국가를 꿈꾸다》, pp.
　　149-161. 후마니타스.

김준철. 2013. 〈제18대 대통령 선거 후보 선택 결정 요인 분석〉.《의정논총》8(2), pp. 5-28.

김창근. 2007. 〈장하준 교수의 발전국가론에 대한 비판적 평가〉.《마르크스주의 연구》4(1), pp.
　　402-425.

김창엽. 2015. 〈건강 불평등의 현상과 의미〉. 이창곤·이정우 외,《불평등 한국, 복지국가를
　　꿈꾸다》, pp. 223-236. 후마니타스.

김태수. 2006. 〈에반스 동아시아론의 비판적 검토〉.《아태연구》13(2), pp. 1-23.

동아일보. 1946. "政治自由를 要求: 階級獨裁는 絶對反對. 軍政輿論局調査(一)". 1946.8.13.
　　자료출처: http://newslibrary.naver.com

문형표. 1999. 〈경제위기에 따른 분배구조의 변화와 정책적 시사점〉. 한국개발연구원. 전병유 외.
　　2008.《미래 한국의 경제사회정책 패러다임연구(II)》. 한국노동연구원.

박명림. 1996. 〈제2공화국 정치 균열의 구조와 변화〉. 백영철·최장집·이배봉 외,《제 2공화국과
　　한국 민주주의》. 나남출판.

박세길. 1986.《다시 쓰는 한국현대사 2: 휴전에서 10·26까지》. 돌베개.

박재권. 1989. 〈해방 직후의 소련의 대북한정책〉. 한길사 편집부 편,《해방전후사의 인식 5:
　　북한의 혁명전통. 인민정권의 수립과 반제반봉건민주주의 혁명과정》, pp. 331-407.
　　한길사.

박찬표. 2008. 〈민주주의 관점에서 본 48년 체제의 특성과 유산〉.《시민과 세계》14, pp. 15-33.

박태균. 2009. 〈박정희 정부 시기를 통해 본 발전국가 담론에 대한 비판적 시론〉.《역사와 현실》
　　74, pp. 15-43.

서중석. 1999.《조봉암과 1950년대(상): 조봉암의 사회민주주의와 평화통일론》. 역사비평사.

_____. 2000.《조봉암과 1950년대(하)》. 역사비평사.

_____. 2005.《한국 현대사》. 웅진 지식하우스.

_____. 2008.《대한민국 선거이야기: 1948 제헌선거에서 2007대선까지》. 역사비평사.

신광영. 2015. 〈한국 반공주의의 궤적〉. 김동춘·기외르기 스첼·크리스토프 폴만 엮음,《반공의
　　시대: 한국과 독일, 냉전의 정치》, pp. 290-301. 돌베개.

신명호. 2015. 〈교육은 불평등을 치유할 수 있는가?〉 이창곤·이정우 외,《불평등 한국,
　　복지국가를 꿈꾸다》, pp. 207-222. 후마니타스.

신현종·노택환. 1992. 〈다자간섬유협정(MFA)의 역사적 의미와 경제적 경향〉.《사회과학연구》
　　12, pp. 419-446.

양운철·정성장·김치욱·오경석·김영윤. 2011.《통계로 보는 남북한 변화상 연구: 북한
　　연구자료집》. 세종연구소.

윤상우. 2006. 〈한국 발전국가의 형성·변동과 세계체제적 조건〉.《경제와 사회》72, pp. 69-94.

윤홍식. 2013. 〈한국 복지국가 주체 형성에 대한 분단체제의 규정성〉.《사회복지정책》40(3), pp.
　　299-319.

_____. 2015. 〈한국 복지체제 연구의 성과와 한계〉. 비판과 대안을 위한 춘계학술대회 발표문.
    2015.6.5. 상명대학교 미래백년관.

이병천. 2003a. 〈개발독재의 정치경제학과 한국의 경험〉. 이병천 엮음, 《개발독재와 박정희시대:
    우리 시대의 정치경제적 기원》, pp. 17-65. 창비.

_____. 2003b. 〈개발국가론 딛고 넘어서기〉. 《경제와 사회》 57, pp. 99-124.

_____. 2014. 《한국 자본주의 모델: 이승만에서 박근혜까지 자학과 자만을 넘어》. 책세상.

이완범. 2015. 〈한국의 반공주의와 친미주의〉. 김동춘·기외르기 스첼·크리스토프 폴만 엮음,
    《반공의 시대: 한국과 독일, 냉전의 정치》, pp. 321-346. 돌베개.

이정우. 2003. 〈개발독재와 빈부격차〉. 이병천 엮음, 《개발독재와 박정희시대》, pp. 213-243.
    창비.

임경석. 1994. 〈조선공산당 재건운동〉. 강만길·김남식·김영하·김태영·박종기·박현채·안병직
    ·정석종·정창렬·조광·최광식·최장집 엮음, 《한국사 15: 민족해방운동의 전개 1》, pp.
    193-228. 한길사.

임대식. 1994. 〈사회주의운동과 조선공산당〉. 강만길·김남식·김영하·김태영·박종기·박현채·
    안병직·정석종·정창렬·조광·최광식·최장집 엮음, 《한국사 15: 민족해방운동의 전개 1》,
    pp. 157-191. 한길사.

장하준. 2006[2003]. 《국가의 역할》. 이종태·황해선 옮김(Globalization, economic
    development, and the role of the state). 부키.

전창원. 1978. 〈先進國의 非關稅障壁과 그 對策〉. 《經營經濟論叢》 4, pp. 98-199.

정일준. 2013. 〈대만과 한국의 발전국가로의 전환 비교연구〉. 《사회와 역사》 100, pp. 447-484.

정혜선. 1995. 《1920-30年代 日本 共産主義運動 研究: 日本共産黨과 코민테른의 關係를
    중심으로》. 숙명여자대학교 대학원 사학과 박사학위논문.

조명래. 2015. 〈만들어진 불평등, 지역격차〉. 이창곤·이정우 외, 《불평등 한국, 복지국가를
    꿈꾸다》, pp. 237-254. 후마니타스.

조희연. 2004. 〈박정희 시대의 강압과 동의: 지배전통강압과 동의의 관계를 다시 생각한다〉.
    《역사비평》 67, pp. 135-190.

주성수. 1992. 《사회민주주의와 경제민주주의》. 인간사랑.

차남희·윤현수. 2004. 〈자본주의의 농촌침투와 농민운동: 1984년 갑오농민전쟁을 중심으로〉.
    《사회과학 연구논총》 12, pp. 21-46.

최상오. 2003. 〈이승만 정부의 수입대체공업화와 한미간 갈등〉. 《사회연구》 6, pp. 129-162.

통계청. 2015. e-나라지표. http://www.index.go.kr/potal/main/PotalMain.do

한국통계연감 각 년도. http://kosis.kr/ebook/.

허수열. 2007. 〈식민지 유산과 대한민국〉. 이병천·홍윤기·김호기 엮음, 《다시 대한민국을
    묻는다》, pp. 35-59. 한울.

황지환. 2009. 〈한반도평화체제 구상의 이상과 현실〉. 《평화연구》 17(1), pp. 113-136.

Amsden, A. 1989. *Asia's next giant: South Korea and late industrialization*. New York:
    Oxford University Press.

Andersson, J. 2006. *Between growth and security: Swedish social democracy from a strong society to a third way*. 박형준 옮김, 《경제성장과 사회보장사이에서: 스웨덴 사민주의, 변화의 궤적》, 책세상. 2014.

Arrighi, G. 1994. *The long twentieth century: Money, power, and the origins of our times*. 백승욱 옮김, 《장기20세기: 화폐, 권력, 그리고 우리 시대의 기원》, 그린비, 2008.

Arrighi, G., I. Ahmad, and M. Shin. 1999. "Western Hegemonies in WorldHistorical Perspective." Arrighi, G., Siver, B., Hui, P. Ray, K., Reifer, T., Barr, K., Hisaeda, S., Slater, E., Ahmad, I., and Shih, M. *Chaos and governance in the modern world system*. 최홍주 옮김, 〈세계사의 관점에서 본 서양의 패권〉, 《체계론으로 보는 세계사》, pp. 346-429, 모티브북, 2008.

Berman, S. 2006. *The primacy of politics*. 김유진 옮김, 《정치가 우선한다: 사회민주주의와 20세기 유럽의 형성》, 후마니타스, 2010.

Brandal, N., Ø. Bratberg, and D. Thorsen. 2013. *Nordic model of social democracy*. 홍기빈 옮김, 《북유럽 사회민주주의 모델》, 책세상. 2014.

Choo, H. J. 1992. "Income distribution and distributive equity in Korea." In L. Krause and F. Park (eds.), *Social Issues in Korea*. Seoul: KDI.

Cumings, B. 1974. "American policy and Korean liberation." pp. 39-108. In Balwin. F. (ed.), *The American Korean Relationship Since 1945*. New York: Pantheon Books.

_____. 1983. 〈한국의 해방과 미국정책〉. 일월서각 편집부, 《분단전후의 현대사》, pp. 129-167. 일월서각.

_____. 1997. *Korea's place in the sun: A modern history*. 김동노·이교선·이진준·한기욱 옮김, 《한국 현대사》, 창비, 2001.

Dobbins, J., J. McGinn, K. Crane, S. Jones, R. Lal, A. Rathmell, R. Swanger, and A. Timilsina. 2003. *America's role in nation-building: From Germany to Iraq*. Santa Monica, CA: RAND.

Berger, M. 2004. *The battle for Aisa: From decolonization to globalization*. New York, NY: RoutledgeCurzon.

Donbusch, R. and Park, Y. C. 1987. "Korean growth policy." *Brookings Papers on Economic Activity* 2: pp. 389-454.

Duus, P. 1976. *The Rise of Modern Japan*. 김용덕 옮김, 《日本近代史》. 지식산업사, 1983.

Eley, G. 1984. "The British model and the German road: Rethinking the course of German history before 1914." In D. Blackbourn and G. Eley, *The peculiarities of German history: Bourgeois society and politics in nineteenth-century Germany*, pp. 37-155. New York: Oxford University Press.

Evans, P. 1995. *Embeded autonomy: State and industrial transformation*. NJ: Princeton University Press.

Holliday, I. 2000. "Productivist welfare capitalism: Social policy in East Asia." *Political Studies* 48. pp. 706-723.

Johnson, C. 1994. "What is the best system of national economic management for Korea?" In Cho, L. and Y. Kim (eds.), *Korea's political economy: An institutional perspective*. pp. 63-87. San Francisco: Westview Press.

Moore, B. 1966. *Social origins of dictatorship and democracy: Lord and peasant in the making of the modern world*. Boston: Beacon Press.

OECD. 2014. *Society at a glance 2014: OECD social indicators*. Paris. OECD. http://www.oecd.org/els/soc/OECD2014-SocietyAtAGlance2014.pdf

_____. 2015. *Social Expenditure: Aggregated data*. https://stats.oecd.org/Index.aspx?DataSetCode=SOCX_AGG.

Ritter, G. 1983. *Sozialversicherung in Deutschland und England*. 전광석 옮김, 《복지국가의 기원》. 법문사, 2005.

Sassoon, D. 2014. *One hundred years of socialism: The West European left in the twentieth century, 2014 ed*. 강주헌·김민수·강순이·정미현·김보은 옮김, 《사회주의 100년: 20세기 서유럽좌파 정당의 흥망성쇠》, 황소걸음, 2014.

Schwartz, H. 2010. *Limited title under states versus markets*. 장석준 옮김, 《국가 대 시장: 지구 경제의 출현》, 책세상, 2015.

Silver, B. and E. Slater. 1999. "The Social Origins of World Hegemonies." Arrighi, G., Siver, B., Hui, P. Ray, K., Reifer, T., Barr, K., Hisaeda, S., Slater, E., Ahmad, I., and Shih, M. *Chaos and governance in the modern world system* 최홍주 옮김, 〈세계 패권의 사회적 기원〉. 《체계론으로 보는 세계사》. pp. 245-345. 모티브북, 2008.

Smith, D. 1973. *Left and right in twentieth century Europ: Seminar studies in history*. 은은기 역주, 《20세기 유럽의 좌익과 우익》. 계명대학교출판부, 2007.

Stolleis, M. 2013. M. Stolleis. 2013. *Origins of the German welfare state: Social policy in Germany to 1945*. German Social Policy.

Thompson, E. P. 1966[1963]. *The making of the English working class*. New York, NY: Vintage Book.

Wade, R. 1990. *Governing the market: Economic theory and the role of government in East Asian Industrialization. Princeton*. NJ: Princeton University Press.

Wallerstein, I. 2004. *World-system analysis: An introduction*. 이광근 옮김, 《월러스틴의 세계체제 분석》. 당대, 2005.

Wikipeida. 2015. German federal election, November 1932. https://en.wikipedia.org/wiki/German_federal_election,_November_1932(접근일 2015.10.22. 오전 11:46.)

World Bank. 2015. Data: Korea, Rep. http://data.worldbank.org/country/korea-republic.

제3장

탈식민·탈패권·탈분단의 한반도 평화체제[1]

구갑우(북한대학원대학교 교수)

1. 문제설정

1953년 7월 한반도에 정전체제가 수립된 이후, 정전체제를 대체하는 평
화체제의 건설은 잠재적 또는 명시적 의제 가운데 하나였다. 정전협정
(Armistice Agreement)[2] 제4조 60항에는 "한반도문제(Korean ques-
tion)의 평화적 해결을 보장하기 위하여 쌍방 군사령관은 쌍방의 관계
각국 정부에 정전협정이 조인되고 효력을 발생한 후 3개월 내에 각기 대
표를 파견하여 쌍방의 한 급 높은 정치회담을 소집하고 한반도로부터의

---

1   이 장은 경남대 극동문제연구소 편, 《분단70년의 국제관계》(선인, 2016)에 실린 논문을 수
     정·보완한 것이다.

2   "Agreement between the Supreme Commands of the Korea People's Army and
     the Command of the Chinese People's Volunteers, on the one hand, and the
     Commander-in-Chief, United Nations Command, on the other hand, Concerning a
     Military Armistice in Korea"("국제연합군 총사령관을 일방으로 하고 조선인민군 최고사
     령관 및 중국인민지원군 사령원을 다른 일방으로 하는 한국 군사정전에 관한 협정," 1953
     년 7월 27일).

모든 외국군대의 철수 및 한국문제의 평화적 해결 등의 문제들을 합의할 것을 이에 건의한다"고 규정되어 있다. 이 항에 의거하여, 1954년 4월-6월 남북한과 미국, 중국, 소련 그리고 한국전쟁 참여국 등 19개국이 참여한 제네바 정치회담이 열리기도 했다. 이 회담의 의제는 '외국군대의 철수'와 '한반도문제의 평화적 해결'이었다.

　　그러나 제네바 정치회담에서는, 예측되었던 것처럼, 두 의제에 대한 어떠한 합의도 이루어지지 않았다. 남북한에 주둔하고 있는 외국군 문제와 통일방식—남한의 유엔 감시 인구비례 총선거 대 북한의 중립국 감시 지역비례 총선거—을 둘러싼 말의 공방이 회담의 주요 내용이었다. 북한은 제네바 정치회담에서 남북한의 군대를 평화상태로 전환시키기 위한 남북협정을 제안하기도 했다. 그러나 그 제안은 평화체제의 한 구성요소인 평화협정을 체결하자는 것은 아니었다. 정전의 공고화를 통해 평화의 실질적 조건—남북한의 불가침, 군축, 미군철수—을 마련하자는 것이 핵심 내용이었다. 1958년 중공군이 북한에서 철수한 상황에서, 북한은 1960년대에 들어서 이 주장을 반복했고,[3] 1970년 조선로동당 제5차 대회에서는 선(先) 미군철수, 후(後) 남북협정으로 자신의 입장을 정식화했다(김일성 1971).

　　남북관계에서 정전협정을 대체하는 남북한의 평화협정은, 1972년 1월 김일성이 일본 요미우리신문 기자와 대담하는 과정에서 처음으로 제기되었다. 평화협정의 체결을 통해 한국전쟁을 종결하면, 주한미군의 주둔을 위한 명분이 없어진다고 판단했던 것처럼 보인다. 선 평화협정, 후

3　이 시기 북한의 남북 평화협정은 불가침협정과 같은 의미였다. 김일성은 1962년 10월 다음과 같은 제안을 한 바 있다. "미국 군대를 철거시키고 남북이 서로 상대방을 공격하지 않을 데 대한 평화협정을 체결하며 남북 조선의 군대를 각각 10만 또는 그 이하로 축소하여야 할 것입니다"(김일성 1963).

주한미군 철수로 정리할 수 있는 북한의 제안에 대해, 1974년 1월 남한의 박정희 정부는 남한의 군사력을 무력화하려는 시도라고 평가하면서 공식적으로 거부했다. 그리고 북한에 대해 남북 불가침협정을 역제안하기도 했다. 북한은 1974년 3월 최고인민회의에서 평화협정의 주체를 남북한에서 북한과 미국으로 변경했다. 미군철수와 평화협정을 연계했던 북한이 미군철수를 미국에 제안하면서 평화협정의 당사자가 바뀐 것이다.[4]

1970년대 이후 평화협정을 포함한 한반도 평화체제는 북한이 선점한 의제였다. 남한 정부는 서울올림픽 직후인 1988년 10월 노태우 대통령의 제43차 유엔총회 연설 "한반도에 화해와 통일을 여는 길"을 통해 처음으로 정전체제를 "항구적 평화체제"로 전환하는 문제를 공식 의제화했다.[5] 노태우 정부는 1991년 남북한의 유엔가입과 더불어 남북한을 당사자로 하는 평화협정 체결을 다시금 제안하기도 했다. 남한의 '민주화'로 1960년대 4·19혁명 직후처럼 한반도문제가 국내정치의 의제로 상정되면서 정부가 한반도 평화체제를 언급할 수 있는 국내적 계기가 마련되었다면(Koo 2011), 냉전체제의 한 극인 소련의 붕괴로 발생한 '탈냉전'은 국제적 계기였다. 냉전체제의 비대칭적 해체로 한반도 힘의 균형에서 우위를 점한 상태에서 남한정부는 한반도 평화체제를 의제화할 수 있었다.

남북한 모두 한반도 평화체제를 의제화했지만, 제네바 정치회담부

---

4   남북의 제안과 역제안은 김일성(1973), 박정희(1975), 허담(1988) 등을 참조. 북한 최고인회의의 제5기 재차회의에서는 북미 평화협정을 요구하는 "미합중국 국회에 보내는 편지"가 채택되기도 했다. 북한은 1973년 1월 미국-베트남 전쟁이 파리평화협정으로 종료되자 이에 고무되어 평화협정의 주체를 변경했다는 해석이 있다. 이 협정에서는 미국, 북베트남, 남베트남, 남베트남 해방전선 등이 참여했지만 실질적으로는 미국과 북베트남이 당사자 역할을 했다. 이 해석은 장달중 외(2011: 248) 참조.

5   한국 대통령 최초의 유엔총회 연설이었다. 원문은 허문영 외(2007)에 실려 있다.

터 제기된 두 쟁점―미군철수와 평화협정의 당사자―의 해결은 지난한 과제였다. 1990년대 중후반에 개최된 남북한, 미국, 중국의 4자회담에서도 한반도 평화체제와 관련된 이 두 쟁점은 반복되었다. 4자회담 이후 2003년부터 개최된 북한 핵문제의 해결을 위한 6자회담에서 한반도 평화체제는 다시금 의제로 상정되었다. 2005년 9·19공동성명에서는 한반도 비핵화와 함께 한반도 평화체제의 구축을 위한 다자회담이 동시 의제화되기도 했다. 그러나 한반도 평화체제의 형태와 내용 그리고 평화체제에 이르는 과정을 둘러싼 남북한과 관련국가들 그리고 시민사회의 동상이몽(同床異夢)은 지속되고 있다.

이 글은 탈식민·탈패권·탈분단의 시각에서, 민주화와 탈냉전시대에 등장한 한반도 평화체제라는 의제의 역사와 쟁점을 검토한다. 탈식민·탈패권·탈분단은 세계사적 맥락에서, 동시에 한반도적 맥락에서 국제관계의 진보를 지향하는 담론이다. 이 진보적 지향은 현실에 근거하고 있다. 힘의 균형 또는 힘의 우위에 기초한 평화가 아니라 협정을 포함한 다양한 제도의 건설을 통해 평화를 추구하는 한반도 평화체제 구축이, 다양한 정치사회세력들에게 지속가능한 평화를 위해 필요한 정책대안일 수 있기 때문이다. 흡수통일이든 국가연합을 통한 단계적 통일이든 통일이 권력게임임을 고려할 때, 정전체제에서 통일로 직접 이행하는 경로가 아니라 정전체제의 다음 단계로 평화체제를 설정하는 것은, 평화적 방법에 의한 평화를 추구하는 규범적, 현실적 경로일 수 있다. 또한 한반도 평화체제는, 정전체제와 통일이 야기하는 갈등의 실재를 인정하고 그 갈등의 전환(transformation)을 시도하려는 접근이기도 하다.

2. 탈식민·탈패권·탈분단의 평화체제: 이론적 논의

1) 탈식민·탈패권·탈분단의 담론[6]

탈식민주의(postcolonialism)는 식민현상의 역사와 유산을 피식민인의 시각에서 분석하고 비판하는 담론과 이론을 포괄하는 개념이다(Brydon 2000). 제국주의와 식민주의란 개념이 중심부 국가들에 대한 비판에 초점을 맞추고 있다면, 탈식민주의는 그 초점과 비판을 탈식민국가의 식민성으로 이동시키고자 한다. 그러나 탈식민 이후에도 식민현상이 계속되고 있다면, 신식민주의(neocolonialism)가 보다 적절한 개념일 수 있다. 예를 들어, 가나의 은쿠루마(Kwame Nkrumah)는 1965년《신식민주의: 제국주의의 마지막 단계》에서 신식민주의는 식민주의의 미국적 단계, 즉 식민지 없는 제국을 표상한다고 주장한 바 있다. 신식민주의는 다른 수단에 의한 전통적 식민지배의 연속, 즉 제국주의의 연장에 기초하고 있는 개념이다(Young 2001: 46-49). 따라서 탈식민주의 개념이 정당성을 획득하기 위해서는 신식민주의 개념과 차별성을 가질 수 있어야 한다.

　　이 차별성은, '초국적 사회정의'(transnational social justice)를 향한 정치적 이상으로 표현되기도 한다(Young 2001: 57-58). 탈식민주의는 비영토적 제국주의적 패권의 유지 및 제국주의와 식민주의의 역사를 비판하면서, 동시에 운동적 개입 및 새로운 정치적 정체성을 추구한다는 점에서, 신식민주의와 차이를 가지는 개념으로 정의된다. 즉 탈식민주의는 탈제국주의 및 탈패권을 지향하지만,[7] 세계체제 또는 국제체제로부

6　이 부분은 구갑우(2012: 192-198)의 수정 보완이다.

7　패권(hegemony)의 개념과 패권에 대한 순기능적·역기능적·절충적 해석들에 대해서는 백창재(2009: 81-130) 참조.

터의 단절이 아니라 초국적 사회정의를 추구한다는 점에서 차이가 있다. 다양한 개념의 앞에 놓인 '탈(post)'이란 접두사는 비판적 분석과 실천의 새로운 형태와 전략의 도입을 표현하는 역사적 계기를 의미하는 것으로 규정된다.[8] 즉, 특정한 정치적 입장에서의 정의이기는 하지만, 탈식민주의의 개념은 식민현상에 대한 비판적 분석과 실천을 넘어 행위자의 적극적 개입을 가능하게 하는 인식론적 원천까지를 포괄하고 있다. 구래의 개념보다 탈식민주의를 옹호하는 정당화의 논리다.

그러나 탈식민주의의 수용자에게는 postcolonialism의 번역 자체가 논란의 대상이다. 번역은 수입된 개념의 수용과 변용의 과정이다. 변용은 보다 정확히 이야기한다면, 자국의 전통에 의한 외래문화의 변용이다(마루야마 마사오·가토 슈이치 2000).[9] 특히 쟁점이 되는 것은, 식민주의 앞에 붙어 있는 접두사 post다. 포스트는, '이후(after)'일 수도 있고, '넘어서(beyond)'일 수도 있기 때문이다. '이후'라면 탈식민주의는 식민주의와 제국주의적 패권질서의 유산과 연속을 의미하고, 반면 '넘어서'라면 식민주의와 패권적 질서의 해체와 극복을 의미한다. 이 혼란을 극복하기 위해 한글로 포스트콜로니얼리즘으로 쓰기도 한다. 번역이 불가

---

8   Young(2001: 4-5)은 탈식민주의를 '트리콘티넨탈리즘(tricontinentalism)'으로 표현하는 것이 보다 적절하다고 말하고 있다. 그에게 탈식민주의의 실천적 기원은, 1966년 쿠바의 아바나에서 개최된 아프리카, 아시아, 라틴아메리카 인민연대기구의 첫 번째 회의다. 영은 반맑스주의적이고 위계의 사다리의 밑을 지칭하는 것처럼 보이는 제3세계라는 표현 대신에, 세 대륙을 지칭하는 three continents 또는 tricontinental이란 표현을 선호하고 있다.

9   고부응(2003)은 탈식민주의를 수입이론으로 본다. 그 책의 필자구성에서 볼 수 있는 것처럼, 한국에서의 탈식민주의 연구는 주로 문학연구자와 역사학자 등 인문학 연구자들이 중심이다. 탈식민주의 논의를 사회과학 영역으로 확장할 때, 탈식민주의 담론은 한반도의 분단, 두 국가의 형성, 두 국가의 발전과정, 그리고 현재 등을 해석하는 틀로 기능할 수 있을 것이다. 특히, '주체'를 내세운 북한에 대한 탈식민주의적 시각에서의 연구는 매우 역설적인 결과를 발견하게 할 수도 있다. 김일성은 1967년 8월 탈식민주의 잡지 *Tricontinental*에 "반제반미투쟁을 강화하자"는 논설을 발표한 바 있다.

능하다는 의사일 것이다.[10]

번역뿐만 아니라 탈식민주의 개념의 모호성 때문에 이 개념의 도입에 문제를 제기하기도 한다(이경원 2011). 첫째, 이 개념을 통해 식민지 이전과 이후를 구분하는 것이 서구중심주의적이라는 비판이다. 둘째, 탈식민주의란 개념이 탈식민시대에도 재생산되고 있는 서구와의 경제적 격차를 은폐하는 도구로 사용될 수 있다는 것이다. 셋째, 탈식민주의란 개념이 서구에서만 통용될 뿐, 식민적 현실을 경험하고 있는 지역에서는 생소하다는 것이 이 개념의 도입을 비판하는 또 다른 이유다. 서구에서 서구란 주체를 스스로 해체하고자 했던 탈구조주의(poststructuralism)를 서구의 밖으로 확장하여 중심과 주변의 인식론적 자리바꿈을 시도하는 전형적인 서구적 상품이라는 것이다.

이 비판들에도 불구하고 탈식민주의가 의미를 가진다면, 현실의 패권질서와 식민성의 극복을 위한 이론적, 실천적 담론으로 기능할 수 있기 때문이다. 구래의 개념과 달리, 식민주의의 역사적 맥락은 물론 지구화라는 정치적 맥락을 동시에 고려하면서 탈식민·탈패권의 대안을 모색하고 있기 때문이다. 1960년대 말 1970년대 초반에 사용되기 시작한 탈식민이 1980년대에 제도적 공고화를 획득한 것도 지구화라는 맥락에 대한 고려가 작용했기 때문일 것이다(Brydon 2000). 탈식민주의의 기원이 가까운 과거인 이유는, 탈식민주의가 "민족주의와 포스트모더니즘 사이에 생겨난 혼종"일 수 있지만(이경원 2003: 44), 동시에 또는 '특히', 민족주의가 설정하고 있는 우리와 그들의 이항대립을 넘어서려는 담론이라

10　Gandi(2000)를 번역한 이영욱은, postcolonialism을 '포스트식민주의'로 변용한다. 명분은, "'포스트'가 '탈'의 의미보다는 식민 이후의 정황을 그 자체로 지시하는 중립적인 의미를 갖고 있다고 생각했기 때문이다." 그리고 "'decolonization'의 'de'가 갖는 '탈'의 의미와 '포스트'를 구분해서 이해하는 것이 필요하다"는 또 다른 번역의 명분을 덧붙이고 있다.

는 사실과도 연관되어 있다.

탈식민주의 담론의 주창자들도 민족주의와 포스트모더니즘의 간극만큼이나 다양한 지향을 보이고 있다. 민족주의를 탈식민화를 위한 장치로 생각하는 이들은, "민족주의가 이론적으로는 '구식'이라고 해도, 그것은 여전히 동시대 포스트식민성의 혁명적 아카이브를 구성한다고" 말할 정도다(Gandi 2000: 142). 그러나 식민주의 앞에 붙은 접두사 포스트가 포스트모더니즘이나 포스트구조주의처럼 거대담론과 이항대립의 지양을 의도한다고 할 때, 민족주의란 대안을 선택한다면 탈식민주의란 새로운 개념을 도입할 필요는 없을 것이다. 민족주의는, 서구를 문명으로 동양을 야만으로 인식하는 오리엔탈리즘(orientalism)에 대해 같은 이항대립의 논리구조를 가진 옥시덴탈리즘(occidentalism)으로 맞서게 한다. 오리엔탈리즘의 극복은(강상중 1997), 즉 탈패권을 포함하는 탈식민의 과제는, 이항대립의 한 축인 열등한 쪽에 설 때 그 열등한 주체들을 재현할 수 있다거나 또는 특정한 시각만이 그 주체가 말할 수 있게 한다는 배타주의를 넘어설 때, 새로운 지평을 가지게 된다. 그렇지 않을 때, 우리는 제국주의 대 민족주의와 같은 '힘의 정치'(power politics)만을 생각할 수밖에 없기 때문이다.

2) 탈분단의 평화체제

탈식민주의적 시각에서 볼 때, 한반도의 사회적 장벽(social partition)과 분단은 전형적인 식민적, 패권적 유산이다. 독일의 경우는 다르지만 한반도를 포함하여 베트남이나 예멘 그리고 아일랜드섬 등은 식민지의 결과로 분단을 경험했다는 공통점을 갖고 있다. 이들 분단국가들은 식민지시대 이전에는 하나의 국가를 유지하였으나 식민지 경험 이후 패권적 질서 때문에 원래의 국가로 회귀되지 못하고 두 개의 독립적 국가로 나뉜 것이라고 할 수 있다. 또한 분단으로 성립된 두 개의 국가는 서로 다른 이념과 전략을 가지고 독자적으로 발전을 추구하면서도 하나의 국가를 지향하는 과정에서 심각한 갈등을 겪게 되며 이 갈등의 중심에 식민적 유산인 사회적 장벽이 존재한다고 할 수 있다.

사회적 장벽은, 과거 행정적으로 하나의 단일한 실체였지만 패권적 질서가 지속되는 탈식민시대에도 두 개 또는 그 이상의 새로운 국가들로 분할되고 새로운 개체 가운데 적어도 하나가 이전의 국가와의 직접적인 연계를 주장하면서 형성된다(Waterman 1989: 117-132). 그 연계는 분리된 행정단위의 영토에 대한 독점적인 합법적 계승자임을 그 영토에 대해 헌법적 지위를 표현하는 것으로 나타나기도 한다. 따라서 사회적 장벽은 민족적 정체성이 작동하는 공간적 범위의 문제를 야기하게 된다(Cleary 2002: 20). 민족적 정체성은 통일을 가정하고 분단된 국가들 모두에 적용될 수도 있고, 또는 특정 분단국가 내부에서만 작동할'수도 있다. 정상적 국민국가와 달리, 민족주의가 사회적 장벽을 야기한 외부적 요인인 패권국가에 대한 저항을 담은 진보적 이념으로 기능하면서 정치사회세력을 호명하곤 하는 이유도 사회적 장벽으로 설명 가능하다.

현실과 담론으로서 탈식민주의는, 한반도 분단의 재해석 및 분단의 극복과 관련하여 새로운 상상력을 가능하게 한다. 예를 들어, 강한 민족주의적 전통을 가지고 있는 아일랜드섬에서는, 영국의 아일랜드섬 지배와 이에 대한 아일랜드인의 저항이라는 악과 선의 이항대립을 비판하는 수정주의 역사학의 등장 이후, 논쟁과정에서 탈식민이론을 도입한 역사서술이 시도되고 있다(박지향 2008). 한국에서도 '식민지 근대'라는 개념의 도입을 통해 이 이항대립을 넘어서는 역사서술을 모색하기도 한다. 식민지 근대는, 식민지를 근대의 전형으로 바라보지만 근대를 비판적으로 재해석하려 한다는 점에서 탈근대적 개념화의 시도다(윤해동 2007). 다시 반복하지만, 탈식민주의는 제국주의 대 민족주의라는 이항대립을 넘어서려는 담론이다.

한반도의 탈식민적 분단에 담겨 있는, '이후'와 '넘어서'의 긴장은, 탈식민적 분단의 극복을 통일이 아닌 '탈분단'으로 개념화할 수 있게 한다. 탈분단은, 북한을 타자화 또는 도구화하는 태도를 비판하고 또한 폐쇄적 민족주의에 기초한 통일을 반대하면서도 분단의 부정적 효과를 극복하자는 담론이다(조한혜정 · 이우영 2000). 즉 탈분단의 담론은 사회적 장벽이 야기하는 갈등의 전환을 위해 민족주의에 의존하지 않으려 한다. 우리와 그들의 이항대립을 생산하는 민족주의로는 그들을 배제할 가능성이 높기 때문이다. 즉, 탈분단은 갈등행위자들이 갈등의 '전환'을 위해 미래의 기억을 공유하며 공존을 추구하는 평화과정이다.

탈분단적 평화과정의 한 구성요소가 평화의 제도화인 '평화체제'다. 한국어 '평화체제'는 영어로 'peace regime' 또는 'peace system'으로 번역될 수 있다. 한반도 핵문제 해결을 위한 6자회담에서는 peace regime이란 표현을 사용하고 있다.[11] 평화는 하나의 번역어가 존재하지만, 체제에는 두 가지 다른 번역어가 있다. 그리고 두 개념, 평화와 체제의 정의를 둘러싸고도 남북 및 주변국가는 물론 남한 내부에도 서로 다른 의견이 경쟁하고 있다. 정전체제를 대체하는 평화체제를 의제화할 때 그것이 peace regime이든 peace system이든, 평화는 전쟁이 없는 상태인 '소극적 평화'를 넘어서는 개념이 될 수밖에 없다. 반면, regime과 system은 국제관계이론의 맥락에서 상이한 개념이다.

regime은, 행위자들 사이의 규칙, 기대, 처방의 틀을 지칭하고, 분

---

11 6자회담의 공식 언어는 영어와 중국어였다. 따라서 북한판이나 국문 번역판은 공식 문서로 간주될 수 없다.

명하게 정의된 이슈영역(issue area) 안에서 작동한다(Krasner 1983). 반면, system은 일반적으로 개별 행위자들이 고려해야 하는 구조의 개념과 연관되어 있다. 두 개념 모두 행위자에게 부과되는 구조적 제약을 담고 있지만, system은 regime보다 포괄적 개념이다. 따라서 peace system은 peace regime을 구성요소로 하면서 공동의 인식과 상호성의 원칙에 기초하여 협력적 관계를 수립한 상태로 정의될 수 있다. 그러나 유념해야 할 것은, 평화는 regime 또는 system이 형성되기 어려운 정치적으로 가장 논쟁적인 이슈영역이라는 점이다.

기능주의(functionalism) 이론가 미트라니(D. Mitrany 1943)가 지적하고 있는 것처럼, 일하는 평화(working peace)는 보호되는 평화와는 대조적 개념이다. 평화에 대한 기능주의적 접근은 공동의 필요를 제공하는 것이 국경을 가로질러 사람들을 통합할 수 있다는 단순한 명제에 기초하고 있다. 즉 기능주의적 접근은 연방주의적(federalist) 접근과 달리 기능이 형태에 우선한다고 주장한다. 한반도에서 대북화해협력정책으로 명명된 기능주의적 접근은, 이명박 정부 등장 이후 중단된 상태다. 기능주의적 접근이 정치군사적 영역으로의 침투확산(spill-over)의 효과를 산출하지는 못했다. 따라서 형태가 기능에 우선해야 한다는 주장이 제기되고 있다. 이 견해에 따르면, 평화의 제도화를 의미하는 peace regime은 한반도에서 기능주의적 협력을 촉진할 수도 있다. 한반도 핵문제의 해결을 위한 6자회담의 9·19공동성명은, 비핵화가 peace regime과 함께 가는 과정을 제안한 바 있다.

물론 평화체제가 반드시 지속가능한(sustainable) 평화를 산출하는 것은 아니다. 정전체제가 한반도에서 전쟁의 재발을 막기 위한 유효한 장치일 수 있다. 정전체제의 폐기가 한반도를 새로운 혼란에 빠뜨릴 수 있는 판도라의 상자가 될 수 있다는 주장도 있다(이근욱 2007). 한반도문제의 당사자들 사이에 신뢰 구축이 전제되지 않는다면, 평화체제는 기능하지 않을 수도 있다. 그럼에도 평화조약을 포함한 평화의 제도화는 한반도에서 지속가능한 평화에 기여할 가능성이 높다. 제도가 주는 제약은 행위자들이 과거의 선택으로 회귀하는 것을 억제할 수 있기 때문이다. 정전체제가 약한 의미의 평화체제(peace regime) 또는 기능주의적 협력을 포함한 강한 의미의 평화체제(peace system)로 전환되는 것은, 한반도의 갈등행위자들이 미래의 기억을 공유하면서 공존과 공생의 단계에 접어들었음을 의미한다.

3. 탈냉전 · 민주화와 한반도 평화체제[12]

1987년 6월 한국의 민주혁명은, 국가권력으로부터 자율적 행동의 영역으로서 시민사회를 재발견하게 한 계기였다. 1987년 민주혁명의 의도하지 않은 효과는 한국사회에서 정치적, 경제적 자유주의의 확산이었다. 다른 한편 1987년 6월항쟁은, 냉전체제의 해체에 앞서서 그리고 분단체제의 이완이 발생하기는 했지만 냉전적 분단체제가 지속되는 상황에서 일어난 민주혁명이었다. 1987년 민주혁명은 권위주의적인 냉전적 산업화세력과 민주화세력 사이의 힘의 균형으로 귀결되었지만, 그 변화조차도 냉전적 분단체제의 지각변동을 야기할 수 있는 동력이었다(김종엽 2009). 1987년 6월을 계기로 발생한 지배세력의 재편은, 지배세력 내부에서 분단체제의 극복에 기여할 수 있는 새로운 세력의 발생을 의미하는 것이기도 했다.

12   3절과 4절은, 평화체제의 시각에서 구갑우(2008) 14장의 내용을 재정리한 것이다.

남북한의 공식대화는 중단되고 비밀대화의 끈은 유지된 상태에서,[13] 군사독재정권의 유산을 간직하고 있었지만 첫 민주정부였던 노태우 정부가 출범한 이후, 남한의 시민사회는 한반도 분단체제의 지각변동에 적극적으로 개입하게 된다. 무엇보다도 주목되는 것이, 1989년 2월 한국기독교교회협의회가 발표한 '민족의 통일과 평화에 대한 한국기독교회 선언'이다(이만열 2001). 이 선언은, 1972년 7·4남북공동성명의 자주, 평화, 민족대단결의 정신을 재확인하고, "통일이 민족이나 국가의 공동선과 이익을 실현하는 것일 뿐 아니라 인간의 자유와 존엄성을 최대한 보장하는 것이어야한다"는 원칙을 제시하면서, 남북정부에 대해 5가지 사항의 건의—분단으로 인한 상처의 치유, 분단극복을 위한 국민의 참여, 사상·이념·제도를 초월한 민족적 대단결, 남북한 긴장완화와 평화증진, 민족 자주성의 실현—를 담았다. 이 선언에는 당시로서는 상상하기 힘든, 휴전협정의 평화협정으로의 전환, 남북불가침조약, 주한미군의 철수, 유엔군 사령부의 해체, 군축, 한반도 핵무기의 철거 등의 군사적 문제와 관련된 내용을 담고 있었다.

남북의 화해와 협력 그리고 올림픽 공동개최를 요구하는 시민사회의 평화·통일운동에 대해 노태우 정부는 '창구단일화' 논리로 맞섰다.[14] 그리고 1988년 7월 7일의 "민족자존과 통일 번영을 위한 특별선언(7·7선언)"으로 대응했다.[15] 남북의 '평화공존'을 지향하는 7·7선언의 주요

---

13   1988년으로 예정된 서울올림픽 공동개최의 문제를 둘러싸고 1984년부터 남북한의 공식대화와 비밀대화가 재개되었다. 공식대화가 중단된 상태에서도 남한의 박철언과 북한의 한시해를 대표로 하는 비밀대화는 지속되고 있었다(Koo 2009: 63-74).

14   그러나 시민사회에는, "창구일원화를 가급적 거부하는 훈련"이 필요하다는 인식이 확산되고 있었다(백낙청 2007: 372). 1989년에는 국가보안법에서 반국가단체로 규정하고 있는 북한을 방문하는 시민사회 인사들의 방북이 이어졌다. 소설가 황석영, 문익환목사, 전국대학생대표자협의회의 임수경대표 등이 그들이다. 민주화 이후 폭발적으로 나타났던 한국 시민사회의 통일운동에 대해서는, Koo(2011) 참조.

15   시민사회의 제안이 7·7선언의 등장에 기여했다는 주장에 대해서는, 임동원(2008) 참조.

내용은, 자유왕래, 이산가족의 교류, 남북교역의 민족내부교역으로의 인
정, 민족경제의 균형적 발전, 남북의 협력외교와 민족의 공동이익 추구,
주변 4강의 남북한에 대한 교차승인 등이었다. 이 선언에는 평화적 방법
에 의한 평화를 추구하는 자유주의적 대북정책의 골간이 담겨 있었다.
이 선언의 출현은, 민주화의 효과로 지배세력 내부에 탈냉전적 보수세력
이 형성되고 있음을 의미하는 것이었다. 북한과의 적대와 경쟁의 지속을
원하는 냉전적 보수세력과 달리 탈냉전적 보수세력은, 북한에 대한 포용
또는 관여(engagement)를 시도하고자 했다. 노태우 정부의 포용정책
은, 부분적으로는, 북한은 물론 사회주의국가라는 새로운 시장을 개척하
게 할 수 있는 경제적 논리에 의해 뒷받침될 수 있었다. 정치공학적 측면
에서 보면, 7·7선언은 임박한 올림픽에 사회주의국가들의 참여를 유인
하는 효과를 가질 수 있었다.

　　1988년 10월 노태우 대통령은, 유엔총회 연설에서 한반도 평화체제
의 구축을 남한정부로서는 처음으로 의제화했다. 또한 남북과 미일중소
가 참여하는 '6개국 동북아평화협의회'를 제안하기도 했다. 1989년 9월
발표한 '한민족공동체 통일방안'에서는 남북한이 공존·공영을 통해 연
합을 거쳐 완전한 통일국가로 가는 경로가 제시되었다. 「남북교류협력에
관한법률」과 「남북협력기금법」은 이 경로를 담보하는 법적, 재정적 장치
였다. 남한의 이 제안들은, 비밀대화의 선을 통해 북한에 전달되고 있었
다. 비밀회담의 대표였던 박철언이 회고하는 것처럼, 노태우 정부의 전
향적인 대북제안에 대해, "친미 일변도의 시각과 극우 보수주의 측"에서
는 우려의 목소리가 높았다고 한다(박철언 2005). 대북정책을 둘러싸고
지배세력이 분열할 가능성이 높았다고 할 수 있다. 지배세력 내부에서의
갈등과 협력은, 국가와 시민사회의 갈등과 협력만큼이나 대북정책의 향
방을 결정할 주요 변수였다.

1988년이 "가장 긴장하고 복잡한 시기"가 될 것이라는 "깊은 우려를" 표명했던 북한은 7·7선언을 "영구분렬안"이라고 비판했다. 그리고 노태우 정부의 자유주의적 대북정책에 대해 북한은 1990년 5월 최고인민회의에서 다섯 개의 방침으로 대응했다.[16] 주요 내용은, 남북의 불가침선언과 '북미평화협정', 남한의 시민사회세력이 포함된 자유왕래와 전면개방, 남북의 협력외교, 전 민족적인 남북대화, 전민 족적인 통일전선의 형성 등이었다. 탈냉전시대의 정세와 힘 관계를 고려할 때, 북한의 선택은 '체제보위'에 맞추어질 수밖에 없었다. 북한은, 하나의 국가 하나의 제도로 통일하자는 한민족공동체 통일방안이 흡수통일을 하자는 것이라고 비판하면서, 하나의 국가, 두 개의 제도, 두 개의 정부가 상당 기간 공존하면서 남북쌍방대표의 동수로 민족통일기구를 구성하는 방식으로 권력을 대칭적으로 배분하는 통일의 형태인 '느슨한 연방제'를 정초하기도 했다.[17] 북한은 담론으로는 두 개의 '조선'정책에는 반대하면서, 실제로는 지역정부가 상당 기간 공존을 하는 연방국가를 지향하고자 했다.

1980년대 후반과 1990년대 초반 남북관계에 영향을 미치는 국제적 변수인 북미관계, 한미관계, 북일관계에도 변화가 발생하기 시작했다. 1988년 12월 미국은 베이징에서 북한과 외교적 접촉을 시작했다. 미국 국방부는 1989년의 '넌-워너(Nunn-Warner) 수정안'에 따라 1990년 4월 '동아시아전략구상'을 제출하면서, 주한미군을 3단계에 걸쳐 감축하는 한미동맹 재편안을 제출했다. 노태우 정부도 북한의 군사적 위협이 소멸된다면, 주한미군의 감축에 동의할 것이라는 발언을 하기도 했다. 1991년 10월 한국과 미국은 주한미군의 전술핵무기를 전면 철수하는데

16   《로동신문》1988.1.1; 1988.7.11; 1990.5.25.
17   느슨한 연방제 또는 낮은 단계의 연방제는 1989년 문익환목사가 북한을 방문하여 김일성 주석과 회담하면서 처음 논의된 것으로 알려져 있다(장석 2002; 이승환 2009).

합의하기도 했다. 1991년 1월 북한은 일본과 국교정상화를 위한 본회담을 시작했다. 북미관계의 개선과 한미동맹의 구조조정, 북일수교 회담의 시작은 한반도 평화과정에 긍정적 효과를 가져올 수 있었다.

1991년 9월 북한은 종래의 입장을 변경하여 남한과 함께 유엔에 가입했다. 하나의 의석으로 유엔에 가입해야 한다는 것이 북한의 입장이었지만, 유엔 안전보장이사회의 구성원인 중국과 소련이 한국의 유엔가입에 대해 거부권을 행사하지 않겠다는 의사를 밝히자 북한도 단독가입 신청서를 제출할 수밖에 없었다. 그리고 1991년 12월 남북한은 '남북 사이의 화해와 불가침 및 교류협력에 관한 합의서'('기본합의서')에 합의했다. 이 '기본합의서'를 통해 남북은 정치군사적 대결의 해소와 교류와 협력 그리고 남북관계를 규율할 수 있는 제도적 장치의 마련이 공동의 이익이 될 수 있음을 확인했다. 특히 제5조는, "현 정전상태를 남북 사이의 공고한 평화상태로 전환시키기 위하여 공동으로 노력하며 이러한 평화상태가 이룩될 때까지 현 군사정전협정을 준수한다"는 내용이었고, 따라서 공고한 평화상태로의 전환은 평화협정을 포함한 평화체제로의 이행을 의미하는 것으로 해석되었다. '기본합의서'의 서명 직후 남북한은 '한반도의 비핵화에 관한 공동선언'에 합의했다. 노태우 정부의 자유주의적 접근은 이 두 문서를 통해 절정에 오른 듯했다. 북한은 1991년 12월 라진·선봉 자유무역지대 설치를 결정했고, 1992년 1월에는 국제원자력기구(International Atomic Energy Agency: IAEA)와 핵안전협정에 서명하기도 했고, 북한과 미국은 한국전쟁 이후 최고위급 회담을 미국의 뉴욕에서 개최했다. 탈냉전시대 한반도 평화 과정은 순조롭게 진행되는 듯이 보였다.

그러나 '기본합의서'를 매개로 한 '1991년 체제'는 평화체제를 만들기도 전에 좌초했다. 이 실패의 과정에서 우리는 탈냉전·민주화시대에 한반도 평화과정에 영향을 미치는 구조의 원형을 발견할 수 있다. 탈냉전의 효과로 북미접촉이 발생하면서 남북관계 · 한미관계 · 북미관계가 상호작용하는 남북미 삼각관계가 새롭게 형성되었다. 이 삼각관계로, 대북정책의 결정과 연관된 변수가 증가했다. 북미관계의 개선은 남북관계에 긍정적 영향을, 한미동맹의 강화는 남북관계에 부정적 영향을, 남남갈등의 격화는 남북관계에 부정적 영향을 미쳤다. '1991년 체제'의 붕괴는 다음과 같은 이유 때문이었다.

첫 번째 원인은, 북한과 미국의 핵문제를 둘러싼 갈등이었다. 북한은 1992년부터 1993년 1월까지 여섯 차례 IAEA 사찰을 수용했지만, IAEA는 특별사찰을 요구했고, 북미관계와 북일관계의 개선도 미국과 합의했던 남한에 대한 사찰도 이루어지지 않았다. 이 시점의 북미갈등을 제1차 북핵위기로 부르고 있다. 1991년 체제를 붕괴시킨 제1차 북핵위기는 두 요인 때문에 비롯된 것처럼 보인다. 하나는, 미국의 정책전환이다. 1991년 11월 제23차 한미연례안보협의회에서는 북한의 핵무기개발에 우려를 표명한 후 주한미군의 감축계획을 철회했다. 다른 하나는, 남한정부의 선택이었다. 남한정부는 미국의 정책전환을 제어할 의도와 능력이 없었던 것처럼 보인다. 미국의 정책전환과 한국의 그 전환에 대한 동의는 북한의 이른바 '벼랑끝 핵외교'를 야기했다. 1991년 체제와 한미동맹 강화가 공존할 때, 대북정책의 목표는 흡수통일일 수밖에 없었다.

두 번째 원인은, 남북한의 신뢰와 공동이익의 부족이었다. 남북관계는 미국의 대한반도정책의 종속변수였고, '기본합의서'는 남북의 화해와 협력에 기초한 장전(章典)은 아니었다.

세 번째 원인은, 남북한의 국내정치에서 찾을 수 있다. 노태우 정부의 대북정책은 집권층 내부 보수세력의 동의를 받지 못했다. 시민사회세력은 노태우 정부의 정당성을 인정하지 않았고, 노태우 정부도 시민사회의 평화 · 통일운동을 불법적 사회운동으로 간주했다. 대북정책의 국내적 토대가 취약한 상황에서, 1991년 체제를 안정화할 수 있는 국제적 조건─한미동맹의 민주적 재편과 북미, 북일수교─을 조성하는 정책을 만들기는 불가능했다. 결정적으로, 노태우 정부는 북미, 북일수교에도 반대했다(이제훈 2016). 북한은, 1990년 한소수교와 1992년 한중수교가 북미, 북일수교와 연계되지 않으면서 고립의 위기가 심화되었다고 평가할 수밖에 없었다. 기본합의서에 동의했음에도 불구하고 북미, 북일수교의 전망이 불투명해지자, 북한은 '체제보위'를 위해 남북관계보다 북미관계를 우선하는 정책선택을 했다. 북한은 기본합의서 이후에도 평화협정은 북한과 미국이 체결해야 한다는 입장을 고수했다.

북한은 남북대화가 진행되던 시점인 1991년 3월 한미가 군사정전위원회 유엔군 수석대표를 한국군 장성으로 교체하자, 기본합의서 체결 이후인 1992년 8월 북한측 군사정전위원회 수석대표를 소환했다. 북한은 1993년 3월 핵확산금지조약(Non-Proliferation Treaty: NPT)을 탈퇴하고, 남북접촉에서 북한대표가 '서울 불바다' 발언을 하면서 남북대화는 중단되었다. 그리고 1993년 4월에서 1995년 2월에 걸쳐 중립국감독위원회에서 체코와 폴란드의 대표단을, 군사정전위원회에서 중국대표단을 철수시켰다. 북한은 정전협정을 무력화하면서 1994년 4월 "정전협정을 평화협정으로 바꾸고 현 정전기구를 대신하는 평화보장체계"의 수립을 위한 협상을 미국에 제안했다(《조선중앙년감 1985》). 그리고 1994년 5월에는 이른바 '조선인민군 판문점대표부'를 설치했다. 1994년 6월에는 한반도 전쟁위기까지 발생했다.

이 위기는 민간외교관 카터(J. Cater) 전 미국 대통령의 방북으로 해소되었다. 카터 대통령과 김일성 주석의 회담에서, 남북정상회담이 논의되었고, 김영삼 대통령은 이 제안을 수용했다. 그러나 1994년 7월 김일성주석이 갑자기 사망하면서 남북정상회담은 무산되었다. 이후 전개된 남한 내부의 김일성 주석 조문을 둘러싼 논쟁은, 국내정치적 요소가 남북관계를 적대화하는 주요한 요인 가운데 하나임을 보여주는 것이었다. 1993년 취임사에서 어느 동맹국도 민족보다 더 나을 수 없다고 했던 김영삼 대통령은,[18] 1994년 광복절 경축사에서 '민족공동체 통일방안'을 발표하면서 통일한국의 이념 및 체제로 자유민주주의를 천명함으로써 명확하게 북한을 흡수통일하겠다는 의지를 밝혔다. 1994년 10월 북한 핵시설과 경수로의 교환 및 북미관계의 정상화를 담은 제네바합의에 대해서도,[19] 김영삼 정부는 북한과의 타협이 북한정권의 생명을 연장시킬 뿐이라며 북미합의에 반대하는 입장을 보이기도 했다.

제네바합의 이후 1995년 1월 미국이 북한에 대한 중유지원을 시작하고, 같은 해 3월 북한에 경수로를 제공하기 위한 다자기구로 한반도에너지개발기구(Korean Peninsula Energy Development Organization: KEDO)가 설립되고 12월 북한과 KEDO 사이에 경수로 공급협정이 체결되고 있는 상황에서, 북한은 정전체제의 무력화를 계속 시도했다. 북한은 1995년 6월 유엔군사령부의 해체를 요구하면서, 1996년 2월에는 새로운 평화보장체계의 수립을 위한 협상을 다시금 미국에 제안했다. 핵심 내용은 평화협정 체결 이전에 정전협정을 대신할 '잠정협정'을 체결하고, 군사정전위원회를 대체하는 북미군사공동기구를 만들자는 것이었다.[20] 1996년 4월에는 조선인민군 판문점 대표를 통해 군사분계선 및 비

---

18   김영삼 대통령은 취임사의 이 구절과 관련하여 "그때 그 말은 잘못됐다고 생각한다"고 회고했다. "원리대로 하면 옳은 말 같지만 남북은 전쟁을 했던 사이고 이후에도 계속 경쟁관계에 있다"는 것이 그 이유였다. 《중앙SUNDAY》 2008.11.30.

19   제네바합의가 이루어질 즈음에 북한은 '선군정치'를 시작했다. 제네바합의가 북한의 자연사(自然死)를 이끌어낼 것이라고 생각했던 미국도 그리고 제네바합의를 수용한 북한도 서로를 신뢰하지 않았다(이정철 2005).

20   《로동신문》, 1996.2.23.

무장지대 관리 업무를 포기하겠다는 의사를 밝히기도 했다.

　　북한의 정전협정 무력화는 평화체제 구축 전까지는 정전협정이 준수되어야 한다는 남한정부의 입장과는 배치되는 것이었다. 북한은 남북 불가침협정이 체결되어 있는 상태에서 북미의 잠정 협정이 한반도의 평화와 연방제 통일의 실현을 위한 전제가 될 것이라고 주장했지만, 남한은 한반도 평화체제의 당사자가 남북한이 되어야 한다는 입장을 고수했다. 남한과 미국은 북한의 제안에 맞서 1996년 4월 제주도에서 열린 정상회담에서 4자회담을 제안했다.[21] 그러나 1996년 9월 발생한 북한 '잠수함 사건'으로 4자회담의 개최전망이 불투명해졌다. 김영삼 정부는 북한의 사과를 요구하며 제네바합의 사항인 경수로의 지원을 재고하겠다고 발표했다. 1996년 12월 북한이 이례적으로 잠수함 사건에 대한 사과를 하고 북한이 4자회담과 인도적 지원을 연계하는 전략을 선택하면서, 1997년 3월 미국의 뉴욕에서 4자회담 공식 설명회가 개최되었다.

　　4자회담은, 1997년 '남북미'가 참여하는 세 번의 공동설명회와 '남북미중'의 세 차례의 예비회담을 거쳐 1997년 12월부터 1999년 8월까지 '남북미중'이 참여하는 여섯 차례의 본회담이 스위스의 제네바에서 개최되었다. 4자회담이 열리게 되는 과정에서 볼 수 있듯이, 어느 국가가 참여하는가가 첫 번째 쟁점이었다. 북한은, 1979년 7월 한미가 제안한 남북미 3자회담을 북미대화와 남북대화를 분리해야 한다는 이유로 거부했지만, 1984년 1월 입장을 바꾸어 남북미 3자회담을 제안할 때, 남한은 "군통수권과 작전지휘권을 가지고있지 못"하기 때문에 제한적 당사자이고, 중국은 한반도에서 중국군을 철수했고 한반도 위기에 책임이 없기 때문에 당사자가 아니라는 입장을 밝힌 바 있고(공제민 1989), 4

21　김영삼 정부의 대응은, 탈냉전·민주화시대의 한미관계에서 한국의 발언권이 제고되었음을 보여주는 증거다(구갑우·안정식 2010).

자회담과 관련하여서도 이 주장을 반복했다. 반면, 남북미 3자회담을 제안했던 한미는 북한의 3자회담 제안이 북미대화를 중심으로 남북대화가 보조하는 형태라 해석하고 역으로 남북미에 중국이 참여하는 4자회담을 제안한 바 있다. 결국 북한은 남북미 사전 협의 이후 중국이 참여하는 3＋1 형식의 회담을 수용했다. 1997년 10월 미중 정상회담에서는 다시금 북한에게 4자회담에 참여하라는 압박이 있었다. 탈냉전 시대, 미중관계와 한반도문제의 연계였다. 결국 북한은 4자회담 본회담에 참여하게 된다.

　1954년 제네바 정치회담 이후 한반도문제와 관련한 최초의 '다자회의'였던 4자회담에서는 의제 설정 자체가 쟁점이었다(박영호 2000; 김용호 2002; 장달중 외 2011). 남한은 '한반도 평화체제'와 '군사적 긴장완화 및 신뢰구축'을, 북한은 '주한미군 철수'와 '북미평화협정'을 의제로 설정하고자 했다. 결국, '평화체제 구축 분과위'와 '긴장완화 분과위'가 설치되었고, 북한이 주장한 의제는 분과위에서 논의하는 것으로 절충이 이루어졌다. 이 절충은 4자회담에 참여하는 주체들의 평화협정 당사자 문제에 대한 동상이몽의 결과였다. 남한은 탈냉전·민주화 이후 평화체제를 의제화하면서 '남북'이 주도하고 미중이 동의하는 방식을 제안했다. 반면, 북한은 '북미'를 중심에 두는 북미 평화협정을 생각하고 있었다. 미국은 북미보다는 '남북'을 우선했고, 중국은 미국을 견제하고 한반도에 대한 영향력 확보를 위해 북미보다는 '남북'이 중심이 되는 평화체제를 선호했다. 주한미군 철수 문제와 관련해서도 한미는 주한미군이 정전협정과는 무관한 한미상호방위조약에 따른 주둔이기 때문에 4자회담과는 무관하다는 입장이었던 반면, 북한은 긴장완화를 위한 '근본문제'로 주한미군의 철수를 제기했다. 중국은 한편으로는 쉬운 것에서부터 어려운 것으로 나아가자는 이른바 선이후난(先易後難)의 한미의 입장을 지지하

면서도, 다른 한편으로는 북미관계 개선과 같은 의제를 상정하면서 북한
의 입장을 수용하는 태도를 보였다.

4. 대북 화해협력정책과 한반도 평화체제

한반도 평화체제를 논의하는 최초의 다자적 틀이었던 4자회담은 1999
년 8월 6차 본회담을 마지막으로 종료되었다. 4자회담의 진행과정에서
1998년 집권한 남한의 김대중 정부는, '흡수통일 배제', '상호 무력 불사
용', '화해 및 교류협력 추진'이라는 대북정책의 3대 원칙을 천명하고,[22]
정전체제를 평화체제로 전환하는 문제를 다시금 의제화했다. 그리고 4
자회담을 그 전환을 위한 유효한 협상의 틀로 생각했다. 주한미군과 관
련해서는 전임 정부의 입장을 계승하면서도, 한반도 평화체제 구축에 실
질적 진전이 있을 경우 주한미군 문제가 의제화될 수 있다고 말하기도
했다. 그러면서도 평화체제가 구축되고 통일이 되더라도 주한미군은 동
북아 평화유지군으로 계속 주둔하는 것이 바람직하다는 것이 김대중 정
부의 공식 입장이었다(박종철 2006). 김대중 정부의 자유주의적 대북정
책은, 북한과의 공존·공영을 도모하는 것이었고 따라서 평화체제는 공

---

22   김대중 정부의 공존·공영을 지향하는 자유주의적 대북정책의 출현은 김대중 대통령의 개
      인적 신념의 산물이기도 하지만, 몇 가지 역사적 사건을 고려하지 않고는 설명되기 어려
      울 수 있다. 첫째, 1997년 남한이 겪은 전대미문의 위기였던 IMF 위기를 계기로 북한을 흡
      수할 수 있다는 남한사회 일각의 논의가 흡수되었다. 둘째, 김대중 정부도 연립정부이기는
      했지만 상대적으로 진보적인 자유주의적 세력의 지지를 바탕으로 집권했기 때문에 전향적
      대북정책을 추진할 수 있었다. 셋째, 북한의 변화다. 북한은 1990년대 중반 '고난의 행군'
      을 겪으면서 체제 보위를 위해서는 경제위기의 해결이 필요하다고 생각했을 것이다. 마지
      막으로 국제적 제약이 완화되었다는 점을 지적할 수 있다. 1994년 10월 제네바합의 이후
      북한과 미국 사이에 합의의 실행을 둘러싸고 간헐적 긴장이 있기는 했지만, 핵위기와 같은
      심각한 갈등은 존재하지 않았다.

존·공영을 위한 제도적 장치였다.

김대중 정부는 4자회담을 지속하면서 동시에 광의의 평화체제의 한 구성요소인 '기능적 협력'을 추진하기 시작했다. 1998년 3월 세계식량계획(World Food Programme)을 통해 북한에 식량을 지원하겠다는 의사를 밝혔고, 이어 대북 민간지원 활성화 조치 및 투자업종의 규모의 제한을 완화하는 남북경협 활성화 조치를 발표했다. 6월에는 정주영 현대그룹 명예회장이 소떼를 트럭에 태우고 판문점을 통해 방북하는 초유의 사건이 벌어지기도 했다. 김대중 정부는, 1998년 8월 북한이 미사일을 시험 발사해 긴장된 분위기가 조성되었음에도 불구하고, 11월 금강산 관광선을 출항시키기도 했다. 1999년 6월 서해교전이 발생했을 때도 금강산 관광을 중단하지 않았다.

김대중 정부 대북정책의 또 다른 특징은, 북미·북일관계의 개선이 남북관계 개선에 선행해도 개의하지 않겠다는 것이었다. 북한이 국제사회에서 정상국가로 인정받게 되면 남북관계의 개선에도 득이 될 수 있다는 계산이었다. 김대중 정부 들어서서 북미대화는 빠른 속도로 진행되었다. 1999년 5월 미국의 윌리엄 페리 대북조정관이 북한을 방문했고, 9월에는 페리보고서를 발표했다. 주요 내용은, 북한이 핵 및 장거리 미사일을 포기하면 미국은 대북 경제제재 조치를 완화하고 남북대화 및 북미, 북일 수교를 지원하겠다는 것이었다. 페리프로세스의 내용은 선 남북대화, 북미·북일 수교, 후 평화체제 구축으로 요약할 수 있다. 즉 김대중 정부는 평화협정으로 환원되는 좁은 의미의 평화체제(peace regime)보다는 보다 기능적 협력이 포함된 넓은 의미의 평화체제(peace system)를 구축하고자 했다.

북미관계의 진전이 이루어지자 김대중 정부는 2000년 3월 베를린선언을 통해 한반도 냉전구조의 해체를 목적으로 하는 남북경제공동체 건설 계획을 북한에 공식적으로 제안했고, 6월 남북정상회담이 개최되었다. 2000년 6월의 남북정상회담은 '한반도문제 재한반도화'의 계기였을 뿐만 아니라 남북이 서로의 '국가적 실체'를 인정한 사건이었다. 2000년 남북정상회담의 성과는, 6 · 15남북공동선언 다섯 개 항에 응축되어 있다. 경제교류를 포함한 다방면의 교류와 협력, 그리고 이산가족의 만남은 새로운 내용이 아니었다. 논란이 되었던 부분은 1항과 2항이었다. 1항에서는 '자주'라는 용어를 둘러싸고 논쟁이 전개되었다. 자주를 북한이 주장해 온 반미(反美)로 해석할 수 있었기 때문이다. 남한의 '연합제'와 북한의 '낮은 단계의 연방제'의 공통성이 있다고 규정한 2항을 둘러싸고 남한사회에서는 격론이 벌어졌다. 평화와 평화체제의 단계를 거치지 않은 통일방안에 대한 합의는 자유주의적 궤도를 이탈한 비약일 수 있기 때문이다. 이론적으로도, 연합제와 낮은 단계의 연방제가 남북의 공존을 추구한다는 점에서 형식적 공통성은 있지만, 전자가 2국가가 공존하는 통일 전의 상태라면, 후자는 1국가 2정부가 공존하는 통일 후의 상태다.

2000년 정상회담 이후 남북은 '6 · 15시대'라는 시기 구분을 공유하면서 남북관계의 제도적 기초에 합의했다. 장관급 회담의 정례화와 제도화, 국방장관 회담, 남북경제협력추진위원회 구성, 3대 경협 사업―금강산관광, 개성공업지구 건설, 남북의 철도 · 도로 연결―추진, 이산가족 교류의 활성화 등이 그것이다. 남북을 거미줄처럼 엮는 기능망 및 그 기능망을 뒷받침하는 제도적 장치가 남북한의 신뢰구축 및 화해와 협력, 그리고 궁극적 평화의 성취를 위한 디딤돌이라는 인식도 확산되었다. 김대중 정부는, 6 · 15공동선언에서 평화체제 그 자체를 의제화하지 않았지만, 광의의 평화체제 구축을 위한 토대의 마련을 통해 한반도 분단체제의 구조적 변화를 추동하고 있었다.

다른 한편, 2000년 정상회담 이후 북미관계도 매우 빠른 속도로 진전되었다. 2000년 7월 아세안지역포럼(ASEAN Regional Forum: ARF)에서 북미 간에 첫 외무장관 회담이 개최되었다. 2000년 10월에는 북한의 조명록 국방위원회 제1부위원장이 미국을 방문했고, 그 결과로 "조선민주주의인민공화국과 미합중국 간의 공동 코뮤니케"가 만들어졌다. 서로의 적대적 관계를 종결하는 선언을 첫 중대 조치로 명기한 이 공동 코뮤니케의 주요 내용은, 북미관계의 전면적 개선, 정전협정의 평화보장 체계로의 전환, 자주권의 상호 존중 및 내정불간섭, 호혜적인 경제협조와 교류, 북한의 미사일 실험 유예, 한반도의 비핵·평화, 미국의 대북 인도적 지원, 반테러 협력, 남북관계의 진전에 대한 미국의 협력 등이었다. 북한과 미국이 관계정상화 및 한반도 냉전체제의 해체를 약속한 것이다.

그러나 한반도 평화과정은 2001년에 들어서면서 다시금 조정기를 맞이했다. 세 가지 정도의 요인을 지적할 수 있다. 첫째, 2000년 말 북미가 공동 코뮤니케를 만들어 냈음에도 불구하고, 클린턴 대통령의 방북 또는 김정일 국방위원장의 방미가 무산되면서, 북미는 관계정상화의 마지막 계단을 밟지 못했다. 2001년 미국에 부시행정부가 들어서면서 클린턴 행정부의 대북정책을 원점에서 재검토하기 시작했다. 2001년 12월 미국은 "핵태세 보고서(Nuclear Posture Review)"에서 북한을 핵 선제공격이 가능한 대상 가운데 하나로 지정했고, 2002년 1월 미국의 부시 대통령은 북한을 '악의 축'으로 규정했다. 북미관계는 다시금 냉각되었다.

둘째, 남북관계의 진전을 위해서는 남북한의 정책의 상호 조정이 이루어져야 한다. 남한이 자유주의적 접근을 계속하고 있는 상태에서 북한이 과거로 회귀하거나 회귀하려는 유인이 발생했을 때, 북한을 제어할 수 있는 정책 수단이 많지 않았다. 특히 남북관계가 진전되면 될수록 흡수통일 또는 체제 붕괴에 대한 우려를 가질 수 있는 북한이 그 우려를 불식시킬 수 있도록 해야 한다. 이 남북관계의 딜레마를 제어하기 위해서는 평화체제와 같은 제도적 장치 및 정치·군사적 신뢰 구축이 필수였다. 그러나 2000년 정상회담 이후의 6·15시대에는 이 부분이 결여되어 있었다. 2002년 6월에는 서해에서 남북의 무력 충돌이 발생하기도 했다.

셋째, 남북관계의 경색은 남한의 국내정치 때문에 발생하기도 했다. 김대중 정부 대북정책의 의도하지 않은 결과 가운데 하나가, 북한이 적인가 아닌가를 둘러싼 남남갈등의 증폭이었다. 김대중 정부 대북정책의 결함 가운데 하나로 지적되는 것이, 좋은 정책인데 왜 지지하지 않느냐는 일방주의적 태도였다. 평화적 방법에 의한 평화를 대북정책의 원칙으로 만들었음에도 불구하고, 김대중 정부는 그 정책을 추진하는 동력이라고 할 수 있는 정치적·사회적 합의를 만들어내지는 못했던 것처럼 보인다.

김대중 정부의 대북 화해협력 정책을 계승하고자 했던 노무현 정부는 민주화 이후 어떤 정부보다 강한 구조적 제약과 함께 대북정책을 전개해야 했다. 세 가지 제약에 주목할 수 있다. 첫째, 2002년 10월 미국의 제임스 켈리(J. Kelly) 대북한 특사가 고농축우라늄을 이용한 북한의 핵무기 개발 의혹을 제기하면서 시작된 제2차 북핵위기는 국제적 제약이었다.[23] IAEA가 북핵문제를 유엔에 회부한 시점인 2003년 2월, 노무현 정부가 출범했다. 제2차 북핵위기를 해결하기 위해 2003년 8월부터 시작된 남북미중, 일본과 러시아가 참여한 6자회담으로 노무현 정부의 대북정책은 동북아 질서의 재편과 연계될 수밖에 없었다.

둘째, 남북관계 수준의 제약이 존재했다. 노무현 정부는 정치·군사적 협력이 부재했던 6·15시대의 한계와 6·15시대에 대한 남북의 인식 차이를 넘어서야 했다. 남한은 6·15시대의 특징을 남북의 기능적 협력으로 해석했고, 북한은 6·15시대에서 외세를 배격하는 '우리 민족끼리'

---

23   제2차 북핵위기가 발생하는 과정에 대해서는 구갑우(2014) 참조.

를 강조했다(강충희 · 원영수 2005). 특히 6 · 15가 평화의 제도화로서 평
화체제를 결과하지 못한 조건에서 남북관계의 진전에도 한계가 노정될
수밖에 없었다.

셋째, 2000년 정상회담을 둘러싼 대북송금 특검은 국내적 제약으
로 작용했다. 노무현 정부가 출범한 다음 날 야당인 한나라당은 국회에
서 단독으로 대북송금 특검법을 통과시켰다. 북한은 노무현 정부가 대북
송금 특검을 수용하게 되면 남북관계는 동결로 갈 것이라고 주장했지만,
노무현 정부는 대북정책의 투명성 제고를 위해 대북송금 특검에 거부권
을 행사하지 않았다.

이 제약을 고려한 노무현 정부의 대북정책이 '평화번영정책'이었다.
한반도의 평화와 번영을 동북아 구상과 연계하고자 했던 평화번영정책
에는 노무현 정부가 직면하고 있던 구조적 제약을 극복하고자 하는 의지
가 담겨 있었다. 북핵문제의 평화적 해결과 '한반도 평화체제' 구축이 미
국을 포함한 동북아 국가와의 협력 없이는 달성될 수 없다는 문제의식이
었다고 할 수 있다. 북핵위기를 남한정부의 주도적 역할을 통해 동북아
협력을 위한 기회로 만들고자 하는 적극적 발상이었다.

노무현 정부가 평화번영정책을 내세웠지만 대북송금 특검이 남북관
계에 부정적 영향을 미칠 즈음 북한에서는 근본적인 정책 전환의 조짐이
나타나고 있었다. 2002년 10월 제2차 북핵위기가 시작되었을 때도 북한
은 담론으로도 핵개발에 유보적이었다. 핵개발을 암시하는 억제력이 첫
등장한 2002년 10월 25일 외무성 대변인 담화에서도, 북미 불가침조약
이 핵문제 해결의 합리적이고 현실적인 방도라고 주장하면서 자주권과
생존권을 위해 협상의 방법과 억제력(deterrent force)의 방법이 대체가
능할 수 있음을 언급했다.[24] 그러나 그 시기 강조점은 협상에 있었다(구
갑우 2014). 2003년 1월 NPT를 탈퇴하는 "정부 성명"에서도 북한은, "핵

무기전파방지조약에서 탈퇴하지만 핵무기를 만들 의사는 없으며", 자신들의 "핵활동은 오직 전력 생산을 비롯한 평화적 목적에 국한될 것이"고, "핵무기를 만들지 않는다는 것을 조미 사이에 별도의 검증을 통하여 증명해보일 수도 있을 것이"라 밝힌 바 있었다.

그러나 2003년 4월에 들어서 북한은 억제력을 언급하기 시작했다(구갑우 2013). 2003년 4월 6일 북한 외무성 대변인 성명의 일부다.

이라크 전쟁은 사찰을 통한 무장해제에 응하는 것이 전쟁을 막는 것이 아니라 오히려 전쟁을 불러온다는 것을 보여 주고 있다. 국제 여론도 유엔 헌장도 미국의 이라크 공격을 막지 못하였다. 이것은 미국과는 설사 불가침조약을 체결한다 하여도 전쟁을 막을 수 없다는 것을 보여주고 있다. 오직 물리적인 억제력, 그 어떤 첨단무기에 의한 공격도 압도적으로 격퇴할 수 있는 막강한 군사적 억제력을 갖추어야만 전쟁을 막고 나라와 민족의 안전을 수호할 수 있다는 것이 이라크전쟁의 교훈이다. … 잠재력을 총동원하여 전쟁의 억제력을 갖추지 않을 수 없게 될 것이다.

이 성명에서 제2차 북핵위기 직후에도 북미 불가침조약이 핵문제 해결의 방도라고 생각했던 북한의 근본적인 입장 전환을 읽을 수 있다. 이 전환을 야기한 사건은 미국의 이라크 침공이란 정세였다. 이 성명은, 당시 노무현 정부가 어떻게 이 전환을 해석하고 있었는지는 불분명하지만, 북한의 핵개발을 정당화하는 담론으로 읽힌다.[25] 국제 협력이나 시민

---

24   2002년 10월 이전까지 북한의 《로동신문》에서 스스로가 억제의 주체가 되겠다는 언급은 없었다. 한국에 배치된 핵무기나 미군이 억제력이 아니라는 언명이 간헐적으로 부정적으로 사용되었을 뿐이다. 억제력을 긍정하는 발언은 1999년 러시아의 핵억제력을 언급하며 처음 등장한 것처럼 보인다. 이 글에서는 인용되는 북한의 성명, 담화는 www.kcna.co.jp를 참조.

25   미국의 이라크 침공으로 핵개발을 하게 되었다는 북한의 이 논리는 2016년에도 반복되고

사회의 반전·평화운동보다 핵억제력을 포함한 군사적 억제력이 자신의 안보에 기여할 수 있다는 논리였다. 2000년 남북정상회담을 기념하는 2003년 6월 15일자 《로동신문》 사설에서도, "우리의 억제력은 남조선을 포함하여 조국강토와 7천만 동포형제들을 보호하기 위한 필승의 억제력이며 정당한 방위력이다"는 내용이 보인다. 2005년 2월 북한은 외무성 성명을 통해 핵무기 보유를 선언했다.

북한의 핵정책이 개발로 전환되는 와중에도 김대중 정부 대북정책의 성과와 방법론을 계승한 노무현 정부의 평화번영정책에 따라 기능주의적 협력은 지속되었다. 김대중 정부 대북정책의 성과 가운데 하나는 2000년 정상회담 이후 만들어진 남북관계를 규율하는 제도적 장치들이었다. 이 장치들 덕택에 남북대화 및 교류가 '자기조직화(self-organization)' 경향을 보일 수 있었다. 남북대화는 정치, 군사, 경제, 사회, 문화 등 거의 모든 영역에서 논의되었다. 2002년 10월 시작된 제2차 북핵위기에도 불구하고, 북한의 핵억제력에 대한 강조에도 불구하고, 대북송금 특검에도 불구하고, 2003년 6월 개성공업지구 착공식이 개최되었다. 북한은 제2차 북핵위기가 가시화된 시점인 2002년 11월 개성공업지구법을 제정했었다. 노무현 정부에 들어서 남북 교역도 빠르게 증가했다. 이산가족 상봉과 같은 남북한의 사회·문화 교류도 확대되었다.

경제협력을 위한 새로운 제도적 장치도 추가되었다. 2005년 7월 북한의 최고인민회의는 「조선민주주의인민공화국 북남경제협력법」을 채택했다. 남북경제협력의 "제도와 질서"를 세우기 위해 제정된 이 법을 계

있다: "이라크 점령 후 미 국무성 차관 볼튼은 북조선 등에 《이라크사태에서 응당한 교훈을 찾아야 할 것》이라고 훈시하였다. 북조선은 교훈을 찾았다. 그러나 볼튼이 바라던 그런 교훈은 아니다. 교훈은 무장해제가 침략을 불러오는 초청장과도 같다는 것이었다. … 미국의 핵위협에는 타협이나 후퇴가 아니라 오직 핵으로 당당히 맞서야 한다는 진리를 터득하게 되었다."《로동신문》, 2016.4.28.

기로, 북한에서도 경제협력을 위한 법적·제도적 기초가 마련된 셈이다. 2004년 9월 남북 간 투자보장합의서 등 13개 합의서가 국회에서 비준되어 국내법적 효력을 가지게 되었다. 2005년 12월 남한에서는 여야 합의로 「남북관계발전에관한 법률」을 제정했다. 사회·문화 교류와 관련하여 주목해야 할 조직은 2005년 3월 남북과 해외의 민간단체들이 결성한 '6·15공동선언실천민족공동위원회'다. 합법적 조직인 '6·15위원회'의 출현으로 남북관계에 시민사회가 개입할 수 있는 제도적 토대가 마련되었다.

이런 양적 지표와 제도적 장치로 노무현 정부 대북정책의 성과를 높이 평가할 수도 있다. 노무현 정부는 남북경제협력과 사회·문화교류의 자기조직화 원리에 제동을 걸지 않았다. 그러나 평화를 전면에 내세웠던 노무현 정부는 군사적 신뢰구축이 결여된 6·15시대로부터 자유롭지 못했다. 남북한의 정치·군사적 관계는 북미관계와 6자회담에 종속되었다. 중견국가인 남한이 통제할 수 없는 구조적 제약이었다고 할 수 있다. 그러나 남북관계의 주기적 단절도 구조적 제약으로 환원할 수는 없을 것이다. 북한이 군사적 신뢰 구축에 동의하지 않기도 했지만, 노무현 정부도 평화번영정책의 기조와 모순될 수 있는 정책을 선택함으로써 한계를 드러냈다.

2004년 후반부터 2005년 5월 대북 비료 지원을 위한 차관급 회담이 개최될 때까지 10개월 정도 남북대화가 중단되었다. 김일성 주석 10주기를 조문하려는 방북단 불허와 동남아 국가를 통한 대규모 탈북자 입국 때문이었다. 남한정부가 이라크에 대한 추가 파병을 결정하고, 남한의 헌법재판소가 국가보안법 7조인 찬양·고무죄 및 이적 표현물 소지죄를 합헌이라고 결정한 것도 남북관계를 경색시킨 또 다른 요인이었다. 노무현 정부도 남북관계의 적대화를 야기하는 남남갈등을 전환시킬 능력은 없었다. 2006년 7월 북한이 미사일을 실험발사하고 유엔이 대북제재 결의안을 채택하자, 남한정부도 쌀과 비료, 경공업 원자재, 화상상봉 자재와 장비, 철도·도로 자재와 장비 등의 지원을 중단했다. 통일부는 그 규모가 약 3억 5,000만 달러에 달한다고 추정했다. 이 제재가 적절했 는가를 둘러싸고 논쟁이 있었다. 이후 남북대화는 2007년 2·13합의라 는 6자회담의 성과가 나오기 전까지 사실상 중단되었다.

첫 번째 남북대화의 단절은, 2005년 6월 남한정부가 북한이 핵폐기 에 합의하면 북한에 200만kw의 전력을 제공하겠다는 이른바 '중대 제 안'을 하면서 극복되었다. 이 중대 제안은 2005년 9월 4차 6자회담에서 합의된 9·19공동성명의 도출에 부분적 기여를 한 것처럼 보인다. 9·19 공동성명의 주요 내용은, 북한의 핵 폐기와 북한에 대한 미국의 안전보 장, 북미 관계와 북일 관계의 정상화, 6자의 경제협력, 한반도 평화체제 구축과 동북아 다자간 안보 협력의 증진 등이었다. 9·19공동성명은 북 핵 문제의 평화적 해결을 넘어 '한반도 평화체제' 및 동북아 다자간 안보 협력의 대강이 담긴 문건으로 평가되고 있다. 9·19공동성명 이후 남북 대화는 재개되었지만, 북한에 대한 미국의 금융제재가 의제로 부상하면 서 북미갈등이 발생하고, 2006년 10월 북한이 핵실험을 하면서 다시금 남북관계가 경색되었다.

남북대화의 단절은 우연적 사건이 중첩되면서 발생한 것처럼 보이 지만, 근본 원인은 군사적 신뢰의 결여였다. 남북한은 2004년과 2005 년의 장성급 회담에서 서해상의 북방 한계선 문제를 논의했지만 해답 을 찾지 못했다. 남한내부의 '친미=반북 대 친북=반미'의 이원적 대립 구도도 남북한의 군사적 갈등 해소를 방해한 요인이었다. 미국이 한반 도 이외의 분쟁 지역에 주한 미군이 개입할 수 있게 하는 기동군화―전 략적 유연성―를 포함한 한미동맹의 재편을 추진하고자 했을 때, 노무 현 정부는 그것을 수용하면서 이른바 '협력적 자주국방 정책'을 추진했다. 2005년 9월의 '국방개혁 2020'은 한국군을 50만으로 감축한다는 내용을 담고 있기는 했지만, 군비 증강 계획이기도 했다. 재래식 군사력이 남한보다 열세인 북한이 1990년대부터 핵과 미사일과 같은 비대칭적 군사력을 증강해왔다는 점을 고려할 때, 노무현 정부의 자주국방 정책은 탈냉전 시대에 남북의 안보딜레마를 부활시키는 선택이었다고 할 수 있다. 남북한의 군사적 신뢰 구축이 지속가능한 평화체제로 이어지기 위해서는 남북한이 절대안보가 아닌 공동안보의 관념을 공유해야 한다고 할 때, 노무현 정부의 국방정책은 사실상 공동안보를 부정하는 선택이었다. 군비 증강을 목표로 하는 국방정책으로는 억지력 확보를 명분으로 내세운 북한의 핵실험과 같은 행위를 예방하기 어려울 것이다.

2007년 2월 13일 '9 · 19공동성명의 이행을 위한 초기 조치'에 대한 합의가 이루어졌다. 2 · 13합의는 북한 핵시설의 단계적 폐기에 대해 6자회담 참여국들이 경제 · 에너지 · 인도적 지원을 늘려 가는 인센티브 방식으로 구성되었다. 2월 23일에는 한국군의 전시작전통제권을 미국으로부터 환수하는 합의가 이루어졌다. 노무현 정부는 한국이 자국군의 전시작전통제권을 보유하지 못한 상황에서 한반도 평화체제 구축의 당사자로 나서기 힘들다는 문제의식을 가지고 있었다(이수형 2009). 2 · 13합의가 이루어지면서, 남북관계에 새로운 동력이 부여되었고, 남북한은 2007년 8월 제2차 정상회담에 합의했다. '노무현 대통령의 평양 방문에 관한 합의서'에서는 한반도의 평화, 민족 공동의 번영, 조국통일의 전환적 국면이 정상회담의 의제로 설정되었다. 2007년 10월 평양에서 열린 정상회담에서 합의된 "남북 관계 발전과 평화 번영을 위한 선언"은, 10월 3일 북한 핵시설을 2007년 말까지 불능화한다는 내용의 6자회담 합의문이 발표된 직후에 나왔다.

2007년 남북정상회담 공동선언인 '10 · 4선언'의 내용과 의미는 다

음과 같이 정리할 수 있다. 첫째, 6·15공동선언의 정신을 계승하면서 남
북한이 서로의 체제를 인정하고 평화공존하겠다는 약속으로 읽힐 수 있
다. 합의문 2항에 명시되어 있는 것처럼, 남북은 "사상과 제도의 차이를
초월하여 남북관계를 상호 존중과 신뢰 관계로 확고히 전환시켜 나가기
로 했다." 둘째, 10·4선언에서 남북한은 한반도 평화 및 평화체제에 이
르는 두 경로에 합의했다. 하나는 경제와 평화가 선순환 구조를 가지는
것이다. 서해 북방한계선 주위를 평화협력특별지대로 만들겠다는 약속
이 그 사례다. 이 구상은 군사적 긴장완화와 신뢰구축을 필요로 한다. 다
른 하나는 정전체제를 항구적 평화체제로 전환하기 위해 관련국 3자 또
는 4자의 정상이 한반도 지역에서 만나 종전선언을 하는 것이었다. 즉,
10·4선언에서는 정전체제와 평화체제 사이에 '종전선언'이란 단계를 설
정했다. 셋째, 2007 남북정상회담은 2000년 정상회담과 달리 실무형 정
상회담의 성격을 띠었다. 개성 – 신의주 철도와 개성 – 평양 고속도로의
보수, 경제특구의 건설과 해주항의 활용, 조선 협력과 같은 기능적 협력
의 구체적 내용이 10·4선언에 담겨 있었다. 따라서 10·4선언 이행의 관
건은 정책의 실행이었다.

　　북한도 10·4선언에 대해 긍정적 평가를 했다. 재일조선인총연합에
서 발간하는 신문인《조선신보》는 2007년 10월 4일자 평양발 기사에서
는 10·4선언을 "'북남 수뇌 상봉' 선언의 채택, 변혁 주도하는 최고 령도
자의 의지"라고 평가했다. 주목되는 내용은 다음과 같다. 첫째 6·15시대
에도 불구하고 상대방의 사상과 체제를 부인하고 대결을 고취하는 행위
가 근절된 것은 아니었고 민족경제의 균형적 발전을 추동하는 투자도 없
었다는 지적이다. 둘째, 북한은 10·4선언을 '우리 민족끼리'의 실천으로
평가하고 있다. 셋째, 10·4선언을 통해 6·15와 9·19의 교차점이 마련
되었다는 평가를 하고 있다. 북한도 남북관계가 한반도를 둘러싼 국제정

치와 연계되어 있음을 인정하고 있는 것이다.

10·4선언은 남북한의 기능적 협력, 평화체제의 수립, 한반도 비핵화를 아우르는 광의의 평화체제에 대한 합의였다고 할 수 있다. 따라서 정전체제를 평화체제로 전환하려는 포괄적 기획으로 평가될 수도 있다. 그러나 5년 단임의 대통령제하에서, 10·4선언은 '너무 늦게' 제출된 평화 기획이었다. 김대중 정부 대북정책을 제약했던 남남갈등도 노무현 정부에 들어와서 더욱 증폭되었다. 10·4선언이 노무현 정부 말기에 등장함으로써, 한반도 평화체제의 구축 및 대북정책에 대한 정치적·사회적 합의를 위한 제도적 장치의 마련은 이명박 정부의 과제가 되었다. 그러나 이명박 정부의 이른바 '비핵개방 3000'과 '상생공영정책'에는 평화체제에 대한 기획이 마련되어 있지 않았다.

5. 핵문제와 한반도 평화체제

김대중·노무현 정부의 대북화해협력정책에도 불구하고 북한은 핵개발을 통해 전쟁 억지력을 확보하고자 했다.[26] 2005년 2월 10일 외무성 성명을 통해 북한은 핵무기 보유를 선언했고, 2006년 10월 9일 핵실험을 했다. 이명박 정부의 대북 강압정책에도 불구하고 북한은 2009년 5월 25일 두 번째 핵실험을 했다. 북한은 '자위적 핵 억제력'을 다시금 강조했

---

26 제1차 6자회담(2003.8.27~29)이 시작되기 전인 8월 18일에는 미국이 "대조선정책 전환 용의를 표시하지 않는다면 핵억제력을 포기할 수 없다"는 조선중앙통신 "론평"을 발표하기도 했다. 2003년 9월 29일에는, 외무성 대변인 대답의 형태로, "미국의 핵 선제공격 막는 핵 억제력 강화의 실제적 조치를 취해나가고 있다"는 글이 나오기도 했다. 북한의 대외 발표문의 중요도는, 정부성명, 정부 대변인 성명, 외무성 성명, 외무성 대변인 성명, 외무성 담화, 외무성 대변인 담화, 외무성 대변인 대답 순이다.

다. 이 두 번의 사건은, 남한의 대북정책이 북한의 핵정책에 영향을 미치는 주요 변수가 아닐 수 있음을 보여준다. 그러나 남한은 북한의 핵무기를 '위협'으로 인식할 수밖에 없는 지리적으로 인접한 이웃국가다. 북한의 핵무기에 대한 남한의 대응은, 한미동맹을 통해 미국의 핵우산을 재확인하는 것이었다.

핵문제와 평화체제의 관계를 생각할 때, 발견할 수 있는 유의미한 합의들이 1992년 1월 20일의 한반도 비핵화에 관한 공동선언, 2005년 9월 19일의 제4차 6자회담의 공동성명, 2005년 11월 17일의 한미동맹과 한반도 평화에 관한 공동선언 등이다. 이 문건들에는 한반도 핵문제의 직접 당사자들인 남북미의 비핵화에 관한 입장들이 담겨 있다. '한반도 비핵화에 관한 공동선언'은, "남한과 북한은 핵무기의 시험, 제조, 생산, 접수, 보유, 저장, 배비, 사용을 하지 아니"하며, 또한 "핵 재처리 시설과 우라늄 농축 시설을 보유하지 아니한"고 비핵화의 내용을 규정하고 있다. 9·19공동성명은 한반도 비핵화에 관한 공동선언을 수용하면서 한반도의 비핵화와 평화체제를 연계했다.

2007년 2·13합의와 10·3합의를 거치면서 2008년 하반기에 북한 핵시설의 불능화 미국의 북한에 대한 테러지원국 해체가 교환되면서 북미관계는 정상화로 가는 종착역에 접근하는 듯했다. 그러나 다시금 말 대 말, 행동 대 행동의 방법론은 지켜지지 않았다. 6자회담 참여국 내부에 핵문제의 해결에 동의하지 않는 세력이 있음을 보여준다. 결국 북한은 2009년 5월 25일 두 번째 핵실험을 했고, 남한정부는 5월 26일 PSI 참여를 선언했다. 2009년 4월 5일 북한이 로켓을 발사하고 4월 14일 유엔 안전보장이사회가 '의장성명'을 통해 북한을 비난하자 북한은 외무성 성명을 통해, 6자회담에 참여하지 않겠다는 의사를 밝혔다. 2009년 6월 12일 유엔 안전보장이사회의 대북제재안인 결의안 1874호가 발표되자

외무성 성명의 형태로, 새로 추출되는 플루토늄의 전량 무기화와 우라늄 농축작업에 착수하겠고 대응했다. 그러나 2009년 9월 4일 유엔 주재 북한 상임대표가 유엔 안전보장이사회 의장에게 보내는 편지에는, 대화와 제재 모두에 대처할 준비가 되어 있다고 말하며 대화의 가능성을 열어 놓기도 했다.

　2009년 10월 24일 북한 외무성의 리근 미국국장과 미국 국무부의 성 김 북핵담당특사가 뉴욕에서 만났다. 20여 년간 타협과 결렬을 반복해 온 북미대화의 또 다른 시작이었다. 그리고 2009년 12월 8~10일 미국의 보즈워스 대북정책특별대표가 북한을 방문했다. 북미가 만나기 전인 2009년 10월 5일 중국의 원자바오 총리가 평양을 방문하여 김정일 국방위원장과 회담을 했다. 양제츠 중국 외교부장은 한반도 비핵화를 이루는데 큰 진전이 있었다고 이 회담을 평가했다고 한다. 중국, 미국과 접촉한 후 북한은 평화체제와 평화협정을 다시금 의제화했다. 2010년 1월 1일 신년공동사설에서는 "조선반도의 공고한 평화체제를 마련하고 비핵화를 실현하겠다"고 밝혔다. 선 평화체제 후 비핵화로 읽히는 대목이었다. 북한은 2005년 7월 22일 외무성 대변인 담화의 형식으로, "정전체제를 평화체제로 전환하게 되면 핵문제의 발생 근원으로 되고 있는 미국의 대조선 적대시정책과 핵위협이 없어지는 것으로 되며 그것은 자연히 비핵화 실현으로 이어지게 될 것"이라고 주장한 바 있다. 2010년 1월 11일 북한은 평화협정의 체결을 정전협정 당사국들에게 제의하면서, 평화협정의 체결을 위한 회담은 9 · 19공동성명에서 합의한 것처럼 별도로 진행될 수도 있고, 6자회담의 테두리 내에서 진행될 수도 있다는 유연한 입장을 보이기도 했다.

　비핵화와 평화체제를 연계하는 북한의 전략은 미국 오바마 행정부의 핵무기 없는 세상 정책에 대한 나름의 독해에 기초하고 있었다. 2009

년 5월 핵실험 이후 북한은 미국에게 핵군축과 CTBT의 규범을 한반도에 적용해야 한다고 요구했다. 북한은 "국제적인 핵군축, 핵철폐의 움직임"과 연계하여 "조선반도비핵화"를 추진하려 했다. 한반도 비핵화는 동북아시아의 핵군축, 핵철폐와 직결된 문제라는 것이 그들의 주장이었다. 미국은 2010년 4월 핵태세보고서에서 비확산의 의무를 준수하지 않고 있는 북한을 잠재적 적으로 설정하고 있지만, "지구적 핵전쟁의 위협은 감소했지만, 핵공격의 위험은 증가했다"는 표현에서 볼 수 있는 것처럼, 미국의 주 관심사는 핵물질에 대한 통제를 통해 핵확산을 막는 것이었다고 볼 수 있다. 2010년 4월 12~13일 열린 '핵안보정상회의'는 안보의 대상으로 공동체가 아니라 핵이라는 무생물을 설정하는 핵안보(nuclear security)라는 '기묘한' 표현에서 볼 수 있듯이, '핵물질의 안전한 관리'가 가장 중요한 의제였다. 2010년 4월 9일 미국의 힐러리 클린턴 국무장관이 북한이 1~6개의 핵무기를 보유하고 있다고 발언한 것은, 미국이 북한의 핵을 사실상 인정하면서 핵확산만을 막겠다는 의지를 보인 것으로 해석될 수 있었다. 따라서 만약 북한이 미국에게 핵확산금지조약(NPT) 복귀라는 선물을 줄 수 있었다면,[27] 북미 핵갈등이 새로운 차원으로 '전환'되는 한 계기가 될 수 있을 수도 있었다. 북한이 2010년 4월 21일 핵무기의 과잉 생산을 하지 않을 것이며, 비확산과 핵물질의 안전관리에 기여하겠다는 외무성 비망록을 발표한 것도 국제적 맥락에서 갈등의 전환을 염두에 둔 포석이었다고 해석할 수도 있다.

남한정부의 선택이 핵문제의 향방을 결정하는 변수의 역할을 할 수밖에 없는 상황이었다. 이명박 정부는 북한이 핵을 포기하면, 이라는 단서를 설정해 놓고, 남북한의 교류와 대화를 사실상 중단했다. 또한 이명

---

27   2005년 9월의 외무성 대변인 담화이기는 하지만, 북한은 미국이 경수로를 제공하는 즉시 NPT에 복귀하겠다는 입장을 밝힌 바 있다.

박 정부의 '비핵개방 3000' 정책은 북한을 개발의 대상으로 생각하는 발전주의적 사고의 전형이기도 했다.[28] 2010년 3월 천안함사건 이후 이명박 정부의 대북 강압정책이 강화되었다. 2010년 5월 20일 이명박 정부는 천안함 사건이 북한의 어뢰공격 때문이라는 조사결과를 발표했고, 5월 24일 남북교역 중단, 한미연합 대잠수함훈련 실시, 유엔안전보장이사회에 천안함 사건의 회부, 한미동맹 차원의 제재 협의 등을 내용으로 하는 조치를 발표했다. 남북관계가 정지된 상태에서, 6자회담이 재개된다 하더라도, 이명박 정부가 북한의 선 핵포기를 고수한다면, 비핵화와 함께 평화체제가 의제화되는 것은 어려울 수밖에 없었다. 이명박 정부

---

28   이명박 대통령의 '비핵 개방 3000' 구상은, 북한이 핵 폐기의 대결단을 내리면 국제사회도 그에 상응하는 대결단을 내려 북한경제의 재건을 지원하겠다는 기획이다. 비무장지대의 한강 하구에 남북경제협력을 위한 '나들섬'을 만들어 '한반도의 맨해튼' '동북아의 허브'로 조성하겠다는 구상도 비핵 개방 3000의 구체적 실천 방안 가운데 하나다. 비핵 개방 3000은 매우 구체적으로 북한에 대한 지원내용을 밝히고 있다. 300만 달러 이상 수출 기업 100개를 육성하고, 30만의 산업 인력을 양성하며, 400억 달러 상당의 국제 협력 자금을 투입하고, 에너지, 기간통신망, 항만, 철도, 도로, 운하 등의 인프라 건설에 협력하며, 인간단운 삶을 위한 복지를 지원하겠다는 것이, 비핵 개방 3000의 청사진이다. 이 구상이 실현되면, 북한경제는 현재 1인당 소득 500달러 기준으로 매년 15-20%의 성장을 지속하여 10년 후에는 국민소득 3,000달러 경제로 도약할 수 있다는 것이다. 이제까지 어떤 정부도 내놓지 못한 파격적인 공약임에는 틀림없다. 문제는 실현 가능성이다. 비핵 개방 3000 구상의 몇 가지 전제 조건은 이 구상의 실현에 걸림돌로 작용할 것처럼 보인다. 첫째, 비핵 개방 3000 구상에 따르면 북한에 대한 경제적 지원은, 북한의 핵 폐기가 이루어져서 한반도 평화체제가 정착되고 북미 · 북일 관계가 정상화된 이후에 시작된다. 비핵 개방 3000은 오랜 시간에 걸쳐 이루어질 수도 있는 한반도 평화 과정에서 한반도 비핵화를 위한 6자회담 이외에는 아무런 정책 대안도 제시하지 못하고 있다. 비핵 개방 3000 구상은 개성 공업지구와 같은 남북 경제협력이 한반도 평화 과정의 한 구성 요소임을 인정하지 않고 있는 셈이다. 둘째, 비핵 개방 3000은 남이 북의 경제정책을 좌지우지하겠다는 개발독재식 발상을 담고 있다. 비핵 개방 3000의 실현을 위해서는 북의 체제 전환이 이루어져야 할 뿐만 아니라 북이 남의 '사실상의 식민지'로 기능해야 한다. 비핵 개방 3000은 상대방을 전혀 고려하지 않는 구상일 수 있다. 외교는 상대가 있는 게임이다. 비핵 개방 3000 구상은 남북 공영의 가능성을 담고 있다는 점에서는 진일보한 정책으로 평가될 수 있다. 그러나 이 구상의 실현 가능성과 수용 가능성을 높이기 위해서는 비핵 개방 3000에 이르는 과정에서 반드시 필요한 남북의 화해와 협력을 위한 정책이 제시되어야 한다.

는 한반도 비핵화 공동선언과 9·19공동성명에 대해 모호한 입장을 견지했다.

그럼에도 2012년 2월 북한과 미국은 다시금 비핵화와 평화체제를 교환하는 9·19공동성명의 이행을, 2·29합의의 형태로 약속했다. 그러나 2012년 4월 북한의 위성발사로 이 합의는 다시금 붕괴되었다. 2012년 12월 북한은 다시금 인공위성 '광명성'을 발사했다. 2013년 1월에는 미국의 재균형정책을 위한 군사전략이 "유엔군사령부를 다국적련합기구로 둔갑시켜 아시아판 나도의 모체로 삼으려 하고 있다"는 외무성 비망록을 발표했다. 북한의 위성발사에 대해 유엔 안전보장이사회가 대북제재 결의 2087호를 채택하자 "세계의 비핵화가 실현되기 전에는 조선반도비핵화도 불가능하다는 최종결론"에 도달했고, "6자회담 9·19공동성명은 사멸되고 조선반도비핵화는 종말"을 고했다는 성명을 발표했다. 박근혜 정부의 출범에 앞서 2013년 2월 12일 북한은 3차 핵실험을 했다. 북한은 핵실험 이후 핵무기가 "소형화", "경량화"되었고, "핵억제력의 다종화"가 이루어졌다고 주장했다. 핵억제력의 확보를 위한 물리적 능력의 강화였다.

2013년 3월 북한의 3차 핵실험에 대한 유엔 안전보장이사회의 대북제재 결의가 채택되고 같은 시기에 전개된 한미합동군사훈련에 대한 북한의 반발이 증폭되면서 동아시아의 불안정을 야기하는 북미갈등, 한미협력, 남북갈등의 악순환이 다시 시작되었다. 북한은 3월 8일 남북한의 불가침과 비핵화에 관한 합의의 폐기를 선언했고, 판문점 연락통로를 폐쇄했다. 그리고 다음 날 "핵보유국 지위의 영구화"와 "정전협정의 백지화"를 선언했다. 그리고 3월 30일 조선로동당 중앙위원회에서 "경제건설과 핵무력건설을 병진"하는 노선을 공표했다. 헌법 전문에 핵국가를 명시하는 사상 유례가 없는 사건과 더불어, 국내법의 제정을 통해 핵보유의 영구화를 다시금 확인했다. 긍정적으로 해석한다면, 핵보유를 통해 억제력을 확보한 상황에서 경제에 나머지 자원을 투입하겠다는 의지로 읽힐 수도 있다. 2013년 4월 북한은 남북한 협력의 유일 사례인 개성공업지구를 잠정 폐쇄했다. 북한의 이른바 병진노선을 한미는 인정하지 않았다. 핵문제를 둘러싼 미중 대립은, 2013년 6월 미중정상회담에서 나타나듯, 미국의 '비핵화를 전제로 한 대화'와 중국의 '비핵화를 위한 대화'로 엇갈리고 있었다. 미국은 북한의 병진노선을 수용할 의사가 없음을 밝혔지만, 중국은 병진노선을 언급하지 않았다. 중국은 한반도 비핵화, 한반도의 평화와 안정, 대화와 협상을 통한 문제 해결이라는 자신들의 3원칙을 고수했다.

미중정상회담의 효과는 북한이 북미 고위급회담을 제안하는 방식으로 나타났다. 북한은 군사적 긴장 상태의 완화, 정전체제의 평화체제로의 전환, 핵없는 세계의 건설 등을 의제로 제시했다. 그러나 6자회담 참여국들이 개별적으로 또는 집단적으로 참여하는 다양한 조합의 회담 개최에도 불구하고, 6자회담은 재개되지 않았다. 남한이 북한의 핵무기에 대해 킬체인과 한국형미사일방어체계로 대응하겠다는 10월 1일 한국 대통령의 발언 이후, 북한의 핵무기를 매개로 한 한반도의 안보딜레마는 보다 심화되는 모습이다. 동북아 차원에서 안보딜레마도 확산되고 있다. 중국은 2015년 현재 6자회담 의장국으로서 6자회담을 재개할 수 있는 능력이 없음을 보여주고 있다.

북한의 제3차 핵실험과 함께 출범한 박근혜 정부는 과거 정부의 화해협력정책과 강압정책의 사잇길이라 할 수 있는 한반도신뢰프로세스와 동북아평화협력구상을 통해 한반도문제에 접근하고자 했다. 그러나 비핵화를 위한 다자협상으로서 6자회담에 대해서는 재개의 입장을 명확히 밝히지 않았다. 집권 초기 개성공업지구의 폐쇄와 같은 극단적 남북갈등을 겪었음에도 간헐적 남북대화는 만들어졌다. 반면 비핵화를 위한 협상의 실종으로 북한의 핵능력은 점진적으로 제고되는 현실을 맞이하고 있다. 6자회담 재개를 위한 최소조건에 대한 합의가 이루어지지 않으면서, 특히 미국의 북한에 대한 전략적 인내와 맞물리면서, 박근혜 정부하에서 비핵화와 평화체제를 함께 논의하는 6자회담이 재개될지는 불투명한 상태다. 박근혜 정부가 평화체제란 의제를 완전히 제외하고 있는 것은 아니지만, 2014년 벽두부터 등장한 이른바 '통일대박론'은 평화체제를 포섭하지 않는 논리를 담고 있다. 통일의 경제적 효과만 강조될 뿐, 통일의 주체와 방법은 생략되어 있는 담론이다. 통일대박론은 북한을 포함한 타자에 대한 인정을 담고 있지 않기 때문에, 북한으로부터 이른바 흡수통일의 담론으로 읽힐 수밖에 없다. 평화체제가 통일대박론을 대체하지 않는다면, 남북한이 서로의 필요에 따라 한정된 대화를 진행하는 형태로 남북관계가 유지될 가능성이 높다.

만약 남북대화, 북미대화, 6자회담이 선순환하는 국면이 도래하지 않는다면, 미국과 중국이 사실상 북한 핵무기의 '실존적 억지력'을 인정하면서 핵확산을 막기 위해 '공동관리'하는 형태의 미봉책이 장기화될 수도 있다. 아시아로의 복귀를 선언한 미국과 신형대국관계로 미국과 맞서고자 하는 중국이 갈등의 관계로 간다면, 한반도를 둘러싸고 힘의 정치가 반복될 가능성이 높은 상황이다. 북한은 자신의 '지정학적 이점'을 활용하여 미국과 중국 사이에서 등거리외교를 하고(김철우 2000), 남북관계가 간헐적 대화만을 유지하는 상태가 계속될 수도 있다. 한반도를 둘러싸고 전개되는 힘의 정치는 한반도의 평화를 위태롭게 한다.

남한은, 북미대화를 강제하거나 6자회담을 소집할 능력은 없지만, 북미대화의 촉매로서 역할을 할 수 있고, 만약 6자회담이 재개된다면 6자회담과 같은 다자외교에서 영향력을 행사할 수 있는 '중견국가(middle power)'의 정체성을 가지고 있다(김치욱 2009). 만약 남한이 '평화국가

(peace state)'를 지향한다면,[29] 국제적 맥락에서 핵군축과 핵폐기를 향한 흐름, 동북아 비핵지대화 구상, 그리고 한반도 비핵화와 관련된 논의에서 주도권을 행사할 수도 있다. 만약 북한에 급변사태가 발생할 경우에도 국제적으로 통일의 정당성을 확보할 수 있다. 물론 남한의 평화국가 구상에 대해 북한이 반응하지 않을 수 있다. 그러나 북한과 같은 약탈·군사국가와 소통하려는 노력이 남한에게 손실을 야기하지는 않을 것이다. 최소한 남한 내부의 진화를 가능하게 할 뿐만 아니라 세력균형정책보다는 평화의 가능성을 높일 수 있다. 한반도 평화체제의 의제화 자체가 쟁점이지만, 남한정부가 적극적으로 비핵화와 평화체제의 연계를 의제화하는 것이 비용─편익의 관점에서도 유용할 수 있다. 이를 위해서는 이 의제화에서 발생할 수 있는 쟁점에 대한 나름의 대안을 가지고 있어야 한다.

---

29 평화국가는, "국가의 폭력성과 폭력적, 억압적 국가장치에 기초한 평화가 아니라 평화적 방법에 의한 평화를 추구하는 새로운 정치체"다. 평화국가를 구성하는 기본원칙은 다음과 같다. 첫째 평화국가도 물리적 폭력의 정당한 독점이 유지되는 국가이지만 평화국가는 물리적 폭력의 적정 규모화 및 최소화를 추구한다. '비도발적 방어' 또는 '방어적 방어'의 개념이 그 사례일 수 있다. 둘째, 평화국가는 평화외교와 윤리외교를 지향하는 국가장치를 필요로 한다. 셋째, 평화국가는 정치경제적인 측면에서 구조적 폭력이 제거된 '적극적 평화'를 지향하는 축적체제에 기초한다. 평화의 이념도 녹색의 이념처럼 궁극적으로는 반국가적이지만, 국가의 존재를 인정하는 한 녹색·평화국가가 시민권을 획득하기 때문에 불가피하게 현실에서는 '과정─구조'의 성격을 지닌다. 국가와 시민사회의 다양한 행위자의 역할 조화 및 관계 형성이 요구되기 때문이다. 평화국가의 형태로, 안보국를 지양하려는 평화지향적 안보국가와 앞서 지적한 구성의 원칙을 충족하는 평화국가를 설정할 수 있다. 그리고 평화국가의 외곽에 국가성을 넘어선 정치체를 상정해볼 수 있다. 구갑우(2007) 참조.

6. 한반도 평화체제의 쟁점[30]

한반도 평화체제는 1953년 정전체제의 대체물이다. 북한은 평화체제를
의제화하려 하고 있지만, 노무현 정부와 달리 이명박 정부의 입장은 불
분명했다.[31] 전쟁이 일시적으로 중단된 상태인 정전체제의 새로운 체제
로의 전환이 필요한가라는 질문에 대해 아니오와 예로 나누어질 수 있
다. 정전체제 또는 분단체제의 유지에 이해관계를 가지는 정치사회세력
들은 분단체제의 재안정화를 선호할 것이다. 예를 들어, 한미동맹에는
그것의 유지·강화에 이해관계를 가지는 이익집단들이 연루되어 있다.
만약 평화체제가 한미동맹의 유연화를 결과한다면, 평화체제의 의제화
에 강한 반대세력이 될 것이다. 북한을 적으로 유지해야만 이익을 얻을
수 있는 정치사회세력도 같은 의사를 보일 것이다.

　　반면 정전체제의 새로운 체제로의 전환을 생각하는 좌우파 정치사
회세력들도 존재한다. 보수우파 가운데는 북한의 붕괴 가능성을 고려하
며 '흡수통일'을 지향하는 세력이 있다. 만약 한반도에 이해관계를 가지
고 있는 패권국가 미국과 잠재적 패권국가일 수 있는 중국이 분단의 평화
적 관리를 선호한다면, 흡수통일을 추구하는 이른바 '통일외교'와 충돌할
수도 있다. 진보좌파 가운데는, 정전체제 극복의 대안으로 '국가연합'을
제시하는 세력이 있다. 남북의 협력을 기반으로 한반도를 포함한 동북아
질서의 지각변동을 시도하는 입장이라고 할 수 있다(박세일 2009; 백낙청
2009). 그러나 흡수통일과 국가연합 모두 정전체제를 대체하는 현실적 대

30　6절은 구갑우(2010)의 일부를 수정·보완한 것이다.

31　이명박 정부는 2010년 8·15 경축사에서, 통일세를 의제화하고, 평화공동체 – 경제공동
　　체 – 민족공동체로 연결되는 통일 방안을 제시했다. 통일세는 통일을 비용의 측면에서 생각
　　하게 한다. 북한은 통일세 제안이, "《북급변사태》를 념두에 두고 도이췰란드식 《체제통일》
　　을 꾀하는 극히 불순한 망동이"라고 강력히 반발한 바 있다.

안이라고 보기는 힘들다. 두 대안 모두 중간 단계를 결여한 비약일 수 있기 때문이다. 따라서 정치적 다수의 동의를 얻기 어려울 수 있다.

　　정전체제를 대체하는 새로운 체제의 필요성을 주장하는 정치사회세력들에게 정전체제의 평화체제로의 대체는, 너무 앞서가지 않는 현실적 대안일 수 있다. 뿐만 아니라 평화체제는 지금-여기서 흡수통일과 국가연합에 동의하지 않는 국내적 좌우파는 물론 국제적 행위자를 설득할 수 있는 의제기도 하다. 그러나 평화체제로 가는 길에는 국내적으로, 국제적으로 논의해야만 하는 피해갈 수 없는 쟁점들이 있다. 이 쟁점들의 조정과정이 평화체제를 둘러싼 협상의 주요 내용이 될 것이다. 주요 쟁점들을 살펴보자.

　　첫째, 평화체제는 남한과 북한, 북한과 미국이 서로 더 이상 적과 위협이 아닌 상태다. 따라서 평화체제 협상과정에서 적과 위협에 기초한 안보담론의 변경이 요구된다. 평화체제 논의는 안보담론의 평화담론 내지는 평화지향적 안보담론으로의 전환 과정일 수밖에 없다. 즉 관련 당사자들의 공동안보에 입각한 관여가 재개되는 것은, 평화담론에 기초한 평화체제 구축의 출발점이다(Kim 2010). 평화체제의 구축 과정에서, 안보담론의 법적, 제도적 장치들인 남한의 헌법 3조 영토조항이나 국가보안법 그리고 북한의 조선로동당 규약 등의 수정이 의제화될 것이다.

　　둘째, 평화체제와 비핵화의 관계다. 이명박 정부와 박근혜 정부는 사실상 선 비핵화 후 평화체제의 입장을 견지했다. 박근혜 정부는 2014년 7월 청와대 국가안보실 명의로 발간한 국가안보전략 보고서에서 "여건이 성숙되는 경우" 평화체제를 논의할 수 있다고 밝힌 바 있다. 박근혜 정부가 최초로 평화체제를 공식적으로 언급한 문건이 이 보고서다. 이 "여건"은 최소한의 비핵화 프로세스의 시작을 의미할 것이다. 반면 북한은 2015년 남북한의 8·25합의 이후 선 평화협정 후 비핵화로 해석될 수 있는 북미 평화협정 체결 제안을 하고 있다. 과거 선 비핵화 협상과 비핵화와 평화체제의 동시 협상이 실패로 돌아간 이유가 북미 적대 때문이었다는 논리가 그 제안에는 내장되어 있다. 북한은 북미 평화협정의 양심적 중재자로서 반기문 유엔사무총장의 역할을 기대하고 있는 것처럼 보이기도 했다. 그러나 한국을 배제한 평화협상 및 협정은 불가능할 수밖에 없다. 9·19공동성명처럼 다자협상을 통해 비핵화와 평화체제를 동시 의제화하는 길 이외에 다른 대안은 없는 것처럼 보인다. 그렇다면 누군가의 '양보'가 필요하다. 남한정부가 비핵화와 평화체제의 동시 진행에 동의하지 않는다면 한반도 평화체제 논의는 가장 큰 장벽을 만나게 될 것이다.

셋째, 평화체제의 내용과 형태도 논란의 대상이 될 것이다. 평화체제(peace regime)는 평화라는 이슈영역에 만들어진 규범, 규칙, 원칙, 절차 등과 같은 제도의 집합이라고 할 수 있다. 간략히 정리하면 평화체제는 평화의 제도화다. 핵심 구성요소는 전쟁의 종료를 선언하는 평화조약이다. 쟁점은 평화조약이 각 국가에서 비준을 요구하는 강제성이 있는 형태가 될 것인지의 여부다. 다른 쟁점은, 평화조약의 서명국이 누가 될 것인지의 여부다. 앞서 언급한 것처럼, 2007년 노무현 대통령과 김정일 위원장의 10·4공동선언에서는 3자 또는 4자의 정상이 참여하는 종전선언에 대한 언급이 있었다. 1953년 정전협정에 유엔과 중국과 북한이 서명했다는 점을 생각할 때, 논란을 야기할 수 있는 표현이었다. 남한이 정전협정에 참여하지 않았기 때문에 평화조약의 당사자가 될 수 없다는 주장은 적절하지 않다. 남한은 연합군의 형태를 취했던 유엔군의 일원이었고, 무엇보다도 북한이 정전협정을 위반했다고 문제제기를 하곤 했던 당사자이기 때문이다. 일반적으로 정전협정의 당사자와 평화조약의 당사자는 일치하지 않는다. 그렇다면, 평화조약은 최소한 남북미, 그리고 여

기에 중국이 참여하는 방식이 될 가능성이 높다. 9 · 19공동성명도 6자회
담과는 별도의 한반도 평화포럼을 통해 평화체제를 논의하는 방식을 제
안하고 있다. 역사적으로 북한은 평화협정의 당사자를 미국으로 제한하
려 했다. 그러나 남한의 남북당사자주의와 북한의 북미당사자주의를 넘
어서기 위해서는 보다 많은 국가의 참여하는 평화조약을 생각해 볼 필요
가 있다.

넷째, 비핵화 평화체제가 함께 논의될 때 비핵화의 의미를 둘러싼
논쟁이 예상된다. 북한이 주장하는 "조선반도 비핵화"는 북핵의 폐기는
물론 한미동맹에 의해 남한에 제공되는 미국의 핵우산 및 동북아 차원
의 핵군축 및 핵철폐와 연계되어 있다. 비핵화의 의미를 둘러싸고 북미
는 물론 한미와 남북한 사이에도 이견이 표출될 가능성이 있다. 북한의
핵개발이 한미동맹의 군사력에 대응하는 정책이라면,[32] 북한이 추구하는
비핵화는 한반도에서 핵의 반입과 반출을 금지하는 '비핵지대화'의 성격
을 가지고 있다.[33] 따라서 한미동맹에 대한 근본적 문제제기도 불가피할

[32] 2016년 7월 6일 북한은 정부대변인 성명을 통해 이른바 "조선반도의 비핵화"를 다시금 의
제화했다. 한반도 비핵화가 김일성과 김정일의 "유훈"이고, 김정은의 "의지"란 점도 주목의
대상이었다. "북비핵화"가 아니라 한반도 비핵화임을 강조하면서 북한이 교환품목으로 제
시한 것은, '미국 핵무기의 공개', '한국 내 핵기지의 철폐와 검증', '핵 타격수단의 한국 내
반입금지', '북한에 대한 핵사용 금지 확약' '한국에서 핵사용권을 가지고 있는 미군의 철
수 선포' 등이었다. 《로동신문》 2016.7.7. 사실상 한미동맹과 한반도 비핵화를 교환하자는
주장이었다. 7월 8일 한미동맹은 한국 내 사드배치를 결정했다.
[33] 한반도 비핵화를 동북아 비핵지대화와 연계하는 것도 평화체제 구축과 관련된 과제다. '한
반도 비핵화 – 동북아시아 비핵지대 – 핵 없는 세상'을 연결하는 '3차원 비핵화'도 주목의
대상이다. 한반도 비핵화를 북한 비핵화가 아니라 동북아 비핵지대화로 확장하자는 주장
이다. 동북아 비핵지대화는, 비핵국가인 남한, 북한, 일본에 대한 핵보유국 미국, 중국, 러
시아가 소극적 안전보장을 제공하는 것을 핵심 내용으로 하고 있다. 2009년 11월 23일 핵
군축 및 비확산을 위한 의원 네트워크(PNND) 한국위원회가 주최한 《한반도 비핵화와 동
북아비핵지대를 위한 한일국제회의》 자료집 참조. 다른 지역의 비핵지대화와 관련해서는,
Acharya and Boutin(1998); Redick(1981) 참조.

것이다.[34] 한미동맹의 법적 기초인 한미상호방위조약에는 북한의 위협이 명시되어 있지 않지만, 한미동맹은 북한을 적과 위협으로 설정해 왔다. 미군이 한국에 주둔하는 이유도 북한의 위협 때문이었다. 평화체제 논의에서 한미동맹과 북한이 중국과 맺고 있는 군사동맹의 형태 변환 또는 정치동맹화 또는 폐기가 의제화될 수 있다.

핵에너지의 평화적 이용권은 비핵화와 연관된 또 다른 쟁점이다. 북한은 9·19공동성명에서 볼 수 있는 것처럼 경수로 제공을 요구하고 있고, 우라늄 농축을 통해 핵에너지를 사용하겠다는 입장을 밝힌 바 있다. 남한은 2014년 만료되는 한미 원자력협정 개정협상에서 사용후 핵연료의 재처리 권한을 얻는 것을 협상의 주요한 목표로 설정한 바 있다. 1974년 체결된 한미 원자력협정은 사용후 핵연료의 재처리를 제한하고 있기 때문이다. 남한은 건식처리 공법인 '파이로프로세싱(pyro-processing)'은 핵물질을 분리할 수 없기 때문에 재처리가 아닌 재활용이라고 주장하면서, 사실상 재처리의 권리를 확보하려 했다. 2015년 11월 25일부터 발표된 한미 신원자력협정에 따르면 한미 합의와 미국의 동의를 필요로 한다는 전제가 있지만, 우라늄저농축과 파이로프로세싱을 위한 길을 열면서 제한적이지만 사용후 핵연료의 재처리를 할 수 있게 되었다. 핵비확산에 협력한다는 규범이 관철되고 있음은 부인할 수 없지만, 한미 신원자력협정은 향후 비핵화 협상에서 핵에너지의 평화적 이용권 그리고 사용 후 핵연료의 재처리를 문제를 둘러싸고 쟁점이 될 수밖에 없을 것으로 보인다.

다섯째, 평화체제가 만들어진다고 할 때 정전협정을 관리하고 있는

---

34   김명섭(2015)의 제안처럼 1953년 정전체제를 정전협정과 한미상호방위조약의 합으로 이해한다면, 정전체제에서 평화체제로의 전환에서 한미동맹에 대한 문제제기는 불가피할 수밖에 없다.

유엔군사령부의 존폐여부도 쟁점이 될 것이다. 유엔군사령부의 성격과
관련하여, 유엔군사령부가 유엔의 보조기관이라는 견해와 유엔군은 미
국을 중심으로 한 참전국들의 연합군이라는 견해가 대립하고 있다. 전자
라면 유엔군사령부는 유엔 안전보장이사회의 결의로 해체되는 것이고,
유엔군사령부가 한미연합군으로 해석하는 후자의 입장에 서면 평화협
정 체결 이전에도 유엔군사령부를 해체할 수 있다(정태욱 2009).[35] 평화
체제와 관련하여, 유엔군사령부를 대체하는 새로운 평화관리기구를 만
들 것인가 아니면 유엔군사령부를 존속시키면서 새로운 평화관리의 임
무를 부여할 것인가를 둘러싼 논쟁도 있다. 유엔군사령부의 해체를 전제
로, 새로운 평화관리기구로, 남북미중의 4자 공동군사위원회 또는 남북
의 공동평화관리위원회, 또는 국제평화감시단 등을 제시하는 의견들이
경쟁하고 있다(평화·통일연구소 2010).

　　여섯째, 한반도 평화체제와 동북아 다자간 안보협력의 관계설정도
논의될 수 있다. 동북아에는 유럽과 달리 양자동맹—한미동맹, 미일동
맹, 북중동맹—이 군사협력의 지배적 형태다. 미국의 재균형 정책에는
한미일 삼각동맹에 대한 구상도 담겨 있다. 동맹 대 동맹이 대립하는 구
조를 넘기 위해서는 동북아 수준에서 안보에 대한 대안적 개념화에 다양
한 행위자들이 동의해야 한다. '공동안보(common security)'를 지향하
는 한반도 평화체제는 최소한의 동북아 다자간 안보협력에 의해 담보되
지 않는다면, 지속가능성이 훼손될 수밖에 없다. 한반도 평화체제와 동
북아 다자간 안보협력은 선후관계의 문제가 아니라 한반도 평화체제를
매개로 동시적으로 진행되는 사안이 될 필요가 있다.

　　일곱째, 한반도 평화체제의 구축 과정에서 다루어야 할 또 다른 쟁

35　정태욱(2009)은 유엔군사령부의 정식명칭이, United Nations Command가 아니라 미국
　　지휘 하의 '통합사령부(Unified Command)'라는 점을 지적하고 있다.

점들이 '군축'과 '군비통제', 북한과 미국, 북한과 일본의 '관계 정상화' 그리고 '남북관계의 정의'—민족 내부의 관계인가, 국가 대 국가의 관계인가—를 둘러싼 논쟁이다. 군축과 군비통제는 평화체제의 필수적 구성물이다. 또한 한 논자의 지적처럼 북미관계의 정상화가 한반도 평화를 위한 추진장치가 될 수도 있다(Park 2009). 그러나 북미관계의 갈등의 역사를 생각한다면, 관계정상화는 추진장치라기보다는 최종 결과물일 가능성이 높다. 그리고 남북관계의 정의와 관련하여 평화체제를 수립하는 과정에서 서로의 국가성에 대한 인정이 필수적이라고 할 때, 평화체제는 남북관계를 국가 대 국가의 관계로 정의하게 할 수도 있다.

7. 한반도 평화체제의 길: 결론에 대신하여

공포의 균형이 부활할 수도 있고, 한반도와 동북아에서 새로운 평화과정이 시작될 수 있는 이 지각변동의 정세에서, 평화의 길을 가고자 하는 세력들은 무엇을 할 수 있을 것인가. 민주화와 탈냉전 이후 남한의 국내정치는 한반도를 포함한 동북아 국제정치의 향방을 결정하는 핵심 변수의 역할을 하고 있다. 한반도 평화체제를 둘러싼 논의도 예외는 아니다. 남한 내부에서 평화체제를 둘러싼 쟁점에서 실현가능성을 고려한 단계를 설정하고 합의를 도출할 수 있을 때, 국제적 수준에서 평화체제에 대한 합의가 가능할 것이다. 따라서 한반도 평화의 길을 둘러싼 국내에서의 담론투쟁이 가지는 파급효과를 고려해야 한다.

　　무엇을 할 것인가는 세 수준에서 생각해 볼 수 있다. 지구적 수준과 동북아 수준과 남북한 수준이다. 각 수준을 관통하는 실현가능한 연대의 원칙으로 우리가 제시할 수 있는 것은 두 가지다. 하나는, '반전·반핵·

평화의 원칙'이다. 다른 하나는, '평화적 방법에 의한 평화'의 원칙이다. 소극적 평화의 원천인 반전의 원칙과 더불어 우리는 사람의 삶의 질을 향상시킬 수 있는 적극적 평화의 의제를 제기해야 한다.

첫째, 한미일의 동맹 강화를 핵심으로 하는 미국의 재균형정책과 미중이 서로의 핵심 이익을 존중하며 협력해야 한다는 중국의 신형대국관계가 맞서고 있는 동북아에서 역설적이지만 비핵화를 매개로 한 한반도 평화체제는 미중의 협력은 물론 동북아 다자안보 협력을 도출할 수 있는 의제다.

둘째, 한반도의 평화를 위해 남한의 국가와 시민사회는 현실주의적 세력균형론에 얽매어 있는 두 대안인 자주냐 동맹이냐를 넘어서서 동북아 수준에서 냉전체제의 해체를 유도하고 동북아 군축과 비핵지대화를 실현할 수 있는 동북아 다자간 안보협력체의 건설을 의제화할 수 있어야 한다. 동북아 다자간 안보협력은 한반도 평화체제의 구축을 위한 국제적 조건이다. 한반도 핵문제의 해결을 위한 6자회담은 동북아 수준에서 다자간 안보협력을 구축할 수 있는 기회로 활용되어야 한다.

셋째, 남북관계 수준에서는 이른바 6·15담론에 대한 비판적 성찰이 필요하다. 남북의 경제협력이 한반도에서 일하는 평화체제의 건설을 위한 토대가 될 수 있지만, 기능주의적 접근이 자동적으로 정치군사적 협력을 결과하지 않을 수 있다는 점을 생각해야 한다. 북한의 핵실험은 기능적 접근의 한계를 보여주고 있다. 다른 하나는 보다 근본적인 것으로 남북관계의 화해와 협력이 진행될수록 남한은 비용을 북한은 체제의 붕괴를 고민할 수밖에 없다는 것이다. 달리 표현하면, 통일을 이야기하면 할수록 누가 통일의 주체가 되어야 하는가라는 문제가 발생하게 된다는 것이다. 남북관계의 딜레마를 극복하는 한 방향이 한반도 평화체제의 구축이다.

평화체제 구축 이후에 대해서는 두 견해가 있을 수 있다. 첫째, 평화체제의 구축을 통일 과정의 한 구성요소로 생각할 수 있다. 둘째, 평화체제가 남한과 북한이 국가 대 국가의 관계로 참여하는 국제레짐으로 정의된다면, 평화체제 이후의 남북관계는 열린 상태가 될 수 있다. 평화체제 이후의 남북관계가 통일지향적일 수도 있고,[36] 두 국가로서 공존을 지향할 수도 있다는 것이다.[37] 두 선택 모두 한반도의 미래일 수 있다. 평화체제 구축 이후, 서론에서 지적한 것처럼, 북한의 급변사태가 발생한다면, 흡수통일이 대안으로 부상할 것이다. 그러나 평화체제의 구축 이후 한반도가 안정화된다면, 남한과 북한이 서로를 설득하고 합의를 도출하는 방식으로 한반도의 미래를 결정하게 될 것이다.

평화체제의 구축이 동북아 수준에서 미국과 중국을 비롯한 주변국의 동의 없이 이루어지기 어렵다고 할 때, 평화체제 구축 이후 통일은 남한과 북한의 국내적 수준과 한반도 수준의 변수에 의해 그 향방이 결정될 것이다. 미국과 중국이 분단의 평화적 관리를 선호한다고 할지라도 남한과 북한이 국내적 수준에서 통일에 대한 합의를 도출하고 그것을 기초로 서로 협력할 수 있다면, 통일의 가능성은 높아질 것이다. 즉 남한과 북한 내부에서 통일에 대한 선호가 높아지고,[38] 그 선호를 형성하게 하는 통일담론을 가진 정치사회세력이 남한과 북한에 형성되고, 서로 협력할

---

36 예를 들어, 평화 · 통일연구소(2010)는, "외국의 간섭 없이 자주적이고 평화적인 방식으로" 통일에 합의하는 것을, 한반도 평화협정의 한 조문으로 설정하고 있다.

37 통일이 불가피하게 야기할 수밖에 없는 강행적 동질화와 그 과정에서 발생할 수밖에 없는 권력투쟁의 문제를 제기하면서 통일을 담론과 실천의 영역에서 추방하려는 정치사회세력 또는 통일이 남한식 신자유주의의 수출이 될 수도 있다는 점에서 통일을 반대하는 정치사회세력이 등장할 수도 있다.

38 서울대 통일평화연구소의 2010 통일의식조사에 따르면(박명규 외 2010), 통일의 필요성과 기대감은 높아지고 있지만, 현실주의적 접근태도도 뚜렷하다고 한다. 통일이 필요하고 통일이 남한에 이익이 된다는 비율은 50%를 넘고 있지만, 통일이 자신에게 이익이 된다는 응답은 약 24%였다고 한다.

수 있을 때, 평화체제는 통일의 길의 기초가 될 수 있을 것이다. 통일에 대한 동의가 이루어질지라도, 통일국가의 형태는 선험적으로 결정되지 않을 것이다. 통일국가의 형태로 단일민족국가, 복합국가, 네트워크 지식국가 등의 다양한 대안들이 경쟁하게 될 것이다(전재성 2009).

　마지막으로 지속가능한 한반도 평화를 위해서는 남북한 각 국가 내부의 체제전환이 필수적임을 다시 강조한다. 평화국가론은 이 지점에 주목한다. 남북한 두 국가가 군비증강을 중단하고 적극적 평화를 실현할 수 있어야 한다는 것이다. 북한의 핵무장은 북한 주민의 삶의 질을 악화시키는 행위다. 가용한 자원의 배분에서의 우선성 문제만을 지적하는 것이 아니다. 북한의 핵무장은 주민의 평화와 녹색에 대한 감수성을 심각하게 훼손한다. 뿐만 아니라 억지의 상호작용을 통해 만들어지는 군사적 긴장은 한반도를 포함한 동북아에서 군산복합체의 입지를 강화하고, 평화지향적 세력의 입지는 약화시킨다. 남한에서는 무엇보다도 평화와 녹색 그리고 복지를 연계하는 정치적 기획이 필요할 것이다. 복지와 녹색을 실현하는 국가 만들기는 한반도에서 적극적 평화를 담지한 평화국가 만들기의 원천이다. 또한 평화국가 만들기가 없는 복지국가 만들기는 보수세력의 기획이 될 수밖에 없을 것이다. 남북한의 체제전환을 기초로 그리고 남북한 각자의 체제전환에 영향을 미칠 수 있는 남북한의 기능적 교류에서, 그리고 북한에 대한 개발지원에서 복지 · 녹색 · 평화의 가치를 공유할 수 있는 길을 모색해야 한다.

8. 보론: 복지국가는 평화국가와 함께 가야 한다[39]

1) 복지국가 만들기의 쟁점

복지 '국가 만들기'가 진행중이다. '국가'가 시민의 사회적, 경제적 안전
(security)에 대해 '주요한' 책임을 맡는, 새로운 제도가 건설되어야 한
다는 필요와 당위에, 이의를 다는 정치사회세력은 없는 것처럼 보인다.
시민사회가 복지국가 만들기를 제안하고, 2010년경부터 시작된 무상급
식 '운동'을 계기로 만들어진 정치적 의제의 전환이다. 그 이유를 서로 다
른 시각에서 추론해 볼 수 있다. 첫째, 계급격차의 심화와 생존의 위협을
받는 계층의 확대로, '사회통합'이 저해될 수 있기 때문에, 개인의 자유
와 사회의 지속가능을 위해 복지가 필요하다는 논리를 세울 수 있다. 둘
째, 경제위기의 해결을 위해 복지를 '수요창출'의 한 방법으로 생각할 수
있다. 셋째, 앞의 두 이유를 포함하면서도, 성장과 분배 또는 성장과 복
지의 이분법을 넘어 복지를 '성장의 동력'으로 만드는, 패러다임적 전환
도 제안되고 있다.

　　복지국가 만들기라는 프레임을 공유하면서도, 경쟁하는 복지담론이
공존하는 이유와 관련하여, 두 문제를 생각해 볼 수 있다. 첫째, '어떤'
복지국가인가에 대한 합의가 부재하다. 모든 정치세력이 복지공약을 내
세우지만, 지향하는 국가형태는 다르다. '내가 만드는 복지국가'는 아동,
학생, 취업, 생활, 약자의 5개 항목과 복지재원의 마련을 위한 방법을 지
표로, 2012년 4 · 11총선에서 주요 정당이 제시한 복지공약을, 새누리당
의 맞춤형 잔여복지, 민주통합당의 과장된 보편복지, 통합진보당의 원칙

39　구갑우(2012a) 참조.

적 보편복지로 평가하고 있다. 주목되는 것은 복지의제와 관련한 보수의 진보로의 이동이다. 새누리당도 보건의료와 보육 등의 분야에서 보편적 복지를 수용하려 하고 있다.

복지의 범위—선별인가 보편인가—와 복지재원 마련의 방법은 어떤 복지국가인가를 구성하는 두 쟁점이다. 각 정당의 총선공약이 발표된 후, 기획재정부는 새누리당과 민주통합당이 내놓은 복지공약 모두를 집행하려면, 기존 복지예산 92조 6,000억 원 외에도 5년간 최소 268조 원이 더 필요하다고 구체적 '숫자'를 제시하면서, 재원 마련을 위한 방법이 부재한 양 당의 복지공약을 탁상공론이라고 비판한 바 있다. 기획재정부의 선거법 위반여부와 관계없이, 복지국가 만들기에 반대했던 세력들도 복지프레임의 틀 안에서 논쟁을 하고 있다. 그렇다면 문제는, 재정건전성이 필요하다면 재정건전성을 유지하면서도 복지를 실현할 수 있는 '방법'이다. 결국, 무상이 아니라 기업과 개인이 복지를 위해 더 지불해야 하는 비용, 즉 '증세'가 쟁점이다. 민주통합당과 통합진보당의 복지공약 앞에, '과장된'과 '원칙적'이란 수식어를 붙는 이유도, 인기 없는 정책인 증세의 방법을 구체적으로 제시하지 않고 있기 때문이다.

선별적 복지든 보편적 복지든, 그것이 공동'구매'라면, 비용을 지불해야 한다. 보다 많은 세금을 내는 복지국가를 선택할 것인가는 유권자의 몫이지만, 무엇보다도 어떤 복지국가인가를 설득할 수 있는 '복지동맹'의 담론과 정책의 '실력' 그리고 이를 실현할 수 있는 권력자원의 활용에 따라 한국형 복지국가의 형태가 결정될 것이다. 영국형 보편적 복지국가를 정초한 1942년 '베버리지 보고서(Report on Social Insurance and Allied Services)'를 둘러싸고, 베버리지(W. Beveridge) 자신처럼 그 보고서의 내용이 최고조의 복지정책이라고 생각했던 자유주의자와 그 보고서를 보다 평등한 사회로 나아가기 위한 틀이라고 생각했던 개혁적 사회주의자 사이에 갈등이 있었지만, 보수당조차도 복지국가에 대한 시민의 지지를 고려하여 그 보고서의 대강을 수용할 수밖에 없었다. 복지동맹의 실력과 진정성을 기초로 개인과 기업을 설득할 수 있을 때, 복지국가를 향한 정치적, 사회적 합의가 도출될 수 있다.

둘째, 어떤 복지국가일지는 '한국형' 복지동맹의 특성과도 연관되어 있다. 한국의 복지국가 만들기 담론은 서구와 달리 노동운동과 사회민주주의정당이 아니라 '시민정치운동'이 주도하고 있다. 따라서 유럽에서 노동운동과 사회민주주의정당이 중간계급과 연합할 것인가의 여부에 따라 북유럽형 평등주의적 보편적 복지국가의 길과 위계적 사회 내부에서 차별적으로 높은 수준의 복지를 제공하는 독일형 보수적 복지국가의 길이 분기되었던 것과 달리, 시민정치운동이 중심이 된 한국의 복지동맹은 '무상'담론에서 볼 수 있는 것처럼, 보편적 복지국가라는 방향이 시작부터 내재해 있었다. 그러나 복지의 수혜자일 수 있는 전통적 노동계급이 '보수적' 복지태도를 보이고 조직된 노동이 복지국가 만들기에 소극적인 한국적 특수성을 고려할 때, 유럽형 복지국가 만들기와 다른 경로를 상상할 수밖에 없다. 그리고 시민정치운동을 기반으로 한 복지동맹의 견고성은 상대적으로 약할 수밖에 없고, 시민정치운동이 정치권력의 주체가 아닌 한, 정당과의 연합 또는 정당에 흡수되는 형태로 또는 국가에 대해 직접 영향을 행사하는 운동의 방식으로, 복지국가 만들기에 참여해야 하는 한계도 가지고 있다.

이 한계에도 불구하고 한국사회에서 '준정당'의 역할을 수행해 온 시민정치운동은, 복지국가 만들기 담론의 주요한 생산자이자 공급자 역할을 하고 있다. 정당이 수요자처럼 보이는 형국이고, 모든 정당이 복지담론을 수용하면서 정당체제의 이념적 축 자체가 좌로 이동하는 효과를 만들기도 했다. 특히, 중간계급을 동맹의 구성원으로 호명할 수 있는 보

편적 복지국가를 지향하면서, 개별 복지쟁점을 다루면서도 보편적 복지
국가가 '잔여적' 복지국가가 아닌 '생산적' 복지국가가 될 수 있는 총체
적 국가재편을 설계하고 있다.

2) 전쟁국가 – 신자유주의적 안보국가의 강화

주요한 투사와 모방의 대상은, 스웨덴이다. 스웨덴은, 노동운동과 사회
민주주의정당이 연대의 가치와 이익에 기반하여 복지동맹을 견인하면
서, 경제정책과 사회정책의 선순환을 만들어낸 생산적, 보편적 복지국가
의 사례다. GDP의 50% 이상을 수출이 차지하는 개방국가이고, 재정건
전성을 유지하고 있으며, 상대적으로 낮은 법인세율을 부과하고 있고,
국가주도로 성장동력에 대한 투자가 이루어지며, 국가대표기업을 육성
하고 있으며, 기회의 평등을 지향하는 적극적 노동시장정책을 실행하고
있는 스웨덴은, 사회적 합의문화를 바탕으로 한 고복지·고부담·고성장
국가로, 한국의 진보와 보수가 스웨덴의 각기 다른 측면을 읽으면서, 매
력적 대안으로 검토할 수 있는 복지국가다. 즉 스웨덴 모델의 수입을 둘
러싸고도, 정치적 조건의 차이뿐만 아니라, 스웨덴 모델의 어느 측면에
주목할 것인가도 논쟁의 대상이다. 보편적 복지뿐만 아니라 국가대표기
업의 긍정성을 읽기도 하고, 재벌개혁이 아니라 복지국가 만들기를 경제
민주화와 등치하기도 한다. 대척에는 재벌 해체를 복지국가 만들기의 조
건으로 생각하는 세력도 있다. 글로벌 경제위기에도 불구하고 성장, 고
용, 재정 등의 측면에서 건실함을 보이고 있는 스웨덴의 사례를 보면서,
재정건전성과 성장동력에 대한 투자 등에 주목하는 세력도 있다. 즉 해
석과 수용을 둘러싸고, 진보와 보수의 경계가 흐려지고 있고, 하나로 얽
혀 있는 스웨덴 '체제(system)'의 특정 구성요소만을 보려는 한계도 보

이고 있다. 이 한계와 더불어, 복지국가 만들기가 사회정책의 도입수준을 넘어 계급격차의 심화 속에서 과도한 대외의존과 재벌중심의 경제정책, 경제활동인구의 30%정도가 사회적 안전망의 사각지대인 자영업에 종사하고 있는 한국경제가 지속가능하기 위해서는 어떤 선택을 해야하는가를 묻는 총체적 문제제기라고 할 때, 복지국가 만들기 담론에 생략되어 있는 그리고 간과되고 있는 결정적 구성요소가 있다. 바로 '평화'의 문제다. 한반도 분단체제가 복지국가 만들기에 미치는 영향을 생각해 보자는, 복지국가 만들기 담론의 부분수정 정도를 말하는 것이 아니다. 복지국가 일반의 국내제도는 복지의 제공을 위해 필요한 정보와 지식을 수집하는 '원형감옥(panopticon)'과 같은 역할을 할 수 있다. 즉 국내의 비평화를 야기할 수도 있다. 뿐만 아니라 우리는 복지국가가 '전쟁-복지국가(warfare-welfare state)'의 경향을 보이고 있음에 유의해야 한다. 스웨덴 모델과 관련하여 한국의 복지국가 만들기 담론에서 언급되지 않는 부분 가운데 하나가 스웨덴의 유사(類似) 전쟁국가적 성격이다. 복지국가 만들기가 진행중인 상황에서 복지국가의 부정적 측면을 말하는 것에 대해 성급하다는 반박이 있을 수 있다. 그리고 전쟁국가라 할지라도 복지국가라면, 차선(次善)은 되지 않는가, 라는 반론도 수 있다. 그러나 분단체제 하에서 전쟁국가의 형태를 가진 한국형 복지국가는 지속가능하지 않을 수 있다.

복지국가의 기원적 형태인 '비스마르크적(Bismarckian)' 복지국가는, 자유방임적 자본주의와 사회주의에 맞서서, 강력한 중앙정부가 통제하는 전쟁-복지국가였다. 전쟁-복지국가는 국가 안의 복지와 평화가 국가 밖에서의 전쟁에 의해 지지되는 국가다. 비스마르크적 복지국가는 국민통합의 한 모형이었고, 신생국 미국은 이 독일적 사회과학을 수입하는 국가이기도 했다. 냉전시대 미국은 전형적인 전쟁-복지국가였다. 탈냉전

시대에 들어서도, 신자유주의적 전쟁-복지국가를 유지하고 있다. 군산복합체와 결합된 전쟁국가는, 외부의 적과 위협을 상정하면서 시민의 안전이 힘을 통해 확보될 수 있고, 군비지출이 국내경제를 진작한다는, 두 가정을 통해 정당화되었다. 또한 미국형 복지국가는 극빈층에게만 복지가 제공되는 전형적인 잔여적 형태였다. 미국의 조직된 노동은 전쟁-복지국가의 주요한 지지자이기도 했다. 논리는, 군비지출이 일자리 창출에 기여한다는 것이었다. 전쟁-복지국가의 틀 내에서 주요한 쟁점은, 미국 연방예산의 2/3정도를 차지하는 국방비와 복지비를 어느 한편으로 이전할 수 있는가, 그리고 국방비의 지출이 경제성장에 기여하는가를 둘러싸고 전개되어 왔다.

　보편적 복지국가의 전형인 스웨덴도, 중립(neutrality)이라는 신화의 우산 하에서, 국제관계의 사회민주주의적 개혁을 모색하는 외교정책을 전개하면서 동시에 군사주의와 군사주의적 정책을 추진하는 군산복합체를 활용하던 복지국가였다. 중립을 표방한 '군사국가', '무장한 중립국가'로 평가되기도 하는 스웨덴은 냉전시대에 미국과 비밀리에 파트너십을 유지하면서, 전투기 엔진의 개발, 로켓프로그램, 핵개발 등을 진행했다. 군사적 자립에 과도하게 집착하면서 무기산업을 지속시켰고, 핵무기를 개발할 수 있는 능력을 유지하고자 했던 것도 군사적 자립에 대한 요구 때문이었다고 한다. 복지국가와 군사주의가 공존하는 스웨덴 모델에 대한 검토가 필요하다. 2012년 3월에는, 탈냉전시대에 군비가 축소되고 무기 수요가 감소하면서, 스웨덴과 사우디아라비아의 비밀 무기거래와 스웨덴이 사우디아라비아에 비밀리에 무기공장을 짓는 문제가 불거지면서 국방장관이 사임하는 사건이 발생하기도 했다.

　1950년 전쟁 이후 정전체제를 유지하고 있는 한반도에서, 남한은 전쟁국가의 완화된 형태인 '안보국가(security state)'를 유지해 왔고, 북한은 안보국가의 극단적 형태인 '유격대국가', '정규군국가'로 전환했다. 안보국가는 적과 위협을 설정하고 군사적 방법에 의한 국가이익의 실현을 목표로 하면서 폭력의 제도적, 물적, 이념적 기반이 국가장치와 시민사회로 확장된 형태다. 남한의 안보국가는, 국가제도가 계획을 통해 자원배분을 조정하면서 강행적 산업화를 추진했던 발전국가(developmental state)와 분리가 불가능한 쌍생아였다. 남한의 안보·발전국가는, 1997년 이른바 IMF 위기를 계기로, 신자유주의의 수입이 가속화되면서 한 축인 발전국가가 해체되고, 신자유주의적 안보국가로 전환되었다. 김대중·노무현 정부의 대북화해 협력정책으로 안보국가의 형태 변환이 발생할 수도 있었다. 김대중 정부에서는 GDP 대비 국방비는 감소하는 경향을 보였지만, 노무현 정부에 들어서서 이 경향은 역전되었다. 물론 두 정부 하에서 국방비는 지속적으로 증가했다. 이명박 정부에 들어서서, '역설'적이지만 정부가 군축을 언급하고 GDP 대비 국방비가 감소하는 경향을 보였지만, 국방비는 증가했다. 또한 정책의 측면에서 이명박 정부의 한미동맹의 전략동맹화와 대북강압정책은, 신자유주의적 안보국가를 강화하는 선택이었다.

3) 한국의 복지국가 만들기에서 고려해야 할 사항

한국의 '선진화' 기준이 된 OECD 통계에 따르면, 2007년 기준으로 한국의 GDP 대비 사회적 지출(social expenditure) 가운데 공공지출은 7.6%로, 최하위 멕시코의 7.2% 다음으로 낮은 '33위'다. OECD 평균 19.2%의 절반이 안 되는 수준이다. 프랑스가 28.4%로 가장 높고, 스웨덴은 그 다음인 27.3%다. 서유럽국가들 대부분이 20%를 상회한다. 서유럽국가 가운데 가장 낮은 수준의 공공지출을 하고 있는 그리스와 영국

도 각각 21.3%와 20.5다. 미국은 16.2%다. 호주는 미국보다 낮은 16.0%
다. 사회적 지출 가운데 민간지출은, 프랑스와 스웨덴이 각각 2.9%, 한
국 2.6%, 멕시코 0.2%다. 미국은 민간지출이 10.5%로 OECD 최고 수
준이다. 2009년 기준으로 GDP 대비 국방비 지출은, 이스라엘 6.7%, 미
국 4.9%, 그리스 3.6%, 한국 2.8%, 영국 2.7% 순으로, 한국이 OECD
국가 가운데 '4위'다. 스웨덴은 1.5%이고, OECD 평균은 2006년 기준
으로 1.4% 정도다. GDP 대비 국방비 지출 최고를 기록하고 있는 이스
라엘도, 사회적 지출은 공공지출 15.5%, 민간지출 0.5%로, OECD 평균
을 약간 밑도는 수준이다. 그리스와 한국의 국방비에는 무기수입이 상당
한 비중을 차지하고 있는데, 한국은 2011년 무기수입 세계 '6위'다. 인도
1위, 호주 2위, 파키스탄 3위, 모로코 4위, UAE 5위, 그리고 중국이 7위
다. 한국의 2007~2011년의 기간 동안 무기수입은 인도 다음인 세계 '2
위'였고, OECD 회원국 가운데 '1위'였다. 같은 기간 파키스탄이 세계 3
위, 중국이 4위였다. 그리스는 같은 기간 10위를 기록했지만, 국가부도
위기가 가시화되기 전인 2006년-2010년의 기간 동안에는 세계 6위였다.
무기수출국은 대부분 OECD 회원국들이다. 20011년 통계에 따르면, 무
기수출국의 앞 순위는, '미국', 러시아, '프랑스', 중국, '독일', '영국', '이
탈리아', '스페인' 순이고, '스웨덴'이 9위, '네덜란드' 10위, '이스라엘'
11위, '스위스' 13위, '캐나다' 14위, '한국' 15위다.

　이 통계들은, 복지국가의 '이면'과 더불어 한국의 복지국가 만들기
에서 고려해야 할 사항 몇 가지를 생각하게 한다. 첫째, 미국과 이스라엘
은 전형적인 전쟁-복지국가다. 사회적 지출과 국방비 지출의 교환이 쟁
점이 될 수밖에 없는 국가들이다. 둘째, 인구 약 900만의 스웨덴을 포함
한 서유럽 복지국가 대부분이 주요한 무기수출국이다. 스웨덴의 역사적
경험을 생각해 볼 때, 국내적 복지와 평화를 위한다면, 복지국가도 전 세

계 분쟁의 현장에서 사용되는 무기를 수출할 수 있음을 보여준다. 한 언론인의 지적처럼, 핵무기나 화생방무기가 아니라 소형무기야말로 실제로 인명을 대량으로 살상하는 대량살상무기(WMD)일 수 있다. 미국과 같은 수준은 아니지만, 서유럽의 복지국가도 전쟁-복지국가의 성격을 가지고 있음을 부정하기 어렵다. 셋째, 그리스는 분쟁국가의 범주에 포함시킬 수는 있지만, 상대적으로 높은 국방비의 지출과 서유럽국가 가운데 가장 높은 무기수입을 기록하고 있다. 국가부도위기의 원인 가운데 하나로 국방비의 과다 지출이 있었을 가능성이 지적되고 있다.

한국은 사회적 지출은 낮고 상대적으로 국방비 지출은 높은 국가다. 이 출발점에서, 한국의 복지국가 만들기가 갈 수 있는 길로, 미국과 이스라엘의 형태를 생각해 볼 수 있다. 그러나 이 경로는, 한반도 분단체제와 한반도를 둘러싸고 있는 군사강국의 각축을 고려할 때, 적절하지 않다. 첫째, 국방비를 복지비로 이전하는 기획을 구조적으로 제약한다. 한국이 OECD 평균 정도의 사회적 지출을 하는 복지국가를 목표로 할 때 연간 약 130조원이 필요하다고 한다. 한국이 지출하는 국방비가 연 30조 정도라고 할 때, OECD 평균수준으로 국방비를 감축하면, GDP 성장률을 고려하지 않고 현재 수준에서 사회적 지출로 이전될 수 있는 예산은 15조 정도다. 사회적 지출을 위한 예산 소요를 생각할 때, 충분하지 않은 양일 수 있다. 그러나 한반도의 특수성은 이 이전 논의조차 봉쇄할 수 있다. 둘째, 한국이 높은 수준의 국방비 지출을 지속한다면, 한반도와 동북아에서 '안보딜레마'가 불가피하다. 셋째, 높은 사회적 지출과 높은 국방비 지출을 하는 이스라엘 모델은, 국가 내에서 전쟁문화를 일상화한다. 즉 미국과 이스라엘의 길은 국가의 안과 밖에서 평화를 위협한다.

보다 심각한 문제는, 미국과 이스라엘의 길을 한국에 적용할 때, 사회적 지출의 증가를 위한 정치적 기획들이 강한 제약을 만날 수 있다는 점이다. 복지기획이 좌파의 담론으로 간주되는 이유가 가운데 하나가 분단체제에서 비롯된 것이라면, 따라서 분단체제의 극복을 위한 기획이 없다면, 그리고 남한의 복지국가 만들기에 버금가는 북한의 새로운 국가 만들기가 진행되지 않는다면, 우파의 복지담론 수용범위도 협소해질 수밖에 없다. 즉 한반도와 동북아의 평화가 없다면, 복지국가 만들기를 위한 정치적 동력이 상실될 수 있다. 미국이나 이스라엘과 같은 전쟁국가는 아니고 GDP 대비 국방비도 OECD 평균 수준이지만, 군산복합체를 보편적 복지국가의 실현을 위한 도구 가운데 하나이자 군사적 자립을 위한 토대로 생각하는 스웨덴의 길도, 미국과 이스라엘의 길에 대한 비판과 마찬가지의 이유로, 그리고 주체의 문제까지 포함한다면 더더욱 어렵겠지만, 한국에 수입하기 힘들 수 있다.

4) 한국형 복지국가 만들기는 평화국가 만들기와 함께 가야

한국형 복지국가 만들기는 평화국가 만들기와 함께 가야 한다. 평화국가 만들기는 평화적 방법에 의한 평화를 추구하는 시민사회의 담론과 결합된 새로운 국가 만들기로, 선군축과 같은 방어적 방위를 추구하는 것을 통해 남한사회의 구조 변화를 추동하고, 그 변화를 토대로 한반도에서는 북한을, 국제적 차원에서는 동북아 국가들을 평화국가로 바꾸어가려는 정치적 기획이다. 평화국가 만들기의 첫 번째 과제는, 물리적 폭력 수단의 적정 규모화다. 군축은 복지비 증액에 기여할 수 있다. 둘째, 평화외교와 윤리외교다. 이 외교의 목표는, 한반도 평화체제의 건설이다. '기능적 협력과 함께 가는 한반도 평화체제(peace system)'는 복지국가 만들기의 정치적 조건이다. 셋째, 평화국가는 정치경제적 측면에서 구조적 폭력이 제거된 적극적 평화를 지향한다. 복지는 적극적 평화와 동의어다. 복지국가 만들기가 신자유주의적 축적체제를 지양하는 정치적 기획이라면, 평화국가 만들기도 신자유주의적 축적체제가 한국사회와 한반도의 비평화를 생산하는 원인 가운데 하나라고 생각한다. 남한의 복지국가 만들기가 평화국가 만들기와 함께 가지 않는다면, 또한 남한의 복지국가 만들기가 북한에 신자유주의를 수출하는 방식으로 복지국가 만들기의 한 토대를 만들고자 한다면, 다가올 남한의 복지국가는 전쟁-복지국가와 유사한 형태가 될 수밖에 없을 것이다.

2012년 4·11총선을 앞두고, 정치세력들도 나름 평화국가 만들기에 참여할 수 있는 공약들을 생산하고 있다. 복지국가 만들기가 재정전략의 문제로 쟁점화되면서 좌우의 균열축이 좌로 이동한 것과 달리, 평화국가 만들기의 한 부분인 대북정책과 관련하여 보수와 진보 모두 평화를 목표로 설정하고 있지만, 수렴의 정도가 선명하지는 않다. 새누리당의 '유연한 대북정책'은 '유연한'에 방점을 찍을 경우, 그 내용은 가변적일 수 있다. 북한인권법의 제정을 공약으로 내세우면서도, 남북대화와 교류협력의 추진을 언급하고 있다. 평화와 공영을 슬로건으로 제시한 민주통합당의 대북정책은 기능주의의 한계를 가지고 있던 과거로의 회귀로 보인다. 한반도 평화체제 구축을 위한 경로를 제시하지 않고 있다. 통합진보당은, 대북정책 차원을 넘어서서 한반도 평화체제의 구축을 위해 필요한, OECD 평균정도로의 선제적 군축, 남북대화와 협력, 한미동맹의 평등화, 동아시아 평화·공동체를 연계하는, 평화국가 만들기에 근접하는 제안을 하고 있다. 그러나 외교정책과 통상정책을 아우르는, 평화국가 만들기 더하기 복지국가 만들기를 위한, 총체적 전략은 없는 것처럼 보인다.

복지국가 만들기를 추동하는 복지동맹처럼 평화국가 만들기를 주도하는 '평화동맹'도 전통적인 조직된 사회운동에 기초하고 있지 않다. 복지동맹처럼 가치에 기반한 '시민평화운동'이 평화동맹을 추동하는 핵심

세력이라 할 수 있다. 그러나 복지동맹이 다양한 세력들에게 비용/편익 계산을 제공하는 것처럼, 평화동맹이 이익의 계산을 제공하지는 못하고 있다. 평화동맹은 복지동맹보다 계급적, 계층적 문제의식이 약하다. 통일의식조사이기는 하지만, 예를 들어 통일비용에 대한 세금과 개인부담에 대해 동의하는 의견이 상대적으로 많지만, 경향적으로 비용에 대한 저항도 늘어가고 있다. 즉 평화동맹은 이익을 매개로 한 동맹의 확대와 결속력 강화에 취약할 수 있다. 평화가 이익이고 복지의 기초라는 담론의 개발이 요구된다고 할 수 있다. 역으로 복지담론에서는 복지의 증진을 위해서도 평화가 필요하다는 인식의 전환이 요구된다. 예를 들어, 복지와 평화가 함께 가지 않는다면, 반평화를 생산하는 한국형 군산복합체도 문제제기가 가능하지 않다. 복지국가 건설과정에서 기업지배구조의 민주화가 핵심 의제로 제기되는 것처럼, 국가와 기업, 연기금이 반평화적 투자를 하지 않게 할 수 있는 지배구조의 개혁이 필요하다. 복지동맹과 평화동맹이 연대하지 않는다면, 스웨덴이나 미국과 달리 분단체제 하에 있는 한국에서는, 지속가능한 복지국가의 건설이 불가능할 수 있다. 한국형 복지국가 만들기는 평화국가 만들기와 함께 가야 하는 세계사적 실험이다.

참고문헌

강상중(姜尙中). 1997. 이경덕·임성모 역, 《오리엔탈리즘을 넘어서》. 서울: 이산.

강충희·원영수. 2005. 《6.15자주통일시대》. 평양: 평양출판사.

고부응 편. 2003. 《탈식민주의: 이론과 쟁점》. 서울: 문학과지성사.

공제민. 1989. 《고려민주련방공화국 창립방안》. 평양: 사회과학출판사.

구갑우. 2007. 《비판적 평화연구와 한반도》. 서울: 후마니타스.

_____. 2008. 《국제관계학 비판: 국제관계의 민주화와 평화》. 서울: 후마니타스.

_____. 2010. 〈녹색·평화국가론과 한반도 평화체제〉. 《통일과 평화》 2: 1.

_____. 2012a. 〈복지국가는 평화국가와 함께 가야 한다〉. 《참여사회》 2012년 4월호(162호).

_____. 2012b. 〈탈식민적 분단국가의 재생산: 남북한과 아일랜드-북아일랜드의 사회적 장벽
　　　비교〉. 《한국과 국제정치》 28: 3.

_____. 2013. 〈북한의 핵억제담론의 심리학〉. 《한반도 포커스》 26호.

_____. 2014. 〈제2차 북미 핵갈등의 담론적 기원: 2002년 10월 3일~11월 26일, 말의
공방과 담론의 생태계〉. 《한국과 국제정치》 30: 4.

구갑우·안정식. 2010. 〈북한 위협의 상수화와 신자유주의 본격화〉. 《역사비평》 편집위원회,
　　　《갈등하는 동맹》. 서울: 역사비평사.

김명섭. 2015. 《전쟁과 평화: 6.25전쟁과 정전체제의 탄생》. 서울: 서강대학교출판부.

김용호. 2002. 〈대북정책과 국제관계이론: 4자회담과 햇볕정책을 중심으로 한 비판적 고찰〉.
　　　《국제정치논총》 36: 3.

김일성. 1963. 〈조선민주주의인민공화국 정부의 당면 과업에 대하여: 최고인민회의 제3기 제1차
　　　회의에서 한 연설〉. 《조선중앙년감 1962》. 평양: 조선중앙통신사.

_____. 1971. 〈조선로동당 제5차대회에서 한 중앙위원회사업총화보고〉. 《조선중앙년감 1971》.
　　　평양: 조선중앙통신사.

_____. 1973. 〈조선민주주의인민공화국의 당면한 정치, 경제 정책들과 몇가지 국제문제에
　　　대하여: 일본 《요미우리신붕》기자들이 제기한 질문에 대한 대답〉. 《조선중앙년감 1973》.
　　　평양: 조선중앙통신사.

김종엽. 2009. 〈분단체제와 87년체제〉. 김종엽 엮음, 《87년체제론: 민주화 이후 한국사회의
　　　인식과 새 전망》. 파주: 창비.

김철우. 2000. 《김정일장군의 선군정치》. 평양: 평양출판사.

김치욱. 2009. 〈국제정치의 분석단위로서 중견국가: 그 개념화와 시사점〉. 《국제정치논총》 49: 1.

마루야마 마사오(丸山眞男)·가토 슈이치(加藤周一). 2000. 임성모 옮김, 《번역과 일본의 근대》.
　　　서울: 이산.

박명규 외. 2010. 《2010 통일의식조사》. 서울대학교 통일평화연구소.

박세일. 2009. 〈한반도 위기의 본질과 선진화포용 통일론〉. 《전환기에 선 한반도, 통일과 평화의
　　　새로운 모색》. 화해상생마당 자료집.

박영호. 2000. 〈4자회담의 전개과정과 평가〉. 김학성 외. 《한반도 평화전략》. 서울: 통일연구원.

박정희. 1975.《박정희 대통령 연설문집 11》. 서울: 대통령비서실.

박지향. 2008.《슬픈 아일랜드》. 서울: 기파랑.

박종철. 2006. 〈한반도 비핵화와 평화체제 전환〉.《한국과 국제정치》, 22: 1.

박철언. 2005.《바른 역사를 위한 증언 1, 2》. 서울: 랜덤하우스.

백낙청. 2007.《백낙청 회화록 2》. 파주: 창비.

_____. 2009. 〈포용정책 2.0버전이 필요하다〉.《전환기에 선 한반도, 통일과 평화의 새로운 모색》. 화해상생마당 자료집.

백창재. 2009.《미국 패권 연구》. 고양: 인간사랑.

이경원. 2003. 〈탈식민주의의 계보와 정체성〉. 고부응.《탈식민주의》. 문학과지성사.

이경원. 2011.《검은 역사 하얀 이론: 탈식민주의의 계보와 정체성》. 파주: 한길사.

이근욱. 2007. 〈국제정치와 외교정책〉. 김계동 외.《현대외교정책론》. 서울: 명인문화사.

이수형. 2009. 〈노무현 정부의 동맹재조정정책: 배경, 과정, 결과〉. 이수훈 편,《조정기의 한미동맹》. 서울: 경남대 극동문제연구소.

이승환. 2009. 〈문익환, 김주석을 설득하다〉.《창작과비평》143호.

이만열. 2001.《한국기독교와 민족통일운동》. 서울: 한국기독교역사연구소.

이정철. 2005. 〈북핵의 진실 게임과 사즉생의 선군정치〉. 경남대 북한대학원 엮음.《북한 연구의 성찰》. 서울: 한울.

이제훈. 2016. 〈노태우 정부의 북방정책과 비대칭적 탈냉전: 남·북·미 3각 관계와 3당 합당의 영향을 중심으로〉. 북한대학원대학교 박사학위논문.

임동원. 2008.《피스메이커》. 서울: 중앙북스.

장석. 2002.《김정일장군 조국통일론 연구》. 평양: 평양출판사.

장달중·이정철·임수호. 2011.《북미 대립: 탈냉전 속의 냉전 대립》. 서울: 서울대학교출판문화원.

전재성. 2009. 〈한반도 통일에 관한 이론적 고찰〉.《통일과 평화》 창간호.

정태욱. 2009.《한반도 평화와 북한인권: 법철학적 기록》. 파주: 한울.《조선중앙년감 1985》. 평양: 조선중앙통신사.

평화·통일연구소. 2010.《전쟁과 분단을 끝내는 한반도 평화협정》. 서울: 한울.

허담. 1988. 〈조선에서 긴장상태를 가시며 조국의 자주적 평화통일을 촉진시키기 위한 전제를 마련할데 대하여〉.《북한최고인민회의자료집(제III집: 4기1차회의-5기7차회의)》. 서울: 국토통일원.

허문영 외. 2007.《한반도 평화체제: 자료와 해제》. 서울: 통일연구원.

Acharya, A. and J. Boutin. 1998. "The Southeast Asia Nuclear Weapon-Free Zone Treay." *Security Dialogue* 29: 2.

Cleary, Joe. 2002. Literature, Partition and the Nation State. Cambridge: Cambridge University Press.

Brydon, Diana, ed. 2000. *Postcolonialism: Critical Concepts I II III IV V*. London: Routledge.

Gandi, Leela. 이영욱 역. 2000.《포스트식민주의란 무엇인가》. 서울: 현실문화연구.

Kim, Samuel. 2010. "North Korea's Nuclear Strategy and the Interface between International and Domestic Politics." *Asian Perspective* 34: 1.

Koo, Kab Woo. 2009. "Gone but Not Dead, Sprouting but Not Yet Blossoming: Transitions in the System of Division." *Korea Journal* 49: 2.

_____. 2011. "Civil Society and Unification Movements in South Korea." *Journal of Peace and Unification* 1: 1.

Krasner, S., (eds.). 1983. *International Regime*. Ithaca: Cornell University Press.

Mitrany, D. 1943. *A Working Peace System*. London: RIIA.

Park, Kun Young. 2009. "Preparing a Peace Process in the Korean Peninsula." *Asian Perspective* 33: 3.

Redick, J. 1981. "The Tlatelolco Regime and Nonproliferation in Latin America." *International Organization*, 35: 1.

Young, R. 2001. Postcolonialism: An Historical Introduction. Oxford: Blackwell.

Waterman, Stanley. 1989. "Partition and Modern Nationalism." In C. H. Williams and E. Kofman(eds.), *Community Conflict, Partition and Nationalism*. London: Routledge.

제2부 통일, 평화, 체제전환

제4장

통일독일의 사회통합과 복지국가의 전환[1]

황규성(한신대학교 공공정책연구소 연구교수)

1. 통일과 복지의 대면

사반세기에 가까운 세월이 통일독일에 내려앉았다. 2000년대 중반까지
만 하더라도 독일이 "유럽의 환자"로 불리며 해매는 것 같아 우리는 "통
일 후유증", "복지 과잉"으로 독일 통일을 바라보았다. 최근 10년 사이에
독일이 우등생으로 다시 태어나니 이제는 너도나도 "독일 배우기"에 나
서는 듯하다. 독일 통일을 바라보는 우리의 기준은 매우 명쾌하다. 경제
적 성과 하나다. 우리의 담론지형은 경제적 성과에 따라 진자운동을 해
왔고 앞으로도 그럴 것 같다. 그런데, 독일 통일에서 정치적·경제적 통
합의 중요성을 부인할 사람은 없겠지만 사회적 통합은 상대적으로 덜 주
목받아 왔다.

1   이 글은 필자의 《한국사회정책》 제22권 3호에 수록된 〈동독의 체제전환과 사회정책〉
(2015) 및 《시민과 세계》 제13권 2호에 수록된 〈동독의 체제전환과 사회적 시민권〉(2015)
을 근간으로 재구성한 것이다.

독일 안에서도 통일 당시 우려와 희망이 교차했던 것이 사실이다. 동독 출신과 서독 출신의 이질성, 동독주민의 2등 국민 의식이 녹아있는 "오씨-베씨(Ossi-Wessi)", 과거 동독 시절을 그리워하는 "동독향수(Os-talgie)"와 같은 언어들이 통일 이후 사회통합이 순탄치 않음을 말해준다. 하지만 뿌리는 같아도 40년을 헤어져 살아온 부부가 살림을 합친 것 치고는 대단히 성공적인 재혼으로 보인다. 사회통합은 항상 역행의 가능성을 내포하고 있는데 독일의 경우 적어도 '괜히 합쳤으니 다시 갈라서자'는 목소리는 듣기 어려우니 스스로 A+는 아니더라도 A나 B+정도는 매기는 것 같다.

사회통합! 많이 들어본 말이지만 뜻을 명확하게 하기란 쉽지 않다. 이 글에서도 굳이 개념 규정을 시도할 생각은 없다. 사회통합은 불평등, 격차, 사회적 배제를 최소화한다는 상식적인 내용으로 충분하다. 다만, 한 가지 강조하고 싶은 것은 사회통합이 어떤 완결된 상태(state)가 있는 것이 아니라 과정(process)이라는 점이다. 따라서 사회통합에는 최종 종착지가 있을 수 없고 오직 더 통합된 사회를 향해 끊임없는 나아가는 과정으로서 종착역 없는 여정이다.

복지국가가 사회통합에 기여한다는 것도 상식에 속한다. 그런데 복지제도는 소득보장과 사회서비스로 대별할 수 있는데 사회통합에 이르는 길이 조금씩 다르다. 양자는 출발점도 다르다. 소득보장제도가 임금노동자의 소득상실에 대한 사회보장으로서 시장의 역할을 보완하는 데에서 출발한 반면 사회서비스는 구성원의 구체적인 삶을 지원하는 제도로서 가족의 역할을 보완하는 데에서 출발했다(박수지 2009; Bahle 2007: 19). 실업급여, 연금, 공공부조와 같은 소득보장제도는 실업, 고령, 빈곤 등 사회적 위험에 처한 사람들에게 현금급여를 지급함으로써 일정한 물질적인 생활을 영위할 수 있도록 도와준다. 사회서비스는 육아, 보

육 등 사회에 꼭 필요한 돌봄 역할을 가족에 맡기지 않고 사회에서 끌어
안아 가족을 돌보는 데 들일 시간을 경제활동이나 문화생활 등 가치 있
는 활동을 할 수 있는 인프라를 제공한다. 소득보장과 사회서비스는 복
지국가마다 서로 달리 배합되어 있고, 이런 점에서 복지국가의 특성을
판단하는 데에도 중요한 기준이 된다.

　한편, 소득보장과 사회서비스 등 복지제도에는 복지국가에는 사회
적 시민권(social citizenship)이 스며들어가 있다. 사회권도 쉽지 않은
개념이다. 토마스 험프리 마셜(T. H. Marshall)은 사회권을 "어느 정도
의 경제적 복지와 안전으로부터 사회적 유산을 완전히 공유하고 사회의
지배적 기준에서 문명화된 삶을 누릴 수 있는 권리에 이르는 권리"로 규
정한다(Marshall 1963). 그런데, 어느 정도의 복지, 사회의 지배적 기준,
문명화된 삶과 같이 추상적인 개념은 시간과 공간을 초월하는 것이 아니
다. 사회권을 가늠하는 보편적인 척도가 있는 것이 아니라 역사적 조건
과 상황에 따라 사회권의 내용은 달라진다(김윤태 2013). 사회권에 단일
한 버전은 있을 수 없고 모든 나라가 마셜의 영국식 시민권모델의 기준
에 맞출 수도 없으며 각각의 특성이 반영된 구조적인 조건 하에서 작동
한다(김원섭 2007; 나영희·김기덕 2009; Szalai 2015).

　동독과 서독은 사회통합, 복지제도, 사회권이 한데 어울려 있는 모
습이 서로 달랐다. 독일의 통일이 복지와 만나다는 것은 상이한 복지제
도의 통합에 그치는 것이 아니라 그 안에 담겨 있는 사회통합의 논리, 사
회권의 형태 등에 두루 걸쳐 통일독일이 어떻게 받아안을 것이냐는 과제
에 직면했음을 의미한다. 이 글은 25년이 지나는 동안 통일독일이 역사
가 내준 숙제를 어떻게 풀어나가고 있는지를 문제로 던진다. 2절에서는
통일 이전 동서독 복지체제의 특징과 통일 당시 협상을 거쳐 귀결된 복
지체제를 살펴본다. 3절에서는 통일 이후 현재까지 복지국가의 변동을

세 시기로 나누어 서술한다. 4절은 다시 통시적으로 사회통합과 복지국가의 변동을 엮어볼 것이다. 5절에서는 우리에게 주는 시사점을 제시할 것이다.

2. 동서독 복지체제와 통일

1) 서독

서구에서 복지국가가 꽃을 피운 제2차 세계대전 이후 서독이 추구했던 복지제도는 남성이 사회보험에 가입하는 정규직 일자리를 통해 가족을 부양하고 노령·질병·실업·산업재해 등 사회적 위험에 직면했을 때 사회보험을 통해 남성 소득자와 그 가족이 성취한 생활수준을 보장하는 것을 목표로 삼았다(Bleses and Seeleib-Kaiser 2004: 19; Butterwegge 2005: 272). 직역하면 "정상적 고용관계(Normalarbeitsverhältnis)"에 해당하는 정규직 고용형태는 기간의 정함이 없어 장기근속을 보장받고 산업별 단체협약의 적용을 받으며 사회보험 당연가입을 특징으로 한다. 연금보험, 실업보험, 산재보험, 질병보험 등 사회보험이 노령, 실업, 산업재해, 질병 등 사회적 위험에 대하여 보험방식으로 대처하는 것이 복지제도의 근간을 이룬다.

　　사회정책은 정규직 노동자를 핵심적인 대상으로 설계되어 "임금노동중심 사회정책(lohnarbeitszentrierte Sozialpolitik)"이라 불린다. 따라서 서독 복지국가는 노동시장에서 완전고용이 이루어지고 정규직 고용형태가 지배적일 때 원활하게 작동하는 구조다. 노동시장이 고용의 양 측면에서 완전고용이 달성되고 질 측면에서 정규직으로 균질화되어 있

는 상태에서 은퇴, 실업 등 소득상실 요인이 발생할 때 연금보험과 실업
보험은 넓은 포괄범위, 높은 급여, 재정안정을 동시에 확보할 수 있다.
사회보험이 차지하는 중요성 때문에 "사회서비스 국가"인 스웨덴과 달리
서독을 "사회보험국가(Sozialversicherungsstaat)"로 지칭하기도 한다
(Kaufmann 2003: 194). 사회보험 중 공적 연금보험과 실업보험은 노동
소득 상실에 대하여 약 67% 정도의 높은 소득대체율을 보장했다.

　　서독 복지국가의 제도적 설계는 높은 수준의 소득보장 등 강점을 가
지고 있음에 틀림없지만 사회통합의 관점에서는 몇 가지 구조적 취약성
을 안고 있었다. 첫째, 복지제도의 핵심 적용 대상자는 사회보험이 적용
되는 '정규직 임금노동자'로서 이들과 타자들 사이에 내부자-외부자 문
제를 안고 있다. 비정규직이나 가정주부 등 비경제활동 인구는 복지 참
여에서 배제되는 경향이 있다. 둘째, 불평등과의 관계에서 서독 복지국
가는 재분배가 상대적으로 약하다. 사회보험 중심의 복지제도는 수지상
등의 원리에 의해 대체로 낸 만큼 받아가는 구조로서, 노동시장의 불평
등은 복지의 불평등으로 연결된다. 따라서 산업 및 지역 수준에서 맺어
지는 단체협약의 포괄범위가 임금소득 불평등뿐 아니라 복지급여의 평
등에도 영향을 미친다. 셋째, 성 역할의 분리를 전제한다. 젠더의 관점에
서 복지국가를 파악하는 연구들은 독일을 남성과 여성의 역할이 분리된
"남성 생계부양자 모델"로 묘사한다(Lewis 1992; Sainsbury 1996). 남성
은 돈벌이, 여성은 가정주부 역할이 결합된 모델이 성립하면서 엄격하지
는 않더라도 온건한 성별분업이 이루어졌다. 이런 성격으로 인해 사회서
비스는 크게 발달하지 못했다. 특히 성 분업에 입각한 보수적 가족주의
와 가족정책으로 사회서비스, 특히 보육 서비스는 발달되지 못했다.

　　결국, 서독 복지국가는 남성의 정규직 완전고용에 의존하는 제도적
설계를 갖추고 있었다. 전후 약 1970년대 중반까지 약 30년간은 이런 조

건이 충족되었지만 그 이후 노동시장이 동요되면서 복지제도의 작동 자체가 흔들리기 시작했다. 그럼에도 불구하고 서독 주민에게는 이러한 설계가 대체로 정당한 것으로 인식되었다(Offe 1990). 완전고용과 정규직 고용관계에 기반한 서독의 복지제도는 통일 이전에 제도적 기반이 흔들렸지만 구조적 취약성을 유지한 채 부분적으로 수리하면서 지탱하고 있었다.

2) 동독

호네커가 집권한 1971년 이후 틀을 갖춘 동독 사회정책은 제도적으로 ① 노동권(Recht auf Arbeit), ② 일원적 사회보험(Einheitsver-sicherung), ③ 재생산 영역의 사회정책, ④ 기업 차원의 사회정책, ⑤ 특권층의 부가 규정 및 특별규정 등 다섯 가지 축으로 구성되었다(Schmidt 2004). 동독에서 사회정책의 축은 노동권이었다. 1949년 헌법에서 노동권은 국가기구에 의해 실현된다고 천명했고, 1974년 헌법 24조는 "독일민주공화국의 모든 시민은 노동권을 가진다. 동독의 모든 시민은 사회적 요구와 개인의 자질에 맞게 일자리에 대한 권리와 자유로운 직업 선택권을 가지며, 노동의 양과 질에 따라 임금을 요구할 권리를 가진다"라고 규정했다. 사회적 기본권인 노동권은 모든 주민에게 일자리가 보장된다는 의미였다(Bouvier 2002: 117-118). 1977년 노동법은 기업이 노동자를 해고할 수 있는 경우와 절차를 규정하기는 했지만 실제로 행사되는 경우는 드물었다. 고용을 복지의 요소로 본다면 일자리가 모든 사람에게 보편적으로 적용됨으로써 포괄성은 매우 높았다.

복지제도 적용 대상자의 폭 가운데 여성은 서독과 크게 대비된다. 재생산 영역의 사회정책으로 지칭되는 여성 및 가족정책, 아동보육정책

측면에서 양성평등이 강하게 추진되었다. 노동권은 남녀를 가리지 않아 통일 직전인 1989년에 여성 고용률은 90%대에 이르렀다. 여성의 노동은 노동력 동원과 같은 경제적 동기도 작동했다. 여성의 임금은 남성보다 약 1/3이 적었지만 여성은 가구소득의 약 40%를 기여했다고 전해진다(Geißler 2006: 307; Merkel 1994: 372). 동독이 실현한 완전고용, 보육 인프라 등은 사회적 성과(soziale Errungenschaft)로 과시되기도 했다.

그러나 동독 역시 구조적 약점을 안고 있었다. 사회보험체제에 의해 보장되는 생활의 수준은 높지 않았다. 서독에서는 사회보험 급여만으로 소득상실 요인이 발생할 경우 충분한 소득보장이 이루어지는 데 반해 동독의 사회보험 급여수준은 일단 한번 정해지면 웬만해서는 바뀌지 않아 경제성장과 임금인상에 따라 연동되지는 않았다. 따라서 사회보험제도만 놓고 보면 보편성은 매우 높았지만 급여수준은 낮은 형태였다. 특히 노인에 대한 사회보장은 사회적 성과의 이면에 그림자로 남아 있었다(Schmidt 2004).

또한, 동독의 불평등은 임금소득보다는 특권층의 존재라는 정치사회적 측면에 좌우되었다. 국가가 설정한 임금표는 "동일성과 동일임금" 원칙에 입각하여 성과에 따라 책정되었고, "모든 계급과 계층의 수렴"이라는 사회주의적 - 평등주의적 원리에 따라 노동자의 임금은 평준화되었다(Geißler 2006: 85). 최고 소득층과 최저 소득층의 평균임금은 1:3 정도에 불과했고 여기에 가구소득을 따지면 1:2 정도로 낮아졌다고 한다(Wehler 2008). 서독의 불평등이 주로 시장소득에 의해 발생된다면 동독에서는 권력과 지위에 기인하는 바가 컸다. 동독의 계급은 사회주의 통일당 독점엘리트, 행정관료계급, 실무행정계급, 산업노동자계급, 농업노동자계급, 기타계급으로 분류된다(Wehler 2008). 이런 지위의 차이에 따른 불평등은 작업장의 소득격차에 그치지 않고 주택과 소비재까지

연결되었다(Engler 1999: 180-181). 특권층의 존재로 인해 일원적 사회
보험이 모든 사회구성원을 평등화하는 효과는 제한적이었다(Hoffmann
2005: 112).

정치적 지위에 연계된 복지의 불평등과 후하지 않은 복지수준이라
는 한계가 있었음에도 불구하고 노동과 복지에서 관철된 보편성과 사회
경제적 평등은 동독주민에게 일종의 규범으로 자리잡았다. 사회권이 실
현되었던 공간으로서 작업장은 특별한 위상을 가졌다. 동독 출신 여성은
국내 연구자와의 인터뷰에서 아래와 같이 말했다.

> "맞아요. 그때의 직장은 지금 말하는 직장과는 의미가 달랐어요. 단순히
> 돈을 버는 것 말고도 자기의 존재를 확인할 수 있는 곳이었죠. 아무튼 일
> 하지 않는 여자는 상상도 할 수 없었으니까요."(김누리 외 2006: 31)

요컨대, 서독은 소득보장 영역에서 동독은 사회서비스 영역에서 상
대적 우위를 점했다. 공통된 복지의 역사를 공유하는 동서독은 서로 다
른 체제 속에서 서로 다른 복지제도, 사회권, 불평등 체제를 갖고 있었
다. 이런 측면에서 나치독일, 서독, 동독 모두 독일 사회국가의 상이한
형태들이었다(Hockerts 1998).

3) 1990년 독일, 복지체제의 구상과 귀결

상이한 복지체제를 가지고 있었던 동서독은 1989년 여름부터 시작된 동
독의 동요로부터 1990년 10월 3일 통일될 때까지 짧고 굵게 통일독일의
복지체제에 대한 협상을 진행했다. 체제전환 국면을 맞이한 동독은 여성
단체가 나서 사회헌장(Sozialcharta)을 채택하면서 "사회적 성과"로 자

랑스럽게 여겼던 사회정책적 요소들을 가능한 한 유지하고자 했다. 1항에는 노동권, 2항에는 노동생활의 민주화 인간화에 이어 3항에는 양성평등과 아동양육을 다루었고 9항에는 사회보험이 다루어졌다(Unabhängiger Frauenverband 1990). 사회헌장은 소득보장과 사회서비스에 선차성을 부여했다기보다는 사회정책에 대하여 포괄적으로 요구를 담아냈다. 사회헌장은 1990년 3월 2일 인민의회의 의결을 거쳐 체제전환을 맞이하는 동독의 입장으로 정리되었다(Ritter 2006).

　　그러나 공식적인 입장 정리와는 별개로 대중적 요구는 생활수준 향상에 무게중심이 쏠렸다. 동독의 시위에서 주민들은 민주화를 요구하는 "우리가 국민이다"에서 출발하여 통일을 요구하는 "우리는 같은 민족이다"를 거쳐 "(서독) 마르크화가.우리에게 오면 우리는 여기(동독)에 있을 것이지만 아니면 우리가 마르크화로 다가갈 것이다"로 구호를 바꾸어나갔다(황규성 2011). 사회주의권 가운데 경제발달 수준이 높은 것으로 인정되었던 동독에서조차 생활수준의 향상, 구체적으로는 서독 마르크화와 구매력에 대한 열망이 얼마나 강했는지를 짐작케 한다.

　　그러나 통일독일의 복지제도는 서독이 설계했다. 1990년 5월 18일 동서독 사이에 체결된 국가조약은 동독이 서독의 사회적 시장경제체제를 도입함과 동시에 사회정책도 서독의 것을 수용하도록 합의되었다. 국가조약 4장은 사회공동체를 다루고 있는데 노동법 질서상의 기본원칙(17조), 사회보험의 원칙(18조), 실업보험 및 고용촉진(19조), 연금보험(19조), 건강보험(20조), 보건의료제도(21조), 산재보험(22조), 공공부조(22조)가 포함되어 서독의 제도를 동독에 이식하기로 결정되었다. 조항의 제목과 순서만 보더라도 서독 복지제도의 체계가 그대로 반영되었음을 알 수 있다.

　　국가조약 1조에 "사회공동체가 화폐동맹 및 경제공동체를 보충한다"고 명시하고 있다는 점이 눈에 띤다. 여기에서 "보충"은 국가조약의 핵심인 화폐통합과 동독의 경제개혁을 사회공동체가 보완적으로 지원한다는 의미로 해석된다. 사회공동체의 조항 구성은 노동질서를 먼저 내세우고 사회보험을 그 다음에 배치한 후 공공부조를 맨 마지막에 위치시켰다. 사회서비스에 대한 언급은 없다. 사회정책은 동독의 경제적 체제전환을 노동관계, 고용촉진, 사회보험, 공공부조로 지원한다는 뜻으로서 소득보장과 사회서비스의 결합이라는 관점에서 보면 소득보장제도를 통해 체제전환을 지원한다는 것이다.

소득보장 중심의 체제전환 지원은 서독 사회정책의 특징을 반영하는 것이기도 하거니와 동서독 당사자의 의지가 교묘하게 합쳐진 결과였다. 동독 체제전환에서 사회정책 분야의 핵심인물인 서독 노동사회부 장관 블륌(Blüm)은 사회정책의 역할을 동독지역의 체제전환을 측면지원(soziale Flankierung)하는 것으로 여겼다(Ritter 2006: 196). 소득보장 정책에 돈을 풀어 체제전환이 원활하게 이루어질 수 있도록 하겠다는 뜻이다. 결과는 그렇게 되었다.

동독의 체제전환은 서독과의 협상을 거쳐 통일이라는 형식으로 진행되면서 동독의 사회주의 계획경제를 서독의 '사회적 시장경제'로 온전하게 대체했다는 의미에서 "제도이식"을 특징으로 한다(Lehmbruch 1991). 이 과정에서 동독은 수혜와 동시에 피동성을 떠안았다. 당시 우수한 사회경제적 성과를 구가하고 세계적으로 공인된 서독의 "사회적 시장경제"를 도입할 수 있었으니 다른 나라와 비교하면 동독에게는 일종의 "특권"이었던 셈이다(Wiesenthal 1996). 그 특권의 알맹이는 높은 소득보장이었다. 동독도 소득보장 중심의 사회정책이 싫지 않았다. 동서독 마르크화의 화폐교환비율을 원칙적으로 1:1로 설정했다는 점과 사회보험, 특히 연금보험에서 동독의 수급권을 서독의 제도 안에서 흡수했다는

점에서 동독 체제전환에서 소득보장에 무게중심을 실었다는 것이 드러
난다. 소득수준의 향상에 대한 기대감은 동독이 서독의 사회적 시장경제
체제를 체제전환의 모델로 수용하게 하는데 주요한 역할을 했다.

그러나 제로에 가까운 체제전환 탐색 비용은 공짜가 아니었다. 이웃
나라들은 망망대해에서 난파선을 수리해야 했던 반면 동독은 서독으로
피항할 수 있었지만, 스스로 배를 수리하지 못한 채 남의 손에 맡기는 대
가를 치렀다(Offe 1996: 151). 피동성의 대가 중 하나가 동독적 사회통
합이다. 사회주의에서 자본주의로의 체제전환은 필연적으로 국가의 완
전고용 보장을 포기하게 만들었다. 제도적으로는 양성평등과 여성의 높
은 경제활동 참여를 제도적으로 뒷받침했던 보육제도 역시 놓아버릴 운
명에 처했다. 이런 결과는 동독의 고도로 발달된 보육의 사회화가 서독
의 가족주의로 대체됨을 예견하는 것이었다. 높은 수준의 소득보장을 대
가로 사회서비스를 희생한 것이 동서독 협상이 선택한 길이었다. 그러나
피동성의 대가는 당시에 민감하게 인식되지 않았다.

3. 통일 이후 복지국가의 변동

1) 제도이식(1990~1997년)

동독이 독일연방공화국(서독)에 편입되면서 독일은 통일되었다. 오래
되었지만 동독지역에는 새로운 사회적 위험이 현실로 나타나기 시작했
다. 동독지역의 실업률은 1991년에 10.2%에서 출발하여 1997년에는
19.1%로 치솟았다(Bundesagentur für Arbeit). 대량실업은 소득상실의
가장 중요한 요인으로서 그만큼의 정책수요를 발생시켰다. 노동시장에

서 은퇴할 연령에 도달한 동독지역의 노인 역시 연금정책의 수요를 일으키는 집단이었다. 독일 전체 기준으로 65세 이상 노인인구는 1991년에 15%에 이르렀다(DRV 2014: 290).

실업이나 노령과 같은 사회적 위험이 정책수요의 폭발로 이어진 것과는 정반대로 여성 노동시장의 변화에 따라 보육서비스 수요는 급감했다. 동독시절 약 90%에 달했던 여성 고용률은 체제전환 직후 55~57%로 뚝 떨어졌다(WSI). 여성의 활발한 직업노동 참여를 제도적으로 뒷받침하던 보육시설은 다수가 문을 닫아 3세 미만 아동의 100명당 어린이집 자릿수가 1990~1991년에 52.6개였던 것이 1998년에는 31.7개로 급격히 떨어졌다(DJI 2005). 고도로 발전되었던 동독지역의 보육 서비스는 가파른 내리막길을 걷게 되었다. 이 시기에 동독지역의 소득보장정책 수요는 급증한 데 반해 보육서비스 수요는 비자발적으로 크게 위축되었다. 오래된 사회적 위험과 새로운 사회적 위험이 압축적으로 공존했지만 전자는 정책수요의 팽창, 후자는 정책수요의 대폭 축소라는 상반된 양상을 띠게 되었다.

통일 초기에는 통일 협상 당시 체제전환 특수적인 사회정책이 집행되었다. 노동시장정책 전체 중에서 실업급여, 조기퇴직 수당, 실업부조 등 임금대체 급여에 투입된 재정의 비중은 1991년에 42.6%에서 1994년에는 63%를 차지했다(황규성 2011: 140). 연금은 1992년에 연금이양법이 시행됨으로써 몇 가지 특수한 규정을 제외하고는 제도적으로 통합되었다. 동독지역 연금수급자 수는 1992년에 381만 7,484명에서 1995년에 453만 3,646명으로 늘어났다. 월 평균 연금 수급액은 1990년에 302유로에서 1995년에는 658유로로 5년 사이에 2배 이상 증가했는데 1995년에 서독지역의 월 평균 수급액이 638유로였다(DRV 2014: 168, 208).

사회서비스 중에서 서독이 장기간에 걸쳐 준비해온 요양보험제도가

1995년부터 시행됨으로써 동독지역은 앉은 자리에서 서독이 마련한 예기치 않은 혼수를 받게 되는 행운을 누렸다. 더구나 노인 서비스의 발달 수준이 높지 않았던 동독지역으로서는 요양보험 도입은 축복이었다. 그러나 보육은 정반대의 길을 걸었다. 보육서비스의 비자발적 위축에 대한 정책적 조치는 뚜렷한 것이 없었고, 그럴 필요도 없었다. 서독의 전통적인 가족주의에 뿌리를 둔 소극적인 보육정책이 동독지역에 닻을 내리게 되었기 때문이다.

이 시기 정책공급은 특히 약 4년간은 동독의 체제전환을 대상으로 하는 정책이 구사되었지만 그 이후 체제전환 특수성을 서서히 걷어내고 독일 전체를 대상으로 하는 정책으로 서서히 변화하기 시작했다. 사회보험은 가입경력을 요건으로 급여가 지급되는 것이 원칙이지만 체제전환을 맞이하여 가입한 적이 없었던 동독 주민을 일종의 가입의제를 통해 적용한 것이었다. 그러나 시간이 흐름에 따라 특수규정들은 효력을 상실하기 마련이다. 그러나 여기에서도 제도별로 차이가 있다. 실업급여는 수급기간이 경과하면 더 이상 급여대상자가 되지 않기 때문에 자연스럽게 특별규정의 적용에서 벗어나게 되지만 연금은 일단 한번 적용대상자가 되면 계속 적용을 받게 된다. 체제전환 비용 중에 연금이 가장 큰 비중을 차지하는 구조적 원인도 여기에 있다.

사회정책은 동독지역의 체제전환에 이중적인 효과를 나타냈다. 하나는 상당한 수준의 소득보장이 이루어지면서 동독 주민의 생활수준 향상 욕구를 충족시켰다는 점이다. 특히 연금의 경우는 수요를 충족시키고도 남을 만큼 충분한 수준으로 정책이 공급됨으로써 잠재적인 체제전환 역류요인을 원천적으로 차단하는 효과를 낳았다. 화폐의 1:1 교환과 후한 연금수급액 및 실업급여는 동독주민이 소득보장의 풍요로움을 만끽하기에 충분한 것이었다. 통일이 가져온 것이 무엇인지를 묻는 동독

지역 설문 조사에서 1993년 11월에는 고용 창출 조치가 1위로 꼽혔고, 1996년에는 재정 지원, 연금 등이 긍정적인 평가를 받았다(Ritter 2006: 299). 직간접적으로 소득을 보장하는 제도와 정책이 동독주민에게 호소력이 있었다는 것을 시사한다. 소득보장으로 동독의 체제전환을 사회적으로 측면지원한다는 서독 노동사회부 장관 블륌의 구상이 실질적인 효과를 낳음으로써 체제전환의 동력을 제공했던 셈이다.

반면, 보육서비스는 체제전환에 역효과를 낳을 가능성을 안고 있었다. 여성에게 일과 가정의 양립이 규범으로 정착되었던 동독이 독일의 동독지역으로 바뀌었지만 가치지향은 급격히 변동하는 것이 아니기 때문에 동독지역 여성들에게 노동시장 상황과 보육 서비스의 후퇴는 성역할에 관한 가치와 실제 사이에 부정교합을 초래했다. 이런 점에서 사회정책이 체제전환에 미친 영향은 집단별로 착종되어 노인은 체제전환에서 득을 본 집단이, 여성은 손해를 본 집단이 되었다. 노인이 소득보장을 통해 통일의 승리자이긴 했지만 보육시설의 와해로 인해 손자·손녀들을 돌보야 하는 의무감을 떠안게 되는 양면성이 있었다(Thelen 2014: 195). 그러나 전반적인 사회정책의 효과는 두 방향의 상대적 힘의 크기에 의해서 좌우될 것인데, 이 시기에는 소득보장정책이 보육서비스의 와해를 덮고도 남을 만큼 위력이 충분했던 것으로 보인다. 서독 제도의 이식에 대한 무한한 신뢰가 작동되어 제기될 문제는 오랫동안 무시되었다(Thelen 2014: 79). 그럼에도 불구하고 보육의 사회화와 여성의 역할에서 경험하게 된 후퇴는 잠재적인 불안요인으로 남게 되었다.

2) 제도이식의 한계(1998~2004년)

1990년대 중후반부터 2000년대 초반에 걸쳐 동독지역의 체제전환뿐 아니라 독일 전체의 위기가 고조되었다. 세계경제에서 경쟁력이 흔들리면서 독일이 "유럽의 병자"로 불린 것도 이 시기였다. 독일의 위기는 동독 지역의 체제전환의 위기이자 "통일의 위기"였다. 동독지역의 실업률은 2003년에 이르면 20%를 넘었고 2005년에는 20.6%에 이르렀다. 독일 전체에서 65세 이상 고령자가 차지하는 비중도 2000년대로 접어들면서 17%로 진입했다(DRV 2014). 고실업과 고령화는 소득보장 사회정책의 수요를 더욱 배가시켰다. 1997년에 이르면 독일 역사상 최초로 복지 수급자 수가 취업자 수를 상회하기 시작했다(Czada 1998). 독일 사회국가의 위기 징후가 명확했다.

반면에 동독지역에서 보육서비스는 여성 노동시장과 궤를 같이 하는데, 여성 고용률은 이전 시기보다 1~2%p 높아진 57~58%선에서 좀처럼 움직이지 않았다. 1998년에 31.7개였던 3세 미만 아동의 100명당 어린이 집 자리 수는 2002년에 37개로 소폭 상승했다(DJI 2005). 여성 고용률이 소폭 높아지기는 했지만 정체가 지속되는 가운데 보육 인프라는 소폭 늘어나는 현상이 나타났다. 보육서비스 수요는 소폭 움직이기는 했지만 체제전환 2기와 크게 다를 바가 없었다.

이 시기에 이르면 체제전환 특수적인 정책은 자취를 감추고 사회정책이 독일전역을 대상으로 하는 정책으로 바뀌게 되었다. 그런데 독일 전체적으로 사회경제정책의 흐름을 주도했던 것은 세계화, 경쟁력, 산업입지와 같이 사회정책이 경제에 부담으로 작용하기 때문에 복지를 축소해야 한다는 담론이었다(황규성 2011). 이런 진단은 다소 과장된 측면이 없지 않지만 소득보장 사회정책의 공급역량이 임계점에 도달했음을 알리기도 했다. 복지제도의 지속가능성을 확보하기 위해서는 고용이 지속적으로 증대되어야 하지만 조기퇴직과 같이 노동력을 줄이고 이들을 복지제도에서 떠안으려는 처방은 "일자리 없는 복지(Esping-Andersen

1996)"로서 "고용위기에 대한 잘못된 대응(Manow and Seils 2000)"이라는 진단이 나왔다.

이 시기에는 사민당과 녹색당의 적녹연정이 집권했지만 소득보장 정책에서는 충분한 소득보장이 아니라 재정안정화와 경쟁력 강화로 방점이 옮겨졌다. 노동시장정책 영역에서는 널리 알려진 하르츠 개혁이 시행되어 실업급여의 수급기간을 대폭 축소했다. 연금정책에서는 2001년에 공적 연금이 아니라 민간 연금을 활성화하는 리스터 연금이 도입되었다. 이 연금 개혁에서는 공적 연금의 운영 목표 자체가 바뀌었다. 연금보험은 60% 후반 내지 70% 전반의 높은 소득 대체율을 유지해 생활수준을 보장한다는 것이 오래된 목표였지만 연금개혁은 목표와 수단의 관계를 거꾸로 세웠다. 즉, 보험료율 인상 억제를 목표로 삼아 이에 따라 지출이 결정되는 '수입 중심 지출 정책'으로 변화했다. 그 결과 노령 시 수입을 보장한다는 오래된 연금 정책의 목표도 달라졌다(Schmähl 2004: 183). 2004년에는 지속성 요소가 도입되면서 급여수준을 인구구조와 경기변동에 연동시켜 사실상 급여액을 하향시키는 조치가 취해졌다.

독일 사회경제정책의 방향 전환이 있었지만 동독지역에서 적용된 연금은 이미 정착단계에 접어들었다. 연금수급자는 2002년에 들어 500만 명을 넘어섰고 월평균 수급액도 1999년부터 600유로를 넘어섰다 (DRV 2014: 168, 208). 즉, 커다란 정책의 변화가 있었음에도 불구하고 체제전환에서 연금이 가지고 있는 힘은 타격을 입지 않았다.

이 시기에 통일독일의 복지는 독일 전체의 위기와 맞물리며 위기에 직면했다. 소득보장정책은 고용 확대를 전제로 작동 가능했다. 고용이 늘어야 더 많은 사람이 조세와 사회보험료를 내고 이를 기반으로 연금과 실업급여와 같은 소득보장정책이 움직일 수 있는데, 고용의 정체는 소득보장 정책이 임계점에 달했다는 것을 의미했다. 반면 고용, 특히 여성고용을 늘이기 위해서는 보육시설 인프라가 확충될 필요가 있지만 단지 정책담론 수준에 머물 뿐 정책으로 현실화되지는 않았다. 서독모델의 이식에 의한 체제전환, 구체적으로 사회서비스를 희생한 소득보장정책 확대가 가지는 구조적 한계가 이 시기에 뚜렷하게 드러났다.

3) 사회서비스의 부활(2005년~)

2005년부터 독일경제는 반등하기 시작했다. 독일경제의 국제경쟁력도 회복되었고 실업률도 낮아졌고, 유럽의 환자가 슈퍼스타로 거듭났다는 평가가 나타났다(Dustmann et al. 2014). 동독의 체제전환은 새로운 국면에 접어들었다. 동독지역의 실업률은 2005년에 20.6%에서 2014년에는 11%로 급락했다(Bundesagentur für Arbeit). 오래된 사회적 위험 가운데 실업의 위험은 급속도로 감소해 갔다. 노후소득보장이 요구되는 고령자의 숫자는 점점 늘어갔다. 독일 전체적으로 인구 중에서 65세 이상 고령자가 차지하는 비중이 2007년에 이르면 20.1%에 달했다(DRV 2014:290).

동독지역의 여성 고용률은 2005년에 58.9%에서 2012년에는 69.3%로 급격히 높아졌다. 같은 기간에 3세 미만 유자녀 여성의 고용률은 43.7%에서 60.6%로 가파른 상승세를 보였다(Statistisches Bundesamt). 경기호조에 힘입은 전반적인 고용의 상승세는 특히 여성에게 실현되어 일과 가정의 양립이라는 새로운 사회적 위험이 동독지역에서도 현실로 나타나게 되었다.

이 시기에 이르러 소득보장정책은 이미 더 이상 확대는 불가능하다는 점이 명확해졌다. 2007년에는 연금수급 개시연령을 65세에서 67세로 변경하는 법안이 통과되었는데, 이는 취업자 수와 연금수급자 수의 불균형을 조정하는 시도로서 연금제도의 틀은 유지한 채 인구구조의 변화에 대처한 정책이었다. 체제전환 3기에 이미 소득보장정책의 확대 가능성이 차단된 데 이어 수급연령 자체가 점진적으로 밀리게 설계함으로써 복지에서 고용으로 방점을 이동시키는 정책이었다. 그럼에도 불구하고 체제전환 2기부터 적용된 연금제도는 동독지역에서 꾸준히 진행되었다. 2013년 현재 동독지역에서는 503만 4,218명이 월평균 873유로의 연금을 받고 있었다(DRV 2014: 168, 208).

보육서비스 정책은 획기적인 변화를 맞이한다. 2005년 선거에 의해 기민당과 사민당의 대연정이 성립되면서 보육시설은 획기적인 전환을 맞이한다. 연정협약서에서는 보육시설 확충을 "긴요한 사회적 과제"로 보고 2010년까지 전국적으로 보육시설을 23만 개 만들 것이라고 밝혔다(CDU, CSU and SPD 2005). 그러나 보육시설 확충은 전통적인 가족주의로부터 이탈하는 정책이었기 때문에 기민당 내부에서도 반대를 낳았다. 그럼에도 불구하고 2008년에 법안이 통과됨으로써 보육시설은 대폭 확충되기 시작했다. 전통적인 가족주의로부터 이탈은 패러다임의 변화로 지칭된다. 이런 정책이 가능했던 것은 여성의 노동공급이 시대적 과제로 등장했고 이를 실현하는 중요한 수단이 보육시설의 확충이라는 공감대가 형성되었기 때문이다. 또한 동독 출신 메르켈 총리, 동독 출신 가족부 장관 폰 데어 라이엔 장관이 포진하고 사민당이 연정 파트너로 참여하고 있었다는 점, 사용자 단체도 일가족 양립을 요구했다는 점 등이 전통적인 가족주의를 고수하려는 거부 행위자를 우회할 수 있었던 요인이었다(Henninger and von Wahl 2010).

이 정책에 힘입어 보육서비스는 확산일로에 있다. 체제전환 이후 줄곧 내리막길을 걸었던 보육서비스는 2006년부터 급속하게 늘어났다. 보육서비스는 소득보장정책의 한계를 메우면서, 혹은 그 이상으로 체제전환에 신작로를 놓게 되었다. 보육시설만큼은 과거의 모델로 복귀하면서 동독지역의 주민, 특히 여성의 가치정향에 부합하는 제도 설계를 갖추면서 체제전환의 정당성을 확보해주는 중요한 역할을 하고 있다. 하지만 여성 고용률의 상승과 보육인프라의 확충은 고용형태의 악화라는 그림자를 동반하는 것이기도 하다. 1991년에 동독지역에서 여성은 81.2%가 전일제로 일하고 있었지만 2012년에는 그 비중이 57.3%로 줄어들었다 (WSI). 그럼에도 불구하고 일과 가정의 양립을 당연시하는 동독지역의 가치관을 기준으로 보면 이전 시기와는 다른 획기적인 전환이 이루어지고 있다.

　　보육서비스의 확대는 동독지역에서 발달된 것이 서독지역으로 역수출되고 있다는 점에서 주목을 끈다. 서독지역에서 3세 미만 아동의 보육시설 이용률은 2006년에 7.9%에 불과했으나 2013년에는 24.2%로 급증했다(Statistisches Bundesamt 2014). 이 정책을 추진할 때 통일 이후 계속 동독지역의 부흥에만 매달려 왔지만 보육시설 만큼은 "서독지역 건설"이라고 천명한 바 있다. 이것은 보육인프라 측면에서는 서독제도의 동독지역 이식이 아니라 동독제도의 서독지역 이식이 이루어졌음을 시사한다. 보육인프라의 확충은 사회정책이 동독의 체제전환 과정을 지원하는 데 그치지 않고 독일 전체의 체질 변화를 일으킬 잠재력을 가진다는 것을 보여준다.

4. 사회통합과 복지국가의 체질 변화

1) 소득보장제도와 사회통합

소득보장제도가 통일독일의 연착륙에 기여한 바는 의문의 여지가 없다. 이른바 통일비용 중에서 복지지출이 차지하는 비중은 압도적이다. 〈그림 1〉에서 통일 이후 2010년까지 서독지역으로부터 동독지역으로 이전된 재정의 용도를 살펴보면 사회보험이 경제적 인프라 건설은 물론이고 다른 모든 분야를 합친 것보다 비중이 높다.

재정이전이 소득보장에 방점을 두었다는 사실은 1인당 가구소득을 시장소득과 가처분 소득의 비율을 들여다보면 또다시 명확해진다. 국민계정 자료에서 1인당 가구 시장소득 대비 가처분 소득의 비율은 〈그림 2〉와 같이 나타난다. 서독지역은 이 수치가 계속해서 80%대를 유지하고

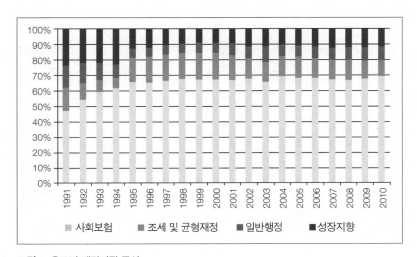

그림 1. 용도별 재정이전 구성
자료: Kloß et al(2012: 83-86), 재구성.

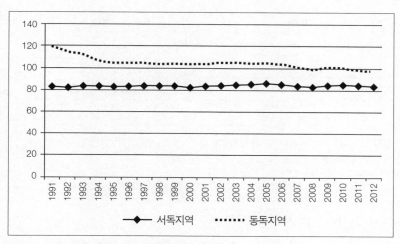

그림 2. 동서독 지역 시장소득 대비 가처분소득의 비중
자료: Statistisches Bundesamt. 재구성

있으나 동독지역은 1991년에 119.4%로 나타나 시장소득보다 가처분 소득이 20%p 정도 높았지만 차츰 줄어들어 2008년부터는 거의 비슷하게 나타나고 있다.

　그러나, 소득보장으로 시장소득의 격차를 덮기는 무리다. 〈그림 3〉에서 보는 바와 같이 빈곤율은 동독지역이 높게 나타난다. 그럼에도 불구하고 소득불평등은 동독지역이 상대적으로 낮다. 동독지역에서는 서독지역보다 아직 소득수준이 낮지만 배분 상태는 훨씬 양호하다는 사실 뒤에는 소득보장제도가 상당한 역할을 한 것으로 추정된다. 이러한 결과는 여전히 소득보장이 통일독일에서 매우 중요한 위상을 차지하고 있으며 서독의 발달된 소득보장제도가 동독에 뿌려지고 있음을 시사한다.

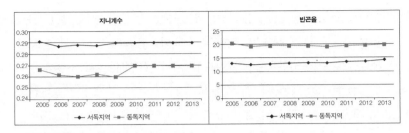

그림 3. 동서독 지역의 지니계수와 빈곤율 비교

*지니계수는 가처분 소득 기준, 빈곤율은 중위소득 60% 기준

자료: Statistisches Bundesamt.

2) 사회서비스와 사회통합

소득보장제도 중심적인 통일이 이루어졌지만, 3절에서 본 바와 같이 복지국가의 구조적 문제를 해결하는 방안 중 하나로 사회서비스가 구원투수처럼 독일 전역에 빠르게 퍼져 나가고 있다. 3세 미만 아동 100명당 어린이집 자리 수는 통일 초기부터 차이가 컸지만 2006년 이후로는 보육시설 이용률이 전반적으로 높아지고 있다. 돌봄의 탈가족화는 서독지역에서 두드러지는데, 이는 전통적인 성분업 모델이 기반을 잃고 있다는 중요한 징후다. 그러나 동서독 지역 간 차이는 여전히 매우 커서 고용의 젠더 불평등에 영향을 미치는 사회적 기반으로서 어린이집 이용률은 2013년 현재 동독지역이 서독지역의 2배에 이른다(〈그림 4〉).

돌봄서비스의 사회화가 진척되면서 유자녀 여성의 고용률이 높아지고 있다. 〈그림 5〉에서 보듯 3세 미만 아동이 있는 여성의 고용률은 2005년 이후 양 지역 모두 높아지고 있으나 그 차이는 커지고 있다.

고용률이 높아지고 있지만, 이는 고용형태의 악화를 동반하고 있다. 아이를 어린이집에 보내고 일하는 엄마들의 취업 형태를 〈그림 6〉에서 지역별로 나누어 보면, 양독지역 모두 전일제의 비중이 줄어들고 시간제

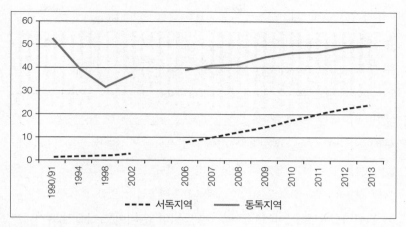

그림 4. 동서독 지역의 보육 인프라
*2002년까지는 아동 100명당 이용 가능한 어린이집 자리 수, 2006년부터는 보육시설 이용률[2]
자료: DJI(2005); BMFSFJ(2012: 39); Statistisches Bundesamt(2014: 116).

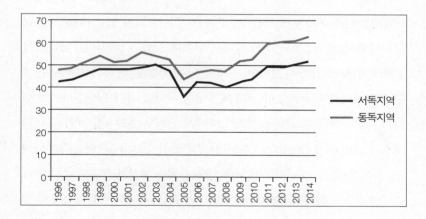

그림 5. 동서독 지역 3세미만 유자녀 여성의 고용률 추이 비교
자료: Statistisches Bundesamt.

2   시기별로 자료가 다른 것은 독일에서 보육 인프라를 조사하는 방식이 달랐기 때문이다. 그
    러나 지역 간 차이를 보여주는 데에는 큰 무리가 없을 것으로 판단된다.

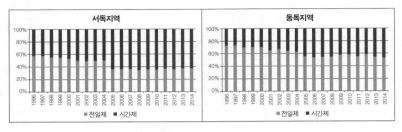

그림 6. 3세 미만 유자녀 여성 고용형태 추이
자료: Statistisches Bundesamt.

가 늘어가고 있음을 알 수 있다. 하지만 지역 간 차이도 여전히 유지되고 있는데, 서독지역은 전일제와 시간제의 비중이 6:4 정도인데 반해 동독지역은 반대로 4:6 정도의 분포를 꾸준히 보이고 있다.

사회서비스가 사회통합에 기여하는 경로는 여성의 고용으로 국한되지 않고, 이를 기반으로 양성평등을 가져오는 효과가 있다. 여성 고용이 늘어나면서 가구소득에 대한 성별 기여도에 변화가 나타나고 있다. 〈표 1〉에서 유치원 취학 연령대인 3~6세 미만 아동을 둔 가계에서 성별 가구소득 기여도를 살펴보면, 서독지역에서 여성의 기여도가 높아지고 있으나 동독지역은 거의 변동 없이 32%에서 유지되고 있음을 보여준다. 남성소득 대비 여성소득의 비중은 서독지역에서는 30%대에 이르지 못하지만, 동독지역은 60%대로 나타나 지역별 차이는 여전히 유지되고 있다.

그러나 노동시장 참여와 연동된 가구소득 기여도는 양성평등의 일면에 불과하고 임금노동과 가사노동 사이의 배분을 함께 들여다보아야 한다. 독일 통계청의 생활시간 조사 자료를 통해 유자녀 가구의 생활시간을 살펴보면 통일 이후 10년 동안은 여성의 직업활동 시간에 변화가 거의 없는 반면 돌봄에 투입하는 시간은 소폭 줄었다. 그 이후 10년 동안은 직업활동 시간은 대폭 줄어들고 돌봄노동 시간은 대폭 늘어났다.

표 1. 3~6세 유자녀 가구의 성별 가구소득 기여도(단위: %)

	서독지역		동독지역		남성소득 대비 여성소득 비중	
	남성	여성	남성	여성	서독지역	동독지역
1998	64.7	13.0	52.3	32.1	20.1	61.4
2008	61.9	17.9	48.8	32.3	28.9	66.2

자료: Schneider et al. 2013.

표 2. 유자녀 가구의 생활시간 배분(단위: 시간)

	1991/1992년		2001/2002년		2012/2013년	
	남성	여성	남성	여성	남성	여성
직업노동	5.23	3.05	4.33	3.08	5.20	2.26
부불노동	2.45	4.44	2.51	4.07	3.01	5.46

자료: Gill and Marbach(2004); Statistisches Bundesamt(2015).

남성의 경우 2000년대 초반에 4시간 33분에 머물던 직업노동 시간이 2012~2013년에는 5시간 20분으로 크게 늘어났고 돌봄노동 시간도 소폭 늘어났다. 2005년을 기점으로 호전된 노동시장 상황이 남성의 직업노동 시간을 늘이고 시간제를 중심으로 늘어난 여성의 고용이 여성의 직업노동 시간을 줄이고 돌봄노동 시간을 대폭 늘린 것으로 해석된다.

3) 복지국가의 전환

소득보장과 사회서비스의 구성을 기준으로 통일 이후 독일 복지국가는 간과하기 어려운 변화를 보이고 있다. 크게 세 가지 측면이 주목된다. 첫째는 소득보장 중심에서 사회서비스로 방점을 옮기고 있다. 통일 이후 약 15년 정도는 소득보장 일변도의 체제전환 지원 방식이었다. 소득보장정책을 통해 동독주민의 욕구를 충족시키는 한편 체제전환 과정에서 발생할 수 있는 역류현상, 즉 과거로의 회귀 혹은 체제전환에 대한 반감형성을 상당 부분 막아내는 데 성공했다. 즉, 소득보장은 동독의 체제전환을 불가역적인 것으로 만들어 내는 데 혁혁한 공을 세웠던 것이다.

그러나, 소득보장제도가 동독의 체제전환을 지원하는 데에는 한계도 분명하다. 무엇보다 소득보장제도는 취업자 수, 고용률, 고용형태 등 고용에 크게 의존하는데 노동시장 상황이 점점 경색되고 노동시장 참여자 수와 복지제도 적용 대상자 사이의 비례가 깨진다면 소득보장제도의 지속가능성에 문제가 발생하기 때문이다. 제도이식에 기반한 통일은 서독 복지제도가 안고 있는 이러한 구조적 한계까지 이식했다. 이런 현상은 동독 체제전환 이후 약 15년 동안 줄기차게 전개되어 왔다.

보육서비스의 확대에 힘입어 유자녀 여성을 비롯하여 여성의 고용률은 전반적으로 높아졌다. 보육인프라 확충은 여성의 고용률 제고에 그치지 않고 동독 주민의 가치관에 부합하는 정책으로서 체제전환의 정당성을 높이는 유력한 수단으로 작동했다. 서독에서는 여성의 역할이 가정주부로 인식되는 데에 반해 동독에서는 여성이 일과 가정생활을 병행한다는 것이 일종의 규범으로 정착된 사회였다. 성역할 인식을 물리적으로 뒷받침했던 것이 바로 고도로 발달한 보육인프라였다. 동독 주민의 가치관에 부합하는 제도가 갖추어지면서 체제전환의 정당성을 확보하는 데 기여하고 있다. 이런 측면에서 사회서비스는 통일 독일의 사회통합에서 히든 챔피언이다.

둘째는 소극적, 사회교정적 사회정책에서 사회형성적 사회정책으로 전환하고 있다는 것이다. 소득보장정책은 대표적인 사후적·교정적 사회정책이다. 다른 체제전환국과 마찬가지로 동독 체제전환의 핵심은 경제적 체제전환이다. 소득보장 사회정책은 경제적 체제전환 과정에서 나타나는 실업, 소득의 상실, 빈곤, 불평등은 계획경제에서 시장경제로 이행할 때 반드시 부딪히는 난관을 사후적으로 교정하는 역할을 한다. 시장에서 불평등과 양극화, 빈곤이 확대되면 될수록 소득보장 사회정책의 수요는 늘어간다. 반면에 사회서비스, 특히 보육인프라 확충은 사후적 · 교정적 차원의 사회정책이 아니라 사전적 · 예방적 사회정책에 해당된다. 사회서비스의 확대는 고용 증대에 기여한다(Heinze 2011). 보육인프라가 확충되면서 여성 고용이 늘어나는 현상은 그 증가폭만큼 사후적 · 교정적 사회정책의 잠재적 수요를 사전적 · 예방적으로 줄인다는 의미를 함축한다.

　　두 가지 사회정책 영역을 국면에 따라 어떻게 결합시킬 것이냐의 문제가 제기되는데, 동독의 체제전환을 마주하는 사회정책은 초기 약 15년 동안은 사후적 · 교정적 소득보장 사회정책에서 그 이후 사전적 · 예방적 사회서비스 사회정책으로 방향을 전환하고 있다. 나아가 사회서비스, 특히 보육서비스는 서비스 수요를 증대시키는 사회구조의 변동에 의해 형성되는 수동적 반영물이기도 하지만, 그 자체가 사회변화를 촉진시키는 요인이기도 하다(Dahme and Wohlfahrt 2013: 26-34; Evers et al. 2011: 10). 이런 측면에서 사회정책은 사회문제에 대한 대응의 차원을 넘어 사회를 만들어 가는 기능을 하는데, 동독의 체제전환에서도 보육서비스의 회복은 여성 노동시장 참여의 활성화를 통해 고용측면에서 양성평등을 실현하는 기제로 작용하고 있다.

　　셋째, 통일 이후 복지는 통일에 대처하는 수준을 넘어 독일 복지국가 전체를 개혁하는 과정에 있다. 동독의 체제전환과 사회정책의 관계는 초기단계에서 전자가 후자의 지원을 받는 것으로 설정했다. 사회정책은 동독의 체제전환에 소득보장이라는 윤활유를 주입하도록 설계되었고, 소득보장에 힘입어 체제전환이라는 기관차는 출발한 지 약 15년 동안 커다란 고장 없이 앞으로 나아갔다.

그러나 동독의 체제전환과 사회정책의 관계는 약 15년이 경과한 이후부터 성격이 변화하기 시작했다. 앞서 동독의 체제전환은 그 자체로 그치는 것이 아니라 독일 전체의 변화를 가져올 잠재력을 가진다고 지적한 바 있다. 독일 복지국가는 사회보험 중심성이 매우 강력한 제도설계를 갖추고 있었다. 독일이 자랑하는 견고한 사회보험 체계를 동독지역에 이식하려는 기획이 체제전환에 대응하는 방식이었다. 그리고 '동독의 체제전환을 지원하는 소득보장 사회정책'은 체제전환 초기 15년 정도 일정한 성공을 거두었다.

반면, 사회서비스의 확대를 특징으로 하는 2005년 이후의 변화는 '독일 복지국가의 변화를 견인하는 사회정책'으로 변모했다. 그 대표적인 정책영역이 가족정책과 보육정책인데, 이는 동독의 체제전환 과정에서 사라졌던 요소들이 독일복지국가의 위기와 한계를 극복하려는 시도의 일환으로 다시 도입되고 있다. 보육인프라가 서독지역에서 대폭 확충되고 있는 현상은 제도이식 테제가 체제전환 초기에는 타당할지 모르지만 체제전환이 독일 전체의 변화를 초래할 잠재력이 약 15년이라는 시간을 경과한 후 실현되고 있다는 것을 의미한다. 적어도 사회서비스 영역만 놓고 보면 독일은 동독 덕에 "복지국가의 '뒤늦은' 건설"(Bahle 2007: 281)에 나섰던 것이다. 이렇듯 초기에 동독의 체제전환과 사회정책이라는 협소한 관계가 동독의 체제전환을 넘어 독일 복지국가의 변화를 가져오는 데까지 나아갔다.

독일은 사회보험 중심의 사회보장체제가 새로운 사회적 위험에 적절히 대처하지 못하는 사례로 지적된다(Aust and Bönker 2004). 그러나, 독일 복지국가는 보수적·조합주의적 성격으로부터 북유럽형 공동체주의적 요소와 영미형 자유주의적 요소가 가미되어 이중적 전환을 하고 있다

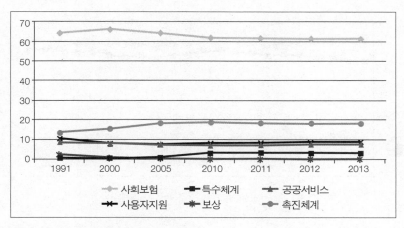

그림 7. 독일 복지국가의 복지예산 구성의 변화
자료: BMAS, Sozialbudget 2013; Tabelle 1-2. p. 10.

는 진단이 있다(Bleses and Seeleib-Kaiser 2004). 이 가운데 가족정책이
나 보육인프라는 공동체주의적 요소에 해당하는데, 이는 동독의 체제전
환과 통일로 인해 독일 복지국가 전체의 성격이 변화하는 징후인 것이다.

〈그림 7〉에서 보는 바와 같이 독일 복지국가의 복지예산의 구성비를
보면 2005년 이후 사회보험의 비중이 60% 중반에서 초반으로 떨어지고
있다. 반면에 "촉진체계"로 불리는 아동, 가족, 구직자 기초생계 보장, 공
공부조 등에 지출하는 비중은 증가 추세에 있다. 물론 사회보험의 비중
이 여전히 높지만 가족정책과 보육 인프라 등의 확산이 복지국가의 성격
변화를 초래하고 있다는 점은 분명해 보인다.

4) 생활에 관한 주관적 인식

복지국가는 정의(正義, Gerechtigkeit)를 물질화한 것으로서 사회적 가
치평가를 반영한다(Nullmeier 2000). 정의는 일률적으로 정의하기 어렵

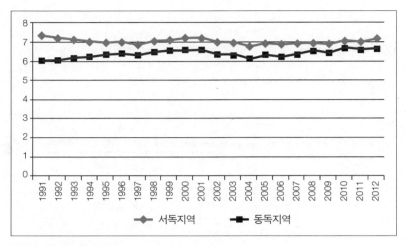

그림 8. 전반적 생활만족도의 추이
자료: SOEP

고, 해당 사회의 구성원들이 옳다고 여기는 관념(idea)이다. 복지에 대하여 사회 구성원이 가지는 생각은 매우 다양하지만 일정한 복지의 형태가 옳다고 여기는 사람들이 대다수를 차지한다면 그 복지는 광범위한 정당성을 누리게 된다. 사회경제적 불평등에 관한 관념과 감정들은 복지의 인지적 정당성을 짚어볼 수 있는 대목이다.

생활세계가 모두 복지의 영역은 아닐지라도 복지 수준은 삶의 만족도와 같이 가기 마련이다. 독일 사회경제패널(SOEP)[3] 조사결과에 따르면 〈그림 8〉과 같이 전반적인 삶의 만족도를 0점부터 10점까지 응답한 결과 동독지역 주민의 생활만족도는 1991년에 6.04점에서 출발하여 2012년에는 6.73점으로 높아졌다. 생활만족도의 수준은 동서독 지역 간 격차가 점점 줄어들어 조만간 근접할 것으로 예측된다.

3   Sozio-oekonomische Panel, http://www.diw.de/soep

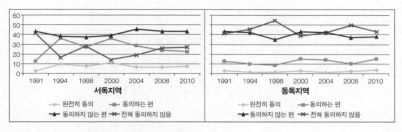

그림 9. 사회적 격차의 정당성에 관한 관념

　　실생활의 만족도는 전반적으로 약간씩 높아지고 있지만 불평등에 관한 관념은 동서독 지역에서 격차가 여전히 크다. 〈그림 9〉에서 보는 바와 같이 "우리나라에서 사회적 격차는 대체로 정당하다"라는 질문에 대하여 동의 여부를 물어본 결과 동서독 지역 모두 동의하지 않는 비중이 높다. 그러나 서독지역보다 동독지역에서 동의하지 않는 비중이 높고 이 수치는 약 80%를 상회하여 사회적 격차에 대하여 불만 어린 시선으로 바라보고 있음을 말해준다. 동독지역에서 체제전환 이후 조금씩 높아져 가고 있는 소득불평등에 대하여 사회적 가치평가는 냉엄하다.

5. 2016년 독일 복지국가, 그리고 한반도

여러 문제점을 안고 있음에도 불구하고 통일 독일의 복지국가는 변형과정을 거치면서 사회통합 효과를 낳음으로써 통일독일이 연착륙하는 데 크게 공헌해왔다. 이것이 글 전체를 요약하는 말이다. 그리고 시사점으로 넘어가야 한다. 그런데, 글의 말미에 시사점을 꼭 넣어야 한다는 강박관념은 상상력이 가난한 필자에게는 고통이다. 비교도 웬만큼 비슷해야 의미가 있을 터인데 독일과 한국, 동독과 북한의 복지를 비교하는 것도 힘겹지만 동서독 관계와 남북관계를 갖다 붙이면 고통은 더 커진다. 그래서 독일이 가지 않은 길을 생각해 보고자 한다.

반드시 제도를 하나로 합치는 것이 능사였을까? 제도 이식이 독일 통일의 방식이었고, 이 때 채택한 "생활수준의 균등화"라는 복지철학이 작동했다. 복지통합의 목표는 통일 이후 동서독 주민이 동등한 생활을 누릴 수 있도록 해야 한다는 것이었으며, 화폐통합이나 소득보장제도의 적용으로 점진적으로 이를 실현했다. 그러나 동독의 체제전환 초기에 섭섭하지 않은 소득보장이 체제전환에 정당성을 부여했음에도 불구하고 시간이 흐르면서 동독 시절 일종의 규범으로 굳어진 보육시설과 작업장 문화, 여성노동의 보편화 등은 동독향수(Ostalgie)의 근원이기도 했다. 물론 이런 심성이 체제전환 자체를 거스를 만한 것은 아니지만, 적어도 체제전환 과정을 흘겨보게 하는 요인으로 남아 있다. 복지에는 물질적 생활보장뿐 아니라 인지적 차원에서 '복지 심성'이 작동한다.

생활수준의 균등화라는 최고의 가치가 확보된다면 해당 사회 구성원 대다수의 정의관에 부합하는 상이한 제도를 운영하지 못할 이유는 없을 것이다. 예를 들어 동독의 소득수준과 소득불평등이 모두 서독의 70% 수준인 통일을 가정해 보자. 소득수준과 소득배분을 합치면 생활수준은 균등화되는 셈이다. 물론, 이런 구상은 실현되기 어려운 역사적 맥락이 있었지만, 만약 이렇게 된다면 복지체제의 선택권을 부여하게 될 것이고 자연선택이 이루어지면 일종의 균형상태에 도달할 수 있을 것이다.

독일 사례를 반추해보면 한반도의 경우 생활수준을 같게 하되, 제도적 배열은 달리 가져갈 방안을 모색할 수 있을 것이다. 물론 이것이 대다수 사람들이 옳다고 여기는 제도로 실현되어야 함은 당연하다. 생활수준의 균등화를 전제한 복지제도의 분리운영, 말하자면 복지연방제를 구상할 필요가 있다.

　한편, 독일 복지국가는 통일 이후 변화를 겪어 왔지만, 여전히 개혁 논의가 진행 중이다. 통일 당시에도 서독의 제도를 일방적으로 동독에 이식하지 말고 동서독 제도 중에서 좋은 점을 골라 새로운 사회보장 시스템을 만들자는 논의가 있었다(Fischer ed. 2009). 결국 사회서비스는 동독적 가치가 나중에 부활한 사례에 해당된다. 우회로가 너무 길었다. 개혁 논의는 최근에도 이어지고 있다. 모든 이에게 인간다운 삶의 조건을 만들어야 한다는 "사회적 인프라" 개념(Hirsch et al. 2013)이나 사회보험의 적용범위를 임금노동자에서 시민으로 넓히자는 "시민보험" (Bürgerversicherung) 개념, 다른 나라에서도 논의되는 기본소득 구상들이 여기에 해당된다. 이런 개혁논의들은 독일 복지국가가 또다른 전환을 맞이할 가능성을 점치게 하고 있다.

　이런 흐름은 복지국가의 한계를 뛰어넘고자 하는 독일인들의 자기 성찰임과 동시에 향후 개혁의 방향을 예견해 볼 수 있는 시금석이다. 개혁 담론은 각각 의지하려는 제도, 재정 운용, 논의의 폭 등이 모두 다르지만 보편성과 포괄성이 중심에 있다는 점에서 공통점이 있다. 이런 개혁담론들로부터 착안하여 복지국가의 독일적 우회로를 답습하지 않고 신작로를 놓을 수 있는 방법을 구상해 볼 수 있다. 이것이 통일과 복지국가 건설의 후발국으로 우리가 누리는 이점일 것이다.

참고문헌

김누리·노영돈·박희경·도기숙·이영란. 2006. 《나의 통일 이야기》. 한울아카데미.

김원섭. 2007. 〈복지국가란 무엇인가? 시민권 이론의 관점에서〉. 《사회보장연구》 23(4).

김윤태. 2013. 〈토마스 험프리 마셜의 시민권 이론의 재검토〉. 《담론 201》 16(1).

나영희·김기덕. 2009. 〈마셜 사회권의 정치철학적 해석을 통한 사회복지 레짐 분석에 관한 탐색적 연구〉. 《한국사회복지학》 61(4).

박수지. 2009. 〈복지국가의 사회서비스 제도화 및 재구조화에 대한 고찰—독일의 사례를 중심으로〉. 《한국사회복지학》 61(3).

황규성. 2011. 《통일독일의 사회정책과 복지국가》. 후마니타스.

Aust, Andreas and Frank Bönker. 2004. "New social risks in a conservative welfare state: The case of Germany." In Peter Taylor-Gooby (ed.), *New Risks, New Welfare. The Transformation of the European Welfare State*. New York: Oxford University Press. pp. 29-53.

Bahle, Thomas. 2007. *Wege zum Dienstleistungsstaat. Deutschland, Frankreich und Großbrigannien im Vergleich*. Wiesbaden: VS Verlag.

Bleses, Peter and Seeleib-Kaiser, Martin. 2004. *The Dual Transformation of the German Welfare State*. New York: Palgrave MacMillan.

BMAS(Bundesministrium für Arbeit und Soziales). 2014. Sozialbudget 2013.

BMFSFJ. 2012. *Vierte Zwischenbericht zur Evaluation des Kinderförderungsgesetz*.

Bouvier, Beatrix. 2002. *Die DDR - ein Sozialstaat? Sozialpolitik der Ära Honecker*. Bonn: Verlag J.H.W.Dietz.

Butterwegge, Christoph. 2005. *Krise und Zukunft des Sozialstaates*. Wiesbaden: VS Verlag.

CDU, CSU and SPD. 2005. *Gemeinsam für Deutschland. Mit Mut und Menschlichkeit*. Koalitionsvertrag von CDU, CSU and SPD.

Czada, Roland. 1998. "Der Vereinigungsprozeß: Wandel der externen und internen Konstitutionsbedingungen." In Georg Simonis (ed.), *Deutschland nach der Wende: Neue Politikstrukturen*. Opladen: Leske+Budrich.

Dahme, Heinz-Jürgen and Norbert Wohlfahrt. 2013. *Lehrbuch Kommunale Sozialverwaltung und Soziale Dienste*. Weinheim: Juventa Verlag.

DJI(Deutsches Jugendinstitut). 2005. *Kindertagesbetreuung im Spiegel der Statistik*. Muenchen.

DRV(Deutsche Rentenversicherung). 2014. *Rentenversicherung in Zeitreihein*.

Dustmann, Christian, Bernd Fitzenberger, Uta Schoenberg and Alexandra Spitz-Oener. 2014. "From sick man of Europe to economic superstar." *Journal of Economic*

Perspective 28(1).

Engler, Wolfgang. 1999. *Die Ostdeutschen. Kunde von einem verlorenen Land*. Berlin: Aufbau-Verlag.

Esping-Andersen, Gøsta. 1996. "Welfare States without Work: the Impasse of Labour Shedding and Familialism in Continental European Social Policy." In Gøsta Esping-Andersen(ed.), *Welfare States in Transition*. London: Sage. pp. 66-87.

Evers, Adalbert, Rolf Heinze and Thomas Olk. 2011. "Einleitung: Soziale Dienste – Arenen und Impulsgeber sozialen Wandels." In Adalbert Evers, Rolf Heinze and Thomas Olk (eds.), *Handbuch Soziale Dienste*. Wiesbaden: VS Verlag. pp. 9-32.

Fischer, Ilse ed. 2009. *Die Einheit Sozial Gestalten*. Bonn: Dietz Verlag.

Geißler, Rainer. 2006. *Die Sozialstruktur Deutschlands. Zur gesellschaftlichen Entwicklung mit einer Bilanz zur Vereiniung*. 4. überarbeitete und aktualisierte Auflage, Wiesbaden: VS Verlag.

Gille, Martina and Jan Marbach. 2004. "Arbeitsteilung von Paaren und ihre Belastung mit Zeitstress," Statistisches Bundesamt (ed.), *Alltag in Deutschland–Analysen zur Zeitverwendung*. Wiesbaden. pp. 86-113.

Heinze, Rolf. 2011. "Soziale Dienste und Beschäftigung." In Adalbert Evers, Rolf Heinze and Thomas Olk (eds.), *Handbuch Soziale Dienste*. Wiesbaden: VS Verlag. pp. 168-186.

Henninger, Annette and Angelika von Wahl. 2010. "Das Umspielen von Veto-Spielern. Wie eine konservative Familienministerin den Familialismus des deutschen Wohlfahrtsstaates unterminiert." In Egle, Christoph and Reimut Zohlnhöfer (Hrsg.). *Die zweite Große Koalition.Eine Bilanz der Regierung Merkel 2005-2009*. Wiesbaden: VS Verlag, S. 361-379.

Hirsch, Joachim, Oliver Bruechert and Eva-Maria Krampe. 2013. *Sozialpolitik anders gedacht: Soziale Infrastruktur*. Hamburg: VS Verlag.

Hockerts, Hans(ed). 1998. *Drei Wege deutscher Sozialstaatlichkeit. NS-Diktatur, Bundesrepublik und DDR im Vergleich*. München: R. Oldenbourg Verlag.

Hoffmann, Dierk. 2005. "Leistungsprinzip und Versorgungsprinzip: Widersprüche der DDR-Arbeitsgesellschaft." In Hoffmann, Dierkand Schwartz, Michael (eds.), *Sozialstaatlichkeit in der DDR. Sozialpolitische Entwicklungen im Spannungsfeld von Diktatur und Gesellschaft 1945/49-1989*. München: Oldenbourg Wissenschaftsverlag. pp. 89-113.

Kaufmann, Franz-Xaver. 2003. *Varianten des Wohlfahrtsstaats*. Frankfurt am Main: Suhrkamp Verlag.

Kloß, Michael, Robert Lehmann, Joachim Ragnitz and Gerhard Untiedt. 2012. "Auswirkungen veränderter Transferzahlungen auf die wirtschaftliche Leistungsfahigkeit der ostdeutschen Lander." *Ifo Dresden Studien* Nr. 63.

Lewis, Jane. 1992. "Gender and the development of welfare regimes." *Journal of European Social Policy*. 2(3), pp. 159-173.

Manow, Philip and Eric Seils. 2000. "Adjusting Badly. The German Welfare State, Structural Change, and the Open Economy." In Fritz Scharpf and Vivien Schmidt (eds.), *Welfare and Work in the Open Economy*. vol. 2. Oxford: Oxford University Press. pp. 264-307.

Marshall, T. H. 1963. *Sociology at the Crossroads and other Essays*. London: Heinemann Education Books.

Nullmeier, Frank. 2000. *Politische Theorie des Sozialstaates*. Frankfurt am Main: Campus.

Offe, Claus. 1990. "Akzeptanz und Legitimät strategischer Optionen in der Sozialpolitik." In Sachße, Christoph and Engelhardt, H. Tristram (eds.), *Sicherheit und Freiheit. Zur Ethik des Wohlfahrtsstaates*. Frankfurt am Main: Suhrkamp.

_____. 1996. Varieties of Transition. The East European and East German Experience. Cambridge: Polity.

Ritter, Gerhard. 2006. *Der Preis der deutschen Einheit. Die Wiedervereinigung und die Krise des Sozialstaats*. 2. erweiterte Auflage. München: Verlag C. H. Beck.

Sainsbury, Diane. 1996. *Gender, Equality and Welfare States*. Cambridge: Cambridge University Press.

Schmähl, Winfried. 2004. "Paradigm shift in German pension policy: measures aiming at a new public-private mix and their Effects." In Rein, Martin and Schmähl, Winfried (eds.), *Rethinking the Welfare State. The Political Economy of Pension Reform*. Cheltenham: Edward Elgar. pp. 153-204.

Schmidt, Manfred G. 2004. *Sozialpolitik der DDR*. Wiesbaden: VS Verlag.

Schneider, Norbert, Ralina Panova and Stine Waibel. 2013. *Kein Abschied vom männlichen Familienernährer*. Bevölkerungsforschung. 03/2013.

Statistisches Bundesamt. 2014. *Statistiken der Kinder-und Jugendhilfe. Kinder und tätige Personen in Tageseinrichtungen und in öffentlich geförderter Kindertagespflege am 01.03.2014*.

Statistisches Bundesamt. 2015. *Zeitverwendungserhebung*.

Szalai, Júlia. 2015. "Disquieted relations: West meeting East in contemporary sociological research." *Intersections. East European Journal of Society and Politics* 1(2).

Thelen, Tatjana. 2014. *Care/Sorge. Konstruktion, Reproduktion und Auflösung Bedeutsamer Bindungen*. Bielefeld: transcript.

Unabhängiger Frauenverband. 1990. Sozialcharta. http://www.ddr89.de/ddr89/ufv/UFV6.html

Wehler, Hans-Ulrich. 2008. *Deutsche Gesellschaftsgeschichte Bd. 5: Bundesrepublik und DDR*. München: C.H.Beck

Wiesenthal, Helmut. 1996. "Die Transition Ostdeutschlands. Dimensionen und Paradoxien eines Sonderfalls." In Wiesenthal, Helmut (eds.), *Einheit als Privileg. Vergleichende Perspektiven auf die Transformation Ostdeutschlands*. Frankfurt am Main: Campus. 10-38.

제5장

독일 경제통합과 한반도에 주는 함의

송태수(한국기술교육대학교 고용노동연수원 교수)

1. 들어가는 말

독일의 통일은 동구유럽의 변화라는 커다란 역사적 전환에 의해 갑작스레 진행됨에 따라 정책(선택)적 기회의 창이 상당히 제한적인 조건에서 진행되었다. 하지만 그 변화는 특히 동독주민들에게는 매우 커다란 영향을 미치는 것이었다. 동서독의 통일과 이후 사회문화적 통합 과정은─특히 동독주민에게는─인간을 "경제적 존재"로 보는 자본주의적 삶의 양식이 인간을 "공동체적 존재"로 보는 사회주의적 삶의 양식을 대체하는 과정이었다(전성우 1994). 통일 후 사회통합은 기본적으로 이렇게 한쪽 사회가 일방적으로 변화해야 하는 과정으로 이해된다. 이로 인해 통합 과정이 매우 폭력적 방식으로 진행될 수 있었다. 그리고 실제로 한편으로는 상당히 폭력적인 상황이 유발되기도 하였다. 예를 들어 이전의 동독에서는 경험하지 않았던 실업이 심각했는데, 그것도 15% 이상의 고실업이 15년 이상 지속된 것이다. 공식실업률이 15~20%에 이르렀는데,

이는 약 30% 이상의 실질실업률을 의미하는 것이다.[1] 실제 일자리를 찾
은 대다수의 동독주민의 경우에도 학력이나 수료한 직업훈련을 서독인
에 비해 낮은 정도만 인정받을 수 있었다.

통일과 동시에 빠른 속도로 진행된 유럽통합과 세계화의 과정에서
독일은 '재분배사회'에서 '경쟁사회'로 변화하고 있었고(Piedersdorfer
and Rhie 2000), 동독 주민은 서독 제도와 그 작동 방식에 적응·변화해
가야 했다. 통일은 격변의 과정이었고 동독인들에게 이중 삼중의 적응 압
력은 매우 힘들게 다가왔다. 이러한 상황은 여론조사에서도 확인된다.
1990년 통일 당시 동독인들은 전반적인 통합에 대해 매우 낙관적인 기대
로 가득 차 있었다. 그러나 사회통합은 매우 더디게 진행되는 것을 확인
하게 된다. 예를 들어 통일 직후 독일의 경제통합과 내적통합에 소요되는
기간에 관한 여론조사에 따르면, 68년이면 동서독 간 경제 격차가 해소
되고 내적통합이 가능할 것으로 전망했었다. 그러나 이러한 흥분된 기대
는 통일 후 몇 년이 지나고 안정을 찾으면서 현실적으로 변하였다. 통일 5
년 후인 1996년 설문조사에 따르면 경제통합에 14년 그리고 내적통합에
24년이 소요될 것이라는 입장을 보였다. 내적통합에 필요한 시간에 대한
기대는 해가 갈수록 더 어렵게 느껴져, 통일 후 15년이 지난 2006년 조
사에서는 여전히 22년이 더 소요될 것이라는 의견을 보이고 있다. 많은
동독인들이 장기화된 실업 및 경제적 어려움을 겪기 시작하던 1996년 경
제통합에 14년이 더 필요할 것이라던 입장은, 그 10년이 지난 2006년에
는 오히려 17년으로 더 늘었다. 경제적 통합과 내적통합을 위해서는 한
세대를 훌쩍 넘는 40여 년이 소요될 것이라고 응답하고 있다.[2]

1   통일 후 독일에서 공식실업률은 그에 상당하는 규모의 교육훈련 과정 내지 다양한 고용창출
     프로그램 참여자를 제외한 것이다. 특히 구동독 지역에서 이러한 현상이 많이 발생하였다.
2   본 조사는 통일 당시 작센 주의 학생 약 400명을 대상으로 1987년부터 종단으로 의식변화

표 1. 동독 주민의 동독TV채널 시청률

"얼마나 자주 동독TV채널을 시청하였는가?"에 대한 응답	서독 TV 가시청 지역	서독 TV 불가시청 지역
거의 매일 혹은 자주	10 %	49 %
때때로	18 %	28 %
매우 드물게 혹은 전혀 안 봄	72 %	23 %

동독과 서독은 한반도의 분단국 남북한과 유사하면서도 사뭇 달랐다. 한편으로 철저히 단절 내지 '배제'하는가 하면, 다른 한편으로는 서로 숙명적인 경쟁상대자로 인지·현상되고 있었다. 이런 점에서 상당히 유사했다. 분단체제하에서 동서독은 서로 치열한 체제경쟁의 조건 속에서 각 체제의 우월성을 입증하려 노력할 수밖에 없었다. 하지만 무엇보다 결정적으로 한반도와 달랐던 점은, 동서독이 물리적으로 분단되어 장벽을 쌓고 있었지만 이를 뛰어넘어 상대 지역 주민의 실생활을 잘 들여다보고 있었다는 점이다. 동독 영토 내에 한 중앙에 위치하고 있는 서베를린이 비록 4미터 높이의 콘크리트 장벽으로 에워싸여 차단돼있었지만, 동서독 주민들은 서로 상대 지역에서 일반 주민들의 삶의 내용과 수준을 거의 대부분 실시간으로 보고 있었다. 동독 주민의 상당수는 서독 TV를—비록 컬러로는 아닐지라도—시청하고 있었던 것으로 조사되고, 서독 주민들은 아무런 문제없이 동독의 TV채널을 볼 수 있는 '멀티시스템 TV'를 구입할 수 있었다. 즉, 동독과 서독 주민들은 라디오나 TV매체를 통해서 상대 체제를 잘 보고 있었다. 서베를린이 동독의 한가운데 위치한 조건에서 방해 전파를 송출할 수 없었던 동독의 경우, 상당히 광범한 지역에서는 서독 공중파 TV-채널을 볼 수 있었던 것이다. 서독 TV

를 조사한 자료에 근거한다. Peter Förster가 조사책임자로 수행해왔으며, 2007년 발간되었다(Förster 2007). Sächische Langsschnittstudie로 약칭되기도 한다.

가시청 지역 주민들은 동독 TV-채널을 거의 보지 않고 오히려 서독 TV-채널을 더 많이 보았던 것으로 조사된다.

　　갈등을 영원히 억누를 수 없는 상태에서, 동독 내 갈등 통제양식과 대응 수단은 동독 정권 안정의 지표일 수밖에 없었다. 갈등을 흡수하거나 그것을 해소하는 통로를 제공하는 데 성공할 경우 그 정권은 안정적인 상태에 있다고 하겠다. 반대로 그것에 실패할수록 내부적 저항이 강해지고 결국 혁명에 의해 정권이 붕괴될 위험도 더 커진다. 이런 의미에서 "베를린 장벽이 없을 때는 그 개방된 경계가 동독의 집권당인 SED의 정치적 지배의 안정요인이었다. 그러나 1961년 장벽이 세워진 이후 동독정권은 내부적 계획에 의해 체계적으로 안정된 상태를 대치하지 않으면 안되었다"고 파악한 다렌도르프(R. Dahrendorf)의 지적은 타당하다 (다렌도르프 1986). '베를린 장벽의 역설'이다.[3]

　　서로 배제하면서도 서로 규정하고 규정당하는 관계에 있던 동독과 서독은 노동권 보호와 삶의 수준·질을 드러내는 복지체제의 내용과 수준에서 서로 경쟁 상태에 있을 수밖에 없었다. 상대 지역의 일상과 뉴스를 훤히 들여다볼 수 있던 조건에서 동서독은 주민 대중의 삶의 기본적 요구를 충족시켜주어 내부적 계획에 따라 체계적으로 안정된 상태를 유지해야 했다. 복지체제는 이런 측면에서 매우 중요한 것이었다. 그 내용적 측면(영역별 복지제도 기본이념)이나 그 운영과 관련한 부분에서 독일인이 경험한 바이마르공화국의 역사는 매우 훌륭한 전거(reference)가 되었다. 따라서 동독과 서독은 상대국 복지체제의 체계와 내용 및 질적 수준과 대비해 뒤지지 않는 상태를 유지하려 노력하였고, 이러한 바이마

3　필자는 한반도 분단과 독일통일에 대한 연구자들이 이 상황에 특별히 착목하여야 한다는 입장이다. 그리고 이를 강조하기 위해 의도적으로 '베를린 장벽의 역설'이라는 표현을 만들어 쓴다.

르공화국에서의 공통 역사경험을 갖고 있었기 때문에 평화적 이행 과정
이 가능했던 것이다. 즉, 일정 측면에서 폭력적으로 진행된 체제전환 과
정에도 불구하고 평화적 이행과 사회통합이 실현될 수 있었던 배경은 무
엇보다도 근로대중과 주민의 인격적 존엄 유지와 안정적 삶을 가능케 하
는 독일 사회국가에서 찾아야 할 것이다.

　　아래에서는 통일과정에서 문제가 발생·발전하게 된 배경과 내용을
간략하게 살펴보고(2절), 체제전환 과정의 폭력성에도 불구하고 평화적
이행이 가능했던 역사적 배경으로 프로이센제국 통일과 이후 바이마르
공화국에서의 노동기본권 보장 및 사회국가 원리 수립 및 그에 따른 사
회보험의 제도화를 살펴본다(3절). 그리고 바이마르공화국의 경험을 역
사적 전거로 하여 동독과 서독의 헌법 및 사회보장 관련 법제화의 차이
와 동질성을 비교적으로 살펴보고(4절), 마지막으로 독일의 통일과 경제
통합이 분단국 한반도에 주는 함의를 정리하는 것으로 한다(5절).

2. 통일 과정과 서독 주도의 세계시장경제에의 급격한 통합

1) 1989년 동독의 정치적 불안정과 경제적 위기

고르바초프의 페레스트로이카(변혁) 추진에 따라 동구권 주변국들이 크
게 변화하고 있었다. 그러나 1989년 동독의 경우, 정치적 불안정 및 사
회적 동요 분위기에도 불구하고 지배엘리트들은 아무 일도 없다는 듯이
대응하였다. 동독 주민들은 집권정당 및 정치적 지배집단에 대한 불만
을 서서히 표시하기 시작하였다. 마침내 1989년 여름부터 이러한 소극
적 저항은 서서히 적극적으로 분출하기 시작, 1989년 8월 '범유럽연합

(Paneuropean Union)'이란 단체가 헝가리와 오스트리아 국경에서 주최한 평화축제 행사에서 동독 참가자 600명 거의 전원이 망명을 신청하기에 이르렀다. 헝가리는 1989년 5월 오스트리아와의 국경에 쳐있던 철책을 제거, 이들이 망명할 수 있게 하고, 마침내 9월 11일 국경을 개방하였다. 1989년 5월 7일 지방선거에서의 선거 조작(사회주의통일당과 그 위성정당의 득표율이 98.85%라는 발표)과 10월 7일 동독 건국 40주년 기념행사에 참가차 방독했던 고르바초프의 발언을 계기로 동독주민의 개혁 요구는 시위 형식으로 촉발·확대되었다.[4] 1989년 8~10월 3개월 동안 헝가리를 통해 이탈한 주민은 10만 명을 넘어섰고, 동서독 간 국경이 개방(1989.11.9.)된 후 20여일 동안에만 동독인 13만 명이 서독으로 이주하였고, 이후 이주 물결은 걷잡을 수 없는 상황으로 발전하였다.

동독 탈주민 규모가 역동적으로 늘어가는 상황에서 위기감을 느낀 동독 최고위 권력층은 마침내 개혁적 인물의 상징인 모드로(H. Modrow)를 내각 수반으로 내세웠다. 모드로는 1990년 2월 1일 독일 통일로 가는 계획("하나의 조국, 독일을 위하여")을 내놓았는데, 이러한 그의 제안은 1957~1958년에 동독에서 만들어진 (중립적) 독일연방을 위한 계획에 기반을 둔 것이었다. 그는 통일을 지향하는 동독을 구출하기 위한 연대비용, 구체적인 목적 규정 없이 지원되는 100억~150억 마르크(50억~75억 유로)를 서독에 요청했다. 그러나 서독정부는 동독 집권당인 사회주의통일당(SED; 이하 '사통당')이 주도하는 상황에서는 동독의 개혁을 위해 지원하려 하지 않았다(통일부-2.1 2010: 15). 1990년 초 서독 연방정부는, 동독의 국가적 쇠락 경제, 지급불능 상태에 빠져 있는 기

---

4   "역사는 역사에 뒤처지는 자에게 대가를 지불하게 한다"는 고르바초프의 발언에서 동독주민은 1953년 6월 17일 소련군이 동베를린 시가지(市街地)에 전차를 배치했던 것과 같은 개입이 재현되지 않을 것이라고 확신하였고, 이후 시위가 확산되었다.

업, 제대로 기능하지 못하고 있는 공공기관으로 인해 어려움에 처한 상태에서, 서독 연방체제로의 통합 없이는 동독의 회생을 위한 자금 공급을 해줄 수 없다는 인식에 이르렀다. 동독의 경우, 1990년 초 이미 내부적으로 경제 및 금융위기가 극심하게 첨예화돼, 국제금융시장으로 향한 창구는 막혀 있었고, 동구권의 경제상호원조회의(COMECON)는 해체 단계에 놓여 있었으며, 동유럽 사회주의 국가 간 무역 관계는 와해되어 있었던 상태에서 통일만이 대안이라고 생각했던 것이다.

2) 화폐·경제통합과 사회통합 (1990.7.1.)

1989년 여름부터 대규모로 동독 주민들이 서독으로 탈주하는 상황은 동독 정부만이 아니라 서독 정부에게도 심각한 위기 상황이었던 것이다. 결국 1990년 2월 초 서독의 콜 수상(기독민주연합 CDU 소속)은 동독 이탈 난민 확대를 수습하기 위한 처방으로 화폐통합을 제시하였다.[5] 화폐통합 제안은 다른 한편으로는 동독에서 치러질 선거(1990.3.18.)를 대비한 선택이기도 했다. 즉, 1990년 3월 18일 동독에서 통일 과정을 주도해갈 과도정부를 선출하기 위한 선거에서 기민/기사련(CDU/CSU)의 자매정당

---

5   화폐통합이 제일 먼저 주창된 것은 아이러니컬하게도 서독 사회민주당(SPD; 이하 '사민당')의 재정정책 대변인 마테우스-마이어(Ingrid Matthäus-Mayer)에 의해서다. 1989년 말, 사민당 마테우스-마이어는 동독주민의 이주 물결을 막기 위한 대안으로 DM:M의 교환율을 1:5로 한 즉각적인 화폐통합 및 경제통합을 주장하고 나섰으나, 재무장관이던 보수당 바이겔(Theo Waigel: 기사련)은 1990년 1월 초 이에 즉각 반대했다(서독 연방재무부의 "동독경제 회복을 위한 10대 프로그램"). 동독 주민의 대량 이주에 위기감을 느낀 동독의 모드로(Hans Modrow) 수상은 1990년 1월 24일 동서독의 자주적 병존(竝存)에 기초해 1992년까지 양국 화폐의 완전한 호환성을 보장하기 위한 준비에 들어가자고 제안하였다. 이에 대해 서독 연방은행(Bundesbank) 총재 내정자 티트마이어(Hans Tietmeyer)는 '전제조건이 갖춰지지 않은 상태에서의 화폐통합'에는 반대한다는 입장을 즉각 밝혔다. 뿐만 아니라 서독 정부도 조기 화폐통합 반대 입장을 분명히 했다.

인 보수당을 지원하기 위한 콜 수상의 선거공학적 계산이 깔려있었던 것이다(송태수 2000: 382). 동서독이 화폐통합을 할 경우 관건은 얼마나 빨리 통합할 것인가와 어떠한 환율(혹은 교환비)로 이룰 것인가의 문제였다.

콜 수상은 서독 마르크(DM)와 동독 마르크(Mark)의 교환비를 1:1로 할 것이라고 제안하였는데,[6] 이는 동서독의 경제 실정을 고려하면 매우 파격적인 것이었다. 당시 외환시장에서의 환율이 약 1(DM) : 5(Mark)였던 점과 동독화폐(Mark)의 대 서독화폐(DM) 외화가득지표(Devisenkennziffer)가 23~27%였던 점을 고려하면, 1:1 교환의 충격이 어느 정도일지 충분히 예견되는 것이었다. 1:1 교환비에 따른 화폐통합은 동독기업의 급격한 생산단가 급상승을 초래하였으며, 이로 인해 경쟁력을 잃은 기업은 퇴출 위험에 직면하게 될 수밖에 없었다. 다른 한편 1990년 3월 18일 동독 선거에서 신속한 화폐·경제통합과 정치적 통일을 약속한 기민/기사련 중심의 보수연합 독일연맹이 승리함으로써 독일 통일 과정은 가속화되었다. 1990년 7월 시행된 제1국가조약, 즉, 화폐·경제·사회통합에 관한 조약(WWSU)에 따라 동독에 서독 마르크화가 통용되는 것을 시작으로, 동독은 서독 중심의 세계시장경제 질서에 급속도로 통합되었다.

당시 동독기업의 경쟁력과 관련해서는, 약 8% 정도만 자력에 의한 생존이 가능하고, 약 65%의 기업은 정부의 적극적 경영정상화 정책에 의해 경쟁력 제고를 위한 기술개발, 시설투자 및 시장개척 지원 등의 조처가 요구되며, 나머지 27%의 기업을 폐쇄하는 것이 현실적이라는 미국 컨설팅그룹의 실사 결과가 제출되어 있던 상황이었다(Ackerlof et al.

---

6   동독주민 임금의 교환비를 1:1로 하겠다는 결정은 동독 주민의 이주 물결을 차단함으로써 동독 내부의 정치적 안정과 경제적 안정을 가능하게 하였으며, 이후 진행되는 사회적 시장경제라는 단일 경제체제로의 질서 통합의 길을 확고하게 하는 조치였다고 할 수 있다.

1991). 하지만 보수당(기민/기사련) 콜 정부는 이러한 상황을 무시한 채 기업의 주인 찾아주기, 즉 민영화와 즉각적 경쟁력 없는 기업의 퇴출이라는 엄격한 시장주의적인(market-rigorous) 구조조정 정책을 취하였고, 구동독 지역의 대다수 기업은 서독 자본에 병합되거나 시장에서 퇴출되었다. 그 결과 20% 정도에 이르는 고실업이 장기화하고 여성 및 조기정년 등을 통해 노동시장에서의 퇴출 인력이 급증하였다.

　　1982년 집권 후 콜 정부는 서독에서 신자유주의적 구조조정 정책을 추진하려 했지만 부진하던 상황이었다. 하지만 통일을 계기로 서독에서 실현하지 못한 구조조정 정책을 오히려 구동독지역 경제의 재편 과정에서 더욱 강하게 관철시키려 했다. 신탁청(Treuhandanstalt)에 의한 사유화 정책에 일관되게 관철되었던 신자유주의적 산업구조 재편 정책은 "신속한 사유화가 가장 효과적인 경영정상화 정책"이라는 일관된 원칙 아래 기업의 슬림(slim)화 내지 현상 유지에만 주력하는 방식으로 추진한 결과, 기업의 회생을 더욱 어렵게 하였다. 구동독기업 사유화 정책은 결국 급격히 변한 시장상황에서 동독지역 기업의 시장축소와 기업가치의 급락을 초래하여, 기업은 헐값에 서독자본에 매각되었으며(전체 구동독 기업의 85%), 구동독지역은 서독기업의 상품판매 시장으로 전락하였다. 구동독의 지역경제는 다양한 측면에서 서독지역에 의존적인 상태로 되었다. 서독지역 재정에의 의존 상태는 '통일비용'으로 유지되고 있는바, 구서독으로부터 구동독으로의 재정이전 규모는 1990년 통일 이후 매해 약 1,000억 유로에 이른다.

3) 평화적 체제전환과 사회통합

동서독의 정치적 및 경제체제 통일은 신속했으나 그 과정에서 동독 주민의 경제·사회적 통합은 느리면서도 고통스러운 과정을 동반했다. 공식

표 2. 실업률 변화 추이

년도	경제인구 중 실업률			임금근로자 중 실업률		
	구서독지역	구동독지역	독일전체	구서독지역	구동독지역	독일전체
1991	-	-	-	6.2	10.2	7.3
1992	-	-	7.7	6.4	14.4	8.5
1993	-	-	8.9	8.0	15.4	9.8
1994	8.1	14.8	9.6	9.0	15.7	10.6
1995	8.1	13.9	9.4	9.1	14.8	10.4
1996	8.9	15.5	10.4	9.9	16.6	11.5
1997	9.6	17.7	11.4	10.8	19.1	12.7
1998	9.2	17.8	11.1	10.3	19.2	12.3
1999	8.6	17.3	10.5	9.6	18.7	11.7
2000	7.6	17.1	9.6	8.4	18.5	10.7
2001	7.2	17.3	9.4	8.0	18.8	10.3
2002	7.6	17.7	9.8	8.5	19.2	10.8
2003	8.4	18.5	10.5	9.3	20.1	11.6
2004	8.5	18.4	10.5	9.4	20.1	11.7
2005	9.9	18.7	11.7	11.0	20.6	13.0
2006	9.1	17.3	10.8	10.2	19.2	12.0
2007	7.5	15.1	9.0	8.4	16.8	10.1
2008	6.4	13.1	7.8	7.2	14.7	8.7

출처: IWH(2009: 404) 재인용

실업률이 20%대까지 이른 적도 있었는데, 이는 실질실업률이 거의 그 두 배 수준인 40%대에 이른다고 봐야 한다.

　구동독지역 경제의 몰락과 주민들의 이러한 고실업의 어려운 사회경제 여건에서 어떠한 제도적 장치에 의해서 불만들이 폭발하지 않고 평화적인 이행이 가능할 수 있었을까? 이에 대한 답은 무엇보다도 통일 이전부터 서독에 확고하게 자리 잡고 있던 사회통합의 기제로서 사회보험제도와 각종 사회안전망 등을 갖춘 사회국가에서 찾아야 할 것이다.

1990년 7월부터 화폐·경제·사회통합에 관한 조약(WWSU)에 따라 구동독지역에 서독마르크화가 통용되면서 동시적으로 적용된 것의 하나가 동서독 간 노동법 및 사회보험체제의 통합 관련한 것이다. 화폐·경제·사회통합조약은 전체 6개의 장으로 구성되어 있는데, 제1장(기본원칙) 사회적 시장경제질서를 양 조약 당사자의 공동의 경제질서로 확정, 제2장(화폐통합) 서독 마르크(DM)를 동서독 공동화폐로 확정하여 동독지역에 유통되도록 함, 제3장(경제통합) 사회적 시장경제의 전제조건으로 기본적 여건 확정에 이어서 제4장이 바로 사회통합과 관련한 것이다.[7] 이에 따르면 동독은 서독의 노동법 및 사회보험 원칙과 그 제도를 거의 그대로 받아들이도록 되었다.

서독 사회보험제도의 이식에도 불구하고 동독 주민들의 반발이 심하지 않았으며, 통독 후 체제전환 과정에서 주민들이 봉착한 개인적 위기상황에도 불구하고 극단적인 저항이 자제된 채 사회통합적 내구력이 견지될 수 있었던 것은, 동독과 서독 사회보험체제의 형식적 차이에도 불구하고 내용적으로 거의 동질적이었기 때문이다. 통일 이후 통합 과정에서 어려움은 형식적 차별성을 극복하기 위한 과도적 경과 과정을 어떻게 거칠 것인가의 문제였다. 제2차 세계대전 이후 동독과 서독 사회보험체제는 그 전거를 바이마르공화국 헌법과 사회보험제도에서 갖고 있었고, 따라서 각 제도

---

7   이외에 나머지 2개 장의 내용은 제5장(국가예산 및 재정) 재정정책, 국가지출, 조세 및 재정배분에 관한 원칙, 제6장(조약 효력)에 관련된 것이고, 부록에는 동 조약과 관련해서 동독 및 서독에서 고려해야 할 법적 제·개정 및 폐지 등을 담고 있다.

의 내용적인 부분에서 공통적이었다. 아래에서는 바이마르공화국에서 창설된 사회보험의 원칙과 보험제도 및 노동기본권의 내용을 살펴본다.

3. 바이마르공화국의 노동기본권과 사회국가

1) 노동기본권과 사회법

바이마르공화국의 사회정책과 사회법 논의의 출발은 독일제국에서 19세기 중반 급격하게 표출된 노동운동과 자유주의적 민주주의 운동의 분출을 계기로 한다. 이후 바이마르공화국 사회개혁의 실현과 노동자보호 정책의 진전은 바로 당시의 노동운동과 자유주의적 민주주의 운동에 대한 대응으로 출현한 사회적 보수주의, 사회적 자유주의 및 국가사회주의 등 다양한 정치적 입장의 결정물이라 할 수 있다.

　19세기 초 산업화 및 도시화와 더불어 빈곤층이 광범위하게 형성되고 그에 수반한 문제들은 산업사회 이전의 전통적 생활방식에 커다란 변화를 초래했다. 즉, 전통적 가족제도가 해체되고, 수공업과 농촌에 고유했던 고용주와 피고용인 간의 생활공동체적 성격이 붕괴되고, 산업부문에서 재해가 많이 발생하고, 경기변동에 의해 주기적으로 대량실업이 발생하는 등, 이전에 경험하지 못했던 커다란 변화가 초래되었다. 도시를 중심으로 노동계급이 형성되면서 사회적으로 나타난 변화와 문제들은 더 이상 개인의 의지나 성실함으로 극복할 수 있는 성질의 것이 아니라는 인식이 점차 확산되었다. "이러한 인식의 변화는 당대의 문제를 전(前)산업화 시기부터 써오던 '대량빈곤(Pauperismus)'으로 지칭하던 것 대신 점차 '사회문제'라고 지칭하는 것에서 일정 정도 드러난다고 할 수 있다"(신명훈 2014: 45).

마침내 1844년 쉴레지엔 직공봉기와 1848년 혁명이 발생하는 것을 계기로 도시 노동자들의 빈곤은 더 이상 '개인적 빈곤'의 문제가 아니라 '사회문제'로 받아들이고 해결책이 모색돼야 한다는 인식의 전환이 이루어졌다. 그리고 이들의 빈곤 문제를 해결하기 위한 다양한 해결책의 제시와 시도가 이어졌다. 이러한 문제를 해결하기 위해서 사회적 영역에서의 개혁은 이제 피할 수 없는 것으로 인식되었고, 이로부터 사회개혁에 대한 요구가 도출되었다. 보수주의나 자유주의 모두 혁명의 예방과 기존 체제의 수호라고 하는 동기에서 사회개혁의 필요성을 인정했다. 1848년 3월 혁명과 1861년 진보당의 출현, 1871년 제국의 통일에도 불구하고 1872년 한 해에만 무려 10만 명 이상의 참가자를 기록한 파업운동이 일어났고 1874년에 수십 명의 노동당 지도부가 구속되고 추방당했다. 1875년 노동당과 노동자연맹은 독일사회주의노동당(스스로 사회민주당이라고 칭함; 이하 사회민주당)으로 통합되었고, 마침내 1878년에는 사민주의 운동에 재갈을 물리기 위해 이른바 사회주의자법이 비스마르크에 의해 제안되었다. 비스마르크는 1881년 한 언론과의 인터뷰에서 다음과 같이 분명히 밝히고 있다.

"우리가 세입(稅入)을 불안정한 생활 때문에 국가에 적대하는 우리 노동자들의 미래를 보장하기 위해 지출한다면, 그것이 곧 우리 자신의 미래를 보장하는 동시에 우리 자신을 위한 훌륭한 투자가 되는 것이다. 이로써 우리는 50년 내에, 아니 어찌 보면 10년 안에도 닥칠 수 있는 혁명을 사전에 예방할 수 있게 된다."[8]

문제는 누가 어떤 방식으로 사회개혁을 이루어낼 것인가였고, 여기

8　Gespräch mit dem Journalisten Moritz Busch am 21. Januar 1881 in Berlin, in O. v. Bismarck, Werke in Auswahl VI, pp. 491 이하(박근갑 2009: 195-196 재인용).

서 핵심적 관건이 되는 것은 "국가의 역할"에 관한 것이었다. '혁명위험의 발원지'인 노동의 문제에 국가가 어떤 방식으로 얼마만큼 개입할 수 있는가에 대해서는 다른 생각을 가지고 있을 뿐이었다.

19세기 중반부터 제시되기 시작한 노동기본권과 사회정책적 요구는 기본적으로 자유주의적 민주주의자들에 의해서 개념화하고 제도화하였다. 노동기본권과 노동복지의 내용을 노동계급복지중앙협회(Centralverein für das Wohl der arbeitenden Klassen, 1844; 이하 중앙협회)[9]와 사회정책협회(Verein für Sozialpolitik, 1872)[10]를 중심으로 살펴볼 수 있다. 먼저, 쉴레지엔 직공봉기 직후 그 충격으로 베를린에서 설립된 중앙협회가 중점을 두고 추진한 정책은 막 형성되기 시작한 노동자조직을 자유주의의 영향력하에 끌어들여 "사회적 긴장을 평화적으로 해결하도록 하고, 지방지회를 중심으로 저축금고와 상조금고, 건축조합 등의 창설을 통해 노동자들의 자조와 생활조건의 개선을 지원하며, 정부와 의회에서의 영향력 행사를 통해 영업령을 개정하여 노동조건을 개선하는 것"이었다(신명훈 2014: 46). 1860년대 초 노동운동 측에서는 '제한 없는 결사의 권리(Koalitionsrecht)'를 요구한 반면, 중앙협회는 "공공의 질서를 유지하고 노동조합에 속하지 않는 노동자의 권리와 자유를 존중한다는 전제" 하에서 '조건부로 단결권을 인정'한다는 입장을 고수했다. 단결권을 둘러싼 이견 속에서 중앙협회는 노사갈등의 해결책으로서 파업이 아

---

9 자유주의적 민주주의자들로 구성된 중앙협회의 구성원은 대체로 자산시민계층과 고등교육을 받고 전문직에 종사하는 교양시민계층이었다. 지역협회에는 일부 노동자들도 참여하였지만 소수였다. 중앙협회 창립을 호소한 22인 중에는 7명의 기업가와 8명의 고위관료 그리고 몇몇 교사들이 포함되어 있었다. 중앙협회는 계급 간 이해를 대립되는 것이 아니라 조화를 이룰 수 있다는 입장을 취하고 있었다.

10 사회정책협회는 1871년 통일제국 수립 이후 1872년 창립되었으며, 중앙협회의 맥을 이어받아 시민계급 사회정책의 '돌격대' 역할을 수행한 것으로 평가된다.

닌 중재재판소(Schiedsgericht)와 단체협약(Tarifvertrag)을 주된 대안
으로 제시하였다(신명훈 2014: 47). 1871년 통일된 독일제국의 수립 이
후 사회정책적 현실적 방안은 주로 사회정책협회에 의해 제안되었는데,
주요 목표로 삼은 분야는 공장법, 공장감독관제, 중재법원, 노동자 주거
문제, 노사관계법 등 주로 노동자 보호정책과 관련된 것이었다.

노동자 보호정책이 제도화되는 진전은 1890년 비스마르크의 실
각 이후 상공부장관 베를렙쉬(Freiherr von Berlepsch) 주도하에 이른
바 '신노선(Neuer Kurs)' 시기에 이루어졌다(v. Berlepsch 1987). 로만
(Theodor Lohmann)[11]의 주도하에 이루어진 1891년의 영업령 개정을
통해 13세 이하 아동노동금지, 일요일 노동금지, 20인 이상 사업장의 노
동규약 제정 의무, 노동자위원회 설치, 공장감독관제 확대 등의 조항이
도입됨으로써 사회민주당과 중앙당, 사회개혁 진영이 요구했던 노동자
보호조치들의 일부가 실현되었다. 사회민주당이 가장 중요하게 여겼던
성인노동자의 표준노동일은 관철되지 못했지만, 노동자의 동등한 권리
를 어느 정도 인정한 노동자위원회나 노동규약 제정, 그리고 공장감독관
제의 실질적인 확대는 노동자보호에 있어 중요한 진일보였다. 사용자가
노동자를 대등한 권리를 가진 당사자로 인정하고 노와 사 이해갈등 당사
자 간 조정적 노사관계를 발전시킬 수 있는 영업법원(Gewerbegericht)
과 상업법원(Kaufmannsgericht) 관련법이 1890년에 제정되고,[12] 1901

---

11 로만은 비스마르크의 측근의 한 명으로 오랜 동안 프로이센 상공부에서 사회정책 보고서
를 담당하였지만, 비스마르크의 국가사회주의와는 다른 입장을 견지하여 국가가 간접 지원
하고 사회세력이 자발적 동기에 의해 참여하도록 하는 '조정(調停)하는 노동정치(versöh-
nende Arbeiterpolitik)'를 구상했던 것으로 평가된다(박근갑 2009: 196 이하). 의료보험
법을 정초하였고 '사회왕정'(나아가 사회국가 원리) 개념을 정립한 슈타인(L. v. Stein)을
사숙하였다.

12 이는 현대적으로 노동법원 창설의 근거와 관련 내용을 모두 다루는 것으로 이해할 수 있다.

년과 1904년에 확대되어 중요한 진전이 이루어졌다.

2) 사회국가

사회국가 개념의 기원이랄 수 있는 '사회왕정(soziales Königtum)' 개념이 제시된 것은 19세기 중엽 독일제국 사회문제에 대한 다양한 입장 중의 하나로, 슈타인(Lorenz von Stein)으로부터 기원한다. 슈타인은,[13] 상당수의 보수주의자들이 지지하고 있던 산업화 이전의 전통적인 방식으로 문제를 해결하고자 하는 시도[14]와 달리, 노동계급의 형성이라는 변화한 환경 속에서 사회문제의 해결책으로 '사회왕정'을 제시했다. 즉, 독일제국 군주가 사회개혁의 주도권을 행사함으로써 자유주의의 정치적 도전을 제압하고 노동자들의 충성을 확보해야 한다는 입장이었다. 슈타인은 사회왕정의 이념과 전망을 정치하게 제시하면서 사회국가 원리를 정립하였다.

"슈타인은 프랑스의 역사발전을 분석하면서, 구시대의 신분제 사회가 프랑스혁명과 인권선언을 계기로 개인적 자유와 법 앞에서의 평등을 특징으로 하는 정치적 민주주의 사회로 전환하였다고 보았다. 하지만 산업사

---

13   슈타인은 프랑스의 사회주의 및 공산주의 관련서를 번역함으로써 독일 정치사상사 연구에 의 함의 도출을 시작으로 한 후, 초기 이론적 연구에서는 사회주의 및 공산주의의 체제비판적인 관점을 부르주아적 자유주의의 진보적 사상과 연결할 수 있는 접점을 찾으려 노력하였다. 후기의 연구에서 슈타인은 일반 국가이론과 특수한 사회적 이해 사이에 대립이 존재한다는 것을 강조하고, 공적 행위의 과제가 법치국가로부터 사회국가로 이전됨을 주창하였다. 일본 메이지유신에 특별한 영향을 끼친 것으로 평가된다.

14   산업화 이전의 전통적인 방식으로 문제를 해결하고자 하는 입장은 동업조합의 부활과 농촌 공동체의 회복을 통해 수공업자들과 농민들을 보호하고자 하는 것이었다. 특히 중요하게 생각되었던 것은 국가가 개입하여 길드의 강제를 부활시킴으로써 중간계급의 핵심이자 국가 안전에 가장 중요하다고 생각되었던 수공업자들의 사회적 안정을 도모하겠다는 것이었다.

회의 발전과 함께 부와 권력이 한쪽으로 쏠리면서 자본가 계급과 프롤레타리아 계급 사이의 갈등이 증폭되고, 개인의 동등한 자유와 평등을 전제로 한 정치적 민주주의는 '사회적 민주주의(soziale Demokratie)'로 전환할 수밖에 없다고 분석하였다. 그가 생각한 사회적 민주주의는 계급사회가 내전에 빠지는 사태를 피하기 위해 갈등조정을 제도화하는 미래의 사회구성을 의미했다. … 슈타인은, 이러한 역할을 부여받은 국가는 "자신의 힘을 가지고 국가에 속한 모든 사람들의 경제적이고 사회적인 진보를 촉진시켜야 하는데, 그 이유는 한 사람의 발전이 다른 사람의 발전의 전제이자 결과이기 때문이고, 이러한 점에서 우리는 사회국가에 대해 이야기하고 있는 것이다"[15]라고 말함으로써 처음으로 사회 내 계급 간 차이를 극복하고 공공의 복지를 증진시키는 임무가 부여된 사회국가의 원리를 제시하였다. 그는 사회문제의 해결을 위하여 국가의 적극적인 역할을 요청하면서, 그 국가는 계급갈등을 뛰어넘어 갈등을 조정할 뿐만 아니라, 자본가와 프롤레타리아 계급의 차이를 넘어서서 모든 자율적 개인들의 '절대적인' 법적인 평등을 보장해야 한다고 보았는데, 그것이 곧 법치국가였다. 이처럼 슈타인은 사회적 민주주의와 사회국가 그리고 법치국가의 원리를 하나로 묶어내며 복지국가에 대한 중요한 이론적 성취를 이루어내었다."(신명훈 2014: 49-50)

슈타인의 논의는 비단 보수주의자뿐만 아니라 자유주의자, 심지어 일부 사회주의자에 이르기까지 광범하게 영향을 끼쳤으며, 독일 복지국가 이념의 발전에 있어 중요한 분기점이 되었다고 할 수 있다. 즉, 1840년대 이후의 정치적 격동과 사회문제 첨예화 시기의 문제를 해결하기 위

---

15 Lorenz von Stein(1876: 214). Ritter 1989: 11에서 재인용; 신명훈 2014: 49 각주 19번.

해서는 적극적인 역할을 통해서 사회 내 계급 간 차이를 극복하고 공공
의 복지를 증진시키는 임무가 부여된 '사회국가'의 역할이 필요하다는
입장이었다.[16]

3) 바이마르공화국 헌법과 사회국가

비스마르크 이후 사회보험제도의 원칙(예를 들어, 노사 반반 부담의 기여
및 자치행정관리 등)과 제1차 세계대전 동안 생성된 사회정책·보험제도
들(예를 들어 노사임금협약을 임금정책제도로 인정하는 것, 공장공동결정
제 및 임금협상 조정절차 도입 등)이 1919년 제정된 바이마르공화국 헌법
에 계승되었다. 바이마르공화국 헌법은 임금근로자에 대한 특별한 보호
필요성과 관련 법제정에 관한 내용과 이른바 경제민주화 관련 내용을 제
2장 제5절 '경제생활'에서 체계적으로 법인하고 있다. 우선 무엇보다도
경제생활의 질서는 개인에게 인간적인 존엄의 보장을 목적으로 하여 정
의의 원칙에 적합하여야 하며, 개인의 경제상의 자유는 이러한 한계 내
에서 보장된다(제151조 제1항)고 명시하고 있다. 그리고 소유권은 '권리'
와 동시에 그 '의무'도 포함하는 것으로, "소유권의 행사는 공공의 복리
에 적합하여야 한다"(제153조 제3항)고 하여, 그 한계를 정하고 있다.[17]

16　사회문제에 대한 국가의 적극적 개입 필요성에 대해서는 상당히 광범한 공감대가 형성되어
　　있었다. 예를 들어 프로이센 국왕 빌헬름 4세의 측근이었던 라도비츠(Joseph von Radow-
　　itz)도 산업화가 야기한 문제를 해결하는데 실패하면 국가는 무기력하게 몰락할 것이라고
　　단언하며 국가와 군주의 적극적인 개입과 역할을 요청하기도 하였다(신명훈 2014: 45-51).
17　이외에 바이마르헌법에서는 사기업을 공유로 하며 공공경제의 원칙을 부분 적용할 필요성
　　도 법문으로 정하고 있다.
　　제156조【사기업의 공유와 공공경제의 원칙】① 제국은 법률에 의하여 공용징수에 관한 규
　　정을 준용하여 사회적이 되기에 적당한 사적인 경제적 기업을 보상해주고 공유로 옮길 수
　　있다. 각 州 또는 공공단체는 스스로 경제적인 기업 및 단체의 감리에 참여하고 또는 다른
　　방법으로써 이에 대하여 지배력을 행사할 수 있다. ② 제국은 공공경제의 목적을 위하여 긴

노동력에 대해서는 제국의 특별한 보호와 관련 입법을 명시하고 있다.

제157조【노동력의 보호】
① 노동력은 제국의 특별한 보호를 받는다.
② 제국은 통일적인 노동법을 제정한다.

노동력을 보호하기 위한 통일적 노동법 제정과 관련하여 특별히 노동자 및 임금근로자의 결사의 자유가 헌법에 명시되었고 그 활동이 보장되었다.

제159조【노동조건의 유지개선, 결사자유의 보장】노동조건 및 경제조건의 유지와 개선을 위한 결사의 자유는 누구에게나 그리고 모든 직업에 대해 보장한다. 이 자유를 제한하거나 방해하려는 약정 및 조치는 위법이다.

뿐만 아니라 임금 및 근로조건의 규율과 관련한 제도의 작동에서 노사 간 동등한 지위에서 협상할 수 있도록 하며, 공장평의회(Betriebsrat), 지역노동자평의회 및 제국 차원의 노동자평의회에서 노동자의 대표성을 보장하도록 하고 있다. 1920년에는 공장평의회법이 제정되었고, 1923년에는 임금협약 및 노동시간 조정제도 관련 시행령이 발효되었다. 이러한 법제의 근거는 헌법 제165조이다.

급한 필요가 있는 경우에 있어서는 법률에 의하여 자치의 기초에 입각한 경제적인 기업 및 단체를 결합시켜서 모든 국민 중의 생산계급의 협력을 확보하고 노동고용자 및 후보자로 하여금 그 관리에 참여시키며 또한 경제적 화물의 생산·제조·분배·소비·가격과 전출입을 공공경제의 원칙에 따라 규율할 수 있다. ③ 생산조합 및 신용조합과 그 연합은 그 청구에 의하여 그 조직의 특색을 고려하여 공공경제의 일부로 할 수 있다.

제165조【노사의 동등권, 노동자평의회, 경제평의회】

① 생산직 및 사무직 노동자는 경영자와의 공동체 속에서 동등한 자격으로 임금과 노동조건을 규율하고 전체경제에서의 생산력 행상에 함께 기여하는 권한을 갖는다. 양측의 조직과 이들간의 노동조건에 대한 합의는 존중되어야 한다.

② 생산직 및 사무직 노동자는 자신의 사회경제적 이익을 실현하기 위한 법률적 대표기구로서 사업장노동자평의회(Enterprise Workers' Councils), 경제영역별로 조직된 지역노동자평의회(District Workers' Councils), 그리고 제국노동자평의회(Reich Workers' Council)를 보유한다.

③ 경제 전체의 임무를 완수하고 사회화를 위한 법률들을 시행하기 위해 지역노동자평의회와 제국노동자평의회는 경영자의 대표기구 및 지역경제평의회와 제국경제평의회에 참가한 그 밖의 국민집단들과 함께 협력한다. 지역경제평의회와 제국경제평의회는 모든 중요 직업집단들이 사회·경제적 중요성에 상응하여 대표될 수 있는 조직을 지녀야 한다.

(이하 ④~⑦항 생략)

그리고 실업 상태에 처한 노동자의 기본적 생활의 보장을 위하여 실업수당을 제공하도록 정하고 있는바, 인신의 자유와 그를 사회적으로 보장하도록 정하고 있다.

제163조【인신의 자유와 사회적 보장】

① 모든 독일인은 자신의 인격적 자유를 해하지 않으면서 정신적, 육체적 능력을 전체의 복리를 위해 사용할 도덕적 의무를 진다.

② 모든 독일인에게는 경제적 노동을 통해 생활을 영위할 수 있는 가능성이 주어져야 한다. 적절한 노동의 기회를 지니지 못하는 자에게는 필요한

생활비를 지급한다. 자세한 내용은 특별히 제국법률로 정한다.

바이마르공화국 헌법은 임금근로자의 기본권 및 사회권 보장 외에 포괄적인 사회보험을 국가적 사무로 정하고 있다. 그 결과 1919년 헌법 제161조에 전 국민적 수준에서의 포괄적 '보험제도의 창설'을 명시하고 있다. 이러한 포괄적인 보험은 생(生)의 길흉화복의 부침에 대비한 조치로 이해되었다.

제161조【보험제도의 창설】건강과 노동능력을 유지하고 모성을 보호하며 노화와 질병 및 인생의 길흉화복에 따른 경제적 결과를 예방하기 위해 라이히(제국)는 피보험자의 폭넓은 참여 하에 포괄적인 보험제도를 창설한다.[18]

바이마르 헌법 제2장 제5절은 당시 익숙하지 않았던 권리, 즉 '사회권'(제162조)을 규정하면서 이를 국제법규로 제정할 것까지 적시하고 있다. 이에 따르면 "제국은 모든 노동계층이 최소한도로 일반적인 사회적 권리를 얻을 수 있도록 국제법규로서 노동자의 법률관계를 정하는 것을 지지한다"는 것이다.

이러한 헌법적 법인에 근거하여 추진된 바이마르공화국의 사회법의 변천은 두 단계로 구분할 수 있는바, 첫째, 1918~1927년 사이 사회법의 부침단계, 둘째, 1928~1933년까지의 지속적인 침윤단계로 나눌

---

18   제7조 〔입법권 (2)〕 제국은 다음 사항에 대하여 입법권을 가진다.
     9. 노동법, 생산직 및 사무직 노동자의 보험 및 보호, 직업소개
     16. 영업 및 광업
     17. 보험제도

수 있다. 1919년 이후부터 1923년까지 사회민주당은 중앙당(Zentrum)
및 독일민주당(Deutsche Demokratische Partei: DDP)과 함께 공화국
정부에 참여하고 있었는데, 이 기간 동안 사회정책은 지속적으로 보강되
었다. 군대해산, 군수(전쟁)산업의 후퇴, 경제의 침체(stagnation) 경향
과 고령자의 증가는 제1차 세계대전 이후를 규정하는 요인이었다. 이로
인해서 사회보장에 대한 요구가 집중적으로 늘었던 것이다. 이와 더불어
전쟁희생자에 대한 구호 또한 사회적으로 큰 의미를 가지게 되었다. 이
들에 대한 구호는 당연히 국가재정으로부터 조달되어야 한다는 입장에
사회적 공감대가 형성되었다.

    1923~1924년을 지나면서 사회보험은 거의 도산 지경에 이르렀다.
인플레이션이 최고조에 달하고 사회보험의 재원이 고갈되었다. 특히 연
금보험 급여액의 화폐가치 절하에 따라 그 실질적 보장의 정도는 낮은
수준에 머물렀으나,[19] 이후 경기 호황으로 호전된 상태에서 1928년까지
계속되었다. 이 기간 동안 피보험자 규모뿐만 아니라 사회보험의 총규모
도 크게 늘었다. 예를 들어 1920년 46%에 이르던 가입률은 1929년 62%
로 늘었다. 1929년 전체 GDP 대비 사회보험 비중은 15%에 이르렀는데,
이는 1914년 대비 세 배 늘어난 것이었다. 이러한 급증 상황에서 피보험
자의 보험금 납입액도 8%에서 16%로 늘었다.

    피보험자 규모가 급증하는 추세 속에서 사회보장은 "국가 공권적 구
휼보장"이던 것에서 국민에게 부여된 "사회국가적 권리"로서 의미가 변
하고 있었다. 비록 그 급여수준이 낮은 정도에 지나지 않았다 하더라도,
이러한 변화는 인격체로서 존중 받아야 하는 모든 국민에게 보장되는 기
본적 권리의 형성을 의미하는 것이었다(Pilz 2004: 28).

19   급증하는 실업자 문제에 대응하기 위하여 제국은 주정부와의 지난한 협상을 통해서 1927
      년 재정분담에 대한 합의에 이르렀다.

1925~1927년을 지나면서 사고(산업재해 포함) 및 의료보험에 있어서도 사전(事前)대비 원칙이 강화되었다. 사용자에게는 산업재해를 예방하기 위해 더 강화된 조치를 취하도록 의무가 부과되었다. 이외에 기존에는 노동자나 피고용인에게만 보장되던 의료보험이 그 배우자와 자녀 등 가족에게도 보장·확대되었다.

1928~1929년 세계경제의 위기는 독일에 더욱 혹독하게 다가왔다. 실업률은 4.2%로부터 17.7%까지 급증했고, 실업보험과 취업알선의 작동은 임계상황에 이르렀다. 그나마 경기가 좋았던 상황에서 확대되던 각종 보험제도는 더 이상 유지되기 어려운 상황에 처했다. 그 결과 사용자 단체와 우파 정당을 한편으로 하고 노동조합과 사회민주당을 다른 한편으로 하는 대립은 극한적으로 첨예화되었다. 이러한 양극단적인 대립 상황에서 마침내 1930년 3월 17일 바이마르공화국 의회에서 출범한 마지막 정부(Heinrich Brüning 수상)가 실패하고, 이른바 바이마르공화국 헌법의 독재조항인 제48조에 따라 제국대통령이 비상조치를 발효하게 되는 상황으로 발전하고, 이후 1933년 힌덴부르크 대통령이 히틀러를 총리로 임명하고, 1934년 히틀러가 총통으로 집권하면서 바이마르공화정은 막을 내린다.

4. 바이마르 헌법과 제2차 세계대전 후 동·서독 헌법

구서독과 구동독의 사회보험은 모두 독일제국에서 형성되기 시작하여 체계화 된 바이마르공화국의 사회보험제도에 그 연원을 갖고 있었다. 그러나 양 지역의 상이한 정치체제로 인하여 조직, 급부, 보험가입 대상 등에서는 상이한 방식으로 발전해왔던 것이다. 그렇지만 이렇게 사회보험

각 분야의 상이한 운영 방식에도 불구하고, 사회보험의 근원적 취지가 거의 대동소이하며 내용적으로 큰 차별성을 보이지 않았기 때문에 통일 이후 짧은 시간 내에 커다란 문제를 드러내지 않고 통합될 수 있었다.

분단체제하 동서독은 서로 치열한 체제경쟁의 조건 속에서 각 체제의 우월성을 입증하려 노력하였던바, 동독과 서독은 서로 배제하면서도 서로 규정하고 규정당하는 관계에 있었다. 특히 노동권 보호와 복지경쟁은 체제경쟁의 매우 중요한 축이 될 수밖에 없는 상태였다. 이러한 조건에서 동독은 일찍이 종전 직후 1946년부터 사회주의체제의 정당성을 입증하기 위해 근로대중의 권익보호와 인민대중의 노동권 및 생존권 보장을 국가적 사무로 헌법에 명시하는 등의 노력을 하는가 하면, 서독은 정부수립 후 의회 첫 회기부터 복지제도 관련법을 통과시켰다. 이러한 과정에서 동서독 양국은 상당히 근대적인 사회보장제도가 도입되었던 바이마르공화국 헌법에서부터 그 전거(references)를 끌어오는가 하면, 제도적인 측면에서도 그 역사적 경험이 중요한 근거가 되었던 것이다.

1) 동독

(1) 바이마르헌법과 1949년의 동독 헌법

동독 국가의 법적 기초가 잡히는 것은 1949년 발효된 헌법에서부터였다. 동독은 1949년 10월 7일 헌법을 제정·발효시키고, 독일민주공화국(DDR)을 선포하였는데, 이 헌법의 제정 작업은 서독과의 통일을 상정한 채로 1946년부터 시작되었다. 분단을 예상하지 않았던 동독 헌법 제1조 제1항에 "독일은 분단될 수 없는 단일의 민주공화국으로, 독일 주(州; Länder) 영토 위에 건립된다"고 선포하였다. 1949년 구동독의 헌법 제정에서 주목되는 점은, 이 헌법이 기본적으로 바이마르헌법의 사회권과 관련 내용을 계승하였다는 점이다. 바이마르공화국은 당대에 보기 드물게 사회권(social rights)을 헌법에 법인하고 있었고, 동독 헌법에서 국민 기본권으로서 노동권 및 사회권의 도입 등은 바이마르공화국 헌법에서 그 전거를 찾을 수 있는 것이다.

1949년 동독의 헌법은 연방제와 법치주의를 규정한 의회민주주의 국가조직 원리에 근거하고 있어, 서독의 내독성에서 발간한《동독 핸드북》조차도 1949년 동독 헌법을 "연방주의와 법치국가적 특성을 갖는 의회주의-민주주의 체제의 구조적 요소 내지 구조적 원칙"을 드러냈다고 평가하고 있을 정도였다(BMIB 1985: 1410). 동독의 성립 과정에서 권력구조와 특성을 결정하게 된 1949년 헌법은 1919년 바이마르 헌법의 공화국 정신을 이어받은 것이다. 즉, 독일은—동독이든 서독이든 무관하게—가까운 독일 역사, 즉 바이마르공화국에서 근대헌법의 역사적 경험을 갖고 있었기 때문이다. 독일은 1848년 프랑크푸르트 헌법 이외에도 1919년에는 자유권과 사회권이 잘 발달된 바이마르 헌법을 갖고 있었고, 이러한 경험이 독일인에게 헌법제정 과정에서 커다란 영향을 미친 것이다.

동독의 초대 수상 그로테볼(O. Grottewohl)은 1949년 제정헌법을 투표에 부치기 위해 작성한 포고문에서 이러한 정황을 명확히 밝히고 있다. "우리는 이 헌법의 제정에서 낯선 전형(典刑)이나 선례를 따르지 않았다. 우리에게는 오직 하나의 장인·스승이 있기 때문이다. 즉, 우리의 역사가 그것이다. 우리 역사는 풍부한 경험을 갖고 있으며, 실패와 실망도 충분히 경험한 것이다. 우리의 역사에서 좋고 건강한 것은 살아남도록 해서, 더 나은 미래를 위해 활성화되도록 해야 한다"(Grottewohl 1949).

바이마르 헌법의 영향은 국가의 권력구조에 관련된 조항만 아니라 헌법상 기본권 내용에서 특히 동독 헌법제정에 크게 영향을 미쳤다. "동독 헌법상의 기본권 규정이 전부 직접적 효력을 가진 것은 아닐지라도

1919년의 Weimar 헌법의 전통을 이어 받아 상당한 자유권보장과 생존권보장이 이루어지고 있었다"(김철수 1997: 463). 나치의 역사만을 괄호 속에 넣는다면, 1949년 동독 제헌헌법은 바이마르 헌법에서 연속되는 헌법체제라고 할 수 있다(송태수 2015). 동독의 1949년 10월 헌법에는 1919년 바이마르 헌법의 연속선상에서 국가에 의한 사회보험제도들이 대부분 복원되었다(Willing 2008: 152-155).

(2) 사회보장체제의 체계와 내용

1949년 동독 헌법은 제6~18조에 국민의 권리조항을 열거하고 있는데, 제15조에서는 노동에 대한 권리와 생계유지의 보장을 기본권으로 보장하고 있으며, 제16조는 모든 근로대중에게 휴식, 유급 연차휴가, 병가 및 노령 시 수급권이 보장된다고 명시하고 있다. 국가가 경제에 개입하여 이를 적극 조정하는 것, 즉 사회주의경제체제 유지의 본질은 전 국민에게 일자리와 생계수단을 제공하기 위한 것이다. 따라서 "국민에게 적정한 일자리를 제공할 수 없을 경우, 생계를 위한 구호물이 제공돼야 한다"(제15조 제2항 3문). 이 조문은 1949년 헌법에서만 아니라, 이미 사통당 (SED)이 1946년 8월 10일과 11월 14일 제안한 헌법 초안에도 명시돼 있었다. 국가는 국민의 생계유지에 필수적인 생필품을 제공할 의무가 부과되어 있는 것이다. 국가의 국민에 대한 이러한 의무는 일찍이 바이마르헌법에서의 사회보장의 전통에 덧붙여 사회주의체제의 기본적 이념을 실현하기 위한 내용으로 추가된 것이다. 이러한 내용은 위 두 헌법(초안)에서만 아니라, 동독지역 5개 주 중 3개 주(메클렌부르크-포폼머른, 작센 및 작센-안할트)의 헌법에도 명확하게 자리 잡고 있었다.[20] 이외에도 동

---

20 일례로 1950년 초 기준 작센-안할트 주의 경우 12만 건에 이르는 구호물 제공 사무를 위해 225명이 책임 종사하도록 정하고 있었으며, 실제 150여 명이 초과된 374명이 종사·처리

독의 신헌법이 제정됨에 따라 3개 주(튜링엔, 브란덴부르크, 메클렌부르크)의 헌법에서는 생계유지에 필수적인 생필품 수급권 보호를 위해 행정법원에 소송할 수 있도록 보장하였다. 이러한 사무의 주무부처는 몇 차례 변경이 있었는데, 1949년 독일경제위원회로부터 노동·보건부로 이관되었다. 이후 정부 조직의 변화에 따라 보건부를 거쳐 노동부, 이후 노동·직업교육훈련부로 넘어갔다가, 1958년에 노동·직업교육훈련부 해산과 동시에 다시 보건부로 이관되었다(Willing 2008: 153-155).

헌법적 권리로서 보장되었던 노동권과 기본생계 수급권, 병가·노령시 수급권 및 휴식·휴가의 권리 외에 1949년 헌법 제17조와 제18조는 근로대중에게 노동조합과 직장평의회라는 대변구조가 보장되며 근로조건에 대한 적정 수준의 보장 및 여성·청소년 노동 보호 관련 내용이 적시되어 있다.

동독의 사회보험체계는 기본적으로 바이마르공화국에서 설치·유지되어왔던 제도의 연장에서 이해된다. 헌법 제19~29조는 경제생활 관련 규정(II절. 경제질서)으로 제반 계급·계층별 경제생활 보장과 인격적 품위 유지의 조건에 대해 열거하고 있는데, 제19조는 사회적 정의에 조응하며 인격적 존엄성 보장을 국가 사무로 정하고 있다. 제30~40조는 가족과 모성 및 청소년 보호 관련 조항을 담고 있다(III절. 가족과 모성). 동독의 헌법체계가 바이마르공화국 헌법체계와 많은 유사성을 보이고 있는 것을 확인할 수 있다.[21]

하고 있었다. 메클렌부르크 주의 경우에는 7만 5,000여 수혜 건수의 처리를 위해 131명이 종사하도록 정해져 있었으나, 실 종사자는 77명이었다.

21   의료보험 1883년, 산업재해보험 1884년, 연금보험 1889년의 순으로 세 가지 사회보험법이 제정된 뒤, 1902년 사회민주당은 뮌헨 당 대회에서 '노동자보험'을 공식의제로 올렸다. 당시 사회민주당의 사회보험 요구는, ① 모든 노동자 및 그들과 경제적으로 같은 처지에 있는 사람들을 포괄하는 보험적용 범주 ② 3대 보험의 통합관리 ③ 보험가입자의 완전한

구동독의 사회보험제도는 의료보험, 연금보험, 상해보험 등이 하나로 통합되어 단일한 통합사회보험(Einheitsversicherung)으로 되었으며, 동독의 근로자들은 이처럼 단일한 통합사회보험에 의무적으로 가입하도록 되어 있었다. 자유노동조합총연맹(FDGB: 자유노총) 조합원들은 노무직 보험이나 사무직 보험에 가입하였다. 협동농장의 농민과 수공업자 및 기타 자영업자들은 국영 보험기관에 가입했다. 사회보험의 운영책임은 바이마르공화국에서와 마찬가지로 근로대중을 대표하는 자조조직 자유노총에 부여되었다. 다양하게 분권화된 직종·직능조직에 의해서 운영되던 바이마르공화국에서와 달리 자유노총이라는 단일조직에 의해 관장되는 일원적인 통합보험체제였다. 분권화된 사회보험체제와 국가적 개입이 병행되는 자주관리행정과 다양한 보험조직이 해체되고, 그 중심에 자유노총이 자리 잡았고 중앙국가 수준의 사회정책 주무부처도 만들어지지 않았다. 사회주의체제에서는 '실업이 없는 상태'이기 때문에 실업보험은 폐지되었다. 통합적인 기초보장제도의 유지 이외의 제반 사회보험은 일자리(노동권리)를 보장함으로써 유지되는 것이었고, 이외에 가족과 여성보호 및 국가 제공의 주거가 보장되고 있었다. 이외에 자영농민과 수공업자를 위한 국가보장의 사회보험도 유지되었다. 사회보험의 재원은 대략 가입자의 보험료와 세금으로 각각 50%씩 조달하였다.[22]

자치행정 ④ 보험재정을 부담하도록 모든 계급 동원 ⑤ 노동자보험을 통해 국민질병 근절 ⑥ 재난 방지와 직업법 예방을 위한 조처 확대 및 공장감독 강화 ⑦ 임산부 보호 확대 ⑧ 직업알선 조직 ⑨ 실업보험 도입 ⑩ 과부 및 고아 보험 도입 등 모두 10개 항목이다(박근갑 2009: 315).

22 통합적 의무보험제도 외에 특별보장제도가 있었는데, 정치적 특권집단을 대상으로 한 노령보장제도가 그것이다. 예를 들어 학계, 기술, 의료 또는 예술 분야 등에서 두각을 드러낸 자들 중 외국 망명을 꾀할 성향을 보이는 사람들과 국가기관의 주요인물 등에게 보장되었다. 후자 그룹에는 정보기관, 경찰, 군인 등 집단에서 일부 특권층에게 보장되었다. 이른바 명예연금 수혜자 집단에 속하기 위해서는 "평화와 사회주의를 위한 투쟁에서 현격한 업적을 수행한 자들"로 분류되어야 했다(Pilz 2004: 41-42).

헌법에 노동권과 사회권을 기본권으로 보장하는 것 외에, 노동법 (Arbeitsgesetzbuch: AGB)에서는 모든 근로자와 경영자(일자리 제공자) 각인에게 부과된 노동법적 규정들을 명시하고 있었고, 국가조직에 의해 이들에게 부여된 권리, 책임, 의무들이 시행령 등에 규정돼있었다. 모성 보호법, 노동보호시행령(ASVO), 노동보호시행규칙(ASAO)과 그중 여성·청소년노동보호조항, 노동보호 및 화재보호 시행규칙(ABAO), 사고(산재)보험, 산별단체협약규정(RKV), 기업별단체협약규정(BKV) 등을 예로 들 수 있다.

요약하면, 동독의 건국 후 사회보험은 노동자와 사회 전 분야 근로대중을 위한 국가 수준의 통합적 사회보험체제로 되어 중앙집중적 체계를 띄었다. 인민의 노동에 대한 권리는 사회주의통일당(SED) 정부에게 특별한 의미를 갖는 것이었고, 따라서 해고예고제도는 전체 계획경제의 틀 안에서 고용보장이라는 목표의 달성을 위한 장치로서 엄격하게 지켜졌다. 기업 경영에서도 고용보장이 이윤과 수익성 기준보다 상위적인 기준으로 작용하였던 것이다.

2) 서독 : 사회적 시장경제

(1) 사회적 시장경제에서 사회국가적 시장경제로

제2차 세계대전 후 독일의 경제사정은 매우 어려워서 상당수 주민들이 심각한 궁핍 상황에 처할 정도였다. 나치정부하 전시경제를 경험한 다수 국민들에게 시장경제의 결과는 심화되는 결핍의 만성화였다. 그런 경험으로부터 사람들이 기억할 수 있었던 시장경제란 무엇보다도 세계경제 위기와 불황의 시장경제였다. 이런 상황과 경험으로부터 사람들이 시장경제 질서에 대해 회의적 입장을 가졌던 것은 놀라운 일이 아니다. 전후 다수의 사람들은 당장 일상생활의 궁핍과 파괴 상황을 극복하기 위해서라도 국가의 통제경제에 계속 의존해야만 한다고 생각했다.[23] 다수의 열렬한 자유 신봉자조차도 배급·분배경제에서 시장경제로 넘어가는 과도기적인 어려운 과정으로 보았고, 대부분 우선은 국가계획경제를 포기할 수 없다고 믿을 정도였다(민경식·송태수 2012: 43).[24] 경제는 바닥으로 치달았고, 생산은 급격하게 위축되었다. 무엇보다도 식료품과 주거가 부족했고, 이에 더해서 병에 걸릴 위험(risk)이 커졌다. 1948년 화폐개혁을 통해서야 비로소 화폐의 가치가 회복되기 시작했고, 전후 복구경제가 서서히 출발할 수 있었다.

　지속적인 국가의 경제에 대한 영향력의 행사가 필요하다는 인식의 배경으로는 경제적 어려움 외에 대기업의 나치-독재 지원과 같은 선례가 재발되지 않도록 막기 위해서 대부분 정당에 공통적으로 합치된 인식이었다는 점이 추가로 지적될 수 있다. 그러했기 때문에 1947년 2월 노르트라인-베스트팔렌 주(州) 기독교민주연합(CDU: 이하 기민연)의 「아알

23　독일 저항운동의 지도자 중의 한 사람으로 원칙적으로 자유시장경제질서의 신봉자이던 괴르델러(Carl Gördeler)는 이미 1941년 히틀러와 나치종식 이후의 경제정책에 대한 구체적인 생각을 정리하였는데, 그가 예견하는 경제 상황과 대안은 다음과 같았다: "가장 중요한 생필품과 그 생산을 위해 필요로 하는 원료부족이 존재하는 한, 현재의 계획경제는 지속되어야 한다. 모든 영역에 대한 국가의 총체적 정책은 궁핍상황을 가능한 빨리 제거하는 데 우선권을 두어야 한다. 이러한 정책이 성공함에 따라 계획경제는 자신의 마지막 잔재가 사라지는 어느 날 무너질 것이다"(G. Gördeler 1941; Ludwig-Erhard-Stiftung 1981: 13-14 재인용).

24　예를 들면 내무장관이던 슈트라우스(Franz Josef Strauß)의 기억에 따르면, 1948~1949년 기독연합(CDU/CSU) 내부에까지도 자유주의적인 경제정책을 통해서는 전쟁의 결과, 폐허와 굶주림, 주택난 및 피난민과 귀향자들의 생계난을 극복할 수 없다는 인식이 광범히 퍼졌었다고 한다. 또한 당시에 사람들은 경쟁과 업적에 기반한 경제정책은 잘 작동 중인 경제를 가지고 있고 질서가 잡힌 국가제도 내에서나 성공 전망을 가질 수 있다는 생각을 갖고 있었다. 하루하루를 연명하기 위한 재화의 궁핍을 극복하려는 요구 즉, 삶 자체를 서서히 정상화해야 할 요구들은 국가에 의한 강력한 계획, 조정 및 통제를 요구했다(Strauß 1982).

렌(Aalen) 강령」에서는 특히나 석탄산업 및 철광업을 사회화하려 했고, 화폐, 은행 및 보험업을 강하게 통제하려는 대안이 제시됐다. 그러나 서독 점령 3국 중 특히 미국은 이런 접근 방법을 강력히 반대하였는데, 이는 소비에트에 대항하는 보루를 구축할 목적 때문이었다. 대신에 당시의 결핍경제 상황을 극복하기 위한 해결책으로 사회적 시장경제라는 역사적 타협물이 도출되었다(스첼 2013: 115). 일찍이 19세기 중엽 슈타인에 의해 제출되었던 '사회국가'(비록 '사회 왕정'이긴 하지만) 개념을 역사적으로 선취하고 있던 독일에서 사회적 시장경제는 오히려 자연스러운 귀결이었다고 하겠다. 이러한 국가에 의한 경제통제적 기본입장은 1949년 7월 15일의 뒤셀도르프 기본초안에서 처음으로 검토되었다. 에첼(Franz Etzel)의 주도하에 기민연(CDU)의 강령작업위원회에 의해서 기초된 신 강령에서 처음으로 사회적 시장경제에의 길이 열렸고 정책 방향이 그쪽으로 선회하게 되었다.[25]

사회적 시장경제는 전후 서독 사회에서 다양한 모습으로 실현되었다. 한편으로, 보수주의적 이해방식으로서 오르도(질서)자유주의의 사회적 시장경제와, 다른 한편으로, 진보적 이해방식으로서 사민당의 사회적 시장경제로 구분할 수 있다. 전자는 시기적으로 전후 1950~1960년대 아데나워(기민당) 정부 기간 동안, 그리고 후자는 브란트(사민당) 수상 이후 사민당 정부 기간에 실현되었다.

① 오르도(질서)자유주의의 사회적 시장경제
독일에서 '사회적 시장경제'는 그 성립에서부터 1960년대 중반 개념적 완성 단계에 이르기까지 세 차례의 진화를 거쳤으나,[26] 그 내용적 구성의

25   Bayerische Landeszentrale für politische Bildungsarbeit, 1978, 1979 und 1981.
26   첫째, 신자유주의(Neoliberalismus) 사상, 둘째, 질서(Ordo)자유주의, 그리고 셋째, 뭘

측면에서는 독일 경제학계의 신자유주의운동에 기반하여 체계화된 오르
도자유주의(Ordoliberalismus)와 뮐러-아르막(Alfred Müller-Armack)
의 사회적 시장경제 개념으로 구분할 수 있다.

　오르도자유주의의 중심 사상은 경제발전을 위하여 아주 분명한 질
서체계를 구축한다는 의미에서 하나의 실증적(positive) 질서정책이다.
질서자유주의의 중심 사상가인 오이켄(W. Eucken)은 개인과 집단의 권
력이 가능한 낮게 유지된 경쟁질서의 창출에 역점을 두었다. 왜냐하면
경쟁이야말로 '역사적으로 가장 특출한 탈권(脫權; Entmachtung)수단'
이기 때문이다(F. Böhm). 질서자유주의자들은 만약 자유를 파괴할 수
있는 사적 권력이 성립할 수 있다면 그러한 자유란 기실 자유에 대한 위
험일 수 있다고 간주했고, 따라서 경쟁질서를 유지하기 위해서 국가의
개입은 당연하였다(Eucken 1952: 254). 경쟁을 해치는 독과점 권력은
철저히 규제되어야 하기 때문이다.

　경제정책의 핵심적 과제는 '완전경쟁의 순기능적 가격시스템' 즉,
가격메커니즘이 작동하여 순기능을 할 수 있는 완전경쟁의 조건을 형성
하는 것이고, 이것이야말로 모든 경제정책적 조치의 중요한 기준이 되
는 것이다. 이러한 기본원칙에 따라서 오르도자유주의의 구성적 원칙
은 ① 경제질서로서 완전경쟁적 가격체계의 구축, ② 안정적 통화정책,
③ 자유로운 시장진입의 보장, ④ 사유재산 보장, ⑤ 계약의 자유, ⑥ 소
유자의 무한책임, 그리고 ⑦ 경제정책의 일관성 등 7가지를 요구한다

러-아르막(Alfred Müller-Armack)의 개념으로의 발전 과정이다. 고전적 자유방임과 달리
신자유주의 운동은 '적절한 개입주의적, 사회-자유주의적(sozio-liberale) 방향'과 '경쟁
메커니즘을 인위적으로 형성된 원칙으로 파악하는 방향'으로 구분되었다. 1930년 이래 독
일어권에서 국민경제학자들(Walter Eucken, Franz Böhm, Wilhelm Röpke, Alexander
Rüstow, Alfred Müller-Armack, F. A. Hayek 등)의 신자유주의는 전체주의적 국가시스
템 아래에서 구상되었다.

(Eucken 1952: 254-291). 구성적 원칙의 실질적 보완장치로서, 경쟁질
서를 기능적으로 유지하기 위하여 '규제적 원칙'이 요청되었다. 즉, ①
국가의 일관된 독점통제·감독, ② 소득정책을 통한 사회적 생산의 분배
에 대한 수정, ③ 최저가격제 도입을 통한 시장에서의 비정상적 공급반
응 수정(특히, 최저임금제 도입) 그리고 ④ 외부비용에 대한 국가적 규제
등 4가지가 그 내용을 구성한다(Eucken 1952: 291-304). 이때 이러한 국
가의 경제정책적 개입·간섭의 강도·범위를 결정하는 중요한 기준은 '시
장정합성'이다.

오르도자유주의는 시장경제에서 경쟁질서 구축을 위해서 국가의 개
입을 강조하는 바, "골격은 방임적인 자유시장경제가 아니라 의식적으로
조정되는, 즉, 사회적으로 조정되는 시장경제이어야 함을 의미하는 것"
이고(Müller-Armack 1946: 88), 국가의 과제는 공정한 경제질서의 확
립·감시이다. "국가는 자신의 경제정책을 통해서 사회적 계층화의 변화
를 가능케 하는 사회적 개입을 하게 된다. 그러나 이러한 국가의 개입이
시장정합성의 기본원칙에 따라 이루어지는 한, … 이러한 국가 개입은
시장을 교란시키지 않으며, 심지어는 시장의 작동 방식을 더욱 개선시킬
수도 있다"는 것이다(Müller-Armack 1946). 경제정책 수행자로서 국가
의 기능이 중요시되고, 시장경제질서 내에서 적극적 경제정책을 추진할
수 있는 국가의 가능성에 높은 비중이 주어진다.

뮐러-아르막(Alfred Müller-Armack)에게 전후의 독일에서 실현되
어야 할 경제체제는 사회적 시장경제라는 것이다. 오르도자유주의와 함
께 자유로운 경쟁질서정책의 중요성을 공유하면서도, 경쟁을 보완하는
요소로써 '사회보장'을 정부의 매우 중요한 역할로 인정하고 있다. 뮐러-
아르막의 사회적 시장경제 실현을 위한 사회정책의 내용은 상당히 포괄
적이다.

1. 기업가의 경영 주도성과 책임성을 축소하지 않으면서도 노동자들을 인간으로 그리고 동료로 대하고, 그들에게 사회적 공동결정의 권리를 부여하는 사회적 경영질서의 창조.

2. 공공의 임무로서 개념 규정되는 경쟁질서를 실현함으로써 전체 복지를 위해 요구되는 방향을 개인의 영업욕구에 부여하는 것.

3. 경제적 권력 남용의 척결을 위한 반(反)독점정책의 추구.

4. 노동자들을 가능한 한 경제위기적 후퇴로부터 보호해주는 목표를 갖고 경기정책적 고용정책을 관철할 것. 이 문제에 있어서는 신용·재정 정책적 조치 외에도 국가재정이 안정되는 한도 내에서 국가투자계획이 예상될 수 있음.

5. 사회적으로 건전하지 못한 과도한 수입격차 및 소유자산 격차의 제거를 위한 시장경제적 소득 공정성을 달성해야 하는바, 이러한 소득 공정성은 세금부과를 통해서 그리고 가족수당, 아동 보육비 및 집세 보조 등 사회적 요구에 따라 이루어짐.

6. 이주정책과 대대적인 국민주택 건축사업.

7. 중소기업 장려를 통한 사회적 경영구조 정책을 실시하고 중소기업에게 사회적 상승기회를 창출해줄 것.

8. 경제질서 내에서의 조합원제도와 같은 자조(自助)제도의 확립—예를 들면 조합주택.

9. 사회보장제의 구축.

10. 도시계획.

11. 최저임금제와 당사자 간 자유로운 임금협상을 통한 자율적 임금협상의 보장(Müller-Armack 1981: 100).

뮐러-아르막의 사회적 시장경제에서 국가는, 조세정책을 통해서 소득의 공정성을 확보하며, 사회복지정책을 통해서 자유주의적 시장경제의 문제점을 보완하고, 노동자를 '인간으로 그리고 동료로' 대할 수 있도록 이들에게 사회적 공동결정의 권리를 보장해주며, 최저임금제를 통해서 인격체로서 기본적 존엄성을 보장해주고, 노와 사 이해당사자 간 자율적 임금협상을 보장해주어야 한다는 것이다.

② 사회민주당의 사회적 시장경제

사민당과 노동조합은 에르하르트의 경제정책에 반대하였던 것처럼 사회적 시장경제의 개념도 단호히 거부하였다. 1949년 첫 번째 국회선거에서 사민당은 대기업, 금융제도, 재정제도, 보험제도의 사회화를 선거공약으로 내세웠다. 사민당은 노동조합의 큰 세력과 함께 바이마르 시절에 나프탈리(Fritz Naphtali)가 발표한 경제민주주의 모델을 입장으로 하고 있었다. 경제민주주의 모델은 주요산업의 사회화, 기업과 산업·지역 그리고 전 국가 수준의 경제평의회에 노동자 참여 보장, 경제평의회에서 의결된 총괄적 계획에 따른 경제조절을 요청하였다.

1949년 사민당의 선거패배와 1950년대 기민/기사련 정부의 경제기적은 사민당과 노동조합에서의 사회주의 그룹의 영향력을 약화시켰다. 사민당은 고데스베르크 강령(1957년)을 통해서 급격한 전환을 시도하는바, 강령의 중요한 경제정책적 선언은 사회적 시장경제와의 차이를 찾아내기 어렵게 만들었다. 하지만 사민주의자들은 '사회적 시장경제'라는 용어의 언급을 가능한 피하였다. 사민주의자들 입장에서 사회적 시장경제 개념은 기민/기사련과 자유민주당(FDP)에 의해 선점된 것이었기 때문이다.

1966~1969년 대연정 기간과 이어지는 브란트(Brandt) 정부 기간 1972년까지 경제장관이었던 사민당의 카를 쉴러(Karl Schiller)는 안정, 성장, 완전고용을 동시에 이룩하려고 하였다. 이러한 관점은 쉴러가

안정·성장촉진법(Gesetz zur Förderung der Stabilität und des Wachstums der Wirtschaft)을 대중 앞에서 설파하던 1967년 당시 경제학자 다수의 생각과 일치하였다. 독일의 사회적 시장경제는 쉴러가 주창한 '계몽된 시장경제'(aufgeklärte Marktwirtschaft) 노선에 이르면 거시경제적 총체적 조정을 통한 국가 개입으로 나타났다. 대(大)연정기 경제장관에 취임한 쉴러는 케인즈 이론에 의존해 체계적인 경기조정정책의 방식으로 '합리적인 과정정책'을 시도하는데, "프라이부르크학파의 경쟁 정언명령과 케인즈주의적 총(유효)수요관리 요청" 사이의 통합 즉, '총체적 조정(Globalsteuerung)과 시장경제 사이의 통합'을 시도한 것이다. 경제질서 모델로서 '사회적 시장경제'는 채 반세기도 지나지 않아서 케인즈주의, 국가개입주의, 복지-국가주의에 의해서 잠식되고, 서독은 "사회적 시장경제로부터 사회국가적 시장경제"가 되었다.

　독일의 사회국가 개념은 헌법 제20조 제1항에 적시돼있다: "독일연방공화국은 민주적이고 사회적인 연방국가이다." 이 조문에 직접적으로 표시된 사회국가라는 표현은 생존을 위한 최소한과 같은 사회적 최소수준을 보장하는 것만 아니라 사회적 안전과 사회정의 규범을 엄수할 것을 요청하는 것이다(Pilz 2004: 47). 이러한 한에서 서독 헌법의 사회국가 조항은, 헌법학자들의 해석에 따르면, 한편으로 국가의 구조적 특성(현상태: Sein)만 아니라 구현돼야 할 국가목표의 상태(Sollen)를 명시하고 있는 것이다(Ipsen 2001: 238; Hesse 1999: 91-95; Pilz 2004: 47-48).

3) 바이마르공화국과 제2차 세계대전 후 서독의 사회보험체계

서독 헌법에 자리 잡은 사회적 연방국가 개념과 경제체제 관련 논쟁에서 정립된 사회적 시장경제 개념은 19세기 중반 슈타인(L. v. Stein)이 정초한 사회국가 원리와 많은 차이를 보이지 않는다. 서독의 제2차 세계대전 후 국가정체성 형성 과정에서 바이마르공화국은 가장 중심적인 역사적 전거(reference)였던 것이다. 한편으로, 이러한 바이마르공화국의 역사적 전거와 더불어 다른 한편으로, 동독에 세워진 사회주의체제와의 경쟁 관계가 그 배경으로 이해되어야 한다. 동독과 서독은 서로 배제하면서도 서로 규정하고 규정되는 관계에 있었기 때문이다.

전후 재건된 독일의 복지체제는 국가적인 수준에서의 복지체계가 등장하던 비스마르크 총리 집권기 1880년대와 그 후에 창설된 것이다. 보험에 골간을 둔 시스템으로서 분권화된 복지체제의 구조는 (공적 보조금과 연동돼) 기본적으로 현재까지 변함없이 이어져 오는 것이다. 즉, 의료보험법(1883), 산업재해보험(1884), 연금(1889), 실업보험(1927), 수공업자 법정사회보험(1939) 등이 제2차 세계대전 이전에 이미 법제화하여 체계를 갖추고 있었고, 이러한 사회보험체계는 전후 서독 사회보험체계 수립의 전거가 되었다.

1949~1956년 동안 재건사업이 진행되는 와중에 서독에서는 무엇보다 사회보험제도의 재건·복원이 전면적으로 추진되었다. 바이마르공화국의 사회보험제도는, 비록 물질적 가치의 효용적 측면에서 한계를 드러내기는 했을지언정, 나치(NAZIS) 제3제국 동안에도 유지되었다. 서독 지역에 진주한 미·영·불 연합군도 이러한 사회보험제에 의한 분배제도는 손대지 않고 그대로 남겨두었는데, 왜냐하면 이 제도가 나치에 의해서가 아니라 그 이전에 확립된 것이었기 때문이다. 사회보험제도에서는 다양한 보험기구·체계들, 다양한 직업군에 따라 구분되는 보험체계, 실업보험의 연방고용청 형태로의 취업알선조직 및 실업보험체계 등이 신속히 복원되었다. 그리고 사회보험의 부담을 조정하기 위한 부담조정법이 제정되고, 모든 보험분야에 자치관리제가 재도입되어 노동자와 사용

자 동수에 의한 운영이 자리 잡았다. 이러한 사회정책 관련 입법은 신속하게 이루어져 아데나워(K. Adenauer) 수상 정부 첫 회기 동안에 의회를 통과하였으며, 무엇보다도 사회보험 가입자 범위가 크게 확대되었다. 이에 따라 이미 1950년에 GDP 대비 사회보험의 비중이 약 15%에 이르렀다.

전후의 특수 상황에 대응하여 정부는 1950년에는 연방원호법을 제정하여 전쟁희생자를 지원하기 시작했고, 이와 동시에 대규모 사회주택이 건설되었다. 이어서 1952년에는 전쟁난민과 외국으로부터 추방돼 독일로 귀환한 자, 미망인 및 고아 등에 대한 지원 제도, 그리고 1953년에는 중증상해(傷害)법이 제정되었다.[27] 사회복지 급여가 이들의 곤궁상태를 서서히 완화해주기 시작했다.

이어 1957~1961년 동안에 연금법 개정(1957년)과 농민노령보험(1957년) 및 연방사회부조법(1961년) 등의 제정이 이루어졌다.[28] 연방사회부조법은 1924년 제정된 사회부조법을 정비한 것으로, 모든 국민을 존엄한 인격체로 보호하는 것이 국가의 의무로 부각됨으로써 보험원칙, 사회부조원칙과 구휼 사이의 간극을 메우는 입법이 이루어졌다(Pilz 2004: 35). 이러한 사회부조법의 입법 조치는 더 나아가 실질적인 의미에서 임금의 최저수준을 결정하는 것을 의미하기도 했다. 즉, 사회부조법에 따른 지원 수준 이상의 임금에서만 일에 대한 동기가 부여된다는 점에서 일종의 최저임금의 기능을 하게 된 것이다.

---

27   1,100만여 명의 난민과 폴란드 등으로부터 추방된 자, 400만여 명의 미망인 및 고아, 600만여 명의 강제노역에 동원되었던 외국인, 그리고 수백만 명의 전쟁 부랑자가 전후 서독의 사회상을 대변해준다.

28   연금제도는 이후 계속해서 그 포괄범위를 확대하는 변화의 과정을 거치는 바, 1972년 연금제도 개혁(Rentenreformgesetz 1972) 과정에서 자영업자와 가정주부를 대상으로 확대하고, 연령제한유연화를 통해 더 확대된다.

사회안전망의 전통적 제도인 연금보험, 의료보험, 재해보험 및 실업보험은 사회국가의 핵심요소, 사회국가원칙의 실현이 함축적으로 표현되는 틀이다. 서독의 사회보험제도는[29] 연금보험, 의료보험, 실업보험, 산재보험 등으로 나누어져 각각 상이한 보험기관에 의해 운영되어 왔으며, 1995년부터 간병보험이 도입됨으로써 통독 후 독일의 사회보험은 5대 보험으로 되어 있다. 산재보험의 경우에만 고용주가 보험료를 100% 부담하고, 나머지는 고용주와 임금근로자가 절반씩 부담한다.

서독의 연금보험은 노무직 연금보험, 사무직 연금보험, 광부연금보험, 농민연금보험, 공무원 연금보험 등 직종별·업종별로 나누어져 있다. 그리고 연금생활자의 생활수준이 일정하게 유지될 수 있도록 연금지급액을 동종 근로자의 임금 및 봉급 수준에 연동시켜 매년 조정하고 있다. 보통 45년간 보험료 납부 실적이 있는 연금수급자는 동종 평균임금의 약 70%를 연금으로 받는다.

의료보험은 지역의료보험, 직장의료보험, 농민의료보험, 어민의료보험, 광부의료보험 등으로 나누어져 있다. 그리고 고소득자는 사(私)보험에 가입할 수 있지만, 이것은 예외적이다. 연금생활자와 실업자의 의료보험료는 연금보험기관과 실업보험공단에서 직접 납부한다.

산재보험은 노동재해나 직업병을 예방할 뿐만 아니라 사고 발생 시 피해자에게 노동능력 회복과 재취업을 보장하고, 그 가족들의 생계유지를 위해 보험금을 지급한다.

실업보험은 직업상담, 소개, 훈련, 고용창출 등 적극적인 고용촉진 기능과 더불어 실업수당, 실업보조금 지급을 통한 실업자 생활보장 기능을 가지고 있다. 실업보험의 재원은 근로자와 고용주가 각각 절반씩 부

29　구서독과 구동독의 사회보험제도 약술 부분은 임홍배·송태수·정병기(2012) 참조.

담하고 보험료 수입과 연방정부의 보조금으로 충당된다.

간병보험은 그동안 의료보험법이나 사회부조법에 근거해 시행되었
지만 1995년부터는 개호보험법에 따라 시행되고 있다. 사회보험 외에
중요한 사회보장제도로서 사회부조와 원호제도가 있으며, 기타 자녀수
당, 질병수당, 주택수당 등이 있다. 또한 서독은 원호법에 따라 전쟁희생
자와 그 유족들, 병역의무 수행으로 인한 상해 자들을 부양해 왔지만, 동
독에는 이 같은 법률이 없었다.

'사회적 연방국가' 서독 법원의 판결이나 정치 결정에서는 일종의
광범한 콘센서스가 형성돼 있었는데, 이에 따르면 생계유지를 위한 최소
한의 생계수단의 보장은 사회국가의 기본적 책무라는 것이다. 이에 따르
면, 연금수준을 개인의 최종 (세후)순소득의 절반 이하 수준으로까지 낮
춘다든가 혹은 생명 부지에 꼭 필요함에도 불구하고 의약품이 너무 비싸
서 의료보험이 지원할 수 없다면, 이는 '사회적'이지 못한 것이고 사회국
가원칙에 위배된다는 것이다.

헌법재판소는 2001년 4월 3일 노령에 대비하여 의료보험과 함께 전
체 국민에게 가입을 의무화하고 있는 개호보험 납입제도 관련해서 의미
있는 결정을 내렸는데, 입법부에게 개호보험 납입금 차등화 원칙을 수정
하여 2005년까지 입법하도록 요청한 것이다. 양육 자녀가 많을수록 개
호보험 납입에서 혜택을 받을 수 있도록 차등화하라는 것이었다. 즉, 헌
법재판소는, 자녀의 출산·양육이 개인적인 사안일 뿐만 아니라 공동체
적 관점에서 사회안전망을 장기적으로 유지하는데 기여하는 것이라고
보아, 무자녀 개호보험 가입자가 "사회체제에서 특정한 이점"을 누리기
때문에 개호보험을 더 많이 납입하도록 차등화하라는 결정이다(BVer-
fGE 103, 197).

5. 맺음말

통일 후 변화되어가는 모든 환경은 구동독지역 주민들에게는 쉽지 않은 '변신'의 과정을 의미했다. 기본적으로 한쪽 사회가 일방적으로 변화해야 하는 과정이었고, 이로 인해 두 사회의 통합과정은 매우 폭력적 방식으로 진행될 수 있었다. 그리고 실제로 구동독 주민의 삶에는 상당히 폭력적인 상황이 유발되기도 하였다. 이전의 동독 사회에서는 전혀 경험하지 않았던 장기간의 실업은 매우 심각한 것이었다. '노동사회' 서독 체제에서 실업이란 일탈을 의미하고 제반의 사회보험체계에서의 배제를 의미하는 것이기 때문이다.

이러한 폭력적인 체제전환 과정도 평화적으로 진행되었으며 사회통합이 가능했던 것은 서독의 사회국가성이 잘 실현되었기 때문이다.

서독의 사회보험은 임금노동을 위한 근로계약의 형식과 내용에 따라 구분되어 있다. 예를 들어 연금보험의 경우에도 다양한 근로조건에 따라 구분된 직종·직역별 구분이 명확했다. 서독에서 사회보험은 가입자의 근로계약이 유지됨에 따라 보험금 납입이 가능하고, 이를 토대로 보험체제가 유지될 수 있다. 사회보험 성패의 관건은 고용계약이며, 서독에서 사회보장체제가 지속가능한 상태로 잘 유지될 수 있는 것도 전후 5% 미만의 실업률을 유지해올 수 있던 상황에 기인한다. 이러한 서독 사회보장체제에서 실업상태는 조합주의·보수주의적 복지체제에서의 일탈자를 의미하며, 이들은 사회부조를 통해서 구제되었다.

통일 이후 엄격한 시장주의에 따른 민영화 및 기업구조조정 정책에 따라 실업률 20%라는 고실업 상태가 지속되는 것을 정부는 방치할 수 없었다. 사회국가 독일에서 1인의 실업자가 발생하면, 이는 실업자 훈련 및 구제·부양 등의 비용 유발을 의미하는 것이다. 1991년 초 메킨지

의 보고서에 따르면 일자리 하나가 없어질 때 발생하는 국민경제적 비용
은 26만~30만DM(1DM=약 500원)으로 추정된 바 있다(McKinsey and
Company 1991: 16-17). 따라서 정부는 구동독지역 기업 민영화 시 매수
기업 선정에서 가장 중요한 기준의 하나로 '일정 기간 동안 유지해줄 일
자리 규모'를 선택했다. 사회보험체제가 국가로 하여금 적극적 고용창출
정책을 펼 수밖에 없도록 추동하는 배경이다. 실업이냐 고용이냐의 문제
와 관련하여 사회국가는 직접적인 이해당사자가 되는 것이다. 효능 측면
에서도 적극적 고용창출 정책이 오히려 저비용·고효율의 정책옵션이 되
는 것이다. 이렇게 안정적으로 창출되는 일자리야말로 사회보험체제의
유지를 가능하게 하는 것이고, 사회보험의 지속가능성이 보장되는 것이
다. 그리고 이러한 사회국가야말로 평화적인 통일 이후 사회통합의 배경
이었던 것을 앞에서 확인했다.

　　서로 배제하면서도 서로 규정하고 규정당하는 관계에 있던 동독과
서독은 노동권 보호와 삶의 수준·질을 드러내는 사회보험체제의 내용과
수준에서 서로 경쟁 상태에 있었는데, 실제 그 기원은 통일된 프로이센
제국으로부터 바이마르공화국을 거치면서 정립된 것들의 연속이었던 것
이다. 그러하기 때문에 상대 지역의 일상과 뉴스를 훤히 들여다볼 수 있
던 분단 상태에서 동독과 서독은 각기 내적 안정성을 유지하여올 수 있
었다. 이러한 바이마르공화국에서의 공통적 역사경험을 토대로 형성된
노동기본권과 사회보험의 원리를 담아낸 서독의 사회국가성은 통일 이
후 평화적 체제전환과 사회통합을 가능케 한 것이다. 즉, 일정 측면에서
폭력적으로 진행된 체제전환 과정에도 불구하고 사회통합이라는 목표를
유지한 채 평화적 이행을 가능케 했던 것은 무엇보다도 독일을 '노동사
회'로 특징지우며, 근로대중과 주민의 인격적 존엄 유지와 안정적 삶을
가능케 하는 독일 사회국가성에서 찾아야 할 것이다.

참고문헌

김철수. 1997. 〈東獨憲法과 統獨憲法.〉《미국헌법연구》 8권.

다렌도르프, 랄프. 1986. 이종수 역, 《분단독일의 정치사회학》. 한길사.

민경식·송태수. 2012. 〈독일 연방헌법(Grundgesetz)과 사회적 시장경제 질서〉. 《중앙법학》
　　제14집 4호.

박근갑. 2009. 《복지국가 만들기 - 독일 사회민주주의의 기원》. 문학과지성사.

송태수. 2000. 〈통독 과정에서 신탁청에 의한 사유화 정책과 그 대안〉. 《한국정치학회보》 제34집
　　4호.

_____. 2005. 〈독일정치문화〉. 김승렬 외. 《분단의 두 얼굴 - 테마로 읽는 독일과 한반도
　　비교사》. 역사비평사.

_____. 2015. 〈독일의 정치제도와 통일〉. 윤영관·강원택 엮음. 《통일한국의 정치제도》.
　　늘품플러스.

스첼, 기외르기. 2013. 〈복지와 통합 - 분단국가는 어떻게 복지국가를 인식하고 통합에
　　기여했나〉. 윤홍식 엮음(참여사회연구소 기획), 《평화복지국가》. 이매진.

신명훈. 2014. 〈독일 복지국가 담론의 역사 - 독일제국 사회정책과 근대적 국민국가로의 길〉.
　　《독일연구》 27.

임홍배·송태수·정병기. 2012. 《기초자료로 본 독일통일 20년》. 서울대학교출판문화원.

전성우. 1994. 〈사회통합의 관점에서 본 독일통일〉. 《역비논단》 1994 겨울호. pp. 262-284

통일부-2.1. 2010. 《독일의 통일·통합 정책 연구》 (제2권 부처·지방정부 연구: 2.1. 총리실)

Berlepsch, H.-J. v., 1987. *Neuer Kurs im Kaiserreich? Die Arbeiterpolitik des Freiherrn
　　von Berlepsch 1890 bis 1896*. Bonn.

BMIB(Bundesminsterium für innerdeutsche Beziehungen) (Hg.), 1985. *DDR-Handbuch*
　　Bd.2. Köln.

BVerfGE (103, 107) (https://www.bundesverfassungsgericht.de)

Eucken, W. 1952. *Grundsätze der Wirtschaftspolitik*. 6. Aufl., Mohr: Tübingen (1952;
　　1990)

Gespräch mit dem Journalisten Moritz Busch am 21. Januar 1881 in Berlin. In : O. v.
　　Bismarck, *Werke in Auswahl VI*

Gördeler, G. 1941. "Das Ziel : Beseitigung der Kollektivwirtschaft." In Ludwig-Erhard-
　　Stiftung (Hrsg.). *Grundtexte zur Sozialen Marktwirtschaft*. Stuttgart 1981

Grottewohl, Otto. 1949. Über 'Die Verfassung der Deutschen Demokratischen Republik'
　　(http://www.documentarchiv.de/ddr/1949/grotewohl_ddr-verfassung. html).

Hesse, Konrad. 1999. *Grundzüge des Verfassungsrechts der Bundesrepublik
　　Deutschland*. Heidelberg.

Ipsen, Jörn. 2001. *Staatsrecht I, Staatsorganisationsrecht*. Neuwied.

IWH. 2009. Wirtschaft im Wandel 2009/10 (*20 Jahre Deutsche Einheit*).

McKinsey & Company. 1991. *Überlegungen zur kurzfristigen Stabilisierung und langfristigen Steigerung der Wirtschaft in den neuen Bundesländern*. April 1991

Müller-Armack, A. 1946. *Wirtschaftslenkung und Marktwirtschaft*, Hamburg

_____. 1948. Vorschläge zur Verwirklichung des Sozialen Marktwirtschaft (1948.5.). *Genealogie der Sozialen Marktwirtschaft, Beiträge zur Wirtschaftspolitik*, Band 34, Bern und Stuttgart 1981

_____. 1981. *Genealogie der Sozialen Marktwirtschaft: Die Soziale Marktwirtschaft nach einem Jahrzehnt ihrer Erprobung*. Bern und Stuttgart

Pilz, Frank. 2004. *Der Sozialstaat. Ausbau-Kontroversen-Umbau*, BZpB

Piedersdorfer. A. and Rhie, S.-U. 2000. "Deutschland 10 Jahre nach der Wiedervereinigung Leistungs-oder Umverteilungsstaat." 《독일어문학》 제11집.

Ritter, Gerhard A. 1989. *Der Sozialstaat. Entstehung und Entwicklung im internationalen Vergleich*, München.

Rose, Andrew K. et al. 1991: "East Germany in From the Cold: The Economic Aftermath of the Currency Union." *Brookings Papers on Economic Activity* 1991, No. 1.

Stein, Lorenz von. 1876. *Gegenwart und Zukunft der Rechts- und Staatswissenschaften Deutschlands*. Stuttgart.

Strauß, F. J. 1982. "Soziale Marktwirtschaft 1949 bis 1969." *Politische Studien* Heft 265, 33. Jg., München.

Weber, Jürgen. 1978. *30 Jahre Bundesrepublik Deutschland BAND I: Auf dem Weg zur Republik 1945-1947*. München.

_____. 1979. *30 Jahre Bundesrepublik Deutschland BAND II: Das Entscheidungsjahr 1948*. München.

_____. 1981. *30 Jahre Bundesrepublik Deutschland Band III: Die Gründung des neuen Staates 1949*. München.

Willing, Matthias. 2008. *Sozialistische Wohlfahrt. Die staatliche Sozialfürsorge in der Sowjetischen Besatzungszone und der DDR (1945-1990)*. Mohr Siebeck

제6장

국가연합과 평화체제
─분단 독일의 국가연합안 개관

이동기(강릉원주대학교 사학과 교수)

1. 국가연합: 분단 독일의 '유령'을 찾아서

역사에서 패배하거나 망각된 발전 경로를 찾아 나서는 것은 역사를 이
미 지나가버린 상태가 아니라 열려 있는 미완의 운동으로 보는 현실 비
판적 역사인식의 일차적 과제다. 현실화되지 못하고 파묻혀버린 역사발
전 경로에 '호랑이의 도약'으로 '내딛는'(발터 벤야민) 것은 평평해진 과
거로부터 억압된 희망과 더 나은 삶의 가능성을 폭파시켜 끄집어낸다는
점에서 중요한 의미가 있다. 1990년 통일 직후 독일은 정치적 곤경과 사
회문화적 난제를 해결하지 못해 흡수 통일 과정의 문제점들에 대한 비판
이 매우 높았다. 비록 통일 후 25년이 지난 요즘 독일이 상대적으로 안
정과 번영을 구가하고 있지만, 급속한 흡수 통일로 인한 동서독의 격차
는 크게 줄지 않았다. 이에 1989~1990년의 '전환(Wende)'기 지나치게
성급하고 일방적인 흡수 과정으로서의 통일에 대한 비판으로 '제3의 길',
중립주의 또는 국가연합의 우회로가 거듭 주목되고 있지만(Gallus 2005;

Geisel 2005; Geppert 2005; Lee 2010), 그것의 구체적 내용에 대한 분석 및 그 대안적 가능성과 현재적 함의에 대한 논의는 여전히 부족한 실정이다.

물론, '가지 않은 길'로서의 대안적 통일 구상들에 대한 관심이 탈맥락화와 과도한 정치화로 연결되어 성급하고 단선적인 결론으로 이어지는 것은 여전히 경계할 일이다. 다시 말해 '지나간 것 속에 희망의 불을 지피는 것'이 곧장 대안적인 특정 정치 모델을 이상화하는 것으로 귀결될 수는 없다(하버마스 1996: 193). 다만 역사를 패권적 승자들의 일방통행로로 보지 않는 것은 거듭 필요하고 중요하다. 파묻혀 버린 것들이 애초 벼리고 있었던 실천적 문제의식 및 제한적이나마 품고 있었던 현실화의 가능성을 송두리째 부정할 이유도 없거니와 '무승부를 내버려 두지 않는 역사'(스테판 하임)의 무게에 짓눌려 역사적 현실이 지닌 다층적 깊이와 맥락을 가벼이 볼 구실도 없다.

이와 같은 관점에서라면 흡수통일과는 다른 여러 대안적인 민족재결합의 길들, 그 중에서도 특히 국가연합이 1949년부터 1990년까지 분단 독일에서 시종 통일의 모델로 구상, 제안, 토론, 언급되었다는 사실을 확인하는 것은 아주 중요하다. 독일에서 국가연합 모델은 1989~1990년의 '전환'기에 잠시 또는 통일 후 통일의 후유증 때문에 사후적으로 망상에 의거해 등장한 것이 아니었기 때문이다. 지금까지 한국은 물론 독일에서도 잘 알려지지 않았지만, 국가연합 통일안은 1949년부터 1990년까지 분단 독일에서 오랫동안 다양한 정치 세력 및 행위자들에 따라서 줄기차게 모색되어 왔다.

먼저, 국가연합안은 분단 독일의 정부 간 공식적인 통일 정책 대결에서 두 차례나 통일의 길로 큰 정치적 관심을 끈 적이 있었다. 1957년 초부터 1966~1967년까지 동독 정부는 국가연합을 자신의 민족/통일

정책의 근간으로 삼아 그 구체적 모델들을 서독 정부에 연이어 제안했다. 한편, 1989년 11월 말 동독 체제의 붕괴 국면에서 헬무트 콜(Helmut Kohl) 당시 연방수상은 동독과의 국가연합을 연방국가로의 통일을 위한 과도적 이행기로 구상한 10개조 강령을 세상에 내놓았다. 그런데 정부 차원의 이 두 국가연합 제안의 전사(前史)와 배경 및 그 반응과 영향의 역사를 세밀히 탐구하면 할수록 분단 시기 전체에 걸쳐 점점 더 다채롭고 흥미로운 많은 국가연합안을 만나게 된다. 1970년대 초중반을 제외하면 1949년 "이중 건국"(크리스토프 클레스만)부터 1990년 통일 국면까지 독일에서 국가연합이 통일안으로 논의되지 않은 적이 거의 없었다고 할 수 있다. 국가연합은 '이국가상태(Zweistaatlichkeit)'의 분단 독일에서 "유령"처럼 떠돌았다. 물론, 독일에서 국가연합안은 현실화되지 않았기에 탐구 대상은 기본적으로 독-독 국가연합을 민족통일의 길로 구상하거나 추구한 구상과 제안 그리고 강령과 계획들이다. 이 글은 기본적으로 분단 독일에서 등장한 다양한 국가연합을 살피며 1989~1990년 왜 국가연합 방식의 통일이 독일을 비켜갔는지를 함께 다룬다.

　독일이 가지 않은 통일의 길인 국가연합을 살피는 것은 한반도 통일과 평화모델 구상과 토론에 자극을 주기 위함이다. 한국에서 '평화국가'에 대한 논의가 현실적 전망을 가지려면 '정전체제에서 평화체제로의 전환' 구상과 논의를 더 발전시켜야 하지만 그것이 굳이 통일 논의를 비켜가야 할 이유를 찾기는 쉽지 않다.[1] 박근혜정부의 통일 공세가 지닌 문

1　이 글은 2015년 12월 4일 개최된 참여연대 부설 참여사회연구소의 심포지엄 〈안보개발국가를 넘어, 평화복지국가로 - 독일의 경험과 한국의 과제〉의 제2부의 발표문으로 기획되었다. 이 글은 독일의 대안적 통일 논의를 소개하는 것에 초점을 맞추기에 한국의 평화국가 논의에 적극적으로 개입하지 않는다. 다만 이 글은 그 심포지엄에서 발표된 구갑우 교수의 〈탈식민, 탈패권 탈분단의 한반도 평화체제〉의 기본 전제에 대해 비판적 문제를 제기하는 함의를 갖는다. 그는 국가연합이 한반도의 정전체제의 대안이 되기가 어려운 이유를 중간

제점을 비판하는 것과는 별도로, 남북한의 협력관계 전진과 그것의 평화
제도적 안착과 확장을 분단 극복 내지 통일 구상으로 연결시킬 필요를
부정할 수는 없을 것이다. '평화체제' 내지 '평화국가' 논의가 국가연합
과 같은 대안적 통일 논의와 연결될 수 있을 논점들을 더 찾는 것이 의미
있다. 그런 점에서 이 글은 독일의 실패한 통일방안인 국가연합을 다루
는데 한정되지만 향후 한국에서 국가연합 통일안과 평화체제에 대한 논
의가 깊어지는 데 보조하고자 한다.

단계인 평화체제에 대한 논의가 없기 때문이라고 주장했다. 그러나 그것은 국가연합을 어
떻게 이해하고 어떤 세부적 과정을 모색하는지에 따라 얼마든지 달라질 수 있는 문제이다.
또 평화 체제 형성이나 평화국가 건설의 문제도 정전 체제의 극복, 더 정확히는 분단으로
인한 갈등과 적대적 대결의 해소와 조정의 여러 과정과 단계와 범주 또는 그것을 위한 행
위와 구조와 체제와 문화의 요소들로 더 나누어 살필 수도 있다. 이 글은 구갑우 교수가 국
가연합을 너무 정적이고 협소하게 이해해 불필요하게 평화체제와 대립시켰다는 비판을 담
고 있다. 물론, 우리는 한국(또는 한반도)에서 지금까지 논의된 국가연합의 상은 매우 제한
적이었고 평화 체제에 대한 논의도 미약했음을 인정해야 하고(구갑우 2010), 박근혜 정부
의 통일공세로 통일론 자체가 평화 파괴적 성격을 지니고 있는 현실의 변화를 감안해서 구
갑우 교수의 평화체제론을 이해할 필요는 있다. 다른 한편, 독일의 경우 '평화체제'가 먼저
구축되어 결국 통일을 이루어냈다는 식의 간편한 인식이 만연한 것도 문제다. 서독의 동방
정책이 통일을 내세우지 않고 평화정책을 우선시했다는 것은 틀리지 않다. 그러나 동서독
이 1970년대부터 분단 갈등의 완화와 조정에 진입했고 아울러 국제적으로도 헬싱키프로
세스를 통해 정례적 대화와 협력의 틀을 마련했지만 그것이 곧장 평화체제이거나 냉전체
제의 극복은 아니었음에도 유의해야 한다. 1990년 독일통일은 동서독 간 협력 관계의 질적
발전과 유럽 평화 협상의 지속적이고 역동적인 과정이면서 그 두 차원이 상호 연루하며 복
합적으로 상승하며 발전한 결과였다.

2. 분단 독일의 국가연합안들

1) 1949년에서 1956년까지의 국가연합안

1949년 독일 분단을 전후해 가장 먼저 국가연합을 통한 통일을 주장한 인물은 대표적인 중립주의 주창자인 울리히 노악(Ulrich Noack)이었다. 뷔르츠부르크 대학의 역사학 교수이자 기사련(기독사회연합; CSU)의 당원이었던 노악은 자신이 나서 결성한 중립주의 조직인 나우하이머 그룹(Nauheimer Kreis)의 내부 토론에서 독일이 중립화되면 평화가 보장될 것이라 내세웠고 국가연합의 방식으로 통일을 추진할 것을 제안했다. 노악이 주장한 중립화는 독일의 영구 비무장 중립을 의미했다. 이 때 그는 소련의 안전과 경제적 이익을 적극적으로 고려해야 한다고 말했으며, 동서 진영 상호 간 이익을 조정하는 것에서 경제 교류가 매개적 역할을 수행할 수 있다고 강조했다. 그의 독일 통일 구상은 기본적으로 서방의 자유주의적 정치 체제에 입각해 있었다. 다만 그는 외교나 안보 문제에서 독일을 중립국가로 만들 것을 제안했으며 통일의 외적 형식 문제 외에 사회경제적으로 '제3의 길'을 추구한 것은 아니었다(이동기 2009a).

그는 1949년 8월 26일과 같은 해 11월 18일에서 20일 사이에 동독을 방문해 그 곳의 정치지도자들 앞에서 연설할 기회를 가졌다. 그는 '탈군사적 독-독 연방(Föderation)'과 '중립 연방'과 '연방제적 연방국가(föderativer Bundesstaat)'라는 용어를 사용하며 동서독이 비무장 중립주의에 기반을 둔 연방주의적 질서로 합의해 새로운 독일을 건설할 것을 제안했다. 그는 '연방'이나 '연방국가'라는 말을 사용했지만 내용적으로는 국가연합을 지시했다. 그는 사실상 독자성을 지닌 두 독일 국가들 간의 느슨한 연합체를 구상했다. 그는 연방의 중앙 기구는 경찰력조차도 따로 보유하지 않은 채 국가 간 조정의 기구여야 했고 양 독일 국가는 그와 같은 연합적 틀 내에서 갈등이나 대결이 아니라 "평화적 경쟁"을 할수 있을 것이며 그 속에서 동서독 체제는 상호 조정과 동화의 과정을 거칠 수 있을 것이라고 주장했다.

동독 지도부는 이를 받아들이지 않았고 오히려 노악을 '미 제국주의의 객관적 간첩'이라고 비판했다. 동독 지도부가 보기에 평화세력과 전쟁세력 간에 '중립'이란 있을 수 없기에 노악의 중립주의는 위험한 것으로 보았다. 다른 한편, 서독 정치 엘리트들에게도 노악은 "동독의 가장위험한 트로이 목마"에 불과했다.

중립주의적 국가연합을 통한 동서독 분단의 극복 구상은 1954년에다시 바이에른에서 등장했다. 이번에는 바이에른당(Bayernpartei)이라는 보수적 지역 정당의 핵심 이론가인 헤르만 에첼(Hermann Etzel)이주창자였다. 바이에른당의 부대표이자 서독 연방의회 의원으로 활동하기도 한 에첼은 이미 1948~1949년 전후 독일국가재건의 모델로 '국가연합'을 주창했다. 그에게 연방주의는 철학적 근본이념, 즉 삶의 다양성존중과 자유 이념의 근간이었다. 그는 연방주의를 단순히 정치질서의 문제를 넘어 '사회적 윤리적 원리'이자 '정신적 혁명적 원칙'이면서 '진정한민주주의'의 정치사상적 토대로 인식했다. 그는 독일 근대 국가의 중앙집중주의를 비판하며 나치즘의 근원을 프로이센주의로 보았는데, 그것의 핵심을 지역의 자율성과 다양성을 파괴한 중앙집권국가의 통합성으로 간주했다. 그렇기에 그는 진정한 연방주의는 연방국가가 아니라 국가연합뿐이라고 강조했다.

1948~1949년 서독 국가 건설 과정에서 국가연합적 연방주의가 관철되지 못한 것에 실망한 에첼은 바이에른당을 나와 서독 아데나워 수상의 서방통합정책에 대해 완강한 투쟁을 전개했다. 이 때 특징적인 것은

미국과 소련 중심의 대립적인 양 블록 체제 내에서 분단국가를 건설하는 것을 에첼은 무엇보다 2개의 '중앙 통합주의 체제로의 강제적 편입'으로 해석했다는 점이다. 다시 말해, 에첼이 보기에, 냉전과 분단은 이데올로기나 사회경제적 입장의 차이와 대결의 문제가 아니라 양 체제 모두에서 중앙 통합적 정치 및 권력 지향적 요소의 강화 그리고 그로 인한 대결적 "공격체제"의 형성의 문제였다. 에첼은 '독일클럽 1954'라는 정치 토론 단체를 창립했고 '독일 정치와 국제정치학보'라는 비판 잡지를 만들어 이끌었다.

1954년 에첼은 분단 독일이 양 사회경제체제를 그대로 유지한 채 국가연합적 협력체제로 결합할 것을 주장하며 통일 방안을 제시했다. 이때 중요한 것은 처음으로 그 '전체 독일의 연방제적 구성'을 평화협정 내지 유럽 공동안보체제의 문제와 연결시켰다는 것이다. 그는 5단계 통일안을 발표했다. 1) 동서독 간 관계 정상화, 2) 점령군 철수 및 동서독의 블록 이탈과 평화협정 시까지 일시적 중립화, 3) 국가연합적 협력을 가능케 할(하지만 연방국가적 틀이 아닌) 제한적인 권능과 기능을 지닌 양 독 간 협의 기구의 설치, 4) 통일독일의 내외적 지위에 대한 협의와 준비, 즉 통일독일의 내적 구조와 통일독일의 국제적 지위 및 유럽 안보체제에로의 편입에 대한 양국과 4대 강국 간 협의, 5) 평화협정 체결과 자유선거 및 유럽안보협약으로의 독일의 귀속 및 독일 내부의 연방제적 구성을 담은 헌법제정의 준비.

에첼에 따르면 국가연합은 이 과정에서 이행기적 성격을 띠는 것이지만 그렇다고 해서 연방국가를 위한 준비단계는 아니었다. 오히려 에첼이 국가연합적 협력을 '이행기'라고 말한 이유는 전 독일이 '진정으로 연방제적인 건설'을 위해서 지속적으로 노력해야 함을 강조하기 위해서였다. 그의 국가연합안은 연방국가로의 과도기가 아니었다는 점에서 그 뒤에도 특별한 위상을 지닌다.

반면, 에첼의 국가연합안을 수용한 중립주의자 빌헬름 엘페스(Wilhelm Elfes)는 1955년부터 연방국가로의 발전을 위한 과도기로서 국가연합을 통일안으로 제시했다. 이미 1954년 엘페스는 에첼의 제안을 통해 연방주의 방식의 독일문제 해결책을 자신의 것을 삼았다. 그 뒤 자신이 당대표로 있던 중립주의 지향의 정당인 '독일인동맹' 내에서 국가연합을 내용으로 하는 '연방제 통일안'을 발전시켰다. 1955년 12월 3일 엘페스는 "하나의 연방제 독일"을 주창했다. 그는 서로 이질적인 경제체제의 존재는 통일에 전혀 방해가 되는 것이 아님을 강조했다. 1956년 1월에 '독일인 동맹' 최고회의는 중립주의에 기초한 연방제 독일 통일안을 심의하고 결의했다. 1956년 9월 중순 동독-기민련의 제8차 당대회에 초청연사로 참가한 엘페스는 연설에서 '독일국가연합'을 통일의 길로 제시하며 이를 동독의 정치가들이 토론해 통일정책으로 끌어올려 줄 것을 제안했다. 엘페스의 '연방제적 국가연합'은 연방국가로의 통일을 위한 과도기라는 의미에서 에첼의 국가연합안과는 차이가 있다. 특히 이번에는 전과 달리 엘페스는 자유선거를 통한 하나의 공동 독일 의회와 전독일적 정부를 가진 "임시 연방"을 구상했으며 26개의 독일국가(주)들이 함께 국가연합으로 결합할 것을 제안했다.

이 세 중립주의자들의 초기 국가연합안은 서독에서 적극적으로 토론되거나 수용되지 못했다. 아울러 동독의 정치지도부 또한 그들과 접촉하기는 했지만 곧 비판적 거리를 유지했다. 그렇지만 그 뒤의 역사 과정이 보여주듯이, 그 중립주의자들의 앞선 발의와 제안은 동독 지도부가 1956년 말 국가연합 사상을 수용하여 자신들의 민족 정책의 정수로 서독 정부에 제안하는 데 중요한 자극을 주었다(이동기 2009b: 371).

2) 1957년에서 1966~1967년까지 동독 사통당의 통일안

1954년 10월 27일 동독 수상 오토 그로테볼(Otto Grothewohl)이 정부 선언의 초안을 마련하면서 국가연합에 가까운 구상을 잠시 선보였지만 동독 정부가 국가연합을 공식적으로 통일강령으로 발표한 것은 1956년 12월 30일 동독 부총리이자 사통당 제1서기 발터 울브리히트(Walther Ulbricht)가 "우리가 원하는 것과 원하지 않는 것"이라는 글을 발표한 뒤였다. 울브리히트는 1957년 1월 30일 연설을 통해 국가연합을 공식적으로 통일안으로 발표했고, 1957년 7월 27일 동독 정부는 서독에 대해 국가연합방식의 통일을 제안했다. 그 뒤 1966년 12월 31일 국가평의회 의장 울브리히트의 신년사에 이르기까지 동독은 수차례 국가연합 통일 방안을 선전하고 제안했다(Lee 2010: 119-176).

동독 지도부의 국가연합안은 서독 정부의 자유 총선거를 통한 통일 방안에 대항하는 성격을 가졌다. 동독 정부에 따르면, 독일 전역의 자유 총선거는 국가연합이라는 과도기의 과정을 거친 뒤 최종 단계에서나 가능한 것이었다. 1957년 1월 말 울브리히트가 제안한 구상에 따르면, 국가연합의 중앙기구로는 '전독일 평의회(Gesamtdeutscher Rat)'가 존재할 수 있고, 그것은 전독일 정부의 기능을 떠맡는 것이었다. 동일한 수의 양독 대표자들로 구성될 '전독일 평의회'는 관세와 외환동맹, 국유 산업과 단일화폐 및 단일 발권 은행 그리고 단일 통신과 수송제도를 위한 조정위원회 등의 단일한 행정제도를 도입하기 위한 준비를 담당할 수 있다. 또 국민의회를 구성하기 위한 전독일 자유선거를 위한 조치들을 마련하는 것도 그 전독일 평의회의 몫이었다.

이와 같은 전독일 평의회 외에 군사적 외교적 조치로 동독 정부가 제안한 것은 군사동맹의 탈피와 중립주의였다. 동독의 국가연합안에 포함된 중립주의는 현상적으로는 서독의 중립 독일 구상과 유사했다. 하지만 동독은 군사블록 체제 간 대결의 책임은 미국과 서독 정부에 있는 것으로 보았고 나토 해체야말로 유럽 평화의 관건이라고 보았다. 그렇기에 그들은 "독일의 중립이란 복수와 전쟁 정책의 수행자인 제국주의와 군국주의 세력들이 제거될 때에만 보장될 수 있다는 사실을 지적한다"고 강조했다. 그것의 논리적 귀결은 서독의 권력 교체 후에나 국가연합을 위한 논의가 가능하다는 것이었다. 그렇기에 사통당은 서독 정부와 정치 지배 엘리트들을 애초부터 대화와 협상의 상대자로 인정하지 않았다. 서독이 '민주적으로' 변하지 않는 이상 국가연합 협상은 진행되지 못할 것이라고 보았던 것이다. 그들은 "우리에게 중요한 것은 서독의 지배자들이 우리 제안을 받아들이느냐의 문제가 아니다. 오히려 중요한 것은 우리 모두 서독의 민주 세력들과 힘을 합쳐 그것을 위한 투쟁을 수행하고 그 곳의 상황을 변화시키는 것"이라고 밝혔다.

물론, 그들은 때로 서독의 권력 교체를 대화의 전제조건 항목에서 빼고 그것을 다만 국가연합의 첫 과정으로 내세우기도 했다. 그러나 사통당 지도부는 동서독 국가연합을 위해서는 군사동맹체제로부터의 탈피, 핵무기의 생산과 유치 금지, 4대 전승국 군대의 독일로부터의 점진적 철수 그리고 재파시즘 정책의 포기가 진행되어야 하고 그것을 통해 서독 내 정치세력의 관계가 근본적으로 변해야 한다는 주장을 굽히지 않았다. 이 때 서독 내 정치세력의 근본적 변화란 무엇보다 일차적으로는 '파시즘 세력의 권력 상실'을 의미했고 궁극적으로는 '노동계급의 혁명화'를 함의하는 것이었다. 그런 한 그것은 애초부터 서독 정부와의 협상의 여지를 없애고 서독 내부의 변화를 목표로 하는 것에 불과했다(이동기 2009b).

결국, 사통당의 국가연합안은 계급투쟁의 도구로서의 성격 때문에 그때 오히려 양독 간 진지한 대화와 건설적 협상을 방해했고 또 상당기간 서독에서 국가연합을 공산주의자들의 정치 책략 정도로 간주하게 만들며 국가연합안의 정치적 함의를 축소 내지 변질시켰다. 그런데 유심히 보면, 동독 지도부가 국가연합을 제안하면서 독-독 간 정치협상을 원천적으로 배제하며 단지 음험한 정치 책략으로만 접근했다고 해석할 수는 없다. 서독 '노동계급의 혁명화'라는 비현실적 정세 파악과 '사회주의의 최종적 승리'라는 망상적 미래상은—역설적이게도—사통당 지도부로 하여금 국가연합 제안 시 오히려 그들 나름의 다양하고 풍성한 구상을 갖도록 만들기도 했다. 1950년대 후반부터 사통당은 서독의 정치변화에 대한 망상적 낙관적 기대에 기초해 다양한 양독 간 교류를 적극 주창했다. 이를테면, 그들은 그 이전 서독 중립주의자들의 국가연합안들에서는 아직 보기 어려웠던 양독 간 경제협력의 강화에 특히 '진지한' 관심을 두었다. 동독의 국가연합안이 지닌 또 다른 의의는 서독의 다양한 정치 세력들에게 동서독 관계의 협력과 통일을 위한 새로운 정치적 논의를 유인했다는 점이다. 비록 동독의 국가연합안을 그대로 수용하고자 하는 세력은 극히 드물었지만, 그것을 지렛대로 삼아 서독의 다양한 정치 세력들이 고유한 국가연합안을 발전시켰다. 국가연합안이 분단 독일에서 망상에 그칠지 대안이 될지는 아직 불명확했지만 그것은 순식간에 동서독의 새로운 정치적 상상의 공간이 되었다.

3) 1957년부터 1980년대 후반까지 서독에서 등장한 국가연합안들

동독의 국가연합 제안에 서독 정부는 전혀 긍정적 반응을 보이지 않았다. 그렇지만 서독의 일부 야당 정치가들과 지식인들 및 다양한 조류의 사회운동세력들은 동독의 국가연합안에 자극받아 그들 나름의 국가연합안을 발전시켰다. 그들은 서독 정부가 동독이 던진 '공을 받아 되치기를 원했다.' 아울러 1970년대 후반부터 등장한 평화운동의 고양 속에서 국가연합안은 일부 좌파와 우파의 민족 지향의 정치가들과 운동가들에게 새로운 관심의 대상이 되었다. 1957년부터 1980년대 후반까지 서독 정치와 사회에서 등장한 국가연합 통일안은—중복을 피하더라도—대략 20개 정도가 된다. 그중 인상적인 구상 세 가지를 정리한다(Lee 2010: 177-314).

(1) 먼저, '제3의 길' 혁명 지향과 결합한 국가연합안이다. 사실 1940년대 후반부터 1950년대 중반까지 가장 격렬히 냉전과 분단에 대항한 정치 세력 중 하나는 우파 민족주의 지향의 그룹들이다. 우파 민족주의 또는 심지어 극우적 민족주의 경향에서 출발해 점차 냉전과 분단의 문제 해결을 고심하다 민족중립주의에 기반을 둔 '제3의 길'을 대안으로 내세운 대표적인 정치 그룹은 볼프 센케(Wolf Schenke)를 중심으로 한 '제3전선(Dritte Front)' 그룹과 아우구스트 하우스라이터(August Haußleiter)가 이끄는 '독일공동체(Deutsche Gemeinschaft)' 그룹이다. 이 두 단체의 지도자들은 나치 가담 전력을 생애사적 배경으로 지녔고, 다른 어떤 세력과도 구분될 정도로 분명한 민족주의적 성격을 드러냈다. 또 다른 공통점은 둘 모두 냉전과 분단의 극복 대안을 단순히 외교나 안보상의 '제3의 길'만이 아니라 사회경제 체제와 정치제도 등 모든 영역에서 자유주의-자본주의 체제와 공산주의 양 체제를 극복하는 새로운 '제3의 길'을 지향했다는 것이다.

두 그룹 모두 냉전체제 극복의 근거로서 민족주의적 관점과 그 '제3의 길'을 대안으로 제시하면서 '제3세계'의 탈식민화와 독자적 체제 발전 시도에 크게 공감하고 의존했다. 특히 지도자인 센케와 하우스라이터는 1950년대를 넘어 1980년대 까지도 민족 중립주의와 대안 체제 주창자로서의 역정을 이어갔고, 1980년 녹색당 창당 주역으로서 당내 한 조류를 대표했다.

그중 셴케의 반냉전 사상과 활동은 여러 모로 더욱 인상적이었다. 1914년생 셴케는 일찍부터 나치 청년 조직에 가담했고 곧 나치당원이 되었지만, 1935~1936년 중국과 일본 등 동아시아를 여행하면서 중국 문화에 큰 자극을 받았다. 1936년 그는 중국으로 건너가 1945년 종전까지 자유기고가 내지 나치 당 기관지인 '민족관찰자(Völkischer Beobachter)'의 통신원으로 활동하다 상해 전범재판에서 무죄 방면되어 독일로 귀환했다.

1949년 셴케는 함부르크에서 '현실정치'라는 잡지를 발간하며 언론인으로서 아데나워의 서방통합정책에 반대하고 민족중립주의 운동의 선두에 나섰다. 그는 자신의 잡지 외에도 1950년 '제3의 전선'이라는 조직을 내세워 중립화에 기초한 독일통일을 주창하고 나섰다. 아울러 중립화된 독일과 유럽은 평화와 안보의 관점에서만이 아니라 삶의 가치와 지향에서도 미국식 자유주의-자본주의('미국주의')와 러시아 볼셰비즘 모두를 극복해야 한다고 주장했다. 그는 곧 아데나워의 서방통합정책을 비판하는 수많은 다양하고 이질적인 중립주의 세력들을 결속시켜 공동 행동을 조정하고 매개하는 역할을 떠맡으며 독일 중립화 운동의 핵심 인물로 부상했다.

이 때 셴케와 그의 동지들은 냉전과 분단 인식에서 독특함을 선보였다. 먼저, 그들은 20세기 세계정치의 발전을 규정하는 것은 동서 냉전의 대결이 아니라 식민화와 탈식민화의 세계적 긴장이라고 보았다. 그가 보기에 독일 분단은 이데올로기적 정치적 냉전의 관점에서 볼 문제가 아니라 전 세계적 탈식민화의 관점에서 보아야 해결될 과제였다. 독일의 민족 혁명적 해방을 위해서는 서독과 동독을 각각 점령 지배하고 있는 미국과 소련의 동맹블록 자체로부터 벗어나야 한다고 내세웠다.

그런데 셴케가 보기에 분단 극복과 평화 정착의 출발은 미국과 소련의 지배에 추종하고 있는 동서독 양 분단국가의 지배엘리트를 몰아내는 것이었다. 그러나 분단 양국가의 지배자들은 '적대적 의존(feindselige Abhängigkeit)'에 의거해 서로 공생하고 있기에, 동서독 양 국가에서 동시적으로 '제3의 힘'이 등장해 중립화 독일 통일의 길에서 결집하고 연대하는 것이 셴케의 탈냉전과 탈분단의 해법이었다. 셴케와 그의 동료들이 국가연합에 관심을 갖게 된 것도 바로 이 양독 국가 지배자들의 적대적 의존에 의거해 유지되고 있는 분단 구조를 해체하는 것에서 출발했다. 애초에 그들은 양독 국가 내에서 국가연합과 중립 독일을 지향하는 세력들의 결집과 권력 장악을 전제했다. 양독 국가가 국가연합의 방식으로 협의가 시작되어 군사동맹 체제로부터 벗어난다면 '제3의 길' 세력들이 힘을 얻어 동독과 서독이라는 '부분 국가'가 아니라 '새로운 독일'의 '전체 국가'를 만들 수 있을 것이라고 자신했다.

그러나 그들은 베를린 장벽 건설 후 동서독 분단 현실의 강고함에 눌려 점차 현존 양독 정부의 조건 없는 국가연합 협상을 부각하기 시작했다. 특히 1960년대 중반 셴케를 중심으로 모인 민족중립주의자들은 양독 정부가 조건 없이 독일 국가연합을 위한 협상에 들어갈 것을 주장하며 더 구체적인 방안들을 제시했다. 그들은 국가연합이라는 이행기를 '독일-평의회'로 구성할 것을 제안했다. 그들의 구상에 따르면, 국가연합의 일차적 기구로 외교, 군사안보, 내정, 경제와 통화문제 등에 대한 소위원회를 동서독 대표 동수로 구성하고 7명의 조정관으로 구성된 중재위원회와 동서독 모두가 동의하는 한 명의 대통령을 정할 것을 제안했다. 그 국가연합의 이행기를 5년 동안 가진 뒤 40명의 서독 대표와 20명의 동독 대표로 구성된 '전독일-평의회'가 단일한 국민국가로의 재통일을 위한 헌법제정에 착수할 것을 제안했다. 물론, 이 때도 센케는 일단 국가연합을 위한 논의가 시작되면 양독 정부는 곧장 권력과 영향력을 상실할 것이라고 낙관적으로 전망했다. 그는 국가연합의 기구들이 일단 구성되기만 하면 자체 동력과 흡인력을 통해 동서독 모두에서 '제3의 독일'을 지향하는 새로운 정치세력과 사회 흐름들이 급속도로 형성될 것이라고 주장했다. 그렇기에 센케가 보기에 국가연합은 양 독일 모두에서 동시적으로 변혁운동이 발전할 수 있는 핵심 계기였다.

센케에게 분단 양국의 지배체제를 극복한 그 '제3의 힘'을 통한 독일 통일은 그 자체로 독일이 미국과 소련을 대체할 열강이 되는 길이 아니었다. 오히려 통일독일은 핀란드, 스웨덴, 오스트리아와 유고슬라비아와 함께 유럽 평화지대를 형성할 것이고, 그것을 통해 다시 중국을 중심으로 한 세계 전역의 탈식민운동의 큰 역사적 흐름에 기여할 수 있다는 것이었다.

이와 같은 센케의 민족 혁명 지향이 탈-파시즘과 과거청산의 과제를 안고 있던 서독에서 아무런 오해와 의심의 눈길 없이 받아들여지기는 어려웠다. 실제로 센케의 동료와 지지자들 중에는 극우 파시즘과의 경계를 명료하게 긋지 못하는 이들도 적지 않았다. 하지만 센케의 독특한 시대 인식과 탈냉전 탈분단 사상과 정력적인 활동이 독일에서 냉전 인식과 평화 사유의 지평을 확대하는 결과를 낳은 것은 분명했다. 그는 1960년대에도 중립주의와 국가연합 논의의 핵심 인물이었지만 1980년대 평화운동과 녹색당에서도 여전히 그 역사를 이었다.

(2) 한편, 1950년대 후반 야당이었던 사민당 내에도 국가연합과 유사한 통일 방안을 구상한 이들이 있었다. 먼저, 1959년 3월 사민당이 공식적으로 채택한 '독일계획안'은 군비확장 중단, 비핵지대 설정, 외국군대 철수, 양독의 군사블록 탈퇴, 집단안보체제, 전독일 회담. 수적 동등

성에 기초한 전독일 평의회에서의 점진적 독-독 간 합의를 통한 통일을 제안했다. 그것은 많은 부분에서 사통당 국가연합안과 유사했다. 하지만 사민당은 그것을 통해서는 냉전과 분단을 내면화한 서독 주민의 정치적 지지를 받기 어렵다는 것을 깨달았고 국제적으로도 지원을 받기 어렵다는 것을 알아 이미 1960년 초 그와 같은 '비현실적' 방안을 철회했다. 사민당은 곧 서방통합과 서독의 나토(NATO) 존속을 지지하면서 뒤늦게 현실적 대안을 찾기 시작했다.

그렇지만 사민당의 부대표이자 실질적 권력자인 헤르베르트 베너(Herbert Wehner)는 '독일경제공동체'안을 제안하며 통일 논의를 이어갔다. 그는 사민당 내에서 누구보다도 먼저 독-독 간 대화와 협상에 무게중심을 두었다. 사실 그는 공산주의로부터의 전향 전력으로 인해 동독 사통당과 가장 격렬히 비방을 주고받았다. 하지만 그는 울브리히트의 국가연합안에 대해 처음부터 전향적으로 관심을 보였던 드문 사민당 정치가였다. 그는 이미 1957~1958년 동독의 국가연합안에 대해 관심을 보였다. 1958년 2월 베너는 독자적으로 '독일경제공동체'를 통일안으로 제시해 응수했다. 사민당의 외교정책을 책임지고 있던 베너는 1960년대 내내 심지어 1979년에도 같은 통일안을 반복적으로 제안하며 빌리 브란트와 에곤 바르의 동방정책과는 구분되는 독자적 평화-통일 정책을 구상했다.

베너가 제시한 '독일경제공동체'는 4단계를 염두에 두었다. 독-독 간 교류를 원활히 진행하기 위한 화폐결산제도 도입, 공통의 이익에 기여할 양독 공통 투자펀드 조성, 화폐통일, 마지막으로 국제적 긴장완화를 배경으로 한 국가통일이 그것이다. 특히 그는 마지막 단계에서 독일에서의 외국군 철수와 군축 및 중립화를 염두에 두었다. 물론, 여기서 주목할 것은 독일문제의 해결에 대해 그는 항상 독-독 간 협력을 가장 중요한 계기이자 동력으로 보았다는 사실이다. 그는 일찍부터 동독의 국가적 실

체를 사실상 인정하기를 가장 강력히 주장했으며, 동독에서의 자유선거
나 정당 활동의 자유 등은 언급하지 않는 예외적 인물이었다. 아울러 베너
는 서독에서 가장 일찍 인도주의적 문제 해결의 중요성을 간파했고 경제
교류가 독-독 간 관계개선과 통일에 미칠 장기적 영향에 주목했다.

그는 자신이 제안한 '독일경제공동체'의 발전을 '독일연방'이라고 불
리는 것에 반대하지 않았다. 그는 동독의 국가연합안이 지닌 문제 때문
에 독일 내 두 체제가 상당 기간 병존하면서 협력 체제를 발전시키는 방
식의 통일 논의가 사라지는 것에 반대했다. 게다가 그는 경제협력을 중
심으로 한 독-독 간 신뢰와 협력의 강화 그리고 그것을 제도적으로 확
립하는 '독일연방'이 독일 국민국가로의 이행기임을 밝혔다. 그는 중립
화를 전제하고 서독 체제의 변혁을 목표로 한 동독의 국가연합안과는 다
른 종류의 점진적 실용적 접근의 국가연합안의 초석을 놓았다. 아울러
베너의 '독일경제공동체' 내지 '독일연방'은 브란트의 '작은 걸음 정책'
과 비교해서 보면, '작은 걸음과 동시에 큰 걸음' 정책이었다.

(3) 마지막으로 인상적인 서독 내 국가연합안은 1980년대 민족 좌파
의 구상이었다. 1980년대 초 국제 냉전의 새로운 격화 과정에서 서독의
비판적 시민사회는 대중적 평화운동의 고양을 겪었다. 특히 녹색당은 평
화운동의 과정에서 급격히 성장할 수 있었다. 사민당의 일부와 녹색당 내
에서는 민족문제에 대해 다시 토론하는 흐름이 등장했다. 특히 1960년
대 후반 급진적 청년 봉기를 경험한 세대 중 일부는 민족 문제를 우파들
의 수중에 떨어지도록 하지 말자고 주장하며 사회해방과 연계한 통일정
책을 구상하기 시작했다. 발원은 전설적 학생운동가 루디 두취케(Rudi
Dutschke)였지만, 1979년 말 그의 사후 서베를린의 녹색당 지부에 해
당하는 대안리스트 내 '베를린 및 독일 정책 연구그룹(Arbeitsgruppe
Berlin- und Deutschlandpolitik)'과 쾰른의 '좌파독일토론 발의 그룹

(Initiativkreis Linke Deutschlanddiskussion: LDD)'을 중심으로 일군의 민족 좌파 세력들이 평화문제를 궁극적으로 해결하기 위해서는 독일통일에 대해서도 대안을 가져야 한다고 주장했다(이동기 2009c: 102-104).

먼저, 롤프 슈톨츠(Rolf Stolz)가 주도한 쾰른의 LDD는 모택동 사상을 수용해 사회해방과 민족해방을 결합할 필요를 강조했다. 그들은 독일중립화와 유럽평화체제 건설을 동시에 주장하며 국가연합 방식의 통일을 통해 동서 진영의 양 체제로부터 벗어나 독일은 '특수한 길'을 추구해야 한다고 나섰다. 그들은 분단 독일을 사실상 '점령 상태'로 보며 민족 해방적 '제3의 길'을 통해서만 사회해방도 동시에 가능함을 설파했던 것이다. LDD는 소련식 공산주의와 미국식 자본주의뿐만 아니라 서구 민주주의 모델도 비판했으며 기층 민주주의적이면서 탈국가 지향적이고 평의회 사회주의적인 길을 대안으로 제시했고, 이 때 국가연합이 그 매개 역할을 수행할 수 있다고 보았다. 그런 점에서 보면 LDD의 국가연합안은 1960년대 셴케의 구상과 매우 흡사했다.

한편, 서베를린의 '베를린 및 독일정책 연구그룹'을 이끌던 페터 브란트(Peter Brandt)와 헤르베르트 암몬(Herbert Ammon)도 1980년대 내내 수차례 유사한 국가연합안을 발표했다. 그들은 '양독 내에서 내부 변혁을 먼저 달성한 뒤에 통일을 추구'하고자 하는 경향과 '통일을 먼저 이루어 내고 그 후 해방 과정을 달성'하자는 흐름을 모두 비판하며 동맹 이탈과 국가연합을 전략적 해결책으로 제시했다. 양독이 군사동맹을 이탈한 뒤 국가연합을 이루어 내면 양독 주민들이 현실과 단절하는데 용이할 것이며 광범한 사회 세력을 단결시켜 궁극적 사회 해방을 달성하는데도 유리할 것이라고 보았던 것이다.

그들은 동서독이 새로운 질적 협상의 첫 번째 단계에서 군사동맹을 벗어나는 것이 급선무고, 그 다음 단계에서 양 독일 국가가 '독일 공동체'

를 결성할 수 있을 것이라고 보았다. 그들은 이 국가연합의 기구로 전독일
의원평의회와 전독일조정국을 구상했다. 이 국가연합 협정과 기구를 통해
양독은 1972년의 기본조약을 대체해 동서독 주민들의 자유로운 이동을
점진적으로 실현할 수 있다고 보았다. 그리고 그들은 그 독–독 간 접근의
세 번째 단계로 경제적 변혁을 염두에 두었다. 이 단계에서는 아직 양 독
일 국가가 각각 서유럽의 유럽공동체나 동유럽의 코메콘(COMECON)에
서 벗어날 이유가 없었다. 그들은 마지막 단계에서 양독 국가와 '독일공동
체'는 전승국과 평화협정 및 베를린 협정을 체결하며 오더-나이세 국경을
확정함과 동시에 독일의 통일을 완성할 수 있을 것이라고 보았다.

　　그들은 국가연합의 틀을 통한 독–독 간 결합의 문제와 유럽평화체
제의 형성 문제를 적절히 구분한 뒤 다시 연결시켰다. 이 때 그들은 '독
일공동체'가 '아래로부터의 대중운동' 없이는 실현가능성이 없는 것으
로 보았다. 그들 또한 여타 국가연합 주창자들과 마찬가지로 분단 문제
해결이 사회해방운동 과정과 긴밀히 결합되어야 함을 강조했던 것이다.
그러나 서베를린의 국가연합 주창자들은 쾰른의 LDD와는 달리 동서독
의 지배 질서에 대항하는 전투적 '제3의 길'을 옹호하지는 않았다. 게다
가 그들은 '전통적인 현실 정치적 기준을 무시하지 않아야' 함을 강조해
서 서로 다른 사회적 정치적 세력들과도 연대해야 함에 주목했다. 그렇
기에 그들은 한편으로는 군사동맹 탈퇴와 국가연합을 주장하는 우파 민
족주의 그룹들과도 협력할 의향이 있었고, 다른 한편으로는 주요한 현실
정치 세력인 사민당과도 연대할 수 있다고 보았다. 그들은 LDD그룹과
는 달리 1970년대 사민당의 동방정책에 대해서도 비판만이 아니라 긍정
적으로도 평가했고 냉전의 위기 국면이 다시 닥쳤기에 서독 내에서 '새
로운 다수파'의 결집을 통해 집권 전략을 구상할 줄 알아야 한다고 주장
했다. 이 때 그들이 염두에 두었던 것은 사민당과 녹색당의 협력을 통한

연정이었다. 그 현실 정치적 협력과 연정의 근간은 생태적–사회적 요구 실현과 함께 독일통일을 지향하는 새로운 동방정책의 구현이었다. 이 때 그들은 독일인의 자기결정권에 의거한 국가연합이 그 새로운 독일정책의 연결 고리가 될 수 있을 것이라고 보았다(Lee 2010: 254-271).

물론, 1980년대 전반기에는 아직 사민당은커녕 녹색당 내에서 조차 그런 구상과 정책이 수용될 가능성이 없었다. 다만 1988년 미약하게나마 국가연합에 대한 새로운 관심이 양 당 모두에서 등장했다. 1988년 한 인터뷰에서 페터 브란트의 아버지이자 전 총리였던 사민당의 지도자 빌리 브란트는 양독 관계가 장차 '국가연합적 발전'으로 이어질 수 있다고 언급했다. 아울러 1988년 사민당의 당원이기도 했던 비판 작가 귄터 그라스(Günter Grass)와 녹색당 연방의원단 대변인이었던 안트예 폴머(Antje Vollmer)는 1990년 다가 올 총선에서 두 좌파 야당이 국가연합 방식의 통일을 선거 강령으로 내걸고 민족문제 해결에 나서기를 촉구하는 대규모 정치토론회를 1989년에 개최하기로 의견을 모았다(Lee 2010: 292-293). 물론, 그들이 그 토론회를 제대로 준비하기도 전에 1989년에는 더 큰 역사의 시간들이 덮쳤다.

3. 1989~1990년의 국가연합안들

1) 헬무트 콜의 10개조 강령

1989~1990년 겨울 독일 정계와 여론 사회는 국가연합을 둘러싼 격렬한 토론에 휘말렸다. 먼저, 이 토론에서 가장 특징적인 양상은 국가연합 개념이 이전과 달리 그 외연이 확장되어 다양하게 사용되었다는 점이다.

국가연합안이 다양한 정치 세력들에게 수용되면서 이제 그것에 대한 하나의 단일한 이해는 불가능해졌다. 사실 1989년 가을까지 국가연합은 오랫동안 국제법적 주체인 양독 국가가 국민국가적 재통일을 전제로 결합하는 이행기로서 한편으로는 양독 간 협력관계의 질적 전환과, 다른 한편으로는 군사동맹의 해체와 결합된 통일 방식이었다. 독일민족의 지속적 존재나 민족정체성의 확인을 강조한 신우파(Neue Rechte) 세력들이나 민족문제를 사회해방과 연계해 정치의제의 중심으로 삼고자 했던 일부 민족좌파들만이 1980년대 내내 그와 같은 국가연합을 통일안으로 적극 내세웠다.

그러나 1989~1990년 겨울 더 이상 국가연합 구상을 그 자체로 선전하는 것은 불필요해졌다. 동서독 관계의 질적 변화가 발생하면서 순식간에 누구나 국가연합을 주장하는 형국이었다. 이제 중요한 것은 그것을 어떻게 만들어낼 수 있을지에 대해 토론하는 것이었다. 1989년 11월 9일 베를린 장벽이 붕괴되기 전에도 국가연합에 대한 관심이 일부 언론 지면에서 등장했지만 국가연합론의 본격적인 등장은 11월 중순부터 개시되었다. 1989년 11월 17일 동독의 새 총리인 한스 모드로의 "조약공동체"안은 그 자체로는 국가연합을 포함하지 않았고 오히려 통일을 막기 위한 제안이었다. 하지만 그것은 두 개의 독일 국가 간 특별한 결속과 협력의 틀을 제시했기에 이미 의도치 않게 국가연합 방식의 통일에 대한 토론의 빗장을 열었다.

그것은 특히 1989년 11월 28일 서독 총리 헬무트 콜의 '10개조 강령' 발표를 자극했다. 콜 총리가 10개조 강령 제5조에서 '동서독 간 국가연합적 구조'를 국민국가로의 재통일의 이행기로 제시하면서 국가연합을 둘러싼 토론은 완전히 새로운 국면에 들어섰다(이동기 2010a; 이동기 2010b; Lee 2010: 315-396). 콜의 10개 조항은 동독과 소련 정부의 실제

통일 구상 또는 그들에게서 나올 수 있을 통일안들의 여러 핵심 요소들을 미리 자기 것으로 만들거나 배제함으로써 대안적 통일안들의 파급력을 사전에 봉쇄하는 것이었다. 이를테면, 콜은 통일 후 독일이 계속 나토에 소속되어야 한다는 사실에 흔들림이 없었지만 군사동맹 내지 안보체제 문제가 통일 논의의 전면에 부상하지 않도록 그것에 대해 아예 언급하지 않는 방식을 택했다. 콜은 외교나 안보 문제 해결과 국가연합 발전의 인습적 연관을 끊어 버리고 유럽공동체의 동구 지역으로의 확대라는 경제 협력과 재정 지원의 전망을 내세움으로써 군사동맹 문제를 우회했고 아울러 독자적 유럽통합의 전망을 제시함으로써 좌파적 탈민족 통일 논의의 흡인력을 미리 막아버렸다.

요컨대, 1989년 11월 말 콜 총리는 아직은 상황이 불투명한 혼재의 국면에서 10개조 통일강령을 제시함으로써 모든 통일 논의를 압도하며 주도했다. 그것은 동독 주민들에게 체제 개혁의 청사진만이 아니라 통일 전망을 분명하게 제시함으로써 서독으로의 대량 탈출을 부분적으로 억제할 수 있었고 동독 내부의 혼란과 불안을 잠재울 수 있었다. 그때 콜은 공개적으로 말하지는 않았지만 5년에서 10년 동안의 국가연합의 이행기를 거쳐 동독의 체제 전환을 이루어 내고 경제적 지원을 통해 동독 경제의 자생력을 키운 뒤 연방국가로의 민족재통일을 구상했다. 그렇기에 콜의 통일 강령은 당시 동독 주민들의 불만과 불안을 구체적인 국가적 민족적 전망으로 통합할 수 있었다.

10개조 통일 강령의 또 다른 강점은 그것이 민족통일의 단계적 발전 과정을 일차적 과제로 잘 제시함과 동시에 유럽 통합의 전망을 놓치지 않았다는 사실이다. 그럼으로써 콜의 통일강령은 독일 내 국민국가로의 재통일에 대한 여러 회의론자들의 다양한 주장을 제압할 수 있었다. 비록 '오더-나이세 국경'에 대한 불명료한 태도 같은 몇몇 문제와 절차들로 외교 갈등이 없지 않았지만, 콜은 이 10개조 통일 강령으로 급변하는 정세를 조정하며 스스로 맨 앞에서 향도할 수 있었다.

2) '반통일 구호'로 전락한 국가연합

1989년 말 콜에게 국가연합은 연방국가로의 통일 과정이자 그 형식이었다. 그것에 맞서 서독의 좌파 정당들은 독자적인 통일 구상을 긴급히 마련했다. 어떤 방식이든 그것은 국가연합을 피해갈 수 없었다. 녹색당의 한 정치토론회에서 나온 한탄대로, "국가연합, 그것 말고 더 무엇이 있단 말인가?" 그러나 사민당과 녹색당 소속의 많은 좌파 정치가들은 독 – 독 간 국가연합을 국제법적 조약의 결과로 이해했고 그렇기에 급속한 통일 과정에 대한 저지 또는 유럽 통합을 내세우며 국민국가적 독일통일을 건너뛰려는 초민족적 정치 발전의 매개 구상으로 제시했다(이동기 2010b; 이동기 2013). 빌리 브란트 같은 사민당의 일부 민족 지향의 정치가들은 콜의 10개조 강령에 반대할 이유를 찾지 못했지만, 오스카 라퐁텐(Oskar Lafontaine)을 비롯한 탈민족 지향의 많은 사민당 정치가들은 독 – 독 간 국가연합을 독일 통일과 유럽통합의 동시적 병행적 계기로 삼으려고 했다. 특히 사민당 정치가들은 1989년 12월 '베를린 선언'에서 "국가연합은 다수파 획득에 따른 일방주의 내지 후견감독을 피하도록 해주며 양 주권국가들로 하여금 현존 동맹조약 체제와 경제공동체에서 유럽 평화질서와 유럽합중국 탄생에 기여하도록 해줄 것이다"고 밝혔다. 즉 독일 국가연합은 서독의 동독 흡수 통합을 저지하면서 동시에 유럽통합을 매개한다는 것이 사민당의 기본입장이었다.

　녹색당 내에서도 또한 유사한 흐름의 국가연합안들이 등장했다. 특히 녹색당 연방의원단 대변인 안트예 폴머(Antje Vollmer)를 중심으로 한 '출발그룹(Aufbruch-Gruppe)'은 '생태국가연합'을 통해 성급한 통일 추구와 경직된 이국가상태의 옹호 사이에서 중도적 길을 개척하고자 했다. 그들은 국가연합이 민족 간 결속을 현실화하면서도 양 독일의 국가적 존속과 정치적 자치를 보장해줄 것이라고 믿었다. 결국 1989년 12월과 1990년 1월 사이에 독일에서 국가연합은 이제 누구나 자신이 원하는 정치적 방향으로 늘려 끌어낼 수 있는 고무줄 같은 것이 되었다. 이제 어떤 국가연합안이 현실적 타당성을 인정받고 정치적 동력을 확보하는지가 관건이었다.

이런 상황에서 주목할 것은 1980년대 내내 국가연합 통일안을 주창했던 일부 세력들의 변화였다. 신우파의 지도적 인물이자 국가연합의 열렬한 주창자였던 볼프강 벤오어(Wolfgang Venohr)는 원칙적으로는 여전히 독일의 군사동맹 이탈과 양독 내 점령군의 동시 철군 등을 국가연합과 연계시켰지만 1989~1990년 겨울 콜의 통일 구상과 정책에 반대하지 않았다. 민족좌파의 대표자이자 동시에 국가연합의 또 다른 옹호자였던 페터 브란트와 헤르베르트 암몬 또한 콜의 강령에 비판적이지 않았을 뿐 아니라 오히려 통일로의 상황 전개를 기쁘게 맞이했다. 그들이 보기에는 군사동맹의 해체 내지 중립화 등의 문제는 더 이상 결정적인 것이 아니었다. 중요한 것은 결국 독일인들의 자결권이자 주권이며 국민국가적 통일의 구현 그 자체였다. 그런 조건에서 이 오랜 국가연합 주창자들이 콜의 통일강령을 거부할 이유는 없었고 콜이 주도하는 상황 전개에 순응했다.

그러나 사민당과 녹색당 및 동독의 반체제 운동과 개혁 공산주의자들 같이 국민국가로의 재통일을 넘어서는 탈민족적 정치 공동체 형성의 전망을 제시한 좌파 정치가들은 정치적 수세에서 벗어나기 어려웠다. 그들이 제시한 독일문제 해결책은 한편으로 동독의 국가적 독자성 유지에 기초한 독일 국가연합의 형성 그리고 다른 한편으로 독일민족의 재결합

과 유럽통합의 동시적 발전이었다. 그러나 1990년 1월 중순 이후 동독
의 국가적 존재가 점차 의문시되었고 유럽통합 내지 유럽공동안보체제
의 형성이 당장 현실화될 가능성이 사라지면서 좌파적 대안적 국가연합
안은 정치적 설득력이 급격히 떨어졌다.

게다가 1월 중순 이후 국가연합 토론을 둘러싼 상황은 다시 급격히
변화했다. 즉, 콜 총리는 자신의 애초 계획을 수정하여 1월 중순부터 급
속한 통일로 방향을 전환했다. 1990년 1월 들어 동독 주민들의 다수는
이제 더욱 분명히 서독과의 급속한 통일에 대한 요구를 드러내고 있었
다. 동독 주민들의 통일 요구는 서독의 물질적 풍요에 대한 현혹 때문이
기도 하지만 미적대며 불안하게 진행되는 동독의 개혁 과정에 대한 불만
도 중요하게 작용했다. 동독의 국가적 존속에 기초한 유럽통합지향의 탈
민족적 국가연합뿐만 아니라 국민국가적 재통일의 이행기로서의 국가연
합 자체가 의문시되었던 것이다.

1990년 1월 중순 동독 주민들의 통일 열망을 인지한 콜은 국가연합
의 이행기를 거친 완만한 통일 구상을 포기하며 급속한 흡수 통일의 전
망을 제시했다. 국가연합 방식의 통일 논의를 이끌었던 콜 정부가 정책
을 근본적으로 바꾸자 국가연합안의 위상과 의미는 순식간에 변했다. 이
제 국가연합안은 통일안이라기보다는 통일을 반대하며 독일민족의 이익
에 반하는 '비애국적'인 것으로 간주되었다. 애초 통일의 한 방식으로 대
부분의 정치세력이 공유했던 국가연합이 시간이 지남에 따라 오히려 반
(反)통일 구호로 현상했던 것이다.

1990년 1월과 2월 비판적 작가 귄터 그라스는 독일에서 다시 중앙
통합국가가 들어서는 것에 격렬히 반대하며 독일 역사에 내재한 문화적
다양성의 전통에 의거해 독─독 간 국가연합을 국민국가의 재탄생이 아
니라 유럽통합의 과정으로 삼을 것을 강조했다. 그는 나치의 파국적 경

험을 환기하며 철저히 연방주의적 원칙에 충실한 국가연합을 통해서도 화폐연합과 국적단일화가 가능하다고 보았으며 그것으로 양독 국민의 민족재결합 욕구를 충족시킬 수 있다고 보았다.

국민국가로의 재통일에 반대하는 서독의 탈민족주의자들이나 흡수통일로 동독 사회가 나름 발전시킨 가치와 성취가 사라질 것을 우려한 일부 동독 정치가들이야 여전히 국가연합안을 붙들고 있었지만 그들과 무관하게 이미 통일 열차는 빠른 속도로 내달렸다. 1990년 3월 18일 동독의 자유 총선거에서 콜이 지지한 '독일동맹'이 48%의 지지를 얻어 급속한 흡수통일의 길이 활짝 열렸다.

요컨대, 콜은 애초에는 국가연합의 이행기를 전제한 국민국가로의 통일의 길로 제시함으로써 통일 논의들을 압도하더니 곧 정세 변화에 기민하게 대응해 다시 그 이행기를 폐기함으로써 이번에는 대안적인 여러 국가연합안들을 시대착오적인 것으로 만드는데 성공했다. 1989~1990년 누구도 콜 총리만큼 상황을 정확히 파악하지도 못했고 누구도 그처럼 탄력적으로 정세에 대응하지도 못했으며, 또 누구도 그처럼 그렇게 권력 지향적으로 행동하지도 않았다. 반면, 서독의 좌파 정당과 동독의 개혁 공산주의자들 및 반체제 운동가들은 때늦은 정책 제시로 콜에 끌려 다녔고 대중들에겐 비현실적이고 무능력한 정치 세력으로 인식되며 정치적 패배와 인내의 시간을 견뎌야 했다.

4. 국가연합과 평화체제에 대한 숙고를 위해

1949년부터 1990년까지 분단독일에서는 대략 30여개의 국가연합안들이 등장했다. 각 시기별 발전 과정과 맥락을 넘어 국가연합안의 내용과 성격을 중심으로 나누면 대략 세 가지 조류로 구분할 수 있다. 물론, 이때 정치선전으로서의 국가연합안, 즉 1957년부터 1966년까지 동독 사통당의 국가연합 강령은 제외하겠다.

먼저, 연방주의적 정치원리와 탈민족적 지향을 지닌 국가연합론이다. 1950년대의 노악과 에첼의 국가연합안, 1960년대 후반과 1980년 후반 적극적으로 민족문제 해결에 개입한 작가 귄터 그라스의 국가연합 구상 그리고 1989~1990년 녹색당의 생태국가연합론이 그것이다. 그 연방주의자들은 권력지향적인 중앙 통합적 국민국가보다는 탈민족적 소국가론 내지 연방주의 정치 원칙에 충실한 국가연합을 구상했다. 그들이 모색했던 분단 극복의 구상은 인간 삶의 원천적 다양성을 존중하며 지방과 하위 정치 단위의 정치적 문화적 자치권에 기초한 국가연합이었다. 그들은 중앙 통합적 국민국가로의 통일에 반대했고 독 – 독 간 국가연합을 유럽통합의 틀에서 사유했다. 그렇기에 통일(더 정확히는 분단 갈등 극복) 모델로서 국가연합은 독일 연방국가의 중간단계가 아니라 유럽 국가연합의 과정이자 매개로 인식했다. 이 때 그들의 국가연합은 이미 일종의 독일 내 '평화국가'였고 유럽의 '평화체제'였다. 비록 1990년 초 급속한 흡수통일의 우세 국면에서 그것은 '반통일 구호'로 전락해 현실적 의미를 상실했지만 그 자체로는 평화를 중심으로 분단 극복을 사유한 독특한 방식이었다. 국가연합 구상에 원천적으로 내재된 연방주의에서 평화의 정신을 찾아 확장한 분단 해결책이었기 때문이다.

다음으로는 '제3의 길' 내지 중립주의 강령과 긴밀히 결합한 국가연합론이다. 1950년대부터 1980년대까지 적지 않은 수의 독일 중립주의자들은 국가연합안을 옹호했다. 사실 위의 첫 번째 흐름도 중립주의와 완전히 무관하지는 않다. 다만 여기서는 '제3의 길'이나 중립주의가 국가연합안의 가장 핵심적인 지위를 지닌 경우를 말한다. 이를테면, 1950

년대 빌헬름 엘페스, 1960년대 볼프 셴케, 1980년대 롤프 슈톨츠와 페터 브란트 같은 중립주의자들은 다양한 중립주의 국가연합안들을 선보였다. 아울러 1989~1990년 겨울의 사민당을 비롯한 서독의 좌파들과 동독 반체제 그룹 일부도 군사동맹 체제로부터의 이탈 또는 유럽공동안보체제에 기반을 둔 국가연합론을 주장했다. 그들 중 일부는 국가연합을 통해 외교, 군사뿐 아니라 사회경제적으로도 '제3의 길'의 대안을 추구하기도 했다. 또 셴케와 슈톨츠 및 페터 브란트에게서 보듯, 국가연합론은 사회혁명과 대중운동과 긴밀히 결합되어 사유되었다. 첫 번째 유형의 국가연합안과는 달리 그들의 독일국가연합은 국민국가 재탄생의 전 단계였다. 그 국가연합안은 현실적 가능성과는 별도로 냉전 체제의 균열 내지 극복을 전면적으로 문제 삼았다는 점에서 다시금 평화체제 논의를 비켜가지 않았다. 오히려 유럽 냉전체제의 해체를 독일 통일의 핵심 전제로 간주한 것이다. 그런데 완고한 냉전적 군사동맹 체제의 극복과 구분되는 독-독 간 협력의 독자적인 역동성을 더 적극적으로 다루지 못한 것은 결정적 한계로 유의해야 할 대목이다. 아울러 1980년대 서베를린의 국가연합 주창자들이 여타 중립주의적 국가연합 주창자들과는 달리 분단 양국의 체제 '변혁'을 지향하면서도 현실 정치적 지혜의 방식으로 '중도'적 정치 연합(사민당과 녹색당의 연정)의 길로 국가연합을 추구한 것은 한국적 맥락에서도 매우 흥미롭다(백낙청 1988).

마지막으로는 '실용적 관점'의 국가연합론이다. 1950년대 후반부터 등장한 사민당 지도자 헤르베르트 베너의 '독일경제공동체'안과 1980년대 양독의 중간협상인들 사이에서 논의되었던 '취리히 모델'과 '국가대항전'이 ─ 이 글에서는 논의하지 못했지만 ─ 그것이다. 그것은 주로 양독 간 경제 내지 재정적 협력에 초점을 맞추었고 그것의 고유한 동력을 통해 통일과 평화의 동시적 점진적 발전의 길을 찾았다. 그것은 위의 중립주의적 국가연합안과는 달리 군사동맹이나 평화체제의 문제를 우선 뒤로 돌리고 경제 협력의 심화와 진전에 의거한 양독 간 발전의 성과에 기초해 국가연합적 체제를 발전시키는 것을 말한다. 안보 동맹 내지 평화체제의 문제를 뒤로 물리거나 제한적으로(또는 조심스럽게) 다루면서 양독 간 관계 진전의 역동성에 착목한다는 점에서 보면, 1989년 11월 28일 헬무트 콜의 10개조 통일강령도 현실적이고 실용적 국가연합 통일안에 해당한다고 볼 수 있다. 왜냐하면, 그것은 통일독일의 외교, 안보의 성격이나 지위 문제와 양독 간 경제협력에 기초한 '국가연합적 구조'의 발전을 분리시켜 후자에 집중했기 때문이다. 비록 콜이 1990년 1월 중순 급속한 흡수통일로 방향을 선회했지만 모든 좌파적 통일안을 제압했던 것은 '흔들리는' 분단 현실과 역동적인 정치 상황에 조응했기 때문이다.

전체적으로 평가하면, 분단 독일에서 국가연합안이 현실적 힘을 상실한 것은 구조적 제약이 없지 않다. 무엇보다 동서독 분단 상황의 극심한 불균형이 국가연합이라는 정치적 상상력을 구속했다. 동독의 국가적 생존은 40년 내내 불안했고 동서독 간 정치와 경제의 질적 격차는 좁혀지지 않았다. 이는 서로 다른 두 체제의 공존 및 대등한 협력 관계라는 국가연합안의 정치적 확장을 방해했다. 그러나 행위 주체의 관점에서 보면, 국가연합 주창자들에게서 실용적이고 실제적인 접근이 부족했던 것에도 주목해야 한다. 독-독 간 관계 발전의 심화와 국제정치적 냉전 해체 내지 평화체제 형성의 상호 관련성에 대해 정태적 분석에 갇힌 측면이 없지 않았다. 분단 구조의 유동성과 양 국가 체제의 불균형에 주목하면서 분단 양국 간 관계 발전의 역동성에 더 착목한다면 국가연합은 더 다양하고 풍성한 사유 공간이 될 수 있었다.

아울러 실제 1980년대 후반 동서독의 관계는 이미 실제로는 국가연합의 전단계로까지 발전했다는 점에도 유의해야 한다. 1987년과 1988

년 소련과 동서독 양쪽에서 모두 새롭게 국가연합에 대한 관심이 고조된 것은 그와 같은 현실적 발전 과정을 반영하는 것이었다. 국가연합을 국제법적으로 명료하고 확정적인 상태로 보며 '망상'하면 그것은 너무 멀거나 불가능해 보이는 방안이겠지만, 분단 양국 간 현실적 협력 관계의 확대와 심화라는 차원에서 정치적 행위 주체들의 의지와 결단의 문제로 본다면 '작은 걸음'들의 '그 다음' 단계로 '대안'이 될 수 있다.

마지막으로, 국가연합의 분단 극복 방식을 '평화국가'와 평화체제 구상과 대비해 후자를 따로 떼어 독자적으로 구상하는 것도 현명하지 못하다. 왜냐하면 분단 독일의 경험에서 드러났듯이, 국가연합안은 여러 가지 방식으로 평화 형성의 문제를 이미 포함할 수 있기 때문이다. 덧붙여 행위 주체의 관점에서는 국가연합 추진을 사회 변혁 세력에만 한정지을 이유도 없다. 전통적인 사회 혁명적 관점으로 통일과 평화를 사유하면 어렵게 이루어 낸 '작은 걸음'들의 큰 역진과 대 파열을 막을 방도가 없다. 분단 양국의 다양한 세력들이 저마다의 이유와 근거로 '국가연합적' 결속에 나설 유인을 더 찾도록 보조할 필요가 있다. 이를테면, 남북한의 경제엘리트나 문화 종사자들 또는 지방자치체 정치가들은 고유한 관심과 이익 때문에 남북한 협력의 틀을 안정적이고 불가역적으로 발전하고자 하는 동기가 있을 수 있다. 남북한 사이에 실용적이면서 협의와 합의 가능한 안정적 협력의 틀이라면 그것을 군이 국가연합이라고 부르지 않을 수도 있다.

결국, 우리에게 필요한 것은 국가연합을 정적이고 완성된 이상적 체제로 보지 않고 실용적이고 현실적인 협력의 안정적 틀을 만드는 정치 과정의 산물이자 그런 의지의 결집으로 보는 관점이다. 아울러 한국에서 잠시 등장했던 국가연합 통일안에 갇혀 그것을 곧장 평화체제 형성이나 '평화국가' 건설의 대립물로 보지 않는 것도 필요하다.

참고문헌

구갑우. 2010. 〈녹색평화국가론과 한반도 평화체제〉. 《통일과 평화》 2.

백낙청. 1998. 《흔들리는 분단체제》. 창작과비평사.

이동기. 2009a. 〈'경계인의 시간들: 분단 독일 초기(1949-1956) 국가연합 통일안의 등장〉. 《역사학보》 202호.

_____. 2009b. 〈1950년대 후반 동독 사통당의 국가연합통일안〉. 《서양사론》 102호.

_____. 2009c. 〈서독 68운동과 독일정책: 민족좌파로서의 신좌파?〉. 《독일연구》 17호.

_____. 2010a. 〈'더 나은 통일안을 없었는가?: 1989/90년 헬무트 콜, 국가연합 그리고 독일통일〉. 《독일연구》 20호.

_____. 2010b. 〈1989/90년 독일통일 과정 시 서독 좌파의 비판과 대안들〉. 《서양사연구》 43호.

_____. 2013. 〈198년대 서독 녹색당의 평화, 통일 정책〉. 《EU연구》 33호.

참여사회연구소 심포지엄 자료집. 2015. 〈안보개발국가를 넘어, 평화복지국가로 – 독일의 경험과 한국의 과제〉. 참여연대 참여사회연구소.

하버마스, 위르겐. 1996. 《현대성의 새로운 지평: 하버마스 한국방문 7강의》. 한상진 편, 나남출판사.

Gallus, Alexander. 2005. *Die Neutralisten. Verfechter eines vereinten Deutschland zwischen Ost und West 1945-1990*. Düsseldorf: Droste.

Geisel, Christof. 2005. *Auf der Suche nach einem dritten Weg: Das politische Selbstverständnis der DDR-Opposition in den 80er Jahren*, Berlin: Ch. Links.

Geppert, Dominik and Udo Wengst eds. 2005. *Neutralität–Chance oder Chim äre? Konzept des Dritten Weges für Deutschland un die Welt 1945-1990*, Oldenbourg.

Kostede, Norbert and Helmut Wiesenthal. 1989. Diskussionsbeitrag zur Deutschlandpolitik, am 19.12.89. Materialien zur Deutschlandpolitik der Grünen in den 80er Jahren, Archiv Grünes Gedächtnis. 1999/D04.

Lee, Dong-Ki, 2010. *Option oder Illusion? Die Idee eines nationalen Konföderation im geteilten Deutschland 1949-1990*. Berlin: Ch. Links.

제7장

동독과 북한의 비교
─복지와 평화정책을 중심으로

장희경(독일 베를린자유대학교 한국학과 연구원)

1. 서론

제2차 세계대전 이후 자유주의와 공산주의 사이의 세계질서의 기획으로 유럽과 아시아에 냉전의 전선이 만들어졌다. 유럽에서는 패전국인 독일을 해체하기 위해 4개 연합국이 분할통치하는 과정에서 동독과 서독이 분리가 되었다. 한편 아시아에서는 패전국 일본의 식민지였던 한반도가 해방 과정에서 소련과 미국의 군사정권하에 있다가 한국전쟁을 통해 분단이 되었다. 그러나 냉전의 서쪽 전선이었던 동서독은 1989년 베를린장벽이 무너지면서 전 세계의 탈냉전 기획의 물꼬를 텄고 1990년 10월 결국 평화적인 통일을 이루었다. 하지만 한반도는 탈냉전이 시작된 지 20여 년이 지난 지금도 여전히 평화체제를 이루기는커녕 계속해서 북한의 핵실험과 그에 상응하는 한미일의 대결적 정책으로 긴장이 고조되어 가는 상황이다.

　　독일은 어떻게 냉전적 대결을 청산하고 평화체제를 수립할 수 있었을까? 그에 대한 연구는 많다. 1970년대 서독에서 사민당과 자민당 연정에 기반한 빌리 브란트 총리가 '접근을 통한 변화'를 내세워 두 체제를 인정한 바탕 위에 새로운 동방정책을 추진한 결과라는 것이 일반적인 해석이다. 지금까지 독일의 통일과 평화체제 수립과정에서 서독의 독일정책에 주목했던 것에 비해 평화체제 형성의 당사자이자 상대였던 동독에 대한 논의는 적다. 한쪽 일방을 열등한 대상, 혹은 변화의 대상으로 바라본다는 것은 지속적인 대립을 의미하는 것이기 때문에, 평화복지체제에서는 상대를 대결의 대상이 아닌 있는 그대로를 인정하고 평화체제를 이루기 위한 협력자로 보는 인식이 필요하다.

　　동독도 동서독 분리 이후 통일이 되기까지 사회주의식으로 통일을 이루기 위한 대결적 독일정책을 추진하다가 여러 내외부적인 요인으로 분리를 통한 공존을 지속적으로 주장해왔다. 동독의 평화복지에 대한 개념이 서독의 그것과 상호교환되고 논쟁하고 논의하는 과정에서 합의를 이룬 것이 1972년 동서독 기본조약이다. 따라서 동서독 간에 평화복지체제라는 한 원형을 만들어내기 위한 한쪽 조각으로서 동독의 평화와 복지 개념을 살펴보는 것이 필요하다. 같은 관점에서 냉전이라는 기획에서 같은 사회주의권에 있었던 동독과 북한을 비교하는 것도 흥미롭다. 대결 구도를 극복하고 평화복지체제를 이룬 독일과 아직도 대결 구도가 강화되고 있는 한반도의 차이를 이해함으로써 한반도 평화복지체제를 달성하기 위한 조건들을 유추해볼 수 있다.

2. 동독의 복지와 평화정책

1) 동독의 복지정책

북한과 동독에는 '복지(welfare/Wohlfahrt)'라는 개념이 없다. 일반적으로 복지개념 자체를 자본주의의 폐해를 보완하기 위해 등장한 개념으로 이해한다.[1] 사회주의 국가에서 복지의 개념은 다른 의미를 가진다. 사회주의나 공산주의에서 '국가'란 노동자 계급에 의한 민주적 지배로 전환되는 과정에서 사라지게 되는 기구로 노동자들이 직접 구성하는 노동자 평의회(workers council)가 국가를 대체하고 경제와 정치를 통합한다고 본다(Bob 1983: 15).

따라서 복지란 국가가 시혜적으로 베푸는 것이 아니라, 사회주의 체제 자체에서 모든 인민들을 위한 방안이 마련되어 있는 것으로 본다. 따라서 북한이나 동독 모두에서 '복지'라는 용어는 사용하지 않고 사회정책이나 사회보험(Sozialversicherung)이라는 용어로 사용한다. 퍼지 (Zsuzsa Ferge)에 따르면 사회주의에서 사회정책은 개인의 공헌이나 성취에 상관없이 모든 개인의 생존에 대한 무조건적 권리를 원칙으로 세우는 것을 의미한다. 그러나 그 권리는 개인이 사회에 대한 상호적 의무를 다한다는 것을 전제로 성립한다. 즉 생산과 분배, 성과와 보상, 주고받는 것 사이의 직접적 관계를 맺는 것을 의미한다(Bob 1983: 45).

동독 사회주의 사회정책은 부르주아 사회정책과 근본적으로 다

---

1   오페(Offe)는 자본주의가 발달하면서, 특히 고도의 독점자본주의로 발달하면서 발생하는 경제적 모순과 그에 따른 위기를 관리하기 위해서 복지국가가 확대된다고 보았다(Offe 1984). 플로라와 하이덴하이머(Flora and Heidenheimer)도 복지국가를 정의하면서 시장기제의 작동에서 오는 문제들을 수정하기 위한 노력의 일환으로 정치와 행정을 통해 권력을 조직화하는 것(Flora and Heidenheimer 1981: 29)으로 설명하였다.

르다. 먼저 모든 사회정책이 국가가 독점으로 수행하여 진정한 의미의 사회주의 복지 국가를 목표로 한다. 둘째, 독일자유노조연맹(Freier Deutcher Gewerkschaftsbund: FDGB)으로 대체되는 중앙집중화된 조직이 사회보장기관을 대체하였다. 셋째, 사회정책은 압력, 배제, 포용을 통해 국가나 당에 정치적으로 동원되는 것으로 남용되었다. 부르주아 사회정책이 시장세력과 시장의 구성에 대항해 누군가를 보호하는 것과 달리 사회주의 사회정책은 경제를 계획하고 그 계획을 실행하기 위한 성격이 강하다. 공식적으로 동독이 사회정책을 국가 무역과 산업에 사용하는 것에 비해 서구의 사회정책을 국가권력을 지지하거나 확장적 해외무역 정책의 국내적 기반을 건설하는데 장애물로 여긴다(Schmidt 2013: 33).

동독의 사회주의 사회정책은 소련군 점령시기에 영향을 받아 "소련화(Sovietation)"의 경향이 강할 것으로 생각하는 것과 달리 오히려 바이마르 시기의 사회주의자와 공산주의자가 형성한 사회정책에 큰 영향을 받았다. 소련의 사회정책이 짜르식 러시아 문화에 기반하여 형식주의(officialism), 관료주의(bureaucracy) 그리고 가부장적 남성중심적 돌봄이라면 동독의 사회정책은 "집단과 보장의 원칙"이라는 비스마르크식 사회적 법률의 전통에 기반하고 있다(Schmidt 2013: 117). 비스마르크는 "사회적 폐단의 척결은 사회민주주의자들의 과격행동을 탄압하는 것 외에 근로자 복지의 적극적인 향상이 꾀해지면서 실현되어야 할 것"(Ritter 1983; 김태성·성경륭 1993: 37 재인용)이라고 강조하면서 질병보험법, 재해보험법, 노령 및 폐질보험법 등의 사회보험을 제정하였다.

(1) 시기별 사회정책 변화 과정

동독이 수립되기 전 독일의 소련점령지역에서는 1945년 6월 10일 소련군정(Soviet Military Administration in Germany; Sowjetische Mil-

itäradministration in Deutschland: SMAD) 명령 2호에 따라 사회보
장자금을 형성하기 위해 조합조직(union organization)을 승인하였
다. 이후 즉시 1946년 2월 독일자유노조연맹(Freier Deutscher Gew-
erkschaftsbund: FDGB)을 설립하여, 통합된 사회보장체제를 도입하였
다. 이후 1946년 12월 30일에 정부 책임 계획에 관한 핵심 문서에서 "사
회정책지침(Social Policy Guidelines)"을 채택하였다. 1947년 1월 28
일, 소련군정 명령 28호는 통합된 사회보장 구조의 원칙을 규정하였다
(Schmidt 2013: 40).

그러나 1950년대에 들어서면서 소련군정이 전환되는 시기에 동독
에서 정치적 헤게모니를 장악한 독일사회통일당(Sozialistische Einheit-
spartei Deutschlands: SED)은 사회정책을 터부시했다. 당시 SED는 명
목상으로 '사회적 성취', 노동권을 제도화하고 사회정책을 수립하였지만,
SED의 간부들은 사회정책을 이데올로기적으로 "사회적 민주주의(social
democracy)" 혹은 "사회적 개혁(social reformism)"으로 격하시키고, 실
제로 자본주의에서 버티지 못한 희생자들을 위한 정책쯤으로 그 의미를
격하시켜 생각하는 경향이 있었다(Schmidt 2013: 30).

이러한 경향은 당시 SED와 그 지지자들이 그들이 추진하는 계획 경
제와 완전 고용의 결합만 있으면 인민들의 물질적, 문화적 요구를 충족
시킬 수 있을 것이라는 확신에 기인했다. 완전 고용을 통해 직업 안정성
을 보장하고, 계획경제를 통해 개인 소비와 사회 소비를 계획하면 독립
적인 사회정책 없이 충분히 전체 인민이 풍족한 삶을 살 것이라고 예상
했다.

사회정책의 쇄신은 1961년과 1963년에 발생한 소비재 공급의 지
체현상과 1960년대 경제개혁의 계획에 따라 이루어졌다. 1950년대와
1960년대 초반에는 사회정책이 일, 생산, 성장에 우선성을 두면서 사회

적 소비는 불이익을 받았다. 나아가 노동계급과 유급으로 고용되지 않은, 즉 퇴직자 사이의 사회안전망은 큰 격차가 발생했다. 퇴직자들이 받는 사회보장 연금은 국영기업에서 전업으로 일한 노동자의 평균 총수입의 27.3%에 불과했고, 1970년에는 고작 33% 상승한 것에 불과했다. 이는 독일 전체를 비교했을 때도 나타난다. 서독은 1957년 연금 개혁을 통해 사회정책을 확장한 것에 비해, 사통당이 이끄는 동독에서 고령자는 빈곤을 벗어날 수 없었다(Schmidt 2013: 64).

1970년대는 동독의 사회정책이 제대로 확립된 시기였다. 동독의 지도자가 울브리히트에서 호네커로 바뀌면서 동독 사회정책도 큰 변화를 맞이했다. 그러나 이러한 변화는 지도자의 변화만으로 생긴 것은 아니고, 울브리히트 재임 말기부터 사회정책의 필요성이 증대하였다. 울브리히트 재임 말기, 즉 1960년대 중반부터 동독의 경제적 상황이 나아지면서 사회정책의제를 소비중심으로 전환할 여력이 생겼다. 이때 주 5일 근무가 도입되었으며, 1967년에 최저임금이 220에서 300동독 마르크로 증가하였고, 아동 이익이 다소간 절상하였다. 이 같은 전환은 이 시기에 이미 사회정책의 질을 올리려는 변화를 추진하고 있었다는 것을 보여준다. SED의 7차 당대회(1967)에서 울브리히트와 SED 당 간부와 국가 의장은 1968년 사회정책 향상의 일환으로 연금 확대를 발표하였다. 1968년에 자발적이고 보완적인 연금보장이 도입된 것이 특별히 중요한 것이었다. 이는 보험 계약자들이 지불하는 프리미엄에서 일정 비율을 보장하는 이익을 고령자들에게 자발적 보험으로 제공하는 것을 구체화한 것이었다. 1967년 당대회에서 울브리히트가 연금을 올리겠다는 제안은 거절당했고, 그래서 그는 사회보장이라는 이름 아래 자발적 추가적 보험을 창출하여 연금 보험의 이익을 제한하는 제도를 완화하자고 주창하였다(Schmidt 2013: 65).

1971년 동독 사통당 8차 당대회에서 사회정책의 향방을 결정지었다. 이 당대회에서 사회정책이 "발전된 사회주의 사회를 형성"할 책임이 있고, 공식적 임무로 "지속적 생산과 생산성의 증가를 통해 물질적, 문화적으로 국가의 삶을 승격시키는 것"(Lexikonredaktion 1982; Schmidt 2012: 67)이라고 선언하였다. 이렇게 장기적인 차원에서 사회정책 프로그램의 방향이 국가의 삶을 증진시키는 것으로 변화하면서 소비지향적 사회정책이 공식적 당 용어와 의제로 수용되도록 만드는 배경이 되었다. 이는 SED 중앙위원회, 동독 각료회의, FDGB 지도자 사이의 헌신과 체계화를 통해 공동의 해결책을 요구하였다.

8차 당대회 결과, 당과 국가 지도자는 최저 연금의 인상, 퇴직 연금 인상, 최저 휴가기간의 확대, 임산부와 여성의 고용을 확대하였다. 1976년 SED 프로그램은 "동독 사회정책의 핵심(core of social policy)"으로 주택정책을 사회이슈로 만들었다. 1971년 12월 20일 공포된 동독 국가경제 5개년 개발계획(1971~1975년)법에서 50만호의 주택을 건설할 것을 규정하였다. 1973년에는 SED 중앙위원회에서 계획을 발전시켜 1990년까지 280-300만 호의 주택을 건설할 것을 목표로 하였다.

1976년 9차 당대회에서 새로운 사회정책의 입장으로 "경제정책과 사회정책의 통합"을 내세웠다. 이후 사회정책은 "소비자 지향적 사회주의(consumer-oriented socialism)"의 방향으로 이동하였다. 1973~1974년에 발생한 1차 오일 쇼크로 해외무역 악화되면서 1971년부터 1975년까지 계획된 5개년 경제계획이 위태로운 상황이었다. 그럼에도 불구하고 동독 SED지도부는 경제와 사회정책을 통합하는 방향으로 정책을 추진하였다.

그 결과 주택정책은 공식통계에 따르면 1971년 8차 당대회 이래로 100만 번째 주택이 1978년에 완성되었다. 또한 근로조건과 산업관계도 향상되었고, 1977년 6월 16일에 노동법이 채택되어 1978년 1월에 효력이 발생하였다. 여성과 아동에 대한 조건이 향상되었으며, 1976~1980년 5개년 계획에 사회 프로그램의 자기평가가 도입되었다. 1971~1978년까지의 사회정책에 대한 평가는 동독 역사상 가장 향상된 시기로 평가된다.

노동인구의 보수는 1970년대 말에 훨씬 더 올랐다. 월 최저임금이 1971년에 300동독 마르크에서 350동독 마르크로, 1976년에는 400동독 마르크로 올랐다. 일하는 시간은 점차적으로 줄었으며, 휴가일수는 늘었다. 고령자에 대한 보수 제공도 향상되었고, 연금과 평균 임금 사이의 차이도 줄어들었다. 그러나 보완적 정년퇴직금 없이 사회보험연금만 받는 사람의 경우 최소임금보다 적게 받을 위험이 있었다. 국가 기구를 위해 일한 정치적으로 중요한 사람들에게 특별 연금을 통해 많은 혜택을 누리게 했다(Schmidt 2012: 71).

1970년대 사회정책의 개선은 가족정책에서 뚜렷한 족적을 남겼다. 1972년부터 1977년까지 정책을 보면, 결혼을 증진시키기 위해 대출이 시작되었고, 결혼한 학생들을 위한 기본 장학금, 비승인된 동거관계도 부부와 동등한 대우를 하고, 출산 전 6주, 출산 후 20주 동안 여성의 순수입과 동등한 실업금을 매주 받게 되었다. 또한 아기 생후 1년 동안 일하지 않은 것에 대해서도 지불해주었다(Lampert 1996: 106).

그러나 새로운 사회정책비용은 엄청났다. 특히 기초 생필품과 서비스 비용은 엄청난 부담이었다. 국제노동기구(ILO)의 평가에 따르면 동독의 GDP대비 사회 이전과 서비스 비용은 1970년대에 12.7%, 1973년에 16.1%, 1978년에는 최고로 16.8%에 달하였다(ILO 1988: 74-75; 1996: 75). 그러나 사회적 지출은 동독 사회정책 지출내역의 일부만 설명하는 것이었다. 즉 직업 안정성에 관한 직간접적 지출은 포함되지 않았다. 동독에서 실업 보험금이 우선 존재하기보다 새로운 직장을 제공하는 것이 더 우선했다. 따라서 서구와 같은 실업 보험금이 아닌 다른 형태의

지출이 있었다. 또한 ILO가 측정하는 GDP 대비 사회서비스 지출은 기
본 생필품과 서비스를 위한 가격 지원과 집세보조 비용을 포함하지 않기
때문에 이를 포함할 경우 동독의 사회서비스 지출은 훨씬 많다.

사회비용에 대한 지출이 증가하자, 동독 국가계획위원회의 의장이
었던 슈러(Gerhard Schörer, 1965~1989년까지 동독 국가 계획 위원회의
의장)는 SED와 국가 지도자들에게 사회적 지출을 줄일 것을 제안하였
다. 그러나 이는 거절당했고, 주정부 총리 슈토프(Willi Stoph)는 슈러에
반대하여 "우리 결정의 기본은 지불의 균형이 아니고, 경제와 사회정책
의 통합이 중요하다"고 연설하였다(Schmidt 2013: 69).

1980년대 들어서면서 소련이 동독과 거래중단, 2차 오일 쇼크라는
외부적 환경과 지나친 가격보조정책으로 동독의 국가계획위원회 대표는
이러한 경제적 상황에서 사회정책을 재조정할 것을 요구하였다. 하지만
SED 지도자들은 계획 경제에 대한 지나친 신뢰를 바탕으로 이를 제대로
고려하지 않았다. 서독과의 체제 경쟁에서 우월한 체제라는 것을 보여주
기 위해서 다른 차원에서 지속적으로 사회정책을 유지하고 확장하기 위
해 가격보조금을 지속적으로 제공하였다. 특히 주택건설과 아동복지, 퇴
직 연금, 집세나 산업재화에 대한 보조, 지역 교통비에 보조는 정부 예산
으로 늘리면서 지속적으로 사회정책을 유지하는 모습도 보였다(Schmidt
2013: 73).

(2) 동독 사회정책의 특징

① 일할 권리
동독 사회정치의 가장 큰 특징은 일할 권리(Recht auf Arbeit)를 헌법에
보장하고 있다는 것이다. 일할 권리란 노동연령인구 대부분에게 직업을
보장하고 최저임금 규제를 통해 수입을 보장하는 것이다. 1949년 헌법

에서는 일할 권리를 그냥 통과의례로 명시하였지만, 1968년과 1974년
동독 헌법 24조는 "독일민주공화국의 모든 시민은 노동권을 가진다. 동
독의 모든 시민은 사회적 요구와 개인의 자질에 맞게 일자리에 대한 권
리와 자유로운 직업 선택권을 가지며, 노동의 양과 질에 따라 임금을 요
구할 권리를 가진다"라고 규정하였다. 물론 이 일할 권리는 정치적으로
옳은 행위를 하고 있는, 자격을 갖춘 '개인'에게 국가 통치당이 '사회적
필요'에 의해 제공된다는 조건이 있었다. 그럼에도 헌법 35조 1항에는
'건강과 일할 능력을 보호할 권리'가 명시되어 있었다.

이 일할 권리를 구체적으로 이루어내는 것은 사회주의 기업에 책임
이 있었다. 따라서 완전고용과 최저생계비의 보장을 통해 다른 사회적 책
임의 경제적 부담을 줄여주는 효과를 기대했다. 1977년 노동법에 따르
면, 고용계약은 반드시 체결되면 퇴직까지 유지되며 고용이 해제되는 조
건은 오직 노동자와 기업 사이의 합의를 통해 고용계약이 해제될 수 있다.
이 경우에도 기업은 고용인에게 그가 수행할 수 있는 다른 직업을 제안해
야 하고, 고용인은 이 제안을 거절할 수 있다. 또 계약해제는 회사 내 노조
대표의 동의가 있어야 가능하고, 고용인은 회사내 갈등조정 위원회나 노
동부에 계약해제가 부당할 경우, 상고할 수 있는 권리가 있었다(Schmidt
2013: 41-42). 따라서 동독 주민은 실업에 대한 두려움이 없었다.

② 중앙집중화되고 통합된 사회보장
초기 동독 사회정책의 목적에서 중요한 것은 노동자, 농민을 포괄하는
하나의 사회보험제도를 정립하고 노동생산성을 향상하는 것이었다. 이
러한 시도는 소련 점령군 시기에 시작되어 베를린시에서 처음으로 노령
연금, 의료, 실업, 산업재해 보험을 하나로 통합한 '통합사회보험(Ein-
heitssozialversicherung)'을 실시하였다. 이러한 통합사회보험을 관할

하는 기구가 독일자유노조연맹(FDGB)이다. 1956년 2월 독일 정부조
례에 노동자와 사무직 근로자를 위한 사회보장(Sozialversicherung der
Arbeiter und Angestellte: SVAA)을 실행하는 유일한 기구로 FDGB를
명명하였으며, 동시에 FDGB의 회원이 아닌 자영업자와 농민, 수공업
자를 책임지는 기관으로 독일보험공단(Deutsche Versicherungsanstalt:
DVA)을 설립하였다.

동독에서 가장 큰 사회보장이 노동자와 사무직 근로자를 위한 사회
보장(SVAA)이었다. 초기 회원은 대부분 노동자와 사무직 근로자와 같은
'노동 계급'이었지만, 의사, 치과의사, 수의사와 예술가들도 이 프로그램
을 통해 혜택을 받았다. 동독 사회보장은 재조직화를 통해 보편보장과
직업군 사이의 사회보장의 차이를 격감시키는 방향으로 진행되었다. 그
결과 공무원도 SVAA에 포함되었고, 통일 직전인 1989년에는 거의 주민
의 90%가 SVAA를 통해 사회보장을 받았다. 그러나 성직자들, 종교지도
자, 이전 나치 당원은 사회보장에서 제외되었다(Schmidt 2013: 44).

사회보험의 재정적 자원은 대부분 노동자나 사무직 근로자들이 기
업에 지불한 납입금이었지만, 사회보장 예산이 정부예산으로 통합되면
서 정부자금에 크게 의존하게 되었다. 사회보험의 지출은 해당 노동자와
사무직 근로자들이 지불하는 지불 급여세(payroll tax)와 원천징수 방
식(pay-as-you-go system)을 통해 충당되었다. 1968년과 1971년 개혁
이후에 사회보험은 자발적 추가적 연금보험(voluntary supplementary
pension insurance)이 도입되었다. 필수보험은 과세대상 소득 중에서
최대 600동독 마르크로 구성되었고, 고용주와 고용인이 각각 지불하는
10%의 납입금으로 구성되었다. 1978년이 되면 고용인의 납입금은 소득
의 12.5%가 되었고, 프리랜서와 자영업자는 필수 납입금으로 20%를 지
불했다(Schmidt 2013: 45).

③ 재생산 영역의 사회정책

동독의 사회정책에서 중요한 부분은 직업적 안전성을 제공하는 것과 노동력 부족을 막기 위해 출산율을 높이기 위한 목적으로 실행했던 가족정책이었다. 서구와 차이점은 실업보험이 중요하지 않았을 뿐만 아니라 1977년에 노동법이 채택되면서는 완전고용을 목표로 하면서 아예 실업보험이 사라졌다. 이와 달리 재생산 영역에서 동독이 신경을 쓴 부분은 기본적인 안전과 관련된 것으로 기초 생활품과 서비스에 대해 정부가 일정정도 보존해 주는 방식을 택하였다. 특히 식품, 선별된 산업용품, 예를 들어 가정용 연료, 유아와 아동의 의류, 아동의 신발, 학교용품, 교과서와 수업물품, 작업복, 대중교통에 대해서는 고정 가격을 정했고, 마시는 물과 폐수 정화 요금, 선별된 수리와 공예 서비스는 낮은 요금으로 책정하였다(Schmidt 2013: 45-46).

특히 주택정책은 동독 체제에서 중요한 부분이었다. 동독 사회주의는 주택을 상품으로 취급할 수 없다는 기본적인 원칙을 갖고 있었다. 동독은 주택정책에 많은 자원을 쏟았지만 주택부족문제를 해결하지는 못했다. 1971년까지 신규로 건설된 주택은 21%에 그쳤다. 울브리히트 정부는 신규 주택 건설에 주력하였고, 호네커는 1990년까지 주택 300만 호를 건설할 계획을 세우고 대규모 단지의 아파트를 건설하였다. 그러나 1989년까지 약 200만 호의 신규 주택이 건설되었다.

동독의 가족정책은 1967년 동독 공산당 7차 전당대회에서 강조한 것과 같이 인구증가정책과 밀접하게 연계되어 있었다. 출산율이 떨어지는 것을 두려워한 동독 정부는 9차 당대회 이전에 '일하는 엄마를 지속적으로 지원하기 위한 조치'를 발표했다. 1972년과 1977년 사이의 가족정책을 보면, 결혼을 증진시키기 위한 대출이 시작되었고, 결혼한 학생들에게 기본 장학금을 제공했으며, 비승인된 동거관계도 부부와 동등한 대우를 하였으며, 출산 전 6주, 출산 후 20주 동안 여성의 순수입과 동등한 실업금을 매주 받게 되었다. 또한 아기 생후 1년 동안 일하지 않은 것에 대해서도 지불해주었다(Lampert 1996: 106). 가족정책의 2차 목표는 여성취업기간을 가능한 한 장기간으로 유지하는 것이었다. 노동력 부족을 해결하고자 모성과 여성 노동생활의 지속적 연계를 목표로 한 가족정책의 결과는 일단 여성의 경제적 독립성을 증가시켰지만, 내용적으로는 여성의 자질 향상에도 불구하고 여성은 단순 노동이나 직종에 집중적으로 종사함으로써 여성의 사회적 지위향상은 서독과 비교하여 상대적으로 달성되지 못하였다.

의료보험의 경우 국가가 일원적으로 관리하는 의료보험 네트워크를 조직하여 보편적이고 포괄적인 의료보험 적용을 유지하였다. 보험 분담금에 대한 비용도 고용주와 비고용인이 동일하게 지불하도록 법적으로 보장하였다. 그러나 보험 행정은 다른 사회정책과 마찬가지로 노동자와 사무직 근로자의 경우에는 독일자유노조연맹(FDGB)을 통해 보험적용을 받았고, 나머지 자영업자, 협동조합 회원, 공무원과 그 부양가족의 경우에는 독일보험공단(DVA)에서 부담했다. 소련이 입원 중심 병원과 외래 진료의 분리를 없애고, 중앙의료행정국(Center Health Administration)을 설립해 의료제도 전체를 일괄적으로 지휘한 것과 달리 동독은 외래진료 서비스와 종합병원 서비스를 분리하였다. 또 다른 차이점은 다른 사회주의 국가의 대부분의 의료인이 국가에 고용된 직원이었던 것에 비해, 동독에서는 여전히 독립적인 병원, 개인병원이 존재했다(이은정·베르너 페니히 2015).

④ 기업기반의 복지국가
동독에서 기업은 자본주의 체제와 달리 국가의 통제와 계획의 틀 안에서

작동하는 단위이기 때문에 경제적·사회적으로 중요한 역할을 한다. 따라서 사회정책을 실현할 때도 기업이 중요한 기관이었다. 1947년 10월 소련군정 명령 234호에서 사회정책은 사회주의 경제 기업을 통해 실현할 것이라고 발표한 것에서 보듯이 기업이 사회정책을 실현하는 중요한 단위였다. 사회주의 체제 동독에서 기업의 기능은 경제적 기능, 사회 공급 단위를 넘어서서 이념적, 교육적 기능을 담당할 뿐 아니라 국가에 대해 노동자가 일치성을 갖도록 감시하는 기능까지 수행하였다(Schmidt 2013: 47).

기업은 사회보험의 납입금을 지불하는 것뿐 아니라 직업적 부가혜택(occupational fringe benefits)을 제공해야 했다. 직업적 부가혜택이란 일하는 여성 노동 비율이 증가하면서, 여성이 가정을 돌보기가 힘들어지기 때문에 이 간극을 메우기 위해 평일과 낮 동안 아동 보육과 휴가 기간 동안 아동 캠프 등과 같은 서비스를 말한다. 이 직업적 부가혜택은 기업이 자율적으로 제공하는 것이 아니라 국가적 계획과 국가 주도의 통치하에서 이루어지는 것이었다(Schmidt 2013: 49).

⑤ 추가적인 고령 연금제, 특별 연금제와 명예 연금
끝으로 동독 사회정책의 특징 중 하나는 지나친 평등을 만회하기 위한 장치로 추가적이고 일시적인 혜택을 주는 제도를 만들었다. 즉 초기 소련이 점령하던 동독지역에서는 직업적 지위군 사이에 구분이 없었는데, 이후 동독이 들어서면서 직업적 지위군을 체제에 희생과 봉사하는 정도에 따라 '이전 계급(transfer classes)'으로 분리하여 사회적 이익과 공공재, 서비스에 대한 접근 수준에 차이를 두었다. 이렇게 사회정책에 추가적이고 일시적인 특혜제도를 둔 이유는 지나친 임금 평등을 보상하고, 공적 서비스 직업에 대한 매력을 향상시키기 위한 것이었다. 거기에 특

혜받은 지위를 이용해서 그 목표집단이 보다 동독 정치체제에 가깝게 소속되게 하기 위한 것이었다. 이런 특혜를 받은 집단은 국가보위부(Ministry of State Security)의 직원들과 국무부(Office of National Security)의 직원들이었다. 1953년에 이들에게 특별 연금제를 설치하였고, 1954년에는 동독 경찰, 소방서, 교정제도 직원에게 확장하였고, 1957년에는 인민군 구성원, 1970년에는 관세 직원들까지도 특별연금집단으로 확장하였다. 이들에게 보장된 퇴직연금은 사회보험보다 훨씬 높았고, 대부분 마지막 수입의 실질소득의 90%를 고정비율로 보장받게 되었다(Schmidt 2013: 50).

(3) 통일 과정에서 사회정책의 이전과 통합

동독은 베를린 장벽 붕괴 후 통일이 되는 과정에서 서독 모델을 이전받기로 하였다. 1989년 12월 1일 동독헌법개정에 관한 법(the Law on the Change of the Constitution of the German Democratic Republic)에서 사회통일민주당의 주도적 역할을 폐지하고 "자유롭고, 민주적이며, 연방적, 사회적, 환경적 국가"의 원칙으로 하는 1차 국가조약(the First State Treaty)을 헌법으로 설립하였다. 또 1990년 3월 18일 총선 결과, 동독은 서독 모델로 전환하기로 결정하였다. 서독 또한 1989년 11월 9일에 오랜 기간 논란이 되었던 연금개혁법을 통과시킨 상황이었기 때문에 또 다시 사회복지 시스템을 개혁하기를 원하지 않았다. 따라서 동서독 사회통합의 방향은 서독의 제도를 동독지역으로 이전하는 것으로 정했다. 그럼에도 불구하고 동서독은 1990년 5월 18일자 화폐, 경제, 사회 통합에 관한 국가 조약에서 1조에 사회적 시장 경제(Soziale Marktwirtschaft)가 공동의 경제 질서로 정의하였다(이은정, 미출간본: 3).

　　통합의 과정에서 무엇보다 중요한 것은 동독 지역 주민의 생활을 안정화시키는 것이었다. 따라서 1989년 12월 1일 드레스덴의 사회통일민주당의 서기장이었던 모드로우(Modrow)는 사회이익과 기본적인 공공 서비스를 삭감하는 것은 정치적으로 위험하다고 확신하고, 동독 사회주의가 성취한 것을 보호하고, 서독과의 통합과정에서 "좋은 사회주의(good socialism)"로 계승되기를 요구했다. 이와 동시에 1990년 2월 당시 서독 연방정부의 노동사회부 장관이었던 노버트 블림(Nobert Blüm)도 동서독의 통합과정에서 기업과 근로자들이 가질 사회적 부담을 완화하기 위해 안정적인 사회보장체계가 도입되는 것이 무엇보다 중요하다고 주장하며 사회통합과 화폐통합이 동시에 진행되어야 한다는 것을 강조하였다(이은정, 미출간본: 3).

　　동독에서 새로 선출된 최고인민회의는 1990년 5월 18일에 화폐통합에 관한 1차 국가 조약이 체결되고 난 후, 1990년 6월 17일에 새로운 헌법개정안을 통과시켰다. 4조에서는 임금협상권이 있는 노동조합 및 사용자 단체들은 자유롭고 독립적으로 협의할 수 있다는 것과, 7조 노동권 보호 조항 관련 규정을 개정했다. 즉 노동자는 국가의 보호를 받아야 하며, 국가는 노동을 통해 사회적으로 정의롭고 경제적으로 자유로운 상태에서 인간존엄성을 누리며 삶을 영위할 개인의 권리를 장려할 뿐만 아니라, 이것이 가능하기 위해 필수적인 조건을 만들어야 한다고 명시하였다.[2]

　　국가조약 4장에는 사회통합에 관한 규정이 있다. 즉 동독의 노동권 규정을 서독의 기본구조에 맞추어 조정하는 것을 포함하여 노동자들의 연대의 자유, 임금협약의 자율권, 노동투쟁권, 노사평의회규정, 사내 공동결정권 및 해고보호 등의 제도 도입, 나아가 동독의 단일 사회보장제도를 폐지하고 연금보험, 건강보험, 산재보험을 자율적인 관리기관이 맡

2　　Gesetzblatt der DDR Teil I, Nr. 33- Ausgabetag: 22. Juni 1990; Institute für Koreastudien, 사회복지와 연금 문서집 미출간본.

는 것으로 명시되었다. 또한 기존에 동독에 존재하지 않았던 실업보험제
도도 서독의 모델을 도입하기로 하였다(이은정, 미출간본: 18).

　　동독은 통합 과정에서 동독 주민이 불이익이 없도록 해고 방지권,
산모권, 최소연금, 동독 헌법에 들어있는 직업권 및 의료관계 등을 그대
로 적용하도록 요구하였다. 이는 당시 서독의 독일노동조합연합(DGB)
과 서독 사회민주당의 지지를 받았지만, 연방정부는 서독시스템을 적용
할 것을 요구하였다. 따라서 이 과정에 논란도 많았고 동독의 사회복지
시스템이 사라진 것도 있고, 계승된 것도 있었다.

　　사회권의 경우 특별히 통합에 어려움이 있었다. 동독은 1977년 사
회권을 포함하여 노동권을 명시하는 법을 만들었다. 그러나 서독은 사회
권리가 사회법전에 포함되어 있지만 노동권은 따로 규정되지 않고 여러
법조문과 재판 결과문에 분산되어 있었다. 동독은 통일 과정에서 사회복
지의 표본인 노동권을 서독에 전이시키고자 하였다. 그러나 서독은 통
일 조약 5항에 헌법 개정시 "생각해 본 뒤 사회복지 관련 부문을 헌법에
받아들일 것"을 추천한다고 하였지만, 헌법에 명시적으로 들어가지 않았
다. 그러나 서독은 다른 방식으로 문제를 완화하고자 하였다. '단축근무
제로(Kurzarbeit Null)'의 경우에 보조금을 제공하기로 하고, 화폐 통합
이 시작되고 1년 동안 170만에서 200만 근로자에게 단축 근무자 보조
금을 수령하였다. 1991년 이후에는 단축 노동비용을 재교육, 연수와 일
자리 후원을 위한 비용으로 바뀌었다. 이러한 노동 정책을 통해 사회적
대변혁의 충격을 줄이는 데 결정적으로 이바지하였다(Frerich and Frey
1996: 598; 리터 2010: 148 재인용).

　　연금제도도 동독이 서독의 연금연동원칙을 받아들이고자 했으나,
기본적으로 추가 보험과 특별 보험에 가입하지 않은 자들의 연금수준이
너무 낮았기 때문에 이들을 위한 보조금이 필요했다. 서독은 이러한 동

독의 요구가 무리라고 생각했지만 국가조약의 합의에 따라 연금 지급액을 단계적으로 올릴 뿐 아니라, 한번에 가입 기간 45년인 연금 생활자의 평균 순소득의 70%로 상향 조정하고, 연동되지 않는 사회보조금을 최고 165마르크까지 지급함으로써 과도기간에 최소연금제도를 유지하기로 하였다. 또 1991년 7월 25일 동독 연금 생활자의 소유권을 보호하기 위해 연금 이송법(Rentenüberleitungsgesetz)이 정해진 뒤 '보충지원(Auffüllbeträge)'을 시행하였다. 이러한 조치로 1992년 7월 25일 200만 명인 연금 생활자의 91%가 평균 순수입의 1/3 정도를 받게 되었다(리터 2010: 144).

한편 여성과 관련한 주제, 남녀평등과 여성의 권리로서 낙태를 스스로 결정할 수 있는 권리, 임산부 및 가족지원법은 동독의 제도를 많이 수용할 수 있었다. 그 이유는 통일과정에서 동독의 여성관련 시민단체인 '보랏빛 공세(Lila Offensive)', '독립여성연합(Unabhängiger Frau-enverband)'이 동독이 통일과정에서 새로운 기초를 만들기 위해 조직한 원탁회의부터 참여하고, 통일과정에서도 서독여성단체와 함께 여성위원회를 통해 끊임없이 압력을 가한 결과였다(김수진 2014).

2) 동독의 평화정책

동독은 1945년 연합군에 의한 점령부터 분단시기를 거쳐 1990년 통일이 이루어질 때까지 사회통일당이 주도적인 독일정책을 주도했다. 독일의 분단은 냉전체제가 형성되는 선상에서 이루어진 일이었기 때문에 동독과 서독은 모두 체제경쟁과 갈등 상태하에 있었다. 따라서 양 독일 국가 내에서 사회주의와 자본주의 사이의 체제경쟁에서 우위를 점하는 체제가 통일을 이룰 것이라는 '자석 이론(Magnettheorie)'이 있었다(슈퇴

버 2010: 73). 동독 사통당의 독일정책도 본질적으로 동서대립, 냉전, 권력정치적인 양극체제, 블록 형성, 대결적 사고에 의해 규정되는 국제적 관계 속에서 수행되었다.

1949년 이후 동서독 간(innerdeutsch) 관계는 서로 독립된 국가로 인정한 것도 아니고 그렇다고 같은 민족국가도 아닌 특수한 상태, "특별대립"(Sonderkonflikt; Ricard Löwenthal)으로 규정하였다. 이 특별대립이란 동서독 분단의 특이성을 말한다. 그 특이성이란 근본적으로 점령강국(Besatzungsmacht)이자 헤게모니 강국(Hegemonialmacht), 지도강국(Führungsmacht)인 소련의 영향과 민주적 정당성을 확보한 서독의 영향 사이에서 자신의 정체성과 이해관계를 관철해야 하는 것이었다 (미하엘 렘케·한운석 2005: 95).

(1) '민주통일민족전선'에서 '두 개의 국가론'으로

1949년 서독과 동독이 각각 독립된 정부를 수립한 이후에 동서독은 서로 전독일을 대표하는 '유일대표성(Alleinvertretungsanspruch)'과 정당성을 두고 끊임없이 논쟁이 있었다. 1949년 동독의 총리 그로테볼(Otto Grotewohl)이 '원래의 독일'은 소련점령지역(SBZ)이며, 그의 정부가 전체 독일을 대표하는 것이라고 했다. 동독은 건국 이후부터 독일정책에서 단일 '민족국가(Nation)'와 그 민족국가가 '사회주의(Sozialismus)' 체제여야 한다는 입장을 취하게 되었다.

사통당이 생각하는 독일 문제는 독일이 서방세력의 제국주의적 정책 때문에 분단되었다는 것이고, 이 분단정책과 식민정책이 평화를 위협하고 독일민족국가의 존재를 위협한다고 보았다. 따라서 독일민족국가의 수립이 무엇보다 중요했고, 이는 1949년 최초의 동독 헌법에도 "분리할 수 없는 공화국(eine unteilbare Republik)"로 정의하고 "하나의 독

일국적(eine deutsche Staatsangehörigkeit)"으로 통일하는 것을 목표로
천명하였다.

이러한 목표하에서 사통당은 "민주통일민족전선(Die Nationale
Front des demokratischen Deutschland)"을 독일정책의 기본으로 설정
하였다. 초기 동독의 독일정책은 전독일의 정치적, 경제적 통일의 재건,
연합국과 독일과의 조속한 평화조약 체결, 민주화와 탈군사화 등에 관한
포츠담선언의 무조건적 인정, 독일민족국가의 완전한 주체성 재건으로
정의할 수 있다(Archiv der Gegenwart(AdG), 7. 10. 1949, S. 2092 E.;
김형률 1994: 281).

동독의 독일정책은 이 민주통일민족전선과 더불어 사회주의 체제로
통합을 하는 것이 또 다른 목표였다. 동독 건립 이후 1951년까지 사통당
은 반파시스트-민주주의적 질서를 서독에 이식하고자 하였다. 이후 사통
당은 서방정책을 세워 서독내에 연합정당과 대중조직과의 접촉을 확대
하여 공산주의로 통일하기 위한 정책적 목표를 수행했다. 이러한 서방정
책을 '민족전선'이라 부르며 서독의 모든 "평화를 사랑하는 민주 세력들"
과의 동맹, 특히 사회민주당과의 협력을 통해 "노동자계급의 통일"을 실
현하는 것을 목표로 하였다(미하엘 렘케 · 한운석 2005).

그러나 동독의 이 민주통일민족전선은 연합국과의 관계에서 받아들
여지지 못하면서 변화를 맞게 되었다. 1952년 3월과 4월 두 차례에 걸쳐
스탈린은 독일통일과 "평화조약(Friedensvertrag)" 체결에 대한 안을 서
방측 3국에 제의하였다. 이를 "스탈린 각서(Stalin-Note)"라 하는데, 이
각서에 독일을 중립화하고 대신 전독일 자유선거를 제시하였다. 그러나
미국, 영국, 프랑스가 이를 거절하였다. 또한 서독의 나토 가입을 막기
위해 몰로토프 당시 소련외상이 미 · 영 · 불 · 소 4개국 외무장관회담에서
'유럽집단안보조약(European Treaty of Collective Security in Europe)'

을 제안하였지만 거절당했다. 이후 연합국은 서독을 나토에 가입하도록 승인함으로써 소련이 목표로 했던 독일 내에서 자유주의 세력을 차단하는 것이 실패하였다. 그러면서 1955년 동독은 동독에서만의 사회주의 건설(Aufbau des Sozialismus in der DDR)을 공표하면서 공식적으로 "두 개의 독일국가론(Zwei-Staaten-These)"을 제시하였다. 이에 소련은 바르샤바 기구를 설립하여 나토에 대응하는 사회주의적 국제기구를 수립하였다.

1955년 7월 소련지도부는 '2국가론'을 주장하며 독일정책의 기본전략을 수정하였다. 즉 그 전략은 동독이 국제사회에서 서독과 대등한 주권 국가로 "국제법적 인정(völkerrechtliche Anerkennung)"을 획득하는 것이 되었다. 이러한 입장과 더불어 동독은 두 개의 국가 노선을 취하면서도 사회주의로 민족통일을 이룰 것이라는 목표로 통일정책을 추진하였다. 사통당의 1서기인 울브리히트는 통일의 전제조건으로 동독의 독자적이고 주체적인 발전을 강조하였고, 소련과 평화를 사랑하는 모든 국민들의 도움으로 전체 독일을 사회주의화하는 통일을 "장기강령"으로 전환하였다(김형률 1994: 285-286).

그러나 1956년 서독은 두 개의 국가를 인정하지 않는 할슈타인 원칙(Hallstein-Doktrine)을 선포하면서 소련을 제외한 동독과 외교적 관계를 맺은 국가와의 외교단절을 선언하였다. 이 당시의 동서독간 관계는 대결적인 형태로 전개되었다. 동독은 이러한 서독을 '군사주의', '복수주의(revanchism)', '네오나치즘'이라고 공격하면서 국가연합안(Konföderation)을 제시하였다.

동독이 제안한 국가연합안은 독일문제(Die deutsch Frage)는 독일인에 의해 해결하고, 서독이 동독을 국가로 인정하는 "국제법적 조약"(völkerrechtlicher Vertrag)의 체결, 핵무기 설치금지, 양 독일이 나토와 바르샤바조약기구를 탈퇴하고, 연합국 군대를 철수하는 것이었다. 서독의 입장에서 이는 전독일 유일대표권을 주장하는 "할슈타인(Hallstein-Doktrin)"을 포기하는 것이고, 독일통일에 대해 연합국의 의무를 확인한 "독일문제의 국제화" 원칙과 반대되는 것이라 거부하였다.

1958년 7월 동독 사통당은 5차 전당대회에서 '사회주의는 승리한다'는 모토로 경제적으로 서독의 일인당 소비량에 도달하거나 초월할 것을 목표로 하였다. 자본주의는 사회주의에 이르는 과도기의 마지막 단계임을 천명하고, 다시 사회주의로의 국가연합안을 제시하였다(Lehman 2000: 175). 여기에서도 사회주의에 의한 통합만이 가능하며, 동독만이 합법적 주권을 갖는다고 주장하였다. 여기서 합법성이라는 것은 전후 전독일에 대한 최후의 국제적 협정인 포츠담 조약이 규정한 반파시즘 투쟁이 동독에서만 실천되었기 때문에 동독이 합법성을 갖는다는 것이다. 게다가 1960년 울브리히트가 서독 수상 아데나워에게 보내는 편지에서 국가적 "합법성(Legitimation)"을 언급하며 "합법적 독일국가는 반히틀러 연맹의 의미에서 독일 군국주의와 파시즘의 부활에 대항하고 평화조약을 통해 조국의 재통일을 가능케 할 수 있는 국가"(Kreusel 1971: 60; 김형률 1994: 285 재인용)라고 설명하였다

흐루시초프는 서베를린에 대한 서방의 점령을 끝내고 동독의 영토 안에서 자유도시로 남아야 한다고 주장하였으나 거절당했다. 이에 흐루시초프는 1961년 8월 13일 베를린 장벽을 쌓았다. 1962년 동독은 "동독과 독일미래의 역사적 사명(Die geschichtliche Aufgabe der DDR und die Zukunft Deutschlands)"이라는 이름의 문서에서 "민족전선의 민족평의회(Nationalrat der Nationalen Front)"를 결성하였다. 이 조직은 동독의 모든 사회단체와 정당을 결집하여 동독 공산당의 지도하에 민족통일을 목표로 하였다. 울브리히트는 이 조직의 결성에 즈음하여 독일민족

은 두 국가로 분리되어 있으며 독일 영토내에 상호 적대관계 상태가 존재하고 있다고 주장하였으며, 독일통일은 사회주의가 완성될 때 이루어질 것이며 동독이 그 통일의 견인차 역할을 할 것이라고 하였다 .

(2) 평화적 공존: 두 개의 독일국가, 두 개의 독일민족

이 시기에 국제적인 환경과 서독의 독일정책에 큰 변화가 나타났다. 1962년 미국과 소련 사이에 쿠바 미사일위기 이후, 흐루시초프는 1963년 소련과 미국, 영국 사이에 핵실험을 금지하는 조약(The Partial Test Ban Treaty: PTBT)에 서명하였다. 이러한 흐름의 연장선에서 소련은 동독에 이러한 긴장완화 정책을 방해하는 어떠한 전략도 묵인하지 않을 것이라고 경고하였다.

이와 동시에 서독의 대동구권 정책에도 변화가 나타나기 시작했다. 서독은 폴란드, 루마니아, 헝가리, 그리고 불가리아와 우호적인 무역협정을 체결하고, 무역대표부를 설립하는 등 "본의 탄력적 정책"을 실행하였고, 그 연장선에서 1963년에 빌리 브란트가 동독과 베를린 통과사증협정을 제시하였다. 이후 사민당은 1959년 바드 고데스베르크 강령(Bad Godesberg Program)을 통해 국민정당으로 선회한 이후 1962년 기민당과 연정을 이루면서 독일정책에도 변화가 나타나기 시작했다. 그 변화의 시작은 1963년 에곤 바르가 투찡에서 "접근을 통한 변화(Wandel durh Annäherung)"라는 구상을 처음 제안한 것이었다. 이후 1966년 3월 도르트문트에서 개최된 사민당 당대회에서 빌리 브란트가 "양 지역의 실질적이고, 조율된, 시간적으로 제한이 있는 공존"이 중요하다는 것을 강조하였다. 이후 브란트는 공식적으로 1966년 평화각서를 동서독 간에 제시하였다.

그러나 이러한 소련의 입장과 변화하는 서독과 동유럽 관계가 동독을 더욱 두려워하게 만들었다. 사통당의 입장에서 공존(Nebenein-ander)은 사민당이 의미하는 것과 달랐다. 사통당에게 공존이란 "계급투쟁"의 형태로 근본적으로는 대결적인 성격을 담고 있고, 통일로 가기 위한 과도기가 아니라 실제적으로 통일정책의 최종상태를 의미하는 것이었다. 그러나 울브리히트는 사회민주주의자들이 있는 당시 시국이 유리하다고 판단하고 연사교환을 제안했지만 사통당 정치국이 갑자기 이 계획을 취소하였다. 이는 소련 지도부가 양 독일 국가 사이에 통일에 대한 논의가 급작스럽게 발전하는 것을 두려워했기 때문이라고 한다(미하엘 렘케·한운석 2005: 101).

이처럼 서독이 계속해서 할슈타인의 폐기 없이 동유럽 국가들과 외교관계를 체결하면서 동독의 서기장인 울브리히트는 1967년 2월 할슈타인 원칙에 반하는 선언을 한다. 즉 "사회주의 국가가 서독과 관계를 정상화하는 체결을 할 때, 기존에 존재하는 유럽의 국경은 영구적인 것이며, 주권국가로서 두 개의 독일이 존재한다. 거기서 동독은 이들 사회주의 국가와 우방 동맹이며, 서독 연방공화국의 사법권은 오직 서독 연방공화국 영토 내에 해당되는 것이지, 결코 독립적 정치단위인 서베를린에는 해당되지 않는다"는 '울브리히트 독트린(Ulbricht-Doktrin)'을 공식화하였다. 이는 동유럽 사회주의 국가들, 체코슬로바키아, 폴란드, 헝가리, 불가리아가 서독과 관계정상화를 할 때, 동독을 하나의 주권국가로 인정할 것을 서독에 요구한 것이다(미하엘 렘케·한운석 2005: 102).

이러한 동독의 정책에 1969년 자민당과 사민당의 연립 정부의 수상이었던 빌리 브란트가 정부 연설을 통해 "두 개의 국가로서 독일"을 거론하기 시작하였다. 서독의 사민당과 자민당 연립정부는 '신동방 정책과 신독일 정책'을 국가 정책적 의미로 추진하지 않고 서방 공동의 긴장 완화 정책 내에서 구상하였다. 이는 서유럽과 미국의 공동 구상인 나토의

하멜 보고서에 분명하게 나타나있다. 이 보고서에서 안보와 긴장 완화 (특히 군비 통제의 의미)의 양립 가능성이 공표되었고, 1967년 12월부터 실천에 들어갔다. '신동방정책과 신독일 정책'의 핵심은 독일연방공화국 에게 동독은 외국은 아니지만 동독을 국가로 인정함, 할슈타인 원칙의 포 기, 상호 관련성이 있는 양자 조약들을 토대로 바르샤바 조약기구 회원국 과 정치적, 경제적 관계를 활성화시킨다는 것이었다(브레도프 2010: 99).

　울브리히트는 기본적으로 사민당과 자민당의 연립정부를 지지하고, 그들이 내세운 동방정책을 환영하였다. 그러나 그 안에 울브리히트는 브 란트의 동방정책은 동독의 독일정책을 모방했고, 단지 전술적 변화에 머 문다고 하면서도 브란트가 신동방정책을 추진한다면 동독도 새로운 서 방정책(neue Westpolitik)을 수행할 것이라고 주장했다(미하엘 렘케, 한 운석 2005: 103). 이로써 동서독 간의 대결보다 협력을 중요시하는 패러 다임의 전환을 추구했다.

　1969년 서독의 수상 브란트가 취임식에서 "민족 국가의 일체성 (Einheit der Nation)"을 보존하는 것이 정책적 목표이고, "두 독일국가 사이의 특별한 관계(besondere Beziehung zwischen zwei deutschen Staaten)"를 강조했다. 이는 동독을 동등한 주권국가로 인정하는 것이 아 니었다. 브란트가 정의한 특별한 관계란 "민족국가란 공통된 언어와 문 화, 국가나 사회체제보다 더 많은 것을 의미 … 민족국가는 한 민족의 영속인 귀속적 정서(Zusammengehörigkeitsgefühl)를 근거로 이룩된다 … 동독도 그들의 헌법에서 동독이 독일민족국가의 한 부분임을 인정하 고 있다"(AdG vom 16. 01. 1970: S.15196C; 김형률 1994: 288)고 발표 하였다. 이에 1970년 12월 17일 울브리히트는 사통당 창립 25주년 연 설에서 동독이 "사회주의적 민족국가 형성과정(Prozess der Herausbil-dung einer sozialistischen Nation)"에 있다며 두 민족국가 이론을 내세웠다. 즉 동독은 "사회주의적 독일민족국가(Der sozialistische deutsche Nationalstaat)"이고 서독은 "자본주의적 나토국가(Ein kapitalischer NATO-Staat)"라고 규정하였다(김형률 1994: 288).

1971년 초 동독정권이 호네커로 넘어가면서 독일민족국가에 대한 의견에 결정적 변화가 나타났다. 1971년 6월 16일 호네커는 독일사회통 일당 8차 전당대회에서 독일민족국가의 일체성과 영속성을 부정하였다. 그는 독일내에 "두개의 독일국가(zwei deutsche Staaten)"뿐 아니라 "두 개의 독일민족국가(zwei deutsche Nationen)"가 존재한다고 보았다. 1970년대에 들어오면서 동독은 외부적으로 동구권으로 편입되는 "사회 주의적 통합"과 서방측과의 "평화공존"(friedliche Koexistenz)이라는 현 실에 맞닥뜨리게 되었다. 이에 동독은 민족분리정책을 통해 "사회주의적 민족의식"을 고취시켜 정권의 합법성을 획득하고자 했다. 즉 동독은 미 소의 유화분위기와 서독의 동방정책에 맞서 민족적 동질성보다는 계급 적 관점에서 "사회주의"를 기본으로 하는 민족적 통합을 강조한 것이라 고 볼 수 있다(김형률 1994: 289).

1970년 8월 서독과 소련 사이에 평화조약인 모스크바 조약(Moskau-er Vertrag)이 체결되었다. 이 조약에서 두 정상은 세계평화 정착과 긴장 완화를 촉진하고, 유럽의 상황을 정상화하기 위해 지리적 현상을 유지하 는, 즉 유럽국가의 국경 불가침을 선언하였다. 소련은 동서독이 먼저 화 해하고 조약에 합의하기 이전에 동독보다 앞서 서독과의 관계개선을 요 구하였다. 이는 중국과의 관계 악화에 따른 정치적 부담과, 1968년 '프 라하의 봄'을 무력으로 진압한 이후 발생한 국제적인 고립으로부터 탈출 하려는 의지와 함께, 서구 유럽으로 시장을 확대하고자 하는 요구와 미 국의 기술원조에 대한 필요에 의한 것이었다(우평균 2008: 81).

소련의 변화의 의지는 1971년 3월 소련 공산당 24차 전당대회에서 확인되어 유럽안보회의를 구성할 것을 제안하였다. 이에 울브리히트의 뒤를 이은 동독의 호네커 사통당 서기장도 6월 8차 전당대회에서 동서독 관계의 정상화, 서베를린 문제의 조정, 국제사회에서 동독 승인, 동서독 유엔가입 등을 주장하면서 유럽안보회의를 요구하였다. 호네커의 정책은 울브리히트의 독자노선 추구보다는 소련과 사회주의 국가들과의 관계 개선에 주력했고, 소련의 대서유럽과의 관계 개선 정책에 적극적으로 적응해나갔다. 이러한 결과로 1971년 9월 베를린에 대한 4대 전승국의 협약이 체결되었고, 12월에 동독 정부와 서독 정부, 서베를린 시정부와 베를린통행협정(Transitabkommen)을 체결하였다. 또한 1970년부터 진행된 동서독간 두 번의 정상회담과 70회의 협상과정을 통해 마침내 1972년 동서독 기본조약(Vertrag über die Grundlage der Beziehungen zwischen der BRD und DDR)이 체결되었다.

이 기본조약에 대해 동독은 국제법적 조약임을 주장하였지만, 서독은 동독을 특수관계로 인식하고 국제법적 국가로 인정한 것은 아니었다. 그러나 동독은 일단 국제법적으로 인정받는 것에 만족하고, 기본조약에 '독일 통일의 교서(Brief zur deutschen Einheit)'를 부속문서에 기입하는 것에 동의하였다. 이는 서독의 기본법 서문에 명시된 것으로 "서독과 동독 사이에 오늘 체결된 조약에 대해 서독정부는 이 조약이 유럽의 평화상태 유지에 협력하면서 독일민족은 자유 자결로 통일을 다시 이룰 것이라는 서독의 정치적 목표에 모순되지 않는다는 것을 확인한다"고 밝혔다(Informationen zur politischen Bildung 1998: 13).

동독은 유럽안보협력회의의 정식회원으로 1975년 8월 헬싱키 최종문서에 서명을 하면서 국제사회에 자신감을 갖고 적극적으로 참여하였다. 동독은 1980년대 핵탄두 미사일 분야에서 유럽 내 군비증강 경쟁을 종식시키는 데 견인차 역할을 했다. 1983년 2월 호네커는 스웨덴이 제안한 '중부 유럽 비핵무기 지대 설치'에 적극적으로 찬성하고 나섰으며, 동서독 관계에 있어서도 동서독 국경선에 설치된 자동살상무기를 철거할 것을 밝혔다. 이후 1984년 11월 이를 완전히 철거했다고 통보하였다.

(3) 평화의 공고화: 시민평화운동

그러나 동독은 유럽안보협력회의를 통해 화해를 모색하면서도 서독에 대한 탐지를 게을리하지 않았다. 1970년도에 동독이 탐지기 확산을 위해 파견한 인원이 4만 5,000명에서 9만 명으로 늘었다. 또한 호네커를 중심으로 한 동독 정부 요원은 1985년 고르바초프가 추진한 '페레스트로이카'인 '신사고'와 개방과 '투명(글라스노스트)'에 대해 불신을 가졌다. 그러나 1970년대 동서독간 기본조약이 체결된 이후 동독 내의 시민사회가 커지면서 평화운동은 확산되었고, 독일 통일의 중요한 동력이 되었다.

동독의 시민운동, 특히 교회가 평화운동의 중심지와 조직자의 역할을 수행하였다. 동독은 정권이 안정화된 이후 1978년 프로테스탄트 교회협회(BEK)와 동독 정부 사이에 정치적인 중립성을 조건으로 교회의 정치적 자율성을 보장하는 것에 합의했다. 반체제인사들이 교회를 사용할 수 있었지만, 교회 내에서만 체제에 대한 비판을 할 수 있었고, 대중에게 반체제적 표현을 할 수는 없었다(Pfaff 2001: 284). 교회의 평화운동은 1962년 동독이 처음으로 군을 창설하고자 시도했을 때 적극적으로 반대하여 동독 정부가 결국 정상적인 군대가 아닌 비무장한 건설군(Bausoldaten)을 설립하게 만들었다. 이후 1970년대 중후반에 들어가면서 동독 국내와 국외적인 요건들의 결합으로 교회가 사회주의 사회에서 자율적인 기관으로 성립되었다. 1976년 반체제 작곡가인 비어만(Wolf Biermann)이 정권에 대한 비판과 사통당에 대한 불만을 드러내

며 당내의 점진적 자유화를 주장한 것과 동시에 동독의 군사주의에 반대
한 목사 브루제비츠(Oskar Brusewitz)의 자살로 교회가 더욱 자율적인
조직이 되었다. 더불어 1970년대 후반 데탕트와 함께 헬싱키 프로세스
과정에서 많은 사회주의 정권들이 인권의 원칙을 공식적으로 인정하게
되었다(Pfaff 2001: 287).

1970년대 후반과 1980년대 데탕트 속에서 긴장이 완화되는 과정
에서 소련이 모든 소비에트 동맹들은 자원을 바르샤바 기구를 방어하는
데 동원해야 한다고 강요하자, 당시 동독 제1서기장이었던 호네커는 블
록 정치에 헌신할 것을 맹세하였다. 이 과정에서 호네커는 "이는 우리의
국제주의자의 의무이다. 평화는 우리가 힘이 강하고 무장된 상태에 존재
하는 것이다"라고 밝혔다. 그러나 증대되는 군비지출과 소비에트 진영내
의 여러 사건들, 예를 들어 아프가니스탄에 개입하는 사건들이 발생하면
서 소비에트 진영 내에서 서로 협력을 할 필요가 증대되기 시작했다. 이
와 동시에 서유럽의 시민사회도 나토의 미사일 배치에 반대하며 중부 유
럽의 '비핵지대'를 요구하였다. 또한 당시에 서독 내의 녹색당이 출현하
고 생태 이슈가 등장하면서 헬싱키프로세스의 이행에 박차를 가하였다
(Pfaff 2001: 288).

이런 맥락에서 동독 내의 시민사회가 주도하는 평화운동은 동독 내
에서 큰 반향을 일으켰다. 1980년 동독에 광범위하게 확산된 평화운동
은 "무기없이 평화를 만들자"라는 구호를 갖고 "Peace Decade" 회의
가 개최되었다. 이후에 이 구호는 동독 전역에 폭넓게 확산되었고 동독
내의 독립적인 평화운동의 비공식적인 모토가 되었다. 1982년에는 "평
화를 위한 여성(Frauen für den Frieden)"이라는 조직과 1983년에는
"Frieden konkret"라는 전국적 조직이 설립되었다(Pfaff 2001: 290).

1980년대 말에는 인권과 민주화가 정치적 반체제의 핵심적인 주제

가 되었고, 평화란 민주적 권리와 자유를 통해 이루어진다는 담론이 시민사회에서 확산되었다. 1980년대 말, 지속적인 폴란드 민주화를 위한 연대의 요구와 고르바초프의 등장, 체르노빌 폭발과 같은 사건을 거치면서 동구 사회권은 "실존 사회주의(really existing socialism)"의 문제에 직면하였다. 이런 환경에서 동독 지식인들은 기본적인 인권과 정치적 다원주의가 열린사회로 가기 위한 토대라는 인식을 갖게 되었다. 1985-86년에는 동구 유럽의 인권 활동가들로부터 영향을 받고, 또 교회중심의 활동이 갖는 한계를 인식하면서 인권과 평화를 연결한 새로운 '인권과 평화안(Initiative für Frieden und Menschenrechte)'을 형성하였다. 이런 시민조직은 지속적으로 증대하여 1989년까지 라이프치히에 전체 독립 조직의 25%가 평화와 군사주의를 주제로 활동하였다. 그러나 그 이후 반년 동안 이 주제로 활동하는 독립 조직이 10%가 더 증대되어 전체 조직의 35%를 차지하게 되었다(Pfaff 2001: 291-292).

1989년 베를린 장벽 이후에 독일 통일문제는 4대 전승국과 동서독 대표간 회담을 통해 국제적인 차원에서 논의되었고 1990년 9월 12일, '독일에 관한 최종 규정 조약'(2+4조약)으로 종결되었다. 이 회담에서 독일로 완전한 주권 이양, 베를린과 전체 독일에 대해 4대 연합국의 관리와 책임의 종결, 독일과 폴란드 국경을 위시한 독일 국경의 확정, 동독 영토에서 소련군의 철수, 대소련 경제원조, 통일독일은 생화학무기의 생산과 소유와 처분권을 포기할 것, 독일군 규모 축소, 통일 독일의 나토 소속 등이 결정되었다(브레도프 2010: 104).

3) 동독의 평화와 복지 관계

동독은 제2차 세계대전 이후 동서독으로 분단된 이후, 소련 점령지역 내에서 사회주의 체제를 완성한 다음 서독을 통일시킬 계획을 세웠다. 동독은 나치주의를 청산하는 과정에서 합법성을 확보했다는 자신감과 독일민족국가를 기준으로 서독을 통합할 자신이 있었다. 그러나 1955년 4개 연합국 사이에 동서독 통합에 관한 합의가 무산되고 서독이 나토에 가입을 하면서 서독과 분리된 독립된 주권을 인정받는 것이 평화를 위한 조건이 되었다. 즉 사통당에게는 배제가 평화적 공존을 위한 전제(미하엘 렘케 2005)가 되었다. 1963년 베를린 장벽이 설치되기 이전까지 많은 동독의 기술자들과 의사 등이 서독으로 이민을 가고 서독의 경제가 기적적으로 성장하면서 서독과의 관계를 단절하는 것이 동독의 체제를 보호하고 사통당이 계획한 경제발전을 이룰 것이라고 판단한 것이다. 즉 소극적인 의미의 평화를 일찌감치 독일정책의 목표로 설정하였다.

1960년대까지 동독의 독일정책은 소련의 정책에 크게 의존하였다. 미국이 서독을 나토에 가입시키면서 소련은 그에 대한 대응으로 바르샤바 조약기구를 설립하여 동독을 포함시켰으며, 미국과의 냉전적 관점에서 독일문제를 '두 개의 국가'로 나누어 접근하는 전략을 채택한 것이었다. 소련에 대한 정책적 의존은 1970년대 데탕트 시기에도 나타나게 된다. 울브리히트가 데탕트를 추진하려는 소련의 정책에 반감을 가지고 독자적인 노선을 추구하려고 하자 소련은 그를 숙청하고, 소련에 친화적인 호네커를 후계자로 내세워 동서독간 평화공존협정을 체결하도록 압력을 가해왔다.

1972년 동서독이 기본조약을 체결할 수 있었던 결정적인 요인은 각각 자기 체제의 우월성을 강조하며 한 쪽 체제로의 통합만을 강조해오던 패권적 '평화론'에서 벗어나 각각 서로 다른 체제를 갖고 있는 독립적인 정치체라는 것을 인정하는 속에서 '평화적 공존'에 합의한 것이다. 그 과정에서 동독이 1955년 이후부터 지속적으로 추진해온 '두 개의 국가'이론이 서독의 사민당 연립정부에 의해 어느 정도 수용이 된 결과이다. 물론 완전히 독립된 주권을 가진 국가로 인정한 것은 아니지만, 동일한 민족적 정서에 바탕을 두고 있지만 서로 다른 체제를 가진, 그러나 언젠가 통일을 할 특수 관계로 해석한 것이 결정적이었다.

동독의 입장에서는 이 시기에 동독 내부의 경제적 조건에서 볼 때, 경제적 격차가 확대되고 동독 주민의 이탈이 증가되면서 이전에 생산에만 중점을 두었던 경제전략을 소비부문에 대한 투자를 확대하는 방향으로 변화하면서 복지에 대한 요구를 동독 정부가 수용하면서 서독과의 평화적 공존을 바탕으로 서독과 서유럽의 투자를 확대하고자 하는 내적 요구에 따라 적극적으로 평화적 공존을 채택한 것으로 해석할 수 있다.

또한 동서독 문제는 동서독만의 문제가 아니라 유럽내의 문제로 구조적으로 잘 얽혀있어, 민주적 평화복지로 이행하는 것이 성공적이었다고 볼 수 있다. 1972년 동서독 사이의 기본조약 체결은 소련과 동구 유럽이 추진해온 헬싱키 프로세스라는 큰 틀내에서 이루어진 것이었다. 유럽과 미국은 독일을 지역적 조직내에 둠으로써 더 잘 통제하고 관리할 수 있을 것으로 판단했고, 동독도 이 조직을 통해서 서구 유럽과 미국에 독립적인 행위자로 인정을 받음으로써 경제적 발전을 위한 관계를 확대할 수 있었고, 그 대가로 헬싱키 프로세스에서 요구하는 인권조약과 평화조약을 수용하고 이행할 수 있었다.

결정적으로 동독의 평화정책을 다시 되돌릴 수 없이 공고화시킬 수 있었던 힘은 시민사회에 있었다. 교회를 비롯해서 각종 시민단체들은 동독 정권의 탄압에도 불구하고, 서독의 파트너 교회와 시민단체들과의 교류를 확장하며 독일을 넘어서 유럽 지역의 비핵화, 정치적 탄압에 대한 규탄 등 평화적인 공존을 위한 싸움을 지속해왔고, 결국 베를린 장벽을 무너뜨리는 주도적 세력이 되었다.

3. 북한의 복지와 평화정책

1) 북한의 복지

북한에서는 사회정책이나 복지정책이라는 용어를 사용하지 않는다. 북한은 해방 이후 사회주의 국가 건설을 넘어 '전 인민적 소유' 형태의 인민정권을 수립하는 것을 목표로 하였다. 1948년 정권 수립부터 1961년 4차 당대회가 열릴 때까지 북한은 사회주의 국가를 형성하기 위한 과도기 단계로 정권의 정당성을 확보하기 위해 토지개혁, 사회보험법을 제정하고, 전반적인 무상치료제를 도입하는 등 사회주의적 사회정책의 체계를 도입하기 시작하였다. 이후 5차 당대회가 개최된 1972년까지 북한의 목표는 사회주의 국가를 완성하는 것이었다. 1972년 5차 당대회에서 북한은 사회주의 국가 완성을 헌법에 명시한 '사회주의 헌법'을 공표하며, 노동법을 제정하였다. 1986년에 이르러 노동자와 사무직에 해당하던 사회보험의 적용을 농민에게 확대하면서 전 노동인구에 대한 국가적 사회정책체계가 완성되었다. 그러나 1990년대에 경제적 위기로 인해 모든 배급제도 중단되었고 그에 따라 사회정책도 마비가 되었다.

(1) 북한 사회정책제도

북한의 사회정책 제도들을 살펴보면 1차 사회안전망 역할을 하는 사회부조, 특정 대상별로 지급되는 사회정책 서비스, 사회보험, 사회보훈으로 나뉜다. 1차 사회부조에는 의식주 배급제가 있다. 의식주 배급제는 공급대상마다 각기 다른 지급기준이 있다. 사회정책 서비스는 아동을 대상으로 하는 탁아사업과 여성을 대상으로 하는 산전산후휴가(1993년 이전에는 90일, 이후에는 150일)가 있다. 그 외에는 미약하다가 2003년 6월

18일 최고인민회의 상임위원회 정령 3835호로「장애자보호법」이 공포
되었다. 사회보험은 노동자가 노동능력을 상실했거나 노동기간을 완수
한 가운데 현금과 현물을 동시에 받는 제도이다. 즉 수급자가 사회적 위
험과 사고, 은퇴한 노후, 산업재해를 당했을 경우 지급받는 복지급여이
다. 마지막으로 사회보훈은 국가나 사회를 위해 헌신한 경우, 국가공로
자에게 국가차원에서 보상하는 혜택이다. 북한은 다른 사회복지제도와
달리 사회보훈으로 보장하는 급여가 높다. 이는 국가 사회적 공훈을 강
조하는 체제의 특성이 반영된 특성이다. 이 네 가지 사회정책제도를 급
여 수준으로 서열화하면 사회보훈, 사회보험, 사회부조, 사회복지 서비
스 순으로 나타난다(이철수 2012: 35-38).

　　이처럼 북한의 사회정책은 대다수 보편주의적 경향을 띠지만 사회
보험의 경우 선별주의적 경향이 동시에 나타나기도 한다. 사회부조의 경
우는 1946년에 처음 도입되어 전 인민을 대상으로 실시되었지만, 사회
보훈의 경우 특정한 공훈에 따라 판단하는 것으로 1949년에 제대군인과
영예군인을 대상으로 실시되었다.

① 배급제

북한 사회정책의 가장 큰 특징은 국가가 의식주 문제를 전적으로 책임지
는 배급제를 채택하고 있다는 것이다. 기본적으로 국가가 생활을 책임지
는 배급제를 기반으로 하고 추가적으로 국가적, 사회적 혜택이 있다. 북
한 사회주의는 '집단주의 원칙'에 기반하여 모든 노동은 "하나는 전체를
위하여, 전체는 하나를 위하여"라는 헌법적 원칙에 따라 노동의 양과 질
에 따라 분배한다. 북한은 이를 "사회주의적 분배"라고 명하고 있다. 사
회주의 로동법 37조에는 "로동의 양과 질에 의하여 분배하는 것은 사회
주의 경제법칙이며 로동에 의한 분배는 근로자들의 생산의욕과 기술기

능수준을 높이고 생산력발전을 다그치는 힘있는 수단"(김일성, 1983)이라고 밝히고 있다. 노동의 양과 질에 따라 분배를 하기 위해 북한이 강조하는 것이 노동의 결과를 평가하는 척도로 "로동정량"을 정하는 것이다. 노동정량을 측정하기 위해 기업관리가 정규화되고 규범화되었으며 생산이 정상화된 표준공장을 설치하여 거기서 측정한 자료를 기초로 국가 표준노동정량을 제정하였다.

　　그러나 이러한 생활비는 근로자들이 노동과정에서 소모하는 육체적 및 정신적 정도에 따라 차등적으로 보장하는 생활비등급제를 채택하고 있다. 이 생활비는 국가가 공장, 기업소들의 현물지표별 생산계획과 원가계획 실행을 평가하여 생활비자금을 분배하면 국가기관, 기업소, 사회협동단체가 국가가 제정한 생활비등급제와 생활비지불원칙에 입각해서 노동자, 사무원, 협동조합원들에게 지불한다(조선민주주의인민공화국 사회주의노동법 38조). 이들에게 적용되는 생활비는 기본적으로는 도급지불제와 정액지불제이다. 여기에 추가적인 형태로 가급금제와 상금제가 있다.

② 국가사회보험과 국가사회보장

1946년 노동법령에는 노동자와 사무원에 대한 기본적인 노동법규가 제정되었다. 예를 들어, 8시간 노동제나, 임신 중 휴가(해산 전 35일, 해산 후 42일)하면서 처음으로 의무적 사회보험제를 설립하였다. 의무적 사회보험제의 혜택을 받을 수 있는 조건으로는 일시적으로 노동능력을 상실한 일군들에 대한 보조금, 임신 및 해산으로 인한 휴가시의 보조금, 장례시의 비용 보조금, 노동으로 불구자나 직업으로 생긴 병에 의해 근무할 수 없는 자들을 위한 보조금, 또 양육자를 상실한 유가족들에게 주는 보조금으로 규정되어 있다(김일성 선집 2: 278).

이 사회보험의 비용은 국가, 사회기업소, 소비조합, 사무소 및 전체가 부문에 따라 임금의 5~8%를 납부하고, 개인기업소 및 개인 기업주는 그들이 지불하는 임금의 10~12%를 납부하는 것으로 되어 있다. 동독이 고용주와 비고용인의 납부금이 동일한 것과 달리 북한에서는 피보험 노동자 및 사무원들은 임금의 1%만을 납부하고, 이 사회보험 보조금을 수령할 수 있는 조건은 오직 규정된 보험료를 7개월 이상 계속 납부한 노동자 및 사무원들만이 받을 권리를 가지는 것으로 규정하고 있다(김일성 선집 2: 278).

사회보험이 6개월 미만으로 노동능력을 상실한 경우에 해당한다면, 국가사회보장제는 장기간에 보장해주는 혜택이다. "노동능력을 완전히 또는 오랫동안(6개월 이상) 잃은 근로자들과 혁명과업을 수행하던 도중 사망한 근로자들의 유가족들에게 돌려지는 국가적 혜택"으로 그 적용 대상은 "항일혁명투사들과 군인, 경비대, 사회안전원, 노동자, 사무원, 협동농장원들과 그들의 부양가족, 기타 무의무탁한 사람들"(이철수 2012: 67)이라고 규정하고 있다.

1978년 개정된 사회주의 노동법 74조에는 남자 만 60세, 여자 만 55세에 이른 근로자 중에서 남자 20년, 여자는 15년의 근속노동한 경우에 한하여 노령연금을 준다. 또한 노동과 사회정치활동에서 공훈을 세운 국가공로자들이 노동력을 상실하거나 사망하였을 때, 유가족에게 특별한 배려를 제공하였다(사회주의노동법 75조). 또한 노동자와 사무원, 협동농장원들에게 정기 휴가와 보충 휴가기간에 평균생활비를 주며, 산전 산후 휴가기간에는 일시적 보조금을 주었다. 또 77조에 따르면 노동에 따른 재해, 질병, 부상 등의 원인으로 근로자들이 사망하였을 때는 그 부양가족들에게 유가족연금을 주며, 돌볼 사람이 없는 어린이는 국가가 맡아서 키워준다고 명시되어 있다.

③ 무상치료제

북한이 의무적 사회보험제를 북조선 임시인민위원회 때부터 법안으로 마련하고 준비한 것과 같이 초창기부터 중요하게 생각해온 정책이 무상치료제이다. 북한은 1946년 12월 19일 북조선임시인민위원회에서 '로동자, 사무원 및 그 부양가족들에 대한 의료상 방조실시와 산업의료시설 개편에 관한 결정서'를 채택하면서 의료보장제도의 윤곽을 잡았다. 한국전쟁이 한창이던 1952년 1월에 김일성은 "전반적 무상치료제를 실시하기 위한 준비를 잘할데 대하여"라는 저작을 통해 국가부담에 의한 전반적인 무상치료제를 실시할 것을 강조하였다. 1952년 11월 '내각결정 제203호'에 따라 개인상공업자와 개인농민을 제외하고 모두 무상으로 치료받을 수 있도록 했고, 1960년 2월 27일 개최된 최고인민회의 제2기 7차 회의에서 전반적 무상치료제를 전지역에서 실시한다고 의결함으로써 무상치료제가 일반화되었다. 1980년 4월 3일 최고인민회의 제5호를 통해 "조선민주주의인민공화국 인민보건법"을 제정하여 보건과 관련한 규정을 법으로 체계화하였다(조선중앙통신사 1982: 245-246).

일단 인민보건법에서는 전반적 무상치료제를 재확인하며, 그 적용대상을 모든 공민으로 확장하였다. "로동자, 농민, 병사, 근로인테리를 비롯한 모든 공민"은 무상으로 치료받을 권리를 가진다. 또한 모든 의료봉사는 완전히 무료로 제공되었다. 외래치료환자를 포함하여 의료기관에서 제공하는 약값은 물론, 진단, 실험검사, 치료, 수술, 왕진, 입원, 식사 등 환자치료를 위한 비용도 무료이고, 요양비는 무료이고, 요양을 위한 왕복여비는 국가나 협동단체가 부담하는 것으로 되어 있다. 또한 해산방조와 건강진단, 건강상담, 예방접종 등 예방의료비용도 모두 무료이다(인민보건법 9조; 승창호·리복희 1985: 62).

의료시설은 인민병원과 전문병원으로 나뉜다. 도시와 농촌, 공장,

기업소, 어촌, 임산마을에는 인민병원과 진료소를 배치하고, 간원과 소아과 병원과 같은 전문병원, 전문요양소는 곳곳에 설치하였다(14조). 국가는 혁명투사, 혁명렬사가족, 영예군인, 인민군 후방가족들의 건강관리에 특별한 관심과 배려를 돌린다(11조, 김일성 1983: 205).

(2) 북한 사회정책의 특징

북한 사회정책의 가장 큰 특징은 동독과 비슷하게 국가가 책임지는 일원적 사회보험체계를 가지고 있다는 것이다. 국가는 의식주 배급제와 무상교육, 무상치료, 사회보험과 사회보훈을 맡는다면, 국가소유의 국영기업이 고용, 임금, 장려금 등 노동에 따른 물질적 소득을 책임지고 있다. 이는 국가와 국영기업이 분리된 것처럼 보일 수 있지만, 사회주의체제에서는 국가책임영역과 기업책임 영역이 사실상 통합된 형태로 존재하기 때문에 일원적이라고 볼 수 있다.

북한의 일원적 사회보험체계는 전적으로 국가 책임하에 복지정책을 시행하고, '요람에서 무덤까지'라는 구호처럼 다양한 복지제도를 선도적으로 운영한다는 장점이 있다. 그러나 한편 국가의 복지분배나 복지공급 능력이 장기간 저하되거나 상실할 경우 국가가 복지분배에 대해 '권한부여' 현상이 발생하면서 사회적 계층에 따라 우선 공급대상이 먼저 공급을 받게 된다. 북한은 사회적 지위와 신분, 직업, 사업장의 수준, 임금수준, 노동능력, 근로기간에 따라 복지분배의 정도가 구분된다.

북한 사회주의는 소련의 노동자 중심의 사회주의와 중국 농민 중심의 사회주의의 절충 형태로 기본적으로 노동계급이 혁명의 중심이 되어 이끌지만, 농민 계급, 근로 인텔리와의 동맹을 강조한다(장달중 2004). 따라서 북한 정권이 수립되기 전인 북한임시인민위원회 시절부터 토지개혁을 어떤 사업보다 중요시하였다. 김일성은 1946년 토지개혁법령을 발표하면서 "토지개혁이 인민의 생활과 복리를 향상시키기 위한 민주주의적인 것"(김일성 선집 2: 115)이고 정당성을 확보하기 위해 중요한 사업이라고 주장하면서 토지개혁에 정책적 중요성을 높이 부여하였다.

이와 동시에 노동자 중심의 사회주의 건설의 목표에서 가장 긴급히 요구되는 사회보험제도도 1946년에 최초로 도입하였다. 사회보험의 우선 적용대상자는 노동자와 사무원이었고 농민은 1986년에야 비로소 그 적용대상이 되었다. 이는 노동인구의 분포, 즉 제도 도입 당시 노동자와 사무원의 노동인구 분포에 의거해서 판단한 것이었다. 이후 1970년대 초반에 군인으로 사회보험 적용대상자가 확대되었다가, 1986년에 이르러서야 협동농민도 사회보험 적용 대상자가 되었다.

북한도 동독과 마찬가지로 일할 권리가 헌법에 보장되어 있다. 1946년 6월 24일 북한이 국가를 수립하기 이전에 북조선임시인민위원회는 일제로부터의 수탈과 착취를 개혁하고 민주주의적 개혁을 실시하기 위한 방안으로 노동자와 사무원에 대한 노동법령을 제정하였다. 북한 정권이 수립되기 전인 임시인민위원회 시기부터 북한은 노동자 중심의 사회주의 국가를 설립한다는 목표 아래 노동법령을 최우선시하였다. 이후 북한은 사회주의 건설을 위한 개혁을 추진하여 1972년 어느 정도 사회주의 건설이 완성되었다고 판단하였을 때 사회주의 헌법을 제정하였다. 이 사회주의 헌법에 노동에 대한 법안이 명시되었다. 사회주의 헌법 56조에 "공민은 로동에 대한 권리를 가진다"고 명시되었고, 이와 더불어 69조에 "로동은 공민의 신성한 의무이며 영예"라고 명시하여 노동이 권리뿐만 아니라 의무로도 규정하고 있는 것이 특징이다.

이 법령은 이후 1978년 4월 18일 최고인민회의 법령 2호에 의해 '조선민주주의인민공화국 사회주의 로동법'으로 발전하였다. 이 사회주의 로동법은 북한이 어느 정도 사회주의 체제를 수립했다고 자신하면서

1972년 사회주의 헌법으로 개정한 것과 그 맥을 같이 하고 있다. 1972
년 사회주의 헌법 50조에 노동에 대한 권리를 명시하고 이와 더불어 69
조에 노동에 대한 의무를 명시하였다. 1978년 사회주의 로동법 4장에는
'로동에 의한 사회주의 분배' 규정을 두어, 노동의 양과 질에 따라 성과
를 분배한다고 되어 있다. 이후 1986년 2월 20일 중앙인민위원회 정령
2494호로 개정하여 협동농민에 대해서도 사회보장제를 실시하고 사회
보험 적용의 대상으로 확대한다고 수정하였다. 1992년 사회주의 헌법의
개정에서는 70조에 노동에 대한 권리를 규정하면서 추가적으로 "희망과
재능에 따라 직업을 선택하고 안정된 일자리와 노동조건을 가진다"고 명
시하였다. 1999년 6월 16일 최고인민회의 상임위원회 정령 803-1호로
수정되어 현재의 사회주의 로동법이 완성되었다.

2) 북한의 평화정책

북한의 평화개념은 이중적인 면이 있다. 북한의 조선말사전에 따르면 평
화는 "전쟁, 무장 충돌이 없는 평온한 상태"(사회과학원 법학연구소 2002:
424)로 정의되어 있고, 이는 요한 갈퉁이 정의한 소극적 평화의 개념과
크게 다르지 않다(갈퉁 2000). 그러나 어느 행위자가 어떤 맥락에서 쓰는
지에 따라 해석을 달리한다. 북한은 1953년 정전협정이 체결된 이후부
터 줄기차게 평화협정의 체결을 주장해왔다. 북한에게 평화협정은 외세
의 개입이 없는 상태에서 한반도의 평화를 실현시키기 위한 구조적인 평
화, 즉 적극적 평화의 의미였다. 그러나 이것이 폭력이 없는 평화를 의미
하는 것은 아니었다. 북한은 평화협정을 체결하기 위해 핵무기와 같은
강압적 수단을 통해서라도 체제의 안정을 보장받는 것을 평화체제로 해
석했다. 반면 1970년 데탕트와 1990년 탈냉전의 시기에 미국이 제시하

는 '평화전략'에는 "자유, 평등, 인권 등 평화적 공세로 사회주의 나라들을 분열 와해하기 위해 미제가 고안해 낸 대사회주의 압살 전략"(김일성 1983: 232)이라고 반박했다(구갑우 2007: 97). 이와 같이 북한의 평화개념은 정전협정을 대체하는 평화협정을 체결을 둘러싸고, 한반도 평화체제에 논의의 과정들을 살펴보면 그 의미를 파악할 수 있다.

(1) 정전협정 폐기, 미군철수의 기원

북한의 초기 평화정책은 소련 연방의 영향을 많이 받아 레닌이 제시한 평화적 공존을 핵심으로 제시하였다. 김일성은 1957년 최고인민회의 제2기 1차 회의에서 다음과 같이 말했다. "조선민주주의 인민공화국은 각이한 사회제도를 가진 나라들의 평화적 공존에 대한 레닌적 원칙을 견지하며 우리와 좋은 관계를 유지하려는 모든 나라들과 우호적련계를 맺기 위하여 노력할 것입니다. 식민주의를 반대하며 민족적 독립과 평화를 위하여 투쟁하는 모든 나라들과 친선적 관계를 맺어야 하겠습니다"(김일성 1980b: 321). 그러나 전쟁이 끝나지 않은 상태로 귀결된 한반도 문제는 여전히 냉전적 구도, 특히 정전협정 체결전부터 한미상호방위조약을 맺어 전쟁의 위협이 상존하는 것으로 이해했다.

1953년 7월 27일 체결된 정전협정(armistice agreement)은 한국전쟁의 최종적 평화적 해결(final peaceful settlement)이 이루어질 때까지 전쟁 당사자간의 무력행사를 일시적으로 중단시킨 과도적 군사협정이었다. 북한 또한 이를 잘 이해하고 있었으며 김일성은 "정전협정의 체결은 정화를 의미하며 조선문제를 평화적으로 해결하기 위한 첫발자국을 뗀 것이지 결코 완전한 평화를 쟁취하였다는 것을 의미하는 것은 아니"(김일성 1980a: 533)라고 보았다. 따라서 정전협정을 폐기하고 남북사이에 군비경쟁을 줄여서 공고한 평화로 전환해야 한다고 주장하였다(김일성

1980b: 309-310).

이러한 주장의 이면에는 북반구에서의 사회주의 민주기지를 건설하고, 물질적인 역량을 키운다면 '조선문제'를 평화적으로 해결하고 통일을 이룰 것이라는 기대가 있었기 때문이다(김일성 1980b). 즉 한반도 문제의 해결은 남북한이 해결할 수 있는 것이고, 그러기 위해 외국군대, 특히 미군의 철수가 무엇보다 중요하다고 판단하였다. 따라서 정전협정 제4조 60항[3]에서 제안한 고위급 정치회담을 1954년 4월 26일부터 6월 15일까지 제네바에서 개최하였다. 제네바 회담에서는 외국군 철수와 한반도 문제의 평화적 해결방식, 통일전략[4]을 의제로 논의하였지만 합의를 얻는 데 실패하였다.

결국 제네바 회담은 공산측과 연합군측 사이에 합의지점을 찾지 못하면서 실패로 끝이 났다. 직후인 1954년 6월 15일 군사정전위원회 수석대표였던 북한 외무상 남일은 '정전의 공고화와 정전상태로부터 공고한 평화에로의 점진적 이행'을 보장하기 위한 6개항을 제안하였다. 이 6개항 중에 핵심내용은 모든 외국군대를 철수하고, 남과 북이 대표 위원회를 구성하여 '정전상태를 점차적으로 퇴치하기 위해 평화상태로 전환시'키기 위해 논의를 개최하자는 것이었다. 여기서 남일이 제시한 평화상태는 정전협정을 대체한 평화협정이 아니라, 정전 상태를 전제로 하는

---

3   '한 급 높은 정치회담을 소집하여 한반도에서 모든 외국군대의 철수와 한국문제(Korean Question)의 평화적 해결을 논의할 것'

4   연합군 측은 중공군이 철수한 조건에서 유엔 감시하에 남북 인구비례에 따른 총선거를 실시하자는 것이었고, 공산 측은 모든 외국군이 철수한 상태에서 남북이 동수로 참여하는 '전조선위원회'를 구성해 선거법을 마련하고, 공산측과 비공산측이 동수로 참여하는 중립국 감시단 아래에서 총선거를 치르자는 것이었다. 이 두 주장은 각각의 입장에서 최선을 주장한 것으로 둘 사이에 합의할 수 없는 지점이 있었다. 북한 측 입장은 연합군 안이 남한의 제도를 북한에 확장시키려는 의도로 해석한 반면, 연합군은 전조선위원회에서 남북이 동일의 석일 경우 북한에 유리한 선거법이 제정될 것을 우려하였다(장달중 외 2011: 230)

조건에서 남북 사이에 평화상태를 만들기 위해 노력하자는 것이다. 또한 남북문제를 다루는 데에 있어서는 외국군이 아닌 남북이 공동위원회를 마련하여 외국군 철수와 군비축소를 다루는 당사자주의를 처음부터 주장한 것이다. 그러나 여기서 주목할 점은 통일문제와 평화문제를 일시적으로 분리하고 있다는 것이다. 통일을 통해서 평화를 이룬다는 것이 아니라, 통일을 이루어가는 과정에서 우선 평화를 만들어간다는 접근이 나타난다는 것이다. 이는 평화를 가로막는 구조로서 분단을 해결하자는 적극적 평화관은 그 시기가 불명확하니까 그 과정에서 군비축소를 통해 최소한 무력충돌을 방지하자는 소극적 평화관을 반영하는 것으로 해석할 수 있다(함택영 2002: 5-13; 장달중 외 2011: 234).

(2) 데탕트 시기 자주노선에 입각한 평화협정론

북한은 1970년대에 변화하는 국제 정세, 즉 미소 사이의 데탕트와 닉슨의 중공 방문에 크게 놀랐다. 특히 소련이 미국과 데탕트를 맺는 것에 대해 '국제 공산주의 운동의 수정주의'라고 비난하기도 했다. 또 1970년 닉슨이 상해를 방문하여 주은래와 한반도의 긴장완화를 지지하는 공동성명을 내자 북한 국내외 정치적으로 자주노선을 채택하여 1972년 사회주의 헌법을 채택하면서 '우리식 사회주의'를 선포하였다. 이런 관점에서 한반도 문제를 다룰 때도 통일의 문제와 평화의 문제를 본격적으로 분리하는 입장을 표명하기 시작하였다.

　　1972년 1월 10일 김일성이 요미우리신문 기자들과 대답하는 과정에서 처음으로 정전협정을 대체하는 관점에서 평화협정을 제시하였다. 즉 한반도의 긴장을 조성하는 것은 언제든 전쟁의 위험이 있는 정전협정의 한계이기 때문에, 정전협정 자체를 영구적인 평화협정으로 대체할 것을 주장한 것이다. 갈퉁의 평화관점에서 보면 북한은 소극적 평화인 정전협정이 아닌 구조적인 위험을 제거하는 적극적인 평화의 관점에서 평화협정을 제기하는 것이라 볼 수 있다. 이런 관점에서 김일성은 닉슨이 주창하는 데탕트는 진정한 평화가 아니라고 비판하였다. 김일성은 닉슨이 주창하는 공산권과의 평화 공존, 즉 닉슨주의는 미국 내부의 반전운동 때문에 지배층 내부의 모순이 생긴 것, 만성적 경기침체와 국제수지 악화를 감추기 위한 속임수라고 보았다. 또한 미국이 미일안보조약을 통해서 일본의 군국주의를 부활시킬 기회를 주었고, 또한 아시아에서 침략 상황에서 협조를 약속한 것으로 '평화'와 '안정'을 위한 것이 아니라고 비판했다. 따라서 한반도의 긴장상태를 완화하기 위해 한반도 문제는 국제 정세의 긴장성을 완화하는 차원에 있어야 하며 남북이 정치협상을 진행하여 정전협정을 남북사이의 평화협정으로 바꾸어야 한다고 강조하였다(김일성 1984c).

    1970년 박정희의 제안으로 남북 적십자 회담이 진행되었고, 김일성은 미소 데탕트와 같이 변화하는 국제정세 속에서 이 기회를 민족적 입장과 자주노선이라는 관점에서 적극 활용하고자 했다. 1972년 5월 남북 고위급 회담에 참가한 남한 대표들과 김일성이 나눈 담화에서 김일성은 '조국통일을 위한 3대 원칙'을 제시하였다. '자주, 평화, 민족대단결'이 그것이다. 조국통일의 평화적 원칙은 일단 우선 남북 사이의 군비축소를 시작으로 하여 긴장상태가 완화되면 남북 군사분계선을 철거하자는 내용이다. 즉 남과 북이 무력을 사용하지 않는다는 협의를 잘 지키면 자동적으로 군사분계선이 필요없어진다는 논리였다. 이 내용을 토대로 1972년 6월 21일 김일성이 셀리그 해리슨(Selig Harrison)과의 인터뷰에서 다시 한번 4단계 군축안을 밝혔다. 1단계는 DMZ의 비무장화, 2단계는 남북 병력을 15만~20만으로 감축, 3단계 남북 평화협정, 그리고 최종적으로 미군철수와 병력 10만으로 감축하는 것이었다. 이 인터뷰를 통해 북한은 남한과의 관계개선에 적극적이라는 것을 미국에 알리고자 하였다(김연철 2012: 238).

이 담화에서 김일성은 처음으로 남북연방제안을 제시하였다. 남과 북이 대결이나 경쟁이 아닌 협력을 하기 위해서는 '합작'이 중요하다고 주장하였다. 즉 합작이라 "힘을 합쳐 함께 일한다는"(김일성 1984a: 185) 것으로 우선 경제적인 합작부터 시작하여 정치적인 합작까지 제시하였다. 이는 기능주의 이론의 관점과 일맥상통한데, 경제적인 부분부터 함께 일을 하면서 오해를 풀고 이해를 높이는 방안을 제시한 것이다. 이러한 경제적 합작을 바탕으로 정치적인 부분에서는 처음으로 남북 연방제안을 제시하였다. "남북련방제는 지금 남에 존재하고 있는 정치제도와 북에 존재하고 있는 정치제도를 당분간 그대로 두고 하나의 통일국가를 만들자는 것"(김일성 1984c: 192)으로 대외적으로 '고려연방공화국'이라는 하나의 국호를 가지고 활동하자고 제안하였다.

(3) 분리정책: 북미 평화협정, 남북 불가침협정

이와 같이 북한은 미소와 미중 간의 데탕트를 목격하면서 한반도 문제를 해결할 수 있는 당사자는 민족개념에 입각한 남북 당사자밖에 없다는 입장을 견지한 것으로 보인다. 그러나 2년도 안 된 1974년 3월 25일 북한은 남북 평화협정안을 폐기하고 북미 평화협정 제안으로 입장을 바꾸었다. 갑자기 이렇게 협정 당사자를 바꾼 이유는 무엇인가? 우선 남한 정부가 남북공동성명의 이행에 무성의한 태도를 보이자 남한 정부를 불신하기 시작했다. 1972년 남북공동성명에 관한 국회 보고에서 김종필 총리는 "북한은 공산주의자들이 불법으로 형성하고 있는 하나의 집단이기 때문에 국가라고 인정할 수 없고, 공동성명을 발표했다고 해서 공산주의자들이 변하지 않았으며, 북한의 전쟁 도발 위험성은 상존한다"는 점

을 분명히 했다(국회회의록 1972년 7월 5일, 제1차 본회의, 남북공동성명
에 관한 보고, 7월 6일 2차 본회의 남북공동성명에 관한 보고 참조). 그리
고 박정희 대통령도 7월 7일 국무회의에서 지나친 낙관을 경계하며 "반
공 교육은 아무런 변함없이 계속되어야 한다"고 강조하였다(동아일보
1972.10.8; 김연철 2012).

　이와 더불어 1969년 닉슨대통령이 괌에서 '아시아에 의한 아시아
안보(Asia for Asians)'를 선언하면서 주한미군이 단계적으로 철수하는
국제정세도 작용했다. 특히 1973년 1월 27일 베트남 전쟁의 종식을 선
언한 파리 평화협정(Paris Peace Accord)에서 미군이 협정 조인 후 60일
이내에 철수한다는 조항이 포함되어 있었던 것이 영향을 주었다. 즉 당
시 파리 평화협정에는 미국, 북베트남, 남베트남 그리고 남베트남 해방
전선이 참여했지만, 실질적 주체는 미국과 북베트남으로 인정되었고, 협
정 이후 미국이 남베트남에 대한 안보공약을 포기했기 때문이었다. 북한
의 이러한 입장변화는 평화협정은 북미 당사자, 군축은 남북 당사자로
분리하는 접근의 기원이라고 볼 수 있다.

　북한은 이후부터 지속적으로 북미 간의 평화협정 체결, 남북간에 불
가침선언을 채택할 것을 주장하였다. 1975년 30차 유엔 총회에서 한국
이 정전협정을 항구적 평화조치로 대체하기 위한 직접당사자는 남북이
라고 주장하자, 북한 대표 리종목은 한반도의 공고한 평화를 달성하는
데는 "미국과 해결할 문제가 따로 있고, 남조선과 해결할 문제가 따로 있
다"고 반박했다. 즉 평화협정은 정전협정의 '실질적 당사자'인 북한과 미
국이 해결하는 것이 맞고, "평화협정이 체결되어 미군이 철수한 다음 조
선에서 공고한 평화를 달성하는 문제는 미국이 간섭할 문제가 아니라 우
리와 남조선 사이에 해결할 문제"라고 주장하였다. 1979년 한미양국이
3자 회담을 제안했을 때도 정전협정을 평화협정으로 대체할 것을 요구

하였고, 1984년 1월 10일 중앙인민위원회와 최고인민회의는 공동명의
로 대미, 대남서한을 채택하여 3자회담 내에서 북미간에 평화협정, 남
북간에 불가침선언을 채택하자고 제안하였다. 평화협정 체결에는 핵무
기 및 미군 철수를 골자로 하는 평화보장문제를 다루고, 불가침 선언에
는 남북간 무력사용 반대 및 군축 문제를 다루자는 제안이었다(로동신문
1984.1.11).

　　북한은 1987년 7월 23일 정부성명을 통해 남과 북의 병력 감축을
통해 단계적으로 미군도 철수하고, 핵무기를 비롯한 모든 무력을 철수하
자는 제안을 했다. 이에 1988년 10월 18일 노태우 대통령이 43차 유엔
총회 연설에서 남북 정상회담을 통해 남북 간 교류협력, 통일방안, 군축,
그리고 정전협정의 항구적 평화체제로의 대체 문제를 논의할 것을 제안
하였다. 이에 북측의 군축제안에 대한 호응인 동시에 '남북 평화협정'에
대한 한국정부의 최초의 공식 제안이었다. 이에 북한은 11월 7일 노 대
통령의 군축문제 협의의사를 환영하며, '포괄적 평화보장방안'을 제안하
였다. 첫째, 통일지향적 평화, 외국무력 철수에 의한 평화, 남북군축에
의한 평화, 그리고 당사자 간 대화에 의한 평화 등 평화보장 4원칙을 제
안했다(장달중 외 2011: 255).

(4) 평화적 공존: 두 국가론 수용

1980년대 동유럽 사회주의권이 붕괴되고, 미소가 몰타정상회담에서 냉
전 종식 선언했으며, 동독이 서독에 흡수통합되고, 소연방의 사실상의
해체라는 대외정세속에서 북한은 '피포위의식(siege mentality)'을 갖게
되었다(와다 하루끼 1994: 139). 또한 남한의 경제가 고도성장을 이루던
것에 비해, 북한은 1990년부터 마이너스 성장에 빠졌고, 사회주의권의
붕괴로 물자조달 시스템이 무너지면서 경제적 상황은 더욱 악화되어가

던 상황이었다. 따라서 북한 정권은 체제유지를 위해서 수동적인 관점에서 '불가침선언'을 포함하는 남북기본합의서에 서명할 수밖에 없었다(김갑식 2011; 이정철 2011).

1988년 10월 노태우 대통령이 유엔총회 연설에서 한반도 평화체계의 구축을 처음으로 의제화하며 1989년 9월 남북한이 공존·공영을 통해 연합단계를 거쳐 통일국가로 가는 '한민족공동체 통일방안'을 제시하였다. 이에 대해 북한은 "영구분렬안"이라고 비판하며 남북의 불가침선언, 북미평화협정, 남한 시민사회세력이 포함된 자유왕래와 전면개방 등 1990년 최고인민회의에서 조국통일 5대원칙을 천명하였다. 이는 노태우의 연합안이 '두 개의 조선' 정책이기 때문에 상당 기간 공존하는 연방제를 원칙으로 하는 것이었다.

그러나 1989년 미국 국방부의 감축 계획과 북일 국교정상화를 위한 회담을 계기로 북한의 입장이 긍정적으로 바뀌었다. 결국 1990년 9월부터 1992년 2월까지 열렸던 남북 총리급회담에서는 남북기본합의서와 한반도비핵화공동선언이 채택됐다. 이때 북한은 이전에 '하나의 조선'론에 입각해 극력 반대하던 유엔 동시가입을 결국 수용했다. 1990년 45차 유엔총회에서 남한 정부의 남북한 유엔동시가입에 대한 지지가 71개국이었던 반면, 북한의 '연방제 실현 후 단일국호 가입'안에 대한 지지는 하나도 없었기 때문이었다(김갑식 2011: 64). 북한이 남북 기본합의서 채택에 동의하고 유엔에 동시 가입하고, 주한미군을 용인하는 조건하에 미국과 수교를 요구하였다. 이는 '하나의 조선'을 포기하고 '두개의 조선'(Two Koreas)을 수용한다는 의미가 있는 것이었다. 그러나 수교의 법적인 요건인 평화협정 체결 당사자 문제는 해결되지 못했다.

또한 1992년 '한반도비핵화공동선언'을 채택한 것은 큰 변화로 해석할 수 있다. 기존에 주장해오던 한반도 비핵지대화의 핵심내용인 주한미군 철수, 미국의 대한 핵우산 제거, 주변국 보장 등 쟁점부분을 배제함으로써 사실상 북한으로 하여금 '비핵지대화(nuclear-weapon free zone)' 방안을 철회시킨 것이다. 나아가 비핵화 검증을 위한 상호동시사찰 등 합의사항의 구체적 실행조치를 남북 핵통제공동위원회에서 협의하도록 하였으며, 국제원자력기구와의 핵안정협정 서명과 국제핵사찰을 수용케 하는 계기로 작용하였다. 그러나 1993년 한미 팀스피리트 훈련이 재개되자, 북한은 기본합의서의 틀을 벗어나기 시작했다. 1994년 북한은 한미 팀스피리트에 대응으로 핵확산방지조약(NPT)을 탈퇴하면서, 한반도의 긴장은 고조되었다. 1994년 4월 28일 외교부 성명을 통해 "정전협정은 평화를 보장할 수 없는 빈 종이장으로 전락하고 군사정전위원회는 주인 없는 기구로 유명무실해졌다"며 "정전협정을 평화협정으로 바꾸고 현 정전기구를 대신하는 (새로운) 평화보장체계를 수립"하기 위한 북미협상을 요구하였다(장달중 외 2011: 258-259). 결국 미국은 핵동결에 대한 대가로 중유지원과 경수로 2기 설치를 약속하는 제네바 북미협정을 체결하는 데 성공하였다.

1996년 2월 22일에 북한은 한반도의 '항구적 평화 보장장치'를 마련하기 위해 북미 평화협정이 당장 체결되지 않는 상황을 고려하여 무장충돌을 막기 위한 '최소한의 장치'로 새로운 '북미 잠정협정'을 제안하였다. 그 내용은 첫째, 정전상태를 평화적으로 유지하기 위하여 '북미 잠정협정'을 체결한다. 잠정협정은 완전한 평화협정이 체결될 때까지 정전협정을 대신한다. 여기에는 군사분계선과 비무장지대의 관리, 무장충돌과 돌발사건 발생 시 해결방도, 군사공동기구의 구성과 임무 및 권한 등의 내용을 담는다. 둘째, 잠정협정을 이행, 감독하기 위하여 판문점에 군사정전위원회를 대신하는 '북미 공동군사기구'를 조직, 운영한다. 셋째, 잠정협정 체결과 북미 공동군사기구 조직과 관련하여 북미 간 협상을 진행한다(북한 외교부 대변인 담화 1996.2.22; 로동신문 1996.2.23). 그러나 정전협정을 무력화하고 북미 평화체제를 구축하고자 하는 북한의 의도는 남한 정부의 입장인, 평화체제 구축 전까지 정전협정 준수 조항과 배치되는 것으로 해석되었다. 이러한 입장 차이는 4자회담에서도 지속되어, 남한은 '한반도 평화체제'와 '군사적 긴장완화 및 신뢰구축'을 주장한 반면, 북한은 '주한미군 철수'와 '북미평화협정'을 의제로 설정하고자 했다. 이러한 입장 차이와 미국의 정책변화로 4자회담과 제네바 합의는 이행되지 못하게 되었다.

(5) 평화 없는 평화: 핵억지론

1994년 제네바 협정의 이행이 이루어지지 않으면서 북한은 지금까지와 상당히 다른 전략을 취하게 된다. 2003년 4월부터 개최된 3자회담과 2003년 8월부터 개최된 6자 회담은 미국과 북한이 핵포기와 보상의 선후를 놓고 갈등이 빚어져 합의에 실패하였다. 미국은 선 핵포기, 후 보상을 요구하였고, 북한은 핵포기와 보상을 동시에 시행할 것을 요구하였다. 핵포기와 보상의 순서를 둘러싼 미국과 북한의 갈등은 현재까지 지속되고 있다. 2005년 2월 북한은 핵보유를 선언하면서 북한의 핵정책은 이전의 미국과의 협상을 위한 도구로 사용하던 것에서 핵억지력으로 변화하기 시작했다.

2005년 2월 북한은 핵보유를 선언하였다. 이 선언에서 북한은 "남한이 미국의 핵우산아래 있고, 북미가 기술적으로 전쟁상태에 있기 때문에 핵무기를 가지는 것이 오히려 조선반도에서 전쟁을 막고 평화와 안정을 보장하는 기본 억제력(억지력)으로 된다"고 주장하였다(북한 외무성 대변인 담화(2005년 3월 31일), 조선중앙통신 2005년 3월 31일). 2005년 7월 22일 담화에서는 핵문제의 발생근원이 평화체제의 부재이기 때문에 평화협정의 체결이 비핵화로 가는 길임을 강조하였다. 또 불안정한 정전체제를 평화체제로 전환하는 것은 북미사이의 평화공존과 남북사이의 평화통일을 실현하기 위한 환경조성에 기여하는 것이 되어야 한다고 주장하였다. 북미간의 평화공존을 위한 환경조성이란 일단 북한에 대한 소극적 안전보장(negative security assurance)과 북미관계개선으로 볼 수 있다(장달중 외 2011: 270).

북한은 대미 억지력과 대미 강제의 자원으로 동시에 활용하기 위해 핵프로그램과 핵무기를 구분하여 협상에 임하고 있다. 미국은 북한과의 합의에서 핵폐기를 핵프로그램(핵시설) 뿐만 아니라 핵무기 폐기까지 포함하는 것으로 생각했지만, 북한은 이에 대한 입장이 달랐다. 따라서 북한과 미국 사이의 '9·19공동성명'에는 '모든 핵무기와 핵프로그램의 포기'가 명기되었으나, 실제 행동의 로드맵인 2·13합의와 10·3합의에서는 핵무기 폐기문제가 제외되었던 것이다(김갑식 2011: 78).

그러나 9·19 공동성명 이후에도 미국과의 관계개선은 물론 북미평화협정이 진전이 없자, 북한은 지속적으로 핵무기 개발과 발사를 지속해오고 있다. 이는 결국 한반도에 긴장을 지속적으로 확대시키는 방향으로 나타나고 있으나, 북한의 입장에서는 북미 평화협정을 통해 구조적으로 평화체제를 확보하는 것이 정책적 목표로 보인다.

3) 복지와 평화의 관계

북한의 평화협정에 대한 입장은 북한 내외부적인 경제적 상황, 안보적인 상황의 변화에 따라 변화해왔다. 해방 이후 북한 정권이 수립되고 탈냉전 이전까지 북한은 민족주의에 입각한 단일국가론을 주장해왔다. 북한은 정권 수립 이후 완전고용을 목표로 노동자 중심의 중공업 산업을 위주로 성장해왔다. 그 결과 1960년대까지는 북한의 경제적 성장이 더 높은 상태였다. 이러한 경제적 성장을 기반으로 사회주의 국가의 목표로 세웠던 인민의 복리를 향상시키기 위한 각종 사회정책을 확립해가고 있었다. 거기에다가 토지개혁을 통해 농업의 집단화까지 이루어내면서 체제의 정당성에 자신을 갖고 있던 때였다. 또한 남한 내부에 사회주의 체제를 지지하는 세력이 많이 있다고 믿고 있었기 때문에 초기 북한은 민족을 바탕으로 정전협정을 평화협정으로 교체할 것을 제안하였다. 따라서 외국 군대인 미군철수를 선결조건으로 요구하였다. 이는 당시 체제경쟁에서 북한이 우위를 점하고 있다는 자신감에 기반한 것이었고, 한반도의 평화를 저지하는 것은 오로지 외국 군대인 미군의 존재이고, 미군이 철수한다면 남북한 사이에 정전협정을 폐기하고 평화협정을 체결하면 통일을 이룰 것이라는 판단에 근거한 것으로 보인다. 사회주의 체제에 대한 우월감과 남한 내의 저항세력과의 결합을 통해 사회주의식으로 통일을 이룰 수 있다는 패권적 의식이 내재해 있는 것으로 볼 수 있다.

그러나 이러한 북한의 통일을 통한 평화체제 수립이라는 전략은 남한으로 하여금 체제에 대한 위협을 느끼게 했고, 남한이 오히려 북한을 배제함으로써 평화를 지키고자 하는 전략을 취하게 만들었다. 즉 한반도 문제를 남북한 당사자 사이의 문제로 인식하는 것이 아니라, 국제적인 문제로 만듦으로써 미군의 주둔을 의미하는 정전협정을 고수하게 만들었다. 또한 북한의 '한 국가론'은 체제 흡수될 위협으로부터 남한 내부의 체제를 보호하기 위해 강력한 반공주의가 자리잡는 계기를 만들었다.

또한 북한의 평화정책은 미국과의 평화협정 체결, 남한과의 불가침조약 체결이라는 분리정책을 택하고 있었다. 1970년대 미소, 미중 사이의 데탕트 분위기와 베트남의 사회주의화 통일을 목격한 북한은 한반도의 평화는 결국 민족주의보다는 작전통수권을 쥐고 있는 세계 패권인 미국과의 협상을 통해서 달성될 수 있다는 판단을 한 것으로 보인다. 따라서 남한과는 서로 침범하지 않는다는 폭력의 부재를 약속하는 불가침조약, 즉 소극적 평화를 목표로 하였고, 한반도 전체를 규정하는 구조적 평화, 즉 정전협정을 폐기하고 평화협정을 체결하는 적극적 평화는 국제적 행위자인 미국과 해결하고자 하였다.

그러나 1970년대 이후 남한의 경제가 성장하기 시작하고, 사회주의권 국가들도 자유주의 국가들과의 관계 개선, 데탕트가 이루어지는 상황에서 북한은 자주노선을 고집하며 국제사회에서 고립되기 시작하였다. 이는 결국 북한의 경제적 상황의 악화로 이어졌다. 거기에 1990년대에 들어서면서 사회주의권이 붕괴되고, 독일이 통일되는 등 탈냉전이 선언된 상황에서 북한은 더욱 더 '피포위의식'을 느끼며 체제의 위협을 느끼게 되었다. 이런 상황에서 북한은 체제의 보호라는 소극적 평화를 달성하기 위해 남한이 제안한 '두 개의 국가론'을 수용하고 유엔에 동시 가입하게 된다. 이와 동시에 남북기본합의서를 통해 불가침선언은 물론 '낮은 단계의 연방제'를 수용하였다. 이는 통일이 단기간에 불가능하다는 것을 받아들이고, 서로 다른 체제를 한다는 의미에서 통일과 평화를 분리시켜 적용하려는 의도로 해석할 수 있다.

1990년대 남북 사이의 기본합의서와 북미 사이에 제네바 합의를 통해 북한은 그들이 원하는 평화 체제를 하나씩 이루어가는 과정에 있다고 생각하였다. 남북미 3자 사이에는 북한의 비핵화와 평화협정체결의 선후관계에 이견이 있었다. 결국 2000년대 들어오면서 북핵의 사찰범위와 북한의 비핵화를 먼저 요구하는 한국과 미국, 비핵화에 앞서 체제를 보장하는 평화협정체결을 우선시한 북한 사이에 긴장이 고조되었다. 남북미 사이에 여러 차례의 합의와 공동성명이 체결되었음에도 불구하고 그 제도의 실질적 이행이 번번이 실패되는 것을 경험한 북한은 결국 핵보유선언을 통해 핵억지력을 갖는 쪽으로 방향을 선회하였다. 즉 이전에는 핵이 평화체제를 달성하기 위한 외교적 협상수단이었던 것에 비해, 이제 핵을 실제로 보유함으로써 그 자체로 상대의 폭력을 억제하는 '평화없는 평화'정책으로 변화한 것이다.

1990년대 탈냉전의 환경 속에서 북한은 변화에 적응하지 못하고, 오히려 '피포위의식'을 느끼며 적대적 구도로 파악함으로써 내부적으로도 군을 중심으로 하는 '선군정치'를 새로운 정치체제로 채택하게 되었다. 선군정치는 모든 조직이 군을 중심으로 작동하는 것은 물론, 모든 정치, 경제, 사회에 군대, 즉 안보문제가 우선하는 것이다. 즉 평화가 없는 긴박한 안보위기상황이라는 해석 아래 인민의 복지보다는 무기개발을 위한 중공업 중심의 경제·국방병진정책이 추진되었다. 평화가 부재한 대결적 환경속에서는 결국 북한도 대중의 복지를 희생하게 되는 것이다. 한반도 평화체제가 부재한 상황에서 안보개발국가는 남북에서 대칭적으로 나타난다.

4. 결론

지금까지 냉전과 분단의 대표적인 사례로서 독일과 한반도, 두 사례 속에서 평화복지국가를 이루어야 할 상대로서 동독과 북한의 복지와 평화정책에 대해 살펴보았다. 동독과 북한은 공히 제2차 세계대전 이후에 세계 냉전의 기획 속에서 소련의 위성국가로서 분단의 한쪽 기획으로 사회주의 체제를 건설하였다. 그러나 그 이후 동독은 탈냉전기에 그 흐름을 주도하면서 통일을 이루었고, 북한은 그 흐름 속에서 오히려 더욱 폐쇄되고 대결적인 정책으로 변화하여 더욱 고립되어가고 있다.

일반적으로 독일 통일과정에서 빌리 브란트의 동방정책, 정치적 자유와 경제적 평등을 동시에 추구해온 서독의 민주적 평화복지체제가 독일 통일의 동력이라고 본다. 물론 부정할 수 없는 사실이다. 그러나 동독의 평화복지정책을 살펴본 결과, 서독의 동방정책은 홀로 이루어지지 않았다는 것을 확인할 수 있었다. 즉 서독이 동방정책을 추진하기 이전부터 동독은 단일국가를 성립하지 못한 1955년 이후부터 지속적으로 서로 다른 체제를 가진 '두 개의 국가론'을 주장해왔다. 동독은 이미 서독과의 분리를 통한 평화공존을 정책적으로 추진해왔다고 볼 수 있다. 또한 1960년대 말, 70년대 초에 동독이 서독과의 체제경쟁에서 이기기 위해 소비부문에 대한 투자를 늘리고, 사회정책을 확대하면서 서구 유럽의 투자를 끌어들이고 시장을 확대하기 위해서라도 평화적인 공존이 필요했다.

독일이 민주적 평화복지국가를 이룰 수 있었던 것은 체제의 우월성으로 다른 체제를 흡수할 것이라는 초기의 '자석이론'을 양 독일이 버리고, 1970년대 서로 다른 체제를 인정하는 가운데 접근을 확대하는 방식을 채택했기 때문이다. 즉 동독이 1955년 제네바회담의 실패 이후 지속적으로 '두 개의 국가론'을 주장하며 주권을 인정받고자 해온 노력을 1960년대 중후반 사민당과 자민당의 연정을 통해 서로 다른 체제를 가진 특수관계를 인정하는 속에서 민주적 평화복지가 가능하게 만들었다.

더구나 동독과 서독은 서로 다른 체제를 갖고 있음에도 불구하고, '사회적 시장경제'에 대한 합의가 저변에 깔려 있었다. 이는 1972년 동서독 기본조약을 체결하면서도 동독과 서독은 '사회적 시장경제'를 1조에 기입할 정도로 공고한 합의를 이룬 것이었고, 이후 통일 과정에서도 '사회적 시장경제'의 원칙에 입각해서 서독의 사회정책을 동독에 이전하기로 결정하였음에도 동독 사회정책의 핵심은 계승될 수 있도록 최대한의 협의를 이루어갔기에 혼란이 적었다.

한편 북한은 분단 초기부터 더 우월한 경제성장과 보편적인 사회정책의 실행을 통해 체제경쟁에 자신감을 보였다. 따라서 수사적으로는 같은 민족끼리 민족문제를 해결하자고 주장하였지만, 미군철수 이후에 한반도문제를 해결하자고 주장하여 남한에게 곧 사회주의체제로의 흡수통일을 주장하는 것으로 해석되었다. 북한도 초기에는 사회주의체제의 우월성에 기반한 패권적 통일을 목표로 설정하였으나, 국제사회의 변화와 더불어 분단을 현실로 받아들이는 가운데 평화공존을 위한 정책적 시도를 모색하였다. 그러나 남북한은 평화복지국가를 이룰 수 있었던 두 번의 기회를 날려버렸다.

첫째는 미중데탕트가 이루어지던 1970년대 초 북한은 정전협정을 대체할 당사자로 남북 평화협정 체결과 남북연방제를 제시하였지만, 남한 정부의 소극적인 이행과 이후 반공주의 강화로 북한은 북미 사이의 평화협정체결을 구조적인 평화정착의 조건으로 제시하기 시작하였다. 북한이 1972년에 남북 사이에 평화협정을 체결하고 남북연방제를 제안한 것은 일시적이나마 통일과 평화를 분리하여 소극적 평화관을 제시한 것으로 볼 수 있다(함택영 2002). 그러나 남한 정부가 그 기회를 적극적으로 수용하지 못하면서 기회를 놓쳤다. 두 번째로는 1990년대 사회주의권 붕괴와 남한이 중국, 소련과 국교를 정상화하는 등 탈냉전의 흐름이 형성되었을 때, 남북 사이에 남북기본합의서와 한반도비핵화선언의 채택과 북미 사이에 제네바 협정을 통해 한반도에 평화가 정착되는 것으로 보였다. 그러나 북미 사이의 신뢰부족으로 미국은 북한과의 비핵화를 조건으로 평화협정체결을 거부하고, 계속적인 군사훈련으로 합의를 이행하지 않았다. 그에 따라 북한은 핵실험을 중단하지 않았고, 결국 2005년에 핵보유선언을 계기로 핵억지력을 통해 평화를 달성한다는 정책으로 근본적으로 변화하였다.

북한의 평화복지정책이 실현을 이루지 못한 것에는 여러 요인이 있다. 먼저 1972년 북한이 처음 평화를 통일과 분리하여 남북간에 평화협정체결을 제시하고 북한식의 '접근을 통한 변화', 즉 '합작을 통한 변화'를 제시하였을 때, 남한 정부는 그 제안을 자신있게 받아들일 만큼 당시 남한의 민주적 접근방식에 자신이 없었다. 남한 사회 내에서 여전히 '반공주의'를 내세워 적대화하는 방식으로 정당성을 확보하려 하던 단계였기 때문이다. 또한 1990년대 탈냉전의 시기에도 한반도의 평화협정체결을 수용하고 북한을 변화로 끌어내기에 남북관계에서 자신이 없었다. 가장 큰 문제는 독일이 서로 대결적이었음에도 불구하고 '사회적 시장경제'라는 공통의 기반을 다질 수 있었던 것에 비해, 남한과 북한은 완전히 다른 경제체제를 갖고 체제경쟁에 몰두하였고, 정치적으로도 '민주적'이라는 공통의 기반을 찾지 못하고 있기 때문에 여전히 체제경쟁의 연장선에 있다는 것이다.

이와 더불어 북한도 한반도 평화협정체결의 당사자가 남북이 아닌 북미 당사자로 고집하면서 평화정책의 상대인 남한 정부의 의혹과 불신을 일으켰다. 무엇보다 북한은 북한의 평화적 의지를 제도적인 차원에서 보여주지 못하고 있다. 한반도 문제를 지역문제와 연결시키지 못하고, 북미간의 문제로만 초점을 맞추어 다자적 협력을 통한 평화정책을 제도화하는 데 실패해왔다. 더욱이 북한은 2005년 이후 핵동결이 아닌 핵억지력을 통해 평화를 달성하겠다는 전략을 선택함으로써 국제사회에 평화에 대한 의지를 믿지 못하게 만들었다. 이는 동독이 쿠바 미사일 위기 이후 소련과 미국, 영국이 맺은 핵실험금지조약(The Partial Test Ban Treaty: PTBT)에 가입하여 꾸준히 핵실험금지를 이행하였고, 나아가 헬싱키 프로세스를 통해 중부 유럽의 비핵지대화에도 공헌을 하였던 것과 대조된다. 북한의 핵억지력을 통한 평화달성의 정책은 결국 북한 내부적으로도 인민의 복지보다는 국가의 안보, 인민소비보다는 중공업 중심의 불균형적인 경제발전전략을 택함으로써 북한 인민의 생활이 궁핍해지는 결과를 나았다.

　　결국 한반도의 평화복지체제는 북한 체제를 변화시키려는 패권적 관점이 아니라, 북한이 스스로 평화복지체제를 위해 변화의 손짓을 내보낼 때, 그것을 적극적으로 수용하고 제도화하는 것이 필요하다. 현재 북한 내부적으로 경제적 변화의 의지가 포착되고 있고, 중국이 북한의 비핵화와 북미 평화협정체결을 대안으로 제시하고 있는 시점에서 과거와 같은 실수를 반복해서는 안 된다.

참고문헌

갈퉁, 요한. 2000. 《평화적 수단에 의한 평화》. 강종일 외 옮김, 들녘.

구갑우. 2007. 《비판적 평화연구와 한반도》. 후마니타스.

김갑식. 2011. 〈남북기본합의서에 대한 북한의 입장〉. 《통일정책연구》 20:1, pp. 59-84.

김수진. 2014. 〈독일통일과 여성통합과정에서의 정책적 시사점〉. 통일부, 《독일통일 총서 8: 여성분야 통합 관련 정책문서》.

김연철. 2012. 〈7·4 남북공동성명의 재해석〉. 《역사비평》. pp. 220-260.

김일성. 1980a. 〈정전협정체결에 즈음하여: 전체 조선인민에게 한 방송연설(1953. 7. 28)〉. 《김일성 저작집》제7권. 평양: 조선로동당출판사.

_____. 1980b. 〈사회주의 건설에서 인민정권의 당면과업에 대하여(1957. 9. 20)〉. 《김일성 저작집》 제11권. 조선로동당출판사.

_____. 1980c. 〈조선민주주의 인민공화국의 당면한 정치, 경제 정책들과 몇 가지 국제문제에 대하여: 일본 《요미우리 신문》 기자들이 제기한 질문에 대한 대답(1972. 1. 10)〉. 《김일성 저작집》 제10권. 조선로동당출판사.

_____. 1983a. 〈조선로동당 제5차대회에서 한 중앙위원회사업총화보고(1970. 11. 2)〉. 《김일성 저작집》 제25권. 조선로동당출판사.

_____. 1983b. 〈사회주의 경제관리문제에 대하여 5〉. 조선로동당 출판사.

_____. 1984a. 〈조국통일의 3대 원칙에 대하여(1972. 5. 3)〉. 《김일성 저작집》 제27권. 조선로동당출판사.

_____. 1984b. 〈미국 《워싱통포스트》지 기자와 한 담화(1972. 6. 21)〉. 《김일성 저작집》 제27권. 조선로동당출판사.

_____. 1984c. 〈우리 당의 주체사상과 공화국 정부의 대내외적 정책의 몇 가지 문제에 대하여: 일본 〈마이니찌신붕〉기자들이 제기한 질문에 대한 대답(1972. 9. 17)〉. 《김일성 저작집》 제27권. 조선로동당출판사.

김형률. 1994. 〈동독의 독일정책(Deutschlandpolitik), 1949-1990: 동독에 있어 민족국가 개념의 변천을 중심으로〉. 《역사학보》 141, pp. 275-293.

리터, 게르하르트. 2010. 〈통일 독일의 사회정책〉. 임혁백·이은정 편, 《한반도는 통일 독일이 될 수 있을까?》. 송정.

미하엘 렘케·한운석. 2005. 〈"규율화된 공존"으로의 길: 1950년대 중엽부터 1970년대 중엽까지 동독 사통당(SED)의 독일정책〉. 《독일연구》 9, pp. 95-133.

브레도프, 빌프리드 폰. 2010. 〈독일 통일을 위한 국제적 틀과 유럽 안보 환경의 변화〉. 임혁백·이은정 편, 《한반도는 통일 독일이 될 수 있을까?》. 송정.

사회과학원 법학연구소. 2002. 《국제법 사전》. 평양: 사회과학원.

슈퇴버, 베른트. 2010. 〈냉전체제의 발전과 극복: 분단 독일에서 통일 독일까지〉. 임혁백·이은정 편, 《한반도는 통일 독일이 될 수 있을까?》. 송정.

승창호·리복희 편. 1985. 《인민보건사업 경험》. 평양: 인민보건사.

와다 하루키 저·고세현 역. 1994.《역사로서의 사회주의》. 창작과비평사.

우평균. 2008. 〈CSCE 참여국의 전략적 이익과 협상 경과: 소련의 입장을 중심으로〉.《국제관계연구》 13:2, pp. 73-99.

이은정. "정책문서를 통해 본 독일통일과 사회정책" 미출간본.

이은정·베르너 페니히. 2015. 〈정책문서를 통해 본 보건의료와 통일〉.《통일총서 12: 보건의료 분야 관련 정책문서》. 통일부.

이철수. 2012.《긴급구호, 북한의 사회복지》. 한울아카데미.

임수호. 2007. 〈실존적 억지와 협상을 통한 확산: 북한의 핵정책과 위기조성외교(1989-2006)〉. 서울대학교 박사학위논문.

장달중. 2004. 〈김정일 체제와 주체비전: 이데올로기, 당, 그리고 군중을 중심으로〉.《한일공동연구총서 7》. 고려대학교 아세아문제연구소.

장달중·이정철·임수호. 2011.《북미 대립: 탈냉전 속의 냉전 대립》. 서울대학교출판문화원.

조선중앙통신사. 1982.《조선중앙년감》. 조선중앙통신사.

최종기. 1983. 〈국제연합과 한국문제〉.《행정논총》 21:2, pp. 2034-2060.

함택영. 2002. 〈21세기 한반도 평화전략〉.《동북아 연구》 7. pp. 5-31.

Bundeszentrale für politische Bildung, *Informationen zur politischen Bildung* Nr. 258, 1. Quartal 1998. Zeiten des Wandels-Deutschland 1961-1974.

Deacon, Bob. 1983. *Social Policy and Socialism*. Pluto Press.

Flora, P. and A. J. Heidenheimer. 1981. "The Historical Core and Changing Boundaries of the Welfare State," P. Flora and A. J. Heidenhiemer, eds. The *Development of Welfare States in Europe and America*. New Brunswick: Transaction Books.

Institut für Koreastudien. Gesetzblatt der DDR Teil I.《사회복지와 연금 문서집》. 미출간본.

International Labor Organization. 1988. *The Cost of Social Security. 12th International Inquiry*, 1981-83. Genf.

_____. 1996. *The Cost of Social Security. 13th International Inquiry*, 1987-89. Genf.

Lampert, H. 1996. *Lehrbuch der Sozialpolitik*. Berlin.

Offe, C. 1984. *Contradictions of the Welfare State*. J. Keane eds. Cambridge, MA: The MIT Press.

Pfaff, Steven. 2001. "The politics of peace in the GDR: The Independent Peace Movement, the Church, and the origins of the East German opposition." *Peace & Change* 26:3. 280-300.

Ritter, G. A. 1983. *Sozialversicherung in Deutschland und England*. Beck'sche Elementarbücher.

Schmidt, Manfred G. 2013. "Social Policy in the German Democratic Republic." M.G. Schmidt and G.A.Ritter. *The Rise and Fall of a Socialist Welfare State*. Springer.

제3부 복지, 경제, 노동, 그리고 대외관계

제8장

독일 사회국가의 역사와 과제

이호근(전북대학교 법학전문대학원 교수)

1. 서론: 독일 '사회국가'의 개념

독일 '사회국가(Sozialstaat)'는 역사적 형성물이다(Eichenhofer 2012: 15-53). 이 개념은 영미권의 현대국가 특징을 일컫는 '복지국가(Welfare State 또는 독일에서는 다소 부정적인 의미의 권위주의적 국가하의 Wohl-fahrtsstaat)'와도 비교되고 있다. 즉, 독일 '사회국가'의 개념은 크게 보아 19세기 이래 뒤늦은 산업화, 영미나 프랑스에서와 같은 성공적인 시민혁명의 경험이 결여된 반면, 국가의 중립적 조정자의 역할이 강조된 정치적 전통, 20세기 양차 세계대전, 전후의 분단과 통일 그리고 60년의 역사적 발전과정을 보이고 있는 유럽통합과 현대의 세계화 등의 굵직한 세계사적 발전과 맥을 같이 하고 있거나 그 결과물이라 할 수 있다. 무엇보다 독일 '사회국가' 이념은 보다 근원적인 '사회조직의 원리이자 기반'으로 인식되고 있다(Ritter 1989). 즉, 독일 사회국가는 사회정책이나 복지 차원을 넘어 '정치', '경제', '사회' 질서(Ordnung)를 말한다(Kaufmann 2002). '법치주의(Rechtstaatlichkeit)', '사회적 시장경제(Soziale Marktwirtschaft)', '사회국가(Sozialstaat)'의 개념은 이른바 독일모델(Modell Germany)의 삼각추를 형성하고 있다. 현대 독일 사회국가에서는 헌법적 질서로서 '민주주의와 법치국가(Demokratie und Rechtstaat)' 이념이 중심을 이루고 있다. 이러한 독일의 사회국가이념은 이제 도전과 많은 과제를 안고 있다. 본고에서는 역사적 형성물로 발전하여 온 이러한 독일 사회국가의 이념과 지속가능한 미래의 대안모델로서 독일 사회국가의 과제와 전망을 다루고자 한다.

먼저, '사회국가'의 이념은 무엇인가? 사회국가란 헌법에 규정된 '사회적 정의(Soziale Gerechtigkeit)'의 구현을 통해 궁극적으로 개인의 '실질적인' 자유와 평등의 실현을 추구하는 국가라고 정의할 수 있다. 인간은 각자가 독립적으로 '합리적 선택(rational choice)'을 추구하는 고립된 주권적 개인인 동시에 사회 속에서 상호 의존하는 유기적인 '연대성' 속에 있다고 할 수 있다(차진아 2007: 167-168). 그런데, 사회국가가 '정의(正義)'에 대해 개인적 정의를 넘어 '사회적 정의'의 실현을 강조한다는 것은 현대 사회에서 개인의 자유와 평등만을 통해 실현될 수 없는 정의의 사회·경제적 여건이 존재하며, 사회국가는 이러한 모순을 시정하고, 구조적 불이익으로부터 사회적 약자를 보호할 의무를 규정하고 있으며 이를 헌법적 요청으로 본다는 점이다(Zacher 1987: 1045). 따라서, 사회국가는 그러한 사회·경제적 조건에의 실질적 자유와 평등을 보장하여 사회적 정의의 실현을 목표로 한다. 이는 우선적으로 사회경제적 약자에 대한 '배려'와 '부조'를 지향하는 것으로 볼 수 있다. 그런데 이것이 국가에 의한 시혜적인 행위가 아니라 사회적 약자의 '법적 권리' 내지 '인권'으로 본다는 점이 사회국가의 특성이다(차진아 2007: 171). 따라서 사회국가 원리는 국가에게 사회적 정의의 이념 하에 모든 국민에게 인간

의 존엄에 상응하는 최소한의 물질적인 기초를 제공하며 사회구조적인
종속성과 차별을 제거함으로써 사회적 약자도 자율적인 삶을 형성 및 유
지할 수 있는 조건을 마련하여야 할 적극적인 과제와 의무를 지우는데,
사회국가의 적극적인 활동은 개인의 자율성 내지 자기책임성에 대하여
'보충적'인 것에 머물러야 하며 이것을 약화시키거나 대체하려해서는 안
된다. 이를 '보충성의 원리(Subsidiaritaetsprinzip)'라 한다(차진아 2007:
172).

　　독일 기본법(Grundgesetz) 제20조에 따르면 독일의 '정체'는 '민
주적이고 **사회적인** 연방국가(ein demokratischer und sozialer Bun-
desstaat)'라고 하고 있는데, 이것은 독일이 헌법적으로 공화국, 민주주
의, 연방국가, 법치국가임과 동시에 사회국가 즉, '사회적 정의'(soziale
Gerechtigkeit)와 형평성을 추구하는 국가임을 천명하고 있는 것이다.
이러한 독일 헌법의 천명은 이른바 사회주의적인 계획경제 체제 국가와
구분되어 독일은 모든 국민들의 사회적 형평성의 추구를 주요 통치목적
임을 분명히 하고 있다. 이러한 사회적 '형평성'은 기본법 제 1조에 '모든
국민에게 최소한의 생활보장을 위한 국가'로 표현되고 있으며, 국가주도
의 사회보험, 공공부조 및 사회서비스제공 등이 보장되는 20세기 들어
보편적으로 발전한 서구의 복지국가의 성격을 띠고 있다. 영국이나 스웨
덴 등 복지국가의 경우 전 국민들이 가능한 높은 사회적 안정성을 갖게
할 목적으로 '복지정책'이 시행되며 특히 높은 수준의 '고용보장'을 통해
이것이 추구되고 있다(나혜심 2008: 321-348). 이에 비하여 독일의 사회
국가는 '사회보험'이 그 핵심에 있는 '사회적 시장경제' 또는 '사회적 자
본주의'라 할 수 있는데 이것은 국가적인 행위의 일정한 형태라는 것에
그 제도의 본질이 있다. 이러한 특징은 독일이 역사적으로 조합주의적이
며 국가주의적 유산을 물려받아 이루어졌고 국가기구가 복지공급자로서

시장을 대체할 준비를 완벽하게 갖추고 있는 조건하에서 이 체제가 도입되었다고 본다. 결국 그 차이는 복지국가가 그 '정책의 목적'에 주목하는 반면, 사회국가의 경우 '정책에서 작동하는 국가역할'이라는 점에 주목하고 있다는 점이다. 결국 복지국가든, 사회국가이든 복지정책을 모두 '공적인 개입'으로 보고 있으며 이들을 목적에 따라 ① 각기 사회적 권리를 보장하고 보호하는 경우, ② 소득수준에 영향을 행사하는 경우, ③ 사회여건과 환경시설을 개선하기 위한 경우, ④ 개인능력을 증진시키기 위한 경우 등으로 구분할 수 있다.

2. 독일 '사회국가'의 주요 요소

1) 사회적 시장경제

먼저, 독일의 사회국가의 대표적인 특징은 '사회적 시장경제(Soziale Marktwirtschaft)' 체제라 할 수 있다. '자유시장경제(liberal market economy: LME)' 체제에 비하여 이른바 '조정시장경제(coordinated market economy: CME)'라 불리는 이 사회적 시장경제 체제는 제2차 세계대전 직후 콘라드 아데나우어(Konrad Adenauer) 수상의 집권기 이래 자유주의자인 알프레드 뮐러-아르막(Alfred Mueller-Armak)과 루드비히 에르하르트(Ludwig Erhard)에 의해 주도되고 확립되어 전후 경제부흥의 제도적 바탕이 된 독일의 정치·경제·사회체제를 뜻한다.

　　이것은 정통 자유방임주의적 경제적 자유주의(laissez-faire economic liberalism)와 사회민주주의적 혼합경제(social democratic mixed economy) 사이의 제3의 길이라 할 수 있다. 그 기원은 '전간기'(interwar)에 프라이부르그학파 발터 오이켄(Walter Eucken)의 경제사상인 '질서자유주의(Ordo-liberalism)'에 뿌리를 두고 있으며, '카톨릭 사회교리' 또는 '기독교 윤리'의 전통에 의해 강하게 영향을 받았다.[1] 그 특징으로 사회적 시장경제 체제는 정치경제적으로 개인의 자유를 최대한 보장하면서, 사회정의, 사회보장의 실현을 목표로 하는 체제이다. 사회적 시장경제는 빈부격차, 도시근로자의 빈곤문제, 독점재벌의 등장 등의 문제를 야기한 '고전적 자유주의에 대해서 반대'하며, 동시에 '국가주도의 경제적 결정체제로서 전체주의에도 반대'하는 그 대안적 시도라 할 수 있다.

사회적 시장경제의 주요 요소로는 다음을 들 수 있다. 첫째, 자유시장경제의 중심적 요소로서 ① 사적소유, ② 자유로운 대외무역, ③ 상품의 교환 그리고 ④ 자유로운 가격의 형성 등이 그것이다. 둘째, 자유 시장경제 상황에 대하여 국가가 수동적이지 않고, 오히려 적극적으로 규제정책을 수행한다는 점이다. 연금보험, 보편적 의료보험 및 실업보험과 같은 요소들은 사회보장제도의 핵심이며 이러한 사회보장제도는 근로자, 사용자 그리고 국가에 의한 보조로 이루어지며, 사회정책은 고용, 주거 그리고 교육정책과 사회정책적인 소득분배와 자유 시장경제를 제한하는 규정들도 포함하고 있다. 즉, 여기에는 자유로운 경쟁을 제한하는 독과점을 금하는 '경쟁제한법(Gesetz für Wettbewerbsbeschränkung: GWB)' 및 시장권력남용 제한 등이 포함된다. 이러한 조처들이 자유시

---

1   전후 Adenauer 수상 시절에 경제장관을 지내고 이후 1963~1966년에 수상을 지낸 Erhard는 그의 박사학위 논문의 지도교수였던 Franz Oppenheim과 '경제적 인본주의'(Economic Humanism)를 내세웠던 Wilhelm Roepke의 경제이론에 영향을 받았는데, 그는 자유시장 경제는 '사회적'일 필요가 없으며 그 기원자체가 '사회적'인 것이라고 믿었다. Erhard는 이러한 신념을 이론가가 아닌 행정가 Mueller-Armack과 공유하며 전후 '사회적 시장경제'의 이론을 실천해 나갔다. Mueller-Armack은 1946년 12월 그의 저술에서 '사회적 시장경제'란 조어를 처음으로 사용하며 경제조건을 향상시킬 '국가의 책임'과 동시에 '사회적 균형'을 강조하였다.

장경제에서 발생하는 많은 문제들을 감소시킬 수 있다고 본다.

이러한 사회적 시장경제 체제는 독일의 오랜 사회적 그리고 사회정책적 위기에 대한 역사적 경험의 산물이라고 할 수 있다. 즉, 독일사회가 안고 있는 19세기 후반 이래의 사회문제, 1930년대 촉발된 자유 자본주의의 실패, 나치의 제3제국 및 동유럽의 사회주의 등 전체주의와 집산주의에 반대하며 '사회보장의 국가적 개입'과 '개인의 경제적 자유'의 결합을 지향하는 것이다. 발터 오이켄(Walter Eucken), 프란츠 뵘(Franz Boehm) 그리고 콘스탄틴 폰 디체(Constantin von Dietze) 등은 국가가 경제를 위한 '적절한 법적인 환경'을 창출하여야 한다고 보고 시장원리를 따르는 건강한 경쟁의 수준을 유지하는 것이 중요하다고 보았다. 오이켄은 경제를 향상시킬 수 있는 최상의 수단이 제도적 틀 또는 '질서' (Ordo)를 향상시키는 것이라고 본다.

2) 높은 수준의 법제화

독일의 사회적 시장경제는 전후 순차적인 입법과정을 거쳐 정착되었다. 무엇보다도 그 특징은 우선 높은 수준의 '법제화(Verrechtlichung)'로 나타나게 되었다.

즉, 제2차 세계대전 전후 독일의 단체교섭법(Tarisvertragsgesetz, 1949)과 직장평의회법(Betriebsverfassungsgesetz, 1952)의 제정 그리고, 50년대 독일 사회국가의 발전에 큰 사회적 파장을 나았던 연금개혁법 (Rentengesetz, 1957)의 제정 등이 중요한 역사적 사건이었다. 아울러 사회적 시장경제 체제의 또 다른 주요 특징이라 할 수 있는 경제의 운용방식을 위해 정치적 영향으로부터 중립적인 독일연방은행법(Bundesbankgesetz, 1957)과 독점금지와 공정거래를 확립하기 위한 경쟁제한법(Gesetz für Wettbewerbsbeschränkung, 1957) 제정 등 높은 제도화의 과정을 밟았다. 그 외에도 1954년 아동수당법(Kindergeldgesetz) 제정, 1961년의 연방사회부조법(Bundessozialhilfegesetz) 제정, 1969년 법정병가보상을 규정한 연방휴가법 제정(Bundesurlaubsgesetz), 1969년 고용증진법(Arbeitsförderungsgesetz)과 1949년, 1955년 그리고 1969년의 재정균등화법(Finanzausgleichgesetz) 제·개정 등이 이루어졌다. 또한 랄프 다렌도르프(Ralf Dahrendorf)가 '계급투쟁의 제도화'라 부르는 사회적 대화와 합의를 통해 발전해 온 복지국가 모델 등 법제화가 지속적으로 확대되어 왔다.

노사관계 측면에서도 직장평의회의 선출·구성관련 규정과 함께 직장평의회의 파업권 불허규정, 반면에 '노동법원(Arbeitsgericht)'과 '사회법원(Sozialgericht)'제도를 통해 지방·지역·전국수준에서의 노사분규 이슈와 사회보장 관련 다양한 개별적 분쟁을 법적 절차를 통하여 해결하고 있다는 점이 주목된다. 아울러 노동조합에는 '파업권(Streik)'을 인정함과 동시에, 사용자에게는 '직장폐쇄권(Aussperrung)'을 인정하는 등 노사간 힘의 균형을 추구하고 있으나 파업권과 직장폐쇄권의 요건을 엄격하게 법으로 제한하고 있다. 법 위반시에는 '법치주의(Rechtstaatlichkeit)'에 입각하여 처벌규정을 엄격히 하는 등, 작업장 노사관계와 기타 노사분규관련 주요 내용을 법적으로 규율하여 처리하고 있다. 개인은 파업권이 없고, 노동조합만이 단체협약 체결이 목표인 경우에만 파업이 가능하며 분쟁이 발생하면 법원이 이를 해결한다. 대량해고와 직장폐쇄가 불러올 결과에 대항하는 파업은 허용되지만 사측이 취한 조치가 어떤 수준일 때, 그리고 그 피해가 어느 정도일 때 파업의 합법성이 인정되는 지는 아직 불분명하다. 단체협약의 효력기간에는 '평화 의무'를 준수하여야 하며 그 기간에는 해당 단체협약이 정한 사항에 대해서는 파업을 할 수 없다.[2] 독일 노동조합의 가장 큰 특징은 법률존중주의를 들 수 있다. 독일노총 산하 노조들은 스스로를 사회적 평화의 수호자로 간주하고 법에서 허용한 제한적 범위 내에서 파업이 이루어지고 있다.[3]

경제정책 차원에서도 전후 직후에 대외적으로는 자유주의 원칙에 따라 관세인하, 수량제한철폐, 자본이동의 자유화, 통화의 완전한 태환 등을 제도화하였다. 1960년대 이후 경제침체 시기에는 '경제안정 및 성장촉진법(Wirtschaftstabilitaet und Wachstumsfoederunggesetz, 1967)'을 제정하여 케인즈적 '총량조정(Globalsteuerung)' 정책을 실시함으로써 시장경제원칙에서 후퇴, 수정자본주의를 시도하였으나 1980년대 신자유주의의 흐름 속에서 시장친화적 질서정책으로 회귀하였다.

3) 비스마르크 사회보험(Sozialversicherung)형 복지국가

독일은 '사회국가(Sozialstaat)'라 불리우는 높은 수준의 복지국가체제를

---

2   공무원(대부분 교사, 경찰, 공공행정 부문종사자)들은 파업권이 없으며 공무원노총(DBB)도 여기에 동의하고 있다. 단, 독일노총연맹(DGB)산하 노동조합들은 공무원 파업금지제도에 반대하고 있다. 또 파업에 참가하는 조합원들에게 노동조합 차원에서 재정적 지원이 이루어지는데 통합서비스노조(Verdi)는 전일제 근로자가 파업에 참가하면 월 회비의 2.5배를 파업지원금으로 지급한다.

3   1950년대 이후 유지된 불법파업에 대한 높은 손해배상제도도 법률 존중주의가 정착되는데 일조하였는데 노조들은 모든 형태의 규정위반 행위를 배척하는 등 노사 간에 법 존중문화가 지배하고 있다. 1970년대 이래 주로 '경고파업(Warnstreik)'이 흔하게 적용되었는데 이는 단기적 조업중단을 통해 사측에게 노동자들의 파업의지를 보여주는 것으로 최근 공공서비스, 금속산업, 보건, 철도부문 등에서 횟수가 늘고 있고 기간도 길어지고 있다. 70년대까지 노동조합이 주도하지 않거나 노조의 일부가 일으키는 '살쾡이 파업'(wilder Streik)이 빈발했으나 이후 노조가 주도하지 않은 파업은 매우 드물게 되었다. 아무튼, 독일에서 파업은 협상이 완전히 결렬되었을 때 선택하는 최후의 수단으로 사용되고 있다. 하이너 드립부쉬/페터 비르케, 독일의 노동조합 – 조직, 제반 여건, 도전과제, Friedrich Ebert Stiftung FES Information Series 2014-03, p. 17참조.

발전시켜왔다. 사회적 정의를 헌법의 주요 규정에 천명하고 민주적 법치
국가(demokratischer Rechtstaat)와 사회국가(Sozialstaat)를 직접적으
로 규정하고 있는 독일 헌법은 사회정책(Sozialpolitik)과 경제정책을 아
우르는 사회국가를 지향함을 천명하고 있다. 이러한 사회국가는 역사적
으로 19세기말부터 산업화의 진전과 더불어 가장 먼저 '국가복지'를 제
도화하여 '사회보험형 복지국가' 모델을 발전시켜 왔다. 독일의 사회국
가체제의 주요 구성요소로 이 사회보험형 복지국가 모델의 특징은 조세
방식으로 전 국민을 대상으로 한 스칸디나비아의 보편적 복지국가와 비
교하여 노동시장에서 제외된 국민을 배제하고 있는 이른바 '대륙형의 보
수적인 복지국가모델'로 분류된다.[4] 이러한 이른바 비스마르크형 독일의
사회보험체계는 임금체계, 공동결정제, 노동법, 공공부조, 가족정책, 재
분배소득정책, 재정균등화법에 의해 지방정부에 의해 조직되는 공적서
비스 등과 함께 독일 사회모델의 중요한 축을 형성하고 있다.

　한편, 많은 유럽국가에 비하여 독일은 지난 30여 년간 복지국가의
재편과정에서 총량적인 측면에서나 복지프로그램 면에서 복지국가가 크
게 축소되지 않은 모델에 속한다(Bosch 2014: 134). 독일모델은 제2차
세계대전 이전에는 주로 근로자 중심의 사회보험모델이었으나 전후에는
중산층까지를 포괄하는 보편적인 사회안전망을 구축하며 이른바 '내포
적 비스마르크 모델(Inclusive Bismarckian Model)'로 점진적으로 발전
하였다. 이러한 요소들은 보편적인 사회보험제도의 확장과 함께 임금확
정제도, 노동법적용범위의 확대, 근로자참여의 보장, 적극적 고용노동시
장정책. 가족친화적 정책, 사회통합적인 사회적 대화체제 구축, 공적서
비스의 역할과 보편적 서비스의 확대, 지역의 결속과 발전 등을 통해 나

4　Esping-Andersen, G. The Three Worlds of Welfare Capitalism, Cambridge 1990 참조

타났다.

이 결과 첫째, 사회국가의 발전으로 '사회급여비율(social benefit ratio)'이 1950년대 19%에서 2009년 현재 32.9%로 꾸준히 증가하였다. 둘째, 근본적인 사회권의 확장을 위해 강력한 법적 기반이 확대되어 왔는데, 1947년에 제정된 기본법(Grundgesetz)상의 사회국가(Sozial-staat) 원칙과 연방헌법재판소(Bundesverfassungsgericht: BVG)를 중심으로 하는 헌법재판 등은 보편적인 사회국가모델의 발전에 크게 기여하였다.

그런 가운데 독일의 사회보험 모델에서는 '등가의 원칙(parity prin-ciple)'이 적용되었으며 사회보험에서 노사의 부담은 1970년에 26.5%에서 2003년에는 42.1%로 지속적으로 증가하였다. 이런 환경에서 사용자의 비용부담은 '누진적으로 축소'되는 경향을 보였다. 동시에 중앙정부에 의해 지원되는 복지지출의 비중은 2007년에 스웨덴과 같은 수준인 47.3%에 이르렀다. 2011년 현재 사회급여율이 국민총생산의 29.9% 수준인데, 사회적 지출 중 연금의 비중은 40.2%, 보건의료는 33%에 달하고 있다(Bosch 2014: 139). 한편, 경제위기에도 불구하고 실업급여는 '어떤 비용을 치르더라도 일자리로의 배치'라는 새로운 철학'에 기초하여 특히 2008년 이후 경제위기에도 불구하고 감소하는 경향을 보이고 있다. 이처럼 사회보험에 기초하면서도 내포적인 비스마르크 모델로 발전해 온 사회보험제도역시 독일의 중요한 사회국가의 주요 요소라 할 수 있다.

4) 이중 구조의 노사관계

독일 노사관계의 주요 특징은 이른바 '이중적인 이익대변 구조'(Dual-

표 1. 독일 사회지출예산 급여와 기금, 1991~2011(단위: %)

사회예산 2011	1991	1995	2000	2005	2009	2010	2011
유형별 재원	100.0	100.0	100.0	100.0	100.0	100.0	100.0
사회보험기여	70.3	68.6	65.6	62.9	62.7	61.5	62.9
사업주부담	42.2	39.9	38.0	35.1	33.7	32.9	33.2
실질부담	27.9	27.5	26.0	24.5	23.2	23.0	23.3
전가된 부담	14.4	12.5	12.0	10.6	10.4	10.0	9.9
피보험자기여	28.1	28.7	27.6	27.8	29.0	28.6	29.7
피고용인	23.7	23.5	22.6	21.9	21.8	21.5	22.3
자영업자	1.1	1.3	1.2	1.4	1.8	1.7	1.7
급여수급자 자신의 기여	2.1	2.3	2.5	2.9	3.7	3.6	3.7
기타	1.1	1.6	1.3	1.6	1.7	1.7	2.0
국가 보조	26.3	28.8	31.1	35.1	35.5	36.7	35.2
기타수령	3.4	2.7	2.3	2.0	1.8	1.8	1.9
기능별 급여	100.0	100.0	100.0	100.0	100.0	100.0	100.0
의료	31.4	31.0	29.4	28.5	32.1	32.2	33.0
장애	8.7	9.2	8.4	8.4	8.1	8.2	8.3
노령	30.3	31.0	32.8	34.4	33.1	33.0	33.2
유족	10.7	10.2	8.9	8.1	7.3	7.2	7.2
아동	7.7	6.9	10.2	9.8	9.8	10.2	10.5
배우자	1.0	0.9	0.8	0.6	0.3	0.3	0.3
모성	0.4	0.3	0.3	0.4	0.4	0.3	0.3
실업	8.4	8.5	7.5	7.3	6.3	5.8	4.7
주거	1.0	1.0	1.1	2.1	2.1	2.1	2.0
일반생계보조	0.4	0.9	0.3	0.6	0.6	0.6	0.6

출처: Bosch(2014: 139).

struktur)를 갖고 있다는 점이다. 즉, 독일 노사관계 체제는 사업장 수준
과 초기업단위가 분리된 이원적 구조를 갖고 있는데 이것은 독일 노사관
계의 역사적 발전과정과 깊은 관련을 갖고 있다. 먼저, 사업장 수준에서
노동의 조직은 1차 세계대전 전 사회자유주의적 기업에 의해 임의로 도
입된 노동자위원회(Arbeiterausschuss)와 바이마르(Weimar)공화국 당
시의 '위원회 민주주의운동(Rätedemokratie Bewegung)'의 유산 속에
전후 '1946년 연합군 통제위원회 제22호'에 의해 '직장평의회(Betrieb-
srat, work council)'가 도입되게 되었다. 이것은 작업장 밖에서 노동조
합이 주도하는 단체교섭 체계와는 분리된 것으로 사업장차원에서의 전
체 종업원 대표기구라 할 수 있다. 이 직장평의회는 초기에는 작업장 내
에서 소수 급진세력을 다수 온건세력으로부터 분리시키고자 하는 의도
에서 시작된 것이었다. 그러나 이후 목적이 변화하여 작업장 내에서 종
업원의 이익대표기구로 자리매김하게 되었다.

　　동시에, 각 산업에서 '부문(sectoral)'과 '지역(regional)'차원의 초
기업단위에서는 직장평의회가 아닌 '노동조합(Gewerkschaft)'과 사용
자단체 간 단체교섭이 이루어진다. 이러한 이원적 구조가 독일 노사관계
의 특징을 이루고 있다. 이러한 이중구조는 사업장차원에서 노사간 상시
적으로 발생할 수 있는 대립과 갈등을 제한하는 동시에, 사업장 밖에서
활동하는 노동조합에 의해 각 주요 산별로 조직되는 단체교섭은 그 규모
나 대표성에서 사용자 또는 사용자 연합에 대하여 상당한 교섭을 발휘할
수 있는 특성을 지녔다. 결과적으로 산별수준에서 노사간 대등한 교섭력
이 유지되어 오히려 이것이 상호간의 존재를 인정하며 힘의 사용을 자제
하며 가급적 대화와 협상을 통해 노동문제를 초기업적으로 해결해나가
는 전통을 확립하게 되었다. 동시에, 사업장 수준에서 직장평의회와 초
기업단위에서 조직되는 노동조합은 상호 밀접한 연계를 갖고 있다. 즉,

'사업장 노조대표(Vertrauensmann, shopfloor union delegates)'는 사업장내에서 종업원들의 노동조합의 가입독려, 홍보 및 지지를 동원하는 역할을 하며 실제로 직장평의회는 노동조합원이 다수로 이를 사실상 지배하는 구조로 되어 있다. 따라서 이 둘의 관계는 형식적으로 분리되어 있으나, 내용적으로는 상당히 밀접한 연계를 갖고 있다고 할 수 있다.[5] 노동조합과 직장평의회는 전체근로자의 이름으로 결정을 할 수 있다. 사용자단체 역시 산업 내 모든 사용주를 대표하고 전국적인 중앙단체의 경우 전체 경제를 대변하는데, 이들 각각은 법에 의해서가 아니라 조직의 힘에 의해 대변되고 있다.

아울러, 직장평의회는 법적 규정에 따라, 그 활동에 있어 경제적 목표를 고려하게 되고, 노동조합 역시 노동과 자본의 이익중재 및 사회적 파트너십 전통의 기조 하에 서 있어 이들 노사대표기구가 각각 단순한 이익대변기구를 넘어서 노사관계의 '중재적(intermediary)' 성격이 강한 특성을 갖고 있다.

(1) 독일의 노동조합

독일 노동조합의 두 가지 대표적인 특징은 '산별노조(Industriegewerk-schaft)'와 '단일노조주의(Einheitsgewerkschaft)'라 할 수 있다. 이 원칙은 전후 확립되어 전후 재건시기에 정착되어 현재에 이르고 있다. 첫 번째 원칙은 한 기업에 하나의 조합만이 허용되는 것으로 모든 근로자들이 직종이나 생산직 및 사무직에 상관없이 하나의 노조에 가입하고 있다. 두 번째 원칙은 노동조합이 정치적인 정당에 가입할 수 없도록 하고 있다. 노동조합의 상급단체는 독일노동조합총연맹(Deutscher Gewerk-

---

5   2010년도 실시된 직장평의회 구성원에 관한 분석결과 직장평의회 위원의 약 77%가 독일 노총산하 노동조합의 조합원으로 나타나고 있다. 드립브쉬 · 비르케(2014: 15)참조.

schaftsbund: DGB)으로 로비를 포함한 정치적 활동에 책임을 지고 있다. 그러나, 산별노조 중심의 교섭력에 비하여 총연맹의 정치적인 직접적인 영향력은 상대적으로 약하다. 또한, 독일노동조합총연맹은 각 회원노조가 수행하는 단체교섭에 참여하지 않는다. 독일에는 총연맹으로서 독일노동조합총연맹 외 기독교노동조합(Christlicher Gewerkschafts-bund: CGB) 및 독일공무원연합(Deutscher Beamtenbund: DBB)가 있다. 현재 독일노동조합총연맹 산하에는 8개 산하연맹에 615만 조합원이 있으며 기독교 노동조합은 약 30만 명, 그리고 독일공무원연합은 120만 명의 조합원이 있으며 이는 공공부문의 공무원들을 조직대상으로 하고 있다.

한편, 공무원신분이 아닌 공공부문의 일반근로자는 독일노동조합총연맹 산하 서비스노조(Verdi.)에 가입하고 있다. 또 다른 총연맹으로 종래 사무직노조(Deutscher Angestelltengewerkschaft: DAG)가 있었는데 이는 특정 사무직 종사자집단에 속하는 약 46만 명의 조합으로 이후 노동조합간 합병이 이루어져 2001년까지 존속하였으며 노동조합원은 80% 이상이 DGB조합원이었다.

독일 노동조합은 1990년대 중반이후 17개 노조로 구성되어 있었던 DGB의 안정적인 조직구조에 큰 변화가 있었다. 즉, 동서독 통일 직후 91년에 41.6%에 이르는 높은 조직률을 보였으나 이후 하락하여 90년대 중반에는 35%, 현재에는 20%대로 조직률이 격감한 실정으로 노조의 교섭력이 상대적으로 많이 약화된 실정이다.

(2) 독일의 노사관계와 단체협약

독일의 단체교섭은 '중앙화'와 부문수준에서의 교섭당사자 상호간의 정책조율의 기능을 갖고 있다. 노동조합은 처음에는 지역적 자치보다는

표 2. 독일노동조합총연맹(DGB) 산하 노동조합

노동조합	주요 분야
독일 금속노조(IG Metall)	금속 및 전기, 철강, 섬유, 및 의류, 세탁, 목재 가공, 자동차, 전자, 목재, 위생 등
독일 통합서비스노조(Verdi)	공공 서비스, 상업, 은행 및 보험, 보건, 교통, 항만, 미디어, 사회복지 및 교육서비스, 인쇄업, 민간 서비스, 소방서 등
독일광산 · 화학 · 에너지노조(IG BCE)	화학산업, 제약산업, 광산업, 에너지공급기업 등
독일 건설 · 농업 · 환경노조(IG BAU)	건설업, 건물청소, 농업부분
독일 철도 · 교통노조(EVG)	철도, 선로교통
독일 교육 · 학술노조(GEW)	교사, 보육교사, 대학
독일 식품 · 요식업노조(NGG)	식품산업, 제분업, 숙박업, 식당
독일 경찰노조(GdP)	경찰

출처: 드림브쉬 · 비르케(2014: 3).

중앙화를 추구하였고 이후, 직능·직업조직보다는 '산별노동조합주의 (Industriegewerkschaft)'를 선택하였다. 1945년 이후에는 이전 노동조합의 정치적 분열은 '통일노조(Einheitsgewerkschaft)' 원리에 의하여 대체되게 되었다. 이후 독일은 노조 간 생산직/사무직 노동자, 민간부문/공공(공무원)부문 노동자, 일반노동자/기독교노조 노동자 간의 조직적 경쟁은 거의 없거나, 있어도 사실상 큰 의미가 없게 되었다. 사용자단체 역시 초기부터 중앙연맹에 가입하는 경향이 강하여 노사 각자가 상대의 '중앙화'와 '집중화'를 촉진하게 되었다. 이 결과 넓은 영역에 걸쳐 상대적으로 중앙화 된 교섭체계가 발달되었다. 다른 한편, 반대로 1960~1970년대 비판적 사회주의자와 노조활동가는 이러한 이중구조로 인하여 노동조합이 전투성을 상실하였다고 비판하고 이를 대체코자 사업장 노조대표(Vertrauensleute)의 역할을 증대시키고자 하였으나 큰

표 3. 2010~2011년 독일 노총 산하 노동조합 조합원 수

노동조합	2011년	2010년	2011-2010년 증감률 (단위%)	2010년 여성 조합원 비율 (단위 %)
독일 금속노조	2,245,760	2,239,588	0.28	17.7
독일 통합서비스노조	2,070,990	2,094,455	-1.12	50.5
독일 광산 · 화학 · 에너지노조	672,195	675,606	-0.50	19.8
독일 건설 · 농업 · 환경노조	305,775	314,568	-2.80	21.1
독일 철도 · 교통노조	220,704	260,297	-5.07	21.0
독일 교육 · 학술노조	263,129	232,485	1.09	70.0
독일 식품 · 요식업노조	205,637	205,646	0.00	40.6
독일 경찰노조	117,709	170,607	0.65	22.3
독일 노총 전체	6,155,899	6,193,252	-0.60	32.4

출처: 드립브쉬 · 비르케(2014: 5).

성과가 없었으며 독일 노사관계의 특징인 이중구조를 근본적으로 변화
시키지는 못하였다. 이러한 노사관계의 특징에 힘입어 독일 노사는 각각
교섭력 면에서는 상당한 자율성을 갖고 있으면서도 서로가 그 힘의 사용
을 제한하며 전후 장기간에 걸친 산업관계의 장기적인 평화와 안정적 관
계를 지속하며 이른 바 '독일모델(Model Germany)'의 상징이 되었다.

　　단체협약은 두 가지 특징을 갖고 있다. 먼저, 포괄적 '광면협약
(Flächen Tarifvertrag)'과 '기본협약(Mantel Tarifvertrag)'이라는 특징
을 기본으로 하고 있다. 포괄단체협약은 한 산업분야 전체 또는 부분에
통일적으로 적용되는 것을 의미하는데, 단협을 체결한 사용자단체에 가
입하고 있는 전국과 지방의 모든 기업은 이를 준수해야 한다. 이러한 포
괄적 단체협약의 적용범위는 통일적인 임금과 근로조건을 유지하는 중
요한 요소라 할 수 있다. 두 번째로 독일의 단체협상 제도는 단체협약에

대하여 높은 '노사자치'인 '교섭자율주의(Tarifautonomie)'를 보장하고
있다. 즉, 교섭자율주의는 단체협약체결 과정에서 정부나 국가가 간섭하
지 않는다는 것을 의미[6]하는 독일 모델의 중요한 특징이다. 그러나 이 교
섭자율주의는 사실상 당사자 간의 교섭에 의한 노동문제의 해결을 우선
시하고 당사자간 단체협약에 의해 높은 법제화에 의해 보장되는 고용관
련 조건과 그 수준을 적용제외토록 하는 방식에도 활용되고 있다.[7] 따라
서, 기본적인 최소기준을 정하거나 경제 내외적인 여건의 변화에 따라
법적 강행규정을 직접적으로 적용하는 것이 어렵거나 한계가 있을 때,
주요 법률규정은 단서로 단체협약에 의해 그 법적규정 적용의 예외를 인
정하고 있다. 이러한 교섭자율주의는 높은 법제화와 더불어 독일모델의
중요한 보완적 관계를 형성하고 있다. 그럼에도, 독일 단체협약은 1990
년대 통일 이후 그리고 최근 2000년대 들어 두 가지의 중요한 변화와 도
전에 직면하고 있다.[8]

　　첫째, 고용관계의 분절화와 파편화 현상이 강화되며 이것이 결국 노

6　독일에서 국가의 단체교섭 결과에 대한 개입금지는 바이마르 공화국(1929-1933) 당시 강
　　제 중재의 경험이 남긴 뼈아픈 역사적 교훈에서 비롯되고 있다. 연방정부는 연방정부에 고
　　용된 노동자들과 단체협약을 체결하는 과정에서 협약당사자로서 참여하고 교섭하는 과정
　　에서만 직접 관여한다.
7　독일에서는 노동조건과 임금수준에 대한 결정에 법을 통한 개입이 제한적이다. 법정 일일
　　노동시간이 최대 10시간으로 제한되어 있고 연간 휴가일수가 법적으로 최소 4주로 정해져
　　있다. 이런 기본적인 사항 외에 근로시간, 연간휴가일수, 임금수준 등은 단체교섭을 통해
　　결정된다. 독일 노조들은 저임금노동자가 많은 서비스노조를 제외하고 대부분 법정최저임
　　금도 '교섭자율주의를 침해한다는 이유로 거부'했으나 최근 입법이 결정되어 2015년부터
　　야 법정 시간당 8.5유로의 최저임금제가 시행에 들어갈 예정이다. 단체협약은 노사 대표자
　　동수로 구성되는 '임금위원회'의 동의를 얻어 연방노동부장관에 의해 일반적 효력을 갖는
　　협약으로 고시될 수 있다. 일부업종, 특히 건설부문에서는 근로자파견법에 의거 이미 보편
　　적 최저임금이 도입되어 운용중이다. FES 2014-03 전게서, p. 10 참조
8　독일 단체협상제도가 최근 직면하고 있는 대내외 도전요인들에 대하서는 Bispinck(2007)
　　을 참조.

조의 조직률 감소로 이어지고 노사간 대등한 교섭력이 종전과 같지 못하다는 점이다. 이 결과 단체협약은 부문별, 지역별 많은 '개방조항(Oeffnungsklausel)'을 받아들이며 단체협약이 적용되는 노동자군과 그렇지 않은 노동자군 사이의 임금·근로조건의 양극화가 커지고 있다는 점이다.

둘째, 독일 통일로 인한 단체협약의 '분절화' 현상이다. 독일 통일은 실로 사회경제적으로 전례없이 막대한 파급효과를 갖는 과정이라고 할 수 있다. 특히, 구 동서독 지역 간, 부문 간 임금과 사회경제발전의 수준의 차이가 상당한 여건에서 통일로 인하여 동일한 수준의 임금이나 사회보장을 적용하는 것이 무척 어려운 과제가 되었다. 즉 통일은 이미 동원가능한 많은 수단 즉, 국채발행으로 인한 국가채무증가와 조세부담 증가, 임금억제 등을 추진해 왔음에도 이것이 독일 노사관계에 주는 영향은 상당한 것이었다.

1990년대 초 통일 초기에는 독일 노동조합은 동독지역 노동자의 조합원 가입으로 일시적으로 상당한 조직률 증가를 보였다. 그러나 그러한 효과는 단기에 그치고 조직률은 지속적으로 감소되어 조직률은 현재 통일 이전 수준으로 다시 환원되었다.[9] 단체협약은 이후 고실업과 저성장여건 속에 지속적으로 일자리 중심의 '양보교섭(Concession Bargaining)'이 강조되었고, 지역적으로나 부문별로 '분권화(decentralization)'

9　이 직후 구 동독지역 가입자 중 150만 명이 실직으로 대량이직하고, 구 서독지역의 60만 명의 실직으로 조합원이 급감하였고 이것은 노조의 재정압박으로 이어지며 노조 간 통합 움직임이 가속화되었다. 통합과정에서 주목되는 것은 공공부문과 민간부문에서 5개 노조가 통합하여 일시적으로 조합원 300만 명에 달하는 세계 최대 규모의 서비스노조(Verdi.)가 탄생하였다. 그러나, 이후 조합원 수가 감소하여 현재에는 207만 명에 이르러 금속노조(IG Metall) 다음으로 큰 노조로 활동하고 있다. 한편, 독일 노조조직률에 있어 또 다른 주목되는 현상은 노조원 중 퇴직한 노령자 회원이 1/5이상에 이르고 있다는 점이다. 이것이 20%대의 통계적 노조조직률에도 불구하고 현장에서 동원가능한 노조원의 감소로 인하여 노조의 활력과 실질적 교섭력 약화로 나타나고 있다.

표 4. 2010년 동서독 지역 소재 기업과 노동자의 단체협약 적용률(단위: %)

	포괄단체협약		기업단체협약		단체협약 없음 (이중 단체협약을 참조하는 비율)	
	서독지역	동독지역	서독지역	동독지역	서독지역	동독지역
기업	34	17	2	3	64(40)	80(39)
노동자	56	47	7	13	37(50)	51(47)

출처: 독일노동시장 및 직업연구소(IAB) Betriebspanel(2010).

와 동독지역 등에 단협적용관련 '개방조항'(Öffnungsklausel, opening clause)의 도입을 통하여 많은 '적용제외'를 인정하게 되며 협약의 적용률도 상당히 감소하게 되는 등 독일 단체협약제도는 많은 대내외의 도전에 직면해 있다. 실제로 독일 모델이 EU 내에서 현재 강한 경쟁력을 보이고 있는 주요 요인으로 지난 10여 년간 이러한 임금교섭에 있어 양보교섭이 지속된 가운데 정체상태를 보이고 있는 독일의 상대적으로 낮은 임금 수준에서 찾는 시각이 있다.

그럼에도 단체 협약의 자치(Tarifautonomie)와 금속노조(IG Metall), 서비스노조(Verdi. Gewerkschaft), 화학·광산·에너지노조(IG Chemie, Bergbau und Energie, IG BCE) 등을 중심으로 한 주요 산별노동조합들의 교섭력은 큰 틀에서 지속되고 있으며 이것이 독일의 산업체제와 함께 독일 사회국가 협약체제의 근간을 형성하고 있다고 할 수 있다.

5) 공동결정권

독일 노사관계에서의 또 다른 핵심적 특징은 '직장평의회(Betriebsrat)'를 통한 사업장 공동결정제와 대기업 '감독이사회(Aufsichtrat)'를 통한

그림 1. 2000∼2010년 임금 및 실질소득 추이
출처: 독일 연방통계청(Destatis), WSI-Tarifarchiv, 2001년 1월 기준.

'기업공동결정제(Mitbestimmung)'라 할 수 있다. 이러한 '공동결정은 사업장이나 초기업단위에서 노사가 기업의 경영이나 정책협의에 공동으로 참여하는 것을 의미'한다(박종희 2003).

　　최근 경제와 노동 및 고용이 상대적으로 균형발전을 하고 있는 것으로 평가받고 있는 독일의 이러한 공동결정권(방준식 2007)이 제2차 세계대전 이후에 장기적 번영은 물론, 1990년대 전례 없는 대내외적인 도전 속에서도 통일의 대업을 비교적 성공적으로 달성하며, 강한 경쟁력을 보이고 있는 '독일모델(Model Germany)'의 핵심이라고 할 수 있다.

　　독일 사회국가 아래 노동법은 먼저, 노사 간 갈등을 해소할 방안으로 오래 전에 이러한 '공동결정권(Mitbestimmung)'을 제도적으로 발전시켜왔다. 특히 제2차 세계대전 이후 이른바 '독일모델(Model Germany)'의 전형으로 여겨졌던 두 축의 하나가 바로 이 공동결정권이었으며, 다른 하나는 영미식의 '주주자본주의(Shareholder Capitalism)'이자

'자유시장경제(Liberal Market Ecomomy)' 모델에 비교되는 이른바 독
일과 대륙권의 '이해관계자 자본주의(Stakeholder Capitalism)'로 불리
는 '사회적 시장경제(Soziale Marktwirtschaft)'가 바로 독일 모델의 핵
심 두 요소이다.

독일은 노사관계에서 갈등과 중재의 이원적 체계를 갖고 있다. 노
사관계는 거시적으로 산업별차원에서 노사교섭과 갈등 과정이 '단체협
약법(Tarifvertragsgesetz)'에 의해 규율되고, '공동결정권법(Mitbestim-
mungsgesetz)'과 '직장평의회법(Betriebsverfasungsgesetz)', '공공부
문 직장평의회법(Personalvertretungsgesetz)' 등이 구성되어 균형을 이
루고 있다.

공동결정권이란 근로자들이 경영에 참여하는 권리를 의미하는 것으
로 이것은 독일 바이마르공화국 이래의 전통이다. 먼저 1920년대 전력
노조의 대표자들은 모든 사업장에 직장평의회를 구성한 바 있었다. 이후
제2차 세계대전 이후 연합국은 '국가사회주의' 패망 이후에 노동과 사회
의 민주화를 강화하고자 이 직장평의회법을 제정하게 된다. '1946년 연
합군 통제위원회령 제22호'에 의거하여 이 직장평의회가 공식적으로 인
정된 노동조합과 기능적으로 조정토록 되었는데, 기업단위 밖에서 구성
된 노동조합과 작업장 내의 모든 근로자를 대상으로 구성된 직장평의회
가 사업장 내외의 교섭과 정책 사안에 대하여 공동결정하도록 하여 이원
적 노사관계 체계가 전후 독일 모델의 요체로 자리잡게 되었다. 공동결
정권은 사업장차원과 산업차원에 적용되었는데 기업이 규모나 크기에
따라 여러 가지 형태의 공동결정의 형태가 존재한다. 현대적 공동결정은
1951년 '석탄철강부문 공동결정권'(이른바 Montan-Mitbestimmungsge-
setz)에서 최초로 수립되었다. 이 법은 철강과 석탄산업 두 부문 노조에
의한 극한 파업에 직면하여 독일정부에 의해 시행되었는데, 노동조합은

이 법 제정의 반대급부로 연방차원의 경제, 외교정책 그리고 국방부문에 대한 정치적 지원을 하게 되었다.

초기 이래 석탄철강부문 공동결정권은 기업의 민주화에 대한 노동조합 요구의 산물이다. 이 공동결정권은 노동자들에게 경영문제에 대하여 전례 없는 영향력을 허용하게 되었는데 1천명 이상 대기업에 영향을 미치게 되어 회사의 감독위원회(Aufsichtsrat)는 1인의 중립적 위원을 포함하여 노사동수의 대표로 구성되게 되었다.[10] 동법은 1957년 개정 이후 점차적으로 석탄·철강 산업의 퇴조와 함께 석탄·철강 산업 이외에 종업원 2,000명 이상인 모든 기업에 보편적으로 적용되는 공동결정권제가 1976년에 새롭게 제정되었다. 이는 회사의 경영과 작업장배치에 있어 노동자의 권리를 증가시켰다.

즉, 1976년 제정된 공동결정제 가운데 감독위원회의 구성에 관한 기본적인 규정은 석탄철강공동결정과 동일하였지만 세부적인 사항은 부분적으로 노동의 영향을 제한하였다. 이 법에 따라 노동자 측 대표 중 1인은 이사회 위원(Arbeitsdirektor, 이른바 노동이사)이 되며, 그는 노동자의 이해를 필수적으로 반영하지는 않는다. 게다가 감독위원회 의장은 사용자의 동의 없이는 임명될 수 없도록 하였는데, 의장은 위원회가 교착된 상황에서 캐스팅 보트 역할을 수행하는 것으로 중요한 사항이었다. 그럼에도 사용자단체는 연방헌법재판소(BVG)에 공동결정권법에 대한 위헌법률심판을 제청하였고 독일연방헌법재판소는 1979년 최종적으로

---

10 2008년 현재 노사동수의 공동결정제를 도입한 기업은 694개에 이르고 있는 것으로 나타나고 있다. 석탄·철강산업 분야에서 30여개 기업이 석탄·철강 공동결정제를 채택하고 있으며, 종업원 500인 이상 대기업 1,100~1,200여 개는 1/3 참여제를 채택하고 있다. 1/3 참여제는 노동자 및 노동조합의 대표가 감독이사회의 1/3을 차지한다. 드립부쉬·비르케 (2014: 15) 참조

공동결정권에 대하여 합헌결정[11]을 함으로써 공동결정권은 독일 모델의
중심적인 축으로 발전하게 되었다.

  1972년 직장평의회법(Betriebsverfassungsgesetz)은 중소기업에
서의 노동자 대표를 규정하는 것이다.[12] 한편, 2,000명까지 적용되며,
500~2,000명의 종업원을 갖는 회사는 감독위원회 노동자대표의 비중
은 1/3이었다. 보다 규모가 적은 소기업에서 종업원들은 경영진에 영향
력을 더 확대하지 못했다. 그러나, 적은 규모의 기업에서는 즉, 피고용인
5인 이상 모든 기업에서는 직장평의회(Betriebsrat)를 구성할 수 있었고
이 평의회가 특히 사업장내 사회적·인사상의 문제에 공동결정권을 갖게
되었다.[13] 법은 직장평의회를 통하여 대립보다는 회사와 협력하도록 하

11 BVerfG v. 1. 3. 1979 - 1 BvR 532, 533/77 u. a. -, BVerfGE 50, 290ff. + AP. Nr. zu §
   1 Mitbestimmungsgesetz. 참조. 위헌논쟁에서 공동결정권제의 반대론자들은 기업단위의
   공동결정제도와 사기업의 원리가 양립할 수 없고, 기업의 성질을 보아 민주적 제도의 모든
   내용을 기업에 도입하는 것이 불가능하며, 이 제도의 도입으로 근로자의 소외감 극복이 가
   능하다는 이론은 허구라는 입장에서 위헌을 주장하였다. 그러나, 최종적으로 독일 연방헌
   법재판소는 이 공동결정법이 기업의 사유재산권을 침해하지 않는다고 결정하여 위헌시비
   를 종결지었다. 방준식(2007: 230) 참조.
12 선거를 통해 구성되는 직장평의회의 구성은 사업장의 모든 노동자에 의해 선출된다. 매니
   저급 직원과 회사경영진은 노동자평의회에 참여할 수 없다. 종업원 수 5인 이상 기업에서
   는 직장평의회를 구성할 수 있으며, 직장평의회가 없는 기업에서 노동조합은 직장평의회
   '설립을 추진할 수 있는 권한'을 갖는다. 직장평의회 설립은 법적인 강제사항은 아니다. 현
   재, 5인 이상 기업이 독일에서 전체 고용의 45%를 차지하고 있는데 10%만이 직장평의회
   를 설치하고 있다. 단, 500인 이상 대기업의 90%(구 동독지역은 85%)에 직장평의회가 설
   치되어 있다. 6개월 이상 근무한 성인노동자는 평의회 위원 피선거권을 갖는다. 직장평의
   회 구성원 수는 사업장 규모에 따라 달라지며 종업원 200인 이상 대기업에서는 직장평의
   회 위원은 기존 업무에서 전적으로 평의회 활동만 할 수 있다.
13 직장평의회는 '정보권'(예: 신규채용 및 보직이동시 등), '협의권'(예: 구조조정시 등), '공
   동결정권'(예: 출퇴근시간결정시 등)을 갖는다. 직장평의회는 회사 측이 내린 해고결정을
   거부할 수 있으며 해고결정이 무조건 취소되는 것은 아니다. 직장평의회는 단체교섭을 할
   수 없으며 파업을 주도 할 수 없고, 노동조합이 체결한 단체협약에 위배되지 않는 범위에서
   해당사업장 사용자측과 합의를 도출한다. 공무원에게는 별도 적용되는 '공무원직장평의회
   법'(Personalvertretungsgesetz, PersVG)이 있다.

였으며 이것은 노동자의 공동결정을 인정하는 만큼 회사에 압력행사를 금하였다. 직장평의회법은 노동조합원과 비노동조합원 모두의 대표권을 보장하였으나 노동조합조직률이 상대적으로 높은 독일에서는 노동조합이 사실상 대부분 평의회를 지배하였다.

독일 노사관계의 이원적 구조하에서는 산별차원에서 교섭력이 있는 강한 노동조합, 결속력이 있는 사용자 단체가 각각 존재하여 노사 교섭이 이루어지고 작업장에서는 모든 근로자를 대변하는 직장평의회가 구성되어 사업장내 노동사회적 이슈들에 대하여 공동협의하고 있다. 이러한 조직력과 교섭력 그리고 공동결정의 제도화된 틀은 전후 독일의 강한 경제를 지탱하는 지주로 여겨지고 있다. 직장평의회 구성 범위(5인 이상)에 대한 논의가 있었음에도 노사공동결정에 대한 기본 구도는 변화되지 않고 남아있다.[14] 공동결정권은 독일이 내부적으로 통일과 유럽통합 그리고 외부적으로 세계화라는 대내외적인 압력에도 불구 강한 경제와 더불어 어느 나라보다도 강한 민주주의를 발전시키고 있는 배경으로 평가되고 있다.

3. 전후 독일 사회국가의 발전과 통일 후 재편과정: '내포적 비스마르크모델'에서 '배제적 비스마르크모델'로?

독일 사회국가는 복지와 사회적 안전망의 관점에서 볼 때 '수동적 corporatism'에서 '경쟁적 corporatism'의 전환을 나타내는 모델로 볼 수 있다. 이 새로운 모델에서는 '분배보다 효율과 경쟁력이 강조'된다. 그러

---

14   독일의 직장평의회법(Betriebsverfassungsgesetz), 1972.1.15. 제정, 2013.4.20 최종개정안 참조

표 5. 산업 부문별 직장평의회 2010년 기업과 노동자 비율(단위: %)

분야	직장평의회가 있는 기업	직장평의회가 있는 기업의 노동자
광산/에너지	41	81
제조	16	66
건설	3	21
상업	10	31
교통/운송	14	47
정보/통신	15	47
금융서비스	29	73
숙박, 기타 서비스	4	15
건강, 보육, 교육	11	44
경제 및 학문 관련 서비스	8	33
전체	10	44

출처: 독일 노동시장 및 직업연구소(IAB) Betriebspanel 2010.

나 이것은 전후 보편적 복지국가모델로 발전해 온 기존의 '내포적 비스마르크모델(Inclusive Bismarckian Model)'이 점차 '배제적 비스마르크모델(Exclusive Bismarckian Model)'로 변화하고 있음을 나타내고 있다(Bosch 2014). 특히, 그간의 독일 모델의 일정한 성공에도 우려되는 것은 다른 나라에서와 같이 역시 심화되는 '노동시장 양극화'와 서비스부문 등에서 '저임금 노동'문제이다. 'Agenda 2010'과 'Hartz Plan'이 이런 배제적 복지국가 모델을 더욱 심화시킨 것인지에 대한 논란이 되고 있다.

우선 노령화 등 인구학적 도전요인으로 인하여 사회지출비용 증가의 압박이 늘어가고 있고 그와 반대로 사회급여는 하락하는 경향이 주목된다. 연금은 그간 수차례 개혁조처를 통하여 급여의 수준이 하향 조정되었다. 반면, 연금의 수급개시 연령은 2012년에서 2029년 사이에 67세로 상향 조정될 예정이며, 조기퇴직연금은 그 수령이 63세부터 가능하게 되었다. 특히 연금은 1992년 연간 연금의 상향이 총소득이 아닌 '순소득'기준으로 조정토록 됨에 따라, 수급자의 실질 연금수준이 점차 하락될 전망이다. 즉, 그간의 반복적인 연금개혁을 통해 표준연금의 경우 45년 기여경력을 기준으로 할 때 급여의 수준이 1985년에 57.4%에서 2012년 49.6% 그리고 2026년까지 46%로 낮춰질 전망이다. 또한, 45년 가입기준 46%의 급여수준을 유지하기 위해서는 2020년까지는 기여금이 20% 그리고 2030년까지 26% 요구되는데 이 때 인상되는 26%의 기여금을 22%로 유지하며 차액 4%를 지원해주는 연금의 부분 민영화인 이른바 Riester연금제도(Bosch 2014: 149)가 도입되었다. 그럼에도, 수급대상 예정자 중 40%만이 이에 가입한 상태인데 특히 저임금 근로자의 경우 소득인하로 가입을 기피하고 있어 장차 이들 그룹을 중심으로 노인 빈곤이 우려되고 있다.

둘째, 실업급여의 하락이다. 실업급여제도는 Hartz 개혁을 통해 수급기간과 급여의 수준이 대폭 조정되었다. 먼저, 종전에는 구직급여의 수준이 소득비례로 소득의 63~68%였다. 이어 1년 이상 장기실업자에게는 자산조사를 거쳐 소득의 53~58%가 실업부조로 보장되었다. 그리고 마지막으로 사회부조가 모든 장기실업자에게 자산조사를 거쳐 종전소득의 1/3 수준이 지급되었다. Hartz 개혁의 첫 번째로 실업자에게 모든 급여가 일괄 처리되는 one-stop center의 설립이 추진되었다. 이어 소득비례 '실업부조제도'는 폐지되어 사회부조와 통합되어 새로운 '실업급여 II'가 되었다. 실업급여 I의 수급기간도 12개월로 대폭 줄어들게 되었다. 50세 이상자의 경우 종전 14~32개월의 지급기간이 15~18개월로 축소되었다. 장기실업자에게는 지역 통상임금의 30%까지 지급되는 일자리의 수용이 강제되었다. 아울러, '실업급여 II'에서 1일 3시간 근로가능자를 분리하여 Hartz IV로 분류하였다. 한편, '이전급여'의 수급자는 488만 명에서 512만 명으로 증가된 반면, 미등록 수급인은 하락하였는데 이유는 사회부조보다는 실업급여 II가 낙인효과가 적었기 때문이었다(Bosch 2014).

셋째, Agenda 2010과 Hartz 개혁의 결과 저임금노동이 크게 증가하였다. 즉, 월 400유로 미만의 Mini-Job이 증가하였다. Hartz 개혁의 결과 가장 영향을 받은 수급자는 종전 실업부조수급자와 기존의 노령실업자이다. 실업부조와 사회부조가 통합된 결과 가장 큰 문제는 실업보험제도가 비례적으로 작고, 실업급여 II가 지나치게 크다는 점이다. 따라서 이러한 Hartz 개혁의 실질 효과는 정확히 평가하기가 어려운 실정이다. 아울러 기간제 계약자와 파견근로의 활용이 크게 증가하였다. 특히, 파견회사가 90,000개로 대폭 증가하였다. 한편, Mini-Job종사자가 750만 명으로 추산되며, 제2의 직업으로 Mini-Job에 종사하고 있는 사람의 수도 260만 명에 달하는 등 저임금(Mini-Job 종사자의 71%, 파견근로자의 2/3가 저임금근로자로 추산), 불안정고용 계층이 크게 증가한 것으로 나타나고 있다. 다시 말해, 독일에서 현재 저임금 근로자의 비중이 23.8%에 달하고 있는데 2011년 현재 610만 명이 최저임금이하에 일하고 있는 것으로 추정되고 있으며 그 가운데 290만 명은 6유로 이하에서 일하고 있는 등 저임금 근로층이 확대되었다. 이러한 저임금 근로층의 만성화는 독일사회시스템의 통합성 기능을 약화시키고 독일모델의 기반을 약화시키는 것이라 할 수 있다. 반면, 저숙련 근로자의 '고용가능성(Employ-ability)' 제고를 위한 Hartz법의 효과는 달성되지 못한 것으로 평가되고 있다.

다른 한편에서는 단체협약 적용률이 하락하여 2012년 현재 구 서

표 6. 독일 가족정책의 GDP의 비중 및 분배

	현금급여	현물급여	조세경감	전체
영국	2.46	1.38	0.38	4.22
프랑스	1.44	1.76	0.78	3.98
스웨덴	1.58	2.17	0.00	3.75
덴마크	1.63	2.27	0.00	3.90
독일	1.16	0.89	1.01	3.07
이탈리아	0.78	0.80	0.00	1.58
미국	0.11	0.59	0.52	1.22
OECD 평균	1.41	0.94	0.28	2.61

출처: Bosch(2014: 153).

독지역의 경우 단협적용률은 60%, 구 동독지역은 48%에 머물고 있다. 반면에, 서비스노조를 제외한 대부분의 노조들이 단체협약의 노사자치를 약화시킨다는 이유로 반대해 온 법정 최저임금제도(Mindestlohnsystem)는 그 입법화가 추진되어 2015년부터 시행되고 있다. 기타, 복지제도에서 사회서비스부문 아동정책과 관련 2007년부터 14개월 유아휴직기간이 도입되었고, 가족수당은 GDP의 5%에 달하고 있어 보육과 육아지원강화와 비용증가현상으로 인하여 '가족정책의 딜레마'에 처해있는 것으로 평가되고 있다.

건강보험의 경우 노사 '동등비율원칙'이 무너지고 노동자가 더 많은 비율로 노사가 각기 8.2% : 7.3%를 부담하고 있으며, 민간보험 가입자가 1970년 420만 명에서 2011년에 900만 명으로 증가하는 추세를 보이고 있다. 한편, 장기요양보험의 경우 보험료율을 총보수의 1%로 하고 있는데 증가하는 노인 요양과 돌봄의 수요로 인하여 보험제도의 지속가능성이 현재 논란이 되고 있다. 이러한 독일 사회적 안전망의 다양한 위험

표 7. 1990년 이래 독일 모델의 주요 변화와 결과

	변화의 추동자	변화	결과
임금확정 체계	감소하는 노동비용; 증가하는 경쟁력과 외부유연성	산별교섭의 침식; 산업최저임금의 도입; 강한 노조가 있는 산업에서 단협의 현대화; 근로시간유연성 증가(예: 근로시간계좌제)	단체협약 적용감소; 저임금부문 급속한 증가; 빈곤률 증가; 12개 산업에서 창출된 임금 floor; 위기시 정리해고를 피하는 중요한 요소 근로시간계좌제
노동법	외부유연성 증가와 노동비용감소	파견근로 규제완화; 미니잡 규제완화	파견근로자에 대한 동일임금규정 이탈은 예외가 아닌 규칙; 단일직업(mono-jobs)에 대해 동일임금규정 강행 안함
근로자참여	노동조합 및 직장평의회와 협상회피	직장평의회가 없는 중소기업으로 외주화; 공격적인 노조와 직장평의회 파열의 증가	직장평의회가 없는 회사에서 단체협약과 노동법 강제 적용이 약함
고용/노동시장	직업훈련의 현대화; 직업을 받아들이도록 하는 실업자에 대한 압력 증가; 재정위기시 사회적 긴장을 회피, 인적자본보호	직업훈련의 급속한 현대화; 실업자에 대한 압력의 증가(하르쯔 법령); 조업단축을 통한 내부유연성 촉진	좋은 직업을 위한 접근에 요구되는 직업훈련; 저임금직업에서 전직 증가; 2008년 중견 및 대기업부문 해고없음
복지체제/ 사회적보호	새로운 수요에 대한 대응; 특히, 노인돌봄, 아동보육; 노인돌봄에 대한 지자체의 경감; 인구학적 변화로 인한 노령연금보험의 재정문제; 사용자를 위한 노동비용감소; 민간 은행 및 보험회사의 지원	새로운 장기요양제도의 도입; 조기퇴직의 폐지와 퇴직연령 67세로 점진적 상향조정; 연금수준의 감소와 비 법정 보조 민간연금의 도입; 의료와 장기요양보험의 비용절감 예산규칙; 의료보험 공급자간 위험의 균등화	지자체 비용경감; 노령근로자 고용률 증가; 표준연금 실질감소; 미래연금빈곤 위험증가; 예산규칙의 결과 특히 노인돌봄에서 서비스질의 감소; 사업주 노동비용 감소(낮은 부담); 의료보험제도 재정안정화
가족정책	여성고용 선호의 변화; 현대화된 가족모델에 대한 유권자 지지의 증가, 그러나 여전히 남성소득자모델에 대한 강력한 지지	아동보육시설과 전일제학교의 증가; 소득비례 육아휴직수당도입; 자녀를 공적 아동보육시설에 보내지 않는 부모에 대한 아동보육지원 증대	젊은 부모의 일과 가족생활의 균형개선, 그러나 폭넓은 지역적 차이를 감안; 주변적 파트타임보다 기혼여성의 일에 대한 여전한 강한 탈동기부여

사회적대화; 인정과 사회적 파트너참여증가	사회적 대화를 강조하 는 정부의 우선권의 변 화	2002년 폐지된 적녹연 정에 의해 도입된 고용 을 위한 연대; 재정위기 시 중앙단위 사회적 대 화의 재활성화	아젠다 2010동안 사회 적 대화의 역할감소(하 르쯔법); 전국수준에서 정규의 그러나 형식화 되지 않은 사회적 대화
공공서비스 역할과 보편적 이익의 서비스	공공서비스의 민영화에 대한 EU지침의 이행; '부채브레이크'를 통한 비용절감 압력을 높은 수준에서 유지; 공적설 비 통제의 반환; 저임금 부문의 외주화감소	공공부문 고용의 감소; 공적서비스 민간공급자 에 개방 및 많은 서비스 민영화; 조세감면 재정 지원 예산삭감; 많은 도 시와 구의 공적시설의 재 지자체화	1991년과 2012년 사 이 32%까지 감소된 공 공부문고용; 공공부문 투자 감소-2005년 이 래 마이너스 순투자감 소; 재 지자체화를 통한 지역경제의 강화
지역결속/발전	재정균등화 체계와 독 일복지체계로의 (구)동 독지역의 통합; (구)동 서독지역간 생활조건과 생산성의 균등화	독일 '주'간 두개의 연대 협약; 독일통일로 발생 한 추가비용에 의해 정 당화된 소득, 자본, 법 인세에 대한 연대세 도 입	2019년까지 구 서독지 역에서 구 동독지역으 로 높은 (재정)이전률; 마이너스 순국가투자 (주로 지자체들); 지역 적 차이 증가; 일부 구 서독 지자체들 예산문 제 적극 대처 않음

출처: Bosch(2014: 159-160).

요인들은 현재 독일 사회국가 모델이 봉착하고 있는 주요한 새로운 도전
요인들이다. 독일의 사회국가는 이러한 노동시장과 복지제도의 개혁요
소들에 대한 해법을 찾아가며 독일모델의 미래 지속가능성을 담지해나
가는 데 새로운 대응능력을 보여 줄지는 두고 볼 문제이다. 그러나 전후
오랜 기간 확립되어 온 이른바 '내포적 비스마르크 모델'은 점차 '배제적
비스마르크 모델'로 이동하는 경향을 보이고 있으며 그럴수록 산적한 사
회적 과제의 해결을 위하여 사회국가의 '지속가능성'은 도전에 직면해
있다.

4. 결론: 독일 사회국가의 도전과 과제

본고에서는 독일의 사회국가의 개념과 역사적 발전과정 그리고 최근에 직면하고 있는 안팎의 도전요인들에 대하여 살펴보았다. 제한 없는 무조건적인 자유시장경제가 성장과 복지 그리고 사회적 보장을 약속한다고 믿는 자유시장경제 모델은 오늘날 고용과 성장의 분리, 소득분배 등 사회적 불평등의 심화, 양극화되는 일자리의 질은 물론 경제적 성과 면에서도 성공적이지 못하며 효율적이지 않다고 비판되고 있다. 그러나 독일은 '사회국가'의 역사적 발전과정 속에서 '사회적 시장경제' 체제라는 독자적인 모델을 발전시켜왔고 이것은 자유시장경제와 비교되는 '조정시장경제(coordinated market economy)'로서 '자본주의 다양성(Varieties of Capitalism)' 모델의 대표적인 국가로 분류된다. 이러한 독일 사회국가는 ① 19세기 이래 후발산업화 과정을 경험한 나라로서 ② 20세기 들어 중간에 전간기에 민주정으로 이행하면서 자유주의적 바이마르공화국의 짧은 과도기를 거쳐 두 번의 세계대전을 전후하여 '전체주의'의 정치적 극단과 패전의 결과, ③ 전후 의회와 정당민주주의 그리고 시민 민주주의발전과 꾸준한 학습과정 등을 공유하며 발전해 온 독자적인 '역사적 경험'에 근거하고 있다. 그 특성은 또한 ① 산업조직과 생산능력에 기반한 '사회경제발전의 수준', ② 연방제와 분권화 그리고 비례대표제, 의회민주주의 등 '정치체제'와, ③ 핵심 경제주체의 조직화와 동원능력 등 '사회적 세력관계' 그리고 ④ 정책 주체에 의해 '전략적으로 선택된 정책의 결과' 등 복합적 요인에 기인한 것이라 할 수 있다.

　　이런 독일 사회국가의 발전과 한계 그리고 최근의 도전 요인은 지극히 '경로의존적(path-dependent)'인 것이라 할 수 있다. 이러한 독일 사회국가 모델의 경로의존성은 다시 ① '사회적 시장경제(Soziale

Marktwirtschaft)', ② '법치국가성(Rechtlichkeit)'과 높은 수준의 '법제화(Verrechtlichung)', ③ 복지나 경제체제의 운용에 있어서의 '국가의 개입과 적극적 조정역할(Steuerungsstaat)', ④ 사업장과 산별로 이원화되어 있는 '이중구조(Dualstruktur)의 노사관계', ⑤ 독립적인 '연방중앙은행(Bundesbank)'제도, ⑥ 포괄적 적용과 높은 자치를 누리는 '단체협약제도(Tarifautonomie)', 그리고 ⑦ 참여와 협력 그리고 책임의 원리에 입각한 사업장 수준에서의 '직장평의회(Betriebsrat)'와 기업경영에의 참여를 보장하고 있는 '공동결정권(Mitbestimmung)'제도 등에 기인하고 있다는 점을 분석하였다.

　　독일 사회국가의 이런 주요 요소들은 최근 글로벌 경제위기시 돋보였다. 하나의 대표적 사례로 2008~2009년 글로벌 경제위기시 독일은 선진경제를 강타한 산업생산의 축소와 경제성장의 둔화로 인해 똑같이 고용의 위기를 맞았다. 그런데 독일은 독자적인 제도적 기반 위에 사회적 주체들의 능동적 대응을 통하여 이러한 위기를 상대적으로 효율적으로 극복하였다. 즉, 이 시기 독일 사회국가는 자유시장적 구조조정과 달리 1차적으로 노사간 '근로시간단축(Arbeitszeitverkuerzung, working time reduction)'을 통하여 고용의 위기에 대응하고, 2차적으로 근로자의 절반이상이 참여하고 있는 '근로시간계좌(Arbeitszeitkonto, working time account)'를 통하여 개별적으로 근로시간단축에 따른 소득단절을 상쇄하고, 마지막으로 높은 수준의 제도화로 사회법상 제95~109조에 상세히 법제화되어 있는 '조업단축지원금제도(Kurzarbeitergeld, short working time fund)'를 통해 1/2근로시간단축과 이로 인한 소득상실의 2/3까지 보전을 전 산업에 순차적이고 전면적으로 활용하는 방식으로 체계적으로 고용의 위기에 대응하였다. 동시에 독일 사회국가는 경제위기 시에 사회법상 6개월 한시적으로 제도화되어 있는 '조업단축지원금'

을 경제주체들의 사회적 대화를 통하여 최대 24개월까지 연장하며 위기에 효과적으로 공동 대응하는 유례 없는 국가적 대응 능력을 새롭게 보여주었다(Burda and Hunt 2011).

이런 점은 오늘날 독일이 거시적인 경제조정정책을 지향하던 70년대와는 다르다 하더라도 여전히 사회국가의 다양한 기제를 활용한 사회 및 경제정책적 조율능력을 보여주고 있다는 점이다. 이러한 독일 사회국가 모델은 역사적 경험에 근거하여 농축된 제도화의 결과가 표출된 것이라 평가할 수 있으며 그것이 우리에게 다음과 같은 시사점을 주고 있다.

첫째, 독일 사회국가와 사회적 시장경제 체제의 발전은 내외의 도전 속에서 반복된 시행착오, 지속적인 좌절과 응전과 함께 끝없이 단련되어 온 '사회적 학습'의 결과이다. 다시 말해, 독일 사회국가의 발전은 그것이 갑작스럽게 주어진 것이 아니라 이 나라의 후발 산업화, 다른 나라에 비하여 중립적 조정자로서 국가를 상정하는 국가주의적 전통, 영미나 프랑스와 달리 성공적인 시민혁명을 겪지 않고 보수주의적 지배계층에 의한 사회통합 전략, 전간기 바이마르 공화국의 과도기, 이후 파멸로 치달은 전체주의적 극단주의, 이후 패전과 함께 밖으로 강요된 분단구조 하에서 냉전체제의 핵심 보루로서 전후 확립된 시민민주주의 확산과 함께 복지국가가 안정기와 개편기, 그리고 통일이라는 전례없는 사회통합의 과제 등, 지속적인 도전요인들 속에 형성되어 온 '장기적 투쟁과 갈등의 결과'라는 점이다.

둘째, 독일 사회국가와 독일 사회적 시장경제 모델의 발전은 경제주체들 간의 사회적 대화에 대한 지속적인 학습과 민주적 토론의 결과라는 점이다. 즉, 이것은 주기적으로 정권교체기에 슬로건처럼 등장하는 일거에 노동과 복지, 경제성장 등 모든 문제의 해결을 기대하는 이른바 선언적 '사회적 대타협' 구호와 다른 것이다. 오히려 ① 상시적으로 작동하는

의회민주주의와 정당체제의 발전, ② 그 기반 아래 적극적 개입국가이
자 효율적인 공급자로서 국가의 균형잡힌 사회·경제정책의 추구, ③ 사
업장 수준·산별 수준의 공동결정 및 공동협의과정과 거시적인 정책결정
과정에서 주요 경제주체들의 민주적 참여가 다양하게 보장되는 틀 속에
서 가능했던 것이다. 즉, 이것은 반복적인 민주적 토론과 타협구조 발전
의 결과이며, 따라서, 꾸준한 '제도화와 주체들의 전략적 선택의 결과'라
할 수 있다.

셋째, 독일 사회국가와 사회적 시장경제 체제의 발전은 국민경제 규
모의 크기나 대외경제 체제에 의존하는 정도에 반드시 비례하지는 않았
다. 예를 들어, 독일의 경제체제는 세계 4위 규모임에도 가장 개방적인
경제체제로 글로벌 개방경제 하에서도 역사적으로 발전되어 독자적으
로 구축된 토대 위에 역사적으로 형성 발전하여온 '사회국가의 병존하는
생존능력'을 보여주고 있다. 적정 경제규모, 대외의존성 정도, 능동적 국
가의 역할, 민주적 의사결정구조 등은 사회국가 성공의 필요한 요건들이
며, 민주적 시장경제(democratic market economy)와 사회적 정의나 사
회통합(social integration)의 실현은 사회국가 발전의 충분조건이라고
할 수 있다. 그것은 중요한 '사회적 선택'(social choice)의 결과이다.

결론적으로 오늘 독일 사회국가의 성공이나 사회적 시장경제 모델
은 바로 이러한 역사적 경험과 법·제도적 기본 틀의 구축 그리고 학습과
토론을 통한 사회적 합의를 추구하는 민주적 대화의 구축 능력과 타협
의 결과라 할 수 있다. 이는 경제적 위기시 만이 아니라 평상시에 상시적
으로 기능하는, 예방적인 정책적 토대가 될 것이다. 그간의 성공에도 불
구하고 오늘날 독일 사회국가는 전술한 바와 같이 내부적으로 소득분배
의 악화, 저임금 노동자의 증가 등 노동시장 양극화, 사회보장 안전망의
약화 등 많은 과제를 안고 있다. 독일의 사회국가모델이 전후 성공적인

복지국가의 황금기 이후 유럽통합과 세계화라는 파고에 나름의 능동적인 대응력을 보이며 발전해 왔었다. 무엇보다 1990년대 이후 통일이라는 누구도 준비되지 않았던 상상하기 힘든 도전과 사회적 과제를 국외자의 시각에서 보면 놀라울 정도로 탁월하게 해결해왔다. 그런데, 향후 이처럼 그간 구축된 역사적 전통 속에 새로운 도전과 과제에 직면하여 독일의 '사회국가'가 과연 다시 종전의 '배제적 비스마르크형모델로 회귀'하고 있는지는 주목되고 있다. 독일 사회국가가 이런 도전에 어떻게 또다시 대응해 나갈 것인지가 직접적으로 독일, 나아가 재정위기와 난민과 테러 등 위기의 전체 유럽의 미래, 그리고 전 세계적인 관심사항이 되고 있다. 역사는 어리석은 과거를 반복하는 것인가? 아니면 진화할 것인가? 독일 사회국가의 성공과 한계는 새로운 도전 앞에 서 있다.

참고문헌

뱀버 J. 그렉 외. 2005.《국제비교 고용관계》. 한국노동연구원.

나혜심. 2008.〈독일 사회국가의 기원과 성격〉.《사림》제31호, pp. 321-348.

노호창. 2011.〈고용유지지원금 지급의 요건〉.《노동법학》제40호, pp. 65-137.

도재형. 2008.〈구조조정의 상시화와 고용 법리의 변화〉.《노동법학》제26호, pp. 1-32.

드립부쉬, 하이너·페터 비르케. 2014.《독일의 노동조합 - 조직, 제반 여건, 도전과제》.
    Friedrich Ebert Stiftung FES Information Series 2014-03.

박종희. 2003.〈근로자 경영참가제도의 기본구조와 방향성에 관한 법적 검토〉.《산업관계연구》
    제13권 2호, pp. 117-135.

방준식. 2007.〈독일 공동결정제도의 성립과 발전〉.《법학논총》제24권 제1호, pp. 217-236.

윤영모. 2009.〈경제위기하 유럽에서 국가 및 기업수준 일자리문제 대응 - 미국과 유럽의 일자리
    대응 문제〉.《노동사회》통권 142호.

선학태. 2006.《사회협약정치의 역동성》. 한울아카데미.

양승광. 2014.〈사업주의 고용유지지원금 지급요건에 관한 고찰〉.《사회보장법연구》제3권 제1호,
    pp. 287-314.

이호근·김재원. 2009.《덴마크 일자리 창출방안에 관한 연구》, 한국노동연구원 부설
    고성과작업장혁신센터.

이호근. 2012.〈정리해고 등 기업의 고용조정과 독일의 '조업단축지원금'제도의 고용안정망
    역할에 관한 고찰〉.《노동정책연구》제12권 제3호, pp. 177-214.

전병유 외. 2005.《고용없는 성장에 대한 대응전략연구》. 한국노동연구원.

정이환. 2012.《경제위기와 고용체계 - 한국과 일본의 비교》. 한울.

조성재. 2010.〈일자리 나누기인가 고용조정인가〉.《산업노동연구》16(1), pp. 1-30.

차진아. 2007.〈사회국가의 이념과 그 현실적 한계 - 소득세를 통한 혼인과 가족생활의 보호에
    관한 한국과 독일의 (연방) 헌재 판례를 중심으로〉.《헌법학연구》제13권 제3호, pp. 167-
    211.

ACAS（UK）. 2008. *Lay-offs and short-time working.*

Bispinck, R.（Hg.）. 2007. *Wohin treibt das Tarifsystem?* VSA, Hamburg.

Bosch, G. 2009. *Working time and working time policy in Germany.* Paper prepared for
    the 2009 JILPT International.

＿＿＿. 2014. "The German Welfare State; From an Inclusive to an Exclusive Bismarckian
    Model." In Vaughan-Whitehead（eds.）, *The European Social Model in Times of
    Economic Crisis and Austerity Policies.* ILO.

Burda, M. C. and J. Hunt. 2011. "What Explains the German Labor Market Miracle in the
    Great Recession?" *Brookings Papers on Economic Activity.* Spring 2011.

BVerfG v. 1. 3. 1979 - 1 BvR 532, 533/77 u. a. -, BVerfGE 50, 290ff. + AP. Nr. zu §1

Mitbestimmungsgesetz.

Eichenhofer, E. 2012. *Sozialrecht* 8. Auflage, Mohr Siebeck, Tuebingen.

Esping-Andersen, G. 1990. *The Three Worlds of Welfare Capitalism*. Cambridge.

ETUI Collective Bargaining Newsletter, December 2008.

European Foundation for the Improvement of Living and Working onditions. 2009.
   Europe in recession: Employment initiatives at company and Member State level -
   Background paper.

European Restructuring Monitor. http://www.eurofound.europa.eu/emcc/erm/index.
   htm.

Glassner, V. and B. Galgoczi. 2009. 'Plant-level responses to the economic crisis in
   Europe,' Working paper, ETUI-REHS.

Lee, Ho-Geun. 1994. "Regulationstheoretische Ueberlegungen zur Krise der EG."
   FEGArbeitspapier No.11. Marburg.

Kaufmann, F. X. 2002. *Sozialpolitik und Sozialstaat*. Opladen.

Madsen, P. K. 2005. The Danish road to flexicurity: "Where are we. And how did we
   get there?" In T Bregaard and F. Larsen(eds.), *Employment policy from different*
   angles. Aalborg: CARMA.

OECD. 2011. *Society at a glance 2011*. Paris: OECD.

_____. 2011. *A framework for growth and social cohesion in Korea*. Paris: OECD.

Pedersini, R. 2008. *Flexicurity and Industrial Relations*. EIRO.

Ritter, G. A. 1989. *Der Sozialstaat*. Muenchen.

Schulten, Thorsten. 2012. WSI Mindestlohnbericht 2012-Schwache
   Mindestlohnentwicklung unter staatlicher Austeritätspolitik. *WSI Mitteilungen*
   2/2012

SGB: Sozialgesetzbuch. 2016.

Stettes, O.. 2005. 'IAB publishes study on short-time working.' EIRO 2005.

Zacher, H. F. 1987. "Das soziale Staatsziel." In J. Isensee/P. Kirchhof (Hrsg.), *Handbuch*
   des Staasrechts der Bundesrepublik Deutschland, Bd. 1. 1 Aufl.

제9장

독일 경제체제의 특징과 중소기업

이명헌(인천대학교 경제학과 교수)·원승연(명지대학교 경영학과 교수)

1. 서론

독일은 이른바 '보수주의적 대륙모델' 복지국가로서(옥우석 외 2012: 77), 영미식의 경제 및 복지체제와도 다르고 스웨덴 등 북구국가들의 사민주의적 보편적 복지체제와도 다른 경제체제를 발달시켜 왔다. 독일은 그러한 체제를 1980년대 이래 위기와 일정한 변용에도 불구하고 유지해 왔고, 2000년대 중반 이후 비교적 견조한 경제성장과 양호한 고용성과를 보였으며 특히 2008년 세계적인 경제위기에 대해서도 비교적 강한 복원력을 보여주었다. 이 과정에서 독일의 중소기업은 성장과 고용을 견인하는데 중요한 역할을 하였다.

　　이는 한국의 중소기업 상황과는 대조되는 일이다. 한국은 그동안의 경제개발 과정에서 대기업 중심의 성장 전략을 추진해왔으며, 그 결과 중소기업은 상대적으로 낮은 생산성과 임금을 유지하는 산업구조의 양극화 현상이 진행되어 왔다. 그러나 경제성장에 따라 '규모의 경제' 효과가 저하되고 대기업 성장의 낙수효과가 사라지면서 더 이상 대기업 중심의 성장 전략을 유지할 수 없다는 인식이 확대되고 있다. 이에 따라 고용이나 생산량이라는 측면에서 양적으로 다수를 차지하고 있는 중소기업을 새로운 성장 전략 주축으로서 인식해야 할 필요성이 대두되고 있다. 즉 중소기업의 질적 성장을 통해 양극화를 해소하고 강력한 중소기업 구조를 구축하지 않고는 침체된 경제의 활력을 다시 되찾을 수 없다는 것이다. 이 점에서 독일 중소기업의 상황은 주목할만하다.

　이 글은 독일경제체제의 특징을 생산물 시장, 노동시장, 사회보장, 금융시장, 연구개발 및 혁신활동으로 나누어 살펴보면서, 각 부문에서 중소기업의 위상과 역할이 무엇이고, 이러한 중소기업이 어떻게 독일경제의 견조한 성장의 원천이 되고 있는지를 확인한다. 이 글은 우선 논의의 전제로 독일경제체제의 역사적, 이념적 배경을 간단히 살펴보고(제2절), 독일 경제 거시적 성과의 추이를 개관할 것이다(제3절). 그리고 나서 각 경제제도별로 독일의 특성을 살펴보고, 제도 내에서의 독일 중소기업의 위상과 역할을 분석하여 시사점을 찾아볼 것이다(제4절).

　한 가지 주의할 점은 3절에서 보이는 2000년대 중반 이후의 비교적 좋은 거시경제 성과들이 모두 4절에서 설명되는 체제적 특징의 결과라고 보기는 어렵다는 점이다. 4절에서 설명되는 특징들은 상당부분 2차대전 이후 비교적 안정적으로 유지되고 있는 요소들이다. 그러므로 최근의 좋은 성과를 그러한 지속적 요인으로 설명하는 것은 당연히 논리적으로 설득력이 높지 않다. 단, 4절에서 부분적으로 설명되듯이 이 요소들에는 2000년대 초중반 상당한 변화가 있었고 이것이 2000년대 중반 이후의 좋은 성과에 얼마나 기여했는지에 대해서는 다양한 견해가 존재한다. 2000년대 중반 이후 독일경제의 좋은 성과의 원인으로는 1999년 도입된 EU단일통화 유로화로 인한 독일 마르크화(貨) 평가절상 압력 소

멸, 장기간 높았던·실업률과 협조적인 노조의 전략에 따른 임금인상 억
제, 2002년 시행된 노동시장 개혁(하르츠 개혁) 등을 드는 경우가 많다.
그러나, 이들 요인들의 기여도에 대해서는 논쟁이 존재한다. 이 글은 그
러한 논쟁에 참여하는 것을 목적으로 하지는 않으며, 일단 독일의 경제
체제가 비교적 장기적으로 유지해온 특징이 무엇인지와 그러한 체제 속
에서 중소기업이 어떤 독특한 지위를 가지고 있는지를 개관하는 것을 목
적으로 한다.

2. 독일 경제체제의 역사적, 이념적 배경

1) 역사적 조건

역사적으로 볼 때, 독일은 서구 국가 중에서는 산업화가 늦게 시작되었
고, 권위주의적 프로이센 국가권력 주도로 근대화가 이루어졌으며, 19세
기말 복지체제도 그러한 기획의 일부로 도입되었다는 특징이 있다. 정치
적으로 보면, 산업화 과정에서 저변이 넓은 노동조합과 사회주의 정당
(SPD)이 형성되어 전자는 강력한 산별노조 체계를 통해서, 후자는 2차
대전 후 마르크스 주의와 결별한 후의 대중정당화를 통해서 정치경제 체
제에서 강력한 영향력을 가지게 되었다. 다른 한편의 중요한 정치적 흐
름으로 기독교민주주의(Christdemokratie)를 들 수 있는데, 이것은 사
상적으로는 기독교 사회사상을 바탕으로 하여 가족, 학교, 지역사회 등
각종 공동체의 자치를 중시하며, 빈곤에 대한 자발적, 자치적 조직에 의
한 구제를 강조하고 국가권력의 확대에 대해서 부정적이다. 제2차 세계
대전 이전에는 카톨릭 세력에 기반한 중앙당(Zentrumspartei)이 기독

교민주주의를 대표하는 정당이었으나, 제2차 세계대전 후 종교적으로는 관용적이고 자유주의와 보수주의를 포괄하는 기독교민주연합(약칭 기민련: CDU)가 출현하여 매우 넓은 지지기반을 가진 대중정당으로 자리잡았다.

제2차 세계대전 이후 서독에서는 정치적으로는 바이마르 공화국 시대와 달리 좌우 중도 정당들을 중심으로 한 연립정부가 안정적으로 운용되었고, 각 주의 자율권이 상당히 존중되는 연방제가 모범적으로 정착되었다. 두 개의 대중정당, 즉 중도우파 기민련(CDU)/기사련(CSU)과 중도좌파 사민당(SPD), 그리고 두 개의 소수정당, 즉 자유주의 성향의 자민당(FDP), 녹색당(die Grünen)이 연방과 주정부에서 다양한 조합으로 연정을 형성하면서 타협적인 정치문화가 자리잡았다.[1]

이러한 정치적 배경과 20세기 초반부터 내려온 '경제민주화' 및 종업원평의회 운동의 전통, 그리고 제2차 세계대전 후 독일에서의 군국주의 국가 부활 차단을 위해 미국이 추진한 정책이 결합하여 다른 자본주의 국가와 여러 면에서 구별되는 경제체제가 형성되었다('라인형 자본주의'). 뒤에서 살펴보겠지만, 그 체계의 핵심적 요소는 강력한 반독점규제, 산별노조에 의한 임금교섭, 기업차원에서의 노동자와 경영진의 공동결정제도(Mitbestimmung), 현장밀착형 산업인력 양성체계, 임금에 기반한 사회보험 중심의 복지체계, 민간 은행 이외에 공공은행과 협동조합 은행의 발달, 공공연구소를 매개로 하는 산학연 연계에 의한 혁신체계 등으로 정리할 수 있다.

1　연방정부는 CDU/CSU-FDP 보수연정(1949-1966), CDU/CSU-SPD 좌우대연정(1966-1969), SPD-FDP 사민-자민연정(1969-1982), CDU/CSU-FDP 보수연정(1982-1998), SPD-녹색당 좌파연정(1998-2005), CDU/CSU-SPD 좌우대연정(2005-2009), CDU/CSU-FDP 보수연정(2009-2013), CDU-CSU-SPD 좌우대연정(2013-)을 거쳐왔다.

2) 이념과 구호로서의 '사회적 시장경제(Soziale Marktwirtschaft)'

'사회적 시장경제'는 제2차 세계대전 이후 독일의 경제체제 및 정책의 대전제가 되는 '이념' 또는 '구호'이다. 이 이념의 형성에는 이른바 질서자유주의자들과 제2차 세계대전 이후 서독의 경제체제를 구축한 실용주의적 경제관료들과 보수정당인 기민련이 기여했다. 대공황과 나치 계획경제의 폐해를 체험한 독일 경제학자 오이켄과 뢰프케 등은 1930~1940년대에 자유방임 경제와 관료에 의한 계획경제의 폐해를 극복할 경제체제의 요소를 이론적으로 탐구했다. 그들은 시장경제에는 '자기파괴적'인 경제력 집중, 공공복지를 압도하는 사적이익의 지배 경향이 있다고 보고 경쟁시장을 창출하고 유지하기 위한 국가의 개입을 필수적이라고 인식하였다(Zinn 1992: 27). 이 중 오이켄은 정부의 필요한 역할을 경쟁의 보장으로 좁게 본 반면, 뢰프케는 경기변동에 대응한 화폐, 재정 정책의 필요성도 인정하였다(Zinn 1992: 27). 이러한 질서자유주의의 전통을 이어받은 밀러-아르막은 제2차 세계대전 후 1946년 '사회적 시장경제'라는 표현을 처음으로 사용하면서 시장경제와 사회정의를 조화시키는 체제를 신생 서독의 경제체제의 원칙으로 제시하였다(Zinn 1992: 35). 교수 생활 후 연방경제부의 고위직을 맡은 그는 신생 독일의 경제체제로서 계획경제를 배척하고, 시장경제가 희소한 자원을 효율적으로 배분하고 경제주체들의 노력과 혁신을 유도하는데 유용한 수단임을 인정하였다. 그러나 동시에 시장 메커니즘이 비효율적 또는 비(非)사회－윤리적 결과를 가져오는 영역들을 폭넓게 인식했고 그것에 대응하기 위해서 경쟁 촉진 이외에도 지역경제구조, 사회보장, 건설 및 주거, 대외, 화폐, 신용, 경기조절 등을 정부의 개입이 필요한 분야로 인정하였다(Zinn 1992: 37).

실제 정치의 장에서 '사회적 시장경제'는 서독 초기 시장지향적 중도우파 정당 기민당(CDU)이, 당시 상당히 대중적 인기가 있던 계획경제지향에 맞서는 정치적 구호로 사용하였다. 뮐러-아르막이 근무했던 연방경제부의 장관이었던 루드비히 에하르드는 점령군정기의 가격통제 폐지로부터 시작하여 유럽통합, 대외개방에 이르기까지 시장주의적 신념에 입각한 정책을 추진하였고, 그로부터 얻어지는 경제적 성과를 기민당은 '사회적 시장경제'라는 용어를 이용하여 마케팅하였다. 이 용어는 앞에서 언급한 뮐러-아르막의 태도에서도 볼 수 있듯이 질서자유주의자들의 주장보다는 훨씬 실용주의적 태도를 나타내는 것이었으며, 따라서 개념의 모호성으로 비판을 받기도 하였다. 그러나 전후 서독 경제의 부흥과 복지체계의 구축 과정 속에서 '사회적 시장경제'는 프랑스에 비해서 훨씬 자유주의적이면서도 영미의 경제체제와는 구분되는 복지체계를 가지는 독일경제체제를 지칭하는 표현으로 확립되어 갔다.

중도좌파 사민당(SPD)은 처음에는 사회적 시장경제라는 표현을 사용하지 않았고 '민주적 사회주의'나 '경제 민주주의'라는 구호로 맞섰으나, 1990년대에 들어서는 이 표현을 수용하였다. 사회적 시장경제의 이념은 헌법에 명시되어 있지는 않으나 기본권, 경제활동 관련 법규들이 그러한 방향을 지향하고 있으며, 1990년 동서독 통일의 법적 기초가 된 '통화경제사회연합 창설조약'에 경제질서의 원칙으로 명시되었고 중요한 정당들이 모두 이 이념의 중시를 표방하고 있다(옥우석 외 2012).

3. 독일경제 개관과 중소기업

1) 독일경제의 개관

독일의 인구는 2013년 기준 8,077만 명, GDP는 3조 7,465억, 1인당
GDP 46,386달러로 각각 우리나라의 1.61, 2.88, 1.78배 이다. 이 중에서
도 인구는 남북한 인구와 비슷하다. 이 점은 통일이후 우리 사회경제의 모
습을 구상할 때에 독일이 참고가 될 수 있는 하나의 근거가 되기도 한다.

제2차 세계대전 후 서독은 1960년대까지 고도성장, 물가안정, 그리
고 완전고용을 보이는 우수한 경제 성과를 보여주었다. 그러나 1970년
대에 전세계적인 석유위기와 경제구조 조정이 진행되면서 경제지표가
다소 악화되었고, 1980년대 성장과 물가는 크게 악화되지 않았으나 실
업문제가 심각해졌다. 특히, 1990년 통일 이후 저성장과 고실업의 문제
가 계속되었다.

그러나 2000년대 중반 이후로는 사회보장과 노동시장정책의 개혁,
유로권의 형성, 세계경기의 호전이 맞물리면서 성장률도 상승하고 실업
률도 지속적으로 하락하였다. 특히 고용상황이 크게 개선되고, 2008년
세계경제위기의 충격 속에서도 좋은 고용성과를 보여줌으로써 주목을
받고 있다. 수출이 급격히 확대되면서 경상수지가 크게 흑자를 내고, 정
부의 수지도 호전되어 재정건전성도 개선되었다.

독일의 산업구조를 보면 다른 OECD 국가들에 비해 제조업의 비중
이 매우 높다. 2013년 부가가치 중 제조업 비중이 22.6%로 한국(33.5%)
보다는 낮지만 미국, 프랑스는 물론, 일본, EU 국가평균보다 훨씬 높다.
반면, 서비스 산업의 비중이 상대적으로 낮으며 특히 금융, 부동산, 임
대, 사업 서비스 등의 비중은 22.3%로 한국(19.5%)보다는 높지만, 미국,

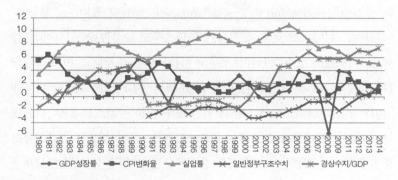

그림 1. 독일의 거시경제지표 (1980~2014)
출처: World Economic Outlook Database 2015.

프랑스 등보다 훨씬 낮다.

독일경제의 또 하나 중요한 특징은 경제규모가 큰 선진국으로서는 예외적으로 수출입의 의존도가 높다는 것이다. 〈표 2〉에서 보듯이 독일의 2013년 대외 의존도는 85%로 한국(102.8%)에 비해서는 낮지만, 인접한 프랑스나 일본, 미국에 비해서는 매우 높다.

독일의 경제규모 중 정부부문이 차지하는 비율은 일반정부[2] 지출기준으로 45% 수준으로 EU 평균이나 프랑스보다 낮지만 일본이나 미국에 비해서는 높다. 그러나 재정수지와 국가부채는 프랑스, 일본, 미국에 비해서 양호하다.

독일의 정부지출 구조를 보면 사회보장 관련 지출이 GDP의 21.2%에 달하여 EU국가의 평균을 상회하고 그 외 분야의 비중이나 비율이 낮다는 점이 특징적이다.

최근 독일의 경제적 성과 중 주목할 만한 점은 노동시장에 있다. 독일의 노동시장은 전후 급속한 경제시장의 시기에는 노동시장이 거의 완

2　중앙정부와 지방정부 그리고 사회보험을 합한 개념

표 1. 독일과 주요국가의 산업구조(부가가치 기준, 2013년, 단위: %)

산업	독일	프랑스	EU-28	한국	일본	미국
농림수산업	0.8	1.6	1.7	2.3	1.2	1.5
2차산업(건설업제외)	25.8	13.9	19.3	33.5	20.4	16.8
2차산업 중 제조업	22.6	11.3	15.5	31.0	18.6	12.4
건설	4.5	5.9	5.3	4.9	6.0	3.8
도소매,교통,숙박,음식점	20.2	22.5	23.7	19.0	25.0	21.9
금융,부동산, 임대,사업 서비스	25.9	30.0	27.0	20.8	16.3	30.4
기타	22.3	26.0	22.9	19.5	31.3	25.7

자료: stats.oecd.org(2016.5.14.)

표 2. 독일과 주요국가의 GDP 대비 경상수입, 수출의 비율(단위; %)

국가	수입	수출	합계
독일	39.5	45.5	85.0
프랑스	30.4	28.5	58.9
EU-28	40.3	42.9	83.2
한국	48.9	53.9	102.8
일본	19.0	16.2	35.2
미국	16.6	13.6	30.2

자료: stats.oecd.org(2016.5.14.)

표 3. 독일과 주요 국가의 일반정부 규모(GDP 대비, 단위: %)

항목	독일	프랑스	EU-28	한국	일본	미국
지출	44.5	56.9	49.1	31.8	42.5	38.8
순 대출	-0.1	-4.0	-3.3	1.3	-7.7	-5.3
부채	81.6	110.1	..	50.6	239.8	123.9

자료: stats.oecd.org(2016.5.14.)

전고용에 가까웠으나 1970년대 경제위기 이래 그리고 특히 1990년의
통일 이후 실업률이 높아지고, 독일 경제체계 전체에 심각한 문제를 불

표 4. 독일의 정부(일반정부)지출 항목별 GDP대비 비율(2009년, 단위: %)

	합계	일반 공공	국방	치안	경제	환경	주거	의료	문화	교육	사회 보장
EU-27	51.0	6.7	1.6	1.9	4.5	0.9	1.1	7.5	1.2	5.6	20.0
(비중)	(100)	(13.1)	(3.1)	(3.7)	(8.8)	(1.8)	(2.2)	(14.7)	(2.4)	(11.0)	(39.2)
독일	48.1	6.2	1.1	1.6	3.9	0.8	0.7	7.3	0.8	4.3	21.2
(비중)	(100)	(12.9)	(2.3)	(3.3)	(8.1)	(1.7)	(1.5)	(15.2)	(1.7)	(8.9)	(44.1)

*괄호 안은 정부지출 대비 비율
출처: Eurostat (옥우석 외 2012에서 재인용)

표 5. 독일, 한국, 미국의 노동참가율, 실업률, 장기 실업자 비율(단위: %)

연 도		2000	2005	2006	2007	2008	2009	2010	2011	2012	2013	2014
15-64세 노동참가율	독일	71.3	74.2	75.5	76.2	76.6	77.1	77.3	78.3	78.4	78.9	79.2
	미국	77.1	76	76.1	76.2	76.2	75.5	74.8	74.1	74.5	74.4	..
실업률	독일	7.8	11.2	10.3	8.7	7.6	7.8	7.1	5.9	5.4	5.2	5
	한국	4.4	3.7	3.5	3.2	3.2	3.6	3.7	3.4	3.2	3.1	3.5
	미국	4	5.1	4.6	4.6	5.8	9.3	9.6	8.9	8.1	7.4	6.2
실업자 중 1년 이상 실업자	독일	51.5	53	56.4	56.6	52.6	45.5	..	..	..	..	..
	한국	2.3	0.8	1.1	0.6	2.7	0.5	..	..	..	..	..
	미국	6	11.8	10	10	10.6	16.3	..	..	..	..	..

자료: stats.oecd.org(2015.11.29).

러 일으키기에 이르렀다. 그러나 2000년대 중반 이래 일련의 노동시장
개혁이 이루어지고, 유로의 발족으로 인하여 대외경제조건이 유리해지
고, 제조업 분야에서의 경쟁력이 유지, 강화됨에 따라 노동시장 상황이
주목할 정도로 개선되었다.

　우선, 고용율과 실업률이 눈에 띄게 개선되었다. 고용율(피고용인/
인구)은 2000년 71%으로 미국보다 낮았으나 꾸준히 상승하여 2014년

표 6. 독일, 한국, 미국의 청년실업률(%)

연 도		2000	2005	2010	2011	2012	2013	2014
20- 24세	독일	8.6	15.4	9.3	8.0	7.7	7.6	7.4
	한국	9.9	9.9	9.4	9.4	9.0	9.2	10.2
	미국	7.2	8.8	15.5	14.6	13.3	12.8	11.2
	OECD	11.4	12.4	15.2	14.9	14.9	15.0	13.9
25- 29 세	독일	6.9	12.5	8.4	6.9	6.5	6.7	6.1
	한국	6.0	6.4	7.0	6.5	6.6	7.1	8.3
	미국	4.1	5.8	10.9	10.3	8.9	8.1	7.2
	OECD	7.5	8.4	10.6	10.2	10.2	10.4	9.7

자료: stats.oecd.org(2015.11.29).

79%로 미국을 앞질렀다. 실업률은 2005년 11.2%로 미국의 5.1%의 두 배 수준이었으나, 지속적으로 하락하여 2014년 5%로 미국보다 낮아졌다. 단, 실업자 중에서 장기 실업자의 비율이 높다. 전체 실업자 중 1년 이상 실업자의 비율은 2000년대 후반에 전반적 고용상황의 개선과 더불어 그 비율이 상당히 감소하였지만 여전히 매우 높은 편이다. 노동시장 성과 중 독일의 두드러진 특징은 청년실업률이 낮다는 점이다. 2005년 20~24세 연령층의 실업률이 15.4%였으나 지속적으로 낮아져서 2014년 7.4%가 되었으며 이는 OECD 국가 중 가장 낮은 수준이다.

2) 독일경제와 중소기업

독일의 중소기업은 특히 고용과 직업훈련에서 중요한 비중을 차지하고 있다. 정책적 논의에서는 보통 고용규모 500인 미만의 기업을 중소기업으로 정의하는데, 이러한 중소기업은 독일 기업수의 99.6%, 고용의

60.0%, 직장내 직업훈련의 약 83%, 부가가치의 56%, 매출액의 35%를 점하고 있다(〈표 7〉).

특히 최근의 독일 고용 증가는 〈표 8〉에서 알 수 있듯이 중소기업을 중심으로 이루어지고 있다.

표 7. 독일경제에서 중소기업의 비중

항 목	전체기업	중소기업	중소기업비중(%)
기업 수(백만)(주1)	3.66	3.65	99.6
매출(십억유로)(주1)	6,096	2,149	35.3
사회보험의무 고용자 (백만 명)(주2)	27.72	21.90	79.0
직장내 직업훈련(백만 명)(주2)	1.54	1.27	82.2
부가가치(주1)			56.5

주: 1) 중소기업 정의는 고용자 수와 매출액 규모를 결합. 2012년 사업체 등록 기준
　　2) 중소기업 정의는 고용자 수 기준(500인). 2013년 고용통계 기준
　　3) 중소기업 정의는 매출액 기준. 2012년 기준 IfM 추정치.
자료:http://www.ifm-bonn.org/statistiken/mittelstand-im-ueberblick/#accordion=0&tab=1(2016.5.14).

표 8. 기업규모별 고용자 수의 증감(2001~2009년 사이)(단위: %)

		미소(微小)	소기업	중기업	중소기업전체	대기업
증가(A)	소계	101.7	47.1	46.4	62.9	34.0
	진입기업	58.4	25.2	24.8	34.8	17.5
	기존기업	43.3	21.9	21.6	28.1	16.5
감소(B)	소계	-55.7	-49.2	-43.9	-49.3	-35.3
	퇴출기업	-21.6	-19.0	-16.3	-18.8	-16.3
	기존기업	-34.1	-30.2	-27.6	-30.5	-19.0
순증(A+B)		46.1	-2.1	2.5	13.6	-1.2

자료: IfM(2013) "Der nachhaltige Beschätigungsbeitrag von KMU"

　　제조업 고용이 감소하고, 서비스업 고용이 증가하는 과정에서 중소
기업의 경우 제조업 고용 감소 정도는 대기업에 비해서 완만하고, 서비
스업 고용 증가는 대기업에 비해서 더 빠르다.

표 9. 업종별, 기업규모별 고용자 수의 증감(2001~2009년, 단위: %)

분야		제조업		서비스업							
				서비스 전체		유통		기업 서비스		기타 서비스	
기업 규모		중소	대기업	중소	대기업	중소	대기업	중소	대기업	중소	대기업
증가		40.5	23.6	78.4	42.3	61.7	38.8	84.0	42.2	127.9	46.7
	진입	22.3	13.7	43.5	20.3	33.8	16.1	47.2	16.8	71.2	28.6
	기존	18.2	9.9	34.9	22	27.9	22.7	36.8	25.4	56.7	18.1
감소		-48.9	-36.2	-49.8	-34.4	-40.3	-36.5	-49.1	-35.1	-46.5	-31.2
	퇴출	-19.0	-16.9	-18.7	-15.7	-19.0	-19.0	-18.8	-12.7	-17.2	-14.4
	기존	-29.9	-19.3	-31.1	-18.7	-21.3	-17.5	-30.3	-22.4	-29.3	-16.8
순증		-8.3	-13.4	28.7	7.8	10.6	2.2	34.8	7.0	81.4	15.4

자료: IfM 2013: "Der nachhaltige Beschätigungsbeitrag von KMU"

　　독일의 중소기업과 관련하여 특징은 다른 국가들에 비해서 대기업
또는 규모가 큰 중소기업들의 비중이 상대적으로 높다는 점이다. 독일
의 250인 이상 고용규모의 기업에서 근무하는 근로자의 비율은 53%로
미국(63%)에 비해서는 낮지만, EU 평균(41%)이나, 프랑스, 영국, 스웨
덴에 비해서는 눈에 띄게 높다. 또한 9명 이하 기업에서 근무하는 근로
자의 숫자도 7%로 EU 평균(14%)이나 인접국가에 비해서 낮다. 다만,
10~19명 규모의 기업에서 근무하는 근로자나 그러한 기업이 비율이 다
른 나라에 비해서 높다는 특징을 가진다.

표 10. 기업규모별 근로자 및 기업 수 분포(2012년, 단위: %)

	기업규모(명)	~9	10~19	20~49	50~249	250~
근로자 수 비중	독일	6.9	8.0	7.6	24.5	53.1
	프랑스	13.7	6.9	11.9	23.0	44.6
	스웨덴	12.0	6.7	10.9	22.6	47.8
	일본	7.6	6.0	10.7	23.7	52.0
	영국	9.7	7.6	13.7	27.9	41.2
	미국	5.5	4.9	8.7	17.7	63.2
	EU-28	13.7	8.3	11.7	25.3	41.0
	기업규모(명)	~9	10~19	20~49	50~249	250~
기업 수 비중	독일	62.1	20.0	7.8	8.1	2.0
	프랑스	85.8	6.1	4.7	2.7	0.7
	스웨덴	87.7	5.3	3.9	2.5	0.6
	일본	75.9	10.1	8.1	5.1	0.8
	영국	75.6	10.6	7.7	5.0	1.1
	미국	67.5	13.6	10.7	6.7	1.6
	EU-28	82.1	8.5	5.2	3.4	0.8

자료: IfM 2013 "Der nachhaltige Beschätigungsbeitrag von KMU"

4. 경제제도별 특징과 중소기업

1) 경쟁제한 규제와 기업간 협력

(1) 경쟁제한 규제[3]

독일은 1920년대에 유럽에서 가장 먼저 경쟁제한을 규제하는 제도를 만들었고, 제2차 세계대전 이후 미국의 반독점 제도의 영향 아래에서 강력한 경쟁제한 규제 체제를 발전시켜왔다. 독일의 경쟁제한 규제가 가지는

3　　이 소절에서는 OECD(2004)를 주로 참고하였다.

특징은 수평적 카르텔의 명시적 금지, 행정적 재량보다는 법적 분석에
기초한 제도 운용, 강력한 합병규제 그리고 중소기업 이익의 보호 등으
로 요약할 수 있다(OECD 2004: 6).

　독일에서 이와 같은 경쟁제한 규제 체계가 형성된 배경으로는 첫째,
독일의 거대 카르텔이 나치 정권의 형성 기반이 되었다고 인식한 전승국
들이 전후 독일 체제 형성과정에서 강력한 반독점, 반카르텔 체제를 요
구했다는 점,[4] 둘째, 전후 경제체제를 구성하는데 사상적으로 큰 영향을
끼친 질서자유주의 경제학자들이, 번영과 자유를 위해서 경쟁 체계를 필
수적인 것으로 봄과 동시에 그러한 경쟁 체계는 자유방임에 의해서가 아
니라 법적인 체계(constitutional framework)에 의해서 확보될 수 있다
고 보고, 독점의 해체와 법에 의한 카르텔 금지를 주장했다는 점, 그리고
셋째로 바이마르 공화국 시대 이래부터 전후에 이르기까지 중소기업 세
력들이 경쟁제한 규제에 대해서 정치적으로 지지를 보내었다는 점이다
(OECD 2004: 7; Quack and Djelic 2005: 8). 대기업 단체는 경재제한금
지법 제정에 반대하는 로비를 강하게 펼쳤지만, 제정 추진 세력은 중소
기업 단체로부터 정치적 지원을 받았다. 이러한 배경 속에서 1957년 '경
쟁제한금지법(Act against restraints on competition: GWB)'이 제정되
었고, 이를 집행하는 기구로 연방카르텔청(Bundeskartellamt)이 설립
되었다. 경쟁제한규제법은 행정부의 재량적 해석의 여지를 제한하고 경
쟁제한 규제의 근거가 되는 법적 규칙들을 확립하였다. 또한, 이렇게 마
련된 제도적 틀 속에서 실제 규제를 집행하는 연방카르텔청은 강력한 독
립성을 보유한, 법원과 유사한 전문가 집단으로 형성되었다(옥우석 외
2012: 200)

4　　Quack and Djelic(2005).

　　경쟁제한 규제 체계는 일반적으로 수평적 협약에 대한 규제, 수직적 협약에 대한 규제, 그리고 합병에 대한 규제로 구성된다. 독일의 경우 수평적 협약은 법적으로 허용된 경우를 제외하고는 기본적으로 금지된다. 반면, 수직적 관계에서는 우월적 지위를 이용하여 남용(abuse)이 있을 때에 사후적으로 규제의 대상이 된다(옥우석 외 2012: 200-201). 기업합병은 초기에는 경쟁제한금지법상 규제의 대상이 되지 않았지만 대기업의 경제 및 정치적 지배를 경계하는 입장이 강했던 사민당[5]이 1969년 집권한 후 규제 근거 조항이 도입되었다(1973년, OECD 2004: 10). 이에 따라서 일정 규모 이상의 합병은 사전심사 대상이 되며 이때 우월적 지위(dominant position)를 창출하거나 강화할 것으로 판단되는 합병은 불허될 수 있다. 합병관련 기업들의 시장점유율이 낮다고 하더라도 기타 요인들(금융상의 강점, 수직통합, 근접한 경쟁자의 부재)로 장기적으로 부정적인 결과가 초래될 것으로 판단되면 그 합병은 불허되기도 한다(옥우석 외 2012).

　　OECD '경쟁법과 정책 지표'(OECD 2013)에 따르면 독일은 경쟁강화적인 제도를 잘 갖추고 있는 나라로 평가된다. 독일은 '행동의 범위'와 '반경쟁 행동관련 정책'이라는 측면에서 OECD 국가 최상위권에 속하여 그 둘 중 모두에서 상위권에 들지 못하는 일본, 전자에서 상위권에 들지 못하는 한국이나 미국 등과 대조를 이룬다. 단, '조사의 투명성'과 '경쟁법 집행 이외의 경쟁촉진 활동'에서는 평균수준이다.

5　1959년부터 1989년까지 사민당의 강령이었던 고데스베르크 강령에는 대기업과 카르텔이 자유경쟁을 침해하고 그들의 경제적 권력이 정치적 권력화되어 민주주의의 기초를 흔들 수 있다는 경계, 그들의 경제력 남용에 대한 공공의 통제가 필요하다는 인식이 명확히 표명되어 있다.

표 11. OECD 경쟁관련 법규와 정책 국제비교 영역별 지수비교

항목	규제 내용	독일	일본	한국	미국
행동의 범위	예외범위	0.00	0.00	0.00	1.50
	조사권한	0.00	0.00	0.00	1.00
	제재권한	0.00	1.20	0.60	0.00
	사적주체의 법적행동	0.00	0.00	2.00	0.00
반경쟁 행동 관련 정책	수평적 합의	0.00	1.71	0.00	0.00
	수직적 합의	0.00	1.50	0.00	0.00
	합병	0.00	0.00	0.00	0.00
	배제적 행동	0.00	2.40	0.00	0.00
조사투명성	독립성	0.50	0.00	0.00	0.00
	책임성	0.00	0.00	0.00	0.00
	절차적 공정성	0.30	0.00	0.00	1.50
경쟁법 집행 이외 경쟁촉진 활동		0.86	0.86	0.43	1.29

*지표는 0-6 사이이며 작을수록 경쟁유도적임
자료: OECD(2013)

(2) 경쟁제한 규제와 중소기업

독일의 경쟁제한금지제도는 그 법의 제정 시기부터 중소기업의 지지를 받아왔다.[6] OECD는 중소기업 보호를 독일 경쟁제한방지법 체계의 중요한 특징 중의 하나로 꼽고 있다(OECD 2004: 6). 우선, 수평적 협정은 일반적으로 금지되지만 중소기업 간의 협력을 통해서 경제적 합리화를 추구하는 협정의 경우에는 그것이 경쟁을 본질적으로 침해하지 않고, 중소기업들의 경쟁력을 높인다면 허용된다(GWB 3조 '중소기업 카르텔' 조

6   Quack and Djelic(2005).

항)[7]. 또한, 수직적 관계에서 시장지배력 남용에 관한 규제에서도 중소기업 보호가 특별한 관심사가 되고 있다(OECD 2004: 17). 시장지배력 남용에 대한 규제는 원칙적으로 해당 기업이 시장지배적 지위('절대적 시장지배력')에 있다는 전제 하에서 이루어지도록 되어 있지만(GWB 19조), 중소기업이 납품업자나 수요자로서 의존적 관계에 있는 기업의 경우에는 (즉 '상대적 시장 지배력') 그러한 시장지배적 지위의 여부와 무관하게 그 시장지배력 남용이 규제대상이 된다(GWB 20조). 또한 중소기업과 수직적 관계가 아니라 경쟁관계에 있으면서 우월한 시장지배력을 가진 기업이 지나치게 낮은 가격으로 공급하는 행위도 금지된다. 그리고 우월한 시장지배력을 가진 기업이 그 제품을 전방산업 시장에서 경쟁관계에 있는 중소기업에게 그 시장에서 자신이 공급하는 가격보다 더 비싼 가격을 요구하는 것도 금지된다.

(3) 지역단위 기업의 협력: 상공회의소와 협회

독일에서 경쟁제한은 강력하게 규제되지만, 지역을 기반으로 한 기업들의 협력, 특히 직업교육과 지역정책에 대한 이해 대변 기능은 상공회의소를 통해서 조직화되어 있다. 독일의 상공회의소는 특이하게 일정규모 이상 기업의 가입과 회비납부가 의무화되어 있다. 현재 지역별로 79개가 조직되어 약 500만 기업이 가입하여 연간 13억 유로의 예산을 운용하고 있다.[8] 이 상공회의소의 임무와 조직의 법적기초는 1956년 제정된 '상공회의소 임시규율을 위한 법률'이며, 이에 따라서 지역 내 회원 기업의 이

---

7   우리나라의 공정거래법에는 중소기업의 경쟁력 향상을 목적으로 한 공동행위를 인가해 주는 제도를 두고 있으나, 인가제도 자체가 실질적으로 운용되지 않아 사문화되어가고 있다 (황태희 2011).

8   http://www.spiegel.de/wirtschaft/unternehmen/verfassungsgericht-ueberprueft-ihk-zwangsmitliedschaft-a-961528.html (2016.5.19).

익 대변, 정책 및 행정에 대한 제안, 자문, 보고를 통한지원 및 자문, 직업교육 관련 조치, 경제활동 원활화를 위한 각종 증명발급 등이 기능을 행한다. 또한 주의 입법에 따라서 행정기능을 위임받아서 행할 수도 있다. 실제로 상공회의소는 직업교육과 관련하여 교육과정 설계, 관련 홍보 및 직업교육생 모집, 수료시험 및 자격증 발부 등에서 중요한 역할을 하며, 각종 경제환경 변화와 정책에 대한 정보제공, 외국시장 진출 지원, 정보제공을 위한 행사 주최등의 서비스를 제공한다. 이를 통해서 지역 내 각종 경제주체들 사이의 정보 교류와 네트워크 형성에 기여한다. 상공회의소는 회원들이 선출한 대의원총회(Vollversammlung)와 그 총회에 의해서 선출되는 이사회(Präsidium) 및 의장, 사무총장으로 이루어지는 자치기구를 가진다.

상공회의소 의무가입제, 의무회비납부 제도에 대해서는 끊임없이 비판이 제기되어 왔으며,[9] 지역별로 운영의 불투명성, 서비스의 비용대비 효용성에 대한 불만도 표출되고 있다. 그러나, 상공회의소를 통한 직업교육의 체계적 제공과 정보, 네트워크 제공 서비스는 지역 단위의 기업간의 경쟁전(pre-competition) 협력을 통해서 공동의 경쟁력 향상에 기여하고 있는 것으로 평가할 수 있다.

의무가입제인 상공회의소와는 별개로 자발적 회원제에 기초한 지역 단위의 업종별 협회도 발달되어 있다. 이러한 조직들은 정책당국에 대해서 회원사들의 이익을 대변하고, 정책제안을 함은 물론 회원사들에 대해서는 노무관리, 노동 및 사회보장법 관련 법률을 포함한 각종 정보 및 서

---

9   1962년 의무가입제에 대한 연방헌법재판소의 합헌 판결이 있었으나 2014년 헙법소원이
     다시 제기되어 이에 대한 심의가 진행중이다.
     http://www.spiegel.de/wirtschaft/unternehmen/verfassungsgericht-ueberprueft-
     ihk-zwangsmitliedschaft-a-961528.html 참조(2016.5.19).

비스, 홍보, 교육훈련 서비스를 제공한다. 특히 교육훈련을 위해서는 자체 예산을 투입한 프로젝트를 수행하기도 한다. 또한, 많은 경우 업종별 협회가 회원사를 대표하여 단체교섭의 주체가 되기도 한다.[10]

　　이와 같이 지역 및 산업단위로 형성된 각종 경제 단체들 또는 그들의 상위협의회 조직들은 전통적인 이익대변 기능을 넘어서서 경우에 따라서는 주정부 및 노동조합과 파트너가 되어 고용, 교육훈련 관련 정책목표와 수단 형성에 더 적극적으로 참가한다. 예를 들어 바덴-뷔르템베르크 주에서는 '직업교육과 전문인력 강화를 위한 연대 2015-2018'이라는 형태로 인력상황에 대한 인식을 공유하고 정책목표를 정하고 정책을 포함한 포함하여 각 주체들이 동원할 수단에 대해서 합의를 이루기도 했다 (Der Ministerpräsident des Landes Baden-Württemberg et al. 2015).

2) 노동시장 제도

(1) 노동조합과 공동결정제도

노동조합은 독일 헌법(기본법)상 특별한 근거와 보호를 받고 있다. 즉, 기본법은 노동조건과 경제조건의 유지와 개선을 목적으로 단체를 조직할 권리를 보장하고, 이 권리를 제한하거나 방해하려는 합의는 무효이며, 이를 목적으로 하는 조치는 불법이라고 명시하고 있다(기본법 9조 3항). 독일 연방노동법원의 판례상 노동조합은 자발적으로 조직된 조직으로 그 조직원의 경제적 이익 실현과 개선을 목적으로 하고, 제3자의 영

10　예를 들어 남서금속산업협회(Südwestmetall)은 바덴-뷔르템베르크 주 약 1,000개 금속 및 전기분야 기업들에 대해서 이러한 서비스를 제공한다.
　　http://www.suedwestmetall.de/swm/web.nsf/id/pa_de_suedwestmetall.html 참조 (2016.5.19).

향에서 독립적이고 여러 사업장에 기초한 조직으로서 단체협약을 맺을
수 있는 능력이 있고, 단체협약 당사자로서의 임무를 완수할 수 있는 능
력을 갖추고 있어야 한다.[11] 여기서 독일의 노동조합은 기본적으로 사업
장 단위를 넘어서는 성격을 가지고 있음을 알 수 있다.

표 12. 독일과 주요 국가의 노조조직율(단위: %)

	2000	2005	2010	2013
독일	24.6	21.7	18.6	18.1
프랑스	8.0	7.7	7.7	7.7
미국	12.9	12.0	11.4	10.8
한국	11.4	9.9	9.7	10.1*
일본	21.5	18.8	18.4	17.8
스웨덴	79.1	76.5	68.2	67.7
OECD	20.4	18.8	18.1	17.0

*2012년 수치
자료: oecd.stat.org(2016.5.14).

실제로 독일의 노조는 산업별로 조직되어 있고, 그중 8개 중요 노조
가 상위조직인 독일노조연합(Deutsche Gewerkschaftsbund: DGB)에
속해있다. DGB의 조직원은 1991년 약 1,180만 명이었지만 지속적으로
감소하여 2014년에는 약 610만 명이었다. DGB에 속하지 않은 노조도
존재하며 공무원연합(DBB), 기독교노조(CGB) 등이 대표적이다.[12]

독일은 노조조직율은 제조업의 높은 비중과 오랜 노동운동의 전통
에 힘입어 상대적으로 높은 편이었지만, 최근에는 산업구조와 노동고

---

11   BAG, Beschluss vom 28. März 2006 – 1 ABR 58/04 –, BAGE 117, 308-336, Randno-
tiz 34, www.wikipedia.de 'Gewerkschaften in Deutschland' 항목(2016.5.14).

12   www.wikipedia.de 'Gewerkschaften in Deutschland' 항목(2016.5.14).

용형태의 변화로 인하여 상당히 빠르게 하락하고 있다. 노조조직율은 2000년 24.6%로 OECD평균보다 다소 높았으나 2013년에는 18.1%로 OECD 평균에 가까워졌다. 이것은 한국, 미국, 프랑스보다는 높은 것이 지만 일본과 비슷하고, 노조 조직율이 약 70% 정도인 스웨덴 등 북유럽 국가들에 비해서는 현저히 낮은 것이다.

　　독일의 산업단위로 조직된 노동조합의 단체협약 상대는 역시 산업 단위로 조직된 사용자 단체(Arbeitgeberverband)이다. 이들 사용자 단체들 중 산업단위 조직들은 회원사를 대표하여 단체교섭을 행하며, 여타 조직들은 지역 단위, 산업 단위에서 정책 형성과정에 이익대표 역할과 회원들에 대한 정보제공 역할을 한다.[13] 약 1백만의 고용주가 이러한 단체에 소속해 있으며 이들이 독일 전체 피용자의 약 70%를 고용하고 있다. 이러한 사용자 조직들은 주 단위 및 연방단위(독일 사용자 연방협회 (Bundesvereinigung der Deutschen Arbeitgevervbände: BDA))로 협회 조직을 두고 있다.

　　따라서 단체협약은 기본적으로 산별노조와 사용자단체 사이에 맺어진다. 2015년 유효한 단체협약 중 기업단위로 이루어진 것은 약 4만 1,000건이며, 이러한 협약에 참여한 기업의 숫자는 약 8,000개 정도이다(WSI 2016). 나머지 절대 다수의 기업들은 약 3만 건에 달하는 사용자 단체를 통한 협약을 맺고 있다. 단체교섭은 원칙적으로 그것을 자율적으로 체결한 당사자 간에만 유효하지만, '일반의무화(Allgemeinverbindli- cherklärung)' 제도를 통해서 체결 당사자가 속한 산업 전체에 의무화할 수 있다. 즉, 특정한 단체교섭 결과를, 그 체결자 중 한쪽이 신청할 경우, 정부가 고용주와 피용자 산업최고 대표기관(Spitzenorganisation) 각각

13　www.wikipedia.de 'Arbeitgebervarband' 항목

의 대표자 3인으로 구성되는 위원회와의 협의를 거쳐, 해당 산업 전체에 일반적으로 의무화하는 것이다.[14] 2015년 말 기준으로 491개의 일반의 무화 협약이 존재한다(WSI(2016)).

이와 같은 산별노조 및 사용자단체간의 협약 체계에 힘입어서 단체 협약의 적용을 받는 고용자의 비율은 2014년 기준 서독지역 60%, 동독 지역 47%로, 18%에 불과한 노조 조직율보다 훨씬 높다. 그러나 단체협 약 적용율 역시 1998년 서독과 동독에서 각각 76%, 63%였던 것에 비해 서는 눈에 띄게 줄어든 것이다.

독일의 노사관계에서 특징적인 요소로 공동결정(Mitbestimmung) 제도가 있다.[15] 이 제도는 노동자들이 자신들의 조직을 통하여 노동조건 과 관련한 자신의 이익을 관철할 수 있도록 제도적 틀을 마련해 줌은 물 론, 통상적 노동조건 이외의 경영에도 참여할 수 있도록 해주는 제도이 다. 이같은 제도의 뿌리는 19세기 후반 노사갈등을 완화하기 위해서 형 성되었던 임의적 경영상황 청취 및 의견제시를 위한 노동자 조직에서 찾 을 수 있다. 이같은 조직이 1920년 '종업원평의회법'으로 일차 제도화되 었지만 나치 시대에 폐지되었다. 1920년법에 뿌리를 둔 공동결정제도는 제2차 세계대전 후 첨예한 노사의 충돌을 거친 후에 1952년 제정된 '경 영조직법'(Beriebsverfassungsgesetz)를 통해서 보다 발전된 형태로 정 착되었다(BMAS 2015: 14-23).

공동결정이 이루어지는 구체적인 방식은 크게 종업원평의회(Be-triebsrat)를 통한 것과 감독이사회(Aufsichtsrat) 참여를 통한 것으로 나 누어진다. 종업원평의회는 원칙적으로 사업장 단위로 조직되며 5인 이

---

14   http://www.bmas.de/DE/Themen/Arbeitsrecht/Tarifvertraege/inhalt.html
      (2011.10.28).
15   Bundesministerium für Arbeit und Soziales(2015) 참조

상의 18세 이상 종업원이 있는 사업장에서 조직될 수 있다. 종업원평의
회는 근무시간, 급여, 기계의 도입, 노동방식 등 노동조건과 관련된 결정
에 영향력을 행사할 수 있다. 이같이 경영참여의 권리를 갖는 반면, 종업
원평의회는 노동쟁의를 할 수 없으며 작업진행과 사업장 평화를 저해할
수 있는 행위도 금지된다. 그러나 종업원평의회의 존재로 인해서 그와는
별도의 조직인 노동조합의 노동쟁의 권리가 제한되는 것은 아니다. 고용
주와 종업원평의회의 사업장 내에서 정치적 활동도 금지되지만, 단, 노
사정책, 사회정책, 환경정책, 그리고 경제적 성격의 사안이 (경영조직법
74조) 경영 또는 노동자에게 직접 관련이 있을 때에는 그 사안을 다루는
것은 제안되지 않는다.

　　종업원평의회 제도에는 1972년 경영조직법 개정과 2001년 개정을
통해서 중요한 변화가 있었다. 1972년 개정을 통해서는 노동자의 채용
과 해고와 관련한 공동결정권이 강화되었다.[16] 2001년 개정을 통해서는
변화된 노동시장을 반영하여 종업원평의회의 조직단위가 더 탄력적이
되었고, 종업원평의회 조직이 더 쉽게 이루어지도록 소규모 사업장에서
의 선출절차 단순화, 상위 종업원평의회에 의한 하위의 신규 종업원평의
회 선거관리, 파견노동자의 참여권 보장, 생산직과 사무직의 평의회 분
리 조직 규정의 철폐가 이루어졌다. 또한 평의회 구성원의 보직 안정성
을 강화하고 고용과 교육훈련 관련 평의회의 공동결정권환을 강화하였
다. 특히 고용주의 계약직 노동자 정규직 전환회피에 대해서 평의회가
제동을 걸 수 있도록 하였다(경영조직법 99조 2항의 1).

　　다른 한편, 노동자는 감독이사회 참여를 통해서 직접적 노동조건
의 범위를 벗어나는 기업의 경영상의 결정에도 참여할 수 있다. 즉 독일

16　http://www.handelsblatt.com/archiv/hintergrund-das-betriebsverfassungsgesetz-
　　von-1972/2007790.html

특유의 이중 이사회 제도 내에서, 통상적 경영을 책임지는 경영이사회 (Vorstand의 상위 이사회라 할 수 있는 감독이사회(Aufsichtsrat)에 참여함으로써 영향력을 행사한다. 노동조건에 대한 종업원평의회를 통한 공동결정권이 기본적으로 모든 기업에 적용되는 것과 달리, 감독이사회를 통한 경영상 중요한 결정에 대한 참여 권리는 500인 이상 대규모의 회사조직에 대해서만 적용된다. 감독이사회를 통한 공동결정 방식은 석탄철강분야에서는 1951년에 이미 확립되었고, 다른 분야에서는 1952년 경영조직법을 통해서 확장되었다(〈표 13〉 참조). 단 석탄철강분야에서는 노동자와 자본이 동수로 대표되었으나, 여타 분야에서는 노동자는 감독이사회의 구성원의 1/3만을 점할 수 있었다. 노동조합은 석탄철강분야의 모델을 다른 분야에도 적용할 것을 요구했으며, 이 요구는 사민당 집권기인 1974년 제정된 '공동결정법'을 통해서 다소 약화된 형태(감독이사회가 형식적 동수로 구성되지만 자본 측 대표가 의장을 맡고 2표를 행사함)로 관철되었다. 이러한 공동결정권의 확대에 대하여 고용자 측이 제기한 헌법소원에 대해서 헌법재판소가 1979년 공동결정법의 규정은 물론 공동결정의 원리 자체를 합헌으로 판정하였다(BMAS 2015: 25)

위에서 본 것처럼 고용규모 500인 미만의 기업에는 감독이사회가 존재하지 않지만 종업원평의회를 통한 경영참여의 가능성이 열려있다. 그러나 실제로는 〈표 14〉에서 볼 수 있듯이 중소기업 특히 그중에서도 100인 이하 규모의 기업에서는 종업원평의회가 조직되는 비율이 절반을 넘지 못하며, 특히 50인 이하 기업에서는 10%에도 미치지 못한다.

2007년 발표된 약 800개 기업에 대한 서베이에 따르면[17] 종업원평의회가 없는 기업은 상대적으로 여성 종업원 비중이 높고, 기업 소유자

---

17 Schlömer et al(2007). http://www.boeckler.de/21823_21830.htm에서 재인용 (2016.5.13).

가 직접 경영하고 있는 경우가 많으며, 기업경영이 집중화되어 있다는 특징이 있다.[18]

표 13. 감독이사회의 법적 근거와 구성

근거법	대상기업	감독이사회 규모	감독이사회 구성
석탄철강 공동결정법 (1951년 제정)	석탄철강분야의 주식회사, 유한회사이면서 1000명 이상 고용	대부분 21명 (11,15도 가능)	노동자와 자본 대표 각 10명, 양자가 합의한 중립입장 1명
경영조직법 (1952년 제정. 2004년까지[1)] 1/3참가법 (2004년 제정)	주식회사, 합자회사(KG), 유한회사이면서 500-2000명 미만 고용 (1994.8.10. 이전 창설의 경우에는 500명 미만 고용 기업도 해당)	3명~21명 (3의 배수)	1/3이 노동자 대표
공동결정법 (1976년 제정)	주식회사, 합자회사(KG), 유한회사, 협동조합이면서 2000명 이상 고용	고용자 수에 따라서 12, 16, 20 명(확대 가능)	노동자와 자본대표 동수 (의장은 자본대표이고 표결시 2표 행사가능)

주1: 감독이사회 관련 조항이 1/3참가법으로 이관된 것임. 경영조직법 자체는 계속 존속하여 여전히 종업원평의회 제도의 법적근거가 되고 있음.
자료: BMAS 2015.

표 14. 기업규모별 종업원평의회 조직비율(단위: %)

기업규모 (피용자 숫자:명)	5~50	51~100	101~199	200~500	501~	5인 이상 전체
사업장 기준	6	37	54	72	88	9
피용자 기준	9	38	55	73	91	41

자료: WSI 2016.

18　Schlömer et al(2007). http://www.ifm-bonn.org/studien/studie-detail/?tx_ifmstudies_detail%5Bstudy%5D=92&cHash=4bf503a8d94cef080893474916194ce0에서 재인용(2016.5.13).

(2) 최저임금

독일은 2014년까지는 고용관계에 적용되는 일반적 최저임금제도가 존재하지 않았다. 이것은 산별노조, 산별 단체교섭의 전통이 강한 독일의 특성이 반영된 것이라고 볼 수 있다. 그런데 2000년대 중반부터 고용상황이 개선되는데도 빈곤선 이하의 가계가 줄어들지 않는다는 인식을 바탕으로 법적 최저임금에 대한 요구가 강화되었다. 즉 노조의 조직율이 하락하고, 신생기업들 중 산별교섭이나 기업별 교섭 어느 것도 하지 않는 경우가 증가함(Ellgut und Kohaut 2008: 1)에 따라서 저임금 계층에서 고용이 의미있는 소득증대로 이어지지 않고 국가의 사회보장에 계속 의존하게 되는 결과를 낳게 된다는 문제의식이 강화된 것이다. 이러한 상황을 타개하기 위한 수단으로서 최저임금에 대한 요구는 먼저 산별노조 중 일부, 진보정권이 집권한 주정부들, 그리고 사민당에서 제시되었다.[19] 결국 전통적으로 최저임금에 부정적이었던 보수파인 기민당내에서도 이를 요구하는 목소리가 커져서 2011년 전당대회를 기점으로 이를 수용하게 되었고, 2013년 총선 후 기민당과 사민당의 연정이 이루어지면서 마침내 전국적, 법적인 8.5유로 최저임금제도가 도입되었다. 법적기초는 최저임금법(Gesetz zur Regelung eines allgemeinen Mindestlohns)이며, 도입과정에서 과도기 규정으로 2017년까지는 단체협약에 의한 법정 최저임금 이하의 임금지불이 허용되어 있다. 최저임금은 직업교육법에 따른 실습이나 고교, 대학의 의무적 교과과정의 일부로서 이루어지는 실습에 대해서는 적용되지 않는다.

　　최저임금 수준은 상설기구인 최고임금위원회의 제안에 따라서 연방정부가 결정하는데, 이 위원회는 5년을 임기로 하며 1인의 위원장, 6인

19　de.wikipedia.com 'Mindestlohn' 항목(2016.5.21).

의 위원, 그리고 2인의 표결권 없는 자문위원으로 이루어진다. 위원장은 사용자 및 노조 최상위 조직의 공동추천하여, 6인의 위원은 사용자와 노조 최상위 조직이 각 3명씩 추천하여 임명된다. 자문위원은 학계대표이며, 사용자와 노조 최상위 조직이 각 1인씩을 추천하여 임명된다. 최저임금은 매 2년마다 수정되며, 최저임금위원회는 비공개이며 그 의결은 의결위원 과반 출석, 출석 위원 과반의 찬성으로 이루어진다. 위원회는 결정과정에서 사용자 및 노조 최상위조직 및 협회, 종교단체, 복지관련 단체, 사회경제 이익단체 등의 의견을 청취할 수 있다.

(3) 직업교육

독일의 직업교육은 '이중체계(dual system)' 또는 '듀얼 직업교육'이라고 불리는 방식으로 이루어지는 경우가 많으며, 이 체계의 핵심은 기업 내에서의 근로경험과 직업학교에서의 이론적 학습을 결합시키는 것이다(옥우석 외 2012: 212). 교육생은 특정한 기업과 직업교육계약(Ausbil-dungsvertrag)을 맺고 기업 내에서의 실습과 관련 직업학교에서의 이론 및 기초 소양 학습을 병행한다. 일반적으로는 주당 3, 4일의 기업 내 실습과 1, 2일의 학교 수업으로 이루어진다. 교육 기간은 직업 종류에 따라서 2~5년이 소요되며 교육의 수료는 직업별 자격 시험을 통해서 이루어지는데, 이 시험은 연방직업교육법이 정하는 '관리조직(zuständige Stelle)', 즉 상공회의소(IHK), 수공업회의소(HWK) 등이 관리한다. 회의소들은 교육생과 기업간의 계약이 직업교육법 규정과 일치하는지를 확인하고 이를 직업교육목록에 등재하여 관리한다.

　　듀얼 직업교육의 제도적, 법적 기초는 '직업교육법(Bundesbil-dungsgesetz)'에 의해서 주어지며, 이 법에서 직업교육계약에 담길 기본적 내용(교육생과 기업의 권리, 의무)과 원칙을 규정한다. 직업교육법

이 정하는 틀 속에서 직업교육규칙(Ausbildungsordnung)은 듀얼 직업
교육의 직업별로 연방전체에 걸쳐서 내용적, 시간적으로 통일적인 표준
을 정한다(직업교육법 5조). 즉, 직업의 명칭, 교육기간, 직업교육을 통해
도달해야 할 지식, 능력, 숙련 상태에 대한 개관, 교육기본계획(Ausbil-
dungsrahmenplan: 직업상에 대한 자세한 서술, 교육의 내용적 시간적 진
행에 대한 지침), 수료시험의 내용 등을 정한다. 이 규칙의 결정에는 전문
협회, 고용자 단체, 노동조합 또는 연방직업교육연구소가 이니셔티브를
가지며, 그 결정은 연방의 교육담당부처가 주정부와 협의를 거쳐서 행한
다(이기영 외 2013).

　이러한 듀얼 체계 속의 교육생은 교육을 위해서 지불하는 것이 아니
라 실습기업으로부터 수당(Vergütung)을 받으며, 실습과 직업학교의 운
영을 위한 비용은 기업과 주정부, 연방정부가 부담한다.[20] 즉, 기업 내 실
습의 비용(인건비, 물재비)은 기업이 담당하며, 직업학교의 인건비는 주
정부가, 물재비는 소재지의 기초자치단체(시(Stadt), 군(Landkreis))가
담당한다. 한편, 통합실습시설(überbetrieblichen Ausbildungsstätten)
의 재정은 연방정부와 주정부가 담당한다.

　기업이 이러한 직업교육에 중요한 주체로 참여하는 까닭은 그 기업
들이 자신의 사업장에서 요구되는 특정한 숙련과 노동습관을 가진 근로
자들을 육성할 수 있다고 보기 때문이다. 즉, 이러한 교육에 적극적으로
참여하는 기업들은 자신이 필요로 하는 노동력을 일반 노동시장에서 구
하는 것이 용이하지 않다고 보는 경우가 많다. 또한, 기업들은 직업교육
을 제공함으로써 자신의 이미지를 유지 개선하고 소비자들에게 제품의
품질에 대해서 확신을 주는 효과가 있다고 인식한다.

20　http://wirtschaftslexikon.gabler.de/Definition/duale-berufsausbildung.html (2015.
　10.21).

전통적으로 독일에서는 청년층 중에서 직업교육을 택하는 비율이 대학진학율보다 높았다. 그러나 최근에는 대학진학율이 급속히 상승하고 있다. 대학진학율[21]은 2000년에 33.3%였으나 2012년 54.6%에 달하였다 (Autorengruppe Bildungsberichterstattung 2014: 297). 이것은 경제 전체의 고숙련화와 정부의 대학진학자 증가 정책이 맞물린 결과이다. 단, 이와 함께 대학교육과 듀얼 직업교육을 결합하는 대학과 학과도 증가하고 있다. 이러한 과정에 진학하는 학생의 비율은 2000년 전체 대학 진학생의 0.7%였으나 2012년에는 4.1%로 증가하였다(원승연·이명헌 2015).

표 15. 이중체계 직업교육 제공기업의 수(단위: 개, %)

고용자 수	전체 기업	직업교육제공 기업	비율
1~9명	1,668,601	215,345	12.9
10~49명	345,209	154,371	44.7
100~249명	82,257	55,611	67.6
250~499 명	9,370	7,554	80.6
500명 이상	5,529	4,840	87.5
계	2,110,966	437,721	20.7

출처: https://www.bibb.de/datenreport/de/2015/31157.php(2015.11.28).

중소규모 기업은 직업교육 기회의 80% 정도를 제공한다(IfM 2013). 기업의 규모가 클수록 이중체계 직업교육 제공에 많이 참여하고 있지만, 중소기업이 제공하는 비율이 압도적으로 높은 것이다. 고용규모 10~49명인 기업들도 40% 이상이 직업교육을 제공하고 있으며, 100~249명 규모의 기업도 2/3이 직업교육에 참여하고 있다. 직업교육 제공 자격 기업의 비율은 56%이며, 1~9명의 최소규모 기업에서도 그 비율은 50%

21　동년도 출생자 중 대학 진학생 수로 정의된다.

정도로 낮지 않다(BMBF 2014: 45).

전체적으로 자사에서 직업교육을 받은 인력을 고용하는 비율
은 55~65%이며 그 비율은 기업규모가 작을수록 낮아진다. 소기업은
40~50% 수준이며, 중기업은 50~65% 수준인 반면 대기업은 그 비율
이 70~80% 수준이다.

표 16. 기업 규모별 자사에서 교육을 수료한 교육생을 채용하는 비율(단위: %)

연도	2000	2001	2002	2003	2004	2005	2006	2007	2008	2009	2010	2011
소기업	45.8	41.7	43.4	51.1	40.9	44.9	48.0	48.5	44.3	48.9	45.9	54.3
중기업	61.1	58.2	55.5	52.1	53.8	52.4	54.0	59.2	61.4	56.2	59.3	64.9
대기업	78.4	78.3	74.6	71.5	71.3	73.2	78.9	76.6	77.5	73.1	75.1	80.4
계	60.2	58.0	55.8	55.1	54.0	54.6	57.4	60.6	61.5	58.4	60.7	66.4

주: IfM 2013의 대·중·소 기업의 정의는 기본적으로 고용자수(9명 이하, 10~499명, 500명 이상)를 기
준으로 하되 매출액을 감안한 것임
자료: IfM(2013); 이기영 외(2013)에서 재인용.

IfM(2013)에 따르면 중소기업의 경우에는 교육생을 생산 일선에 더
일찍 투입하는 경향이 있어서 직업훈련에 비용절감 유인이 강하게 작용
하고, 대기업의 경우는 보다 긴 순수 교육기간을 가짐으로써 스크리닝
기능을 중시한다. 전체적으로 보면, 독일의 우량 중소기업도 대기업으로
의 '인력 유출' 위험에서 자유로운 것은 아니지만, 비교적 어린 나이부터
사내 훈련을 통해서 기업특정적 숙련을 축적시킴으로써 인력을 확보하
고 경쟁력을 유지하려고 노력한다고 볼 수 있다.

중소기업은 직업교육생을 선발하고 교육하는데에 대기업에 비해서
어려움을 겪을 가능성이 높으므로 이를 지원하기 위한 정책들이 존재한
다. 우선, 상공회의소를 중심으로 한 직업교육 매개조직들이 중소기업과
직업교육 기회를 찾는 청년들을 연결하는 활동을 할 때 이것을 지원해주

는 프로그램(Passgenaue Vermittlung Auszubildender an ausbildung-
swillige Unternehmen) 을 운용하고 있다. 최근에는 전문인력이 부족
한 상황을 배경으로 외국출신 직업교육생 또는 기성 전문인력의 채용과
적응을 돕는 활동도 지원하고 있다.[22] 또한, 직업별 공동직업훈련 센터
(überbetriebliche Berufsbildungsstätte)에 대한 지원을 통해서 중소기
업에서 직업교육을 받는 교육생들이 기업 비(非)특정적 기본기술을 습득
하는 것을 돕고 있다. 이러한 센터들은 기업의 규모가 작아서 교육에 필
요한 실습시설을 모두 갖출 수 없는 중소기업의 비용부담을 덜어주는 한
편, 특정 직업을 배우고 있는 교육생이 공통으로 갖추어야할 기본기술을
습득할 수 있도록 하는 기능을 한다(이기영 외 2013).

3) 사회보장[23]

(1) 개관

독일의 사회보장체계는 '보수주의 모델'로 분류된다. 사회보장의 전체적
수준이 낮고 일정한 소득자산 조건에 미달하는 경우에만 수급권이 인정
되는 '자유주의 모델'(예: 미국, 영국)과 다르게, 또한 사회보장 수준이 높
고 수급권을 모든 거주자들에게 인정하고 그 재원을 일반조세에서 조달
하는 '사민주의 모델'(예: 북유럽 국가)과도 다르게, '보수주의 모델'은 사
회보장의 수준이 중간 정도이고 수급권은 보통 근로경험에 근거하고 그
재원을 주로 임금에 두는 모델이다. 따라서 보수주의 모델의 사회보장

---

22   http://www.foerderdatenbank.de/Foerder-DB/Navigation/Service/suche,did=
      184934.html(2016.5.21).
23   이 절은 한국개발연구원(2012)의 내용을 주로 참고하되 새로운 자료와 내용을 보충한 것
      이다.

에서는 사회보험이 핵심적 요소가 되며, 이 모델을 대표하는 독일은 선진국 중에서도 가장 오래된 공식적인 사회보험제도의 역사를 가지고 있다.[24] 독일의 사회보험제도에서 특징적인 점은 사회보험의 관리가 분산화, 분권화, 자주화되어 있다는 점이다(옥우석 2012: 214-215). 즉, 각 사회보험의 가입 및 수혜요건, 급여의 내용과 수급 조건, 기여금 요율 등의 기본적 사항은 법률로 정해지지만, 그 구체적 집행과 관리는 고용보험을 제외하고는 각 보험별로 역별, 산업별로 존재하는 다수의 보험기관들(Versicherungsträger)에 이루어진다. 또한 이들 보험기관들의 집행기구는 가입한 피용자들과 고용주들이 행하는 사회보험선거에 의해서 선출된다(옥우석 외 2012: 215).

독일의 GDP 대비 '사회지출(social exenditure)'의 비율은 OECD 통계기준으로 1980년에는 23.6%로 OECD 평균 15.6%에 비해서 훨씬 높았다. 그 후에도 상승하여 2011년에 26.8%에 달하였으며, 그 사이 OECD 평균이 상승하여 격차는 줄어들었지만, 여전히 더 높은 수준을 보이고 있다(〈표 17〉).

독일의 사회보장 중 규모 면에서 가장 중요한 것은 그 급여액이 GDP의 18.1%를 점하는 사회보험이며, 그중에서도 국민연금(9.6%)과 건강보험(7.0%)이다. 이 사회보험이 GDP에서 점하는 비중은 1990년대 이래 증가해왔다. 그러나, 다른 사회보장 급여들도 역시 증가추세를 보이고 있으며 특히 국가의 재원으로만 충당되는 자녀, 가족, 청년관련 지출은 1991년 245억 유로, GDP의 1.6%였던 것이 급속히 증가하여 2013년에는 3배 이상 증가한 779억 유로, GDP의 2.8%에 달하고 있다(〈표 18〉).

---

24   비스마르크 시기인 1880년대 건강보험(1883년), 상해보험(1884년), 연금보험(1889년)이 차례로 도입되었고 그 후 대공황 직전에 실업보험(1927년)이, 그리고 1995년에 수발보험이 도입되었다.

표 17. 독일과 주요국가의 GDP 대비 사회지출 비율(단위:%)

연 도	1980	1990	2000	2010	2011	2012
독일	23.6	22.9	27.5	28	26.8	..
프랑스	20.6	25.1	28.7	31.7	31.4	..
스웨덴	26	28.5	28.7	28.2	27.6	..
한국	..	3.1	5.6	9.7	9.7	10.4
일본	10.3	11.3	16.8	22.7	23.7	..
미국	13.2	13.7	14.5	19.6	19.3	19
OECD	15.6	17.9	19.2	22.3	22.1	..

*사회지출은 정부지출과 민간의무지출의 합
자료: stats.oecd.org (2016.5.15.)

표 18. 독일의 사회보장 급여와 재원의 규모와 구조(단위: 백만 유로, %)

연도	1991		2000		2013	
항목	금액	비율	금액	비율	금액	비율
GDP(십억유로)	1,534.60	100	2,047.50	100	2,737.60	100
급여총액	397,252	25.9	608,478	29.7	812,242	29.7
사회보험체계	252,674	16.5	396,714	19.4	494,740	18.1
국민연금	133,180	8.7	217,429	10.6	263,264	9.6
건강보험	92,682	6	132,080	6.5	192,825	7
수발보험		–	16,668	0.8	24,283	0.9
산재보험	7,640	0.5	10,834	0.5	12,462	0.5
실업보험	35,640	2.3	49,696	2.4	28,914	1.1
특별보험체계	3,568	0.2	5,747	0.3	27,297	1
공공부문지원	35,835	2.3	51,295	2.5	64,738	2.4
사용자지원	43,363	2.8	53,457	2.6	76,027	2.8

배상체계	8,736	0.6	6,436	0.3	2,742	0.1
기타 지원 및 보장	55,566	3.6	100,252	4.9	153,073	5.6
자녀,가족,청년관련	24,567	1.6	54,203	2.6	77,908	2.8
재원총액	420,399	27.4	636,429	31.1	863,683	31.5
사회보장기여금	295,521	19.3	417,235	20.4	553,424	20.2
고용주	177,565	11.6	241,561	11.8	295,131	10.8
피보험자	117,956	7.7	175,674	8.6	258,293	9.4
피용자	99,569	6.5	143,821	7	193,976	7.1
자영자	4,684	0.3	7,701	0.4	15,587	0.6
사회급여에서 징수	8,873	0.6	15,717	0.8	31,582	1.2
기타	4,830	0.3	8,435	0.4	17,147	0.6
국가보조	110,728	7.2	204,339	10	294,597	10.8
기타	14,150	0.9	14,855	0.7	15,662	0.6

*체계간의 거래가 있으므로 하부의 합이 항상 상위항목과 일치하지는 않음. 단 비율은 GDP 대비 비중.
자료: BMAS(2014).

표 19. 사회보장 체계의 재원 (2013년, 단위: 백만 유로)

	전체	피보험자 기여	사용자 기여	국가 기여	국가보조	기타	정산
전체	863,683	258,293	349,965	–	294,597	15,662	–
사회보험체계	503,207	213,881	184,294	6375	96,489	1,745	424
지원,보장체계	153,073	–	–	–	152,571	411	91

자료: BMAS(2014).

　　이러한 사회보장의 재원의 약 2/3는 사회보장 기여금으로 GDP의 20.2%이며, 그중 고용주의 기여금이 GDP 대비 10.8%, 피용자의 부담이 7.1%이다. 1991년과 비교해 보면 고용주의 부담은 당시 GDP 대비

11.6%에서 감소하였고, 피용자의 부담은 6.5%에서 증가하였다. 또 하나 주목할 것은 국가의 보조가 증가하고 있다는 점이다. 1991년 사회보장을 위한 국가의 보조는 1107억 유로, GDP 대비 7.2%였지만, 2013년에는 두 배 이상 증가하여 2496억 유로, GDP대비 10.8%에 달하였다. 국가의 보조 중 약 1/3인 965억 유로는 사회보험 제도의 재원으로 투입되며, 사회보험 재정에서 이 국가보조가 차지하는 비율은 약 20%이다. 다른 한편 국가보조의 나머지 2/3인 1,526억 유로는 다른 재원이 없는 지원, 보장체계(구직자 지원, 빈곤지원, 자녀, 가족, 청년 지원)를 위해서 투입된다(〈표 19〉).

(2) 사회보험 재정문제와 연금체제 개혁

1990년대 이래 독일에서는 사회보험 재정수지가 악화되어 국가보조 의존도가 높아졌다. 이것은 통일로 인한 수급인원의 급증, 인구 고령화, 그리고 노동시장 악화로 인한 부담금 부담능력의 약화 등의 요인이 겹쳐진 것이다. 이에 대한 독일 정부의 일차적 대응은 사회보험 기여금의 요율을 인상하는 것이었다. 4대 사회보험의 임금대비 기여요율은 계속 인상되어 1995년 39.30%에서 1998년에 42.45%에 달하였고 2000년대 초반까지 41~42% 수준을 유지하였다. 그러나 이러한 대응은 기업의 임금 부담을 높여서 고용에 악영향을 끼친다는 문제점이 있었고 국가재정 부담을 크게 완화시키지도 못하였다.

이에 따라 사회보험제도 전반에 대한 개혁이 1990년대 후반부터 시도되어 2000년대 초반 사민–녹색 연정하에서 본격화되었다.[25] 첫째, 보험재정이 균형을 확보할 수 있는 제도적 장치들을 도입하고, 경쟁과 가

---

25   이 단락은 옥우석 외(2012: 217-218)을 주로 참고함

격의 원리를 강화하였다. 예를 들어 연금보험의 경우 소득대체율을 낮추고, 연급지급개시 연령을 높이고, 지급되는 연금의 수준이 고용 및 경제상황에 연계하는 방식을 도입하고, 사적 연금보호에 대한 정부의 보조금과 세제상의 혜택을 도입하였다. 둘째, 사회보험의 노동공급 감소효과를 줄이려는 시도가 이루어졌다. 이것은 실업보험에서 두드러지는데 급여지급기간을 단축하였고, 실업자에 대한 조기 연금지급개시 연령하한선을 인상하였다. 또한 실업보험 기여분 즉 과거 취업당시 소득에 비례하는 실업보험의 지급기간이 만료된 후에는 이전의 소득과 무관하게 기초생활만을 보장하는 실업급여제도(Arbeitslosengeld2)를 도입하였다. 셋째, 사회보험 기여금이 가지는 노동수요 감소 및 실질수취 임금 감소효과를 낮추기 위해서 저임금, 소규모 고용에 대해서는 사회보험 가입의무를 면제하거나 보험료를 지원하는 제도를 도입하였다. 이른 바 '미니잡' 즉 임금이 월 400유로 이하인 고용관계에 대해서는 사회보험 가입의무를 면제해주고 있으며, '미디잡' 즉 월 400유로에서 800유로 사이의 고용관계에 대해서는 피용자의 보험료를 경감해 주고 있다.

4) 금융시장[26]

(1) 금융시장의 구조

독일은 다른 선진국에 비해서 국민경제에서 금융부문이 차지하는 비중이 낮다. 이 부문의 부가가치 중 비중은 OECD 평균 6% 수준이며, 영국과 미국은 2008년 세계 금융 당시 약간의 수축을 경험하기는 했으나 각각 8%, 7%수준인 것에 비해서, 독일은 4% 정도로 상당히 낮으며 이것

---

26   IMF(2011b)를 주로 참고함

은 자국의 2006년의 5%으로부터도 후퇴한 것이다.

표 20. 독일과 주요국의 부가가치 중 금융 및 보험산업 비중(단위: %)

연도	2006	2007	2008	2009	2010	2011	2012	2013	2014
독일	5.1	4.6	4.1	4.7	4.6	4.2	4.2	4.1	4.1
프랑스	3.9	3.9	3.6	4.0	4.5	4.3	4.2	4.5	4.5
일본	6.0	6.0	5.0	5.1	5.0	4.8	4.6	4.5	–
한국	6.4	6.6	6.5	6.3	6.3	6.4	6.1	5.6	5.6
스웨덴	3.6	3.6	3.6	4.4	3.9	4.1	4.3	4.5	4.6
영국	8.3	9.0	7.9	9.4	8.3	8.0	7.6	8.0	8.2
미국	7.8	7.4	6.3	6.8	6.9	6.8	7.1	7.4	–
유로지역-19	5.1	5.0	4.8	5.2	5.2	5.0	5.0	5.0	5.0
EU-28	5.5	5.6	5.2	5.7	5.6	5.4	5.4	5.4	5.5
OECD	–	6.3	5.7	6.1	6.0	–	–	–	–

자료: stats.oecd.org(2016.5.16).

또한 금융부문 중에서 상대적으로 은행부문의 비중이 높고 주식시장의 비중은 낮다는 특징을 가지고 있다. 독일의 주가총액은 GDP 대비비율은 40% 수준으로 한국 및 주요 선진국에 비해서 훨씬 낮다. 반면 은행의 자산은 131%로 영국이나 일본에 비해서는 낮지만, 미국이나 한국에 비해서는 높다. 민간채권의 규모도 24%에 불과해서 거의 모든 주요선진국(영국 제외)에 비해서 낮다.

다른 한편 독일의 은행부문도 규모면에서는 국민경제규모에 비하여 상대적으로 매우 큰 편은 아니다. 은행부문의 자산은 GDP 대비 약130% 수준으로 일본이나 영국에 비해서 낮은 수준이다.

표 21. 독일과 주요국가의 금융자산의 대GDP 비율(단위: %)

Country	예금은행 자산	주가총액	민간채권
독일	126.9	37.5	24.0
프랑스	131.5	65.1	56.3
한국	105.7	96.2	59.3
일본	188.3	68.6	37.2
영국	191.5	126.5	12.3
미국	61.6	110.2	91.9

자료: stats.oecd.org(2016.5.16).

독일의 은행체계는 흔히 '3개의 기둥'체계로 불리운다.[27] 즉, 독일의 은행부문은 크게 민간은행, 공공은행, 소규모 협동조합은행으로 대별되고 이들 3가지 종류의 은행들은 그 소유구조와 목적이 서로 다르다(IMF 2011). 그중 민간은행은 이윤을 목적으로 하는 조직이며, 대형은행이 주축을 이룬다. 이들 대형은행은 다른 금융기관에 대한 대출과 지분출자가 자산의 핵심이며 비금융기관에 대출은 부차적이다. 공공은행에는 기초자치단체가 소유하는 '저축은행(Sparkasse)' 및 그와 관련된 '주은행(Landesbank)'이 있으며 이들은 각자의 기반이 되는 지역에서 경제발전을 지원하고 지역적 공공재를 지원하는 임무를 지니고 있다. 이들의 활동의 중점은 가계와 기업에 대한 대출에 있다. 19세기 중반으로 거슬러 올라가는 오랜 역사를 가지고 있는 협동조합은행은 조합원 소유이며 '저축은행'과 비슷하게 소규모 지역에 기반을 두고 조합원인 가계와 소규모 기업에 대출과 예금 서비스를 제공하는 것을 목적으로 한다. 이들

---

27   이 단락은 옥우석 외(2012: 218-222)의 내용을 수정 보완한 것임

표 22. 독일의 은행종류별 자산과 대출

	기관수 (개)	총자산(십억 유로)					평균자산 (백만 유 로)
		총계	금융기관 대출		비금융기관 대출		
			금액	비율 (%)	금액	비율 (%)	
금융기관 전체	–	7,665	2,014	26.3	3720	48.5	–
상업적(민간) 은행	271	2,985	890	29.8	880	29.5	1,101
대형은행	4	1,790	523	29.2	341	19.1	44,750
지역 및 기타은행	159	887	181	20.4	478	53.9	558
외국은행 지점	108	307	186	60.6	61	19.9	284
주은행	9	947	204	21.5	420	44.4	10,522
저축은행	414	1,145	73	6.4	745	65.1	277
협동조합중앙은행	2	280	127	45.4	35	12.5	14,000
신용협동조합	1,023	816	60	7.4	505	61.9	80
담보은행	16	350	52	14.9	204	58.3	2,188
건축저축은행	21	213	43	20.2	127	59.6	1,014
특수은행	19	969	445	45.9	271	28.0	5,100

자료 : https://www.bundesbank.de/Redaktion/DE/Downloads/Statistiken/Banken_Und_An-dere_Finanzielle_Institute/Banken/Banken_In_Deutschland/i11015.pdf?__blob=publicationFile (2015.5.16).

은 다른 은행들에 비해 규모가 훨씬 작지만(평균 자산 8,000만 유로), 그 수는 전체 은행 수의 약 2/3을 점한다. 이들은 자산규모와 비금융권 대출에 있어서 각각 11%, 14%의 비중을 점하고 있다. 저축은행과 협동조합 은행은 그 지배구조의 속성으로 인해서 이윤최대화를 추구하는 은행에 비해서 고객들에게 더 많은 접근성과 보다 장기에 걸친 저비용의 대출을 제공할 유인이 있고 이것이 독일 은행부문의 장점이 될 수 있는 것으로 평가되고 있다.[28] 흔히 관계형 은행(relationship banking)으로 불리는 소규모 지역 밀착형 금융기관에 의한 중소기업에 대한 자금지원 방식은 통상적으로 금융기관이 요구하는 신용정보를 제공하기 어려운

28   IMF(2011b)

중소기업의 자금에 대한 접근성을 높여주고, 대출과정에서 지역밀착 금
융기관의 암묵적 지식을 이용하여 정보 비대칭성을 줄일 수 있기 때문
이다.[29] 단, 시장경쟁과 이윤동기의 압력이 낮기 때문에 은행의 운영의
효율성과 수익성은 유럽 내의 비교가능 국가에 비하여 낮게 나타난다.

(2) 중소기업의 금융

독일의 중소기업은 적어도 최근에는 높은 수익성 덕분에 여타 유럽국가
에 비해서 내부자금 이용비율이 높지만(Kaya 2015: 6),[30] 그럼에도 불
구하고 은행이 자금조달의 중요한 경로이다. 위에서 언급한 바와 같이
독일의 중소기업 금융에서는 저축은행과 협동조합 은행이 중요한 역할
을 수행한다. 저축은행의 영업목적, 조직 등은 연방의 금융기관법과 각
주의 저축은행법에 의해서 규율되며, 법적으로 이윤추구가 목적이 아님
을 명시적으로 밝히고 있다. 일선의 협동조합은행과 저축은행은 지역밀
착성에 기초하여 미소(微小)기업, 중소기업, 중견기업(larger SME)에 자
금을 공급하고, 협동조합의 중앙은행(DZ Bank, WGZ Bank)과 주은행
(Landesbank)은 중견기업을 보다 집중적으로 대출대상으로 한다(〈표
23〉참조).

　이 같은 금융기관들의 중소기업에 대한 대출은 장기자금을 중심으
로, 많은 경우 신용대출로 이루어진다. 정남기(2005)에 따르면 단기대출
의 비중은 30% 수준에 불과하여 한국의 단기대출 비중이 70%에 이르는

29　이러한 관계형 금융이 중소기업 성장에 미치는 긍정적 효과에 대한 실증분석의 예로는
　　Memmel et al(2008)을 보라.
30　이른바 '히든 챔피언'들 중에는 외부 자금이용을 최소화하면서 기업규모 확대는 내부유보
　　에 거의 전적으로 의존하는 기업들이 적지 않다. 이러한 방식은 소유 가족의 입장에서 볼
　　때, 경영권을 안정적으로 지킬 수 있고 불경기 때에도 경영 안정성이 높다는 장점이 있으나
　　신속한 확장이 어렵다는 문제도 있다.

표 23. 기업 규모별 주거래 은행

	규모 (매출액 기준, 백만 유로)	기업 수 (개)	주 거래 은행
다국적기업	5000~		Deutsche Bank, 외국계 은행, Commerzbank
대기업	500~5000	약 800	Deutsche Bank, 외국계 은행, Commerzbank, 주립은행, DZ Bank(VR-corporate coverage)
중견 기업	50~500	약 8,770	협동조합은행, 저축은행, DZ Bank(VR-Mittelstand), 주립은행 Commerzbank, 외국계 은행
중소 기업	5~50	약 73,000	협동조합은행, 저축은행, 우체국은행, Commerzbank
미소 기업	~5	3백만 이상	협동조합은행, 저축은행, 우체국은행

자료: DZ Bank 인터뷰 자료에 근거하여 필자 작성 (원자료는 IfM의 2010년 연방 통계청 자료 분석)
이기영 외(2013)에서 재인용

것과 큰 대조를 이루며, 그중 신용대출의 비중도 독일은 50%에 이르지만, 한국은 30% 정도에 불과하다.

중소기업에 대한 자금원으로는 민간시장에서 조달한 자금 이외에, 정부의 정책금융이 있으며, 후자의 공급은 주로 재건은행(KfW)에 의해서 이루어진다. KfW는 자산규모 5030억 유로(2015년)로 전세계에서 가장 큰 정책은행이다. 이 은행은 연방정부의 보증을 기초로 하여 저리의 자금을 금융시장에서 조달하고 이것을 독일 특유의 'on-lending' 방식으로 중소기업에 간접적으로 공급한다. 이 방식은 KfW가 자금지원을 원하는 기업을 직접 상대하지 않고, 민간은행에 자금을 공급하되 정책목표에 따라서 지침을 정해주고, 민간은행이 자신과 거래관계가 있는 기업들에게 상업적 판단에 근거하여 자금을 배분하는 방식이다. 이 방식은 정책자금의 배분에 있어서 기업의 거래은행(Hausbank)들이 기업관련 정보를 스스로 축적하고 이용하게 할 수 있다는 장점이 있다.

　이 같이 잘 발달되어 있는 지역기반 은행체제와 정부의 자금공급체계에 힘입어서 독일의 중소기업들은 다른 유럽국가들에 비해서 비교적 자금조달에 애로를 적게 느끼는 편이며, 2008년 경제위기 이후에도 다른 국가들에 비해서 자금조달 비용도 크게 증가하지 않은 것으로 보고된 바 있다(Kaya 2015: 8).

5) 연구개발 및 혁신체계[31]

(1) 연구개발 혁신체계 전반의 특징

독일은 연구개발과 혁신이 비교적 활발하게 이루어지는 국가이다. 독일의 GDP 대비 연구개발비 비율은 2013년 기준 2.83%로 한국(4.15%)이나 일본(3.47%), 핀란드(3.3%)에 비해서는 낮지만, OECD 평균(2.37%)보다 높고 미국(2.74%)과 비슷한 수준이다. 노동력 1,000명당 연구인력은 8.5명으로 OECD 주요 국가보다 적지만 연구개발인력은 비슷한 수준이다. 연구개발 자금 중 기업이 제공하는 비율은 65%로 OECD 평균이나 미국에 비해서 높다(〈표 24〉). 다른 한편, 연구개발의 수행주체는 금액기준으로 볼 때 민간과 대학의 비중이 각각 67%, 18%로 OECD 평균(68%)과 비슷하고, 정부부문의 비중은 15%로 OECD 평균에 비해서 약간 높다.

31　European Commission Enterprise-General(2008), 이명헌(2010)을 주로 참고함

표 24. 독일과 주요국의 연구개발비 지출(2013년, 단위: %)

국가	연구 인력*	R&D 인력*	연구개발 지출/GDP			R&D 자금 중 비율(제공)			
			전체	기업 지출	정부 지출	기업	정부	기타 국내	외국
독일	8.5	14.12	2.83	1.85	0.82	65.44	29.1	0.31	5.15
프랑스	9.31	14.63	2.24	1.23	0.79	55.03	35.22	1.74	8.02
핀란드	14.54	19.66	3.3	2.01	0.86	60.84	26.03	1.59	11.54
한국	12.44	15.52	4.15	3.14	0.95	75.68	22.83	1.18	0.3
일본	10.04	13.16	3.47	2.62	0.6	75.48	17.3	6.7	0.52
미국	–	–	2.74	1.67	0.76	60.85	27.75	6.95	4.45
OECD	–	–	2.37	1.44	0.67	60.59	28.35	5.26	5.8

*노동력 1,000명당
자료: stats.oecd.org(2016.5.17).

표 25. 독일과 주요국의 연구개발비 중 주체 (2013년, 단위: %)

국가	R&D 수행				국제3중 특허출원*
	기업	대학	정부 부문	비영리 민간	
독일	67.18	17.94	14.88	..	5,524.52
프랑스	64.68	20.83	13.03	1.47	2,465.75
핀란드	68.86	21.52	8.92	0.71	258.07
한국	78.51	9.24	10.91	1.33	3,106.98
일본	76.09	13.47	9.17	1.28	16,196.65
미국	70.58	14.15	11.17	4.1	14,211.46
OECD	68.05	18.3	11.26	2.33	50,390.36

*미국 USPO, 유럽 EPO, 일본 JPO
자료: stats.oecd.org(2016.5.17).

　　독일의 연구개발 혁신체계의 특징은 기업과 대학 이외에 공공연구
기관의 역할이 중요하고, 이 3자간의 협력이 발달되어 있다는 점이다.
독일 공공연구기관의 역사는 20세기 초 빌헬름 연구소까지 거슬러 올
라가며, 현재는 순수과학 중심의 막스플랑크 연구회(83개 연구소, 직원
23,000명, 예산 약 20억 유로), 거대장비 및 응용과학 중심의 헬름홀츠 연
구회(18개 연구소, 직원 37,000 명, 예산 약 40억 유로), 응용기술 중심의
프라운호퍼 연구회(67개 연구소, 직원 23,000 명, 예산 약 20억 유로)와
라이프니츠 연구회(88개 연구소, 직원 18,000명, 예산 약 16억 유로) 등으
로 편성되어 있다. 특히 응용분야 연구소들은 박사과정 학생들을 직원으
로 고용하고, 기업과 긴밀하게 협조(연구용역 제공 및 공동연구)함으로써
산학연 네트워크 형성에 기여하고 있다.

　　독일의 연구개발과 기업활동의 연계에 기여하는 또 다른 중요한 고
리는 응용과학대학과 분산적 기술이전 매개 조직이다. 응용과학대학
(Fachhochschule(University of Applied Science))은 기술중심의 직
업교육기관이 1960년대 말부터 1970년대 초반에 고등교육기관으로 발
전한 조직이다. 현재 200여개에 달하는 응용과학대학들은 설립초기에
는 소규모 클래스에서의 실무중심의 교육에 중점을 두었고 대학 신입생
의 1/3을 점하게 된 오늘날도 그 전통을 유지하고 있다(이명헌·원승연
2015). 그러나 다른 한편으로 점차적으로 응용연구도 맡게 되어 현재는
산학 협력, 특히 지역의 중소기업의 연구개발 수요에 부응하는 역할을
하고 있다. 기술이전 매개 조직으로는 쉬타인바이스 재단과 몇 개 주에
근거를 두고 있는 특허마케팅 조직들을 들 수 있는데, 이 조직들은 기술
과 지식을 수요로 하는 기업들과 지식을 공급할 수 있는 대학 및 연구소
들의 연구자들을 연결시켜 주고 이들의 협력이 활성화되도록 행정 서비
스를 제공하고 법적 불확실성을 낮추어주는 역할을 한다. 이들 조직들은

보통 주정부의 출자금을 기반으로 하며, 그 운영을 위한 지배기구는 산업계, 상공회의소, 대학 및 연구기관, 주정부의 정당, 행정부 등의 대표들이 참여하여 산학연정(産學研政)간의 협력을 추구하고 있다.[32]

(2) 중소기업의 혁신활동

① 관련제도

위에서 언급한 바와 같이 독일의 혁신체계에서 중소기업과 관련하여 중요한 것은 지역기반의 응용과학대학과 분산적 기술이전 조직이라고 할 수 있다. 대기업들은 자체적 연구개발 및 혁신을 위한 조직, 자금, 인력을 보유하기 쉬운 반면, 그러한 조건을 갖추기 어려운 중소기업의 입장에서는 혁신의 방향설정과 그 수행에 필요한 지식 및 기술의 획득을 위해서 적절한 외부의 공급자들을 찾을 필요가 큰데, 그러한 역할을 해주는 것이 응용과학대학과 분산적 기술이전 조직들이기 때문이다.

또한, 독립적 R&D를 행하기에는 규모가 부족한 중소기업들의 역량을 보조하는 제도로 산업별 연구조합과 연구지원조직이 발달해 있다. 산업별 연구조합은 산업별 협회의 일부로서 해당 산업 공통의 기술적 관심사에 대한 연구를 추진한다. 자체의 연구조직을 갖거나,[33] 자체의 예산으로 제3의 연구기관에 연구용역을 발주하기도 한다.[34] 또한 이러한 산업별 연구조합과 연방정부의 지원을 매개하는 조직으로 산업연구연대

---

32 예를 들어 스타인바이스 재단의 경우 운영위원회는 제조업계 2명, 상공회의소 2명, 수공업회의소 2명, 유통업계 1명, 대학 및 연구기관 7명, 주의회 교섭단체 각 1인, 정치 및 주정부 5명으로 구성된다(Steinbeis-stiftung für Wirstschaftsföderung 2012: 2).

33 연구조합의 1/3정도가 자체 연구조직을 보유하고 있다(http://www.aif.de/aif/mitglieder.html).

34 이러한 연구조합 모델은 우리나라에도 1986년 산업기술연구조합육성법 제정으로 도입되었으나 그 실효성이 크지 않은 상황이다.

(AiF)가 존재한다. AiF 산하에는 약 100개 회원연구조합들이 있으며 이를 통해서 약 1,200개의 연구소, 약 5만 개의 기업들과 연계되어 있다. 감독이사회는 기업계, 학계, 그리고 대표적인 회원조합들로 구성된다. AiF는 연방정부의 산업공동연구(industrielle Gemeinschaftsforschung: IGF)와 중소기업혁신 협력프로그램(Zentrale Innovationsprogramm Mittelstand – Kooperation: ZIM-Koop)의 집행을 맡는다. 산업공동연구란 AiF의 회원인 연구조합이 해당 산업내 중소기업들의 공통의 관심사가 되는 연구를 대학, 공공연구기관 또는 자체 연구기관에 의뢰하는 것이며 그 연구결과는 공표되어 기업들이 공유한다. 개념적으로 이러한 연구는 '경쟁전(競爭前:pre-competition)' 연구로 불리며 기업특정적 연구개발의 기초가 된다. 개별 기업이나 연구기관들은 이 연구조합에 자신들의 아이디어를 제안할 수 있다. ZIM-Koop은 보다 적은 숫자의 중소기업 간, 중소기업과 연구소 간의 협력으로 이루어지는 도전적 연구개발 프로젝트를 지원하는 정책이며 기업 내 기존 또는 신규 연구개발 인력의 참여를 전제로 한다.

표 26. 산업연구연대(AiF) 관리 연방정부 혁신 지원 프로그램

	예산 (백만유로)	진행 프로젝트 (건)	신규 프로젝트 (건)	참여 연구기관	참여 기업
산업공동연구 지원	140.5	1,451	417	670	16,301
ZIM-Koop	384.2	10,299	3,392	1,144	4,604

자료: AiF(2016)

② 혁신성과

독일의 중소기업은 통상 혁신활동에 강하다는 이미지를 가지고 있다. 그러나 연방정부 위촉 연구혁신전문가 위원회(Expertenkommission For-

shcung und Innovation: EFI)의 최근 보고서에 따르면 독일의 중소기업,
특히 250명 미만 규모의 기업들은 혁신비용지출이 인접국가들에 비해서
특별히 높은 것은 아니다. 이 규모의 중소기업들의 매출액 대비 혁신비
용지출의 비율은 2014년에 약 1.2% 수준으로 산업구조가 유사한 인접
국가들(스웨덴 2.6%, 핀란드 2%, 프랑스 1.6%)에 비해서 오히려 낮은 편
이다(EFI 2016: 35). 또한 이 수치는 2006년 1.7% 수준에서 하락한 결과
이다. 반면, 혁신의 결과 면에서는 중상위권으로 평가할 수 있다. 제품혁
신과 공정혁신을 포괄한 혁신활동을 행하는 중소기업(10~249명 규모)
의 비중은 42%로 비교대상국 중 가장 높다(EFI 2016: 39). 500인 미만
중소기업의 국제특허신청건수는 인구 100만 명당 87건, 250인 미만 중
소기업의 매출액 중 혁신제품 비중은 6%로 각각 중위권이다.

흔히 독일 중소기업은, 특수한 틈새 시장(niche market)에 특화되
고, 그 품목의 작지만 세계적 시장에서 지배적인 위치에 있으며, 연구개
발에 지속적으로 투자하는 이른바 '히든 챔피언'의 이미지로 알려져 있
다. 독일에는 히든 챔피언이 절대적으로 많이 존재하고 인구당 비율도
가장 높다.[35] 이처럼 히든 챔피언이 독일에 많이 존재하는 이유로는 높은
수출지향성, 중간재와 타기업을 위한 기술개발분야의 높은 비중, 기업들
의 높은 혁신집약도, 고품질 및 비용효율성에 대한 수요가 많은 국내시
장, 혁신을 창출하기에는 충분히 크지만, 대기업이 전념하기에는 작은
국내시장을 들 수 있다(Acatech and BDI 2015: 43).

그러나 이러한 기업이 전체 중소기업 중 차지하는 비율은 독일에서
도 1% 미만의 비중이다. 또한 이들 기업의 평균 업력이 80년을 넘어서

35　이 개념을 개발한 Hermann Simon에 따르면 전세계 약 2,700개 히든 챔피언 중 거의 절
　　반이 독일 기업이며, 인구 100만 명당 숫자도 16개로 세계 1위이다. 참고로 그의 통계에서
　　한국의 히든 챔피언은 23개, 100만 명당 0.5개이다(Acatech and BDI 2015: 43).

오래된 시장에서 활동하고 있으며(Acatech and BDI 2015: 51), 상당수
는 고도로 특화되어 성장가능성이 한계에 처해 있다는 문제점을 안고 있
다(Acatech and BDI 2015: 56).

히든 챔피언이 전체 독일 중소기업의 1% 미만이고, 혁신비용지출도
상대적으로 높지 않음에도 불구하고 독일기업의 혁신성이 비교적 높다
는 점과 관련하여 주목할 점은 독일에는 히든 챔피언과 달리 독자적 연
구개발 없이도 혁신성을 가진 기업들이 다수 존재한다는 것이다. Acate-
ch and BDI(2015)의 보고에 따르면 독일의 혁신적 중소기업의 55%는
독자적 연구개발 없이도 혁신활동을 행하고 있으며, 기업의 규모가 작아
질수록 이러한 기업의 비율의 높다. 즉, 혁신적 기업 중 100인 이상 500
인 미만 규모에서 이러한 기업의 비율은 35% 전후이고, 20인 이상 100
인 미만의 기업에서는 50% 전후이다(Acatech and BDI 2015: 39). 이 보
고서는 이런 기업들을 5가지로 유형화하고 있다. 즉, 지식집약적 제품혁
신 중심기업(기계공학, 광학, 측정, 제어기술 분야), 고객추동형 기술공정
전문기업(자동차 부품, 고무, 플라스틱 제품), 소비재 제품 개발(식음료, 의
류, 가구, 스포츠 장비, 악기), 노동집약 제조공정 전문하청(금속제품, 자동
차 산업), 고객지향적, 물량탄력적, 특화 공급자(부품공급 분야에서 포장,
물류 서비스에 강점을 가진 기업들) 등이다. 이런 유형에 속하는 기업들은
높은 비용과 위험을 수반하는 연구개발보다는 탄력적인 내부 조직, 높은
공정 전문성, 기존 기술의 새로운 응용과 강한 고객 지향성을 이용한 혁
신전략을 택하고 있는 것이다(Acatech and BDI 2015: 39).

6. 맺음말

이상에서 독일경제체제의 특징을 몇 가지 중요 분야에서 살펴보았다. 그렇다면 그러한 개별분야를 관통하는 공통의 특징을 말할 수 있는가? 경제주체들이 가계와 기업으로 개별화되는 것이 아니라 다양한 분야와 층위에서 조직화되어 장기적 시정(視程)을 가지고 협력, 타협한다는 점을 들 수 있을 것이다.

  우선, 독일 경제에서 생산측면의 특징을 이루는 직업훈련, 금융, 혁신활동 등에서는 모두 관련 민간 주체들 사이의 장기적 관계에 기초한 협력이 중요하다는 점을 들 수 있다. 이와 관련하여 국가는 제도적 틀을 만들고, 필요한 경우 재정지원을 하되 기본적으로 보조적 지원자의 역할을 한다. 예를 들어서 직업훈련에서는 직업훈련생과 기업 간에 장기적 관계가 형성되고, 그러한 관계가 제도적 틀을 가지는 데에는 상공회의소, 산업별 협회 등이 중요한 역할을 한다. 정부는 직업훈련관계가 고용관계와 구별되는 법적 범주로 존재할 수 있도록 틀을 마련하고 그 속에서 교육생의 권리를 규정하고 보호하는 역할을 한다. 또한, 직업교육의 표준(직업의 종류, 교육내용, 시간 등)을 마련함으로써 노동자의 숙련에 대한 정보 비대칭성을 완화하는 역할을 한다. 금융에서도 은행과 기업은 장기적 관계형성을 통해서 정보의 비대칭성을 완화하며, 이를 통해서 기업은 장기적 시야에 입각하여 안정적으로 경영을 할 수 있게 된다. 혁신활동에서도 고객이나 공급자로부터의 제안과 자극, 그리고 기업 내에서 숙련을 축적한 노동자의 역할이 중요하다. 또한, 지역 내의 다른 기업 및 대학, 연구기관과의 협력을 통해서 혁신활동이 일어나는 경우가 많다. 정부는 공공연구기관들을 재정지원하고 그들의 기업과의 협력을 장려한다.

또한, 분배 측면에서 중요한 임금 및 노동조건에 대한 협상, 사회보험의 관리에 있어서도 예를 들어서 노사간 타협과 협력의 전통이 뿌리 깊다. 산별노조의 영향력이 강하지만 노사관계가 타협적이어서 쟁의 발생율이 낮은데, 여기에는 공동결정의 제도가 기여하고 있는 것으로 보인다. 대기업에서는 노동자의 감독이사회 참여를 통해서 기업 최고위 정보와 결정과정에 참여함으로써 타협을 제도화하고 있다. 중소기업에서는 경영평의회를 통한 노동조건의 조정과, 많은 경우 가족기업 소유주인 경영자와 노동자 사이의 일상적이고 친밀한 접촉을 통해서 협조적 노사관계가 유지되는 경우가 많다. 최저임금이 2015년까지 도입되지 않았던 것도, 노동조건을 국가의 획일적 규제에 맡기기보다 산업별로 노사가 협상을 통해서 결정하는 전통이 강했기 때문으로 이해할 수 있다.

중소기업에게는 이러한 주체들 사이의 협력이 더욱 큰 의미를 가지며, 특히 자신이 자리잡은 지역 내의 파트너들과의 협력이 중요하다. 즉, 직업 교육생, 노동자의 채용이 지역 내에서 이루어지는 경우가 많으며, 금융에서도 지역 내 인접한 협동조합 은행이나 공공은행과의 관계를 통한 자금조달이 중요하다. 혁신 활동을 위해서도 지역 내의 다른 기업, 연구서비스 업체, 대학(특히 응용과학대학)들이 파트너가 됨을 보았다.

이처럼 경제주체들이 단기적-전국 및 세계적-가격 중심의 관계 못지 않게 장기적-지역적-평판 중심의 관계를 중시하게 된 배경에는 다음과 같은 독일 특유의 요인들이 있다. 첫째로 연방제에 기초한 정치, 행정, 조세재정 측면에서의 지역적 분권이다. 이러한 분권은 지역단위에서 다양한 민간 및 공공 주체(기업, 대학, 연구소)들이 상호작용하면서 공동의 문제를 해결하고, 공동의 이익을 추구할 네트워크를 구축할 유인을 제공하고, 동시에 그들이 제기하는 정책의제에 대해서 지방정부가 탄력적으로 대응할 수 있는 여지를 열어준다. 둘째로, 강력하지만 자본에 대해서 상당히 협조적인 노조의 존재이다. 이들은 산업별로 강력하게 조직되어 있으면서 단체협상제도 그리고 공동결정제도를 통해서 각종 자원의 배분과 분배 결정에 참여할 권리를 확보하고 있다. 이들은 산별교섭을 통해서 기업간 노동조건의 격차를 좁히고, 대기업의 경우 감독이사회를 통해서 자본과 타협하면서 고용유지 등 장기적 이익을 지키려 노력한다. 그리고 셋째로 국가의 직접적 규율과 행정기구에 의한 관리보다 해당 당사자들의 대표조직을 통한 이해 조정과 자율적 관리를 중시하는 기독교 민주주의(Christian Democracy)의 전통이다. 상공회의소, 경영자단체, 각종의 협회 등의 강력한 지역 및 민간 기반성 그리고 산별노조와 달리 사업장 단위에서의 노동조건 결정에 참여하는 종업원평의회, 노동과 자본의 사회보험 관리기구 참여 등은 그러한 특징을 보여준다.

　이러한 독일의 특유한 특성을 감안할 때, 중소기업과 관련한 제도 및 정책을 곧바로 한국에 도입하는 것은 적정하지 않다고 할 수 있다. 한국과 독일 간의 역사적 경험의 차이나 경제사회적 구조의 특수성을 감안하지 않을 경우, 외형적인 제도 도입을 통해 그 실효를 기대하기는 어려울 것이기 때문이다. 그러나 이와 반대로 한국과 독일 간의 차이만을 강조하여, 독일 중소기업 관련 경제제도의 도입에 마냥 부정적인 것 역시 바람직하지 않다. 자본주의와 시장경제의 역사는 경제의 규모 및 수준에 따라 각국의 경제성장 과정에서 공통된 특성이 존재함을 보여주고 있기 때문이다. 특히, 이 글에서 다루지는 못했지만, 독일이 1990년대 전후 자본주의 성장 과정에서의 위기를 극복하였던 사례는 더 깊이 연구할 필요가 있다. 현재 한국이 양적 경제성장의 한계에 직면한 현실과 마찬가지로, 독일경제는 1980년대 전후의 성장이 정체되는 경험을 하였으며, 이러한 경험을 바탕으로 독일 경제 전반에 걸친 구조조정이 이루어졌다. 그리고 이러한 구조조정의 결과가 최근 독일경제의 강력한 복원력과 성장의 배경이 되고 있음은 물론이다. 그러한 구조조정의 과정이 독일 특유의 경제체제상 특징에 어떤 영향을 받았고, 또 그것을 어느 정도 변화시켰는지를 살핌으로써, 우리 경제가 필요로 하는 심층적(深層的) 체제의 변화와 표층적(表層的) 정책 변화가 무엇인지 그리고 그 두 층이 서로 어떻게 조응해야 할지에 대한 시사를 받을 수 있을 것이다.

참고문헌

옥우석·정세은·이명헌·옥규성. 2012. 《유럽지역경제론》. 한국방송통신대학교 출판부.

이기영 외. 2013. 《중소기업 창조경제 위한 정책금융 역할 연구》. 한국금융연구센터.

이명헌. 2010. 〈신재생에너지 기술개발 지원정책: 독일의 경험 및 교훈〉. 한진희·윤경수 편,
《기후변화 문제의 주요 이슈 및 정책방향》. 한국개발연구원 연구보고서 2010-02.

원승연·이명헌. 2015. 《중소기업의 경쟁력 강화를 위한 기업연계 대학교육제도: 독일과
네덜란드의 사례를 중심으로》. 한국금융연구센터 연구보고서.

유경준 외. 2010. 《취약계층 고용안전망 강화방안 연구》. 고용노동부 연구용역 보고서.

한국개발연구원. 2012. 《성장과 고용의 선순환을 구축을 위한 패러다임 전환(II) - 고용창출을
위한 사회안전망 구축》

황태희. 2011. 〈독일 경쟁제한방지법(GWB) 상 중소기업 보호규정과 시사점〉. 《법학연구》52(1),
pp. 171-194.

Acatech und Bundesverband der Deutschen Industrie(BDI). 2015. *Innovationsindikator
2015*.

Alemani, E. et al. 2013. "New Indicators of Competition Law and Policy in 2013 for OECD
and non-OECD Countries." *OECD Economics Department Working Papers* No.
1104. OECD Publishing. http://dx.doi.org/10.1787/5k3ttg4r657h-en

Arbeitsgemeischaft industrieller Forschungsvereinigungen(AiF). 2016. *Zahlen und
Daten 2015*.

Autorengruppe Bildungsberichterstattung. 2014. *Bildung in Deutschland 2014*.

Bundesministerium für Arbeit und Soziales(BMAS). 2014. *Sozialbudget 2013*.

_____. 2015. *Mitbestimmung-eine gute Sache*.

European Commission Enterprise-General. 2008. *INNO-Policy Trendchart - Policy
Trends and Appraisal Report: Germany*.

Expertenkommission Forschung und Innovation(EFI). 2016. *Der Beitrag von KMU zu
Forschung und Innovation in Deutschland*.

Federal Ministry of Education and Research. 2003. *Germany's Vocational Education at
a glance*.

Ellgut P. und S. Kohaut. 2008. *Branchentarifvertrag: Neu gegründete Betriebe sind
seltener tarifgebunden, IAB-kurzbericht 16-2008*. Institut für Arbiets- und
Berufsforschung.

Institut für Mittelstandforschung Bonn. 2012. *Innovationstäigkeit im Mittelstand –
Messung und Bewertung*.

_____. 2013. *Außenwirtschaftsaktivitäen von kleinen und mittleren Unternehmen im
Lichte der amtlichen Statistik*.

_____. 2013. *Der nachhaltige Beschäaftigungs-beitrag von KMU.*

IMF. 2011a. Germany: 2011 Article IV Consultation-Staff Report, *IMF Country Report* No. 11/168.

_____. 2011b. Germany: Technical Note on Banking Sector Structure, *IMF Country Report* No. 11/370.

Kaya, O. 2015. "Mittelstandsfinanzierung im Euroraum: Neue Löosungen füur ein altes Problem" *EU-Monitor Globale Finanzmärkte.* Deutsche Bank Research.

Memmel, C., C. Schmieder, and I. Stein. 2008. "Relationship Lending-Empirical Evidence For Germany." *Economic and Financial Report* 2008/01. European Investment Bank.

Der Ministerpräsident des Landes Baden-Württemberg et al. 2015. *Bündnis zur Stärkung der beruflichen Ausbildung und des Fachkräftenachwuchses in Baden-Württemberg 2015-2018.*

OECD. 2004. *The Role of Competition Policy in Regulatory Reform, OECD Reviews of Regulatory Reform, Regulatory Reform in Germany.*

_____. 2013. *OECD competition law policies indicators.*

Quack, S. and M.-L. Djelic. 2005. "Adaptation, Recombination and Reinforcement: The Story of Antitrust and Competition Law in Germany and Europe." In Streeck, Wolfgang and Kathleen Thelen(eds.), *Beyond Continuity: Institutional Change in Advanced Political Economies.* Oxford University Press.

Schlömer, N., R. Kay, U. Backes-Gellner, W. Rudolph, and W. Wassermann. 2007. *Mittelstand und Mitbestimmung-Unternehmensführung, Mitbestimmung und Beteiligung in mittelständischen Unternehmen.* Westfälisches Dampfboot.

Sozialdemokratische Partei Deutschlands. 1958. *Grundsatzprogramm.*

Steinbeis-stiftung für Wirstschaftsföderung. 2012. Satzung der Steinbeis-stiftung für Wirstschaftsföderung, Fassung der 30.03.2012.

Wirtschafts-und Sozialwissenschaftliches Institut (WSI) der Hans-Böckler Stiftung. 2016. *2016 Tarifpolitik Statistisches Taschenbuch.*

Zinn, K.G. 1992. *Soziale Marktwirtschaft: Idee, Entwicklung und Politik der bundesdeutschen Wirtschaftsordnung.* BI, Mannheim.

제10장

독일 고용체계의 전환과 동서독 노동시장의 통합[1]

이상호(한국비정규노동센터 정책연구위원)

1. 들어가며

1980년대까지 정형적 고용관계와 일원적 노동시장구조를 가지고 있던 독일의 고용체계는 1990년 재통일 이후 두 차례의 큰 전환기를 거치게 된다. 첫 번째 고용체계의 전환기는 1990년대 지구화와 금융화로 인한 기업지배구조의 변화, 동서독의 재통일과 유럽통합의 가속화 등으로 인해 촉발되었다. 독일모델의 위기가 언급될 정도로 생산체제의 경쟁력이 약화되고 복지체제의 재정압박이 강화되면서 독일의 고용체계도 큰 도전에 직면한다. 이러한 가운데 2000년대에 들어서면서 두 번째 전환의 계기가 마련되는데, 이 때 본격화된 신자유주의적 정책기조에 따른 노동시장 관련 법제도의 탈규제화, 사회동반자적 노사관계의 약화로 인한 단

1   이 글은 한독경상학회의 《경상논총》 제32권 4호(2014년 12월)에 수록된 본인의 〈독일 고용체계의 변화가 노동시장에 미친 영향〉 논문을 상당부분 수정하고 보완한 것이다.

체교섭의 탈집중화, 그리고 예산제약에 따른 사회보험제도의 시장화 등이 독일고용체계의 변화를 가속화시키는 요인으로 작용하였다.

특히 2000년대 초반 적녹연정이 추진한 일자리-활성화법(Job-AQTIV), 하르츠개혁(Hartzreform), 어젠다(Agenda) 2010 등과 같은 법제도의 탈규제화조치는 독일의 고용관계와 노동시장의 변화를 완전히 새로운 국면으로 이끄는 동력으로 작용하였다. 그래서 이러한 고용체계의 전환이 노동시장에 어떤 영향을 미쳤는가를 둘러싸고 국내외에서 논란이 뜨거웠다. 슈뢰더 정부의 '적극화 노동시장정책(Aktivierende Arbeitsmarktpolitik)'이 고질적인 실업문제를 해결하고 최근 독일의 '고용기적(Beschäftigungswunder)'을 만들어내는 제도적 기반으로 작용했다고 평가하는 이들이 있는 반면, 노동시장제도의 탈규제화로 인해 정형적 고용관계의 안정성이 심각하게 약화되고 노동시장의 분할이 강화되었다고 비판하는 이들도 많다.

이와 같이 고용체계의 전환이 노동시장에 어떤 영향을 미쳤는가를 분석하는데 있어 그 평가기준을 무엇으로 하는가에 따라 의견이 상반된다. 실제로 대다수의 기존 연구들은 노동시장의 양적 지표 변화를 주요 근거로 삼아 슈뢰더 정부의 적극화 노동시장정책과 비정규고용 관련 법제도의 탈규제화가 긍정적인 효과를 발휘했다고 주장한다. 그러나 이들은 고용관계의 이중화와 노동시장의 분단화를 유발시키는 사회경제적 요인들에 대해 명확히 설명하지 못하는 한계를 노정하고 있다. 그래서 체제전환기의 고용구조의 변화를 제대로 분석하기 위해서는 독일고용체계를 구성하는 노동시장제도, 노사관계와 사회보험제도의 특성을 분석하고 이들 세 가지 요인들의 상호작용에 의해서 나타나는 고용관계와 고용형태의 변화를 세밀하게 분석해야 한다. 바로 이러한 관점에 서서 고용체계의 전환과정을 분석해야만 90년대 동서독지역의 노동시장에 존재

했던 격차와 간극이 2000년대 왜 고용관계의 이중화와 노동시장의 분단
화추세와 동시에 진행될 수 있었는지를 이해할 수 있다.

　　이러한 문제의식에 따라 이 글은 1990년대 통일 이후 전개된 독일
고용체계의 전환이 노동시장에 어떠한 영향을 미쳤는가를 지역적 관점
에서 분석할 것이다. 이를 위해 먼저 2장에서 독일모델의 위기로 인한
고용체계의 변화양상을 노동시장제도, 노사관계, 사회보험제도 측면에
서 살펴보고 이로 인한 노동시장의 변화를 고용관계와 고용형태를 중심
으로 살펴볼 것이다. 3장에서는 적녹연정의 적극화 노동시장정책과 비
정규고용 관련 법제도의 탈규제화조치가 노동시장에 미친 영향을 '이중
화'와 '취약화' 관점에서 분석할 것이다. 특히 통일 25주년을 맞이하는
2015년 시점에서 동서독의 지역노동시장이 얼마나 통합적으로 작동하
고 있는가를 자세하게 살펴보고자 한다. 마지막으로 4장에서 독일 고용
체계의 전환으로 인한 노동시장의 변화양상을 요약하고 이러한 역사적
경험이 우리에게 시사하는 바를 찾고자 한다.

2. 독일고용체계의 전환이 노동시장에 미친 효과

1) 독일모델의 하부체계로서 고용체계

소위 '독일모델(Deutsches Modell)'이라고 불리는 독일자본주의 유형
은 일반적으로 다음과 같은 특성을 가지고 있다(Jürgens, Krzywdzinski
and Teipen 2006; Lehndorff, Bosch, Haipeter and Latniak 2009). 이해
관계자의 평판효과에 기반한 투명한 정보공유를 특징으로 하는 독일의
기업지배구조는 인내자본의 성격을 지닌 금융자본으로 하여금 교육에
대한 적극적 투자를 유도하였다. 교육 및 직업훈련제도는 고숙련노동자

의 위상과 조직노동의 교섭력을 고양시키는 동시에, 표준적이고 범용적인 산업기술을 초기업적인 차원으로 확산시켰다. 한편 완만한 임금교섭정책과 노동자의 경영참가는 협력적인 노사관계와 결합되어 이해관계자의 신뢰관계를 강화시키고 산업경쟁력의 질적인 강화를 추동하였다. 이러한 독일모델의 선순환구조는 80년대까지 각 제도의 상보성을 유지하면서 사회경제적 성과를 뒷받침하였다. 특히 산업경쟁력의 질적 강화는 수평적 노동시장과 정형적 고용관계의 형성과 발전과 밀접한 연관성을 지니고 있다.

한편 독일의 고용체계를 독일모델의 하부체계로 규정한다면, 80년대까지의 고용체계를 '사회적 시장경제형' 고용체계로 개념화할 수 있다(Schmid 2002: 122). 이러한 고용체계의 구성요소는 크게 노동시장제도, 노사관계, 그리고 사회보험제도로 나눌 수 있다. 먼저 독일의 노동시장제도는 고용 관련 법제도의 강력한 규제력과 해고보호조치와 같은 높은 고용안정성, 숙련별 보상체계에 기반한 직업별 내부노동시장과 협약임금을 기준으로 하는 기업간 낮은 임금격차 등을 특징화할 수 있다. 또한 노사관계는 노동조합과 사업장평의회가 단체교섭과 경영참가를 담당하는 이원적 이해대변구조를 가지고 있으며, 참여와 신뢰에 기반한 사회동반자적 성격을 지니고 있다. 또한 단체교섭의 높은 집중도와 넓은 포괄범위 또한 중요한 특징 중의 하나이다(Müller-Jentsch 1997). 독일의 사회보험제도는 노동시장의 통합과 고용관계의 체결을 전제로 하여 운영되고 있다. 이러한 보수주의적 복지체제는 노동시장의 내부자에게는 관대한 사회보험혜택을 제공하지만, 노동력을 상실하거나 노동시장에서 배제된 외부자에게 최소한의 생활유지를 보장하는 것을 특징적으로 보여준다(Geissler 1998).

노동시장제도, 노사관계 및 사회보험제도의 이러한 특성은 무기계약방식의 전일제근무를 기본원칙으로 하는 정형적 고용관계와 긴밀하게 결합되어 있다(Keller and Seifert 2006; Kress 1998). 그래서 정형적 고용관계는 연금, 의료 및 요양, 실업, 산재 등 법정 사회보험제도는 물론, 표준노동조건의 기준이 되는 단체협약이 적용되고, 사용주와 고용주가 동일한 고용계약을 맺는 정형적 고용관계를 일반화시켰다.

2) 독일모델의 위기로 인한 고용체계의 전환

90년대 이후 지구화와 금융화로 인한 주주자본주의의 강화, 재통일과 유럽통합으로 대표되는 새로운 도전은 독일모델의 근간을 흔드는 동시에, 고용체계의 불안정화를 강화시켰다. 먼저 국가의 경계를 넘나드는 자본이동의 강화는 신기술과 정보체계의 초국가적 활동의 강화로 이어졌고 국가의 무역, 생산 및 금융관계의 흐름 또한 급증한다. 일국적, 혹은 지역적 노동시장은 생산의 분산화, 저임금국가로의 산업입지 이전 등에 의해서 자신의 조정기제를 제대로 작동시키지 못한다(Schmid 2002: 33). 이러한 과정에서 제도적 보완성과 정부의 정책적 조정력이 제대로 발휘되지 못하면서 독일경제는 더욱 어려워졌다. 생산성향상, 수요증가와 고용창출로 이어지는 선순환구조가 끊어지면서 독일경제의 성장동력 약화현상이 뚜렷해진다. 이러한 상황은 경제성장률의 하락과 투자부진으로 나타난다.

　한편 금융자본주의화로 인한 기업지배구조의 변화는 기존에 '독일 주식회사(Deutschland AG)'의 주요한 특성으로 일컬어지던 기업의 장기적인 행위지향과 협력구조를 점차 단기적 수익추구로 바꾸는 효과를 발휘하였다(Windolf 2005). 새로운 금융메카니즘과 통제구조에 조응하는 기업지배구조의 변화는 생산영역에서 주주가치의 중요성을 강화시켰지만, 노동조합과 시민사회 등 다른 이해관계자의 영향력을 축소시켰다. 이와 같이 초국적 자본에 의한 지구화와 금융화는 기존 독일모델의 제도적 상보성을 약화시키는 제약요인으로 작용하고 이는 다시 독일고용체계를 뒷받침하던 이해관계자중심의 기업지배구조를 약화시키는 불안요인으로 나타났다.

또한 1990년 동서독의 재통일과정을 거치면서 사회정치적 세력관계가 급격하게 변화한다. 통일 이후 사회경제체제의 재구성에 대한 공적인 논의에서 독일모델의 혁신프로그램은 우선순위에서 계속 밀려나고 점점더 신자유주의적 개혁의제가 부각된다. 동독과의 사회경제적 통합은 동서독 통화의 1:1 교환으로 시작되었다. 유래를 찾을 수 없는 이러한 조치로 인해 동독경제의 상당부분이 시장경쟁력을 상실하게 되고 동독지역의 탈산업화로 인해 당시 약 1,000만 명에 이르던 동독지역 노동자 중 약 400만 명이 실업자로 전락하게 된다. 이러한 '통일의 대가(Preis der Einheit)'는 결국 서독주민의 세금에 근거한 재정으로 충당된다. 이로 인해 국내총생산에서 사회보험급여의 비중이 급격하게 증가하고 재정적자는 사상최대 수준인 63%로 증가한다. 하지만 정부는 통일비용을 감당하기 위해 이러한 상황에서도 국가채무를 늘릴 수밖에 없었다(Wiesenthal 2004).

한편 유럽통합의 강화추세는 독일고용체계의 또 하나의 도전이었다. 마스트리츠 조약을 준수하고 유럽의 단일통화를 확산시키기 위한 유럽중앙은행과의 공조는 독일로 하여금 높은 실질이자율, 낮은 성장율, 높은 실업률로 이어지는 악순환고리에 깊이 빠지도록 만들었다. 사회보장을 위한 재정수입은 줄어들고 공공재정의 적자는 계속 늘어만 갔다. 이러한 상황에서 독일정부는 마스트리츠 조약의 3대 기준을 지키기 위해서 재정지출을 줄이고 공공부문을 축소하는 방향으로 대응하였다. 1998년 말 보수연정을 무너뜨리고 집권한 적녹연정조차도 기업과 가계의 세금부담을 줄이고 사회보장혜택을 줄여서 경제성장을 추동하는 신자유주의적 경제정책을 추진하였다(Lehndorff, Bosch, Haipeter and Latniak 2009: 114).

　이와 같이 재통일의 재정적 압박과 유럽연합의 통합과정에서 도입된 단일통화라는 새로운 도전은 독일로 하여금 신자유주의적 사회경제정책을 본격적으로 추진하도록 만들었다. 이는 기존 독일모델의 기반을 흔드는 효과를 발휘하였을 뿐만 아니라, 고용체계의 구조적 변화를 추동하는 제약요인으로 작용하였다.

　이러한 가운데 1990년대 후반에 들어서면서 본격화된 노동시장제도의 탈규제화로 인한 고용유연화방식의 확산은 노동시장 주변부의 비정형적 고용과 저임금노동자를 증가시키고, 노사관계의 분권화로 인한 단체교섭의 조절력 약화는 고용형태별 임금 및 노동조건의 차별화를 심화시켰다. 한편 고실업과 재통일로 인한 재정악화는 사회보장제도의 시장화를 촉진시키고 보수주의적 복지체제를 특징으로 하는 독일의 사회보험제도를 재상품화의 길로 들어서게 만들었다(Bosch, Haipeter, Latniak and Lehndorff 2007; Eichhorst, Max and Thode 2010). 〈그림 1〉은 독일고용체계를 구성하는 노동시장제도, 노사관계, 사회보험제도의 변화가 고용관계와 고용형태에 어떤 영향을 미쳤는지를 보여주고 있다.

　1990년대 후반 이후 독일고용체계에서 나타난 노동시장제도의 탈규제화, 노사관계의 탈집중화, 사회보험제도의 시장화는 그동안 고용관계에서 금기시되던 양적 고용유연화방식의 도입과 비정형적 고용관계의 확산을 촉발시키는 제도적 기반으로 작용하였다고 말할 수 있다. 정규직 노동자와 달리, 비정규직 노동자는 저임금과 단기 일자리에 집중되고, 이들의 상당수는 사회보험혜택은 물론, 단체협약의 적용에서 제외되고 있는 실정이다(Brehmer and Seifert 2008: 516).

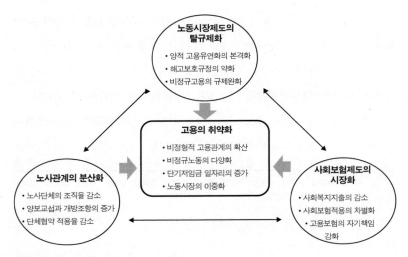

그림 1. 독일고용체계의 변화와 고용의 취약화
출처: 저자 구성

　　이와 같이 적극화 노동시장정책의 본격화, 단체교섭의 조절능력 약화 그리고 재정적자로 인한 사회보험제도의 시장화가 진전되면서 독일 고용체계에서 외부노동시장의 논리가 확산되고, 저임금, 단기계약, 단체협약과 사회보험이 적용되지 않는 소위 '비정형' 고용을 중심으로 하는 2차 노동시장이 빠르게 확장되고 있다. 이로 인해 정형적 고용관계를 기본원칙으로 하는 전통적인 고용체계가 흔들리고 고용의 '취약화'[2]와 '이중화'가 뚜렷하게 나타나게 된다.

2　　고용관계의 비정형화와 고용의 취약화를 동일시할 수는 없다. 비정형적 고용관계는 고용계약의 안정성, 임금수준 및 노동조건 등 규범적 판단기준을 통해 분류가 분명한 반면, 고용의 취약화를 판단하는데 있어 선택자율성과 만족도 등과 같은 주관적인 기준도 중요하기 때문에 명확하게 규정하기가 쉽지 않다. 또한 비정형적 고용형태가 어느 정도 취약한 고용인가를 판단하는데 있어 논자에 따라 다른 판단기준을 사용하기도 한다(Dörre 2005: 251). 그럼에도 불구하고 일반적으로 임금소득의 생활보장 정도, 사회보험의 적용여부, 고용안정성의 정도, 직업훈련 등 고용능력 등을 취약고용의 주요한 판단기준으로 삼고 있다(Keller and Seifert 2011: 140).

3) 고용관계의 취약화와 고용구조의 이중화

위에서 살펴본 바와 같이 독일고용체계의 변화가 본격화되면서 정형적 고용관계가 약화되고 비정규직 노동자가 증가하고 있다. 이는 기존 노동 유연화방식과는 질적으로 다른 양적 고용유연화가 현실화되고 있다는 것을 반증하는 것이다. 실제로 1990년대를 거치면서 고용유연성을 높여야 한다는 목소리는 최고조에 다다른다. 정보통신기술과 같은 급격한 신기술의 도입, 생산과 금융의 지구화에 따른 가격경쟁의 격화, 일과 가정생활의 재조직화 등 새로운 도전들로 인해 노동시장의 유연성 강화가 불가피한 것으로 받아들였기 때문이다. 이러한 변화에 대해 대응하기 위해서 노동시장은 보다 더 빠르고 유연하게 반응해야 한다는 논리가 확산되었다. 결국 노동시장의 유연화 요구는 지금까지 독일사회에서 금기시되었던 고용유연화의 필요성을 부각시키고, 비정형적 고용형태에 대한 탈규제가 본격화된다. 특히 단체교섭의 분산화로 인한 노사관계의 조절력 약화, 그리고 사회적 위험을 가중시키는 사회보장제도의 시장화에 의해서 고용유연화의 전제조건이 만들어졌지만, 정형적 고용관계의 안정성을 위협한 직접적 요인은 노동시장의 탈규제화조치였다.

노동시장제도의 탈규제화, 노사관계의 탈집중화와 사회보험제도의 시장화로 인해 고용관계의 불안정성이 강화되면서 고용의 '취약화'와 '이중화'가 가속화된다. 먼저 비정형적 고용형태의 상당수는 정규직과 달리 생활보장을 감당할 수 없을 정도로 저임금 일자리에 해당한다. 임금소득의 수준을 고려할 때 미니잡과 경미고용의 임금이 가장 낮은 수준이다. 시간제 일자리 또한 낮은 임금수준으로 인해 근로빈곤층으로 전락할 가능성이 아주 높다. 그리고 기간제의 경우 고숙련 노동자라면 정규직 고숙련 노동자와 그렇게 큰 임금격차를 보이지 않지만, 저숙련 노동

자의 경우 정규직 저숙련 노동자와 임금격차가 상당히 큰 편이다. 이러
한 상황은 단기간 고용계약의 비중이 높은 파견노동자에게도 그대로 나
타나고 있다.

한편 비정형적 고용관계를 맺고 있는 비정규직 노동자에게 가장 큰
위협은 고용불안이다. 기간제의 경우 계약기간의 종료 이후 계속고용이
보장되는 것이 아니기 때문에 무기계약직에 비해 고용불안정성이 상대
적으로 크게 나타난다. 이러한 고용불안정성은 유기계약이 많은 파견노
동에서도 강하게 나타나고 경미고용과 준자영업 종사자의 경우는 말할
필요가 없다(Promberger 2005; Wagner 2010). 이러한 고용불안정성은
외부노동력의 성격을 가진 비정규직 노동자들이 직업훈련 및 숙련향상
조치로부터 배제됨으로써, 고용능력과 가능성이 약화되고 있다는 사실
에서도 확인된다. 상대적으로 낮은 소득과 고용안정성의 부재 등으로 인
해 사실상 고용능력을 유지하고 향상시킬 수 있는 기회가 원천적으로 차
단되기 때문이다.

더 큰 문제는 비정규직 노동자들의 다수가 사회보험의 적용혜택을
받지 못함으로써, 고용관계의 취약화가 가중되고 있다는 사실이다. 정
형적 고용관계와 달리 비정형적 고용형태는 사회보험의 혜택을 받기 위
한 수급조건이 까다롭기 때문에 적용여부가 상당히 불균등하게 분포한
다. 고용형태에 따라 고용보험, 의료보험, 연금보험 등 사회보험의 적용
대상이 달라지기 때문이다. 의료보험의 경우 시간제, 기간제와 파견노동
자에게는 보장성을 담보하고 있지만, 경미고용은 가입권한이 없으며, 준
자영업자는 임의가입만이 가능하다. 한편 고용보험은 파견노동자에게는
적용되지만, 경미고용과 준자영업자는 적용되지 않는다. 또한 시간제 노
동자에게 고용보험은 수급조건이 엄격하게 요구되기 때문에 부분적으로
적용된다고 평가할 수 있다. 기간제의 경우 12개월의 보험료 납입기간을

지키지 못하면 실업급여 청구권을 가질 수 없다. 또한 연금보험은 기간제와 파견제는 정규직과의 큰 차별이 없지만, 상대적 저임금과 의무고용 기간이라는 제약조건으로 연금혜택이 상대적으로 낮을 수밖에 없으며, 일정수준 이상의 연금보험료를 납입하지 못하는 경미고용의 경우 사실상 혜택을 받지 못한다. 시간제 노동자는 보장성이 부분적으로 인정되기 때문에, 고소득자가 아니면 퇴직 이후 생활보장이 어려울 정도로 낮은 연금을 수령한다. 이와 같이 비정형적 고용형태를 취하는 대부분의 비정규직 노동자들은 사회보험에 대한 통합정도가 정규직에 비해 상대적으로 낮게 나타나고 있기 때문에 취약고용의 위험에 노출되어 있다고 평가할 수 있다(Keller and Seifert 2006: 238).

물론 이러한 비정형적 고용형태가 정형적 고용으로 가기 위한 일시적이고 과도기적 형태로만 존재한다면, 이러한 문제를 심각하게 제기할 필요는 없을 것이다. 하지만 비정규 노동자의 전후 고용형태의 변화과정에 대한 연구들은 비정형적 노동자가 정규직 일자리로 진입하기가 쉽지 않으며, 상당히 제한적이라는 사실을 보여주고 있다. 비정형적 노동자가 정형적 고용관계를 맺는 새로운 일자리를 찾는 비중이 적기 때문에, 비정형적 일자리의 '가교기능'은 상당히 약하다고 평가할 수 있다(Lehmer and Ziegler 2010: 230).

한편 비정형적 고용관계의 이러한 취약성은 각 요인들이 서로 맞물리면서 노동시장의 취약계층에게 저임금과 불안정고용을 고착화시키고, 노동시장의 분절화에 의한 이중구조화를 촉진시키고 있다. 장기실업자와 미숙련 노동자는 낮은 임금과 열악한 일자리를 어쩔 수 없이 수용하게 되고 이러한 일자리에서 일하는 비정규직 노동자는 직업훈련과 숙련향상의 기회가 부여되지 않는다. 결국 이들은 보다 나은 조건의 일자리로 이동할 가능성이 점점 더 낮아지고 해고와 같은 사회적 위험에 노출

될 가능성이 더 높아진다. 이러한 악순환의 고리는 비정규직 노동자를 계속 비정형적 고용관계에 머물게 만드는 고용관계의 '취약화'를 보여주는 동시에, 고용형태에 따라 입출구가 달라지는 고용구조의 '이중화'를 보여준다(Pailer and Thelen 2012: 222).

3. 독일고용체계의 전환과 노동시장구조의 변화

1) 적녹연정의 탈규제화조치와 적극화 노동시장정책

1998년 가을 연방의회선거에서 사민당과 녹색당이 승리하면서 적녹연정이 탄생한다. 슈뢰더정부는 초기에 노동시장의 제도개혁을 노사정대표가 참가하는 사회적 협의기구를 만들고 여기에서 노동시장의 개혁방안을 논의했다. 하지만 노사가 '고용을 위한 동맹(Bündnis für Arbeit)'에서 자신의 입장만을 고집함으로써 몇 가지 중요한 합의점을 찾지 못하게 된다. 결국 사회적 협의기구는 좌초하고 악화된 노동시장의 상황은 슈뢰더 정부로 하여금 노동시장의 탈규제화조치를 추진하도록 만들었다(Schröder 2003).

슈뢰더 정부는 먼저 콜 정부 당시에 입법화된 '고용촉진법'의 '사회법전 III'으로의 대체를 최종적으로 수용하고 이에 대한 추가적인 보완조치를 '일자리-활성화법'[3]으로 입법화한다. 적녹연정 1기 노동시장정책의 핵심적 내용을 담고 있는 이 법은 명칭에서 알 수 있듯이 개인의 고용능력을 높이기 위해 구직활동을 적극화하고, 숙련교육 및 직업훈련과 인적

---

3   이 법의 명칭 중 AQTIV는 적극화(Aktivieren), 숙련화(Qualifizieren), 훈련(Training), 투자(Investieren), 직업소개(Vermitteln)의 약자에서 유래한 것이다.

투자를 강화하고, 직업소개제도를 개혁하는 것을 목표로 하였다(정원호 2004: 255).

한편 고용촉진을 위한 구직의무의 강제화로 특징지울 수 있는 '적극화 노동시장정책'의 도입으로 인해 노동자는 가능한 빨리 아무 일자리나 구할 수밖에 없는 처지에 내몰리게 된다. '지원과 요구(Födern und Fordern)'라는 명제로 요약할 수 있는 '적극화 노동시장정책'은 기존 적극적 노동시장정책의 예방적 성격을 벗어나 고용에 대한 자기책임을 강화하는 결과로 나타났다.

이러한 고용정책의 변화는 2002년부터 2003년까지 관련 4개 법안을 통해 독일 노동시장제도의 전면적인 개편을 제안한 '하르츠개혁'[4]으로 보다 확장되었다. 슈뢰더 정부는 2002년 2월 폭스바겐 전 노무이사인 하르츠를 위원장으로 하는 노동시장의 현대적 서비스 위원회(Kommission für Moderne Dienstleistungen am Arbeitsmarkt)를 구성하고 노동시장정책의 효율화, 구직자의 책임강화를 통한 취업활동 촉진, 노동시장의 유연성과 경쟁력 제고를 통한 고용창출 등을 목표로 하는 노동시장의 탈규제화조치들을 적극적으로 추진한다. 시차를 두고 단계별로 진행된 하르츠위원회의 개혁조치는 실업보험제도, 직업중개제도, 취약노동자 및 창업지원제도, 경미고용창출, 고령자의 취업지원, 중소기업의 채용지원 등 다양한 영역에서 법제도적 변화를 초래하였다(박지순 2004).

이러한 하르츠개혁의 법제화를 통해 독일의 고용정책은 기존의 실업자 보호 및 공공주도의 일자리 제공을 중심에 둔 정책에서 실업문제에 대한 개인의 책임을 강화하는 방향으로 변화하였다. '적극화 노동시장정

---

4   2003년부터 2005년까지 3단계에 걸쳐서 입법화된 '하르츠법'은 크게 노동시장의 정책수단과 관련한 하르츠 I과 II, 연방노동청의 개편안과 관련된 하르츠 III, 실업보험제도의 개선안과 관련된 하르츠 IV로 구성된다.

책'의 법제도적 규범이라고 할 수 있는 '하르츠법'은 노동자로 하여금 정부의 실업대책에 대한 적극적 참여를 강제하는 한편, 이러한 조치에 책임감있게 참여하지 않는 경우 벌칙조치를 통해 실업자를 실질적으로 압박하였다. 이를 통해 실업자의 취업가능성을 높이고 노동시장의 기능과 효율성을 개선하고자 하였다. 특히 구직활동을 활성화하고 취업중개기능을 강화함으로써, 실업자의 도덕적 해이를 차단하거나 취업활동을 저해하는 지원제도의 문제점을 해결하고자 하였다(고명덕 2011: 12).

한편 일자리-활성화법과 하르츠법의 도입에 따라 추진된 노동시장제도의 개혁조치 중 비정규노동에 직접적인 영향을 미친 내용은 파견노동(Leiharbeit)의 탈규제화와 경미고용(Geringfügige Beschäftigung)의 양성화이다. 2003년 시행된 하르츠개혁에 의해서 영리목적에 의한 파견노동의 인력소개 및 알선이 합법화되고, 소위 '미니잡(Minijob)'으로 일컬어지는 경미고용이 공식화된다. 이렇게 됨으로써 지금까지 예외적인 고용형태로 치부되던 간접고용이 공식화되고 부업적 성격이 강했던 단기저임금 일자리가 독일사회에서 급속히 늘어나게 된다.

2004년 1월 효력이 발생한 '노동자파견 개정법'은 파견근로의 기간제한의 금지, 3개월 이내의 재고용의 금지, 파견기간과 고용계약기간의 동시화 금지, 파견기간의 상한기간 등을 폐지하는 내용을 담고 있다. 물론 파견노동자의 임금 및 노동조건의 차별금지를 명시한 동등대우원칙이 법안에 포함되었지만, 법적 예외조항과 기업내부노동시장의 차별 메커니즘으로 인해 동일업무를 수행하는 정규직과 파견노동자의 동등대우를 실현하기란 쉽지 않았다.

한편 슈뢰더 정부는 기존의 단기저임금 일자리를 양성화하기 위해서 사회보험료 지원 및 조세감면조치를 취하는 법 개정을 추진하였다. 2003년 1월 발효된 '하르츠법 II'에 따르면, 소위 '미니잡'으로 불리던 주

15시간 미만 월소득 325유로 이하 경미고용 일자리에 대한 주당 근로시간의 제한을 없애고, 경미고용의 포괄범주를 월 400유로 일자리로 확대하였다. 정부는 이러한 단기저임금 일자리를 늘리기 위해 사회보험료의 지원 및 근로소득세의 감면조치를 취하였다.[5]

이러한 경미고용은 1990년대 말까지 고실업문제로 골치를 앓고 있던 독일정부가 고용의 질보다는 양에 집중하면서 추진한 대표적인 고용창출정책이다. 사회보험료와 조세감면을 동반하는 단기저임금 일자리가 사용자로 하여금 비용절감을 가능하게 만들고 실업자에게 새로운 일자리를 제공한다는 점에서 노사 모두에게 이익을 준다는 평가가 존재한다. 하지만 단기저임금 일자리의 확산은 생활보장수준의 임금지급, 그리고 주업으로서 일자리라는 기존 고용관계의 틀을 훼손하고 사회보험료와 조세감면에 따른 재정기반을 잠식할 수 있다는 비판 또한 거세게 일어났다(Bäcker and Neuffer 2012: 20).

특히 저임금을 특징으로 하는 미니잡 일자리가 고용취약계층에게 집중되고 더 나은 일자리로 이동시키는 '가교역할'을 제대로 수행하지 못하면서 근로빈곤층의 일자리로 전락하고 있다. 또한 미니잡에서의 반복적 장기근무는 노후보장의 기반이 되는 연금혜택을 줄이는 효과를 발휘하기 때문에, 단기저임금 노동자를 사회보장제도에 통합시키고 정규직 일자리로 이동할 수 있는 방안을 모색해야 한다는 주장이 계속 제기되었다(이승현 2013: 54).

이와 같이 2000년대에 들어서면서 적녹연정은 '일자리-활성화법', 4

---

5   경미고용 노동자는 사회보험료가 면제되었으며, 해당 사용자는 경미고용 노동자에게 지급하는 급여액의 23%(제조생산부문), 혹은 10%(민간가계부문)에 해당하는 사회보험료(의료 및 연금보험), 산재보험 1.6% 및 2% 근로소득세를 일괄납부하도록 만들었다(이규영, 2011). 하지만 사회보험지원의 재정적 부담이 늘어나면서 경미고용에 대한 사회보험납부율은 2006년 7월 법 개정을 통해 연금보험률은 15%, 의료보험률은 13%로 인상되었다.

개의 '하르츠법', 그리고 '어젠다 2010' 등의 조치를 통해 노동시장제도를 개혁하고자 했다. 이러한 정부정책의 기조 변화는 기존 노동시장정책의 효과에 근본적인 의문에서 시작되었고 노동시장의 구조개혁에 대한 신자유주의적 처방을 흡수한 결과이다. 이들은 정부 재정부담이 큰 적극적 노동시장정책으로 사회경제적 환경 변화에 제대로 대응할 수 없으며, 국가의 적극적 개입이 오히려 고용정책의 고비용을 초래하고 노동시장의 역동성을 저해하는 요인으로 작용한다는 노동시장의 탈규제화론을 수용하였다. 적녹연정은 이러한 노동시장의 법제도적 탈규제화를 통해 사회국가의 복지재정 부담을 줄이고, 실업자와 비경제활동인구의 취업동기를 유인하고자 하였다. 이를 통해 사회보장에 대한 지출을 줄이고 조세수입의 증가를 통해 국가재정의 악화를 막고자 하였다(이승협 2008).

하지만 이러한 정부의 적극화 노동시장정책은 노동시장제도와 사회보장제도를 시장메카니즘에 종속시키는 결과를 초래하였다. 발베이에 따르면, 신자유주의적 경제정책이 고용정책에 이입된 결과가 바로 적녹연정의 '적극화 노동시장정책'이다(Walwei 2003: 4). 이러한 정책기조 하에 강력하게 추진된 슈뢰더 정부의 탈규제화조치는 저임금노동을 확산시키고 고용불안정을 강화시키는 효과를 발휘하였다.

2) 비정형적 고용관계의 확산과 노동시장의 이중구조화

(1) 고용구조의 변화와 단기저임금 일자리의 확산

1990년 통일 이후 독일노동시장의 구조는 몇 차례 큰 변화를 겪는다. 취업자를 포함한 경제활동 참가자의 수는 통일특수의 거품이 꺼지면서 1997년 5,691만 명까지 줄어들었지만 이후 약간의 회복세를 보이다가 다시 2005년 5,560만 명까지 급락한다. 하지만 2000년대 중반 이후 하르츠개혁의 효과와 경기호조에 따라 경제활동인구가 지속적으로 증가하게 되면서 2014년 현재 5,835만 명에 이른다. 이는 취업률의 변동에서도 그대로 확인된다. 1990년 재통일 이후 94년 70.3%까지 떨어졌던 취업률이 90년대 후반 다시 증가하기 시작하여 2014년 현재 77.5%에 이르고 있다. 여기서 주목할 사실은 1993년 서독지역의 취업률은 69.5%, 동독지역의 취업률은 73.4%로 지역간 격차가 약 4% 정도였는데, 이후 그 간극이 계속 줄어들어서 2014년 현재 서독지역의 취업률은 77.1%, 동독지역의 취업률은 79.1%로 격차가 2% 수준으로 줄어들었다는 점이다. 독일정부는 이러한 동서독지역간 취업률 격차의 축소추세를 지역노동시장의 간극이 일정하게 줄어들고 노동시장의 통합이 진전되고 있다는 증거로 해석하고 있다(Deutscher Bundestag 2015).

이러한 노동시장의 구조변화를 1996년부터 2014년까지 고용형태별 규모변동을 중심으로 좀 더 자세히 살펴보면 다음과 같다. 가사보조 종사자를 포함하는 자영업 종사자의 비중은 10.6%에서 2010년을 전후로 11.5%까지 상승하다가 2014년 현재 10.9%를 기록하고 있다. 이와 달리 공무원을 포함한 임금노동자의 비중은 그 사이 89.4%에서 89.1%로 미세하게 줄어들기는 했지만 큰 변동은 없다고 평가할 수 있다. 하지만 무기계약방식의 고용계약을 맺고 전일제근무를 하는 정규직 노동자의 비중은 계속 줄어들고 있다. 1996년 피고용인 대비 74.5%에서 2014년 현재 그 비율은 65.8%로 줄어들었다(Statistisches Bundesamt 2015: 15).

이와 달리 동일 기간 비정형적 고용관계를 맺고 있는 비정규직 노동자의 비중은 전체적으로 늘어나는 추세에 있다. 지역노동시장의 통계가 동일기준에 따라 조정된 시점인 2000년 이후 노동시장의 변화추세를 살펴보면, 무기계약 노동자의 비중은 2000년대 중반까지 지속적으로 줄어들다가 전반적인 노동시장의 호조건에 힘입어 2000년대 말 이후 다시 증가하고 있는 추세이다. 2014년 현재 임노동자 3,557만 3,000명 중에서 무기계약 노동자는 3,085만 4,000명으로 약 85.7%를 차지한다 (Statistisches Bundesamt 2015: 76).

이와 같이 일반적인 개념에 따라 정규직이라고 할 수 있는 무기계약직 전일제 노동자의 수는 계속 줄어들고 있는 반면, 시간제 노동자와 흔히 '경미고용'으로 일컫는 단기저임금 노동자의 비중은 지속적으로 증가하고 있다. 특히 주 20시간 이하로 근무하는 시간제 노동자의 비중은 1996년 9.6%에서 2012년 13.8%로, 동일 기간에 기간제 노동자는 5.7%에서 7.5%로 늘어났다. 특히 주업으로서 경미노동을 하고 있는 노동자의 수는 1996년 109만 8,000명(3.3%)에 불과하다가 2012년 현재 254만 8천명(7.0%)으로 2배 이상 증가하였고, 파견노동자의 경우 통계상 분리조사가 시작된 2006년 56만 3,000명(1.7%)에서 2012년 현재 74만 5,000명(2.1%)으로 계속 늘어나고 있다.

또한 비정형적 고용관계의 확산과 함께, 비정규노동의 구성 및 규모별 변화를 발견할 수 있다. 이미 앞에서 살펴본 바와 같이 독일의 경우 90년대 말 이후 기간제 노동자의 증가 보다 시간제 노동자의 증가 폭이 훨씬 크게 나타나고 있다. 소위 기간제로 불리는 유기계약 전일제 노동자와 유기계약 시간제 노동자의 증가추세는 2000년대를 거치면서 그리 큰 변화를 보이지 않는다. 하지만 무기계약 시간제와 경미고용 노동자의 수는 동일 기간 급증하였다. 1999년 전체 취업자 대비 12.4%를 차지하던 무기계약 시간제 노동자의 비중은 2007년 14.5%, 2014년 현재 20%를 넘어서고 있다. 또한 경미고용 노동자의 비중은 1999년 6.0%에 불과했지만, 이후 꾸준하게 증가하여 2014년 현재 781만 명에 이르고 이는 전체 사회보험가입의무 노동자의 약 25%에 이르는 수치이다(Bundesagentur für Arbeit 2015).

　한편 기간제노동은 시간제노동만큼은 아니지만 지속적으로 증가하는 추세를 보이고 있다. 특히 2003년 '시간제 및 기간제 근로자 보호법(TzBfG)'의 개정으로 인해 제한사유가 완화되면서 기간제노동이 빠르게 증가하고 있다. 이러한 규제완화조치로 인해 2000년대 들어 신규채용의 상당량이 기간제 노동자로 채워지고 있다. 2001년 신규취업자의 32%를 차지하던 기간제 노동자의 비중이 2005년 46%까지 상승하고 2010년 현재에도 약 45%를 유지하고 있다. 즉 2000년대 이후 다수의 신규취업자가 무기계약직이 아닌 기간제 고용계약을 맺고 있다고 평가할 수 있다(Wagner 2010: 78).

　하지만 이러한 기간제 고용계약도 해당 노동자의 자발적 선택이라기보다 무기계약 일자리를 구하지 못해서 기간제 일자리를 수용하는 경우가 상대적으로 더 많다. 바그너에 따르면, 자유의사에 따라 기간제를 선택한 노동자의 비중은 고작 3.5%에 불과하고 무기계약직 일자리를 구하지 못해서 기간제를 선택할 수밖에 없었다고 응답한 비율이 28.3%에 이른다(Wagner 2010: 85). 또한 기간제고용에 있어 나타나는 특징은 청년층과 외국인 노동자의 비중이 상당히 높고, 고숙련과 미숙련 노동자에서도 비중이 점차 더 높아지고 있다는 점이다. 2008년 현재 20세 이상 26세 미만 청년노동자 중 25%가 기간제고용에 해당하며, 특히 20세 이상 30세 이하 전문직 연구자의 1/3은 기간제 고용계약을 맺고 있다.

　한편 2000년대에 들어서면서 독일노동시장에서 나타난 가장 큰 변화는 새로운 비정형적 고용형태로서 경미고용이 양성화되고 급속하게 확산되었다는 사실이다. 흔히 '미니잡'으로 불리는 경미고용은 독일의 적극화 노동시장정책의 효과를 가장 잘 보여준다. 경미고용은 노동자에게는 납세와 사회보험가입의 의무를 부여하지 않으며, 사용자에게

는 조세감면 및 사회보험지원의 혜택을 주는 단시간 저임금일자리를 의
미한다. 경미고용의 규모는 2003년 법 개정을 통해 부업방식이 인정되
면서 통계상으로 잡히지 않던 저임금단기고용이 공식화되면서 급증하
는 모습을 보이고 있다. 연방노동청의 조사에 따르면, 1999년 약 365만
8,000명이던 주업방식의 경미고용이 2003년 초반 약 413만 6,000명으
로 증가하다가 부업방식이 양성화된 2003년 중반 이후 총 규모가 553
만 3,000명으로 급증한다. 이러한 증가추세가 지속되면서 2007년 말 총
700만 명을 초과하고 2011년 6월말 현재 약 738만 7,000명에 이른다.
이 중에서 주업으로 경미고용 일자리에서 일하는 노동자의 수는 약 489
만 4,000명이고 부업으로 일하는 경미고용 노동자는 약 249만 3,000명
이다(Eichhorst, Max and Hinz 2012: 14).[6]

　이러한 증가추세는 경미고용의 양성화를 위해 법적 적용범위가 지
속적으로 확대되고 단기저임금 일자리가 지속적으로 늘어났다는 것을
보여준다. 또한 사회보험료의 경감 및 단기인력의 활용 등으로 대표되는
경미고용에 대한 사용자의 유인이 커지면서 그 규모는 지속적으로 증가
하였다(Bäcker and Neuffer 2012: 257).

　또한 경미고용의 임금수준은 다른 고용형태와 비교하여 상당히 낮
다. 아이히홀스트 등에 따르면, 2010년을 기준으로 경미고용 노동자의
월평균 소득은 서독지역의 경우 약 260유로로, 동독지역의 경우 약 200유
로 수준을 유지하고 있다(Eichhorst, Max and Hinz 2012). 경미고용의

6　경미고용의 규모에 대한 조사방식의 차이에 의해서 연방노동청의 수치가 통계청의 수치
　보다 훨씬 높게 나타나고 있다. 주업경미고용의 경우 2010년 기준으로 연방노동청은 약
　492만 명, 통계청은 약 252만 명으로 추산하고 있다. 이렇게 큰 차이가 나는 이유는 기본
　적으로 가구방문 설문조사방식의 통계청 마이크로 센서스 조사와 사용자의 사회보험 고
　지의무에 기초한 연방노동청의 행정조사의 차이 때문이다(Körner, Puch, Frank and
　Meinken, 2013).

제한선인 월임금 400유로 및 350유로 이상 400유로 미만 노동자의 비중이 주업의 경우 약 50%에 육박하는 반면, 부업의 경우 그 비중이 약 40%이고, 월임금 200유로 이하 경미고용 노동자의 비중이 약 40%를 차지하고 있다.

이와 같이 경미고용은 단기저임금 일자리의 특성상 여전히 보완적 수입원이거나, 부업적 소득수단의 성격이 강하다. 주업으로서 경미고용 일자리를 가지고 있는 노동자 또한 자유의사에 따라 그 일자리를 선택한 것이라고 하더라도 엄격히 말해 '정상적 일자리'라고 말하기는 힘들다고 볼 수 있다.

한편 2004년 노동자파견법의 전면적인 개정을 통해 재고용 및 동시화금지 조항과 기간제한이 폐지되는 탈규제화가 본격화되면서 파견노동의 수요는 산업부문 전반에서 급격하게 늘어나고 파견업체와 파견노동자의 숫자 또한 증가하였다. 등록된 파견업체의 수가 2000년 1만 2개, 2004년 1만 1,953개, 2008년 1만 5,581개, 2012년 1만 8,024개로 지속적으로 증가하여 2015년 현재 5만 300개에 이른다. 파견업체는 크게 노동자파견만을 주로 사업영역으로 삼고 있는 전문파견업체와 그렇지 않은 비전문파견업체로 나눌 수 있는데, 전문파견업체의 수가 비전문업체보다 약 두 배 이상 많고, 20인 미만의 소규모업체가 전체 대비 82%에 이른다(Bundesagentur für Arbeit 2016; Deutscher Bundestag 2013).

또한 파견노동자의 수도 급격하게 증가하고 있다. 1997년 약 20만 명 정도에 머물렀던 파견노동자의 수는 2004년에 38만 5,000명, 2007년 72만 1,000명으로 증가한다. 2000년에 들어서면서 약 30만 명 선에서 정체되어 있던 파견노동자의 수가 급격하게 증가하기 시작하는 시기는 '노동자파견 개정법'이 발효된 2004년 이후이다. 2004년 이후 파견노동의 증가율은 매년 두 자리 숫자 이상을 기록하며 급증하는 추세를 분명하게 보이고 있다. 물론 2008년 미국발 금융위기로 인한 외적 충격으로 상당수의 파견노동자가 계약해지를 당하거나 계약연장이 철회되면서 파견노동자의 수는 2008년 67만 4,000명, 2009년 63만 4,000명으로 급격하게 줄어들었지만, 이후 경기회복과 동시에 파견노동에 대한 수요는 다시 급격한 증가세로 돌아서고 2015년 6월 말 현재 파견노동자(사회보험가입기준)의 수는 약 96만 1,000명에 달한다. 이 수치는 전체 피고용인의 약 3%에 해당하는 수치이다(Bundesagentur für Arbeit 2016; Deutscher Bundestag 2015).

한편 파견노동자의 임금은 동일직무, 혹은 유사업무를 수행하는 정규직 노동자과 비교하여 상당히 낮은 것으로 나타나고 있다. 독일노총(DGB 2009: 4)에 따르면, 1980년 파견노동자의 평균임금은 전체 노동자 평균임금의 77.4%에 이르렀지만, 1995년 그 비율이 63.4%로 줄어들고 2001년에는 58.5%에 그치고 있다. 또한 파견노동자와 사용사업체의 정규직 간 임금 격차는 2007년 현재 모든 업종에 걸쳐 평균적으로 29%에 이르며, 제조업의 미숙련 남성 노동자의 경우 2배 이상 차이가 나는 경우도 있다.

(2) 근로빈곤과 임금격차로 인한 노동시장의 이중화

위에서 살펴본 바와 같이 독일 노동시장에서 정형적 고용관계가 약화되고 비정규노동이 확산되면서 단기 저임금 일자리가 늘어나고 고용형태별 임금격차가 확대되고 있다(Keller and Seifert 2006; 2011). 먼저 비정형적 고용형태의 시간당 중위임금은 정형적 고용관계에 비해 2010년 현재 약 60.6% 수준에 머물러 있다. 비정형적 고용형태 중에서 시간제고용과 기간제고용은 그나마 다른 비정형적 고용형태 보다 양호한 임금수준을 보이고 있지만, 이러한 고용형태의 임금수준 조차 정형적 고용형태와 비교하면 각각 약 84.6%와 70.6% 수준에 불과하다. 이와 달리 경미고용과 파견노동의 경우 정형적 고용관계를 맺고 있는 노동자의에 비해 절반 수준의 임금을 받고 있다(Statistisches Bundesamt 2012: 18).

　한편 저임금노동자로 분류할 수 있는 노동자의 비중도 고용형태에 따라 큰 차이를 보이고 있다. 공식통계에 따르면, 2010년 현재 독일의 저임금수준은 시간당 10.36 유로이고, 이 보다 적게 받는 노동자의 비중은 약 20.6%에 이른다. 구 동독지역의 경우 저임금비중이 높아서 임노동자의 약 37%가 저임금부문에 속하고, 구 서독지역의 경우 약 18%가 해당된다. 또한 고용형태별로 저임금의 비중은 큰 차이를 보인다. 〈표 1〉에서 알 수 있듯이 독일의 전체 노동자 중 저임금노동자[7] 비중은 20.6%인데, 정형적 고용관계를 맺고 있는 정규직 노동자의 경우 그 비중이 10.8%에 불과하다. 이와 달리 비정형적 노동자의 비중은 무려 49.8%에 이른다. 비정형적 고용형태 중에서 저임금노동의 비중이 가장 높은 고용형태는 경미고용으로서 그 수치가 84.3%에 이르고, 파견노동의 비중은 67.7%, 기간제고용은 33.5%, 시간제고용은 30.9%이다.

표 1. 고용형태별 저임금노동자의 비중 비교(2010년) (단위: %)

	저임금 노동 평균치	정형적 노동자	비정형적 노동자	시간제 고용	기간제 고용	경미 고용	파견 노동
전체대비 비중	20.6	10.8	49.8	30.9	33.5	84.3	67.7

자료: Statistisches Bundesamt(2012: 20).

7　독일의 경우 저임금노동(Niedriglohnarbeit)의 판단기준은 중위임금(Medienlohn)의 2/3수준 이하로 잡고 있다.

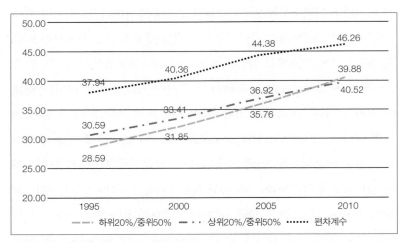

그림 2. 서독지역의 소득분위별 격차 변동추이
출처: Sachverständigenrat(2013: 334).

그래서 비정형적 고용형태를 가진 노동자의 경우 낮은 임금소득으로 인해 근로빈곤의 위험이 심각한 것으로 나타났다. 먼저 독일 사회경제패널(SOEP)의 분석자료에 따르면, 1996년 이후 근로빈곤층의 비중은 5.6%에서 계속 증가하여 2004년 8.1%에 이른다, 이후 증감을 반복하다가 2009년 8.9%까지 상승하고 난 후 조금씩 줄어들어서 2012년 현재 8.1%에 머물러 있다.

한편 고용형태별 근로빈곤율의 변동추이를 살펴보면, 90년대 말 이후 독일은 전반적으로 노동자의 근로빈곤율이 증가하고 있으며, 이러한 증가추세는 비정형적 고용관계를 맺고 있는 비정규노동자의 빈곤율이 급격히 상승하고 있는 것에서 그 원인을 찾을 수 있다. 전체 취업자의 빈곤율은 1998년 4.6%에서 2008년 6.2%로 증가하고 있다. 이 중에서 정규직 노동자의 빈곤율은 동일기간 그 비율이 3.1%에서 3.2%로 거의 변동이 없는 반면, 비정규직 노동자의 경우 그 비율이 9.8%에서 14.3%로

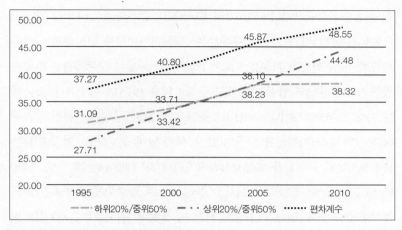

그림 3. 동독지역의 소득분위별 격차 변동추이
출처: Sachverständigenrat, 2013, 334쪽.

급격히 증가하였다. 이를 좀 더 자세히 살펴보면 2008년의 경우 정규직 노동자 중에서 근로빈곤층의 비중이 3.2%에 불과한 반면, 비정규직 노동자의 경우 그 비중이 약 4배 이상 높은 14.3%를 차지하고 있다. 특히 이러한 근로빈곤층의 비중은 단기저임금 일자리를 대표하는 경미고용 노동자집단(23.2%)에서 가장 높으며, 기간제(16.5%), 시간제(15.3%), 파견노동(8.5%)의 순으로 비중이 높았다(Wagner 2010: 96).

이와 같이 정형적 고용관계를 맺는 정규직 고용이 줄어들고 비정형적 고용형태가 급격하게 늘어나면서 나타난 비정규직의 저임금화추세는 독일노동시장의 이중화를 가속화시키고 있다. 독일석학위원회(Sachverständigenrat 2013)가 발표한 자료에 따르면, 중위임금을 기준으로 하위 20% 임금을 받는 노동자집단과 중위임금 노동자집단의 임금격차가 구서독지역은 1995년 28.59%, 2000년 31.85%, 2005년 35.76%, 2010년 40.52%로 지속적으로 증가하고 있다. 한편 상위 20% 임금을 받는 노동자집단과 중위임금 노동자집단의 임금격차도 1995년 30.59%, 2000년

33.41%, 2005년 36.92%, 2010년 39.88%로 증가하고 있다.

　　이러한 임금격차의 증가추세는 구 동독지역에서도 동일하게 나타나고 있다. 중위임금을 기준으로 하위 20% 임금을 받는 노동자집단과 중위임금 노동자집단의 임금격차가 구 동독지역은 1995년 31.09%, 2000년 33.71%, 2005년 38.10%, 2010년 38.32%로 2000년대 중반까지 증가하다가 그 이후 정체현상을 보이고 있다. 이와 달리 상위 20% 임금을 받는 노동자집단과 중위임금 노동자집단의 임금격차도 1995년 27.71%, 2000년 33.42%, 2005년 38.23%, 2010년 44.48%로 급격하게 증가하고 있다. 특이하게도 중위소득을 기준으로 하위소득집단과의 격차는 2000년대 중반 이후 일정한 수준에서 머물러 있는 반면, 상위소득집단과의 격차는 더 크게 벌어지고 있다는 사실이다. 한마디로 동서독지역간 소득불평등은 미약하게 나마 일정하게 줄어드는 경향을 보이지만, 이를 대신하여 소득분위별 격차는 계속 확장되고 있는 것이다. 이러한 경향은 편차계수의 증가추세를 통해 확인되는데 동서독지역 모두에서 공통으로 나타나고 있다.

　　이와 같이 독일은 2000년대에 들어서면서 본격화된 정부의 적극화 노동시장정책과 비정규고용 관련 법제도의 탈규제화로 인해 정형적 고용관계가 줄어들고 비정규노동이 확산되면서 단기저임금 일자리가 늘어나고 고용형태별 소득격차가 확대되고 있다. 이러한 비정형적 고용형태의 저임금화와 고용형태별 격차확대는 노동시장의 이중화를 추동하고 있다고 평가할 수 있다.

3) 동서독 지역노동시장의 통합과 계층적 분절화

독일이 통일된 지 25년을 지나가고 있는 현재의 시점에서 동서독의 실질적 통합 정도를 보여주는 지표로 지역 노동시장의 격차와 통합에 대한 논의가 활발하다. 정치경제의 통합만큼 이나 사회통합이 중요하다는 사실은 누구나 인정하고 있다. 이러한 측면에서 볼 때 1990년 통일 이후 동서독 지역노동시장이 임금 및 노동조건의 격차를 극복하고 단일노동시장으로서의 성격을 얼마나 확보하고 있는가는 사회통합의 내용과 질을 평가하는데 중요한 잣대가 될 것이다.

(1) 지역노동시장의 격차 축소와 통일성 향상

이러한 관점에서 따라 노동시장의 구조변화를 큰 틀에서 평가하자면, 지난 25년간 동서독지역간 노동시장의 격차와 간극은 지속적으로 줄어들고 사회통합적 차원에서 차별과 배제는 일정하게 감소하고 있다. 독일 메르켈 정부는 지난 2015년 '독일통일의 상태에 대한 정부 연차보고서'에서 동서독의 사회경제적 통합이 여러 가지 문제점에도 불구하고 재통일 25주년을 맞이한 현재의 시점에서 볼 때 '성공적'이라고 평가하고 있다. 아직 결론적으로 평가할 수는 없지만, 구 서독지역에 대한 구 동독지역의 "따라잡기"는 일정하게 달성되었다고 본다(BBNB 2015).

　　노동시장의 구조변화가 경제구조와 상황을 반영하고 있듯이 2011년 현재 동독지역의 실질 국내총산출(BIP)은 1991년 수준의 2배 이상을 달성하고 있다. 초기에는 주로 농업생산에 의존하다가 동독지역에 대한 적극적인 생산투자가 이루어지면서 제조업의 부흥이 일어나고 이어 서비스부문에서도 많은 신생기업이 생기고 새로운 일자리가 늘어났다. 이러한 결과로 동독지역에서 1인당 총부가가치 생산량은 건설업을 제외한 모든 부문에서 지속적인 증가추세를 유지하고 있다.

　　특히 노동시장과 고용측면에서의 평가는 더욱 호의적이다. 구 동독지역의 경우 통일의 거품이 꺼지면서 실업자의 수가 1991년 약 100만 명에서 1997년 약 150만 명으로 급상승하고 이후에도 노동시장의 전

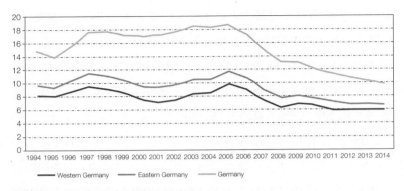

그림 4. 동서독지역의 실업률 변동추이(단위: %)
출처: BBNB(2015: 42) 인용.

반적 악화에 힘입어 2003년 160만 명까지 증가하였다. 하지만 2000년
대 중반을 거치면서 실업자의 수가 꾸준히 줄어들어 2014년 80만 명(실
업률 9.8%)을 기록하고 있다. 이 수치는 1991년 실업자의 수보다 18%
가 더 적은 수치이다. 물론 현재에도 구 동독지역의 실업률은 구 서독지
역 보다 높지만, 그 차이는 2005년 이후 계속 줄어들고 있다. 1994년 구
동독지역의 실업률은 구 서독지역(8.1%)의 약 두배에 해당하는 15.0%
를 기록하였다. 이러한 실업률 격차가 가장 심했던 시기는 2001년부터
2003년까지로 두 배 이상 차이를 보였지만, 이후 이러한 격차가 줄어들
면서 2014년 현재 구 동독지역의 실업률은 약 10%를 보이고, 구 서독지
역은 약 6%를 기록하고 있다. 물론 지금도 동독지역 노동시장의 경우 청
년실업자의 비중이 여전히 높게 나타나고 있는 문제가 존재하지만, 2000
년대 중반 이후 1년 이상의 장기실업자의 비중이 뚜렷하게 줄어들고 있
는 추세는 동서독 지역노동시장의 통합력을 확인할 수 있는 지표이다.
〈그림 4〉는 동서독지역의 실업률 변동추이를 잘 보여준다.
    이와 같이 큰 틀에서 동서독지역간 노동시장의 통합성은 꾸준히 증

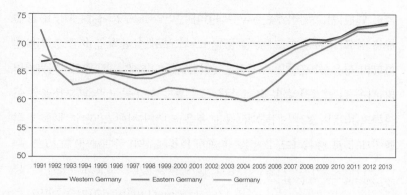

그림 5. 동서독지역의 취업률 변동추이(단위: %)
출처: BBNB(2015: 45) 인용.

가하고 있다고 평가할 수 있다. 이는 실업률의 격차가 줄어드는 것에서는 확인할 수 있을 뿐만 아니라, 취업률의 차이가 2000년대 중반을 기점으로 급격하게 줄어들고 있다는 사실을 통해서도 증명된다. 실제로 취업률의 격차는 재통일 이후 약간의 증감을 보였지만, 기본적으로 2004년까지 지속적인 확대추세를 보였다. 그러나 2004년을 기점으로 이러한 격차는 지난 10년 동안 꾸준히 줄어들어서 2014년 현재 동서독지역의 취업률은 각각 72.5%와 72.8%를 기록할 정도로 거의 차이가 없다.

이러한 노동시장의 격차 축소와 통합 증대로 인해 동서독간 이주률이 상당히 떨어졌다. 1990년 통일 이후 차츰 줄어들던 동독주민의 서독 이주가 경기불황과 일자리공급의 부족 등으로 90년대 말부터 2000년대 초반까지 다시 급증하였다. 하지만 구 동독지역의 노동시장조건이 좋아지면서 이주율이 급격히 줄어 2002년 약 8만 800명에 이르던 이주민의 수가 2013년 현재 1만 500명에 불과하다.

이러한 노동시장의 통합력 확대로 인해 동서독 지역 간 소득 및 자산의 격차도 줄어드는 추세에 있다고 평가할 수 있다. 통일 당시 동독지역의 연간 순소득의 수준은 서독지역의 약 75% 수준이었는데, 2011년 현재 약 81% 수준으로 증가하였다. 또한 부동산 및 동산을 포함하는 순자산의 경우 1993년 동독지역은 1인당 평균 약 3만 8천 유로, 서독지역의 경우 12만 4천 유로를 기록했다. 이 수치는 동독지역의 자산수준이 서독지역의 약 27%에 불과하다는 것을 의미하는데, 2003년에는 그 비율이 40%로 증가하고, 2013년 현재에는 44%까지 증가하였다.

(2) 계층 및 고용형태별 격차 확대

위에 살펴본 바와 같이 통일 이후 동서독지역의 노동시장은 90년대 초반, 그리고 2000년대 초반 등 일정시기에 단절적 경향을 보이기는 하지만, 큰 틀에서 지표의 격차가 줄어드는 통합적 추세를 유지하였다. 하지만 지역간 편차와 간극이 줄어드는 과정에서 계층, 세대, 고용형태별 차이는 늘어나는 부정적 효과 또한 나타났다.

특히 통일 이후 잠시 증가추세를 보이던 노동소득분배율과 임금률은 2007년까지 지속적인 감소추세를 보이다가 최근 들어 약간의 회복세를 나타내고 있다. 1991년 78%를 기록하던 노동소득분배율은 2011년 75%로 줄어들었고, 시장가격으로 표시한 임금률도 동일기간에 62%에서 57%로 줄어들었다. 특히 2002년부터 2007년 사이 5년간 노동소득분배율은 무려 8포인트가 떨어졌다.

이러한 분배구조의 악화현상은 빈곤위험도의 증가추세에서도 확인된다. 1990년대 초반 상당한 차이를 보이던 동서독지역간 빈곤위험도의 차이가 2000년대 초반까지 상당히 좁혀지는 양상을 보이다가 다시 그 격차가 벌어지고 있는 실정이다. 특히 서독지역에 비해 동독지역의 빈곤위험도는 90년대 중반 이후 급격히 증가하다가 2000년대 중반에 들어서면서 급상승세가 일단 정체되고 있는 추세를 보이고 있다.

표 2. 일반노동자와 파견노동자의 월임금격차 변동추이(단위: 유로)

		2003년			2010년		
		정규직 노동자(A)	파견 노동자(B)	임금격차 (B/A)	정규직 노동자(A)	파견 노동자(B)	임금격차 (B/A)
구 서독지역	남성(a)	2,861	1,399	51.1%	3,085	1,515	50.9%
	여성	2,190	1,281	41.5%	2,379	1,361	42.8%
구 동독지역	남성(b)	1,988	1,216	38.9%	2,094	1,284	38.7%
	여성	1,937	1,089	43.8%	2,018	1,151	43.0%
임금격차(b/a)		69.5%	86.9%		67.9%	84.8%	

자료: Baumgarten and Kvasnicka, 2012, 25쪽.

한편 동일한 고용형태를 가지고 있음에도 불구하고 어느 지역에서 일하는가에 따라 임금격차가 발생하는 지역간 차별이 일정하게 존재한다. 이러한 지역간 임금차별은 비정규직 보다 정규직에서 오히려 더 높게 나타나고 있다. 먼저 동일업무를 수행하는 파견노동자와 비교가능한 정규직 노동자간 임금차별을 살펴보면 상당한 차이가 나타나고 있다. 〈표 2〉에서 알 수 있듯이 2010년 말 현재 구 동독지역의 경우 파견노동자와 정규직 노동자간 임금격차는 남성은 38.7%, 여성은 43.0% 이상 차이가 난다. 또한 구 서독지역의 경우 남성의 임금격차는 50.9%에 이르며, 여성은 42.8%의 임금격차를 보이고 있다. 한편 2003년과 2010년을 비교한 수치를 보면, 파견노동자와 정규직 노동자간 임금격차의 개선이 확인되지 않는다. 구 서독지역의 남성노동자의 임금격차가 2003년 51.1%에서 2010년 50.9%로 조금 줄어들었고, 구 동독지역의 경우도 마찬가지이다.

여기서 흥미로운 점은 파견노동자의 동서독지역간 임금격차는 그리 크지 않은데, 정규직 노동자의 동서독지역간 임금격차는 여전히 크게 나타나고 있다는 사실이다. 2003년 구 동독지역 정규직 남성노동자의 임금수준은 구 서독지역 정규직 남성노동자 보다 약 30.5%가 낮았는데, 2010년의 경우 이러한 격차가 32.1%로 오히려 조금 늘어났다. 이와 달리 여성의 경우 동서독지역간 임금격차는 상대적으로 낮은 것으로 나타나고 있다. 그러나 2003년 동서독지역간 격차가 3.7%에 불과했는데, 2010년에는 이러한 격차가 15.2%로 상당히 증가하였다. 아마도 구 동독지역 여성노동자들의 일자리가 단기저임금부문에 집중되어 있기 때문인 것으로 보인다.

4. 결론을 대신하여: 한국에 대한 시사점

이 글은 독일고용체계의 전환이 고용관계와 노동시장에 미친 영향을 취약화와 통합성관점에서 살펴보았다. 1990년대 동서독의 통일 이후 독일사회는 지구화와 금융화에 의한 주주자본주의, 유럽통합의 강화로 인한 재정압박 등 구조환경적 조건변화가 본격화되면서 고용체계 또한 구조전환의 계기를 맞이하게 된다. 노동시장제도의 탈규제화와 고용유연화 전략의 확산으로 인해 노동시장에서 취약고용과 저임금노동자가 증가하였다. 노사관계의 분권화와 단체교섭의 조절력 약화는 고용형태에 따른 임금 및 노동조건의 격차를 확대시켰다. 한편 보수주의적 사회보험제도는 고실업과 통일에 의해 초래된 재정건전성의 악화로 인해 시장화의 길로 한 걸음 더 나아갔다. 이와 같이 독일고용체계에서 나타난 노동시장제도의 탈규제화, 노사관계의 분권화, 사회보험제도의 시장화는 그동안 정형적 고용관계에서 금기시되던 양적 고용유연화와 비정규노동의 확산을 촉발시키는 제도적 기반을 제공하였다. 이 과정에서 동서독지역의 임금 및 노동조건의 격차는 벌어질 수밖에 없는 상황에 처했지만, 연방정부는 물론, 주요 이해관계자들이 참여하는 사회적 조정과정을 거치면서 합의된 연대세, 지역구조기금, 지역균형적 경제정책, 사회연대적 복지정책 등을 통해 지역노동시장의 균열을 막고 사회통합력을 높일 수 있었다.

여기에 더해 2000년대 들어서면서 본격화된 적극화 노동시장정책과 비정규노동 관련 법제도의 탈규제화조치는 고용관계의 취약화와 노동시장의 이중화에 결정적인 영향을 미쳤다. 노동시장제도의 탈규제화로 상징화되는 '하르츠개혁'과 '아젠다 2010' 등이 추진되면서 정형적 고용관계의 비중이 줄어들고 비정형적 고용은 빠른 속도로 늘어났다. 노동시장의 탈규제화조치로 인해 단체협약, 해고보호 및 사회보험 등과 같은 고용안정망이 약화되면서 노동시장의 불안정성은 더욱 강화되었다. 단체교섭구조가 분산화되고 협약의 포괄범위가 감소하면서 저임금부문을 확산시키고 임금격차를 높이는 결과를 초래하였다. 해고보호규정 등 법제도의 탈규제화로 인해 비정규직의 고용안정성은 위협을 받고, 사회보험적용의무를 지닌 일자리의 비중 또한 일정하게 줄어들었다.

그러나 이러한 고용관계의 취약화와 노동시장의 이중화에도 불구하고 90년 통일 이후 벌어졌던 동서독지역간 노동시장의 격차와 차별은 90년대 말을 거치면서 상당히 줄어들고 있다. 고용률과 실업률의 차이로 표현되는 지역노동시장의 간극은 상당히 줄어들었을 뿐만 아니라, 동일한 직무와 숙련에 근거한 지역간 협약임금의 차이는 2010년대에 들어서면서 거의 사라졌고, 부가급여 등을 포함하는 총액 실질임금의 격차는 약 20%까지 축소되었다(Deutscher Bundestag 2015: 12). 물론 구 서독지역 내에서 각 주별로, 혹은 지역특성에 따라 노동시장의 성과가 달리 나타나듯이, 구 동독지역에서도 산업별, 혹은 지자체별로 고용구조와 노동시장의 상황이 다르게 나타나기도 한다. 그럼에도 불구하고 통일 이후 지난 25년간 동서독지역의 노동시장 변화를 중장기적 관점에서 평가한다면 긍정적으로 평가할 수밖에 없다. 왜냐하면 사회복지, 교육주거, 노동시장 등 다양한 부문에서 동서독지역의 차이가 상당히 줄어들 만큼 상당한 수준의 사회통합을 달성했다고 평가할 수 있기 때문이다.

이와 같이 90년 독일 통일 이후 나타난 고용관계와 노동시장의 변화를 분석한 이 글을 통해 우리가 얻을 수 있는 시사점은 다음과 같이 정리할 수 있다. 고용문제의 원인을 분석하고 해결방안을 찾기 위해서는 고용체계를 구성하는 각 국의 특성을 고려해야 할 뿐만 아니라, 고용체계에 영향을 미치는 노동시장제도, 노사관계와 사회보험제도에 대한 종합적인 분석이 필요하다. 예를 들어 비정규노동의 증가현상은 90년대 이후 전 세계적으로 나타나는 공통된 현상이기는 하지만, 임금과 고용조건 등을 포함하는 노동시장 효과는 각 국 마다 큰 차이를 보이고 있다. 이 글에서 확인한 바와 같이 독일 또한 노동시장제도의 탈규제화, 노사관계의 분권화와 사회보험제도의 시장화 등으로 인해 2000년대를 거치면서 비정규노동의 증가와 다양화가 나타났다. 그러나 다른 한편으로 90년 독일 통일 이후 가장 큰 사회적 문제였던 지역노동시장의 격차를 줄이고 실질적인 사회통합을 강화시키기 위한 노력은 일정한 성과를 거두었다. 이러한 통합과정에 결정적인 영향을 미친 요인이 바로 정부의 적극적 노동시장정책이었다는 사실도 확인할 수 있었다.

이와 같이 독일사례를 통해 우리가 확인할 수 있는 것은 현재 한국이 분단 상황에 있지만, 남북지역간 노동시장의 구조적 차이를 줄이고 통합가능성을 높이기 위한 노력을 미루어서는 안된다는 사실이다. 워낙 구조와 기능상 차이가 커서 남북지역간 사회통합을 상상하기 조차 힘든 현실에서 남북한의 경제교류 및 산업연관을 높일 수 있는 공동경제활동을 확장하고 강화하는 방안을 적극적으로 모색해야 한다. 바로 이러한 점에 볼 때, 최근 개성공단의 폐쇄 및 입주기업의 철수 등과 같은 정부의 조치는 반드시 재고되어야 할 조치이다. 남북한의 지역노동시장문제는 단순히 노동비용의 상대적 이점을 활용하거나, 저임금 일자리의 공급이라는 관점에서만 접근할 문제가 아니다. 지역노동시장의 통합은 언젠가는 반드시 우리에게 다가올 수밖에 없는 통일시대에 남북한사회의 공존과 균형경제의 실현을 위한 필수조건이라고 볼 수 있다.

　　다른 한편 남북한지역의 노동시장 통합을 제대로 준비하기 위해서는 현재 한국사회의 고용양극화문제 또한 빠른 시일 내에 해결방안을 마련해야 한다. 특히 주변부 2차 노동시장으로 점점 더 경계가 강화되고 있는 비정규직문제의 해결을 위해서는 고용안정에 대한 법제도적 강화는 물론, 노사관계의 조절능력을 확장할 수 있는 방안을 모색해야 한다. 한국의 노동시장에서 날로 심각해지는 고용의 취약화와 이중화를 제어하기 위해서는 고용안정성의 강화만으로 문제를 해결할 수 없다. 단체교섭의 집중화와 사회적 협의를 추동할 수 있는 노사관계의 혁신은 물론, 사회보험제도의 확충과 고용능력의 강화를 위한 중장기적인 고용복지체계의 재구축이 요구된다. 또한 고용형태별 임금격차와 노동시장의 이중화를 줄이기 위한 조직노동의 연대전략과 혁신적 노동정책도 미룰 수 없는 과제이다.

참고문헌

고명덕. 2011. 〈통일 독일의 노동시장정책과 정책적 시사점〉. 《경상논총》294). pp. 1-22.
박지순. 2004. 〈독일의 노동시장 및 노동법개혁〉. 《노동법학》 18. pp. 291-329.
이규영. 2011. 〈독일의 소규모 미니고용의 발전동향 및 최근 논의〉. 《국제노동브리프》 10. pp. 11-30.
이승현. 2013. 〈독일의 저임금 고용제도의 개정내용과 전망〉. 《국제노동브리프》 6. pp. 44-55.
이승협. 2008. 〈독일 복지국가의 신자유주의적 고용정책 변화에 관한 연구〉. 《고용과 직업연구》21). pp. 151-177.
정원호. 2004. 〈독일노동시장정책 이념의 전개와 함의〉. 《사회경제평론》 23. pp. 235-263.

Bäcker, G. and S. Neuffer. 2012. "Von der Sonderregelung zur Beschäftigungsnorm: Minijobs im deutschen Sozialstaat." *WSI-Mitteilungen* 1. pp. 13-21.
Baumgarten, D. and M. Kvasnicka. 2012. *Herausforderung Zeitarbeit*. Rheinisch-Westfälisches Institut für Wirtschaftsforschung, Gütersloh.
Bosch, G., T. Haipeter, E. Latniak, and S. Lehndorff. 2007. "Demontage oder Revitalisierung? Das deutsche Beschäftigungsmodell im Umburch." *Kölner Zeitschrift für Soziologie und Sozialpsychologie* 592. pp. 318-339.
Brehmer, W. and H. Seifert. 2008. "Sind atypische Beschäftigungsverhältnis prekär? Eine empirische Analyse sozialer Risiken." *Zeitschrift für Arbeitsmarktforschung* 4. pp. 501-531.
Bundesagentur für Arbeit. 2015. *Arbeitsmarkt 2014*.
_____. 2016. *Der Arbeitsmarkt in Deutschland–Zeitarbeit–Aktuelle Entwicklungen*.
Deutscher Bundestag. 2013. *Zwelfter Bericht der Bundesregierung über Erfahrung bei der Anwendung des Arbeitnehmerüberlassungsgesetzes(AÜG)*.
_____. 2015. *Drucksache 18/6215, Atwort der Bundesregierung auf die kleine Anfrage der Abgeordneten der Fraktion DIE LINKE.* 30.09.2015.
Die Beauftragte der Bundesregierung für die neuen Bundesländern(BBNB). 2015. *Jahresbericht der Bundesregierng zum Stand der Deutschen Einheit(2015english version)*.
Dörre, Klaus. 2005. "Prekarität –eine arbeitspolitische Herausforderung." *WSI-Mitteilungen* 5. pp. 250-258.
Eichhorst, W., P. Max, and R. Thode. 2010. *Atypische Beschäftigung und Niedriglohnarbeit*. Bertelsmann Stiftung.
Eichhorst, W., P. Max, and T. Hinz. 2012. *Geringfügige Beschäftigung: Situation und Gestaltungsoptionen*. Bertelsmann Stiftung.
Geissler, Birgit. 1998. "Normalarbeitsverhältnis und Sozialversicherungen-eine überholte

Verbindung?." *MittAB*. pp. 550-557.

Jürgens, U., M. Krzywdzinski, and C. Teipen. 2006. *Changing Work and Employment Relations in German Industries–Breaking Away from the German Model?*, Discussion Paper III 2006-302, Berlin: WZB.

Keller, Berndt and Hartmut Seifert 2006. Atypische Beschäftigungsverhaeltnisse: Flexibilität, soziale Sicherung und Prekarität, *WSI-Mitteilungen* 5. pp. 223-240.

_____. 2011. Atypische Beschäftigungsverhältnisse. Stand und Lücken der aktuellen Diskussion, *WSI-Mitteilungen* 3. pp. 138-145.

Körner, T., K. Puch, T. Frank. and H. Meinken. 2013. Geringfügige Beschäftigung in Mikrozensus und Beschäftigungsstatistik, *Wirtschaft und Statistik* 11. pp. 1065-1085.

Kress, U. 2008. Vom Normalarbeitsverhältnis zur Flexibilisierung des Arbeitsmarktes – Ein Literaturbericht, MitteilungenAB 313. pp. 488-505.

Lehndorff, S., G. Bosch., T. Haipeter. and E. Latniak. 2009. "From Sick Man th the Overhauled Engine of Europe? Upheaval in the German Model." In Bosch, G., Lehndorff, S. and Rubery, J.(eds.), *European Employment Models in Flux: A Comparison of Institutional Change in Nine European Countries*. Palgrave Macmillan. pp. 105-130.

Müller-Jentsch, Walter. 1997. *Soziologie der industriellen Beziehungen*. Campus.

Pailer, Bruno and Kathleen Thelen. 2012. "Dualization and Institutional Complementaries: Industrial Relations, Labor Market and Welfare State Changes in France and Germany." In Emmenegger, P., Häusermann, S., Palier, B. and Seeleib-Kaiser, M.(eds.), *The Age of Dualization*. Oxford University Press. pp. 201-225.

Promberger, Markus. 2005. Leiharbeit – Flexibilität und Prekarität in der betrieblichen Praxis, *WSI-Mitteilungen* 5. pp. 263-269.

Sachverständigenrat. 2013. *Jahresgutachten 2012/2013*.

Schmid, Günther. 2002. *Wege in eine neue Vollbeschäftigung: Übergangsarbeitsmärkte und aktivierende Arbeitsmarktpolitik*. Campus.

Schröder, Wolfgang. 2003. "Modell Deutschland und das Bündnis für Arbeit." Jochem, S. and Siegel, N.(eds.), *Konzentrierung, Verhandlungsdemokratie und Reformpolitik im Wohlfahrtstaat*. Leske+Budrich.

Statistisches Bundesamt. 2012. *Niedriglohn & Beschäftigung 2010*.

_____. 2015. *Mikrozensus: Bevölkerung und Erwerbstätigkeit-Stand und Entwicklung der Erwerbstätigkeit in Deutschland*.

Wagner, Alexandra. 2010. *Atypische Beschäftigung–Eine wissenschaftliche Bilanzierung*. HBS.

Walwei, U. 2003. *Aktivierung der Arbeitsmarktpolitik für institutionelle Innovation*. Beitrag für den Tagung von Stiftung Marktwirtschaft und Hans Seidel Stiftung.

Wiesenthal, Helmut. 2004. "German Unification and Model Germany: An Adventure in institutional Conservatism." *West European Politics* 264. pp. 37-58.

Windolf, P. 2005. "Was ist Finanzmarktkapitalismus?." In Windolf, P.(eds.), *Finanzmarktkapitalismus. Analyse zum Wandel von Produktionsregiemen.* Westdeutscher Verlag. pp. 20-57.

제11장

유로 위기와 독일[1]

구춘권(영남대학교 정치외교학과 교수)

1. 들어가는 말: 그리스의 채무협상과 독일

2015년 7월 5일 전 세계는 그리스를 주목하였다. 이 날 그리스는 이른바 "트로이카", 즉 유럽연합집행위원회, 유럽중앙은행(ECB), 그리고 국제통화기금(IMF)이 제안한 두 개의 문서[2]에 대해 찬반을 묻는 국민투표를 실시했다. 유럽연합 및 주요 채권국들을 대표하는 여러 정치인들이 반대가 다수일 경우 그리스의 유로존 퇴출, 즉 그렉시트(Grexit)가 현실로 등장할 것이라며 강력히 경고했기에 이 국민투표의 결과는 큰 관심사가 아닐 수 없었다. 그런데 놀랍게도 그리스의 시민들은 이 문서에 대해 뚜렷한 반대 의사로 답했다. 총 유권자의 62.5%가 참여한 이 투표에서 참가자

1 　이 장은 〈그리스 채무드라마와 유로위기: 유로위기의 구조적 배경과 유럽연합의 위기 대응 변화〉, 《한국과 국제정치》 제31권 4호(2015년 12월)에 게재된 논문을 독일 관련 부분을 부분적으로 보강하여 다시 수록한 것이다.

2 　"Reforms for the completion of the Current Program and Beyond"와 "Preliminary Debt sustainability analysis"가 그것이다(Referedum 2015).

들의 61.31%는 그리스의 채무위기와 함께 전 세계적으로 유명해진 단어
인 "오히(OXI)"를 선택했던 것이다.

　　많은 관찰자들은 그리스의 국민투표 결과가 유로존 재무장관들의
모임인 유로그룹(Eurogroup)과의 협상 과정에서 벼랑 끝에 몰렸던 시
리자(Syriza) 정부에게 상당한 힘이 될 것으로 보았다. 국민투표라는 예
상치 못한 카드를 꺼내든 치프라스(Alexis Tsipras)의 "정치적 도박"[3]에
대한 비난은 그리스 헌법재판소가 이 투표의 절차적 정당성을 인정함으
로써 사그라졌고, 결국 국민투표의 "오히"는 2010년 이후 그리스가 감당
해야 했던 가혹한 긴축프로그램에 대한 국민적 반대를 의미한 것으로 해
석되었기 때문이다. 치프라스의 계산은 국민투표라는 민주주의적 수단
에 의존해 긴축정책에 대한 국민적 반대를 시위함으로써 협상 과정에서
일종의 배수의 진을 치는 것이었다. 이 전술은 최소한 지금까지 유럽연
합이 회원국들 내부의 민주주의적 정당성을 직접적으로 훼손하는 어떠
한 결정도 내린 적이 없다는 사실을 고려할 때 설득력이 있는 것처럼 보
였다. 많은 관찰자들은 국민투표라는 예기치 못한 반전이 그리스 정부의
협상공간을 확대할 것으로 기대했다.

　　그러나 국민투표라는 반전은 이후 유로그룹과의 협상과정에서 보
다 극적인 반전에 직면한다. 독일의 재무부장관 쇼이블레(Wolfgang
Schäuble)가 채무조정을 위해 필요하다면 최소한 5년 이상 그리스의 한
시적인 유로존 탈퇴를 고려해야 한다는 방안을 제출한 것이다. 그리스
국민투표의 결과에 대한 우려와 경고로서 그렉시트가 언급된 적은 있지
만, 유로존의 가장 비중 있는 국가의 재무부장관이 협상 과정에서 그렉

3　　국민투표 이전 실시된 대부분의 여론조사는 찬성과 반대가 매우 팽팽한 균형을 이루고 있
　　음을 보여준다. 즉 시리자 정부조차 유리한 투표결과를 확신할 수 없는 상황이었기에 여러
　　매체들은 이를 치프라스의 "정치적 도박"으로 해석했었다.

시트를 공식적으로 제안한 것은 분명 놀라운 사실이었다.[4] "쇼이블레 플랜"(Schäuble 2015)으로 알려진 이 짧은 문서는 특히 다음과 같은 세 가지 사실을 고려할 때 매우 충격적인 것이었다.

첫째, 지금까지 유럽통합은 회원국 정부들 사이의 대등한 협상에 기반해왔고, 이는 누구보다 독일의 전 수상인 콜(Helmut Kohl)이 매우 강조했던 원칙이기도 하다. "쇼이블레 플랜"은 그리스 정부와의 어떠한 협상 없이 제안되었고, 독일의 여러 매체들은 이를 "콜 원칙"에 대한 배신으로 평가하고 있다.

둘째, 마스트리히트 조약을 비롯한 유럽연합의 입헌적 장치들은 유로존의 가입에 대한 규정을 명시하고는 있지만, 특정 회원국을 유로존으로부터 퇴출시키는 어떠한 방법과 절차를 명시하고 있지 않다. 유럽연합 차원의 조약적·입헌적 근거가 부재한 상황에서 등장한 "쇼이블레 플랜"은 일종의 초법적인 조치로서 법치주의의 문제를 야기함은 물론이다.

셋째, 많은 관찰자들은 그렉시트가 그리스의 "예측하기 어려운" 좌파 정부가 협상과정에서 사용할 수 있는 최후의 카드[5]가 될 수는 있어도 독일이 먼저 꺼낼 수 있는 카드로 생각하지 않았다. 지난 수십 년 동안 프랑스와 함께 유럽통합의 쌍두마차의 역할을 해왔을 뿐 아니라, 최근 유럽의 경제화폐 통합 과정으로부터 최대의 수혜를 누리고 있는 독일이 전체 유로존에서 채 2%도 안 되는 경제규모를 갖는 그리스를 유로존으

---

4   "이것은 쿠데타다(ThisIsACoup)"라는 메시지는 쇼이블레의 제안이 알려진 7월 10일 이후 페이스북과 트위터 등 소셜 미디어를 뜨겁게 달구었다. 노벨 경제학상을 수상한 바 있는 미국의 저명한 경제학자 크루그먼은 쇼이블레의 아이디어를 "유럽 프로젝트를 살해하는" 것이라 칭했으며, 덧붙여 "앞으로 누가 독일의 좋은 의도를 믿을 것이냐"며 반문했다(Krugman 2015).

5   국민투표 직후 사퇴한 그리스 재무부장관 바루파키스(Yanis Varoufakis)는 나중에 최후의 비상플랜으로 드라크마를 재도입하는 비밀 계획을 준비했었다는 발언을 해 큰 논쟁을 불러일으켰다.

로부터 강제로 내팽개친다는 것은, 지금까지 유럽통합의 대의와 명분을
고려할 때 쉽게 수긍하기 어려운 방안임은 분명하다.

　　"쇼이블레 플랜"이 논의된 유로그룹의 장시간의 협상은 타협안을 찾
지 못했고, 공은 결국 유로존 정상회의로 넘어갔다. 7월 12일 오후에 시
작해 무려 17시간이 넘게 걸린 유로존 정상회의는 제3차 구제금융의 협
상을 시작하기 위해 그리스가 수용해야 하는 전제조건들을 타결하는 데
에 성공한다. 7월 13일 오전에 발표된 일곱 쪽에 걸친 유로정상성명은
"쇼이블레 플랜"이 요구한 한시적 그렉시트를 배제하기는 했지만, 제3차
구제금융 협상을 시작하기 위한 전제조건으로 그리스 정부에 매우 강경
한 조치들을 요구하고 있다(Erklärung des Euro-Gipfels 2015). 이 성명
은 그리스의 채무위기라는 긴박한 경제적·금융적·재정적 비상사태에
대한 유로존의 대응과 요구를 담고 있다는 점에서뿐만 아니라, 유로위기
이후 유럽통합의 성격이 변화하고 있는 여러 징후들을 함께 드러내고 있
다는 점에서도 아주 흥미로운 문서이다. 특히 다음과 같은 세 가지 점을
주목할 필요가 있다.

　　첫째, 유로존 정상들은 그리스 의회가 7월 15일까지, 즉 사흘 안으
로 부가가치세 인상을 포함한 세제개혁의 실시, 연금체계의 지속성을 위
한 긴급조치들의 도입, 통계청의 완벽한 법률적 독립성의 확보, 그리고
안정성장협약의 주요 규정들의 완전한 실행을 법안으로 통과시킬 것을
요구했다. 또한 열흘 안으로 법적 소송의 가속화 및 비용절감을 목표로
민법체계의 조항과 규정들을 근본적으로 개정하고, 유럽연합집행위원회
의 지원 아래 금융기관들의 회생과 퇴출을 위한 지침들을 실행하도록 요
구했다. 여느 민주주의 국가라면 수년의 논쟁이 걸릴 법한 세제개혁과
연금개혁 및 민법체계의 개선이 눈 깜짝할 사이에 이루어져야 했으며,
실제 이루어졌다. 이 조치가 실행되지 않고서는 새로운 구제금융에 대한

협상이 아예 시작되지도 않을 것이었기 때문이다.

둘째, 위의 급격한 조치들을 넘어 유로존 정상회의가 그리스에게 요구한 것들은 매우 광범위하고 포괄적인 사안들을 담고 있다. 그리스 정부는 재정균형을 달성하기 위해 향후 구제금융 주관 기관들과 합의된 조치들을 2015년 10월까지 실행해야 한다. 또한 확실한 일정표 아래 생산품시장을 OECD의 기준에 상응하도록 개혁해야 하며, 에너지시장과 관련해 송전 및 전력망 사업을 민영화하여야 한다. 특히 노동시장과 관련해서도 정상회의는 임금협상 과정 및 노동쟁의 조치들의 근본적인 검토와 현대화를 요구했으며, 대량해고의 경우에도 구제금융 기관들과 합의된 일정과 평가를 반영하도록 했다. 또한 노동시장 정책이 국제적·유럽적 절차에 맞추어져야 하며 과거로 복귀해서는 안 된다고 추가로 명시했다. 정상회의는 금융영역을 강화하기 위해 부실 대출에 대한 보다 단호한 조치를 요구했으며, 정부가 인사 등을 통해 그리스금융안정기금(HFSF)과 은행들에 정치적 영향력을 행사하는 것을 완전히 차단하도록 명문화했다. 이와 같은 요구사항들은 유럽연합집행위원회와 유럽안정화기제(ESM) 등 구제금융 주관 기관들이 그리스의 재정, 행정, 시장, 금융, 노동시장 및 노사관계 등 정치와 경제의 전반적인 영역에 대해 직접적으로 개입할 수 있는 근거를 만들어놓은 것이라 할 수 있다.

셋째, 유로존 정상회의는 민영화 및 다른 경로를 통해 매각할 수 있도록 그리스 정부의 자산들을 독립적 기금에 신탁할 것을 요구했다. 이 방식으로 500억 유로를 마련해 절반은 향후 구제금융의 상환에, 그리고 나머지 절반의 절반은 채무의 축소에, 남은 마지막 4분의 1은 투자에 사용할 수 있도록 했다. "쇼이블레 플랜"은 이 기금을 룩셈부르크에 설치할 것을 요구했으나, 정상회의는 그리스에 설치하되 유럽 기관들의 엄격한 감독과 관리 아래 두게 했다. 또한 정상회의는 향후 그리스 정부가 주요

분야들의 모든 법률 초안을 의회에서 논의하거나 일반에 공개하기 이전
에 구제금융 담당 기관들과 먼저 상의해야 한다고 못 박았다. 그리스 정
부자산의 소유권이 대폭 제한되었을 뿐만 아니라, 주권국가로서 입법적
자율성이 크게 훼손되었다. 향후 그리스의 주요 법안들은 민주주의적 의
견 수렴의 결과물이라기보다는 구제금융 담당기관들의 선호에 의해 좌
우될 위험이 결정적으로 커졌다.

　　이번 유로존 정상회의의 성명은 그리스 정부와의 기존의 어떤 협상
보다도 훨씬 강력하고 단호한 조치들을 담고 있다. 많은 관찰자들에게
이 요구사항들은 너무도 과도한 것이라, 예컨대 철학자 하버마스는 정상
회의가 스스로 "정치적 파산"을 선언했다고 분개하며 "한 회원국을 실질
적인 보호령의 상태로 강등하는 것은 유럽연합의 민주주의적 원칙에 명
백히 위배되는 것"임을 강조했다(Habermas 2015). 그렉시트조차 배제
하지 않겠다는 "쇼이블레 플랜"에서도 확인할 수 있듯이, 이러한 강경한
조치들은 특히 독일이 앞장서 요구한 것으로 알려져 있다.[6]

6　2015년 8월 14일 유로그룹과 그리스 정부는 총 860억 유로까지 지급 가능한 제3차 구제금
　융에 합의했다. 이 중 260억 유로는 곧 바로 지불되며, 나머지 600억 유로는 2015년 10월
　부터 구제금융의 조건과 요구사항들의 이행을 점검하면서 단계적으로 지불하게 된다. 그
　러나 제3차 구제금융의 대부분도 이전 두 차례의 구제금융처럼 원금과 이자 상환 등 채무
　의 이행에 사용됨으로써 유럽중앙은행과 채권국들로 다시 돌아오며, 상대적으로 적은 액
　수만이 그리스로 흘러 들어갈 뿐이다. 게다가 실제 투자에 사용할 수 있는 액수는 매우 적
　다. 또한 제3차 구제금융은 그리스 정부에 대한 한층 가혹한 조건들과 결부되어 있다. 그리
　스 정부는 민영화, 행정개혁, 세금개혁, 연금개혁, 구조개혁에 동반하는 조치들을 실행함
　과 동시에 당장 내년부터 국내총생산의 0.5%에 달하는 재정흑자를 달성해야 한다. 이 흑자
　규모는 2017년 1.75%, 2018년 3.5%까지 커져야 하며, 중기적으로 3.5%를 유지해야 한다
　(Eurogroup 2015). 지금까지 유로존의 어떤 국가도 달성하지 못한 재정흑자의 규모를 매
　우 취약한 경쟁력을 지녔으며, 거기에 투자할 여력도 거의 없는 그리스가 달성할 수 있을지
　는 매우 의심스럽다. 설령 달성하더라도 이는 사회적 긴장과 갈등을 동반하는 가혹한 개혁
　조치들, 즉 부가가치세와 같은 간접세의 대폭적인 인상, 연금의 대대적 축소와 개시연령의
　연장, 사회적 지출의 대규모 삭감 등을 가차 없이 실행함으로써만 가능할 것이다.

그렇다면 독일은 왜 이처럼 강경한 입장을 고수하는가? 이는 그리스에 대해 가장 많은 청구권을 지닌 채권국으로서의 이해관계 때문인가? 독일의 입장이 궁극적으로 채권국의 이해관계와 무관하지 않을지라도, "쇼이블레 플랜"이나 유로존 정상회의의 성명은 채권국과 채무국의 이해관계의 차이, 그리고 전자의 후자에 대한 과도한 요구의 차원으로 축소되어 이해되어서는 안 된다. 여타 다른 지역 및 국가들과 달리 그리스는 유럽연합의 회원국이며, 그리스의 채무위기 또한 유로위기의 연장선 위에서 발생했기 때문이다. 그리스 채무위기의 총체적 진실은 유로위기의 배경을 이해할 때만이 제대로 밝혀질 수 있으며, 그리스와의 채무협상 과정에서 유럽연합과 독일이 보인 강경한 입장 역시 유로위기에 대한 유럽연합의 대응의 변화를 파악할 때만이 그 의미를 제대로 포착할 수 있다.

이 글은 다음과 같은 두 가지 과제를 수행함으로써 유로위기의 과정에서 독일의 역할과 위상을 조명하려 한다. 첫째, 유로위기의 배경을 논의하고, 여기에서 특히 유로존의 구조적 불균형과 독일모델의 경쟁력의 관계를 분석한다. 주지하듯이 자본주의의 다양성 논쟁을 비롯하여 기존의 제도주의적 접근으로부터 제출된 독일모델에 대한 여러 해석들의 근본적 한계는 독일모델의 특수성을 주로 일국적 차원에서 분석하는 것이었다. 이들은 주로 산업관계, 직업교육, 기업 거버넌스와 기업 내부 관계, 고용자와 피고용자의 관계의 독특함에서 독일모델의 특수성을 찾았다. 독일모델의 성공을 가능케 한 거시경제적 측면에 대한 논의, 그리고 특히 국제 환경에 대한 논의는 거의 이루어지지 않았다. 그러나 수출강국으로서 전후 독일모델의 성공은 GATT나 브레튼우즈 체제와 같은 국제교역 및 국제금융 체제의 작동방식과 밀접한 연관이 있었음은 물론이다. 마찬가지로 2000년대 초반까지만 해도 "유럽의 병자"로 취급받던 독일이 지구적 금융위기 및 그 연장선상의 유로위기를 거치면서 "유럽의 슈퍼스타"로 부상한 것은 경제화폐연합, 즉 유로존의 작동방식과 무관하지 않다. 이 글은 유로존의 구조적 불균형이 독일의 경쟁력을 어떻게 강화시켰는지에 대해 주목한다.

둘째, 유로위기에 대한 유럽연합의 대응의 변화를 추적하고, 여기서 특히 독일의 역할을 분석한다. 유로위기에 대한 유럽연합의 대응은 크게 두 단계로 나누어 살펴볼 수 있다. 위기 대응의 첫 번째 단계에서는 개별 회원국들 차원에서 은행에 대한 긴급 구제와 경기부양 정책이 이루어졌고, 유럽연합 차원에서는 금융시장의 재규제가 논의되었다. 그러나 2010년 이후 유로위기가 금융위기로부터 재정위기로 전화하면서, 유럽연합의 대응도 두 번째 단계에 들어선다. 이 단계에 들어서면 위기 대응은 유로존의 안정화, 긴축정책의 공고화, 그리고 구조개혁과 경쟁력 강화를 핵심적 목표로 설정한다. 독일은 이와 같은 위기 대응의 변화 과정에서 주도적 역할을 행사한 것으로 알려져 있다. 유로위기에 대한 유럽연합의 대응이 변화하는 맥락을 파악한다면, 그리스와의 채무협상 과정에서 독일과 유럽연합이 보인 강경한 입장은 사실상 놀라운 것이 아니라 일관되며 논리적인 것이라 할 수 있다.

2. 유로위기의 배경

2007년 미국에서 시작된 금융위기는 유로위기라는 이름으로 유럽을 타격했고, 유럽통합에 심각한 시련을 가져다주었다. 유로위기는 유럽통합의 성공기에 잘 드러나지 않았던 유로존의 구조적 불균형과 유럽통합의 제도적 취약성을 그대로 드러냈음은 물론이다. 유로위기는 그리스, 포르

투갈, 아일랜드, 스페인, 이탈리아 등 유로존 주변 국가들의 채무위기로
표출되고 있지만, 단순한 국가채무 위기가 아니다. 예를 들어 스페인과
아일랜드는 금융위기 직전인 2006년과 2007년만 해도 재정흑자를 기록
했으며, 공공부채도 2007년 국내총생산의 36.3%(스페인)와 24.9%(아일
랜드)에 불과할 정도로 매우 적었다. 포르투갈의 공공부채 역시 2007년
국내총생산 대비 68.4%로 이는 독일(65.2%)보다 약간 높은 수준에 불
과하다. 같은 해 그리스(107.4%)와 이탈리아(103.3%)의 공공부채는 과
도하기는 하지만, 그래도 과거에 비해서 약간 개선되고 있는 실정이었
다. 유로위기는 이들 국가에서 누적되어 가는 공공부채 때문에 일어난
것이 아니라, 금융위기가 먼저 발생하고 이에 대한 대응이 국가의 채무
를 폭발적으로 증가시켰다는 점을 유의해야 한다.[7]

　유로위기는 금융위기, 즉 부실한 유가증권이나 채권을 보유했던 은
행들의 위기로부터 시작되었다. 그러나 신용시스템의 전면적 붕괴를 우
려한 국가가 대규모 구제금융을 실행함으로써 은행위기는 재정위기로
전화하였다. 구제금융이든, 양적 완화든, 긴급구제든, 그 이름이 무엇으
로 불리든 간에 국가의 "소방관" 역할은 화폐자산의 대규모 손실을 막기
는 했지만, 반대로 국가의 공공부채를 폭발적으로 늘렸다. 유로위기는
위기 이전의 민간채무가 국가의 개입과 함께 공공부채로 전환될 뿐이며,
화폐자산의 손실이 거의 일어나지 않는 역설을 보여주고 있다.[8] 이는 특

---

7   2014년 이들 국가에서 국내총생산 대비 공공부채의 규모는 그리스 177.1%, 이탈리아
　　132.1%, 포르투갈 130.2%, 아일랜드 109.7%, 스페인 97.7%를 기록했다. 같은 해 유로존
　　17개국의 평균은 92.2%이다(Eurostat 2015).

8   이 역설 덕택에 극적인 금융적·경제적 파국을 모면할 수 있었지만, 동시에 위기의 "정화기
　　능(Bereinigungsfunktion)" 또한 사라졌다(Deppe 2013: 41-42). 통상 과거의 금융위기
　　에서는 차입자들의 파산과 함께 화폐자산이 대규모로 손실됨으로써 위기 이후 실물경제와
　　금융영역의 균형이 다시 회복되었다. 즉 화폐자산의 과도한 청구권은 소실되고, 금융의 권
　　력은 실물경제가 감당할 수준으로 복귀하는 것이다. 바로 이 점에서 위기는 실물경제와 금

히 채무에 의존해 거대한 부동산 붐이 일었던 스페인과 아일랜드에서 거의 극적이었다. 1980년대 라틴아메리카의 외채위기에서처럼 유로위기에서도 일종의 "채무의 국유화" 또는 "채무의 사회화"가 일어나고 있으며, 이는 신자유주의 시대의 놀라운 역설이라고 할 것이다(Vuolo 2014).

그럼에도 불구하고 유로위기는 여느 채무위기와는 상당한 차별성이 있다. 1980년대 중반 단일유럽의정서(SEA)에 대한 합의를 계기로 거대한 동력을 얻고 진행된 유럽통합이 유로위기의 배경으로 작동하기 때문이다. 그렇다면 유럽통합은 어떻게 유로위기라는 시련을 불러내었는가? 여기서는 먼저 경제화폐연합의 완성 이후 유럽연합이 야심차게 추진했던 금융시장 통합의 효과를 간략히 살펴본 뒤, 유럽연합이라는 초국적 국가성의 제도적 결함에 주목할 것이다. 그리고 마지막으로 유로존의 구조적 불균형이 독일의 경쟁력 강화에 어떻게 기여하고 있는지에 대해 논의할 것이다.

1) 유럽연합의 금융시장 통합

2000년대 유럽연합의 가장 중요한 프로젝트는 금융시장의 통합이었다. 단일시장과 경제화폐연합을 계승하면서 완성하는 프로젝트로 이해된 금융시장 통합은 1999년 금융서비스행동계획(FSAP)을 출발점으로 본격적으로 가동되었다. 이 행동계획은 투자, 자기자본, 위험자본, 유가증권, 연기금 사업, 주식양도, 결산 및 회계 감사, 기업의 인수와 합병, 기업조직 등을 망라하는 다양한 영역의 (탈)규제와 관련하여 수많은 지침들을

용영역의 불균형을 "정화"하는 역할을 하고 새로운 도약의 디딤돌을 놓았다고 할 수 있다. 그러나 오늘날 위기에서는 바로 이 "정화 기능"이 사라졌기에 위기로부터의 회복이 더디며 위기가 지속되는 것이다.

만들어냈고, 2007년까지 유럽연합에 새로 가입한 국가들을 제외한 대부분의 회원국들에서 적용을 완료했다(FSAP 2007). 금융시장 통합의 핵심 목표는 유럽 금융기관들의 경쟁력을 강화해 역동적인 금융시장을 창출하는 것이었으며, 이는 주로 미국의 금융혁신을 적극적으로 수용하는 방식으로 전개되었다(Bieling 2006; Cafruny and Ryner 2007). 미국의 금융혁신과 시장중심적인 금융체계는 유럽의 전통적인 은행중심적 금융체계보다 우월한 것으로 진단되었고, 유럽의 금융시장을 발전시키는 것은 무엇보다 유가증권 시장을 발전시키는 것으로 이해되었다. 당시 집행위원회에서 역내시장과 서비스를 책임지며 막중한 영향력을 행사하고 있었던 볼켄슈타인(Frits Bolkestein)의 표현을 빌리자면 "라인지역(Rhine-land)의 안락한 환경을 떠나 보상도 크지만 위험도 높은 앵글로–색슨의 차가운 기후와 험한 조건으로 다가설"(Bieling 2006: 431 재인용) 때만이 유럽연합이 미국만큼 경쟁력이 있는 지역으로 발전할 수 있다는 것이다.

미국을 모델로 한 유럽연합의 금융시장 통합은 두 가지 효과를 가져왔다. 첫째, 금융화와 관련된 모든 거시경제적 지표들이 미국의 궤적을 따라 가파르게 상승하였다. 유가증권 시장, 특히 주식시장의 중요성이 모든 회원국들에서 지속적으로 증가했다. 독일과 프랑스와 같이 과거 독자적인 금융체계를 가진 나라들에서도 주식시장이 빠르게 확대되었고, 주주자본주의적 성향이 뿌리를 내렸다(Goyer 2006: 407; Bischoff 2008: 61-62). 투기적 목적의 차액 실현을 목표로 한 유가증권의 거래가 대단히 활발해졌으며, 빈번한 거래와 재판매 때문에 시장 규모도 폭발적으로 커졌다. 또한 여러 회원국들에서 실행된 연금제도의 부분적 민영화와 함께 연금펀드와 보험회사와 같은 기관투자가들의 역할이 결정적으로 중요해졌다. 비금융기업들의 금융자산 역시 주목할 정도로 늘어났다. 요컨대 금융시장 통합과 함께 유럽연합에서도 금융화가 빠른 속도로 진행되면서 유로자본주의의 구조적 변화가 일어난 것이다(Crotty 2009; Van Treeck 2009; Stockhammer 2008).

둘째, 금융시장 통합과 함께 몸집을 불린 유럽의 많은 은행들이 직접적으로 미국의 금융혁신에 동참하기 시작했다. 뉴욕과 런던에 개설된 유럽 은행들의 지점 수가 가파르게 늘어났으며, 첨단 영업전략이 도입되었다. 특히 유럽의 15대 은행들은 헤지펀드와 유사하게 고위험·고수익 투자에 집중하는 자회사들을 설립하면서 거대한 금융그룹으로 전환한다(박상현 2013: 164). 이들은 미국의 금융혁신—그리고 이에 따르는 위험—을 유럽으로 전파하는 선봉장의 역할을 했다. 서브프라임 주택대출 관련 파생상품들은 위기 이전 두 자리 숫자의 놀라운 수익률을 가져다주었고, 유럽의 많은 은행들 역시 여기에 투자했음은 물론이다. 영국의 Nothern Rock과 RBS, 독일의 HRE, IKB, Sachsen LB, 그리고 스페인, 아일랜드, 아이슬란드의 여러 은행들이 서브프라임 사태에 연루되어 직접적인 타격을 받았다. 유로위기는 은행위기로부터 시작되었는데, 그 선두에는 월스트리트 파생상품에 적극적으로 투자한 유럽의 은행들이 있었던 것이다.

미국의 금융혁신을 적극적으로 수용했던 유럽연합의 금융시장 통합은 유로자본주의의 금융화를 가져왔다. 이미 금융시장 통합 이전에 진행되었던 탈규제화와 경쟁적 자유화는 회원국들의 독자적인 금융 규제망과 제도적 장치들을 해체함으로써 유럽연합의 금융시장을 지구적 자본주의의 금융적 흐름, 즉 달러-월스트리트-체제(Dollar-Wall Street-Regime)[9]에 합류하도록 만든 바 있다. 그런데 이제 금융시장 통합이 완

---

9   고완이 명명한 달러-월스트리트-체제는 개방된 자본시장, 자유로운 변동환율, 그리고 국제적인 통화경쟁을 원칙으로 구성되었고, 자본통제, 고정환율, 금태환 약속에 기반한 달러 기축통화체제였던 브레튼우즈 체제와 극적으로 대비된다(Gowan 1999).

성되면서 유럽연합의 금융시장은 달러-월스트리트-체제에 한층 더 깊숙이 연계되었다(구춘권 2013: 161-167). 미국의 위기가 유럽으로 전이되는 탄탄한 가교가 구축된 셈이다.

2) 초국적 국가성의 제도적 결함

유럽연합은 연방국가와 국가연합의 중간지점 어딘가에 놓여 있는 아주 "독특한 체계(System sui generis)"로 얘기된다. 유럽연합은 "국가보다는 약하더라도 국제기구보다는 훨씬 더 강력하며"(Keohane and Hoffman 1990: 279), "연방에 미치지는 못하더라도 레짐 이상"(Wallace 1983)의 것이기 때문이다. 법률적 측면에서도 유럽연합의 모습은 독특하다. 유럽연합은 국민국가가 갖는 포괄적 권능을 부여받지 못하고 있으며, 따라서 제한된 목표들을 기능적으로 수행하는 조약들로 구성되어 있다. 이점을 강조할 때 유럽연합은 일종의 "목적연합"에 불과하다. 그러나 공동체법이 갖는 초국가성, 즉 공동체법의 자율성과 직접적 효력 및 국내법에 대한 우선적 적용에 주목한다면, 유럽연합은 기능적 조약의 차원으로 축소되지 않는 독특한 국가성(Staatlichkeit)을 보유하고 있다고 할 수 있다.

　유럽통합의 역사는 바로 이 독특한 국가성을 발전시켜 온 역사이다 (구춘권 2004). 주목할 점은 이 국가성이 균질적이기보다는 파편적으로, 균등하기보다는 선택적으로 발전해왔다는 사실이다. 그 결과 이 독특한 국가성을 떠받치고 있는 제도적 기반들은 영역에 따라 매우 불균등한 모습을 띠고 있다. 오늘날 유로위기를 통해 유럽통합이 경험하고 있는 긴장과 딜레마는 정책 영역에 따라 다르게 발전한 초국적 제도들의 긴장 및 비대칭과 무관하지 않다.

　주지하듯이 유럽통합은 시장을 창출하는 권능과 결정 과정, 그리고 시장을 교정하는 권능과 결정 과정의 극단적인 비대칭성 위에 구축되었다(Platzer 2005). 유럽연합은 경쟁정책 및 화폐정책과 관련하여 강력한 권능을 보유하고 있다. 질이 신입헌주의(new constitutionalism)라고 지칭했듯이, 단일유럽의정서나 마스트리히트조약과 안정성장협약은 일종의 헌법적 위상을 지닌 경성법(hard law)의 특징을 갖고 있다(Gill 1998). 요컨대 단일시장의 창출과 경제화폐연합의 실현은 입헌적 효력을 갖는 강력한 조약에 의해 추동되었던 것이다. 모든 회원국들은 단일시장과 단일화폐와 관련해 결정된 사항을 반드시 지켜야 하며, 이 영역에서 타협은 일종의 터부로 여겨진다. 유로위기가 보여주듯이 여러 회원국들이 안정성장협약의 재정적자 기준을 지키지 못할 때조차, 이 기준의 합리성이 다시 논의되기보다는 원래의 기준을 지키거나 강제하기 위한 새로운 장치와 제도들이 모색되는 실정이다.

그러나 시장을 교정하는 영역에서는 여전히 국민국가적 단위가 중요하다. 세금·환경·에너지 분야와 같은 중요한 정책 분야는 여전히 국민국가적 권능 영역에 속한다. 노동정책과 사회정책의 영역에서 등장한 다양한 유럽연합의 지침들이 일정한 지향점의 역할을 수행하고 있다고 하더라도, 임노동관계의 법적·제도적 조절과 관련해서는 국민국가적 차원이 압도적으로 중요하다. 사회적 영역의 초국적 조절은 대부분 구속력이 없는 추천적 성격의 연성법(soft law)이다. 시장 및 화폐영역과 달리 사회영역의 정책들은 훨씬 유연하게 접근되며 대부분 정부들 사이의 반복된 협상과정을 거치고 있다(이호근 2000). 지금까지 유럽통합은 경제요소들의 이동성을 높이고 경제적 효율성을 증대하는 데에 초점이 맞추어져 있지, 사회적 재분배에 대해서는 주로 상징적인 의미 이상을 부여하지 않고 있다(Schulten 2004).

유럽연합의 초국적 국가성을 떠받치는 제도들은 정책영역에 따라

매우 강력하고 완고하거나 또는 반대로 상당히 느슨하고 유연한 형태를
띠고 있다. 유럽통합이라는 초유의 역사적 실험이 국민국가에 구현된 균
질적인 국가성을 재현하리라 기대하는 것은 무리겠지만, 정책영역에 따
라 다르게 작동하는 국가성은 지금까지 유럽통합의 심각한 딜레마인 것
은 분명하다. 유로위기를 통해 다시금 드러났듯이 유럽연합 차원의 위기
정책은 이러한 제도적 결함으로 말미암아 상당히 모순적으로 작동한다.
중앙은행의 독립성이라는 제도적 위상 덕택에 2011년 이후 유럽중앙은
행은 시중 은행들에 대해 대규모의 유동성 공급 및 양적완화라는 팽창적
인 화폐정책을 실시하고 있다. 그러나 재정정책은 2010년 이후 긴축 일
변도이다. 특히 위기국들에서 "트로이카"는 극단적인 긴축을 요구하고
있다. 이러한 정책적 불일치는 위기로부터의 탈출을 더욱 어렵게 만들고
있음은 물론이다.

　유럽연합이라는 독특한 국가성의 제도적 결함, 즉 화폐·재정·사
회·임금정책의 불균등한 발전과 불일치는 회원국들 사이의 경제적 격
차를 축소하기보다는 확대할 위험이 크다. 강력한 경쟁정책과 화폐정책
과 달리 유럽연합이 회원국들의 격차를 축소하기 위해 동원할 수 있는
수단은 매우 제한적이기 때문이다. 화폐정책이 유럽중앙은행의 배타적
권한이 되면서 회원국들은 자국 화폐의 평가절하와 같은 중요한 환율적
응 수단을 상실했다. 대량실업과 같은 심각한 사회문제에도 불구하고 회
원국들의 적극적 재정정책은 재정안정협약의 기준에 의해 제한되고 있
다. 이러한 상황에서도 유럽연합은 줄곧 경쟁국가적인 체계를 강조함으
로써 오히려 회원국들의 격차를 벌이는 데 기여한 셈이 되었다(Busch,
Hermann, Hinrichs and Schulten 2012).

3) 유로존의 구조적 불균형과 독일의 경쟁력

유로위기가 터지자 유럽에서 미국식 금융혁신에 대한 강력한 비판이 제기되었던 것은 결코 우연이 아니다. 위기 직후 유럽은 지구적 금융개혁이라는 야심찬 의제를 설정하는 듯 했으나, 유럽의 금융시장이 점차 안정화되고 금융시장 행위자들이 귀환하면서 이 개혁의 야망은 수그러지고 말았다(Bieling 2014a). 그렇다면 만약 미국의 서브프라임 사태가 없었더라면 유로위기는 일어나지 않았을 것인가? 월스트리트 파생상품에 투자했던 유럽 은행들의 파산은 연기되었겠지만, 어떠한 형태로든 유로위기는 발생할 가능성이 높았을 것이다. 앞에서 본 것처럼 유럽연합의 금융시장이 통합되면서 유로자본주의의 금융화가 진행되었고, 금융화의 심화는 금융적 취약성을 높일 수밖에 없기 때문이다.

　주지하듯이 금융적 취약성은 채무가 증가하면서 눈덩이처럼 커진다. 민스키를 비롯한 여러 학자들이 증명하려 시도했듯이(Minsky 1995; Wolfson 1996; Kindleberger and Aliber 2005), 과도한 채무의 상황에서는 아주 작은 쇼크라도 금융적 수익과 생산적 수익 사이의 잠재적 불균형을 표면화시키면서 위기를 촉진하기 때문이다. 세계에는 물론 유로존에도 어마어마한 화폐자산이 존재하고, 그 반대편에는 채무가 있다(Lapavitsas 2012). 화폐자산과 채무는 마치 동전의 양면과도 같은데, 화폐자산이 놀라운 속도로 증가하면서 채무 역시 크게 늘어났다. 그런데 채무의 증가는 채무관계의 취약성을 높이며 금융위기의 가능성을 증폭시킨다. 특히 유로존에서 채무관계의 취약성은 유로존의 구조적 불균형으로 말미암아 지속적으로 커져왔다. 설령 서브프라임 사태가 없었더라도 결국 채무위기가 터질 수밖에 없을 정도로 유로존의 구조적 불균형은 확대되었고, 바로 이 점에서 유로위기는 독특한 유럽적 문제를 표현하고 있다.

유로존의 불균형은 단일통화를 탄생시킨 마스트리히트조약의 구성적 결함에 의해 보다 강화되었다. 마스트리히트조약은 물론 이후 안정성장협약(Stability and Growth Pact)도 유로존의 가입기준을 재정적자의 규모와 인플레이션율과 같은 순전히 화폐적인 지표로 제한했고, 회원국 국민경제의 실물경제적인 능력을 고려하지 않았다. 예컨대 각 국가의 생산성, 경상수지로 표현되는 경쟁력, 실업률과 같은 고용상황 등 실물경제적으로 중요한 지표에 대해 마스트리히트조약은 언급하지 않았으며, 이들 지표는 유로존의 가입기준에서 아무런 역할도 하지 않는다(Zinn 2013: 55). 그런데 유로존은 그 출범 이전부터 독일, 네덜란드, 오스트리아, 핀란드와 같은 경상수지 흑자국과 스페인, 포르투갈, 그리스, 이탈리아와 같은 경상수지 적자국으로 양분되어 있었다. 즉 회원국들 사이에 상당한 수준의 실물경제적 격차가 이미 존재했던 것이다.

이와 같이 격차가 존재하는 상황에서 유럽중앙은행은 유로존의 평균을 기준으로 이자율정책을 수립할 수밖에 없었다. 그런데 상대적으로 높은 인플레이션율을 기록하고 있었던 적자국들에게 유럽중앙은행의 이자율은 매우 낮은 수준을 의미했고, 실제 실질이자율은 종종 마이너스대를 기록하기도 했다. 낮은 이자율이 지배적인 상황에서 실물경제적으로 취약한 적자국들이 채무의 차용에 대한 강력한 유혹을 받았음은 당연하다. 특히 공동의 화폐인 유로의 도입과 함께 환율변동의 위험이 사라지면서 흑자국들로부터 금융투자가 크게 늘었다(Casis 2006: 255). 앞에서 지적한 유럽연합의 금융시장 통합은 채무의 조달을 더욱 쉽게 했음은 물론이다. 통합된 금융시장이라는 새로운 조건 아래서 적자국들은 낮은 이자율의 채무를 손쉽게 조달할 수 있었고, 따라서 경상수지 적자를 줄이기 위한 노력은 뒷전으로 밀렸다. 그리스, 스페인, 포르투갈과 같은 적자국의 채무가 빠르게 늘어났다.

만약 이 채무가 생산적으로 투자되었더라면 유로위기는 일어나지 않을 것이다. 투자는 일자리를 창출하고 이윤을 낳음으로써 이자의 변제 및 미래의 채무 상환가능성을 높이고, 따라서 채무관계의 취약성을 완화하기 때문이다. 그러나 채무가 주로 주택건설과 민간소비에 사용된다면 당장의 경제성장에는 기여한다 치더라도 채무관계의 취약성은 강화된다. 이 성장은 결국 채무에 의존한, 즉 미래의 소득을 당겨쓴 결과물에 다름 아니기 때문이다. 그런데 바로 이 상황이 유로존의 적자국들에서 벌어졌다. 채무에 의존한 주택건설과 민간소비의 확대는 일단 높은 경제성장률을 낳았다. 유로존의 출범 이후 상당 기간 적자국들의 경제성장률은 흑자국들의 성장률을 능가했다. 고용이 증가하고, 실질소득도 늘었지만, 동시에 단위노동비용의 상승이 일어났다. 수출경쟁력은 갈수록 저하되었고, 수입이 늘어났으며, 경상수지 적자가 빠르게 커져갔다. 적자국과 흑자국의 경쟁력 및 경상수지의 격차라는 유로존의 거시경제적 불균형이 단일화폐의 도입 및 금융시장의 통합과 함께 더욱 악화되고 있었던 것이다(Scharpf 2011; Becker and Jäger, 2009).

한편 독일과 같은 흑자국에서는 그 반대의 현상이 일어났다. 흑자국의 인플레이션율은 유럽연합의 평균 이하였기 때문에 실질이자율은 상대적으로 높은 수준이었다. 유럽중앙은행의 일괄적인 이자율정책은 적자국과 달리 흑자국의 실물영역을 화폐적으로 제약하고 있었던 것이다. 그 결과 실물경제로의 투자는 지체되었고, 경제성장률은 보잘 것이 없었다. 이자율정책이라는 적응 수단을 상실한 독일이 선택할 수 있는 대안은 일종의 "내부적 평가절하(innere Abwertung)"를 통해 경쟁력을 강화하는 것이었다. 전형적인 내부적 평가절하 수단인 임금인상 자제와 강력한 긴축정책을 택했을 때 등장할 내수의 부족은 공격적인 수출을 통해 만회되어야만 했다.

제11장 유로 위기와 독일 **535**

주지하듯이 독일모델은 "장기적인 임금인상 자제에 특별히 특화"되어 있고(Hassel 2015: 122), 이는 유로존이 출범한 이후에도 변하지 않았다. 2000년대에 들어 독일의 실질임금은 정체했으며, 경기침체와 함께 단위노동비용은 오히려 하락하고 있었다. 2002년에서 2007년 사이 독일의 단위노동비용은 무려 12퍼센트가 하락했다(Scharpf 2015: 88). 독일의 국내수요는 의심할 여지없이 감소했지만, 독일 수출품의 가격경쟁력은 큰 폭으로 개선되었다. 더욱이 유로존 전체적으로 단위노동비용이 상승하고 있는 상황에서 독일의 단위노동비용이 하락한 것은 적자국과 흑자국의 경쟁력의 격차를 더욱 크게 벌렸다. 독일의 흑자 규모는 빠르게 커져갔고, 적자국은 그 반대의 상황에 직면했다.

유럽중앙은행의 일괄적인 이자율정책은 처음부터 독일에게 축복을 의미하지는 않았지만, 유로라는 단일화폐는 독일의 공격적인 수출에 적지 않게 기여했다. 만약 단일화폐가 도입되지 않았더라면 독일과 같은 흑자국의 화폐는 엄청난 평가절상을 경험했을 것이며, 수출을 통한 경기회복은 어려웠을 것이다. 유로 덕택에 독일은 실질적인 평가절하라는 외부 효과를 누릴 수 있었으며, 적극적인 수출을 통해 내수 부족을 만회할 수 있었다. 유로존이 출범했던 1999년 24.7%였던 국내총생산 대비 수출액은 2011년 39%를 넘어섬으로써 독일은 전통적인 수출강국을 넘어 매우 수출의존적인 나라가 되었다(Statistisches Bundesamt 2015). 유로 위기의 발발 이후에도 독일은 유로존의 수요 감소를 미국과 특히 중국시장으로의 적극적 수출을 통해 상쇄하고 있으며, 최근 해마다 엄청난 규모의 무역수지 흑자 신기록을 갱신하고 있는 실정이다. 독일이야말로 단일화폐의 최대의 수혜자가 된 셈이다(Schulten 2015).

2000년대 초반까지만 해도 "유럽의 병자"로 취급받던 독일이 최근 "유럽의 슈퍼스타"로 부상한 데는 유럽통합의 심화, 즉 경제화폐연합의

실현과 금융시장의 통합이 적지 않게 기여했다. 경제화폐연합이라는 새
로운 화폐적 조건, 즉 화폐정책의 공동체화는 독일의 경쟁력 강화를 위
한 강한 압력으로 작용했다. 반대로 적자국들에서 화폐정책의 공동체화
와 이를 잇는 금융시장 통합은 채무의 확대를 향한 강한 유인이 되었다.
경제화폐연합이 작동하면서 독일의 흑자는 큰 폭으로 늘어났고, 적자국
에서는 반대의 현상이 일어났다. 유로존의 구조적 불균형이 더욱 커졌으
며, 적자국들의 채무가 크게 증가하였다. 요컨대 유로위기로의 길이 열
린 것이다.

3. 유로위기에 대한 유럽연합의 대응과 독일의 역할

유로위기는 지금까지 유럽통합의 역사에서 가장 극적인 변곡점으로 기
록될 것이다. 70년에 달하는 유럽통합의 역사에서 위기와 후퇴가 없었
던 것은 아니었지만, 이번 유로위기에서처럼 유럽통합의 이상이 실험
대에 들어선 적은 없으며, 유럽통합에 대한 지지가 가파르게 감소한 적
은 없다. 그렇다면 이 극적인 위기에 대해 유럽연합은 어떻게 대응하는
가? 2010년 6월, 당시 유럽연합집행위원회의 위원장이었던 바로소(José
Manuel Barroso)는 유럽연합 차원에서 경제정책의 근본적인 변화가 일
어나고 있다고 강조하며, 이를 "조용한 혁명"에 비유했다. 바로소에 따르
면 이 "조용한 혁명"의 내용은 "회원국들이 유럽의 제도들에게 경제적 감
독의 강력한 권력수단과 공공재정의 엄격한 통제를 위임하는 것을 받아
들인"것이다(EUobserver 2011). 주지하듯이 유로위기 이후 유럽연합은
유럽재정안정화설비(EFSF)와 유럽안정화기제(ESM), 식스팩(Six Pack)
과 유럽재정협약(European Fiscal Compact), 그리고 유럽학기(Euro-

pean Semester)와 유로플러스협약(Euro-Plus Pact)과 같은 새로운 제도
들을 도입하고 시행했다. 아래에서는 이 새로운 제도들을 비롯하여 유로
위기에 대한 유럽연합의 대응을 네 가지 측면, 즉 금융시장의 재규제와
좌절, 주변국들의 재정위기와 유로존의 안정화, 긴축정책의 공고화, 구
조개혁과 경쟁력의 강화로 정리하여 평가하고자 한다. 이 글이 특히 주
목하려는 것은 유로위기가 두 번째 단계에 들어서면서, 즉 은행위기가
재정위기로 전화하면서, 유럽연합의 대응이 긴축정책 및 구조개혁과 경
쟁력을 강화하는 방향으로 선회했다는 점이다. 긴축정책과 경쟁력 강화
는 21세기에 들어 독일모델이 가장 선호했던 어젠다임은 두말할 나위가
없다.

1) 금융시장의 재규제와 좌절

유로위기와 이에 대한 유럽연합의 대응은 시기적으로 두 단계로 구분해
볼 수 있다(Bieling 2014b). 2007년 여름 미국에서 서브프라임 사태가
일어나고 2009년 말까지 이르는 시기를 위기의 첫 번째 단계로, 그리고
위에서 얘기한 유럽연합의 새로운 제도들이 논의되기 시작한 2010년 이
후의 시기를 위기의 두 번째 단계로 구분할 수 있다. 위기의 첫 단계에서
는 주로 파산 위험에 처한 은행들을 긴급 구제하는 조치, 그리고 금융위
기로 인해 위축된 실물경제를 지원하기 위한 경기부양 정책이 등장하였
다(Pisani-Ferry and Sapir 2010: 353-359; Heinrich 2012: 397-398). 후
자와 관련해서는 예컨대 폐차지원금과 같이 소비의 촉진을 통해 수요를
안정화시키는 조치들이 시행되었다.
　주지하듯이 금융위기가 발생하자 이 위기를 진단하는 담론은 크게
두 가지로 나뉘었다. 우선 유럽의 정치적·경제적 엘리트들이 공유했던

담론은 서브프라임 사태를 기본적으로 미국의 문제로 진단하고 위기의 외적 성격을 강조하는 것이었다(조홍식 2014: 20; Heinrich 2012: 398). 미국과 달리 유럽의 위기는 단기적인 유동성의 문제이며, 설령 유동성의 고갈로 말미암아 은행들에 대한 긴급 구제나 경기부양 정책이 시행될지라도, 이는 일시적이며 예외적인 상황으로 인식되었다. 따라서 이 담론은 유동성 위기가 해결되고 나면 유로존은 다시금 재정 규율과 건전화라는 기존의 노선으로 복귀할 것으로 전망했다. 반면 시민사회의 다양한 이니셔티브들이 공유한 담론은 유럽의 위기를 탈규제화된 지구적 금융시장의 불안정과 관련된 문제로 이해했다. 유럽의 위기 역시 지구적 금융시장의 위험한 파생상품 거래가 붕괴하면서 낳은 연쇄작용의 일부라는 것이다(Mügge 2011: 58). 이 담론은 위험도가 높은 유가증권과 파생상품의 거래에 대해 유럽은 물론 지구적 차원에서 강력한 규제를 요구하고 나섰다. 금융위기는 새로운 금융형태가 낳은 구조적 불안정의 문제이기에 이에 대한 재규제 없이는 언제든 반복될 수 있는 문제라는 것이다.

위기의 첫 번째 단계만 하더라도 금융시장에 대한 적극적인 재규제를 요구하는 담론은 상당한 호응을 얻었다. 파생상품과 같은 위험한 금융거래와 이에 대한 규제의 부족이 금융위기를 낳은 것은 명백해 보였기 때문이다. 경쟁적 탈규제화의 시기에 타부로 여겨지던 여러 제안들, 즉 금융거래세의 도입, 오프쇼어 금융센터의 폐쇄, 헤지펀드에 대한 규제, 신용평가 회사들에 대한 감독 등이 매체들의 관심을 끌면서 격렬하게 논의되었다. 금융시장과 관련된 이슈는 정치화되었고, 향후 재규제의 틀과 관련된 논쟁이 유럽연합의 핵심 의제로 부상했다(Engelen et al. 2011: 165). 이 문제에 대한 회원국들 사이의 입장 차이와 상이한 인식도 드러나기 시작했다. 국내총생산에서 금융서비스의 비중이 큰 영국이 금융시장의 재규제에 대해 시종일관 회의적인 입장을 드러내었던 반면, 이 비중이 상대적으로 작은 독일은 보다 엄격한 규칙 위에서 안정적으로 작동하는 금융시장을 선호했고 재규제에 긍정적이었다.

금융시장의 재규제에 대한 논쟁은 유로위기의 첫 단계에서 상당한 파장을 불러일으켰지만, 이로 인한 변화는 조촐한 편으로 평가된다 (Bieling 2014a). 더욱이 재규제의 담론이 유럽은 물론 나아가 지구적 금융시장의 재규제를 요구했다는 점을 고려한다면, 이 재규제의 전망은 일단 좌절했다고 해도 과언이 아니다. 오프쇼어 금융센터의 폐쇄, 헤지펀드에 대한 규제, 신용평가 회사들에 대한 감독의 요구는 시간이 지나면서 슬그머니 종적을 감췄고, 금융거래세만이 의제로서 살아남았다. 그러나 이 또한 여러 정부와 금융기관들의 격렬한 반대에 부딪쳐 합의가 요원한 실정이다. 그렇다면 유럽연합에서 금융시장의 재규제는 왜 좌절했는가?

우선 금융시장의 재규제는 시장을 교정하는 조치이다. 앞에서 보았듯이 유럽연합의 초국적 국가성은 시장의 자유화와 관련해서 강력한 입헌적인 영향력을 행사하지만, 시장을 교정하는 영역에서는 국민국가의 역할이 압도적이다. 후자의 영역에서 유럽연합의 국가성은 "미봉책(half-measures)의 챔피언"(Aglietta 2012: 18) 격이라 할 수 있다. 요컨대 회원국들 간의 길고 복잡한 협상과정을 통해 정치적 타협의 결과물이 가시화될 즈음이면, 초기에 가졌던 원래의 문제의식은 타협에 희석되어 약화되거나 실종된 경우가 허다하다. 주지하듯이 유럽연합은 은행위기에 대한 대응의 결과물로 2014년 5월 은행연합을 출범시켰다. 은행연합은 유럽 은행들의 자기자본비율, 예금보호한도, 파산에 대한 감독을 유럽적 차원으로 옮겨옴으로써 은행들의 전반적인 위기관리 능력을 강화하기는 했다(Demary 2014: 11). 그러나 은행위기의 진정한 원인으로 지목되었던 사안들에 대한 조치는 담고 있지 않다. 즉 위기의 첫 단계에서 논의된 금융시장의 재규제와 관련된 조치들은 은행연합에 전혀 수용되지 않았다. 시장을 교정하는 영역에서 유럽연합의 초국적 국가성의 취약함이 다시금 드러난 것이다.

금융시장의 재규제가 좌절된 또 다른 이유는 정부의 구제금융을 통해 급한 불이 꺼지고 나자, 유로위기를 동반한 담론이 점차 변질되었기 때문이다. 이제 담론의 초점은 금융시장의 재규제로부터 주변국의 국가채무의 문제로 이동하기 시작했다. 유로위기의 두 번째 단계에서 들어서면 금융시장의 재규제는 슬그머니 꼬리를 감추고, 적자국들의 방만한 재정운용이 주로 논의되면서 긴축정책에 대한 요구가 담론을 지배하게 된다. 유로위기의 첫 단계에 미국의 서브프라임 사태라는 위기의 외적 원인을 강조하던 유럽의 정치적·경제적 엘리트들의 담론은 이제 유로위기를 주변국들의 국가채무라는 내적 원인에 초점을 맞추는 형태로 변화했던 것이다(Heinrich 2012: 400). 특히 독일의 엘리트들이 이러한 변화의 선봉에 서고 있음은 쇼이블레, 메르켈 등 여러 정치인들의 발언을 통해서 확인할 수 있다.

2) 주변국들의 재정위기와 유로존의 안정화

유로위기의 첫 번째 단계를 지나고 나자 대부분의 회원국들에서 공공부채가 크게 늘어났다. 그리스, 포르투갈, 스페인, 이탈리아, 아일랜드에서 공공부채는 폭발적으로 증가했고, 독일에서도 국가채무는 15% 이상이 늘어 국내총생산의 80%를 넘어섰다. 유로존의 주변국들은 물론 독일에서도 공공부채의 급격한 증가의 대부분은 파산 위험에 처한 민간은행들에 대한 대규모 구제금융 때문이었다(Lehndorff 2014). 정부의 구제금융 덕택에 은행들은 파산을 면했지만, 은행위기는 이제 재정위기로 전화했다. 2010년 이후 유로존의 주변국들은 가파르게 증가한 공공부채 때문에 자금을 조달하는 데에 큰 어려움을 겪는다. 크게 늘어 난 국가채무와 만성적인 경상수지 적자로 인해 주변국들의 신용도는 큰 폭으로 하락했고, 거기에 대규모의 자본 이탈이 겹치면서 이 국가들에 대한 위험프리미엄이 급격히 오른 것이다. 특히 그리스, 아일랜드, 포르투갈의 상황이 심각해져 공공부채의 재융자를 위해서는 턱없이 높은 이자를 지불하지 않으면 안 되었다.

이러한 상황에서 보통의 국가라면 중앙은행이 "최후의 대부자(lender of last resort)"의 역할을 수행하는 방식으로 위기에 대응하겠지만, 유로라는 단일화폐를 사용하는 유로존에서는 사정이 복잡하다. 마스트리히트조약과 유럽중앙은행헌장 제21조는 유럽중앙은행이 회원국의 국채를 직접 매입하는 것을 회원국의 재정적자에 대한 화폐적 지원 또는 신용제공으로 비칠 수 있다는 이유에서 금지하고 있다. 그러나 다행히 유럽중앙은행헌장 제18조는 동 은행이 금융시장에서 "시장적 도구들(marketable instruments)"을 거래하는 것을 허용하고 있고(ECB Compendium 2002: 7), 회원국의 국채는 당연히 여기에 포함됨은 물론이다. 2010년 이후 유럽중앙은행은 독일연방은행의 강력한 경고와 반대에도 불구하고 위기국들의 국채를 시장에서 간접적으로 매입하는 담보시장프로그램(Security Market Programme)을 시행함으로써 유로위기의 첫 번째 단계의 관망하는 자세로부터 탈피했다.

주지하듯이 독일연방은행을 모델로 만들어진 유럽중앙은행은 회원국들의 정치적 영향력으로부터 강력한 독립성과 자율성을 누리는데, 역설적으로 이 독립성 덕택에 유럽중앙은행은 기존의 인플레이션 억제를 목표로 한 통화주의 일변도의 노선으로부터 일정하게 선회할 수 있었던 것이다(Zinn 2013: 48). 유럽중앙은행은 2010년에서 2012년 초반까지 담보시장프로그램을 통해 약 2,200억 유로에 달하는 주변국들―이탈리아, 스페인, 그리스, 포르투갈, 아일랜드―의 국채를 매입했다(Eser and Schwaab 2013: 6). 이밖에도 유럽중앙은행은 기준금리를 단계적으로 0.05%까지 내렸고, 저금리의 장기재융자프로그램(Long Term Refinancing Operation)을 통해 대규모의 유동성 공급에 나서는 한편, 2012년 9월에는 위기 발생 시 위기국의 국채를 무제한으로 매입하겠다는 계획까지 발표했다. 2015년 3월 유럽중앙은행은 2016년 8월까지 18개월에 이를 수 있는 대규모의 양적 완화(Quantative Easing) 프로그램을 시작했다. 이 프로그램을 통해 유럽중앙은행은 회원국들의 국채를 포함해 매달 약 600억 유로에 달하는 채권을 매입함으로써 유로존의 안정화에 보다 적극적으로 개입하고 있다(ECB 2015).

유럽연합 차원에서도 주변국들의 재정위기에 대응하고 유로존을 안정화시키기 위해 긴급구제 전담기구가 만들어졌다. 2010년 6월 그리스, 아일랜드, 포르투갈에 구제금융을 제공하기 위해 임시적으로 유럽재정안정화설비(EFSF: European Financial Stability Facility)가 출범했으며, 이는 나중에 유럽안정화기제(ESM: European Stability Mechanism)라는 이름으로 항구적인 기구가 되었다. 유럽재정안정화설비는 17개 회원국들의 지불보증을 통해 4400억 유로에 달하는 구제기금을 마련했다. 여기에 600억 유로에 달하는 집행위원회의 유럽재정안정화기제(EFSM: European Financial Stabilisation Mechanism) 자금을 더하면 유럽연합 차원에서 5,000억 유로의 긴급구제 자금이 마련된 셈이다.[10] 유럽재정안정화설비는 그리스, 아일랜드, 포르투갈에 1,800억 유로―이 중 그리스에만 1,309억 유로―의 구제금융을 제공하였고(EFSF 2015), 2012년 12

---

10 유럽안정화기제는 이 자금의 규모를 회원국들의 800억 유로 출자금을 포함해 총 7,000억 유로로 늘렸고, 이 중 5,000억 유로를 대부할 수 있도록 했다.

월 이후에는 유럽안정화기제가 스페인과 사이프러스에 500억 유로에 달하는 긴급구제를 실시하였다(ESM 2015). 올해 그리스에 대한 제3차 구제금융 역시 유럽재정안정화기제가 담당하고 있다.

그런데 이 구제금융은, 앞에서 그리스의 채무협상을 통해서도 보았듯이, 수혜국이 받아들여야 하는 가혹한 조건들과 결부되어 있다. 수혜국은 재정긴축을 강제하는 직접적인 조치들은 물론, 공공지출의 삭감, 사회보장의 축소, 사회 하부구조에 대한 투자의 연기, 임금 인하, 노동시장 보호조항의 제거, 대규모의 민영화와 같은 궁극적으로 경제성장의 지반을 위협할 수 있는 논쟁적인 조치들을 수용해야만 한다(Bieling 2014a: 354; Busch, Hermann, Hinrichs and Schulten 2012: 8-27). 유로존의 안정화를 위한 노력은 역설적으로 주변국들의 정치적 선택의 폭을 크게 제약하고, 초국적 기구들의 감독 권한을 대폭 강화하는, 지금까지 유럽통합의 역사에서 경험하지 못한 새로운 장을 열었다.

3) 긴축정책의 공고화

유럽재정안정화설비와 유럽안정화기제는 구제금융의 수혜국들에게 강력한 긴축정책적 조치들을 관철시켰다. 그런데 이 긴축정책이라는 의제는 유로위기의 두 번째 단계에서 들어서자 위기국들뿐만 아니라, 유로존 전체의 문제로 부상했다. 유로위기의 첫 번째 단계에서 실행된 은행에 대한 긴급구제와 함께 재정적자가 큰 폭으로 커지자, 누적된 국가채무 역시 크게 늘어났기 때문이다. 2011년 유로존 17개국의 공공부채는 국내총생산의 86%에 달했으며, 2012년 거의 90%에 육박했다(Eurostat 2015). 유로존의 경제대국인 프랑스와 이탈리아의 공공부채가 빠르게 늘어나는 것도 우려스럽게 보였다. 독일의 경우 은행구제와 경기부양책으로 인해 공공부채의 비율이 2010년 국내총생산의 80%를 넘어섰으나, 다시 강력한 긴축정책이 실시되면서 2011년 이후 하향곡선을 그리고 있었다. 전통적으로 인플레이션의 억제와 더불어 균형재정을 중요한 정책목표로 삼았던 독일에게 유로존 전체에서 공공부채가 빠르게 증가하는 것은 매우 위험한 발전으로 비쳤음은 물론이다. 마스트리히트조약과 안정성장협약에서 독일이 강력하게 추구했던 재정 안정화의 기준―국내총생산의 3% 이하의 재정적자와 60% 이하의 국가채무율―이 심각히 훼손될 위험에 처했기 때문이다. 위기의 두 번째 단계에 들어서자 유로위기는 더 이상 은행위기나 금융위기가 아니라, 무엇보다 재정위기로 의미가 부여되었다. 긴급구제나 수요창출과 같은 재정팽창에 대한 요구는 사라지고, 이제 강력한 긴축정책이 위기에 대한 대응책으로 제시되었다.[11]

2010년 9월 논의를 시작해 2011년 12월 발효된 이른바 식스팩(Six Pack)―다섯 개의 규정과 한 개의 지침으로 구성된―은 기존의 안정성장협약을 보다 엄격히 정의하고 강화함으로써 유로존 차원에서 긴축정책에로 큰 발을 내딛었다. 식스팩은 안정성장협약의 재정적자와 국가채무율 기준을 지키지 못하는 회원국들에게 과도한 적자를 해소하기 위한 이른바 "과잉적자절차(Excessive Deficit Procedure)"를 밟도록 강제하고 있다(EUR-LEX 2015a). 이 절차에 들어선 회원국은 기준을 초과한 재정적자를 바로 그 해에 감축하여야 한다. 또한 국가채무율이 국내총생산의 60%를 초과하는 회원국의 경우, 설령 한 해 재정적자의 규모가 국내

11 이러한 위기정책의 선회의 배경에는 집행위원회, 유럽중앙은행, ECOFIN과 같은 유럽적 기구들은 물론, 특히 독일을 필두로 한 채권국들의 강력한 요구가 있었음은 물론이다(Bieling 2014b). 광범위한 긴축정책에 대한 제안은 2010년 3월 독일정부에 의해 처음으로 제출되었다.

총생산의 3% 이하일지라도 공공부채를 감축하는 조치를 강구해야 한다. 재정적자와 관련해 유럽연합의 경고와 조치를 거부하는 국가는 국내총생산의 0.1%에 달하는 예치금을 내야하며, 위반이 지속될 경우 이 예치금은 벌금으로 바뀐다. 요컨대 재정 안정화 기준을 지켜내기 위한 유럽연합 제재의 예방적이고 직접적이며 강제적인 성격이 대폭 강화되었다. 만약 개별 회원국이 이 제재에 대항하려면 회원국들 3분의 2의 동의를 확보할 때만 가능하다(EUR-LEX 2015b).

한편 식스팩은 거시경제적 불균형의 문제에도 관심을 촉구하고 있다. "과잉적자절차"와 동일하게 회원국들에서 과도한 거시경제적 불균형이 등장할 경우 자동적으로 "과잉불균형절차(Excessive Imbalance Procedure)"가 개시된다. 이 절차에 들어서는 국가는 구체적인 구조정책적 조치들과 달성시한이 담긴 "교정행동계획(Corrective Action Plan)"을 제출해야 하며, 이를 제출하지 않거나 제대로 시행하지 않을 경우 "과잉적자절차"와 마찬가지로 국내총생산의 0.1%에 달하는 재정적 제제를 받게 된다. 거시경제적 불균형에 대한 판단은 대외경제 및 경쟁력의 불균형, 그리고 국내경제의 불균형과 관련된 다양한 지표[12]를 모니터링 하는 "스코어보드(Scoreboard)"를 통해서 이루어진다(European Commission 2015).

식스팩을 매개로 대폭 강화된 유로존의 긴축정책은 절차국에 대한 강력한 모니터링을 명시한 두 개의 규정 —이른바 투팩(Two Pack)— 에 의해 보완되었고, 2012년 3월 유럽재정협약(European Fiscal Compact)[13]을 통해 잠정적으로 완성되었다. 유럽재정협약은 재정적자

---

12   이 지표는 경상수지, 순 해외투자, 수출시장 점유, 단위노동비용, 실질유효환율, 민간부채율, 민간 신용흐름, 주택가격, 정부부채율, 실업률, 전체 신용부문 부채 등 11개를 망라하고 있다(European Commission 2015).

13   공식 명칭은 "Treaty on Stability, Coordination and Governance in the Economic and Monetary Union"이다.

를 경기변동에 의한 적자와 구조적 적자로 구분하고, 구조적 적자가 국내총생산의 0.5%를 초과할 수 없도록 규정했다(European Fiscal Compact 2015). 즉 전체 적자에서 경기변동에 따른 세입과 세출의 변화에 의한 적자를 뺀 나머지 적자를 구조적 적자로 정의하고, 이에 대한 보다 엄격한 관리를 요구한 것이다. 이는 정부 재정지출과 관련해 구조적 차원의 개혁을 강제하는 것임은 물론이다. 또한 유럽재정협약은 새로운 채무를 제한하기 위해 2009년 독일헌법의 채무브레이크(debt brake)와 유사한 규정을 도입하여, 채무기준이 준수되지 않을 경우 자동교정기제가 발효됨을 회원국들의 헌법 또는 이에 상응한 수준에 명시할 것을 요구했다. 그리고 이 사항의 이행을 유럽법원이 감독하도록 했다.

식스팩, 투팩, 유럽재정협약을 거치면서 긴축정책은 회원국들의 헌법적인 목표로 자리 잡았다. 질(Gill 1998)이 신입헌주의라고 지칭했던, 단일시장의 창출과 경제화폐연합의 실현을 목표로 한 단일의정서와 마스트리히트조약의 강력한 입헌적 효력은, 유로위기를 경험하며 위기입헌주의(crisis constitutionalism)로 발전하고 있다(Bieling 2013; 2014a). 그런데 위기입헌주의는 신입헌주의의 조약적 차원의 위력을 넘어, 긴축정책과 재정규율의 강화를 회원국의 헌법적 목표로 삽입할 것을 강제한 셈이다. 여러 회원국들, 특히 주변국들에서 재정주권은 심각하게 제약될 것이 명백한데, 이를 상쇄할 장치들, 예컨대 흑자국에서 적자국으로 공적 이전을 내용으로 하는 지불연합(transfer union)은 여전히 아이디어 수준에 머물고 있는 실정이다.[14]

---

14 최근 프랑스 경제부장관 마크롱(Emmanuel Macron)이 지불연합에 대한 아이디어를 제시한 바 있다(EUobserver 2015).

4) 구조개혁과 경쟁력 강화

긴축정책과 더불어 유로위기의 두 번째 단계에서 등장한, 유로존을 위기로부터 탈출시킬 또 다른 대응책은 구조개혁과 경쟁력 강화였다. 2010년 유럽이사회는 구조개혁의 지원, 지속가능한 재정정책의 확립, 거시경제적 불균형의 완화라는 세 가지 과제의 수행을 목표로 유럽학기(European Semester)의 도입을 결의한다(European Council 2015). 유럽학기는 회원국들의 경제·재정정책은 물론 노동·사회정책적 전략을 유럽적 차원에서 미리 조율하기 위해 만들어진 제도라고 할 수 있다. 유럽학기는 집행위원회가 매년 초 경제성장과 고용에 관한 유럽적 차원의 통합된 보고서를 작성하여 주요 행동영역들을 정의함으로써 시작된다. 회원국 정부들은 4월까지 개별 보고서를 통해 재정 안정화 및 수렴, 그리고 구조개혁에 대한 계획을 제시한다. 회원국들의 계획은 수집되어 일련의 자문단계를 거친 뒤 집행위원회에 의해 검토된다. 집행위원회는 이후 유럽이사회에 의해 채택되는 일반적인 추천 및 개별 회원국에 대한 특별 맞춤형 추천을 마련한다. 회원국들은 그 해의 남은 기간 동안 이 추천을 행동으로 옮기는 국가학기(National Semester)를 시행한다. 여기서 주목할 점은, 유럽학기를 통한 유럽연합의 정책적 개입이 매우 구체적이고 지시적이며 또한 예방적이라는 점에서 기존 유럽연합 통합양식의 지배적인 조절원칙, 즉 제어된 자기조절(regulated self-regulation)이나 개방적 조정방식(open method of coordination)과는 사뭇 다른 성격의 통합양식의 출현을 암시하고 있다.

2011년에는 유럽학기를 보완하면서 보다 강력한 경쟁력 담론을 담은 유로플러스협약(Euro-Plus Pact)이 등장했다. 유로플러스협약은 "유럽경제정부"에 대한 프랑스의 요구에 대해 독일이 "경쟁력 협약"이라는 이름의 역제안으로 맞받아치며 성사된 것이다. 따라서 이 협약에는 독일의 공급 주도적인 경쟁력 담론이 강한 영향력을 발휘하고 있다. 유로플러스협약은 유로위기의 원인을 더 이상 금융시장의 불안정의 문제가 아닌 경쟁력의 문제로 진단했고, 따라서 무엇보다 노동시장을 유연화하여 임금 및 노동비용을 낮추고, 국가의 사회적 지출을 감축하고 제한하며, 나아가 기업에 대한 세금의 수렴을 주 내용으로 담고 있다(Gros and Alcidi 2011). 유로플러스협약은 회원국들의 자발적 책임과 이행에 기반한다는 점에서 강제적 성격의 긴축정책적 조치와는 일정하게 구분된다. 왜냐하면 유로플러스협약은 노동·사회·조세정책의 영역을 포함하고 있고, 앞에서 강조했던 바와 같이 이 영역에서 유럽연합의 국가성은 여전히 국민국가적 조절이 중요하기 때문이다.

유로플러스협약에서 확인할 수 있는 것처럼 경쟁력 담론의 강화는, 유로위기의 두 번째 단계에 들어 유럽연합의 위기 대응에서 독일의 영향력이 한층 강화되고 있음을 보여준다. 벡에 따르면 이러한 변화는 기존 독일과 프랑스의 쌍두마차, 즉 "메르코지(Merkozy)"—독일 수상 메르켈과 당시 프랑스 대통령인 사르코지를 합친—의 시기로부터 "메르키아벨리스무스(Merkiavellismus)"의 시기로 힘이 이동하는 것을 보여준다(Beck 2013). 아글리에타는 메르켈과 쇼이블레 같은 독일 지도자들이 위기에 대한 도덕적 해석에 익숙하며, 위기의 원인을 유로존의 구조적 문제보다는 주변국의 무책임으로 진단함으로써 위기의 해법을 전체 유로존을 독일처럼 경쟁력 있게 만드는 것에서 찾고 있다고 지적한다(Aglietta 2012). 어쨌든 확실한 점은, 유로위기의 두 번째 단계에 들어서면 독일의 질서자유주의(Ordoliberalismus)—시장경제의 전제로서 강력한 규칙과 이를 관철하는 정부의 역할에 대한 강조—의 전통에 선 사고가 강한 영향력을 발휘하고 있다는 점이다. 헌법적 목표로 부상한 재정규율의 강화는 물론, 구조개혁과 경쟁력 강화를 위한 매우 구체적이고 지시적인 규칙들, 그리고 이를 위반할 경우 수반하는 강력한 제재와 처벌은 매우 "독일적인" ─ 보다 정확히 독일의 질서자유주의적인 ─ 것임은 물론이다.[15]

4. 나오는 말

이 글은 유로위기에 대한 유럽연합의 대응이 초기에 금융시장의 재규제로부터 2010년 이후 유로존의 안정화, 긴축정책의 공고화, 그리고 구조개혁과 경쟁력 강화로 이동하고 있음을 유럽연합이 새로 만든 다양한 제도의 핵심적 내용을 분석함으로써 확인했다. 이 변화의 맥락을 이해한다면 이 글의 도입부에서 논의한 그리스의 채무협상 과정에서 벌어진 극적인 상황은 사실상 놀라운 것이 아니다. "쇼이블레 플랜"이나 유로존 정상회의의 성명은 그리스 입장에서 아무리 강경하고 가혹하게 보일지라도 유로위기에 대한 유럽연합의 대응의 변화라는 관점에서는 일관적이며 논리적이다. 긴축정책과 재정규율의 강화, 그리고 이를 위한 구조개혁은 유럽통합에서 새로운 입헌적 위상을 확보했고, 이는 어떤 경우에도 지켜야하기 때문이다. 치프라스는 이 의미를 과소평가하였고, 국민투표라는 배수의 진을 치고 협상에 임했지만, 결국 굴복할 수밖에 없었던 것이다.

2015년 9월 25일, 올해에만 두 번째 실시된 그리스 의회선거에서 시리자는 35.46%의 지지를 얻어 다시금 제1당으로 부상하였다. 구제금

---

15   "독일적인 유럽(deutsches Europa)"에 대한 우려와 비판은 독일 재무부장관 쇼이블레가 "우리는 독일적인 유럽을 원하지 않는다"는 글을 기고해야 할 정도로 커진 것이 사실이다 (Schäuble 2013).

융의 협상과정에서 치프라스의 좌절에도 불구하고 시리자는 지난 1월의 선거에 비해 채 1%도 안 되는 표를 잃었을 뿐이다. 그러나 다시 집권당이 된 시리자와 치프라스의 미래는 희망적이지 않다. 구제금융의 조건과 요구사항을 지속적으로 이행하고 점검받아야 하기 때문이다. 구제금융의 조건 아래서 그리스의 사회적 현실의 개선은 요원하다. 2015년에도 여전히 25%에 달하는 실업률과 무려 50%를 넘어선 청년실업률, 전체 인구의 60%에 달하는 630만의 빈곤인구—이 중 250만이 정부가 인정하는 공식 빈곤인구—, 의료보험조차도 없는 인구의 30% 등 그리스의 현실은 거의 절망적이다(Eichner 2014). 그러나 이 현실의 개선은 더 이상 그리스의 정치적 선택의 문제가 아니라, 유럽연합 및 특히 강력한 긴축을 주도하고 있는 독일에 달려 있다고 해도 과언이 아니다.

최근 유럽으로 쇄도하는 분쟁지역의 난민들을 수용할 것을 회원국들에게 호소하면서 독일은 올해에만 80만 명의 난민을 맞을 준비를 하고 있다. 자신의 과거를 뼈아프게 기억하는 국가로서 인도주의적 차원에서 책임감 있는 조치를 선택한 것이다. 그렇다면 채무위기에서 인도주의는 불가능한가? 채무위기와 관련된 자본주의의 역사는 이에 대한 부정적인 답변을 제시하며, 이번 유로위기에서도 마찬가지이다. 화폐와 관련된 권리관계, 즉 채권·채무관계에서 인도주의는 자본주의적 질서의 근간을 뒤흔들 위험이 있기 때문이다. 독일의 질서자유주의는 이 점을 일찍 간파했고, 경쟁적 시장경제가 작동하는 틀, 즉 강력한 질서(Ordo)의 확립을 국가의 과제로 설정했다. 그리스에 대한 독일의 강경한 대응은 바로 이 맥락을 고려할 때 제대로 이해될 수 있다.

그렇다면 유럽통합은 어디로 가는가? 독일 지도자들의 꿈처럼 전체 유로존이 독일처럼 경쟁력을 갖게 될 것인가? 불가능하지는 않을지라도 쉬워 보이지는 않는다. 긴축정책의 공고화 및 구조개혁과 경쟁력 강화라는 목표를 실현하는 과정에서 등장할 모순과 긴장이 너무도 크기 때문이다. 이 과정은 아마도 유럽통합에 대한 지지를 더욱 감소시킬 뿐 아니라, 민족주의적이고 대중영합적인 극우 세력들의 정치적 기회를 확대할 가능성이 크다. 마찬가지로 쉬워 보이지는 않지만, 민주주의적으로 정당화된 유럽 재정연합을 실현하여 중장기적으로 재정정책과 관련된 주권을 통합하고, 이 재정연합의 발전에 기반해 유럽중앙은행의 권한을 확대함으로써 주권에 의해 뒷받침되는 완전한 유로를 실현하는 방안도 존재한다(Bordo, Jonung and Markiewicz 2013; Aglietta 2012). 물론 이는 유럽통합을 "새로운 토대" 위에 올려놓는, 즉 통합의 질적 심화를 전제하고 있다. 프랑스의 젊은 경제부장관 마크롱은 이 "새로운 토대"가 만들어지는 시점이 2017년 독일과 프랑스의 선거가 끝난 이후인 2018년이나 2019년이 될 것이라고 예측했다(EUobserver 2015). 만약 그의 예측이 실현된다면, 유로위기는 유럽통합의 전환을 준비한 역사적 사건으로 기억될 것이다. 그러나 그렇지 않을 경우 유럽통합은 지금처럼 상당한 긴장과 딜레마를 내포한 채 불투명한 미래 속으로 빠져들어 갈 것이다.

참고문헌

구춘권. 2013. 〈화폐케인스주의와 유럽연합의 금융위기〉. 《한국과국제정치》 29권 4호. pp. 149-182.

_____. 2004. 〈유럽연합과 국가성의 전환〉. 《국제정치논총》 44집 4호. pp. 291-318.

박상현. 2013. 〈유럽통합의 모순과 재정위기의 정치경제〉. 《경제와사회》 97호. pp. 155-191.

이호근. 2000. 〈유럽 통합과정과 사회정책〉. 《한국정치학회보》 34집 3호. pp. 275-292.

조홍식. 2014. 〈세계경제위기와 유럽의 자본주의 담론〉. 《EU연구》 37호. pp. 3-33.

Aglietta, Michel. 2012. "The European Vortex." *New Left Review* 75. pp. 15-36.

Beck, Ulrich. 2013. "Über den Merkiavellismus," FAZ, 16. http://www.faz.net/aktuell/feuilleton/debatten/im-gespraech-soziologe-ulrich-beck-ueber-den-merkiavellismus-12027300.html (검색일: 2015.11.15).

Becker, Joachim and Johannes Jäger. 2009. "Die EU und die grosse Krise." *PROKLA* 157 Vol. 39, No. 4. pp. 541-558.

Bieling, Hans-Jürgen. 2006. "EMU, Financial Integration and Global Economic Governance." *Review of International Political Economy* Vol. 13, No. 3. pp. 420-448.

_____. 2013. "Das Projekt der "Euro-Rettung" und die Widersprüche des europäischen Krisenkonstitutionalismus." *Zeitschrift für Internationale Beziehungen* Vol. 20, No. 1. pp. 89-103.

_____. 2014a. "Shatterd Expectations: the Defeat of European Ambitions of Global Financial Reform." *Journal of European Public Policy* Vol. 21, No. 3. pp. 340-366.

_____. 2014b. "Europäische Finanzmarktpolitik in der Krise." *Zeitschrift für Vergleichende Politikwissenschaft* Vol. 8, No. 1. pp. 91-113.

Bischoff, Joachim. 2008. Globale Finanzkrise. *Über Vermögensblasen, Realökonomie und die neue Fesselung des Kapitals.* Hamburg: VSA.

Bordo, Michael D., Lars Jonung and Agnieszka Markiewicz. 2013. "A Fiscal Union for the Euro: Some Lessons from History." *CESifo Economic Studies* Vol. 59, No. 3. pp. 449-488.

Boucoyannis, Deborah. 2015. "The Myth of the Bloated Greek State." *Foreign Affairs* August 6. https://www.foreignaffairs.com/articles/greece/2015-08-06/myth-bloated-greek-state (2015.11.15).

Busch, Klaus, Christoph Hermann, Karl Hinrichs and Thorsten Schulten. 2012. Eurokrise, Austeritätspolitik und das Europäische Sozialmodell. Wie die Krisenpolitik in Südeuropa die soziale Dimension der EU bedroht, FES-Internationale Politikanalyse, November, http://library.fes.de/pdf-files/id/ipa/09444.pdf

(2015.11.15).

Cafruny, Alan W. and Magnus Ryner. 2007. *Europe at Bay: In the Shadow of US Hegemony*. Boulder, CO: Lynne Rienner.

Casis, Youssef. 2006. *Capitals of Capital: A History of International Financial Centres, 1780-2005*. Cambridge: Cambridge University Press.

Crotty, James. 2009. "Structural Causes of the Global Financial Crisis: a Critical Assessment of the 'New Financial Architecture'." *Cambridge Journal of Economics* Vol. 33, No. 4. pp. 563-580.

Demary, Markus. 2014. Europäische Bankenunion-Stand der Umsetzung und Nachbesserungsbedarf, Institut der Wirtschaft Köln/Konrad Adenauer Stiftung, http://www.kas.de/wf/doc/kas_37540-544-1-30.pdf (2015.11.15).

Deppe, Frank. 2013. *Autoritärer Kapitalismus. Demokratie auf dem Prüfstand*. Hamburg: VSA.

EC. 2015. "Greece-request for stability support in the form of an ESM loan." http://ec.europa.eu/economy_finance/assistance_eu_ms/documents/2015-07-10_greece_art_13_eligibility_assessment_esm_en.pdf (2015.11.15).

ECB. 2015. "ECB announces expanded asset purchase programme." ECB Press Release. 22 January. https://www.ecb.europa.eu/press/pr/date/2015/html/pr150122_1.en.html (2015.11.15).

ECB Compendium. 2002. "Protocol on the Statute of the European System of Central Banks and of the European Central Bank." https://www.ecb.europa.eu/ecb/pdf/orga/escbstatutes_en.pdf (2015.11.15).

EFSF. 2015. "Lending Operations." http://www.efsf.europa.eu/about/operations/index.htm (2015.11.15).

Eichner. Stefan L. 2014. "Griechenland versinkt in Armut." *Politik* 22 Oktober. http://www.geolitico.de/2014/10/22/griechenland-versinkt-in-armut/ (2015.11.15).

Engelen, Ewald et al. 2011. *After the Great Complacence. Financial Crisis and the Politics of Reform*. Oxford: Oxford University Press.

Erklärung des Euro-Gipfels. 2015. "Erklärung des Euro-Gipfels, Brüssel, 12. Juli 2015." http://www.consilium.europa.eu/de/press/press-releases/2015/07/12-euro-summit-statement-greece/ (검색일: 2015.10.15).

Eser, Fabian and Bernd Schwaab. 2013. Assessing Asset Purchases within the ECB's Securities Markets Programme, ECB Working Paper Series, No. 1587, September, http://www.ecb.europa.eu/pub/pdf/scpwps/ecbwp1587.pdf (2015.11.15).

ESM. 2015. "Financial Assistance." http://www.esm.europa.eu/assistance/index.htm (2015.11.15).

EUobserver. 2011. "EU ushers in 'silent revolution' in control of national economic policies." *EUuobserber* 16. March, https://euobserver.com/institutional/31993 (2015.11.15).

_____. 2015. "French minister: Rich EU states should transfer money to poorer members." *EUobserver* 31. August, https://euobserver.com/economic/130045 (2015.11.15).

EUR-LEX. 2015a. "Verfahren bei einem übermässigen Defizit." http://eur-lex.europa.eu/legal-content/DE/TXT/?uri=uriserv:l25020 (2015.11.15).

_____. 2015b. "Regulation (EU) No 1175/2011 of the European Parliament and of the Council of 16 November 2011." http://eur-lex.europa.eu/legal-content/EN/TXT/?uri=uriserv:OJ.L_.2011.306.01.0012.01.ENG (2015.11.15).

Eurogroup. 2015. "Eurogroup Statement On Greece." https://www.marketnews.com/content/text-1-eurogroup-statement-greece (2015.11.15).

European Commission. 2015. "MIP Scoreboard." http://ec.europa.eu/economy_finance/economic_governance/macroeconomic_imbalance_procedure/mip_scoreboard/index_en.htm (2015.11.15).

European Council. 2015. "European Semester." http://www.consilium.europa.eu/en/policies/european-semester/ (2015.11.15).

European Fiscal Compact. 2015. "Treaty on Stability, Coordination and Governance in the Economic and Monetary." http://www.consilium.europa.eu/european-council/pdf/Treaty-on-Stability-Coordination-and-Governance-TSCG/ (2015.11.15).

Eurostat. 2015. "Öffentlicher Bruttoschuldenstand." http://ec.europa.eu/eurostat/tgm/table.do?tab=table&plugin=1&language=de&pcode=tsdde410 (2015.11.15).

FSAP. 2007. "Transpostion of FSAP Directives—State of play as at 15/01/2007." http://ec.europa.eu/internal_market/finances/docs/actionplan/index/070124_annex_b_en.pdf (2015.11.15).

Gill, Stephen. 1998. "European Governance and New Constitutionalism. Economic and Monetary Union and Alternatives to Disciplinary Neoliberalism in Europe." *New Political Economy* Vol. 3, No. 1. pp. 5-26.

Gowan, Peter. 1999. *The Global Gamble. Washington's Faustian Bid for World Dominance*. London: Verso.

Goyer, Michel. 2006. "Varieties of Institutional Investors and National Models of Capitalism: The Transformation of Corporate Governance in France and Germany." *Politics & Society* Vol. 34, No. 3. pp. 399-430.

Gros, Daniel and Cinzia Alcidi. 2011. "Was bringt der 'Euro-plus-Pakt'?." *Integration* Vol. 34, No. 2. pp. 164-171.

Habermas, Jürgen. 2015. "Jürgen Habermas's Verdict on the EU/Greece Debt Deal." *The Guardian* July 16.

Hassel, Anke. 2015. "The German Model in Transition." In Brigitte Unger(ed.), *The German Model–Seen by its Neighbours*. SE Publishing.

Heinrich, Mathis. 2012. "Zwischen Bankenrettungnen und autoritärem Wettbewerbsregime. Zur Dynamik des europäischen Krisenmanagements." *PROKLA* 168, Vol. 42, No. 3. pp. 395-412.

IMF. 2015. Greece, An Update of IMF Staff's Preliminary Public Debt Sustainability Analysis. IMF Country Report, No. 15/186, https://www.imf.org/external/pubs/ft/scr/2015/cr15186.pdf (2015.11.15).

Keohane, Robert and Stanley Hoffman. 1990. "Conclusions. Community Politics and Institutional Change." In William Wallce (ed.), *The Dynamics of European Integration*. London/New York: Pinter Publishers.

Kindleberger, Charles P. and Robert Z Aliber. 2005. *Manias, Panics and Crashes*. A History of Financial Crisis. Wiley Investment Classics Book 39. Wiley. 김홍식 역, 《광기, 패닉, 붕괴. 금융위기의 역사》, 굿모닝북스, 2006.

Krugman, Paul. 2015. "Killing the European Project." http://krugman.blogs.nytimes.com/2015/07/12/killing-the-european-project/ (2015.11.15).

Lapavitsas, Costas. 2012. *Crisis in the Eurozone*. London: Verso.

Lehndorff, Steffen. 2014. "Die spaltene Integration Europas." In Steffen Lehndorff (Hrsg.), *Spaltene Integration. Der Triumph gescheiterter Ideen in Europa – revisited Zehn Länderstudien*. Hamburg: VSA.

Minsky. Hyman P. 1995. "Financial Factors in the Economics of Capitalism." In Harlad A. Benink(ed.), *Coping with Financial Fragility and Systemic Risk. Financial and Monetary Policy Studies 30*. Boston: Springer US.

Mügge, Daniel. 2011. "Kreditderivate als Ursachen der globalen Finanzkrise. Systemfehler oder unglüklicher Zufall?." In Oliver Kessler(Hrsg.), *Die internationale politische Ökonomie der Weltfinanzkrise*. Wiesbadem: VS Verlag.

Pisani-Ferry, Jean and Andre Sapir. 2010. "Banking Crisis Management in the EU. An Early Assesment." *Economic Policy* Vol 25. pp. 341-373.

Platzer, Hans-Wolfgang. 2005. "Europäisches Sozialmodell und Arbeitsbeziehungen in der erweiterten EU. Ein Problemaufriss." In Alexandra Baum-Ceisig/Anne Faber(Hrsg.), *Soziales Europa? Perspektiven des Wohlfahrtsstaates im Kontext von Europäisierung und Globalisierung*. Wiesbaden: VS Verl. für Sozialwiss.

Referedum. 2015. "Reforms for the completion of the Current Program and Beyond" and "Preliminary Debt sustainability analysis." http://www.referendum2015gov.gr/wp-content/uploads/2015/06/REFORMS-FOR-COMPLETION-OF-CURRENT-PROGRAM-1.pdf; http://www.referendum2015gov.gr/wp-content/uploads/2015/06/P.S.A.pdf (2015.11.15).

Scharpf, Fritz W. 2011. "Die Währungsunion ist das Problem." *Vorgänge* Heft 4. pp. 15-22.

_____. 2015. "Is There a Successful 'German Model'?." In Brigitte Unger(ed.), *The German Model–Seen by its Neighbours*. SE Publishing.

Schäuble, Wolfgang. 2013. "Wir wollen kein deutsches Europa." Süddeutsche Zeitung, 20. Juli, http://www.sueddeutsche.de/wirtschaft/finanzminister-zur-krise-der-eu-wir-wollen-kein-deutsches-europa-1.1726248 (2015.11.15).

_____. 2015. "Comments on the latest Greek Proposals." http://www.sven-giegold.de/

wp-content/uploads/2015/07/grexit_bundesregierung_non_paper_10_juli_2015.pdf (2015.11.15).

Schulten, Thorsten. 2004. *Solidarische Lohnpolitik in Europa. Zur politischen Ökonomie der Gewerkschaften*. Hamburg: VSA.

_____. 2015. "Wages, Competitiveness and Germany's Export-led Development Model." In Brigitte Unger(ed.), *The German Model–Seen by its Neighbours*. SE Publishing.

Statistisches Bundesamt. 2015. "Kennzahlen zur Außenwirtschaft nach dem Außenhandelskonzept." https://www.destatis.de/DE/ZahlenFakten/Indikatoren/ Globalisierungsindikatoren/Tabellen/01_02_03_AH.html;jsessionid=05F61F714687 39AD870586CC57B2A68C.cae2 (2015.11.15).

Stockhammer, Engelbert. 2008. "Some Stylized Facts on the Finance-dominated Accumulation Regime." *Competition and Change* Vol. 12, No. 2. pp. 184-202.

The European Semester. 2015. "The European Semester." http://ec.europa.eu/ economy_finance/economic_governance/the_european_semester/index_en.htm (2015.11.15).

Van Treeck, Till. 2009. "The Political Economy Debate on 'Financialization'—a Macroeconomic Perspective." *Review of International Political Economy* Vol. 16, No. 5. pp. 907-944.

Vuolo, Rubén Lo. 2014. "The Eurozone crisis in light of the Latin American experience." *European Journal of Social Theory* Vol. 17, No. 3. pp. 359-374.

Wallace, William. 1983. "Less than a Federation, More than a Regime." In Helen Wallace (ed.), *Policymaking in the European Community*. Chichester: Wiley.

Wolfson, Martin H. 1996. "A Post Keynesian Theory of Credit Rationing." *Journal of Post Keynesian Economics* Vol. 18, No. 3. pp. 443-470.

Zinn, Karl Georg. 2013. "Eine keynesianische Einschätzung der Krise." *Das Argument* 301. pp. 47-60.

지은이

윤홍식 hsyoon@inha.ac.kr

인하대학교 행정학과 교수로 재직 중이며, 참여연대 부설 참여사회연구소 소장, 참여연대 사회복지위원회 실행위원으로 활동하고 있다. 지은 책으로 《평화와 복지, 경계를 넘어》(2014, 공저), 《평화복지국가》(2013, 공저), 《우리는 한배를 타고 있다》(2012, 공저), 《대한민국, 복지국가의 길을 묻다》(2012, 공저) 등이 있고, 최근 논문으로 〈일제강점기 한국 분배체계의 특성, 1910-1945: 자본주의 분배체계로의 이행의 시작〉(2016), 〈전(前)자본주의 분배체계의 해체—환곡을 중심으로 1910년 강제병탄까지〉(2016) 등이 있다.

이병천 kilsanglee@gmail.com

강원대학교 경제무역학부 교수로 재직 중이며, 참여사회연구소 연구분과위원장으로 활동하고 있다. 서울대 경제학과를 졸업하고 같은 대학원에서 경제학 석사와 박사 학위를 받았다. 한국사회경제학회 회장, 참여사회연구소장, 참여사회연구소 《시민과 세계》 공동 편집인 등을 역임했으며, 미국 UC버클리와 UW매디슨 대학의 객원교수를 지냈다. 최근의 주요 논저로 《세월호가 남긴 절망과 희망》(2016, 공편), 《민주정부 10년 무엇을 남겼나》(2014, 공편), 《한국자본주의 모델》(2014), 《위기의 삼성과 한국사회의 선택》(2014, 공편), 《사회경제 민주주의의 경제학》(2013, 공편), 《한국경제론의 충돌》(2012), 《다시 대한민국을 묻는다》(2007, 공편), 《개발독재와 박정희 시대》(2003, 편저), 〈현대 한국에 민주적 자본주의의 준거모델은 있는가〉(2016) 등이 있다.

구갑우 imagine009@gmail.com

현재 북한대학원대학교 교수로 재직 중이다. 서울대학교 경제학과를 졸업하고 같은 대학 정치학과 대학원에서 정치학 박사 학위를 받았다. 일본 토야마 대학 외래교수, 릿교 대학 방문연구원을 지냈다. 지은 책으로는 《비판적 평화연구와 한반도》(2007), 《국제관계학 비판: 국제관계의 민주화와 평화》(2008), 《북한의 국제관과 동북아 질서》(2011, 공저), 《현대북한학강의》(2013), 《분단된 마음 잇기》(2016, 공저) 등이 있고, 논문으로는 〈탈식민적 분단국가의 재생산: 남북한과 아일랜드-북아일랜드의 사회적 장벽〉(2012), 〈아일랜드섬 평화과정 네트워크의 형태변화〉(2013), 〈북한 '핵담론'의 원형과 마음체계, 1947년-1964년〉(2014), 〈제2차 북미 핵갈등의 담론적 기원〉(2015), 〈북한 소설가 한설야(韓雪野)의 '평화'의 마음(1), 1949년〉(2015) 등이 있다.

황규성 kyuseong.hwang@gmail.com

한신대학교 공공정책연구소 연구교수로 재직 중이며, 참여사회연구소 《시민과 세계》 편집위원으로 활동하고 있다. 한국노동연구원 책임연구원을 지냈다. 주요 저서로 《다중격차, 한국 사회 불평등 구조》(2016, 공저), 《한국의 불평등 2016》(2016, 공저), 《평화와 복지, 경계를 넘어》(2014, 공저) 등이 있으며, 최근의 논문으로는 〈다중격차: 다차원적 불평등에 관한 개념화 시론〉(2016), 〈복지와 독재의 교환에 관한 동독과 북한의 비교연구〉(2016) 등이 있다.

송태수 netzsong@gmail.com

한국기술교육대학교 고용노동연수원 교수로 재직 중이다. 베를린자유대학에서 정치학 박사 학위를 받았다. 교육부 사회교과과정 심의위원을 역임했으며, 현재 국가인권위원회 자유권 전문위원이다. 논문 및 저서로 《통일한국의 정치제도》(2016, 공저), 《독일 통일 20년 ―기초자료로 본》(2011, 공저), 《노동시장 유연성 논쟁과 신 노사관계 이론 연구》(2010), 〈법외노조의 단체 교섭 : 전공노 사례를 중심으로〉(2014, 공저), 〈노동조합 활동과 자녀 사교육 : 교사들을 중심으로〉(2015, 공저), 〈여성정치참여와 여성정치교육 활성화 방안 연구〉(2014, 공저) 등이 있다.

이동기 leedk@gwnu.ac.kr

강릉원주대학교 사학과 교수로 재직 중이다. 서울대학교 서양사학과를 졸업하고 동대학원에서 석사 학위를, 독일 예나 프리드리히 실러 대학교(FSU Jena) 사학과에서 박사 학위를 받았다. 주요 저서로 《거리에서 국정교과서를 묻다》(2016, 공저), 《20세기 평화텍스트 15선》(2013), 《지도자들: 성공과 실패의 역사에서 찾는 리더의 조건》(2013, 공저), 《역사를 바꾸는 역사정책: 7가지 쟁점과 해법》(2013, 공저), *Option oder Illusion? Die Idee einer nationalen Konföderation im geteilten Deutschland 1949-1990*(2010) 등이 있다.

장희경 carpediem460@gmail.com

서울대학교 정치학과에서 〈90년대 북한의 대미외교정책연구: 핵, 미사일을 중심으로〉로 석사 학위, 〈국제레짐의 변화와 규범의 동학: 공중 보건 관련 TRIPS 협정의 개정과정을 중심으로〉로 박사 학위를 취득했다. 현재 독일 베를린자유대학교 한국학과에서 한국어도 가르치며 독일의 통일과정과 한반도 문제, 국제정치적 관점에서 북한과 탈북여성노동자, 동아시아 내의 한반도에 관심을 갖고 연구 중이다.

이호근 lhg618@jbnu.ac.kr

전북대학교 법학전문대학원 교수로 재직 중이다. 독일 마르부르크대학교에서 정치학 박사(유럽사회정책) 학위를 취득했다. 현재 한국사회보장법학회 회장, 한-EU FTA 국내자문단 자문위원, 중앙노동위원회 공익위원(차별시정심판), 국회입법조사처 「입법과 정책」 편집위원 등으로 활동하고 있으며, 한국사회정책학회 제12대 회장을 역임했다. 최근의 주요 저서 및 논문으로는 《비정규 노동과 복지 – 노동시장 양극화와 복지전략》(2011, 공저), 《분단-통일에서 분리-통합으로》(2014, 공저), 《노동법판례백선》(2015, 공저), 〈고용-보험법 사각지대 문제와 '겐트 시스템(Ghent System)'이 주는 시사점〉(2015), 〈산업재해보상보험법상 적용대상 범위 관련 개선방안 – 특수형태근로종사자 산재보험 적용방안을 중심으로〉(2015) 등이 있다.

이명헌 moseslee@incheon.ac.kr

인천대학교 경제학과 교수로 재직 중이다. 서울대학교 경제학과 대학원에서 석사를, 독일 괴팅겐대학교 농업경제학과에서 박사 학위를 받았다. 한국조세연구원 전문연구위원을 역임했으며, 관세정책, 농가소득 및 그와 관련된 정책에 관한 연구를 해왔다. 공저로 《한국형 시장경제체제》(2014, 공저), 《농업 · 농촌의 이해》(2006, 공저) 등이 있다. 19세기 후반 네덜란드 역사에도 관심을 갖고 연구하고 있다.

원승연 sywon@mju.ac.kr

명지대학교 경영학과 교수로 재직 중이다. 서울대학교 경제학과를 졸업하고 같은 대학에서 경제학 박사 학위를 받았다. 교보악사(AXA) 자산운용 CIO와 영남대 교수를 역임하였다. 주요 저서 및 논문으로 《실사구시 한국경제》(2013, 편), 〈가계의 금융부채가 소득불평등에 미치는 영향〉(2015), 〈국민연금 기금의 국내 주식시장 영향력에 대한 연구〉(2015, 공저), "Emerging Bond Market Volatility and Country Spreads."(2013, 공저), 〈금융감독체계 개편: 어떻게 할 것인가?〉(2013, 공저) 등이 있다.

이상호 leesanghob@naver.com

한국비정규노동센터 정책연구위원이다. 민주노총 정책국장, 민주노동당 진보정치연구소 연구위원, 전국금속노동조합 노동연구원 연구위원, 한겨레경제사회연구원 연구위원, 참여사회연구소 《시민과 세계》 편집위원 등을 지냈다. 주요 저서 및 연구성과로 〈충청남도 지역노동시장의 구조적 특성과 일자리정책의 과제〉(2015), 〈자동차부품제조업의 고용구조와 인력수요 전망》(2015, 공저), 《대한민국, 복지국가의 길을 묻다》(2012, 공저), 《고용위기시대의 대안고용 전략》(2011, 공저) 등이 있다.

구춘권 ckkoo@ynu.ac.kr

영남대학교 정치외교학과 교수로 재직 중이다. 서강대학교 정치외교학과를 졸업하고 독일 마르부르크 필립스 대학교에서 정치학으로 박사 학위를 받았다. 저서와 논문으로 《서유럽의 변화와 탈근대화》(2011, 공저), 《메가테러리즘과 미국의 세계질서전쟁》(2005), 〈민영화의 담론·갈등·합의: 독일의 철도·우편·정보통신 영역의 민영화 과정〉(2012), 〈화폐적 제약에 대한 케인스와 포스트케인스주의의 비판과 대안〉(2010) 등이 있다.

정현백 hyunback@skku.edu

성균관대학교 사학과 교수로 재직 중이다. 서울대학교 역사교육과, 서울대학교 대학원 서양사학과를 거쳐 독일 보훔대학교에서 독일현대사로 박사 학위를 받았다. 역사교육연구회·한국독일사학회·한국여성사학회 회장, 참여연대·시민사회단체연대회의· 한국여성단체연합 공동대표 등을 역임했으며 현재 한국여성연구소와 사단법인 시민의 이사장으로 활동 중이다. 최근의 주요 논저로는 《주거 유토피아를 꿈꾸는 사람들》(2016), 《글로벌 시대에 읽는 한국 여성사》(2016, 공저), 《횡단적 역사 담론의 형성》(2015, 공저), 《젠더와 사회》(2014, 공저), 〈식민주의적 역사서술의 재역사화-디웁의 아프리카 역사서술과 사관을 중심으로〉(2016, 인문과학 제 61집) 등이 있다.

참여사회연구소 총서

014 《재벌의 노사관계와 사회적 쟁점─한국의 재벌 5》
　　강병구·강신준·김상조·김성희·이재희·허민영·홍덕률 저,
　　참여사회연구소·인하대 산업경제연구소 공동기획 | 나남 | 2005 | 35,000원

015 《다시 대한민국을 묻는다─역사와 좌표》
　　이병천·홍윤기·김호기 엮음, 참여사회연구소 기획 | 한울 | 2007 | 29,000원

016 《세계화 시대 한국자본주의─진단과 대안》
　　이병천 엮음, 참여사회연구소 기획 | 한울 | 2007 | 27,000원

017 《어둠은 빛을 이길 수 없습니다─2008 촛불의 기록》
　　참여사회연구소·참여연대 기획 | 한겨레출판 | 2008 | 13,000원

018 《시티즌십: 시민정치론 강의》
　　키이스 포크 저, 이병천·이종두·이세형 옮김 | 아르케 | 2009 | 18,000원

019 《대한민국, 복지국가의 길을 묻다》
　　조흥식 엮음, 참여사회연구소 기획 | 이매진 | 2012 | 18,000원

020 《우리는 한 배를 타고 있다》
　　윤홍식 엮음, 참여사회연구소 기획 | 이매진 | 2012 | 15,000원

021 《2030 크로스─불임의 시대를 가로지르는 붙임의 세대론》
　　양정무·윤홍식·이상호·이양수 엮음, 참여사회연구소 기획 | 이매진 | 2013 | 13,000원

022 《스웨덴 스타일─복지국가를 넘어 복지사회로, 스웨덴 모델의 미래를 보다》
　　레그란드 츠카구치 도시히코 엮음, 강내영·온나자와 나오코·홍일표 옮김,
　　참여사회연구소 기획 | 이매진 | 2013 | 17,000원

023 《평화복지국가─분단과 전쟁을 넘어 새로운 복지국가를 상상하다》
　　윤홍식 엮음, 참여사회연구소 기획 | 이매진 | 2013 | 15,000원

024 《평화와 복지, 경계를 넘어─평화복지국가의 정치적 조건과 주체를 찾아》
　　조흥식·장지연 엮음, 참여사회연구소 기획 | 이매진 | 2014 | 17,000원

025 《위기의 삼성과 한국 사회의 선택》
　　이병천 외 엮음, 참여사회연구소 외 공동기획 | 후마니타스 | 2014 | 35,000원

026 《민주 정부 10년, 무엇을 남겼나─1997년 체제와 한국 사회의 변화》
　　이병천·신진욱 엮음, 참여사회연구소 기획 | 후마니타스 | 2014 | 28,000원

027 《안보개발국가를 넘어 평화복지국가로─독일의 경험과 한국의 과제》
　　이병천·윤홍식·구갑우 엮음, 참여사회연구소 기획 | 사회평론아카데미 | 2016 |
　　28,000원